Margaret Maliphant

Alice Vansittart Strettel Carr

Writat

Diese Ausgabe erschien im Jahr 2024

ISBN: 9789359940175

Herausgegeben von
Writat
E-Mail: info@writat.com

Inhalt

PROLOG.

ES dämmert über dem Sumpfgebiet: Das Land am Fuße des Hügels liegt auf einer Ebene düsterer Monotonie, und selbst das Meer dahinter ist geheimnisvoll. Mitten in der Ebene sticht ein einsames Gehöft mit seiner Baumgruppe nur ein wenig dunkler hervor als alles andere, und aus der Ferne ertönt zu mir das sanft beruhigende Rauschen des Meeres, wie es mich seit jeher begleitet Ich war ein kleines Kind. Eine kühle Brise weht zwischen den Espen auf der Klippe empor, und für einen Moment überkommt mich das Gefühl der Einsamkeit von vor zehn Jahren, und es kommt mir vor, als sähe ich noch einmal eine große, dunkle Gestalt, die sich zwischen den Bäumen hindurchschlängelt, und … verschwinden für immer in der weiten Ebene. Aber das ist nur für einen Moment; Denn während ich schaue, liegt die Vergangenheit so ausgedehnt wie die Ebene vor mir – lebendig und doch fern wie ein Traum. Die weiße Mühle löst sich auf dem dunklen Hügelhang, das Vieh ruht auf dem stillen Sumpf; Und immer noch dringt das Rauschen des Meeres zu mir, sanft murmelnd, wie damals, als ich ein glückliches Kind war, und erzählt mir von einem Geschenk, das weit und schön ist, wie über dem einsamen Land die kommende Nacht blau und weit ist.

KAPITEL I.

MEINE Schwester Joyce ist älter als ich. Ich glaube, sie war damals einundzwanzig und ich kaum neunzehn. Wir waren die einzigen Kinder von Farmer Maliphant aus Knellestone Grange in der Grafschaft Sussex. Die Maliphants waren eine alte Familie. Ihre Namen standen auf den ältesten Grabsteinen auf dem Friedhof der Abtei, deren Chor und zerstörte Querschiffe alles waren, was von einer prächtigen Kirche übrig blieb, die in der Zeit des Papsttums die Mutter eines großen Klosters und vieler anderer Kirchen gewesen war Unsere Stadt war ein Meilenstein in der englischen Geschichte. Ich bin mir nicht sicher, ob unsere Familie schon so lange datiert ist. Ich hatte von Rittern mit Helmen und Kettenhemden gelesen, die unter der Stadtmauer, von der noch Reste übrig waren, Scharmützel führten, und von tapferen Kapitänen, die die Galeeren des Königs in den Hafen in der Bucht brachten, die zu Sumpfland geworden war, und ich hoffte, dass dies der Fall sein würde es könnten auch Maliphanten gewesen sein , die den Hügel unter den jetzt mit Efeu bewachsenen Toren hinauf und hinunter ritten; aber ich fürchte, selbst wenn die Familie damals existiert hätte, wären sie nur Bogenschützen gewesen, die ihre Pfeile hinter den Türmen auf dem Hügel abgefeuert hätten.

Auf jeden Fall besaßen oder pachteten Maliphanten – ganz zu schweigen von Romantik – seit mehr als dreihundert Jahren Land auf den Udimore-Hügeln und den Hügeln von Brede, und es muss fast genauso lange her gewesen sein, dass sie in dem alten Steinhaus gelebt hatten mit Blick auf den Romney Marsh. Denn fast unser gesamtes Land war ein Herrenhaus der alten Abtei gewesen und wurde der Familie meines Vaters bei der Auflösung der Klöster im Jahr 1540 zugesprochen, und es war noch nicht viel mehr als ein Jahrhundert her, seit die Maliphanten gezwungen waren, den größten Teil davon zu verkaufen es an die Vorfahren dessen, der jetzt Gutsbesitzer im großen Haus war. Aber sie hatten ihr altes Zuhause nie verlassen, das Land, das sie einst besessen hatten, gepachtet und den Boden bestellt, über den sie einst Herren gewesen waren. Unser Haus war das älteste Haus im Ort. Antiquare bezeugen, dass es aus demselben fremden Stein gebaut wurde, aus dem auch die Mauern der alten Abtei bestanden. und unser Name war der älteste Name, eine Tatsache, die mein Vater, obwohl er ein Demokrat war, nie wirklich vergaß. Aber wir waren nicht mehr so wohlhabend wie früher, selbst in der Erinnerung lebender Menschen.

Familienporträts von Damen in knappen Kleidern und hoher Taille und von Galanten in Rüschenhemden waren in meiner Fantasie angenehme Bilder, und es gab geflüsterte Geschichten über Fässer mit Spirituosen, die zu Zeiten meines Großvaters mitten in der Nacht in den alten Kellern unter dem Haus gelagert wurden und davon, dass Mutters alte Mechlin-Spitze unter Einsatz kühner Leben in die lustigen kleinen Fischerboote gebracht wurde, die sich den Steuervernichtern widersetzten. Aber Schmuggel war in unserer Zeit eine tote Kunst, und anständige Leute hätten sich geschämt, geschmuggelte Waren zu kaufen. Wir lebten das ereignislose Leben unserer Nachbarn und waren nicht mehr die großartigen Menschen, die wir schon zu Zeiten meines Großvaters gewesen waren; denn die Landwirtschaft war jetzt nicht mehr so lukrativ.

Meine Schwester Joyce war sehr hübsch. Ich habe nicht viel von der Welt gesehen, aber ich bin mir sicher, dass das jeder gesagt hätte. Sie war groß, größer als ich, und ich bin nicht klein, und sie war schlank und blond wie eine Rose. Joyce hatte eine Art sanfte, Quäker-artige Würde, die ich noch nie bei einer so jungen Person gesehen habe. Sie hatte es von unserer Mutter. Beide Frauen waren sehr groß und beide ertrug ihre Größe tapfer. Manchmal ist es wahr, wenn Joyce durch die dunklen Gänge des alten Gutshofs ging, die Arme voller süß duftender Wäsche, und ihren kleinen Kopf neigte, um durch die niedrigen Türen hindurchzugehen, oder wenn sie in der Küche die Marmelade machte , oder Butterstücke in der Molkerei, sie beugte sich ein wenig über ihre Arbeit; aber wenn sie an einem Juniabend mit den Händen voller Schneeballrosen und Pfingstrosen für den Salon über den Rasen kam, hätte niemand sagen können, dass sie zu groß sei, so aufrecht und anmutig schien sie über den Rasen zu huschen Erde.

Natürlich habe ich diese Dinge mit neunzehn Jahren nicht bewusst wahrgenommen; Aber wenn ich jetzt wieder an sie denke, kann ich sehen, dass es überhaupt nicht verwunderlich war, dass die Landleute von Joyce Maliphant als einem armen Kerl sprachen, der nicht dazu taugte, die Frau eines Landsmanns zu sein. Sie hatte eine Übersensibilität an sich – eine Art zitternde Zurückhaltung –, die sie als Angehörige einer anderen Ordnung von Wesen auswies. Es war nicht so, dass sie geistig oder körperlich schwach war. Joyce überraschte oft mit ihren plötzlichen Absichten; Und was die Müdigkeit betrifft, so konnte diese schlanke Gestalt den ganzen Tag arbeiten, ohne müde zu sein, und obwohl die Wange so zierlich war wie das Blütenblatt einer Blume, hatte sie nichts Zerbrechliches an sich: Sie verriet Gesundheit, genau wie die Klarheit des Blaus Auge und die Fülle des welligen kastanienbraunen Haares.

Joyce behielt ihren Teint, auch weil sie weniger draußen unterwegs war als ich; Aber wenn ich gewusst hätte, dass ich ihre schöne Haut anstelle meines eigenen sommersprossigen Gesichts hätte haben können, glaube ich nicht, dass ich mich mit ihr verändert hätte. Zweifellos hatte Mutter recht, und ich hätte diesen – meinen einzigen guten Punkt – vielleicht beibehalten, wenn ich Lust dazu gehabt hätte. Rothaarige Menschen haben im Allgemeinen eine frische Haut, und mein Haar hat ungefähr die Farbe der Blätter des Virginia-

Weins im Herbst oder die Farbe des Kupferkessels im Sonnenlicht. Ich habe mich damals sehr dafür geschämt.

Zum Glück achtete ich wenig auf mein Äußeres. Ich war ganz zufrieden damit, das Monopol auf die Familienschönheit meiner Schwester zu überlassen, wenn ich die Freiheit hätte, mit Taff , dem großen Bernhardiner, das Sumpfland zu durchstreifen ; Und solange mein Vater mich wie einen Jungen behandelte und mich ihm bei der Beaufsichtigung der Farm helfen ließ, konnte er so viel über „Margarets graue Augen, die jeden Tag eine andere Farbe aussahen" scherzen, wie er wollte, und mich sogar für heftig beschimpfen Augenlider, die überhaupt nicht so aussahen, als ob ich ein gesundes Leben im Freien führen würde. Aber ich tat es: Wenn es weder Waschen noch Backen noch Buttermachen gab, bei dem ich mithelfen konnte, war ich von morgens bis abends draußen . Als ich ein Kind war , war ich bei Reuben Ruck, dem Schäferhund, und seinem schwarzen Collie Luck, dem besten Schäferhund des Landes.

Ruben lehrte mich viele Dinge – wo man die Formen der Hasen auf dem Sumpfland finden kann, die Nester der Metzgervögel und Goldammern und Weizenähren, die alle unserer Heimat eigen waren; Er lehrte mich, am Abend die Purpurreiher im Sand oder an den Deichen zu überraschen, die Eier der Kiebitze auf dem Kies zu finden, die Eichhörnchen in den Manor-Wäldern zu zähmen, Meeräsche im Ärmelkanal zu fangen und Aale im Meer aufzuspießen Deiche, um zu wissen, wann die Brut jedes einzelnen Vogels hervorkam, um die verschiedenen Ankömmlinge der Mauersegler, Martinsschwalben und Schwalben willkommen zu heißen.

Zu der Zeit, über die ich schreibe, musste Ruben aus gesundheitlichen Gründen seinen Hirtendienst aufgeben und erledigte Gelegenheitsarbeiten in Haus und Garten; Aber er hatte die Liebe zum Land in mir geweckt, und jetzt war es sinnlos für meine Mutter, meine Wandergewohnheiten zu beklagen, oder sogar für unsere alte Amme Deborah, mich zur Rede zu stellen, weil ich mich nicht mehr um die häuslichen Beschäftigungen kümmere, mit denen ich beschäftigt bin Schwester hat sich so hervorragend hervorgetan. Was auch immer mit einem Vogel oder einem Tier zu tun hatte, ich kümmerte mich mit Eifer; aber was die Hausarbeiten anging, so erledigte ich sie nur so schnell ich konnte, um schneller in die Luft zu kommen. Ich kannte jeden Hügelkamm im Landesinneren, jede Landzunge draußen auf dem Meer, jeden Hirtenpfad quer durch das Sumpfgebiet, jede Planke jenseits der Kanäle. Die Hirten und die Küstenwache waren alle meine Freunde, und ich glaube, es gab keinen von ihnen, der nicht eher der Gefahr getrotzt hätte, als dass mir Schaden zugefügt hätte, obwohl ich nicht annehme, dass ich jemals mehr als sechs Worte gewechselt habe. Ich habe mich in meinem ganzen Leben mit keinem von ihnen unterhalten. Worte waren zwischen uns nicht nötig.

„Farmer Maliphants kleines Fräulein“ war schon immer ein Favorit gewesen, und „Farmer Maliphants kleines Fräulein“ war immer seine jüngste Tochter. Ich erinnere mich jetzt gerne an den Titel; Ich erinnere mich gerne daran, dass ich, wenn Joyce die rechte Hand meiner Mutter im Haus war, der Begleiter meines Vaters auf den Feldern war. Ich mochte Vater sehr; Ich habe mich über jedes Lob von ihm sehr gefreut. Mit meiner Mutter kam ich nicht so gut klar. Ich vermute, dass sich Töchter mit ihren Müttern oft nicht so gut verstehen. Denn obwohl Joyce ein frisches, ordentliches und geschicktes Mädchen war, genau nach dem Herzen ihrer Mutter, und ich weiß, dass sie dachte, es gäbe niemanden, der ihr gleichkam, kamen sie nie gut miteinander aus. Ich habe immer ihre Kämpfe ausgetragen. Sie war zu sanft oder zu stolz – ich war mir nie sicher, was –, um für sich selbst dagegen anzukämpfen. Ein Schimpfwort, das nur in der Aufregung einer häuslichen Krise ausgesprochen wurde – was für eine Frau, für die Hauswirtschaft eine Kunst war, Welten bedeutete –, würde Joyce tagelang in eine Rüstung der Zurückhaltung hüllen, und ich habe sie oft ausgelacht, selbst während ich … kämpfte für sie.

Was mich betrifft, ich dachte immer, ich könnte mit meiner Mutter klarkommen. Ich wünschte, ich hätte die lieben alten Zeiten wieder zurück! Es ist wenig Management, das ich gerne machen würde. Es hat sehr wenig Gutes gebracht. Ich glaube, dass jeder Streit, den ich um Joyce hatte, ihr gegenüber meiner Mutter nur geschadet hat ; Ich war so ein eigensinniges Mädchen, dass es einen Deal brauchte, um mich abzusetzen, und ich fürchte, dass sie dadurch einige der Stöße bekam, die für mich bestimmt waren.

Einer der besonderen, wenn auch stillschweigenden Streitpunkte zwischen meiner Mutter und mir war die Wahl eines Ehemannes für meine Schwester. Ich stimmte durchaus mit den Landleuten darin überein, dass sie nicht geeignet sei, die Frau eines Landmanns zu sein, aber ich war nicht mit der Vorstellung meiner Mutter über einen geeigneten Ehemann für sie einverstanden.

Mutter war eine sehr ehrgeizige Frau. Sie wollte, dass wir in der Welt aufsteigen; Sie wollte, dass wir wieder etwas von der Position einnehmen, von der sie wusste, dass die Familie sie einst innehatte. Sie war selbst keine hochgebildete Frau, aber sie war eine kluge Frau. Sie hatte uns nach besten Kräften erziehen lassen, etwas besser als die Töchter anderer Bauern; Wenn es nach ihr gegangen wäre, hätte sie mich als den Klügeren nach London zur Schule geschickt. Aber Vater wollte nichts davon. Er verweigerte ihr nie eine Laune für sich selbst, hielt sich aber nicht an das Lernen im Internat.

Es blieb mir überlassen, meine Ausbildung zu beenden, indem ich mein Leben lebte. Aber Mutter hatte nichtsdestoweniger den Ehrgeiz für uns, und da sie eine altmodische Frau war, strebte ihr Ehrgeiz nach guten Ehen für uns. Und ich – das dumme Mädchen, das ich war – dachte, dass der Mann, von dem sie hoffte, dass Joyces Schönheit ihn gewinnen würde, ein ganz gewöhnlicher Liebhaber war und ihrer überhaupt nicht würdig. Erstens hatte er eine bessere Stellung in der Welt als sie und würde wahrscheinlich davon ausgehen, dass er sie durch die Ehe großzog, was mir in meinem Stolz missfiel. Denn schließlich war es nur das, was die Welt für eine bessere Position hielt; Ihm gehörte das Land, auf dem wir arbeiteten. Aber das Land war nur von seinen Vorfahren gekauft worden; wohingegen unsere Vorfahren es bereits mehr als zweihundert Jahre zuvor besessen hatten, so dass wir davon ausgingen, dass wir der besseren Abstammung angehörten.

Schwarzweiß niederlege, lächle ich vor mich hin; Es stellt so schlecht die wirklichen Beziehungen dar, die zwischen unseren beiden Familien bestanden, denn der Mann, von dem ich spreche, war für uns immer der beste und treueste Freund, und selbst zu dieser Zeit gab es zwischen uns einen herzlichen, einfachen Verkehr, der völlig unbeeinflusst war durch Rangunterschied oder Parteigeist. Aber die Worte drücken eine bestimmte Seite unserer Gefühle aus, insbesondere eine bestimmte Seite meiner eigenen besonderen Gefühle, und deshalb bleiben sie bestehen.

Der Mann, von dem Mutter hoffte, dass Joyce ihn heiraten würde, war Squire Broderick. Seit wir Mädchen denken konnten, war er Gutsbesitzer im großen Haus gewesen, denn sein Vater war gestorben, als er kaum einundzwanzig war, und von da an war er Herr über die tausend Krähen, die am Abend über die Marsch flogen , zu ihren Häusern in den Buchen und Ulmen, die das Herrenhaus vor den Seestürmen schützten.

Ich erinnere mich, dass ich als Kind dachte, dass es sehr seltsam sei, dass die Türme immer zu den Bäumen von Knappe Broderick fliegen und nicht zu unseren. Denn wir hatten auch Bäume, wenn auch nicht so viele und nicht so groß, und unser Haus stand nur am anderen Ende des Hügels, der auf beiden Seiten ins Sumpfgebiet abfiel. Sein Haus war groß, quadratisch und regelmäßig – ein elisabethanisches Haus aus roten Backsteinen – und hatte viel mehr Fenster und Schornsteine als unseres und viel mehr Blumenbeete auf dem Rasen, der über den Sumpf bis zum Meer blickte.

Aber obwohl der Gutshof im Laufe seiner Geschichte oft erweitert worden war und daher unregelmäßige Formen und unterschiedliche Farben aufwies, je nachdem, wie lange der Stein dem Wetter standgehalten hatte, oder aufgrund der Moose und Efeu, die sich an seinem Grau festhielten Ich bin mir sicher, dass es auf seine Weise ein genauso schönes altes Bauwerk war, mit seinem hohen Ziegeldach und den Gitterfenstern, die nur wie Augen in den leeren Räumen aus massivem Stein aussahen.

Wir hatten auf jeden Fall eine bessere Aussicht als der Knappe. Von den niedrigen Fenstern des vorderen Salons aus konnten wir sehen, wie sich die

Stadt mit dem roten Dach etwa drei Meilen entfernt wie ein Wachturm aus der Ebene erhob; und hinter der Ruine der runden Steinfestung, die wie ein schlafender Riese im gelbbraunen Marschland lag, blickten wir über die weite Fläche des flachen Weidelandes zu den Stürmen und dem Blau des Meeres in der Ferne.

Ich glaube nicht, dass ich mir der seltsamen Schönheit dieses Sumpflandes so bewusst war, wie ich es jetzt bin; Aber ich weiß, dass ich es geliebt habe – obwohl die Leute sagen, dass die Landbevölkerung keine Bewunderung für die Natur hat – und ich weiß, dass ich froh war, dass wir mehr davon gesehen haben als sie vom Manor aus, wo ein Baumgürtel erlaubt war erwachsen werden und die Aussicht verschließen. Aber die Krähen liebten diesen herrschaftlichen Baumgürtel, und ich glaube, als Kind habe ich den Knappen, die Krähen, beneidet. Wenn ja, dann war es das Einzige, um das ich ihn je beneidet habe.

Als Kind des Pächters des Gutsherrn und stolz auf meinen Familienstolz wurde mir in die Wiege gelegt, ihn wegen seines schönen alten Hauses und seiner vielen Hektar eher abzulehnen als sonst. Aber das geschah erst, als mir etwas einfiel, das mich an diese Gefühle erinnerte – nämlich der Wunsch meiner Mutter nach einer Heirat zwischen meiner Schwester und dem Dorfboss. Ansonsten habe ich ihn überhaupt nicht in diesem Licht gesehen, sondern eher als den Versorger der einzigen Leckerbissen, die uns in diesem ruhigen Leben je begegnet sind; denn er war es, der eine Gruppe zusammenstellte, die uns zu den Wandershows in der kleinen Stadt mitnahm, wenn sie vorbeikamen, oder manchmal sogar zu dem größeren, zehn Meilen entfernten Seehafen. Ich kann mich noch an die Schulfeste im Manor erinnern, als wir kleine Mädchen waren und der Gutsbesitzer gerade erst zu sich gekommen war; und wie er, nachdem der Dorftee und der Kuchen vorbeigereicht worden waren, mit uns beiden allein über das ganze Gelände führte und uns schöne Sträuße mit Treibhausblumen schenkte, die wir in den Salon des Gutshofs mitnehmen konnten.

Ich kann mich sogar an einen Ritt auf seinem Rücken um das Feld erinnern, als ich versuchte, das Pony zu fangen, und wie wild ich die ganze Zeit lachte und die Wiesen vor lauter Fröhlichkeit erklingen ließ; aber das muss gewesen sein, als ich kaum älter als fünf Jahre war. Seitdem war er Ehemann und Vater, und jetzt war er Witwer und in meinen Augen ein ziemlich alter Mann ; obwohl er vermutlich kaum älter als fünfunddreißig war.

Ich erinnere mich nicht an Frau Broderick. Ich fragte meine Mutter einmal nach ihr und sie erzählte mir, dass sie gestorben sei, als ich kaum zehn Jahre alt war. Und von unserer alten Dienerin Deborah hatte ich außerdem erfahren, dass es sich um die Geburt eines kleinen Sohnes handelte, der ein Jahr nach ihr gestorben war, und dass die Mutter es nicht ertragen konnte, darüber zu sprechen, weil es gerade zur gleichen Zeit geschah dass wir unseren kleinen Bruder John verloren haben. Beide Kinder waren an Scharlach gestorben, und die Mutter hatte den mutterlosen Jungen des Gutsherrn vor ihrem eigenen gestillt. Ich vermute, das war der Grund, warum der Gutsherr ihr gegenüber immer so zärtlich und ehrfürchtig war.

Ich weiß, dass mir der Knappe leid tat; denn es kam ihm schwer vor, dass er keinen Erben für alle seine Ländereien haben und ganz allein in diesem großen Haus leben musste. Aber es schien ihm nicht viel auszumachen: Er war immer fröhlich; sein helles, frisches Gesicht, immer mit einem Lächeln darauf; seine offenen, blauen Augen strahlten immer. Es tat gut, ihn zu sehen; es war wie ein Hauch frischer Luft. Ich denke, dass jeder das Gleiche für ihn empfand. Er war nicht nur großzügig, ein gerechter Vermieter, der „immer sein Wort hielt" – es steckte noch mehr dahinter; Es gab etwas, das alle dazu brachte, ihn zu lieben, abgesehen von allem, was er tat. Und wenn ich jetzt auf die Vergangenheit zurückblicke, wird mir klar, dass es der Gutsherr unter den Leuten wohl nicht leicht hatte. Er hatte einen Dorn im Fleisch, und dieser Dorn war mein Vater.

Der Gutsbesitzer war ein glühender Konservativer, und Vater war – nun ja, was auch immer er war, er war ein Gegner des Gutsbesitzers; und da er zu den Menschen gehörte, die die seltene Gabe hatten, ihre Überzeugungen und ihre Begeisterung anderen mitzuteilen, hatte er großen Einfluss auf die Arbeiterklasse, und sein Einfluss war für die Partei des Gutsherrn nicht günstig. Und doch war Vater kein Politiker. Ich wusste damals nichts über Schattierungen in diesen Angelegenheiten, und da Vater kein Tory war , nahm ich an, dass er ein Liberaler sein musste. Aber er war kein Liberaler und noch weniger ein Radikaler im parteilichen Sinne des Wortes. Wie gesagt, er gehörte keiner Partei an. Die Reformen, die er wollte, waren soziale Reformen, und sie konnten nur durch den geduldigen Kampf der Menschen gewonnen werden, die sie brauchten. Das war es, was er zu sagen pflegte, und ich vermute, das war der Grund, warum er seine ganze Kraft der Förderung der Arbeiterklasse widmete und sich so wenig um ihre bestehenden Herrscher kümmerte. Aber das habe ich damals nicht verstanden; Erst lange danach schätzte ich alles, was mein Vater war. Dann kam mir die Frage, wie er auf so fortschrittliche Ideen gekommen sein konnte, als er in einem ruhigen Dorf auf dem Land lebte, und ich erinnerte mich plötzlich an einige Worte, die er eines Tages zu mir gesagt hatte, als ich ihn nach einer kleinen Buntstiftskizze gefragt hatte, die immer so war hing über dem Schreibtisch in seinem Geschäftszimmer. Es war das Porträt eines jungen Mannes mit festem, eckigem Kinn, empfindlichem Mund und flüssigen, feurigen Augen. Er trug das Haar aus der breiten Stirn zurückgekämmt und wirkte insgesamt fremdländisch. Es war ein faszinierendes Gesicht.

„Das, Meg", hatte er gesagt, „war ein großartiger Mann – ein Mann, der Krieg gegen die Starken führte, der den Armen und Unterdrückten half und für die Gesetze der Gerechtigkeit und Freiheit kämpfte. Er gab seine Zuneigung, seine." Seine Güter, sein Gehirn und sein Leben dienten anderen. Er starb arm, war aber reich. Er war ein echter Christ. Sein Name war Camille Lambert.

Er sagte nichts mehr, und ich wollte das Thema nie wieder ansprechen; Denn Mutter hatte mir später erzählt, dass er kurz nach ihrer Verlobung mit dem jungen Franzosen eine romantische Freundschaft geschlossen hatte und dass er es nie mehr ertragen konnte, von ihm zu sprechen, nachdem er ihn im Schatten der alten Abtei beigesetzt hatte Kirche.

Mutter konnte mir wenig über ihn erzählen, abgesehen von der Tatsache, dass er einige Jahre älter als sein Vater war und dass seine Eltern zu den Überresten der französischen Flüchtlingskolonie gehörten, die im letzten Jahrhundert in unserer Stadt gelebt hatte und ihnen noch immer ihre Namen hinterlassen hatte viele bestehende Häuser. Tatsächlich habe ich damals nicht mehr darüber nachgedacht; Aber als ich mich lange danach an die Sache erinnerte, suchte ich nach einer kleinen Manuskriptbroschüre in der Handschrift meines Vaters, in der ich die Lebensgeschichte seines Freundes erzählte.

Camille Lambert war eine Schülerin des heiligen Simon, der gestorben war, als mein Vater noch ein kleiner Junge war. Da er ein eifriger und romantischer Mensch war, war seine Begeisterung schon früh von diesen erhabenen Lehren entfacht worden, und er hatte sein gesamtes Vermögen der großen „Schule" gewidmet, die gerade ihre Zweigstellen in den Provinzen eröffnet hatte.

An allen damit zusammenhängenden Arbeiten war Camille Lambert aktiv beteiligt; Und als finanzielle Schwierigkeiten und Meinungsverschiedenheiten zwischen den Anführern dazu führten, dass die Begeisterung der Bevölkerung nachließ und der Plan für undurchführbar erklärt wurde, brach ihm das Herz über das Scheitern seiner Hoffnungen und er kehrte nach Hause in das kleine englische Dorf zurück, um zu sterben.

Als ich diese Seiten später las, war es für mich kein Wunder, dass ein solcher Enthusiasmus eine verwandte Flamme im Herzen eines so gerechten und zärtlichen Mannes entfacht hatte, wie ich meinen lieben Vater kannte. Ich denke jetzt gerne an diese Freundschaft. Es erklärt mir vieles, was manchmal ein Rätsel war, wenn ich die Figur meines Vaters mit den reiferen Augen meiner heutigen Jahre betrachtet habe. Aber damals habe ich nicht tief genug nachgedacht , als dass irgendetwas ein Rätsel gewesen wäre. Ich war stolz auf den Einfluss meines Vaters unter der Landbevölkerung; Ich hörte gerne die Beifallrufe, mit denen er begrüßt wurde, wenn er bei Winterabendversammlungen im alten Rathaus aufstand, um zu sprechen. Ich wusste, dass der Kreuzzug, den er predigte, der der Armen gegen die Reichen war; und in meinem Kopf herrschte Verwirrung über unsere Haltung gegenüber dem Gutsherrn. Mir war, als ob ich bei meinem Vater ein unruhiges Gefühl gegenüber dem Mann bemerkte, dem er die Pacht für sein Land zahlte; Und als ich diese geheime Hoffnung im Herzen meiner Mutter erahnte, begann ich, den Gutsbesitzer mit den „Reichen" gleichzusetzen, gegen die er theoretisch Krieg führte, und vergaß die vielen Gelegenheiten, bei denen sie im Herzen eins waren, wenn es darum ging, Freundlichkeit und Großzügigkeit zu zeigen Aktionen.

Meine Stimmung hielt nicht lange an, denn die alte Gewohnheit meines Lebens war stärker als eine Stimmung, und der Gutsbesitzer war unser Freund, aber im Moment war das meine Stimmung. Der Gutsherr gehörte einer feindseligen Klasse an; Vielleicht, was in meinen Augen noch schlimmer war, war er ein Mann mittleren Alters, und Joyce durfte ihn nicht heiraten. Mutter sprach mir gegenüber nie von ihren Hoffnungen. Es war die alte Deborah, die manchmal darüber sprach; Sie besprach die Familienangelegenheiten immer viel freier als jeder andere im Haus. Sie war bei uns, als Joyce geboren wurde, und es war selbstverständlich, dass sie das meiste, was ihr wichtig war, mit denen auf der Welt sprechen sollte, die sie am meisten liebte. Aber von Deborah konnte nicht erwartet werden, dass sie sich auf die Zartheit einer solchen Situation einließ, und ich war mir sicher, dass es mir oblag, bis zum Tod zu kämpfen, bevor meine schöne Schwester dem alltäglichen Wohlstand geopfert werden sollte, anstatt in der Welt der Romantik zu glänzen dass ich es liebte, mich für sie zu begeistern.

<hr>

KAPITEL II.

CAPTAIN FORRESTER war der Held der Romanze, die ich mir für Joyce ausgedacht hatte. An einem hellen, frostigen Wintertag hatte ich sie in die Stadt zum Markt gefahren. Der Himmel war blau, die Luft war scharf, die kleinen Eiszapfen hingen glitzernd von den Bäumen und Heckenreihen, als wir den Hügel hinunterfuhren; Das Meer lag stählern und ruhig hinter der Einöde des weißen Sumpflandes, das in seiner Monotonie so weit wirkte. Der Tag belebte die Stimmung und hatte auf Vaters neue Stute die gleiche Wirkung wie auf uns; Außerdem war die Straße eisenhart und sehr rutschig.

Joyce war in einem Hundewagen nervös und hatte Zweifel an der Neuanschaffung. Ich übrigens auch. Die Stute zog sehr stark. Wir kamen jedoch ganz gut in die Stadt, und in der Aufregung um ihre Einkäufe vergaß Joyce ihr Unbehagen. Es dauerte lange, bis sie in Sachen Seife, Schinken und Küchenutensilien ganz ihrer Meinung nach war; Und gerade als wir gingen, fiel mir ein, dass meine Mutter mir gesagt hatte, ich solle ihr ein paar Klebebänder und Nadeln mitbringen.

„Ich habe etwas vergessen, Joyce", sagte ich. „Kommen Sie gleich und übernehmen Sie die Zügel. Ich rufe einen Jungen, der den Kopf des Pferdes hält."

Sie stieg ein und ich winkte einen Jungen in der Nähe, der zum Kopf des Tieres ging. Doch bevor ich einen Moment im Laden war, rief mich ein Schrei von Joyce zurück. Die Stute bäumte sich auf. Ob der Junge sie gehänselt hatte oder nicht, weiß ich nicht, aber die Stute bäumte sich auf, und an ihrer Spitze stand anstelle des Jungen, den ich gerufen hatte, Kapitän Forrester. Wir wussten damals nicht, wie er hieß; Wir sahen lediglich einen großen, gutaussehenden Mann in eleganterer Kleidung, als sie normalerweise von den Dandys der Nachbarschaft getragen wurden, und beruhigten das ruhelose Tier, das bald zeigte, dass es einen Freund erkannte. Joyce war weiß wie ein Laken; Doch als sich der junge Mann zu mir umdrehte und mit gehobenem Hut sagte: „Ich glaube, Miss Joyce Maliphant ", errötete sie so rot wie eine Mohnblume.

Es war seltsam, dass er ihren Namen so gut kannte.

„Nein", sagte ich, „ich bin nicht Joyce; ich bin Margaret Maliphant . Der Name meiner Schwester ist Joyce."

Während ich sprach, winkte ich ihr zu. Vielleicht war ich etwas unvorbereitet; Die Leute sagen, das sei ich immer. Ich nehme an, das war der Fall, denn er murmelte eine halbe Entschuldigung.

„Ich hätte es nicht gewagt, mich einzumischen", sagte er, „wenn ich nicht die Natur dieses Tieres kenne. Seltsamerweise gehörte es einmal mir. Für das Fahren einer Dame ist es nicht geeignet."

„Warum", sagte ich verwirrt und halb zweifelnd, „Vater hat sie erst letzte Woche von Squire Broderick gekauft."

„Genau", lächelte er und ich bemerkte, was für ein angenehmes, freundliches Lächeln er hatte. „Ich habe die Stute selbst an Squire Broderick verkauft. Ich kenne ihn sehr gut."

"Oh!" rief ich, fürchte ich, noch lange nicht gnädig aus.

Er stand immer noch neben dem Pferd und streichelte seinen Hals.

„Ja", wiederholte er und sein Ton war kein bisschen weniger angenehm, weil ich so unhöflich gesprochen hatte. „Sie gehörte früher zu mir. Sie hat ein bisschen Temperament."

„Ich mag ein Pferd mit etwas Temperament", antwortete ich. „Ein Pferd, das ein hartes Maul hat, ist langweilig."

Ich sagte es aus reiner Prahlerei, denn ich war beleidigt darüber, dass behauptet wurde, ich könne kein Pferd lenken. Während ich sprach, stellte ich meinen Fuß auf die Stufe, um auf den Hundekarren zu steigen. Sobald die Stute die Bewegung hinter sich spürte , bäumte sie sich wieder leicht auf. Captain Forrester brachte sie erneut zum Schweigen, aber es gab immer noch keinen Zweifel daran, dass sie sich aufgebäumt hatte.

„Oh, Margaret", seufzte Joyce, „ich bin sicher, wir werden nie sicher nach Hause kommen!"

"Unsinn!" schrie ich ungeduldig.

Ich hasste es, wenn Joyce so aussah, als würde sie meiner Fähigkeit, ein unruhiges Pferd zu führen, misstrauen, und ich hasste es ebenso, wenn sie sich als Frau mit Nerven präsentierte. Ich war bereits auf meinem Platz angekommen, nahm ihr nun die Zügel aus der Hand und bereitete mich darauf vor, der Stute den Kopf zu geben.

„Ich denke, ich werde gehen, Margaret", sagte Joyce mit einer Stimme, von der ich wusste, dass sie bedeutete, dass sie sich nicht von ihrem Vorhaben abbringen ließ. Sie war im Allgemeinen nicht eigensinnig, aber wenn sie Angst hatte , hörte sie nicht auf irgendeinen Grund.

Anstatt eine Szene zu haben, wusste ich, dass es das Beste wäre, nachzugeben.

„Sehr gut, dann gehen wir beide zu Fuß", sagte ich. „Du gehst besser runter, und ich fahre weiter und stelle den Karren beim Gasthaus ab. Ruben muss heute Abend hinausgehen und ihn nach Hause bringen."

Ich weiß, dass ich verärgert gesprochen habe; Es war falsch, aber ich war genervt. Doch bevor Joyce herunterkommen konnte, sah ich, dass unsere neue Freundin auf die andere Seite des Hundekarrens gegangen war und mit ihr sprach.

„Miss Maliphant ", sagte er – und ich konnte nicht umhin zu bemerken, was für eine charmante Art er hatte und was für eine faszinierende Art, seine weit geöffneten hellbraunen Augen direkt ins Gesicht der Person zu richten, mit der er sprach, und doch das ohne etwas Kühnes dabei zu tun: „Miss Maliphant , lassen Sie mich Sie und Ihre Schwester nach Hause fahren? Ich weiß, wie unangenehm es ist, nervös zu sein, und ich glaube nicht, dass Sie Angst hätten, wenn ich fahren würde , denn, sehen Sie, ich verstehe die Stute ganz gut.

Joyce errötete und ich biss mir auf die Lippe. Es war auf jeden Fall sehr beschämend, einen völlig Fremden zu sehen, der sich als besserer Peitsche ausgab als ich.

Joyce antwortete: „Oh, danke, ich glaube nicht, dass wir Sie damit belästigen könnten", sagte sie und neigte ihren hübschen Kopf.

„Es wäre kein Problem", antwortete er und sah sie an. „Ich gehe in deine Richtung." Er sagte es nicht eifrig, sondern nur mit einem freundlichen Lächeln, als wäre sein Angebot aus reiner Höflichkeit gemacht worden.

Ich sah ihn an. Er war jung und gutaussehend, und er war mit Sicherheit ein Gentleman, denn er hatte die perfektesten und lockersten Manieren, die ich je bei einem Mann gesehen hatte; und er sah Joyce an, wie ich mir vorstellte, dass ein Mann die Frau ansehen würde, die er lieben könnte. Plötzlich verflüchtigte sich mein ganzes Ärgernis über seinen mangelnden Respekt gegenüber meinen Fahrkünsten; denn ein Gedanke schoss mir durch den Kopf. Könnte dies der Liebhaber sein, von dem ich für meine schöne Schwester geträumt hatte? Er hatte ihren Namen vorher erfahren; deshalb muss er sie gesehen haben und sich auch so sehr von ihr angezogen gefühlt haben, dass er herausfinden wollte, wer sie war.

Warum war es nicht möglich, dass er sich auf den ersten Blick in sie verliebt hatte und diese Gelegenheit, sie kennenzulernen, gesucht hatte? Es war bekannt, dass solche Dinge passierten, und Joyce war sicherlich schön genug, um die Begeisterung eines Bewunderers zu erklären. Ich stand selbst einen Moment unentschlossen da. Ein junger Mann aus dem Laden, in dem ich meinen kleinen Einkauf getätigt hatte, kam heraus und legte das Paket in den Hundekarren. Er hielt einen anderen in der Hand.

„Das ist für das Manor, Kapitän", sagte er. „Soll ich es in die Kutsche legen?"

„Nein, nein, danke", antwortete unser neuer Freund. „Der Knappe wird eines Tages vorbeifahren und es abholen."

Damit war die Frage für mich geklärt.

"Kapitän!"

Ein Kapitän hatte etwas viel Romantischeres als ein einfacher Herr. Und so ein Kapitän! Auf dem Freiwilligenball hatte ich schon Kapitäne getroffen, aber nicht wie diesen. Es kam mir keinen Moment in den Sinn, dass der Herr, wenn er ein Freund des Squires war, unbedingt zu der Klasse gehören musste, die ich zu verabscheuen glaubte, und daher kein geeigneter Liebhaber für meine Schwester sein sollte. Ich war zu sehr von der einzelnen Person fasziniert, um mich an den Unterricht zu erinnern. Joyce sah mich hilfesuchend an.

„Ich weiß sicher nicht, was ich sagen soll", murmelte sie.

Das Pferd fing wieder an zu zappeln, weil es so lange im Stehen gehalten wurde. Es konnte nichts dagegen einzuwenden sein, dass ein Freund des Squires uns hinüberfuhr.

„Danke", sagte ich und versuchte, cool und würdevoll und überhaupt nicht eifrig zu sein. „Wenn Sie so freundlich wären, uns zu fahren, wäre ich Ihnen sehr dankbar." Und als ich mich an den Verkäufer wandte, fügte ich hinzu: „Legen Sie das Paket in die Kutsche."

Ich weiß nicht, was der Kapitän von meinem plötzlichen Verhaltenswechsel gehalten haben muss; Ich habe nicht lange darüber nachgedacht. Ich sprang zu Boden, bevor er Zeit hatte, mir zu helfen, und begann, den Rücksitz des Wagens herunterzulassen.

„Nein, nein, verlass das Pferd nicht", rief ich, als er nach hinten kam, um mir zu helfen. „Ich weiß ganz genau, wie man das macht. Stehen Sie auf. Joyce ist so nervös."

„Wie Sie wollen", sagte er immer noch lächelnd; und er stand neben Joyce auf.

Im Handumdrehen hatte ich den Sitz repariert und sprang hinein, und wir machten uns im flotten Trab auf den Weg die Dorfstraße entlang. Joyce war nicht ganz beruhigt, obwohl ihre Eitelkeit sie daran hinderte, ihre Besorgnis offen zum Ausdruck zu bringen, wie sie es getan hätte, wenn ich an ihrer Seite gewesen wäre. Sie saß da und hielt sich am Karren fest, die Lippen geöffnet und den Blick auf die Ohren des Pferdes gerichtet. Ich hatte mich auf dem Sitz ein wenig umgedreht, damit ich sie sehen konnte, und fand, dass sie sehr hübsch aussah. Ich dachte, Captain Forrester müsse der gleichen Meinung sein; aber ich glaube, er hatte gerade nicht viel Zeit, sie anzusehen – die Stute hatte alle Hände voll zu tun. Wir ratterten über das Kopfsteinpflaster den Hügel hinunter und aus der Stadt heraus. Bald waren seine roten Dächer, gekrönt vom quadratischen Turm der alten Kirche auf seinem Gipfel, nur noch ein Merkmal in der Landschaft, das sich allmählich in den weißen Hintergrund verwandelte, während ich mit dem Rücken zu den anderen saß. Schon nach kurzer Zeit war ich in einem meiner braunen Arbeitszimmer versunken, wie mein Vater es genannt hätte, und vergaß ganz zu bemerken, ob die beiden vor mir gut miteinander auskamen oder nicht. Der vage Traum, den ich immer von der Zukunft meiner Schwester gehabt hatte, begann Gestalt anzunehmen – er entfaltete sich langsam vor mir in einem süßen und entzückenden Bild, dem die schöne Szene vor mir Leben und Glanz verlieh, während sich der Sinn darin unmerklich vermischte meine Gedanken. Ich hatte nie gewusst, was ich mir wirklich für das Los meiner Schwester wünschte. Um die Frau eines Bauern vom Land zu sein, war sie viel zu schön; und doch dachte ich, dass mich nichts dazu hätte bewegen können, dazu beizutragen, sie mit einem der Adligen zu verkuppeln , die die ehrlichen Rechte des Volkes unterdrückten. Sir Walter Scotts „Fair Maid of Perth", das ich gerade zu Ende gelesen hatte, hatte meiner jugendlichen Fantasie Flügel verliehen; Aber es gab heutzutage keine Bürger mehr, die die ehrenvollen Stellungen dieser Schmiede und Handschuhmacher innehatten, obwohl zu dieser Zeit zweifellos viele solcher Bürger in der Stadt gelebt hatten, in der wir gerade zum Markt gewesen waren, und das war in alten Zeiten eine der Hochburgen des Reiches seiner Majestät. Wenn es solche Bewerber gegeben hätte, hätte ich, glaube ich, einem von ihnen unsere „Fair Maid" gegeben; Aber es gab einen gewaltigen Unterschied zwischen dem Mann, dem die Wäscherei gehörte – auch wenn er hinter der Theke nicht mehrere Meter Stoff abmaß – und dem Mann, der die Waren mit eigener Hand anfertigte und stolz darauf war, sie schön zu machen . Und heutzutage gab es keine Männer mehr, die Rüstungen herstellten – es gab keine Männer, die sie brauchten. Der Krieg war im Vergleich zu damals, als er wirklich eine Prüfung der individuellen Stärke war, zu einer sehr brutalen Sache geworden; Dennoch war es meiner Meinung nach von den Berufen, von denen ich etwas wusste, immer noch der beste, und es schien mir, dass ein guter Beruf das Einzige sei, was einen Landsmann und einen Landbesitzer wie Squire Broderick trennte. Ich frage mich, ob ich das alles so gut durchdacht hätte, wenn der feine, gutaussehende und vornehme junge Mann, der auf unseren Weg gestoßen war, nicht den Titel „Kapitän" getragen hätte? Wie auch immer, es war mir genauso in den Sinn gekommen, wie er mir in den Sinn gekommen war – für Joyce.

Er hatte etwas Frisches, Tapferes und Strahlendes an sich, mit diesen weit geöffneten braunen Augen, die er so aufmerksam auf die eigenen richtete. Ich war mir sicher, dass er voller Enthusiasmus, voller Mut und Loyalität war – durch und durch ein Soldat. Er war der erste Mann, den ich je gesehen hatte, der mich durch seine Persönlichkeit beeindruckte; und dennoch war er so einfach, so leicht und leicht.

Wenn ich jetzt auf meinen ersten Eindruck von Captain Forrester zurückblicke, glaube ich nicht, dass er unnatürlich war; Ich denke, dass er wirklich eine seltene Gabe der Faszination besaß, und es war nicht verwunderlich, dass ich mir sagte, dass dies der edle Held sei, von dem ich geträumt hatte, dass er die im Schatten des Waldes gepflegte Lilie wegtragen sollte. Er war genau der Typ Mann, der zu meiner Vorstellung von einem Galanten und Helden passte – eine Vorstellung, die einzig und allein aus den altmodischen Romanen aus der Bibliothek meines Vaters stammte, die ich in der Geheimhaltung meines Schlafzimmers verschlang, wenn ich mir einen Moment aus der häuslichen Umgebung entziehen konnte und meine Mutter war nicht bereit, ihre vernichtenden Bemerkungen auch nur auf solch gewinnbringende Liebesromane wie die Werke von Sir Walter Scott und Jane Austen zu richten.

Als ich dort mitten in der Schneeebene saß, mit dem Meer dahinter und der verwitterten Altstadt als dem einzigen Menschen in der weiten Landschaft, richtete ich meine Gedanken mit aller Konzentration auf diesen einen kleinen Ort Natur und fing an, eine Romanze zu weben, die weitaus brillanter war als alles, was ich gelesen hatte, oder als alles, was mir in meinem ruhigen Alltag bisher in den Sinn gekommen war. Die Zeiten fröhlicher Turniere, erbitterter Nahkämpfe und in Kettenrüstungen gekleideter Krieger waren vorbei; Aber dennoch, für den Ruhm des eigenen Landes zu kämpfen, durch Abenteuer und Ruhm sein Brot zu gewinnen, die Feinde des eigenen Landes zu töten und das Leben seiner Söhne zu retten, war meiner Meinung nach das Großartigste, was es geben konnte; und das tat Captain Forrester.

Während ich träumte, wurden meine Augen trübe, als ich an die Frau dachte, die ihren Geliebten vielleicht für immer von ihr trennen musste – und sei es auch nur durch glorreiche Taten; und während ich träumte, ruckelte der Hundekarren über einen Stein, und ich erwachte aus meinen törichten Fantasien und sah, dass Kapitän Forresters hartes Fahren der Stute alles Unheil genommen hatte und dass sie dabei ganz friedlich dahintrottete Er ließ die Zügel an ihrem Hals hängen und drehte sich um, um mit meiner Schwester Joyce zu sprechen. Und als wir an der Gruppe hoher Ulmen am Fuße der Klippe vorbeikamen und langsam den Hügel zum Dorf hinaufstiegen, schaute ich über die kalte Weite des weißen Sumpflandes auf das ruhige Meer dahinter und fragte mich, ob das so war Es stimmt, was die Bücher sagen, dass der Frieden einer vollkommenen Liebe nur durch Ärger und Kummer gewonnen werden kann. Wie auch immer, die Mühe muss sich lohnen, denn wir alle haben diejenigen bewundert, die dafür gekämpft haben, und die meisten von uns haben sich selbst in die Listen eingetragen. Aber zweifellos waren die Probleme und die Kämpfe immer auf der Seite des Mannes, und als ich einen Blick auf Joyces errötendes Profil und den eifrigen Blick des Kapitäns erhaschte, sagte ich mir, dass Joyce schön war und dass Joyce süß war und dass Joyce würde einen Liebhaber haben, dem kein Ärger der Welt zu viel wäre für einen einzigen Kuss von ihren Lippen.

KAPITEL III.

ICH war hinuntergesprungen, als wir den Hügel hinaufstiegen, und war neben dem Karren hergegangen. Kapitän Forrester hatte sich ab und zu umgedreht, um ein Wort zu mir zu sagen und dabei angenehme allgemeine Bemerkungen über die Schönheit des Landes und die gesunde Lage gemacht. Aber er tat es aus reiner Höflichkeit, das wusste ich. Als wir die Spitze des Hügels erreichten, übergab er Joyce die Zügel und stieg ab.

„Jetzt wird es dir gut gehen, nicht wahr?" sagte er und half mir hinein. „Ich werde nicht zur Tür kommen, denn ich muss zu Hause sein." und er nickte in Richtung des Herrenhauses.

Dann muss er sich in unserem Dorf aufhalten.

Ich sagte laut und lachte: „Nun, zwischen diesem und unserem Haus könnten wir wohl kaum Ärger bekommen, oder?"

„Kaum", lachte er erneut und schaute die Straße nach rechts hinunter, die zur efeubewachsenen Veranda unseres Hauses führte.

Wie gut schien er alles über uns zu wissen! War er sowohl Gast als auch Freund des Gutsherrn? Wenn ja, würde Joyce ihn wiedersehen.

„Willst du nicht reinkommen und meinen Vater und meine Mutter sehen?" sagte ich.

Ich war mir nicht sicher, ob es das Richtige für eine gute Gesellschaft war, zu der ich instinktiv spürte, dass er dazugehörte, aber ich wusste, dass es das gastfreundliche Verhalten war, und ich tat es. Joyce folgte meiner Einladung mit unartikuliertem Murmeln.

Ich glaube, wir waren beide erheblich erleichtert, als er mit demselben fröhlichen Lächeln und seinem klaren, wohlerzogenen Akzent sagte: „Jetzt nicht, danke. Aber ich werde sehr bald vorbeikommen, wenn ich darf."

Er fügte die letzten Worte hinzu und drehte sich zu Joyce um. Sie errötete und sah unbehaglich aus. Wir dachten beide, dass Mutter diesen Fremden möglicherweise nicht so herzlich willkommen heißen würde, wie wir es getan hatten. Allerdings wollte ich diesen guten Anfang nicht durch irgendeinen Fehler meinerseits verderben lassen und beeilte mich zu sagen: „Oh ja, bitte kommen Sie. Ich bin sicher, Mutter wird sich freuen, jeden Freund von Squire Broderick willkommen zu heißen."

Daraufhin verneigte er sich leicht, sagte aber nichts. Er streckte mir seine Hand entgegen und wandte sich dann an Joyce. Ich bildete mir ein, dass ihres nur einen Moment länger als nötig in seinem ruhte; Aber andererseits war ich gerade in der Stimmung, eine Romanze aufzubauen, und zweifellos habe ich mich geirrt. Aber wie dem auch sei, ich lenkte den Hundekarren ziemlich scharf in Richtung Haus, und Kapitän Forrester musste beiseite treten. Ich wollte nicht, dass die Dorfbewohner tratschten; und so etwas hatte man noch nie gesehen, wie die beiden Töchter des Bauern Maliphant , die sich an der Ecke der Dorfstraße mit einem Fremden unterhielten.

„Ich frage mich, ob er im Manor wohnt", sagte ich, als wir den Kies hinauffuhren.

Und Joyce wiederholte: „Das frage ich mich."

Aber sie hatte viel zu tun, als sie hereinkam, indem sie ihrer Mutter ihre neuen Einkäufe zeigte und ihr die Marktpreise für Haushaltswaren mitteilte, und ich nehme nicht an, dass sie eine Zeit lang an ihren neuen Verehrer dachte. Jedenfalls sprach sie nicht von ihm. Ich auch nicht. Ich ging nicht ins Haus.

In gewisser Weise war ich schon immer ein unnatürliches Mädchen, und Einkaufen und Gespräche über Einkaufen haben mich nie interessiert. Ich blieb lieber im Hof und besprach mit Reuben die Punkte der neuen Stute. Aber die ganze Zeit über dachte ich an den Mann, den wir in der Stadt getroffen hatten, und fragte mich, ob er sich als Joyces Liebhaber herausstellen würde oder nicht. Wie ich bereits sagte, waren Reuben und ich gute Freunde. Er war ein hagerer, schlaksiger alter Kerl mit einem feinen, wenn auch keineswegs schönen Gesicht, dünnen Gesichtszügen und heller, blasser Haut mit weißen Backenbarthaaren. Vom Charakter her war er einfach, eigensinnig und schweigsam und hatte die seltsame Angewohnheit, bei Menschen die gleichen Tests durchzuführen wie bei stummen Tieren. Ich glaube, dass er im Haushalt lediglich als ehrlicher, loyaler Niemand angesehen wurde, obwohl jeder sein Wissen über sein eigenes Geschäft respektierte. Nur ich dachte manchmal, dass es nicht nur Stumpfsinn, sondern auch ein lobenswerter Wunsch nach einem ruhigen Leben war, der dazu führte, dass Ruben ein so leichtes Ziel für Deborahs Witz war und offenbar so unempfindlich gegenüber seinen Pfeilen.

„Sie hat gezogen, oder?" sagte er mit einem Lächeln, das für einen alten Mann ein sehr gutes Gebiss zeigte. „Ah, es braucht einen Mann, um eine Stute zu halten, zumindest wenn sie den nötigen Mut in sich hat."

„Sie hat nicht allzu viel für mich gezogen", antwortete ich halb verärgert. „Warum hast du Lust darauf?"

„Ich setze den jungen Dandy ein, der euch die Straße entlang fährt", sagte er. „Ich kann weit sehen. Sie hat zuerst gezogen, aber er hat es aus ihr herausgeholt."

Wenn es irgendein Geheimnis darin gab, dass wir mit Captain Forrester aus der Stadt gefahren waren, dann hatte Reuben es.

„Joyce hatte Angst, und er hatte die Stute zum Gutsherrn getrieben", sagte ich. „Sie ist in der Stadt ein wenig aufgeblüht, aber ich glaube nicht, dass er besser gefahren ist, als ich es hätte tun können."

Ruben nahm von dieser Bemerkung keine Notiz. „Sie ist eine hübsche Stute", sagte er. „Je hübscher sie sind, desto schlechter fährt man sie. Bei Frauen ist es genauso – das habe ich gehört; allerdings sind die Hässlichen natürlich schon schlimm genug."

Deborah war nicht gutaussehend; Aber hatte Reuben jemals versucht, sie zu fahren? Oh, wenn sie diese Rede hätte hören können! Während ich sprach, kam sie mit einigen Kräutern im Arm die Gartenklippe vor uns hinauf – eine große, starke Frau mit breiter Taille und breiten Schultern, die bei jedem Schritt ihren Fuß fest auf den Boden stellte und sich leicht auf ihr hin und her bewegte Hüften mit dem Großteil ihrer Person. Als sie jung war , musste sie eine schöne Figur gehabt haben, aber jetzt war sie nicht mehr anmutig.

„Ja, sie ist eine Schönheit", sagte ich, streichelte die glatten Seiten der Stute und spielte damit auf sie und nicht auf Deborah an. „Wenn wir alleine zusammen sind , werden wir viel Spaß haben." Die Stute streckte ihren hübschen Hals aus, um den Zucker zu nehmen, den ich in der Hand hielt. Sie begann mich bereits zu kennen.

„Ja, Miss Joyce ist nervös", sagte Reuben nachdenklich. „Am ehesten *hätte* sie mehr Vertrauen zu einem Beau. Diese hübschen Mägde sind so, und die Beaus schwirren um sie herum wie Fliegen um den Honig. Aber die Biester mögen Sie, Miss", fügte er bewundernd hinzu und beobachtete mich beim Streicheln das Pferd.

Es war das größte Kompliment von Reuben, und es stimmte, dass mich jedes Tier mochte. Ich könnte das Pony auf der Weide fangen, wenn es niemanden in seine Nähe lassen würde. Ich könnte die Kuh melken, die den Eimer für jeden außer Deborah umgestoßen hat . Ich konnte die Kaninchen zu mir locken und mich fast mit den Hasen im Wald anfreunden. Die Katze schlief auf meinem Bett und Taff schaute vor meiner Tür zu.

Ich lachte über Reubens Kompliment; aber Deborah schritt gerade durch die Hintertür hinaus, um Wäsche zum Trocknen aufzuhängen, und Reuben lachte nie, wenn sie da war. Sie warf mir einen scharfen Blick zu.

„Du hast bei den Versammlungen wieder dein Kleid zur Schau gestellt", sagte sie. Sie machte sich nicht oft die Mühe, uns den Titel „Fräulein" zu geben.

"Habe ich?" antwortete ich nachlässig.

„Ja, das hast du; und wie du das schaffst, kann ich nicht beurteilen", fuhr sie säuerlich fort. „Jetzt, wo du erwachsen bist, denke ich, dass du mit Deichspringen, Reiten auf Pferden ohne Sattel und dergleichen fertig bist."

„Na, Deb", rief ich lachend, „ich bin seit meinem vierzehnten Lebensjahr nicht mehr über einen Deich gesprungen. Zumindest nicht, wenn jemand da war", fügte ich hinzu und erinnerte mich an eine private Heldentat von vor zwei Tagen.

„Ja, ich nehme an, Sie erwarten nicht, dass ich nicht weiß, woher der schwarze Schlamm auf Ihrem Unterrock letzte Nacht kommt", bemerkte sie sentimental. „Jedenfalls würde ich dir raten, dein Kleid auszubessern, denn der Knappe ist im Wohnzimmer, und deine Mutter wird nicht erfreut sein."

„Der Knappe!" rief ich. „Wird er zum Abendessen bleiben?"

„Soweit ich weiß, nicht", antwortete die alte Frau. „Aber du solltest besser hingehen und nachsehen. Joyce ließ ihn herein, denn ich hatte keine saubere Schürze, und ich hörte ihn sagen, dass er aus geschäftlichen Gründen gekommen sei, um den Meister zu sehen."

„Nun, ich nehme an, er hat es getan", antwortete ich.

Deborah lächelte, ein überlegenes Lächeln. Sie sagte nichts, aber ich wusste sehr gut, was sie meinte. Sie war die einzige Person im Haus, die offen darauf bestand, dass der Squire nach Joyce zum Grange gekommen sei. Mutter hat es sich vielleicht gedacht; Anhand vieler kleiner Anzeichen vermutete ich, dass sie es tatsächlich dachte, aber sie sprach nie direkt darüber. Aber Debora sprach darüber, und zwar offenherzig.

Es hat mich irritiert. Ich drängte mich grob an ihr vorbei, um die Fenster des vorderen Salons zu erreichen. Ich wollte heute den Gutsbesitzer sehen, denn ich wollte herausfinden, ob unser neuer Freund im Manor wohnte.

„So gehst du nie rein?" rief sie.

„Sicher", antwortete ich. „Was für andere gut genug ist, ist auch gut genug für den Knappen. Der Knappe bedeutet mir nichts, überhaupt nichts."

„Das stimmt", lachte Deborah. „Ich weiß es nicht, denn er bedeutet Ihnen etwas. Aber vielleicht ist er trotzdem etwas für andere Leute. Und sehen Sie, Miss Spitfire, es könnte trotz all Ihrer albernen Allüren der Tag kommen, an dem Sie vielleicht froh genug sein werden dass der Squire für einige von euch etwas bedeutet und dass es euch sehr leid tun würde, wenn ihr etwas getan hättet, um es zu verhindern. Denkt mal darüber nach.

Ich verzog verächtlich die Lippe. „Du weißt, dass ich mich weigere, auf irgendwelche Andeutungen zu hören, Deborah", sagte ich. „Der Gutsbesitzer kommt hierher, um meinen Vater zu besuchen, und wir haben keinen Grund anzunehmen, dass er aus irgendeinem anderen Grund kommt."

Das stimmte völlig. Der Squire hatte sicherlich nie ein Wort gesagt, das uns zu der Annahme verleiten könnte, dass er mit seinen Besuchen auf dem Gutshof mehr meinte als Freundschaft für einen alten Mann, der in seinem aktiven Leben durch häufige Gichtanfälle beeinträchtigt war; aber wenn ich ganz ehrlich gewesen wäre, hätte ich zugeben müssen, dass auch ich den gleichen Verdacht hegte wie Deborah.

„Die Frauen müssen immer denken, dass die Männer hinter ihnen her sind", murmelte Reuben, als er mit einer Axt über der Schulter aus der Dunkelheit eines Schuppens auf der linken Seite auftauchte.

beschäftigt gewesen wäre, hätte ich über die Kühnheit dieser Bemerkung gelacht, die er sicherlich nicht zu machen gewagt hätte, wenn sie nicht durch meine Anwesenheit unterstützt worden wäre.

„Es liegt nicht auf der Hand", fuhr Deborah fort und verachtete Rubens Bemerkung, „dass ein Gentleman wie der Squire hierherkommen und stundenlang sitzen würde, um nichts anderes zu tun, als zuzuhören, wie die Adligen vom Herrn beschimpft werden. Es ist ein Wunder." Er hält es aus, wie er es tut , denn der Herr ist manchmal übertrieben unvernünftig. Aber, Herr, man kann nicht in die Augen des Gutsherrn schauen und nicht wissen, dass er ein gutes Herz hat, und es ist Miss Joyces hübsches Gesicht, das es schafft Machen Sie mit, was sie will, Sie können mir beim Wort vertrauen. Die Männer schauen nicht so sehr auf den Verstand, sondern auf das Gesicht und das Temperament – und Joyce, nun ja, ihr Temperament ist so glatt wie ihre Haut; Besser kann man es nicht sagen.

Das stimmte, und Deborah hatte recht, wenn sie es lobte, obwohl ich tief in ihrem Herzen glaube , dass sie für mich und meine schlechte Laune noch eine weichere Seite hatte als für Joyce und ihre sanfte Art.

„Vogelgleiche, nehme ich an."

„Du scheinst zu denken, dass es ziemlich unnatürlich ist, dass zwei Männer miteinander über Politik reden, Deborah", sagte ich mit überlegener Weisheit. „Aber vielleicht ist der Gutsherr klüger, als Sie glauben, und denkt, dass ihm in seiner Lebenszeit Politik mehr im Weg stehen sollte als hübsche Gesichter."

Deborah lachte, dieses Mal ziemlich gut gelaunt.

„Hört das Mädchen an!" rief sie. „Vielleicht kommt die Zeit, in der Sie nicht glauben, dass ein Mann von fünfunddreißig zu alt ist, um eine Frau anzusehen, mein Lieber."

„Oh, *es* macht mir nichts aus, wie alt ein Mann ist!" Ich lachte fröhlich und fand meine gute Laune wieder, als ich an die zweite Saite dachte, die ich für meine Schwester spielen musste. „Die Männer bedeuten mir nicht viel – sie sehen mich nie zweimal an, das weißt du ganz genau. Aber Joyce ist zu gutaussehend, um einen alten Witwer zu heiraten, und ich wage zu behaupten, dass, wenn sie ein bisschen wartet, jemand kommt, der es schafft." wird besser zu ihr passen.

„Nun, ich kann nur sagen, dass ich hoffe, dass sie noch einmal eine ebenso gute Chance hat", beharrte das eigensinnige alte Ding, schüttelte den letzten Strumpf heftig aus und hängte ihn an die Leine. „Aber sie hat es noch nicht, wissen Sie; und wenn sich die Leute alle so seltsam und bissig benehmen, wird sie es vielleicht überhaupt nicht haben. Aber Sie müssen sich alle vergnügen", fügte sie hinzu, als hätte sie sich die Hände gewaschen von uns jetzt. Und dann warf sie mir einen weiteren scharfen Blick zu und sagte abschließend: „Und du weißt, ob deine Mutter dich gerne in einem zerrissenen Kleid sehen wird oder nicht."

Ich ging mit dem Kopf in die Luft hinein. Ich fand es sehr unverschämt von Deb, im Zusammenhang mit meiner Schwester von „guten Chancen" zu sprechen. Seitdem habe ich sie besser kennengelernt.

Ihr Wunsch nach dieser Ehe war für Joyce nicht nur Ehrgeiz. Aber zu diesem Zeitpunkt ahnte ich noch nicht, was sie bereits in der Luft wahrnahm.

KAPITEL IV.

ES dauerte eine Viertelstunde, bis ich das Wohnzimmer erreichte, denn trotz meiner Laune flickte ich mein Kleid. Das Tuch war für das Abendessen ausgelegt – ein makelloses Tuch, denn Mutter achtete sehr auf ihre Tischwäsche – und das helle Glas und das Essgeschirr glänzten im Sonnenlicht. Ich kann den Raum jetzt sehen: einen langen, niedrigen Raum mit vier nebeneinander angeordneten Sprossenfenstern und einem Sitz, der sich über die gesamte Länge der Fenster erstreckt; Gegenüber den Fenstern befand sich ein riesiger Kamin, über den ein schwerer Eichenbalken verlief, auf dem das Datum und der Name der Maliphanten standen , und der von zwei kräftigen gemauerten Säulen getragen wurde, die der Überlieferung nach aus demselben weichen Stein gefertigt waren, von dem ein großer Teil der ... Abtei wurde gebaut. Zwei hochlehnige Holzstühle mit zarten Spindelgestellen, hochglanzpoliert und sehr elegant, standen dicht am Feuer. [Seite 25] In der hinteren Ecke stand auch ein hübscher Tisch aus Satinholz mit Intarsien, der dem Großvater meiner Mutter gehört und ihr überlassen worden war; Aber die restlichen Möbel waren aus schlichter dunkler Eiche und befanden sich schon seit der Zeit im Haus, seit es den Maliphanten gehörte. Es war ein hübscher, gemütlicher Raum, und obwohl die Fenster, da sie altmodisch und etwas klein waren, nicht so viel Sonnenlicht hereinließen, ließen sie auch nicht den Wind herein, der reichlich vorhanden war, denn der Salon war darauf ausgerichtet Das Meer und die Stürme im Winter waren manchmal furchtbar.

Wir hatten ein weiteres bestes Wohnzimmer mit Blick auf die Straße, wo das Klavier und die Polstermöbel standen, die an gewöhnlichen Tagen mit braunem Holland bezogen waren; Aber obwohl die blassgelben Tabaret-Stühle und Vorhänge sehr hübsch aussahen, wenn sie alle aufgedeckt waren, fühlte sich keiner von uns jemals ganz wohl, außer in dem großen Wohnzimmer, das über den Sumpf blickte. Wie gut erinnere ich mich an den Tag, als wir alle zusammen dort waren! Vater saß am Feuer, noch in Stiefeln und Gamaschen. Er war nach einem schweren Anfall seiner Beschwerden zum ersten Mal draußen gewesen und sehr gereizt. Ich dachte, Joyce hätte ihm vielleicht bei den schweren Sachen geholfen, aber er hatte sich zweifellos geweigert; Jedes Hilfsangebot war für ihn fast eine Beleidigung. Sie sagten immer, ich sei da nach Vater gekommen. Er beugte sich an diesem Tag über das Feuer und streckte seine Finger in die Flammen – immer noch eine kraftvolle Gestalt, wenn auch etwas erschöpft von der harten Arbeit und den Leiden, denen er nie die Oberhand gewinnen ließ. Aber sein Rücken war nicht gebeugt – ein Leben im Freien, welche Spuren es auch hinterlassen mag, verschont ihn; Sein Kopf war immer noch aufrecht – ein bemerkenswerter Kopf – das graue Haar, dick und kräftig, stand in widerspenstigen kleinen Büscheln ab, ohne jeglichen Versuch einer Ordnung oder Glätte. Es war kein schönes Haar, denn die Büschel waren ziemlich glatt, aber es war zumindest sehr charakteristisch; So etwas habe ich noch nie gesehen. Dazu passten die buschigen Augenbrauen, die genauso trotzig aussahen wie die Haarbüschel. Die Stirn war hoch und hervorstehend, die Augen scharf und schnell wechselnd, der Kiefer schwer und etwas mürrisch. Auf den ersten Blick hätte man es vielleicht nicht als liebenswertes Gesicht bezeichnen können; man hätte es eher ein Heck nennen können, sogar ein unbeugsames; Aber dass es wirklich liebenswert war, beweist die sichere Liebe und Zuversicht, mit der es kleine Kinder immer inspirierte. Sie begegneten ihrem Vater auf natürliche Weise, wie sie es mit der zärtlichsten Frau getan hätten, und lächelten ihm ins Gesicht, als seien sie schon im Voraus sicher, dass sie mit einem Lächeln antworten würden. Aber für einen Erwachsenen wirkte das Gesicht des Vaters manchmal mürrisch. Es sah sehr mürrisch aus, als er an diesem Tag am Feuer saß. Ich wusste sofort, dass ihn etwas verärgert hatte.

Mutter schien jedoch ihr Bestes zu tun, um den schlechten Empfang, den ihr Mann seinem Gast bereitete, wiedergutzumachen; und Mutters Bestes war eine sehr hübsche Sache. Sie war eine sehr hübsche Frau und sah an diesem Tag am schönsten aus. Sie war groß – wir waren eine große Familie, ich war die Kleinste von uns allen – und ihre Größe wirkte noch größer, als sie in den geraden Falten des weichen grauen Kleides war, das so gut zu ihrer hellen Haut passte. Sie hatte eine frische weiße Mütze auf; die weichen, geriffelten Rüschen fielen in geraden Linien direkt unter ihre Ohren und umrahmten ihr Gesicht; und die schneeweißen Haarsträhnen, die neben der frischen Haut so hübsch aussahen, waren glatt darunter versteckt. Das Gesicht der Mutter war immer noch ein junges Gesicht – so zierlich in der Farbe wie das eines kleinen Kindes . Joyce hat ihr ihre Schönheit genommen.

Mutter stand in der Mitte des Zimmers und unterhielt sich mit dem Gutsbesitzer, der offenbar im Begriff war, sich zu verabschieden. Joyce war gerade dabei, dem Esstisch den letzten Schliff zu geben. Als ich eintrat, blickte sie mich freundlich an, und ich war mir sicher, dass zwischen Vater und dem Knappen ein Unterschied bestanden hatte. Sie hatten oft kaum Differenzen, obwohl sie in Wirklichkeit die besten Freunde waren; Aber insgeheim habe ich mich bei jedem Streit immer auf die Seite meines Vaters gestellt, und es gefiel mir nie, wenn Mutter sozusagen Wiedergutmachung leistete für das, was Vater gesagt hatte. Und doch war es genau das, was sie jetzt tat. „Ich bin sicher, Squire Broderick", sagte sie, „wir nehmen es sehr freundlich von Ihnen auf, sich für unsere Angelegenheiten zu interessieren. Laban ist im Moment ein wenig gereizt, aber das liegt daran, dass es ihm nicht gut geht. Ihm geht es genauso." Das tue ich wirklich."

Vater gab dabei ein ungeduldiges Geräusch mit den Lippen von sich, aber Mutter fuhr trotzdem fort.

„Ich bin ganz deiner Meinung", erklärte sie kopfschüttelnd. „Das habe ich selbst oft zu Laban gesagt. Wir können uns nicht gegen die Vorsehung wenden und müssen lernen, Hilfe anzunehmen, wo wir sie bekommen können, obwohl ich weiß, dass es oft einfach das Schwierigste ist, was wir tun müssen."

Was könnte diese Rede bedeuten? Ich war verwirrt. Ich warf einen Blick auf Vater. Er saß ganz still da und tippte mit dem Fuß. Ich warf Joyce einen Blick zu. An ihrem Auftreten ließ sich nicht erkennen, dass das Thema, um das es ging, irgendetwas mit ihr zu tun hatte. Der Knappe hatte sich umgedreht, als ich das Zimmer betrat, aber Mutter hielt ihn so für sich, dass er mir nur ein Lächeln schenken konnte, als ich hinüberging und mich auf die Fensterbank setzte.

„Ich weiß, dass es am Ende das Beste sein wird", fuhr Mutter mit einem verzweifelten Ausdruck auf ihrem süßen alten Gesicht fort.

Es ärgerte mich damals ziemlich, einfach weil ich sah, dass sie sich auf die Seite des Gutsherrn und gegen den Vater stellte; Aber ich habe mich oft daran erinnert und an viele ähnliche Blicke seitdem, und habe mich gefragt, wie es kam, dass ich nie die Angst dieses zarten Geistes erahnte, der so hingebungsvoll daran arbeitete, mit Problemen fertig zu werden, die außerhalb seiner Reichweite lagen.

„Allerdings", fügte Mutter mit dem hübschen Lächeln hinzu, an das ich mich schließlich öfter erinnere als an die gerunzelte Stirn, „wird er mit der Zeit zu sich kommen. Nach einer Weile sieht er die Dinge immer so, wie man sie ausdrückt."

Sie sagte diese Worte im Flüsterton, obwohl sie eigentlich so laut waren, dass jeder sie hören konnte. Ich sah Vater lächeln. Er liebte seine Mutter so sehr und die Worte waren so ungenau, dass er es sich leisten konnte zu lächeln; denn es gab nur sehr wenige Fälle, in denen er sich damals der Sichtweise des Gutsherrn anschloss, obwohl er den Gutsherrn sehr gern hatte. Der Gutsbesitzer selbst lachte laut. Er hatte ein sattes, plätscherndes Lachen; es tat gut, es zu hören.

„Nein, nein, Ma'am", sagte er, „dem kann ich nicht zustimmen; und es gibt auch keinen Grund, warum das so sein sollte." Während er sprach, reichte er der Mutter die Hand.

„Ich muss jetzt weg", fügte er hinzu. „Ich hätte schon längst gehen sollen. Wir reden ein andermal noch einmal darüber."

„Oh, willst du nicht bleiben und ein bisschen mit uns zu Abend essen, Knappe?" rief Mutter mit enttäuschter Stimme. „Es kommt gerade herein. Ich weiß, es ist nicht das, was Sie zu Hause haben, aber es ist heute ein feines Stück Roastbeef."

„Pfui, pfui, Mrs. Maliphant ! Seien Sie nicht so bescheiden", sagte der Squire mit seinem freundlichen Lächeln und knöpfte dabei seinen Mantel zu.

Er hatte seiner Mutter gegenüber immer eine fröhliche, lockere Art – etwas, das ich mir immer vorgestellt hatte, so wie ihr eigener jüngerer Bruder ihr gegenüber gewesen sein könnte, oder sogar ihr eigener Sohn, obwohl ich das damals für einen Mann für unmöglich gehalten hätte so alt, um überhaupt der Sohn der Mutter zu sein. Ich vermute, dass er sie aufgrund dieser traurigen Zeit in der Vergangenheit so liebgewonnen hatte, wie ich weiß, dass er sie liebte.

„Ich bekomme nicht oft ein Abendessen wie an Ihrem Tisch", fügte er hinzu; „Aber ich kann heute nicht bleiben, denn ich muss zu Hause sein."

Genau die Worte, die der junge Mann am Fuße der Dorfstraße gesagt hatte. Ich wollte unbedingt herausfinden, bevor der Gutsherr ging, ob dieser junge Mann im Manor wohnte oder nicht.

„Vielleicht hat Mr. Broderick Besuch, Mutter", schlug ich vor.

Während ich sprach, warf ich einen Blick auf Joyce. Ihre Wangen waren wie Mohnblumen.

"Was bringt dich dazu, so zu denken?" fragte der Knappe, drehte sich zu mir um und runzelte ein wenig die Stirn.

„Wir haben in der Stadt einen Herrn getroffen", sagte ich kühn, obwohl mein Herz ein wenig klopfte; „Er hat uns mit der Stute geholfen, als sie aufwuchs, und er sagte, er sei ein Freund von dir."

Mutter sah mich an und Joyce wurde röter als je zuvor. Sicherlich hatte Joyce für eine geradlinige und einfache junge Frau, die nicht mehr als ihren berechtigten Anteil an Eitelkeit besaß, die höchst unglückliche List, rot zu werden. Ich weiß, dass es bewundert wurde, aber ich konnte mir nie vorstellen, dass die Menschen notwendigerweise empfindlicher im Geiste sein mussten, weil sie erröteten, oder sensibler im Herzen, weil sie weinten. Der Knappe runzelte noch mehr die Stirn und biss sich auf die Lippe.

„Ah, es muss Frank gewesen sein", sagte er. „Er hat gesagt, dass er heute Morgen in die Stadt gehen würde. Mein Neffe", fügte er erklärend hinzu und wandte sich an Mutter. „Captain Forrester."

"Dein Neffe!" rief die Mutter ganz beruhigt aus. „Er muss nur ein Junge sein."

„Oh, überhaupt nicht; er ist ein sehr erwachsener Mann und in einem Alter, in dem er auf sich selbst aufpassen kann", antwortete der Gutsbesitzer, und es fiel mir damals nicht auf, dass er es ein wenig verbittert sagte. „Meine Schwester ist viel älter als ich."

„ Natürlich habe ich Mrs. Forrester gesehen", sagte Mutter, „und ich weiß, dass sie viel älter ist als Sie, aber ich hätte nie gedacht, dass sie einen erwachsenen Sohn hat – und auch einen Kapitän!"

„Oh ja, er ist ein Kapitän", wiederholte der Knappe, nahm Hut und Stock aus der Ecke des Zimmers und legte seine Hand auf den Türknauf. „Auf Wiedersehen, Mr. Maliphant ", rief er fröhlich, ohne das heikle Thema noch weiter anzusprechen.

Vater antwortete nicht, sondern drehte sich zu mir um und streckte mir die Hand entgegen. „Auf Wiedersehen", sagte er ernster, als es mir schien, als ob das Thema erforderlich wäre. „Es tut mir leid, dass die Stute aufgeblüht ist."

„Bring den Knappen zur Tür, Joyce", sagte die Mutter. Und Joyce errötete erneut, glitt in den Flur hinaus und öffnete den großen Riegel.

KAPITEL V.

ICH WOLLTE unbedingt hören, was der Grund für den Unterschied zwischen Squire Broderick und seinem Vater war, denn ich war innerlich davon überzeugt, dass es irgendwie mit etwas zu tun hatte, das enger mit unserem eigenen Leben verbunden war als mit bloßer Politik. Ich trat an den Kamin und begann, vor den Gittern auf meine Füße zu rösten. Ich hoffte, dass Vater etwas sagen würde. Aber er drehte sich nicht einmal zu mir um, und in diesem Moment kam Deborah mit dem Abendessen herein, Mutter nahm ihren Platz am Kopfende des Tisches ein und Vater bat um einen Segen. Mutter sah nicht traurig aus; Sie sah sehr strahlend und hübsch aus, der Sonnenschein fiel auf ihr silbernes Haar und auf ihre weißen Hände mit Grübchen, schöne Hände, die die Schnitzer so geschickt führten . Ich dachte damals, dass sie das düstere Gesicht des Vaters nicht bemerkte, aber ich halte es für weitaus wahrscheinlicher, dass sie es bemerkte, sondern dass sie es für klüger hielt, ihn in Ruhe zu lassen; Das war schon immer ihre Taktik.

„Vater", begann sie, nachdem sie uns alle bedient und sich gesetzt hatte, „die Mädchen dürfen die Stute nicht mehr treiben, wenn sie sich aufbäumt; das ist nicht sicher."

„Nein, nein, natürlich nicht", stimmte der Vater abwesend zu. Dann drehte er sich zu mir um: „Was hat sie dazu gebracht, aufzustehen, Meg?"

„Ich weiß es nicht, Vater", antwortete ich. „Ich war in einem Laden, als sie es tat, und ein Junge hielt sie fest. Ich nehme an, er neckte sie. Aber es ist nicht der Rede wert; es wäre nichts gewesen, wenn Joyce." hatte nicht so leicht Angst gehabt."

„Ich konnte nicht anders", murmelte Joyce. „Ich weiß, dass ich albern bin."

„Nun ja, doch wäre doch irgendein altes Kutschpferd besser für dich als ein Tier mit irgendeinem Geist, nicht wahr?" lachte ich.

„Nun, Margaret, das Tier muss gefährlich ausgesehen haben, weißt du", sagte Mutter, „denn kein fremder Herr wäre auf die Idee gekommen, zwei Mädchen anzusprechen, wenn er nicht gesehen hätte, dass sie wirklich Hilfe brauchten."

Ich habe gelacht – ich fürchte, ich habe gelacht. Ich dachte, Mutter wäre so unschuldig.

„Ich hoffe, Sie haben ihm für seine Mühe gedankt", fügte sie hinzu. „Da es sich anscheinend um den Neffen des Gutsherrn handelt, würde es mir nicht gefallen, wenn ich annehmen würde, dass Sie ihn so kurz behandelt haben, wie Sie manchmal Fremde behandeln. Ich meine Sie, Margaret", fügte Mutter hinzu und sah mich an.

„Oh ja, wir waren sehr höflich zu ihm", sagte ich. Und dann wurde mir ganz heiß. Natürlich wusste ich, dass ich sagen musste, dass Captain Forrester uns nach Hause gefahren hatte. Ich hoffte, dass Mutter es freundlich aufnehmen würde, da sie ihm wohlgesonnen zu sein schien, aber ich war mir nicht ganz sicher.

„Wir haben ihn gebeten, hereinzukommen, nicht wahr, Joyce?" fügte ich hinzu und sah sie an.

„Ja, das haben wir", murmelte meine Schwester und beugte sich ganz tief über ihren Teller.

„Hat ihn gebeten, wohin zu kommen?" fragte Mutter.

„Ja, hier, natürlich", rief ich und wurde immer kühner. „Er hat uns nach Hause gefahren, wissen Sie."

Mutter sagte nichts, denn Deborah hatte gerade den Pudding gebracht, und sie verhielt sich gegenüber den Dienern beim Essen immer sehr diskret. Aber sie schloss ihre Lippen auf eine Weise, die ich kannte, und ihr Gesicht nahm einen gekränkten Ausdruck an, den sie nur mir gegenüber zeigte; Wenn Joyce Unrecht hatte, schimpfte sie immer ganz offen mit ihr. Es herrschte Stille, bis Deborah den Raum verlassen hatte. Sie ging mit einem Lächeln auf dem Gesicht hinaus, das mich immer in Raserei versetzte, denn es bedeutete: „Du bist dabei und tust dir recht." und ich dachte, es würde ihre Position in der Familie ausnutzen, um etwaige Unterschiede zwischen Mutter und dem Rest von uns zu bemerken.

Als Deborah hinausgegangen war und lautstark die Tür geschlossen hatte, legte Mutter Messer und Gabel nieder. Sie sah mich überhaupt nicht an, sie sah Joyce an. Das war im Allgemeinen die Art und Weise, wie sie mich bestrafte.

„Du willst nicht sagen, Joyce, dass du zugelassen hast, dass ein seltsamer Herr vor allen anderen Stadtbewohnern in die Falle tappt!" sagte sie. „Du bist der Älteste – du hättest es besser wissen sollen."

Ich konnte das nicht ertragen. „Es ist nicht Joyces Schuld", sagte ich kühn; „Ich dachte, wir hätten Glück, als der Herr anbot, uns zu fahren. Er kannte die Stute, und natürlich hatte ich das Gefühl, dass wir in Sicherheit waren."

„Morgen wird es überall sein", sagte Mutter mitleiderregend.

„Nun, der Herr ist der Neffe des Gutsherrn, und jeder weiß, was für ein Freund Sie mit dem Gutsherrn sind", antwortete ich provozierend.

„Sie sehen vielleicht, dass das alles nur noch schlimmer macht", antwortete Mutter. „Ich weiß nicht, wie ich den Gutsherrn jemals wiedersehen soll. Ich schäme mich, wenn ich denke, dass sich meine Töchter so unziemlich verhalten haben. Aber die Vorstellungen junger Frauen von heute gehen an mir vorbei. Solche Vorstellungen wären bei uns nicht angekommen Mein Tag. Junge Frauen waren gezwungen, auf sich selbst aufzupassen, wenn sie eine Chance auf einen Ehemann haben wollten. Dein Vater hätte mich nie angesehen, wenn ich einer von dieser Art gewesen wäre
.

Vater war in einem braunen Arbeitszimmer. Ich glaube nicht, dass er der Angelegenheit überhaupt viel Aufmerksamkeit geschenkt hatte, aber jetzt lächelte er, als Mutter zu ihm herübersah und schien eine Anerkennung zu erwarten. Sie wiederholte ihre letzte Bemerkung, und dann sagte er und verneigte sich mit altmodischer Galanterie vor ihr: „Ich glaube, ich hätte dich ansehen sollen, Mary, was auch immer deine Mängel gewesen sein mögen. Du warst zu hübsch, um übergangen zu werden."

Und er lächelte wieder, wie er nie jemand anderen als seine Mutter angelächelt hatte; das Lächeln, das, als es kam, sein Gesicht erhellte wie ein Strahl breiter Sonnenstrahlen auf einem zerklüfteten Moor.

„Aber Mutter hat ganz recht, Mädels", fügte er hinzu; „Eine Frau muss bescheiden und sanft sein, darf weder egoistisch noch auf Huldigung bedacht sein, sonst wird sie nie die Geduld aufbringen, die sie braucht, um die Launen eines Mannes zu ertragen."

Er seufzte und die Tränen stiegen mir in die Augen. Ein Wort der Missbilligung von meinem Vater tat mir immer zutiefst weh, und ich hatte das Gefühl, dass es in diesem Fall nicht ganz verdient war, da ich, so sehr ich mich auch geirrt hatte, ganz sicher nicht eigennützig oder ehrgeizig gewesen war.

„Es tut mir sehr leid", sagte ich, aber ich fürchte, überhaupt nicht demütig; „Ich wusste nicht, dass ich etwas so Schreckliches tat. Jedenfalls war es nicht ich, der Angst vor dem Pferd hatte, und Captain Forrester übernahm nicht meinetwegen die Zügel."

Das stimmte durchaus, aber ich hatte nicht das Recht, es zu sagen. Ich wünschte mir die Worte zurück, sobald sie ausgesprochen worden waren. Joyce errötete wieder scharlachrot und Mutter sah mich zum ersten Mal an. Ich hatte das Gefühl, sie wollte fragen, was ich meinte, aber Vater unterbrach sie.

„Da, da", sagte er, nicht gereizt, sondern als wolle er die Diskussion beenden. „Du hättest es nicht tun sollen, weil Mutter es sagt, und Mutter weiß es immer am besten, aber ich wage zu behaupten, dass es wenig Schaden anrichtet. Ein höfliches Wort schadet niemandem; und was die Stute betrifft, brauchst du sie nicht noch einmal zu fahren."

Das war also alles, was ich für meine Schmerzen bekam. Ich öffnete den Mund, um es zu erklären und Einwände zu erheben, aber Vater erhob sich vom Tisch und sprach das Tischgebet, und ich wagte nicht, das Thema weiter zu verfolgen. Im Übrigen reichte der Ausdruck des Schmerzes in seinem Gesicht, als er durch den Raum ging und sich schwerfällig auf den Stuhl setzte, völlig aus, um meinen Ärger über ihn zu vertreiben. „Meg, zieh mir einfach diese schweren Sachen aus, ich bin müde", sagte er. Ich kniete nieder, öffnete die Gamaschen, schnürte die schweren Stiefel auf und brachte ihm seine Hausschuhe. Er lehnte sich mit einem Seufzer der Erleichterung zurück.

„Der Spaziergang um die Farm war zu viel für dich, Laban", sagte Mutter und setzte sich in den anderen Stuhl mit hoher Rückenlehne neben ihm.

„Lass es sein, lass es sein", murmelte er.

„Nein, das kann ich nicht zulassen, Laban", beharrte Mutter. „Ich muss mich um Ihre Gesundheit kümmern, wissen Sie. Ich kann sehr gut sehen, dass es zu viel für Sie ist, sich um die Farm zu kümmern, wie sie gesehen werden sollte. Und deshalb glaube ich nicht, dass die Idee des Gutsherrn auch nur halb so schlecht ist ."

Ich blieb mit den Löffeln und Gabeln in der Hand stehen, die ich gerade vom Tisch nahm. Vater machte wieder dieses Geräusch zwischen seinen Zähnen. Ich wusste immer, dass es bedeutete, dass sich ein Sturm zusammenbraute.

„Jedenfalls hoffe ich, dass du ihm nicht nachtragen wirst, was er für angebracht gehalten hat, einen Rat zu geben", fuhr Mutter fort. „Er hat es aus Freundschaft getan, da bin ich mir sicher. Und der Gutsherr ist ein weiser Mann."

Vater antwortete zunächst nicht. Er war aufgestanden und stand mit dem Rücken zum Feuer. Sein Kiefer war angespannt, seine Augen sahen aus wie schwarze Perlen unter den überhängenden Brauen.

„ Natürlich weiß ich, dass Sie sagen werden, er möchte nur einen Job für den Sohn seines Freundes finden", fuhr die Mutter fort. „Und zweifellos hätte er nicht daran gedacht, wenn das nicht aufgetaucht wäre. Aber er würde es nicht empfehlen, wenn er nicht glauben würde, dass es nicht zu unserem

Besten wäre. Dem Gutsherrn liegen unsere Interessen am Herzen, da bin ich mir sicher. "

„Verdammt, der Knappe", sagte Vater schließlich langsam und leise. Mutter legte ihre Hand auf seinen Arm.

„Still, Laban, still, nicht vor den Mädchen", sagte sie in ihrem sanften Ton.

„Nun gut", sagte er, „der Gutsherr ist ein guter Mann und ein ehrlicher Mann, aber ich sage, weder er noch sonst jemand hat das Recht, zu kommen und einem Mann beizubringen, was er mit seinen eigenen Sachen anfangen soll."

„Er tut es nicht aus irgendeinem Grund", beharrte Mutter. „Er tut es, weil er Angst hat, dass die Dinge nicht mehr so gut laufen wie früher, und weil er dein Freund ist."

„Und was hat er zu fürchten?" erwiderte Vater. „Ich sage, das Land gehört mir, obwohl ich ihm Miete dafür zahle, und es ist meine Aufgabe, Angst zu haben. Glaubt er, dass ich mit der Miete im Rückstand sein werde? Ich bin in den letzten zwanzig Jahren bis auf einen Tag pünktlich gewesen." . Was will er mehr, möchte ich wissen?"

„Nun, Laban, du weißt, dass es das nicht ist", entgegnete Mutter. „Er weiß, dass er für die Miete sicher genug ist, aber er hat Angst, dass du nicht so schnell Geld verdienst, wie du könntest. Und wenn das nicht der Fall ist, liegt es natürlich daran, dass du nicht mehr so stark genug bist, um zu arbeiten wie früher." , und du hast keinen eigenen Sohn, der sich um alles für dich kümmert.

Mutter seufzte, als sie das sagte, aber ich fürchte, ich sah sie mit wütenden, nicht mitfühlenden Augen an.

„Der Gutsherr hat wirkliches Interesse an uns allen", wiederholte sie zum dritten Mal, ihre Stimme zitterte ein wenig.

„Nun, dann lassen Sie ihn dieses Mal sein Interesse woanders zeigen, Ma'am, das ist alles, was ich zu sagen habe", erwiderte Vater, keineswegs besänftigt. „Wenn die Dinge so wären, wie sie sein sollten, gäbe es keine Pachtzahlungen, die den Gewinn eines Mannes auf dem Land verschlingen würden, sondern das, was er im Schweiße seines Angesichts erwirtschaftete, wäre sein Eigentum für sein Alter und für seine Kinder." hinter ihm her. Und wenn wir nur bekommen können, was der Nation gehören sollte, indem wir dafür bezahlen, dann verhandle ich nur damit, dass diejenigen, die das Geld von mir bekommen, es in Ruhe lassen und herumschnüffeln, wie ich es zusammenbekomme."

Ich hatte die ganze Zeit vollkommen still gestanden, die Löffel und Gabeln in der Hand, zugehört und gewundert. Vaters letzte Rede hatte ich kaum beachtet. Ich hatte diese Meinungen schon einmal gehört und sie waren in meinen Ohren zu bloßen Worten geworden. Ich war völlig damit beschäftigt, mich zu fragen, was genau der Vorschlag des Gutsherrn war, und war entsetzt über das, was ich befürchtete. Ich war nicht lange im Zweifel.

„Nun, du machst einen großen Fehler, wenn du auf Squire Broderick wütend bist, Laban, das tust du tatsächlich", wiederholte Mutter kopfschüttelnd und ohne auf seine feurige Rede zu achten. Sie hat solchen Reden nie Beachtung geschenkt. Sie sagte immer offen, dass sie sie nicht verstand. „Wenn der Squire Ihnen diesen jungen Mr. Trayton Harrod empfiehlt, dann deshalb, weil er ihn kennt und denkt, er würde mit Ihnen zusammenarbeiten, und ganz und gar nicht wie ein gewöhnlicher Gerichtsvollzieher sein, da bin ich mir sicher."

„Nun, Mutter, ich kann nur sagen: Es ist Unsinn – das ist es. Es ist Unsinn. Wenn ein Mann ein bezahlter Gerichtsvollzieher ist, ist es umso besser, je ähnlicher er einem ist. Und das glaube ich nicht." Es ist sehr wahrscheinlich, dass ich jemals einen bezahlten Gerichtsvollzieher nehmen werde, der mir bei der Verwaltung von Knellestone hilft .

Damit ging er zur Tür und öffnete sie.

„Meg, kommst du bitte in einer Viertelstunde zu mir in mein Arbeitszimmer?" sagte er und drehte sich zu mir um, als er hinausging. „Es gibt ein paar Dinge in den Farmkonten, bei denen Sie mir meiner Meinung nach helfen könnten."

KAPITEL VI.

ICH GING ins Sonnenlicht, lehnte mich an die Gartenhecke und blickte über die glitzernde Schneeebene auf das glitzernde Blau des Meeres dahinter. Die ganze Szenerie war mit Juwelen aus Licht überzogen, und selbst die graue Festung im Sumpf schien einmal aus ihrem Schlaf zu erwachen; aber ich hatte keine Lust, mit den Sonnenstrahlen zu lachen, denn mein Herz klopfte vor Wutgedanken. Ein Gerichtsvollzieher, ein Verwalter für Knellestone – und Knellestone , das seit dreihundert Jahren von niemandem außer seinen eigenen Herren verwaltet wurde! Es war unmöglich! Ja, die ganze Erde würde sich erheben und rebellieren! Von meinem Standpunkt aus konnte ich unsere Wiesen unten im Sumpf sehen, unsere Felder weit weg auf den Hügeln dem Sonnenuntergang entgegen, die Weiden, auf denen unsere Hirten zur Lammzeit kalte Nächte in Hütten verbrachten, das Land, wo unsere Ochsen den Pflug zogen und unsere Arbeiter bestellten den Boden und ernteten die Ernte . Würden die Männer und die Tiere für den Manager so arbeiten, wie sie für uns gearbeitet haben? Würde das Land gedeihen für einen Fremden und einen Söldner, dem es egal wäre, ob das Vieh lebte oder starb, ob die Jahreszeiten freundlich oder grausam waren, ob die Bäume und Blumen blühten oder verkümmerten, der trotzdem seinen Lohn bekommen würde? Obwohl der Frost die neue Ernte erstickte, obwohl der Weizen aus Mangel an Regen vertrocknete oder in der Ähre verfaulte, weil es an Sonne mangelte, obwohl die Kühe ihre Kälber warfen und die Lämmer bei der Geburt starben? Wie absurd, wie lächerlich es war! Zeigte es nicht, dass es von jemandem vorgeschlagen worden war, der sich nicht für das Land interessierte, sondern alles anderen zur Pflege überließ? Natürlich war dies irgendein verschwenderischer jüngerer Sohn aus der Familie eines ruinierten Herrn oder ein Idiot, der in jedem anderen Beruf versagt hatte und hierher geschickt werden sollte, um andere Menschen zu ruinieren, ohne selbst Verantwortung zu tragen – jemand, dem der Squire etwas schuldete Pflicht oder ein Gefallen. Vielleicht ein Mann, der in seinem Leben noch nie auf einer Farm gewesen war, vielleicht sogar überhaupt nicht auf dem Land gelebt hatte. In meinem kindlichen Zorn wurde ich völlig unvernünftig und ließ in meiner Einsamkeit allen absurden Ausdrücken freien Lauf, die mir einfielen. Ich lächle vor mich hin, als ich mich an die ohnmächtige Wut dieses Nachmittags erinnere. Tatsächlich glaube ich, dass ich den Gutsbesitzer an diesem Tag am meisten gehasst habe. Es war auch die Vorstellung, dass man mich zunichte machen würde, was meine Wut noch steigerte. Bisher war ich es, der den Männern die Befehle meines Vaters übermittelt hatte, wann immer er zur Seite gelegt oder beschäftigt war; und wie ich bereits sagte, vertraute er mir oft an, mit dem Geld zur Bank zu fahren und sogar eine Bestandsaufnahme der Waren vorzunehmen, bevor Verkäufe und Messen begannen. Natürlich weiß ich jetzt, dass ich für ihn mehr als nutzlos war. Ich war durchaus ein kluges Mädchen und unerschrocken, wenn es um Müdigkeit oder Ärger ging, aber ich wusste überhaupt nichts von den hundert kleinen Details, die in solchen Angelegenheiten den entscheidenden Unterschied ausmachen, und Tapferkeit und Coolness standen mir im Gegensatz zu Erfahrung in nichts nach. Aber damals war ich zuversichtlich, und als ich dort stand und auf die Helligkeit blickte, die ich nicht sah, traten mir Tränen in die Augen – Tränen der Demütigung, dass sogar der Gutsherr mich für so völlig nutzlos gehalten haben sollte, dass ich beiseite gelegt werden konnte als ob ich nicht existierte. Wie oft hatte ich mir gewünscht, ein Junge zu sein! Wie sehr wünschte ich es mir an diesem Nachmittag! Wenn ich ein Junge gewesen wäre, wäre es nie in Frage gekommen, einen bezahlten Manager zu engagieren, der meinem Vater hilft. Zu diesem Zeitpunkt hätte ich ein Mann sein sollen, fast volljährig, und niemand hätte daran gezweifelt, dass ich klug genug und stark genug war, um für mich selbst zu sorgen.

Vater rief vom Fenster aus, und ich ging hinein. Er saß am Tisch, umgeben von Papieren, den Fuß auf einen Stuhl gestützt.

„Setz dich, Meg“, sagte er. „Ich möchte, dass Sie mir helfen, mich an ein oder zwei Dinge in den Büchern zu erinnern, die ich nicht ganz verstehe – ich denke, das können Sie.“

Er sprach ganz fröhlich. Während er krank war, hatte ich Dinge in das Buch eingetragen und den Männern den Lohn gezahlt, und es war ganz natürlich, dass er mich deswegen sehen wollte. Ich setzte mich und wir gingen die Bücher Stück für Stück durch. Wir hatten eine sehr fundierte, wenn auch einfache, Bildung genossen, die genauso gut war wie die meisten Mädchen, und ich galt als besonders schlau im Rechnen. Aber an diesem Tag war ich, glaube ich, benommen. Ich konnte mich nicht an Dinge erinnern; Ich konnte nicht sagen, warum die Bücher nicht quadratisch waren; Mein Verstand war in jedem Punkt verwirrt. Vater war äußerst geduldig und freundlich. Ich denke, er muss gesehen haben, dass ich überängstlich war, aber seine Freundlichkeit machte mich nur noch mehr verärgert über mich selbst; denn ich wusste, dass er die ganze Zeit über diese schreckliche Frage im Kopf hatte, genau wie ich.

Wann immer ich ihm etwas erzählte, was bei der Führung der Angelegenheiten nicht zufriedenstellend war oder etwas nicht so verlaufen war, wie er es erwartet hatte, wusste ich, dass es in seinem Kopf war, obwohl er nicht glaubte, dass ich es sah.

„Wir können nicht erwarten, dass alte Köpfe auf jungen Schultern wachsen“, sagte er schließlich und tätschelte sanft meinen, was bei ihm äußerst selten vorkam. „Es dauert viele lange Tage, um Erfahrungen zu sammeln, meine Liebe. Und manchmal kommen wir damit nicht viel besser zurecht als ohne.“ Während er sprach, legte er die Bücher weg und lehnte sich in seinem Stuhl zurück. „Das reicht jetzt, Kind", fügte er hinzu; „Morgen werde ich die Männer selbst sehen können. Ich bin jetzt wieder gesund und munter – Gott sei Dank – und ein gutes Stück Arbeit wird mir gut tun."

„Du darfst nicht zu früh anfangen, Vater", sagte ich schüchtern; „Du weißt, dass das Wetter noch sehr kalt und tückisch ist."

„Oh, ihr Frauen würdet einen Mann für immer im Haus lassen, aus Angst, der Wind könnte ihm ins Gesicht wehen", rief er gereizt. „Aber alles hat ein Ende. Wenn ich krank bin, sollt ihr alle mit mir machen, was ihr wollt, aber wenn es mir gut geht, will ich mein eigener Herr sein."

„Aber ich werde dir trotzdem helfen können, Vater, wie ich es schon zuvor getan habe, nicht wahr ?" fügte ich hinzu, immer noch seltsamerweise ohne mein gewohntes Selbstvertrauen.

„Na ja, Kind, natürlich", antwortete er. „Und Sie und ich werden noch eine Weile ohne die Hilfe eines Fremden auskommen, das garantiere ich." Es war die einzige Anspielung, die er während unseres gesamten Interviews auf das schreckliche Thema gemacht hatte. Es war viele lange Tage lang die einzige Anspielung, die er in meiner Gegenwart darauf machte. Während er die letzten Worte sprach, erhob er sich von seinem Stuhl und ging zum Fenster.

Der Nachmittag begann zu sinken und die Sonne war in ihrer Pracht verblasst. Die Lichter waren jetzt grau über dem Weiß des Sumpfes, und der Schnee sah kalt und grausam aus. Etwas ließ auch mein Herz sinken, als ich bemerkte, wie grau Vaters Gesicht im prüfenden Licht des Nachmittags war. Mir war vorher nicht aufgefallen, dass er wirklich krank war. Ich verließ schnell das Zimmer und ging wieder hinaus. Die stechende Märzluft jagte mir einen Schauer in die Knochen, und doch war es kaum mehr als vier Uhr. Noch zwei Stunden Tageslicht! Wie war es möglich, dass irgendein Mann außer dem Stärksten so arbeiten sollte, wie ein Mann arbeiten musste, dessen Hof gedeihen sollte? Und war Vater wirklich ein starker Mann? Ich war krank vor Bedenken. Was wäre, wenn der Gutsherr doch recht hätte ? Aber ich würde es nicht glauben. Vater hatte Gicht gehabt; Es waren immer die stärksten Männer, die Gicht hatten.

Ich drehte mich um, um nach drinnen zu gehen. Aus der Bibliothek drang ein Lachen an meine Ohren. Ich ging am Fenster vorbei. Ja; Es war Vater, der lachte, als er einem Mann die Hand schüttelte, der gerade den Raum betreten hatte. Ich schaute. Der Mann war ein großer, blonder, hagerer Kerl mit rosiger Gesichtsfarbe, sehr markanten Gesichtszügen, kleinen grauen Augen und einer Glatze. Ich wusste, dass er ein Mr. Hoad war , der Anwalt meines Vaters in der Stadt. Er war gut gekleidet in einem schwarzen Anzug und einer grauen Hose . Er sei für seine Zeit ein sehr erfolgreicher Mann gewesen, hieß es. Ich wusste, dass Vater ihn mochte, und ich war froh, dass Vater heute einen Besucher hatte, der ihn aufheiterte. Aber ich persönlich kannte niemanden, der mich mit solch einer seltsamen Abneigung erfüllte. Ich konnte den Anblick des Mannes nicht ertragen. Dennoch war er ein harmloser Kerl und sehr höflich zu Damen. Joyce hat mich oft wegen meiner übermäßigen Abneigung ihm gegenüber zur Rede gestellt. Wenn es daran lag, dass ich ihn aus gesellschaftlicher Sicht nicht als gleichwertig mit uns betrachtete – denn ich muss gestehen, dass ich in dieser Hinsicht lächerlich voreingenommen war und ich weiß nicht, wo ich solchen Unsinn gelernt hatte –, dann war das Schiff- Besitzer und andere Leute dieser Klasse, denen ich in der Stadt „Guten Tag" wünschen konnte, waren es viel weniger. Aber ich hätte nicht sagen können, warum ich ihn so nicht mochte; Ich hätte nicht sagen können, warum ich mich wunderte, dass Vater etwas mit ihm zu tun hatte – warum ich immer auf der Suche nach etwas war, das beweisen sollte, dass ich mit meinem Instinkt recht hatte. Und irgendwie berührte mich sein Erscheinen an diesem besonderen Abend noch unangenehmer als sonst, und ich hatte das Gefühl, ich könnte nicht hineingehen und ihn sehen – vielleicht müsste ich sogar genau das Thema besprechen, das mich beschäftigte, wenn ich allein sein wollte um meine eigene Demütigung zu pflegen und meine Ängste einzulullen, um alleine auszuruhen. Ich schlich leise in die Halle und holte einen Umhang und eine Kapuze, dann rannte ich zum Hof und rief den Bernhardiner. Er kam, sprang und sprang auf mich zu, dieser Freund, mit dem ich immer im Einklang war. Ich öffnete sanft das Tor und gemeinsam gingen wir auf die Straße.

Ich glaube, Taff und ich müssen drei Meilen gelaufen sein. Die Straßen waren steif und rutschig, die Luft war wie ein Messer; aber es war mir egal. Die schnelle Bewegung und die Einsamkeit und die Stille der kommenden Nacht beruhigten mich. Wir stiegen die Hügel hinauf, wo hier und da einsame Gehöfte das Land prägen, und kehrten entlang der Klippen zurück, die das Sumpfland krönen. Dort stand ich lange Zeit von Angesicht zu Angesicht mit der stillen Welt, über der jetzt im tiefen Blau eines dämmernden Himmels der Mond aufgegangen war. Es blickte auf den weiten, weißen Sumpf hinab, auf dessen gefrorenem Busen leicht graue Dämpfe schwebten; es blickte auf die dunkle Stadt herab, die sich dort so düster und deutlich aus dem Geheimnis der Landschaft erhob; Der Kanal, der zum Meer fließt, lag kalt und blau und regungslos wie eine Stahlplatte am Fuße des Hügels. Es ließ mich schaudern. Es gab keine Welle auf seiner tödlichen Brust. Der Schnee war weitaus zarter. Zum ersten Mal in meinem Leben spürte ich die Traurigkeit der Welt; Mir wurde klar, dass da etwas war, was ich nicht verstehen konnte; Ich erinnerte mich, dass es so etwas wie den Tod gab.

Kapitel VII.

ICH BIN MR. Hoad auf meinem Weg nicht entgangen . Er war zum Tee geblieben. Ich glaube nicht, dass er ein Liebling der Mutter war , aber sie legte immer großen Wert darauf, alle Freunde des Vaters im Haus willkommen zu heißen, und ich sah, dass sie ihn heute Abend willkommen geheißen hatte. Er saß auf dem Ehrenplatz neben ihr, und auf dem Teetisch standen verschiedene Veränderungen, und in der Mitte stand ein Topf mit besonderer Marmelade.

Es war sehr spät, als ich hereinkam. Ich zog meine Sachen im Flur aus und ging hinein, ohne mir die Haare zu glätten. Ich dachte, ich wäre in Ungnade gefallen, weil ich zu spät kam und mein Haar in der Anwesenheit eines Gastes durcheinander war; Aber Mutter hatte ihren Unmut vergessen und lächelte, als sie mir meine Tasse hinschob. Sie spielte nie auf vergangene Differenzen an – ihre Wut hielt nie lange an.

Die Stimmung, die ich von außen mitgebracht hatte, war immer noch in mir, und als ich sah, dass das Gesicht des Vaters seine graue Blässe verloren hatte, dass seine Augen mit dem gewohnten Feuer leuchteten und dass seine Stimme kräftig und gesund war, seufzte ich Ich war erleichtert und sagte mir, dass ich ein Narr sei und dass Mr. Hoad wirklich ein guter Kerl sein müsse, wenn er die Düsterkeit aus der Stirn meiner Eltern so schnell vertreiben könne.

„Ihrem Mann geht es wieder wunderbar gut, Mrs. Maliphant ", sagte er gerade; „Es ist ziemlich überraschend, wie schnell er wieder zu sich gekommen ist. Als ich neulich auf dem Weg aus der Stadt den Arzt traf und anhielt, um nach ihm zu fragen, sagte er, es würde Wochen dauern, bis er wieder auf die Beine kommen könne. Aber er hat eine ausgezeichnete Konstitution." – muss es gewesen sein. Nicht, dass ich Ihre pflegerischen Fähigkeiten beeinträchtigen möchte. Wir alle haben gehört, wie wunderbar sie sind."

Mr. Hoad lächelte Mutter an, aber sie lächelte nicht noch einmal. Es gab Menschen, die sie auf Distanz hielt, obwohl sie ihnen gegenüber sehr höflich war. Ich glaube nicht, dass sie das wusste, denn sie war eine schüchterne Frau, aber ich erinnere mich noch gut daran.

„Wir alle können diejenigen pflegen, die wir lieben", sagte sie. „Ich bin mir sicher, dass es mir sehr gefällt, dass Mr. Maliphant bei Ihnen besser aussieht."

„Besser! Unsinn!" rief Vater aus. „Mir geht es so gut wie noch nie in meinem Leben. Lass uns davon nichts mehr hören, Frau, da ist eine liebe Seele."

„Nein, du wirst von mir nicht mehr hören als nötig, Laban, das kann ich
dir versprechen", lächelte Mutter und schenkte den Tee ein, während Joyce
von der gegenüberliegenden Seite des Tisches saß, wo sie den Tee schnitt
Saatkuchen, den sie am Vortag mit eigenen Händen gebacken hatte, fragte
den Gast nach seinen beiden Töchtern.

„Sie sind sehr beschäftigt", antwortete Herr Hoad . „Ein großer
Bekannter, wissen Sie – es erfordert eine Menge Anrufe. Ich fürchte, sie
waren hier nachlässig."

„Oh, ich bete, erwähnen Sie so etwas nicht, Mr. Hoad ", rief Mutter hastig.
„Wir bezahlen selbst keine Anrufe. Wir sind einfache Leute und halten uns
nicht an modischen Sitten."

Mr. Hoad lächelte ziemlich unbehaglich.

„Und wir haben nicht viel, womit wir sie unterhalten können", warf ich
ein. „Wir tun nichts, was junge Damen tun."

Ich sah, wie Mutter darüber die Lippen schürzte, und es ärgerte mich, dass
ich es gesagt hatte, aber Vater lachte und sagte: „Nein, Hoad , meine
Mädchen sind einfache Bauerntöchter und haben mehr über Gartenarbeit
und Hauswirtschaft gelernt als sie." Ich habe etwas über Französisch und
Klavierspielen, obwohl Meg eine Ballade singen kann, wenn sie möchte,
genauso gut, wie ich sie hören möchte.

Ich erklärte, meine Stimme sei nichts im Vergleich zu Miss Hoads ; und
Joyce, immer freundlich, blickte zu Mr. Hoad hinüber und sagte: „Ich frage
mich, ob Miss Jessie bei unserem Dorfkonzert etwas für uns singen würde?"

„Ich werde sie fragen", sagte Mr. Hoad etwas schüchtern. „Ich bin mir nie
sicher, welche Verlobungen meine Töchter haben. Sie haben so viele
Verlobungen."

„Wir werden uns sehr freuen, sie jeden Nachmittag zum Training hier zu
sehen, nicht wahr , Mutter?" fügte Joyce hinzu.

„Die jungen Damen sind immer willkommen", antwortete die Mutter
etwas steif; und ich beeilte mich hinzuzufügen, ich fürchte weniger gnädig:

„Aber beten Sie, dass sie keine Verpflichtungen für uns brechen."

Mr. Hoad lächelte erneut, und dann drehte sich Vater zu ihm um, und sie
nahmen den Faden ihres eigenen Gesprächs dort auf, wo sie ihn verlassen
hatten.

„Sie sollten den jungen Kerl, von dem ich gesprochen habe, auf jeden Fall
kennen", begann Mr. Hoad . „Ich war sofort von ihm beeindruckt. Eine

wunderbare Gabe, sich auszudrücken, und genau diese Art, mit ihm Menschen zu gewinnen, kann man nicht erklären. Außerdem gutaussehend und voller Enthusiasmus."

„Enthusiasmus hat nicht immer Gewicht", wandte Vater ein. „Es ist eher wahrscheinlich, dass man zu hoch fliegt."

„Wenn man über die Köpfe anderer Leute hinwegfliegen muss, ist ein Höhenflug garantiert", lachte Mr. Hoad .

Vater sah genervt aus. „Ich habe keine Witze gemacht, ich habe keine Witze gemacht", sagte er. „Wenn Männer großartige Arbeit leisten wollen, können sie es sich nicht leisten, diese auf die leichte Schulter zu nehmen." Und dann fügte er mit einem seiner schnellen Blicke hinzu: „Aber versteh mich nicht falsch, Hoad . Enthusiasmus der richtigen Art nimmt die Dinge nie auf die leichte Schulter. Nur so etwas gewinnt große Schlachten, weil es viel Mut hat und Don." Ich weiß nicht, was Scheitern bedeutet. Nur gibt es so viele Dinge, die Enthusiasmus genannt werden und nichts als Treibstoff sind. Ich würde diesen jungen Mann gerne sehen und selbst urteilen. Gott bewahre, ich sollte die Jugend für einen Stolperstein halten. Die Jugend ist das Zeit zum Tun und Träumen."

Vater seufzte, und obwohl ich damals nicht sagen konnte, warum, kann ich jetzt vermuten, dass es an der Erinnerung an seinen Freund lag, der von der Art jugendlicher Begeisterung gewesen sein muss, die sein Gedächtnis und die Stärke seiner Überzeugungen hinterlassen hat so viele Jahre im Herzen eines anderen.

„Nun, Sie können ihn leicht erkennen", sagte Mr. Hoad . „Ich glaube, er bleibt in Ihrem Dorf. Er ist ein Neffe von Squire Broderick."

„Was! Captain Forrester?" schrie ich.

„Ah, Sie kennen ihn natürlich, Miss Maliphant . Vertrauen Sie den jungen Damen, wenn es darum geht, die gutaussehenden Männer herauszufinden", sagte Mr. Hoad und drehte sich mit seinem irritierendsten Ausdruck von Galanterie zu mir. Ich biss mir verärgert auf die Lippen, weil ich dem Mann den Mund geöffnet hatte, besonders als er mit einem schrecklich wissenden Blick zu Joyce hinübersah, woraufhin sie natürlich errötete, was mich sehr wütend machte.

„Mir gefällt der Knappe und er kommt nicht so gut miteinander aus", sagte Mr. Hoad . „Squire mag das Aussehen des Jungen nicht, der in seine Fußstapfen treten wird, wenn er sich nicht beeilt und heiratet und selbst einen Sohn bekommt, nehme ich an."

„Ich denke, dieser kluge Kapitän sollte besser nicht zu viel mit dem Grundstück rechnen", sagte Mutter steif und empfing sofort die Arme zu ihrem Liebling. „Der Gutsherr ist noch jung genug, um zu heiraten und ein Dutzend Söhne zu bekommen."

„Ja, ja, Ma'am, nur ein Scherz, nur ein Scherz", erklärte Mr. Hoad . „Ich glaube nicht, dass der Junge über das Anwesen nachgedacht hat."

„Wenn er die Art von Mann ist, die Sie sagen, kann er sich unmöglich um Eigentum kümmern", sagte ich leichthin und redete über etwas, das ich nicht verstehen konnte. Vater lächelte, aber er lächelte mich freundlich an. Mr. Hoad lachte schallend und machte mich wütend.

„Wie ich sehe, sind Sie in allen Partyphrasen auf dem Laufenden, junge Dame", sagte er.

„Wie haben Sie den jungen Mann kennengelernt, Hoad ?" fragte Vater, ohne mir Zeit zu geben, zu antworten. „Sie scheinen in kürzester Zeit Freunde geworden zu sein."

„Er kam aus geschäftlichen Gründen zu mir", wiederholte Hoad ausweichend. „Ich schätze, es geht ihm ziemlich schlecht. Er hat nur seinen Kapitänssold und ein wenig Privateigentum, vermutlich väterlicherseits, und spendet diesen Vereinen und Dingen zweifellos mehr, als er erübrigen kann."

Vater schwieg. Wahrscheinlich wusste er, wovon ich keine Ahnung hatte, dass es neben dem Anwaltsberuf noch einen anderen Zweig von Mr. Hoads Beruf gab. Offenbar gefiel es ihm nicht, daran erinnert zu werden, denn er runzelte die Stirn und ließ die Kinnlade herunterklappen, wie er es immer tat, wenn er genervt war.

„Ich weiß nicht, wie wir dazu kamen, über Politik zu reden", fuhr Hoad fort, „aber wir taten es, und ich dachte mir: ‚Warum, hier ist genau der Mann für Maliphant …' Ich habe nie erlebt, dass irgendjemand so weit gegangen ist wie du; aber dieser junge Kerl – er hat dich fast geschlagen, „bei meiner Seele hat er es geschafft!"

"Politik!" wiederholte Vater und runzelte deutlicher als je zuvor die Stirn; „Was haben sie mit der Sache zu tun?"

„Kommen Sie, Maliphant , Sie werden diese Farce nicht ewig weiterführen", rief Mr. Hoad auf seine intimste und gutmütigste Art. Oh, wie verärgert war ich darüber, wenn er meinen Vater so behandelte, als sei er ihm vollkommen ebenbürtig! Gegenüber der Tochter meines Vaters war ich intolerant; Aber dann war Mr. Hoad gönnerhaft, und Gönnerschaft war nicht notwendig, um konsequent zu sein.

"Wie meinst du das?" fragte Vater.

„Es war völlig in Ordnung, dass Sie vorher geschworen haben, nichts mit uns zu tun zu haben", fuhr Mr. Hoad fort . „Sie dachten nicht, dass wir jemals einen Mann erreichen sollten, der die Dinge so sieht wie Sie die Grafschaft. Er hat alles zu seinen Gunsten – guten Namen, gute Präsenz, gute Erziehung. Das sind die Männer, die Ihre Ansichten regieren, nicht Ihre dürftigen, alltäglichen Kerle – sie haben keinen Einfluss auf die Massen."

Vater stand vom Tisch auf. Seine Augenbrauen trafen sich fast in ihrer überhängenden, struppigen Form, und seine Augen waren klein und strahlend.

„Ich glaube nicht, dass ich dich verstehe, Hoad ", sagte er. „Wir scheinen uns nicht einig zu sein. Wollen Sie damit sagen, dass dieser junge Mann ins Parlament will?"

„Oh, keine Pläne, überhaupt keine Pläne, würde ich sagen", sagte Hoad . „Er fragte mich lediglich, wer um den Sitz der Tory kandidieren würde; und als ich ihn fragte, ob er ein Radikaler sei, äußerte er einige Ansichten, die, wie ich Ihnen sage, ganz in Ihrer Richtung liegen. Aber ich denke, das könnten wir problemlos tun." „Überzeugen Sie ihn – er schien so eifrig zu sein. Wenn Sie unseren Mann Maliphant unterstützen würden , wären wir in Sicherheit, wer auch immer er war, glaube ich", fügte der Anwalt mit Nachdruck hinzu. „Er hat einen wirklich wunderbaren Einfluss auf die Arbeiterklasse, Ihr Ehemann, Ma'am", endete er und wandte sich an Mutter.

„Ja", sagte sie stolz; „Laban ist ein guter Redner. Als ich ihn neulich bei der Versammlung sprechen hörte, verschlug es mir den Atem, das tat er."

Mutter sah mit einem zufriedenen Lächeln zu Vater auf, denn sie liebte es, wenn er gelobt wurde, aber ich für meinen Teil wusste sehr gut, dass er keine Lust auf angenehme Reden hatte.

„Ich habe dir immer gesagt, Hoad , dass es nicht zu meinem Plan gehört, in die Politik zu gehen", sagte er mit leiser Stimme, aber sehr entschieden. „Ich sehe keinen Grund, meine Meinung zu ändern."

„Nun, mein Lieber, aber das ist absurd", antwortete Mr. Hoad immer noch auf diese provozierend freundliche Art. „ Erwarten Sie jedoch , dass Sie bekommen, was Sie wollen?"

„Jedenfalls nicht durch das Parlament", sagte Vater lakonisch. „Ich habe noch nie von einem Gesetz des Parlaments gehört, das den Armen Brot aus der Verschwendung der Reichen gab. Ich werde mit der Unterstützung des Parlaments warten, bis ich sehe, wie einer der Gesetzgeber dort einen Finger hebt, um die armen, elenden Kinder wiedergutzumachen." die in den Straßen Londons wimmeln und verhungern, und deren kleine Gesichter gemein und scharfsinnig werden, wenn sie lernen, diejenigen zu betrügen, die sie um ihr tägliches Brot betrügen.

Ich kann ihn jetzt vor mir sehen, seine Lippen zittern, seine Augen leuchten, seine Hände sind zur Faust geballt. Es war der Schrei, mit dem er jede Rede beendete; dieses zarte Mitleid mit den vielen Kindern, die hungern müssen, während andere verkümmern, die unbedingt Sünde lernen müssen, während andere davor geschützt sind, überhaupt zu wissen, dass es so etwas gibt; diese unschuldigen Sünder, Ausgestoßene des Guten, geduldig, weil hoffnungslos, und doch oft genug unheilbar glücklich, selbst im Zentrum des Bösen – sie waren immer in seinem Herzen. Es war seine größte Hoffnung, ihnen irgendwie beizustehen und denjenigen, die selbst glückliche Kinder hatten, den Schrecken ihrer Hilflosigkeit bewusst zu machen.

Ich hielt mein Gesicht gesenkt, damit niemand meine Tränen sehen konnte, und ich wusste, dass Vater sein großes buntes Taschentuch hervorholte und sich heftig die Nase putzte. Mr. Hoad war jedoch nicht so leicht betroffen.

„Ah, Sie hatten recht, Mrs. Maliphant ", sagte er mit lauter, nachdrücklicher Stimme. „Ihr Mann wäre ein sehr guter Redner. Umso mehr ist es eine Sünde und eine Schande, dass er seine Talente unter den Scheffel stellen sollte. Sind Sie da nicht meiner Meinung?"

„Oh, Laban weiß am besten, was er zu tun hat", antwortete Mutter. „Ich finde es sehr schade, dass sich Frauen in diese Angelegenheiten einmischen. Sie haben viel zu tun, indem sie sich um die praktischen Angelegenheiten des Lebens kümmern."

Mr. Hoad brach in lautes Gelächter aus. „Ah, du hast eine kluge Frau, Maliphant ", rief er. „Sie hat ihren Finger auf das schwache Gelenk deiner Rüstung gelegt! Ja, das ist es, mein Junge. Das sind schöne Gefühle, aber sie sind nicht praktisch; sie lassen sich nicht abwaschen. Aber du würdest es bald sehen, wenn du es wirklich hast." In die Sache hinein, dass der beste Weg, den ersten Schritt zu dem zu machen, was man will, darin besteht, nicht alles auf einmal zu verlangen. Die dünne Kante des Keils – das ist die Kunst. Und ich würde geneigt sein zu glauben, dass dieser junge Kerl es war nicht an Takt mangeln .

„Jedenfalls", antwortete Vater ruhig, „wenn Squire Brodericks Neffe sich dem Tory-Kandidaten für diese Grafschaft widersetzen würde, würde ich – als Squire Brodericks alter Freund – ihn auf keinen Fall bei seinem Unterfangen unterstützen wollen."

„Ah, Sie sind sehr gewissenhaft, Maliphant ", lachte Mr. Hoad . Aber dann, als er seinen Fehler erkannte, fügte er schnell hinzu: „Ganz richtig, natürlich völlig richtig, und ich glaube nicht, dass der junge Mann die Absicht hat, so etwas zu tun."

„Zweifellos war es vielmehr so, dass der Wunsch der Vater des Gedankens in dir war, Hoad ", antwortete Vater offenherzig.

„Na ja, Sie mögen so stur sein, wie Sie wollen, Maliphant ", sagte der Anwalt und versuchte, Vaters gutmütige Bemühungen als Anstoß für einen Scherz zu nehmen, „aber wir kommen ohne Sie sehr gut zurecht, wenn die jungen Damen es wollen." Geben Sie uns nur ihre freundliche Unterstützung. Ich hoffe, Sie werden nicht so ein alter Geizhals sein, uns das zu verbieten; und ich hoffe", fügte er hinzu und wandte sich mit seinem süßen Lächeln an Joyce, „dass die jungen Damen ihre Unterstützung nicht zurückziehen." Schirmherrschaft, wenn schließlich ein weniger gutaussehender Mann als Captain Forrester unser radikaler Kandidat sein sollte.

„Oh, danke", sagte Joyce, errötete wütend und blickte mit verzweifelten blauen Augen auf; „In der Tat kennen wir Captain Forrester kaum. Wir können Ihnen unmöglich von Nutzen sein."

„Natürlich nicht", rief ich. „Wer auch immer der Kandidat war, wir sollten nicht werben. Wir werben nie. Wir sind keine Politiker."

Ich wundere mich, dass niemand gelächelt hat, aber niemand hat gelächelt. Vater war zu sehr mit seinen Gedanken beschäftigt, und vielleicht war Mr. Hoad zu sehr erstaunt. Aber als ob sie meine Überheblichkeit verbergen wollte, sagte Joyce freundlich, als Mr. Hoad aufstand, um zu gehen: „Sie werden das Konzert doch nicht vergessen, oder? Und bitte, sagen Sie Miss Bessie, dass ich das sehr gerne tun werde." Was kann ich tun, um ihr bei ihrer Basararbeit zu helfen?"

Er versprach, sich an beide Nachrichten zu erinnern, und schüttelte ihr auf eine Art nachdenkliche Weise die Hand, eine Art Verhalten, die er, wie ich mich erinnere, immer gegenüber einem hübschen Mädchen an den Tag legte. Ich dachte, Mutter hätte sich vor Kurzem von ihm verabschiedet. Der Vater allein begleitete ihn in die Halle und begleitete ihn zu dem schicken kleinen Wagen, der aus dem Stall kam, um ihn abzuholen. Ich ging zur Speisekammer und holte das Tablett, um das Teegeschirr abzuräumen. Als ich wieder in den Salon zurückkam, war Joyce die Treppe hinaufgegangen, und Vater und Mutter waren allein. Ich weiß nicht, warum das so war, aber sobald ich eintrat, war ich mir sicher, dass die Diskussion mit Hoad , so eifrig sie damals auch gewesen war, Vaters Gedanken nicht beschäftigte. Ich war mir sicher, dass Mutter auf die wichtigere Angelegenheit angespielt hatte, über die nach dem Besuch des Gutsbesitzers heftig gesprochen wurde. Sie stand am Feuer und Vater hielt ihre Hand in seiner. Er bat mich, eine Lampe in sein Arbeitszimmer zu bringen und ging hinaus. Ich warf einen Blick auf Mutter.

„Wofür will Vater so spät zur Arbeit gehen?“ sagte ich. „Warum sitzt er nicht da und raucht seine Pfeife wie immer?“

Mutter antwortete nicht; Sie hatte mir den Rücken zugewandt, aber etwas in ihrem Gesichtsausdruck ließ mich sicher spüren, dass sie weinte.

„Aber es scheint ihm heute Abend viel besser zu gehen, Mutter“, fügte ich hinzu und trat hinter sie; „Er war bei diesem Streit ganz er selbst.“

„Ja, mein Lieber, ja; er kann wegen solchen Dingen immer aufwachen“, antwortete sie, und tatsächlich war ein Zittern in ihrer Stimme und jede Spur der Würde, die sie mir gegenüber seit der Szene beim Abendessen gezeigt hatte – Der Tisch war vollständig verschwunden.

„Liebe Mutter, warum machst du dir Sorgen?“ sagte ich leise. „Ich bin mir sicher, dass das nicht nötig ist.“

„Nein, nein, das ist natürlich nicht nötig“, wiederholte sie. „Aber, Margaret“, fügte sie hastig hinzu, als ob sie sich halb für das schämte, was sie sagte , „wenn er dazu gebracht werden könnte, den Plan des Gutsherrn in einem besseren Licht zu sehen, wäre das sicher von Vorteil.“ Ich glaube nicht, dass er jemals mit ganzem Herzen bei der Arbeit auf dem Bauernhof war, und ich kann es nicht ertragen, ihn so hart arbeiten zu sehen, jetzt, wo er alt ist. Es wäre anders gewesen, wissen Sie, wenn – wenn der kleine John gewesen wäre hat gelebt."

Ich küsste sie schweigend. Die unschuldige Beeinträchtigung meiner eigenen Fähigkeiten, die mich vor einer Stunde so sehr beschäftigt hatte, blieb für mich unbemerkt. Und als Vater an diesem Abend beim Familiengebet mit seiner sonoren Stimme die wunderschöne Sprache der Psalmen vortrug, drangen die Worte „Er hat Respekt vor den Demütigen, aber die Hochmütigen erkennt er aus der Ferne “ in mein Herz, und das dachte ich Ich sollte mich nie wieder über meine Vorgesetzten erheben wollen.

KAPITEL VIII.

ICH LAG in dieser Nacht eine ganze halbe Stunde wach und beschloss – genauso ernsthaft, als ob meine Gefühle einen wichtigen Einfluss haben könnten –, dass ich auf keinen Fall versuchen würde, meinen Vater in seiner Entscheidung, einen Gerichtsvollzieher zu engagieren, zu beeinflussen . Aber so real meine Sorgen über diese für mich so gewaltige Angelegenheit auch waren, wurde am nächsten Morgen alles durch ein Ereignis von eher persönlichem und unmittelbarem Interesse in die Flucht geschlagen . Das ist die gesegnete Elastizität der Jugend. Das Ereignis war eines, das mir nicht nur die Erinnerung an Captain Forrester und meine romantischen Träume für Joyce noch einmal lebendig vor Augen führte, sondern es versprach mir auch nicht wenig Vergnügen. Es bestand darin, dass plötzlich ein Stallknecht aus dem Herrenhaus auftauchte, der mir einen Brief für meine Mutter überreichte.

Es war Morgen, als er kam; Mutter war immer noch mit Deborah in der Küche, und Joyce und ich waren noch nicht damit fertig, unsere Betten zu machen und unser Zimmer abzustauben. Aber ich glaube nicht, dass es beim Beantworten dieser Türklingel zu einer Verzögerung kam. Ich erinnere mich, wie verärgert ich war, als Mutter darauf bestand, alle ihre Geschäfte zu erledigen, bevor sie den Zettel öffnete; Sie ging in den Geflügelhof und entschied, welche Hühner und welche Enten für das Abendessen der Woche getötet werden sollten, sie ging in die Molkerei, um sich den Rahm anzusehen, sie ging sogar selbst auf den Dachboden, um Äpfel zu holen, bevor sie gehen und sie suchen würde ihre Brille im Salon. Und doch hätte sich jeder vorstellen können, dass eine Nachricht des Gutsherrn etwas sehr Wichtiges bedeutete. Und das geschah tatsächlich. Es enthielt eine formelle Einladung zu einem großen Ball im Herrenhaus. Auf der Karte stand zwar kein „großer" Ball, aber wir wussten natürlich, dass es ein großer Ball werden würde. Wir waren ziemlich benommen vor Aufregung. Eigentlich ein Riesenspaß in unserem ruhigen kleinen Dorf. So etwas war seit meiner Jugend nicht mehr bekannt gewesen, und seit der Zeit, als die junge Mrs. Broderick als Braut ins Herrenhaus gekommen war, hatte ich noch nicht einmal davon gehört. Natürlich waren wir ein- oder zweimal auf Tanzveranstaltungen in der Stadt – einmal bei den Hoads und einmal auf einem Kreisball, wir waren im White Hart Inn, aber ich glaube, das waren wirklich die einzigen beiden Gelegenheiten, bei denen ich irgendwo getanzt habe aus der Tanzakademie. Joyce, etwas älter, könnte noch drei weitere solcher aufregenden Momente in ihrem Leben zählen. Die Karte wurde von Hand zu Hand weitergereicht und dann auf dem Kaminsims vor der Uhr aufgehängt, als bestünde die Gefahr, dass irgendjemand in der Familie vergessen könnte, an welchem Tag und zu welcher Stunde Squire Broderick war hatte uns zum „Tanzen" im Manor eingeladen.

„Ich frage mich, was den Knappen dazu gebracht hat, jetzt so viel Spaß zu haben", sagte Mutter. „Ich nehme an, es liegt an der Aussicht auf die Wahlen. Er glaubt, dass er es dem Landkreis schuldig ist."

„Warum um alles in der Welt sollte er dem Landkreis wegen der Wahlen etwas schulden?" rief ich. „Er wird nicht kandidieren, und ich glaube nicht, dass er annehmen kann, dass ein Ball den Farnham-Interessen viel nützen würde, wenn das der einzige Mann ist, den sie auf der konservativen Seite vorschlagen können." "

„Ich glaube nicht, dass es die Sache eines jungen Mädchens ist, so leichtfertig zu reden, Margaret", sagte die Mutter. Vater war gerade nicht anwesend. „Ich glaube nicht, dass es jungen Leuten zusteht, über Dinge zu reden, die sie unmöglich verstehen können."

Das ärgerte mich, aber ich traute mich nicht, meiner Mutter zu antworten.

„Ich bin sicher, Sie haben Ihren Vater noch nie so reden hören wie Mr. Farnham", fügte Mutter hinzu. „Er mag ihn viel mehr als Mr. Thorne, obwohl Mr. Thorne ein Radikaler ist."

„Nun, das denke ich! Mr. Thorne ist ein Kapitalist, und Vater glaubt nicht, dass es Männer geben sollte, die in der Wirtschaft so große Vermögen gemacht haben", rief ich kühn und wandte eine Theorie auf eine Einzelperson an, wie ich dachte Mir wurde es beigebracht. „Es nützt nichts, dass er ein Radikaler ist oder den Armen Geld gibt, weil er das Geld nicht haben sollte. Es ist schrecklich, sich vorzustellen, dass er mit dem Geld, das er erwirtschaftet hat, ein wunderschönes altes Gebäude wie das Priorat gekauft hat." seine Arbeiter. Nein, niemand wird jemals Mr. Thorne in der Nachbarschaft mögen.

„Ich kenne den Knappen und er hält überhaupt nicht zusammen", antwortete Mutter. „Obwohl es heißt, dass Mr. Thorne das Anwesen durch diesen hübschen jungen Neffen des Gutsherrn gekauft hat . Die Familien kannten sich oben im Norden."

„Wer hat dir das gesagt, Mutter?" fragte ich schnell.

„Miss Farnham hat das gesagt, als sie gestern anrief", antwortete Mutter. „Und sie sagte, es sei Mr. Thorne, der mit ihrem Bruder um den Sitz streiten würde, also weiß ich nicht, wie Mr. Hoad dazu kommen konnte, Ihrem Vater diesen jungen Kapitän vorzuschlagen, wie er es gestern getan hat. Ein reicher Mann wie der Fabrikant." hätte sicher viel mehr Chancen.

Ich schwieg. Ich war ein wenig überfordert. „Ich glaube nicht, dass Mr. Hoad überhaupt etwas darüber wusste", sagte ich. „Wie konnte ein Mann einen Sitz gegen den Kandidaten antreten, den sein eigener Onkel unterstützte? Das ist lächerlich. Mr. Hoad hat immer etwas zu sagen."

„Margaret, du solltest dir wirklich nicht erlauben, so viele Meinungen über andere zu verbreiten", wiederholte Mutter. „Zuerst Mr. Farnham, dann Mr. Thorne und jetzt Mr. Hoad . Bei jungen Frauen ist das nicht schön."

„Gut, Mutter, ich werde es nicht wieder tun", sagte ich fröhlich. „Auf jeden Fall spielt das Parlament keine große Rolle, sagt Vater. Und außerdem wird der Squire uns einen Ball bereiten, und nichts kann so wichtig sein."

Es ist wahr, dass uns drei in diesem Moment nichts auch nur halb so wichtig war. Mutter war genauso aufgeregt wie wir, und wir alle begannen mit ebenso viel Eifer, wenn auch nicht so viel Wissen, über die Mode zu diskutieren, als wären wir in London geboren und aufgewachsen.

„Du musst dir deine Kleidung ansehen und sehen, dass alles ordentlich ist. Joyce, ich nehme an, du wirst dein weiß besticktes ,India' tragen?" sagte die Mutter. Und von da an war es ein ganz natürlicher Schritt, einen Blick auf den weißen Musselin und die anderen Kleidungsstücke zu werfen, die unsere einfachen Kleiderschränke zu bieten hatten, so dass wir jeden Teil des Vormittags, der nicht mit dringenden Hausarbeiten in Anspruch genommen wurde, damit verbrachten, ihn umzudrehen Kleider, Spitzen und Bänder, und wir bestimmen, was wir anziehen sollen und was gewaschen werden muss, bevor wir es tragen. Ja, ich glaube, ich habe an diesem Tag zum ersten Mal in meinem Leben an mein Kleid gedacht. Es war nicht nötig, an Joyces zu denken, denn sie würde bestimmt bewundert werden, aber wenn überhaupt eine Chance bestand, dass ich gut aussah, konnte das nur ein glücklicher Gedanke in Bezug auf mein Kostüm sein; Und als meine Mutter mir vorschlug, mir ihre schöne alte meergrüne Schnapsseide zum Schminken für diesen Anlass zu schenken, hüpfte mein Herz vor Freude. Ich war sehr aufgeregt. Für Joyce, weil ich fest davon überzeugt war, dass es Captain Forrester war, der den Squire überredet hatte, diesen Ball zu geben; und für mich selbst, weil es wirklich ein großartiges Ereignis im Leben eines jeden Mädchens war und ich leidenschaftlich gerne tanzte. Ich verbrachte den Nachmittag damit, meine alten Spitzenrüschen zu waschen und sie vorsichtig vor dem Feuer herauszuziehen, und die ganze Zeit summte ich Walzermelodien und fragte mich, wer mit mir tanzen würde, und stellte mir vor, wie Joyce in den Armen von Captain Forrester herumwirbelte . Ich dachte so sehr an Joyce und ihren Geliebten, dass es für mich kaum eine Überraschung war, als ich gerade als das Licht zu schwinden begann und die Teezeit nahte, ein scharfes Klingeln an der Vordertür hörte und ich zum

Hintergang rennen hörte Als ich mit der Spitze in der Hand das Fenster öffnete, sah ich, dass Squire Broderick auf der Veranda stand und mit ihm sein Neffe Captain Forrester. Ich hörte, wie Joyce durch den Flur in die Küche flog. Ich glaube, sie muss gesehen haben, wie die beiden Herren die Straße entlanggingen, und dann rannte sie wieder zurück in den Salon, und Deborah ging zur Tür.

„Frau Maliphant zu Hause?" sagte die fröhliche Stimme des Knappen; und kaum auf eine Antwort wartend, schritt er ins Vorderzimmer.

Ich warf meine Spitze weg, schlug meine Ärmel herunter und rannte, ohne mich noch mehr um meine Toilette zu kümmern, die Treppe hinunter. Mutter war ins Dorf gegangen, um ein paar kleine Besorgungen zu erledigen, und war nicht hereingekommen; Joyce stand allein mit den Besuchern. Sie trug ihr schlichtes dunkelblaues Alltagskleid, aber die weichen kleinen Rüschen an Hals und Handgelenken waren sauber. Ich erinnere mich daran, wie glücklich es war, dass sie sauber waren. Sie stand mit Captain Forrester am Fenster, der unseren Blick über das Marschland bewunderte.

„Es ist ein wunderschönes Land", sagte er. Und sein Blick wanderte von der Ebene, in der sich die Schatten des Abends langsam verdunkelten, zu dem Gesicht an seiner Seite, das so hell vor dem kleinen Rüschenvorhang aus Musselin glänzte, den sie mit der Hand beiseite hielt.

Der Gutsbesitzer saß am Tisch; Er hatte die Morgenzeitung aufgeschlagen, und ich nahm an, dass das Stirnrunzeln auf seinem Gesicht durch etwas hervorgerufen wurde, das er in den Spalten dieser liberalen Zeitschrift gelesen hatte. Captain Forrester verließ Joyce und kam auf mich zu, sobald ich den Raum betrat.

„Miss Maliphant , ich freue mich, Sie wiederzusehen", sagte er mit seiner angenehmen, eleganten Art, die die Kunst hatte, einem nie das Gefühl zu geben, dass er etwas nur sagte, um angenehm zu sein. „Nach unserem kleinen Abenteuer neulich hatte ich das Gefühl, dass es für mich unmöglich war, die Nachbarschaft zu verlassen, ohne zu versuchen, unsere Bekanntschaft schnell zu machen."

„Oh, verlässt du die Nachbarschaft?" sagte ich – ich habe etwas zu große Angst.

„Nun, noch nicht", lächelte Captain Forrester. „Ich denke, ich werde bleiben, bis der Ball vorbei ist."

„Unsinn, Frank", sagte der Gutsbesitzer, erhob sich und schob das Papier von sich weg. „ Natürlich bleibst du am Ball." Dann drehte er sich zu mir um und sagte fröhlich: „Keine Schwierigkeiten, dass Sie junge Damen kommen, hoffe ich?"

„Ich weiß es nicht, Mr. Broderick", antwortete ich. „Sie müssen warten und Mutter fragen. Es ist eine sehr großartige Angelegenheit für zwei so einfache Mädchen wie Joyce und mich."

„Oh, Margaret, ich denke, wir dürfen gehen", warf Joyce mit ihrer sanften, sachlichen Stimme ein. „Wissen Sie, dass wir letztes Weihnachten zu einem sehr späten Ball in der Stadt waren."

Wenn man bedenkt, dass wir den ganzen Morgen über Kleider gesessen hatten, wäre das Unsinn gewesen, außer dass Joyce nie einen Witz verstehen konnte.

„Ich denke, ich muss Mrs. Maliphant selbst in die Hand nehmen, wenn sie Einwände erhebt", sagte der Gutsbesitzer, „denn wir können Sie und Ihre Schwester ganz sicher nicht entbehren."

Joyce errötete, und Kapitän Forrester drehte sich zu ihr um und wollte gerade etwas sagen, was meiner Meinung nach lobend gewesen wäre, als Vater den Raum betrat. Er trug seinen groben, braunen, schlecht geschnittenen Anzug und sein blaues Taschentuch, das er zweimal um den Hals geschlungen und vorn locker gebunden hatte, und sah ganz und gar nicht nach der gleichen Art von Mann aus wie die beiden vor ihm. Mir ist es an diesem Abend zum ersten Mal aufgefallen. Ich habe mich überhaupt nicht dafür geschämt. Wenn ich befragt worden wäre, hätte ich sagen sollen, dass ich sehr stolz darauf war, aber ich habe es einfach bemerkt und mich gefragt, ob Captain Forrester es auch bemerkt hat. Es war sicherlich sehr seltsam, dass mir vorher nie in den Sinn gekommen wäre, dass dieser Liebhaber, den ich für Joyce ausgewählt hatte, zu derselben Klasse gehörte wie der Gutsbesitzer, den ich für so unpassend für sie hielt. Ich nehme an, das lag daran, dass Captain Forrester kein Grundbesitzer war und dass jeder Mann, der die edle Karriere eines Soldaten antrat, seine Geburt durch seinen Beruf sühnte.

„Wie geht es dir, Maliphant ?" sagte der Knappe und ergriff seine Hand, als hätte es zwischen ihnen keinen unangenehmen Abschied gegeben. „Ich bin froh zu sehen, dass es dir durch diesen verfluchten Ostwind nicht schlechter geht. Das reicht aus, um so manchen jüngeren und stärkeren Mann zu verärgern."

Vater hatte die ihm dargebotene Hand angenommen, aber nicht sehr herzlich. Ich bin mir nicht sicher, ob er jemals Menschen sehr herzlich die Hand geschüttelt hat; Vielleicht lag es zum Teil an der Steifheit seiner Finger, aber ich glaube, dass er es als nutzlose Formalität ansah. Ich stelle mir das vor, weil auch ich schon immer eine Abneigung gegen Küsse und Händeschütteln hatte , wenn mir ein einfaches „Guten Tag" den Zweck ausreichend zu erfüllen schien.

„Puh!“ sagte Vater als Antwort auf die Bemerkung des Gutsherrn. „Ein Mann, der seine Arbeit das ganze Jahr über im Freien verrichtet, Squire Broderick, muss kaum Rücksicht darauf nehmen, ob der Wind im Osten oder im Süden weht, außer wie er sich auf seine Ernte und seine Herde auswirkt.“

Der Gutsherr nahm von dieser Rede keine Notiz. Es war so offensichtlich, dass es im Hinblick auf die heikle Frage gesprochen wurde.

„Ich habe meinen Neffen vorbeigebracht“, sagte er, und Kapitän Forrester verließ Joyces Seite, als er das sagte, und kam mit seinem freundlichen Lächeln und genau dem richtigen Maß an Ehrerbietung, das zu seiner üblichen charmanten Art beitrug, nach vorne. „Er wollte den Gutshof sehen“, fügte der Squire hinzu, wiederum mit einem Stirnrunzeln auf der Stirn, das ich nicht verstehen konnte, das aber zweifellos, wie er behauptet hatte, auf die Wirkung des Ostwinds auf sein Temperament zurückzuführen war.

„Ich freue mich sehr, Sie zu sehen, Sir“, sagte Vater kurz. „Ich habe gehört, dass Sie meinen Töchtern neulich geholfen haben.“

Kapitän Forrester lächelte. „Es kann kaum von Hilfeleistung gesprochen werden“, sagte er. „Deine Tochter“ – und er sah mich an, um mich von Joyce zu unterscheiden – „wäre sicher in der Lage gewesen, das Pferd zu lenken.“

„Oh, ich habe verstanden, dass die Stute aufgezogen wurde“, antwortete Vater.

„Nun, sie ist kein gutes Pferd für eine Dame“, gab Kapitän Forrester zu, als sei ihm das Geständnis abgetrotzt worden; und ich fragte mich, wie er darauf kam, dass es mich ärgerte, wenn ich dachte, ich sei nicht in der Lage, mit der Stute umzugehen. „Aber manche Frauen fahren genauso gut wie jeder Mann.“

Der Gutsbesitzer nahm das Papier wieder auf. Ich glaube nicht, dass das gute Manieren von ihm waren.

„Was für eine herrliche Aussicht Sie von diesem Haus aus haben“, fuhr Kapitän Forrester fort. „Ich finde es viel schöner als bei uns.“

Die Schultern des Gutsbesitzers bewegten sich ungeduldig. Der Artikel, den er las, muss ihn entschieden geärgert haben.

„Ja“, antwortete Joyce; „Aber Sie sollten im Sommer oder im Herbst kommen und es sich ansehen. Es ist jetzt sehr düster. Der Frühling ist dieses Jahr so spät.“

„Ja, ich kann mich an keinen Schneefall im März in diesen fünf Jahren erinnern“, sagte Vater.

„Aber es hat eine schöne Wirkung auf dieser Ebene", fuhr der junge Mann fort und entfernte sich wieder zum Fenster. Und dann drehte er sich zu Joyce um und fügte hinzu: „Zeichnen Sie, Miss Maliphant ?"

„Nein, nein", antwortete der Vater für sie. „Wir haben keine Zeit für solche Dinge. Wir haben alle viel zu tun, auch wenn wir keine Erfolge haben."

„Miss Margaret kann ,Robin Adair' singen", warf der Knappe ein, „so gut ich es hören möchte, ob Erfolge hin oder her."

„In der Tat", sagte Kapitän Forrester mit einem Zeichen des Interesses. „Ich hoffe, dass sie es mir eines Tages vorsingen wird."

Er sagte es mit einer gewissen herablassenden Miene, die, wie ich später herausfand, von seinen eigenen hervorragenden Musikkenntnissen herrührte.

„Singen Sie gern?" sagte ich einfach. Ich war zu sehr ein Landmädchen, um daran zu denken, den Vorwurf zu leugnen. Ich mochte gute Musik sehr; Es war für mich eine zweite Natur, vermutlich von einem vergessenen Vorfahren geerbt, und das Auswählen von Melodien auf dem alten Klavier war das Einzige, was mich jemals bereitwillig drinnen hielt. Vater freute sich über mein einfaches Singen einfacher Lieder, und der Gutsbesitzer freute sich auch darüber; Ich hatte mich daran gewöhnt, zu glauben, es sei ein Talent in mir, mein einziges, und ich schämte mich nicht, es einzugestehen. „Wenn du möchtest, singe ich es dir jetzt vor."

„Das ist sehr nett von Ihnen", sagte der junge Mann mit einem kleinen Lächeln. Und ich setzte mich hin und sang das alte Lied durch. Ich erinnere mich, dass ich zum ersten Mal in meinem Leben wirklich nervös war. Captain Forrester stand am Klavier. Er war sehr nett; Ich weiß nicht, dass mir jemals zuvor jemand so viel über meine Stimme gesagt hatte, aber trotz allem wusste ich zum ersten Mal, dass ich nichts wusste. Ich schämte mich wütend, als Joyce auf drängende Fragen nach ihren musikalischen Fähigkeiten antwortete, dass ich über das nötige Talent verfüge, und begann, von den Dorfkonzerten zu erzählen, bei denen ich für die armen Leute auftrat, und dass es eines gab nächste Woche, wenn er gehen muss, um mich singen zu hören.

„ Auf jeden Fall werde ich das tun", antwortete er freundlich, „und alles tun, was ich kann, um Ihnen zu helfen. Ich habe in so etwas etwas Übung."

„Warum sagen Sie nicht, dass Sie darin ein echter Profi sind, Frank?" Ich war ein wenig verärgert, als ich den Knappen eingesetzt hatte. „Er veranstaltet immer Dorfkonzerte – bei so etwas ist das ein echter Glücksfall."

Frank lachte und sagte, er hoffe, dass wir ihn nach einer solchen Figur einstellen würden, und dann fragte er, was unser Programm sei . Joyce erzählte es ihm. Ich wollte singen, und Miss Hoad würde singen – und sie sang wunderschön, denn sie hatte es in London gelernt – und dann würde ich mit dem Schmied singen, und Miss Thorne würde mit dem Lebensmittelhändler auf dem Kornett spielen und Freuden und Comic-Songs würden den Rest ausfüllen. Das Lächeln auf Captain Forresters Gesicht verdunkelte sich ein wenig, als er Miss Thorne erwähnte.

„Miss Thorne beherrscht das Klavier nicht sehr gut“, sagte er. „Hast du sie schon gebeten, aufzutreten?“

„Kennen Sie Miss Thorne?“ fragte Joyce überrascht.

„Ja“, antwortete der Kapitän; „Sie lebte in dem Dorf, in dem ich als Junge aufwuchs – nicht weit von Manchester. Ihr Vater war ein großartiger Fabrikant, wissen Sie.“

„Ja, das wissen wir zur Genüge.“ Und ich warf Vater einen unbehaglichen Blick zu; denn wenn er wüsste, dass dieser junge Kerl ein Freund der Thornes war, fürchtete ich, dass ihn das gegen ihn aufbringen würde. Zum Glück war er damit beschäftigt, mit dem Knappen zu reden.

„Sie ist ein sehr nettes Mädchen“, sagte Joyce freundlich und wollte freundlich sein, obwohl wir tatsächlich nicht mehr von Mary Thorne wussten, als ihr die Hand zu schütteln, als sie an einem Sonntagnachmittag aus der Kirche kam.

„Charmant“, stimmte der Kapitän zu; „Aber sie ist keine gute Musikerin, und ich sollte sie nicht bitten, aufzutreten, es sei denn, Sie sind dazu verpflichtet.“

Wir sagten, wir seien dazu nicht verpflichtet; aber Joyce sagte, sie würde nichts Unfreundliches tun wollen, und sie hatte Angst, dass Mary Thorne gebeten werden wollte, aufzutreten. Und dann zogen sich die beiden wieder ans Fenster zurück und diskutierten über das Konzert und die Aussicht, und ich sah bald stolz, dass sie redeten, als ob sie sich schon seit Jahren kannten. Im Allgemeinen dauerte es lange, bis jemand mit Joyce durch das erste Eis kam, aber dieser Mann hatte es leicht mit ihm; Er war so sympathisch in seiner Persönlichkeit – so freundlich, offenherzig und natürlich.

„Das ist ein äußerst lächerlicher Artikel im *Herald*“, sagte der Gutsbesitzer zu Vater. „Ich frage mich, ob Blair solche Dinge tun kann. Er ist ein vernünftiger Mann.“

„Ich frage mich, ob Sie das überhaupt zugeben, Knappe“, antwortete Vater mit einem kleinen Lachen. Ich brauche nicht zu sagen, dass die Zeitung das liberale Organ war.

„Na ja", lächelte der andere, „ich kann das Gute in einem Mann sehen, obwohl ich nicht seiner Meinung bin. Aber ich denke, *das* " – er zeigte auf den Aufdruck – „ist unter Verachtung."

„Ich selbst halte es nicht aus", antwortete der Vater; „Der Mann hat keinen Mut."

„Oh nein, natürlich – das geht dir nicht weit genug, Maliphant ", lachte der Knappe; Und in diesem Moment kam Mutter herein, sonst weiß ich nicht, was Vater geantwortet hätte. Sie kam langsam herein und blieb einen Moment in der Tür stehen und blickte uns alle an. Joyce errötete scharlachrot und trat aus der Nische hervor. Der Knappe stand auf und eilte auf sie zu.

„Wir sind in Ihr Haus eingedrungen, während Sie weg waren, Mrs. Maliphant ", sagte er. „Das war nicht höflich, oder? Aber du wirst mir verzeihen, ich weiß."

Mutters Augen ruhten kaum auf ihm; Sie gingen an ihm vorbei zu Captain Forrester, der am Fenster stand.

„Mein Neffe, Frank Forrester", sagte der Knappe und folgte hastig ihrem Blick. Der Kapitän trat vor und verneigte sich vor der Mutter. Er konnte nichts mehr tun, denn sie streckte ihre Hand nicht aus.

„Ich freue mich sehr, einen Ihrer Freunde zu sehen, Squire", sagte sie. Und dann wandte sie sich von ihm ab und öffnete ihren Umhang, den ich ihr abnahm und im Flur aufhängte.

„Joyce, leg das Tuch hin", sagte sie. „Wir trinken gleich Tee." Ich verließ das Zimmer mit meiner Schwester.

„Macht nichts", flüsterte ich draußen, als wir die hübschen weißen Eierschalenbecher holten, die immer herauskamen, wenn wir Besuch hatten; „Mutter will nicht schwul sein. Ihr ist jetzt nur ein bisschen kalt, weil sie möchte, dass Captain Forrester versteht, dass wir uns ohne ihre Erlaubnis von ihm nach Hause fahren lassen. Aber sie ist nicht wirklich böse."

„Bös! Oh, Margaret, nein – natürlich nicht", wiederholte Joyce. Sie holte einen Teller unter einem Stapel Tassen hervor und sagte im Moment nichts mehr. Ich schämte mich und war halb verärgert. Das war das Schlimmste an Joyce. Manchmal tadelte sie jemanden, wenn einer tatsächlich ihre Kämpfe ausfocht.

„ Natürlich hätten wir es nicht tun sollen", fuhr sie fort und stellte die Tassen auf das Tablett. „Ich habe es damals gespürt."

„Warum in aller Welt hast du das dann nicht gesagt?" schrie ich.

„Ich wusste nicht, wie ich das sagen sollte; du hast mir kaum eine Chance gegeben", antwortete sie. „Natürlich weiß ich, dass du es getan hast, weil ich so dumme Angst hatte, aber jetzt ist es mir ziemlich unangenehm."

„Oh, ich dachte, Sie scheinen sich gerade sehr gut mit Captain Forrester zu verstehen", sagte ich verärgert und kniete mich hin, um den Kuchen auf dem untersten Regal zu erreichen. „Auf ihn wirkten Sie recht höflich, und Sie wirkten nicht unbehaglich."

„Habe ich das nicht? Ich bin froh", antwortete Joyce schlicht. „ Natürlich möchte man den Freunden des Gutsherrn im Haus seines Vaters gegenüber höflich sein. Und ich denke, er ist ein sehr höflicher Herr."

Sie nahm das Tablett und ging ins Wohnzimmer, und ich ging in die Küche, um die Urne zu holen. Ich war bis heute nie neidisch auf Joyces Schönheit gewesen. Es war nichts passiert, was mich dazu gebracht hätte, und ich war voll und ganz damit beschäftigt, stolz darauf zu sein. Aber wenn ihr ihre Schönheit so wenig bedeutete, dass sie sich nicht einmal über die Bewunderung dieses gutaussehenden Mannes gefreut hatte – nun, ich dachte, ich hätte sie besser nutzen können.

Als ich wieder in den Salon ging, waren alle Gruppen gewechselt. Vater stand am Feuer und der Knappe war aufgestanden. Vater hatte die Hände auf dem Rücken verschränkt und seine sarkastische Miene aufgesetzt, und der Knappe redete laut. Joyce legte das Tuch aus, und Mutter stand am Fenster, wo zuvor Schwester gestanden hatte; Captain Forrester redete mit ihr, als hätte er nie Lust gehabt, etwas anderes zu tun. Ich konnte nicht hören, was sie sagten, die Stimme des Gutsbesitzers war zu laut; aber ich konnte sehen, dass Mutter recht höflich war.

„Ich habe diesen Mann , Hoad , nie gemocht", sagte der Gutsbesitzer, und ich verspürte ein Gefühl der Befriedigung, als ich ihn hörte. „Ich glaube nicht, dass er unkompliziert ist. Für Geld alles tun, das ist mein Gefühl."

„Er ist ein Freund von mir", sagte Vater steif.

„Na ja, natürlich, wenn er ein Freund von Ihnen ist, schön und gut", antwortete Mr. Broderick knapp. „Du kennst ihn wahrscheinlich besser als ich. Aber ich mag ihn nicht. Ich sollte ihm nie vertrauen können."

„Vielleicht liegt das daran, dass du ihn nicht kennst", schlug Vater vor.

„Kein Zweifel, kein Zweifel", antwortete der Gutsbesitzer.

„Ich habe gehört, dass er jetzt radikal geworden ist", fügte er hinzu und kam damit zum eigentlichen Kern der Beschwerde. „Früher nannte er sich selbst einen Liberalen, aber jetzt höre ich, dass er sich selbst einen Radikalen nennt und einen radikalen Kandidaten aufstellen wird, um sich uns zu widersetzen."

„Ja, ich weiß", antwortete Vater, zu ehrlich, um den Vorwurf zu leugnen.

„Oh, weißt du, wer es ist?" fragte der Knappe scharf.

„Nein, das tue ich nicht", antwortete Vater auf die gleiche Weise.

Der Knappe hielt einen Moment inne, dann sagte er unfähig, es zu verbergen: „Wirst du ihn auch unterstützen?"

Die Farbe verschwand aus Vaters Gesicht; Ich wusste, dass er wütend war.

„Nun, Herr Broderick, ich weiß nicht, was für ein Kandidat das sein wird", sagte er auf provokative Weise. „Es gibt Radikale und Radikale."

Der Knappe schlug mit dem Spazierstock auf seinen Stiefel und antwortete nicht. Kapitän Forrester trat vor, denn Mutter war an den Tisch gegangen, um den Tee zu kochen.

„Habe ich Sie sagen hören, dass Sie ein Radikaler seien, Mr. Maliphant ?" fragte der junge Mann und sah Vater an.

„Ich bin kein Tory", antwortete Vater, ohne aufzusehen. Ich fand seinen Ton grausam knapp.

„Nun, ich bin ein Sozialist", antwortete Frank Forrester mit einer Miene, die trotzig gewirkt hätte, wenn es nicht zu freundlich gesprochen worden wäre. Vater lächelte. Die Worte müssen das provoziert haben – hätten noch mehr provoziert, wenn der Sprecher nicht so gut gelaunt gewesen wäre.

„Ah, ich weiß, was ihr jungen Leute unter einem Sozialisten versteht", murmelte er.

„Ich sollte sagen, dass ich so weit gegangen bin wie die meisten Männer in England", sagte Frank und sah ihn mit der starren Art mit offenen Augen an, die er sowohl gegenüber Männern als auch gegenüber Frauen anwendete.

„Ich würde sagen, dass Sie weiter gegangen sind, als Sie sehen können", sagte der Gutsherr lakonisch.

Frank lachte gut gelaunt. „Ah, ich weigere mich, mit dir zu streiten, Onkel", sagte er und ergriff freundlich den Arm des Gutsherrn. Es wurde gesagt, als wollte er andeuten, dass er mit anderen Leuten streiten könne, wann immer er wollte, aber sein Blick strafte seine Worte Lügen.

„Wenn Sie es erlauben, komme ich eines Tages vorbei und unterhalte mich mit Ihnen, Mr. Maliphant ", fuhr er fort. „Wenn Onkel nicht da ist, wissen Sie." Er sagte die Worte, als wäre er sicher, dass seiner Bitte stattgegeben würde, und doch strahlte sein Selbstvertrauen eine anmutige

Ehrerbietung gegenüber dem älteren Mann aus, die sehr faszinierend war. Warum sah Vater ihn so an? Fühlte er etwas, was ich fühlte? Und was habe ich gefühlt? Ich weiß es nicht.

„Ich bin ein vielbeschäftigter Mann und habe nicht viel Zeit zum Reden, Sir, aber Sie können gerne anrufen", antwortete Vater höflich, nicht herzlich.

Der Gutsherr hatte sich wieder hingesetzt, während sein Neffe und sein Vater diese wenigen Worte wechselten. Er schlug ein Knie über das andere und schlug mit der Hand auf seinen Fuß – eine provokante Angewohnheit, die er hatte, wenn er versuchte, sein Temperament zu kontrollieren.

„Ihr werdet ein nettes Paar sein", sagte er und versuchte, die Sache in einen Witz zu verwandeln. „Es ist schade, Frank, dass Sie keine Stimme haben, mit der Sie Mr. Maliphants Kandidat unterstützen könnten."

„Ich weiß nicht, dass ein sogenannter radikaler Kandidat im Parlament viel tun würde oder könnte, um die Fragen zu beantworten, die mir am Herzen liegen", sagte Captain Forrester. „Wie Herr Maliphant zu Recht bemerkte, gibt es Radikale und Radikale, und der politische Radikale hat sehr wenig mit denen gemein, die lediglich soziale Probleme betrachten."

Vater schaute jetzt auf, und seine Augen leuchteten, wie ich sie leuchten sah, als er mit den Arbeitern sprach, denn obwohl ich ihn nicht oft gehört hatte – die Hauptrede seiner Reden hielt er im Dorfklub –, hatte ich es einmal getan Ich war auf einer großen Versammlung in der Stadt, wo er der Hauptredner gewesen war.

„Man weiß nie, wo man einen von euch hat", lachte der Gutsbesitzer ziemlich unbehaglich. „Sie haben mich immer glauben gemacht, Maliphant, dass Sie nichts mit dem Geist einer politischen Partei zu tun haben würden. Sie haben immer gesagt, dass keine bisher erfundene Partei die Interessen des Volkes auf echte Weise fördern würde, und jetzt, sobald ein Radikaler Wenn der Kandidat auftaucht, reden Sie davon, ihn zu unterstützen.

„Mir ist nicht bewusst, dass ich davon gesprochen habe, ihn zu unterstützen", sagte Vater.

„Aber Sie werden einen Radikalen nicht erwidern", fuhr der Gutsbesitzer fort, ohne die Bemerkung zu hören. „Das Land ist noch nicht reif für so etwas, was auch immer Sie denken mögen. Sie sind sehr einflussreich, das weiß ich. Und wenn Sie nicht bei uns sind, wie ich einst gehofft hatte, dann werden Sie …" Ich werde ein großes Gewicht gegen uns sein. Aber mit all deinem Einfluss wirst du keinen Radikalen zurückbringen. Die Tories sind zu stark, sie sind viel stärker als bei der letzten Wahl, und dann war Sethurst ein altmodischer Liberaler und ein guter Außerdem ist er ein bekannter Mann in der Grafschaft. Sie werden keinen Radikalen zurückgeben. Ich glaube nicht, dass es eine Grafschaft in England gibt, die das zurückgeben würde, was Sie einen Radikalen nennen würden, und schon gar nicht unsere."

„Das glaube ich nicht", sagte Vater ruhig.

„Warum wollen Sie dann diesen Kandidaten unterstützen?"

„Das tue ich nicht", antwortete Vater. „Ich stehe zu meinem Wort, Squire Broderick. Ich habe Ihnen schon vor langer Zeit gesagt, dass ich nichts mit Politik zu tun haben werde, und das werde ich auch nicht mehr tun. Wenn ich von Nutzen sein soll, muss ich es auf andere Weise tun." „Ich muss von einer anderen Ebene aus arbeiten. Die Grafschaft kann zurückgeben, was sie will, egal, was ich mir darum mache."

„Nun, auf meine Seele", begann der Gutsbesitzer, aber in diesem Moment erklang die Stimme der Mutter vom Teetisch. Sie sah, dass ein heftiger Streit bevorstand, und sie konnte einen Streit nie ertragen. Ich denke, dass auch dieser Vater davon abgeneigt gewesen sein muss, denn als sie sagte: „Vater, dein Tee ist ausgeschenkt", verstand er den Hinweis sofort. Der Gutsherr sah einen Moment lang enttäuscht aus, aber ich glaube, er war so froh, dass der Einfluss seines Vaters sich nicht gegen seinen Kandidaten politisch auswirken würde, dass er alles andere vergab.

Mutter begrüßte gerade Captain Forrester als neuen Gast an ihrer Seite, als Deborah die Tür öffnete und Mr. Hoad hereinführte . Ich hatte ganz vergessen, dass Vater ihn eingeladen hatte. Er stand einen Moment da und betrachtete sozusagen das Unternehmen. Sein Blick ruhte für weniger als einen Moment auf Squire Broderick und Captain Forrester und richtete sich dann sofort auf Mutter.

„Oh, ich habe Angst, dass ich aufdringlich bin, Mrs. Maliphant ", sagte er.

„Überhaupt nicht, überhaupt nicht, Hoad ", erklärte Vater. „Kommen Sie herein, wir haben Sie erwartet."

Mutter stand auf und reichte ihm ihre Hand. Dann trat Kapitän Forrester, der ihn angeschaut hatte, vor und bot ihm auf seine freundlichste Art ebenfalls sein Angebot an. Erst lange danach erfuhr ich, dass er besonderen Wert darauf legte, stets äußerst freundlich zu den Menschen zu sein, die er für so wenig unter seiner Würde hielt.

„Oh, wie geht es dir, Hoad ?" sagte er. „Ich dachte, ich hätte dich erkannt, war mir aber nicht ganz sicher. Ich hatte nicht erwartet, dich hier zu treffen."

„Nein, ich auch nicht!" rief Hoad aus und glitt mit bereiter Anpassungsfähigkeit in die ihm angebotene Position – eine Eigenschaft, die meiner Meinung nach vielleicht sein Hauptmerkmal war. „Freut mich, Sie zu sehen.“

Forrester gab seinen Platz neben der Mutter auf und setzte sich neben Joyce. Der Gutsbesitzer nickte Herrn Hoad nur zu , und dann wurde das Gespräch allgemeiner, bis der Gutsbesitzer und sein Neffe kurz darauf gingen.

KAPITEL IX.

DREI Wochen waren seit dem Tag vergangen, als Captain Forrester uns aus der Stadt fuhr. Der Winter ging langsam in den Frühling über. Die Winde waren immer noch kalt und durchdringend, und die strahlende Sonne und die klare Luft waren für empfindliche Menschen leider tückisch, aber der Schnee war vollständig geschmolzen und das Gras wuchs grün auf dem Sumpf und warf das Blau des Meeres dahinter in einen scharfen Kontrast; das Vieh kam noch einmal heraus, um zu weiden; Auf den Wiesen tauchten Goldammern und Metzgervögel auf; und über der Erde und dem Meer brachen sanfte graue Wolken in seltsamen Formen auf dem Blau auf.

Ich erinnere mich jetzt an all das; Dann war mir nur eines bewusst: dass ich trotz des Ostwinds glücklich war.

Vater war wieder gesund; Er ritt wie früher auf seinem Kolben über den Bauernhof, und Mutter hatte den Namen eines Umschlags vergessen. Joyce und der Kapitän zeigten deutlich, dass sie an der Romanze teilnahmen, die ich für sie geplant hatte; Von diesem Tag an bis heute hatte niemand das Thema eines Gerichtsvollziehers für Knellestone erwähnt; und der Ball des Knappen war nahe.

Wie war es möglich, dass ich anders als glücklich sein sollte?

Es war genau die Nacht vor dem Tanz. Jessie Hoad , die sich bereit erklärt hatte, für unser Dorfkonzert zu singen, war vorbeigekommen und wir hatten unter der Leitung von Captain Forrester eine Übung abgehalten. Sie war eine modisch gekleidete, modisch erzogene, modebewusste junge Frau und sehr zufrieden mit sich selbst; Sie war im Allgemeinen über Anweisungen verärgert, aber sie hatte sich mit ziemlicher Gnade den seinen unterworfen.

Miss Thorne war ebenfalls zu Hause gewesen. Joyce hatte dabei einen der seltsamen Anfälle von Eigensinn gezeigt, die ihr eigen waren. Mary Thorne hatte um ihr Kommen gebeten, und ihr sollte nicht abgewiesen werden. Ich erinnere mich, dass ich bemerkte, dass Captain Forrester und diese besonders fröhliche junge Dame ein sehr vertrautes Verhältnis zu haben schienen; genau so, wie es Menschen sein würden, die sich seit ihrer Kindheit kannten. Sie nahmen sich die Freiheit, einander die Wahrheit zu sagen – zumindest Mary Thorne (ich vermutete, dass Frank weniger schnell reagierte) und taten es auf eine unverblümte Art und Weise, die für sie typisch war. Aber ich mochte unverblümte Menschen. Ich mochte Mary Thorne sehr.

Obwohl sie eine Erbin von Geld war, das „aus dem Blut des Volkes gesaugt" worden war – von Geld aus einer Fabrik, in der Mädchen und kleine Kinder lange Stunden ohne Sonnenlicht und frische Luft arbeiteten – lebte sie in einem großen Haus Von dort aus blickte ich auf mehrere Hektar Land, die ihr gehörten – und obwohl mein Vater kaum dazu zu bringen war, mit ihrem zu sprechen –, gefiel mir Mary Thorne. Sie war so offenherzig und fröhlich und hielt es für selbstverständlich, dass wir Freunde sein würden, dass ich immer vergaß, dass sie in einer Kutsche fuhr, wenn ich ging, und dass sie und ich das eigentlich nicht tun sollten sich so wohl fühlen.

An diesem Tag war sie besonders fröhlich, und sie, ich und Kapitän Forrester lachten zusammen, bis ich mich ziemlich schämte, als ich feststellte, dass ich Joyce in der Zwischenzeit die ganze Bewirtung von Miss Hoad überlassen hatte . Denn der Kapitän hatte Joyce an diesem Tag nicht so viel Aufmerksamkeit geschenkt wie an den meisten anderen; Ich nehme an, er hielt es für diskreter, dies nicht vor Fremden zu tun.

Unsere beiden Damen waren jedoch schon um halb sechs gegangen, und Kapitän Forrester stand jetzt allein mit Joyce auf der Gartenterrasse, während ich mich wieder dem Stopfen der Familiensocken widmete. Es war kurz vor Sonnenuntergang und sie blickten auf die Flieder, deren Knospen zu wachsen begannen. Ich erinnere mich , dass Joyce selbst ein lila Kleid trug . Der Kapitän hatte es einmal bewundert, und mir war aufgefallen, dass sie es seitdem sehr oft angezogen hatte.

Ich beobachtete sie vom Wohnzimmerfenster aus, wo ich mit meiner Arbeit saß. Zum ersten Mal hatte ich halb Angst vor dem, was ich getan hatte. Ich fragte mich, wie diese Romanze war, die ich für Joyce gesponnen hatte. Ich hatte das Gefühl, dass sie aus meinem Blickfeld entglitt, in eine unbekannte Welt, in die ich sie getrieben hatte und in die ich ihr jetzt nicht folgen konnte. War in dieser Welt alles Glück?

Obwohl das Licht schwächer wurde und ich alles für meine Arbeit brauchte, entfernte ich mich vom Fensterplatz weiter in den Raum hinein. Es schien unschicklich, sie zu beobachten; obwohl sie tatsächlich nur schweigend nebeneinander standen , und was sie miteinander sagten, hätte ich nicht hören können, wenn ich es gewollt hätte. Aber es war mein Verdienst, dass sie überhaupt allein waren. Joyce hatte auch Strümpfe zum Stopfen, aber ich hatte angedeutet, dass der Blumenstrauß im Salon eine Erfrischung brauchte und dass draußen auf der Klippe ein paar Primeln stünden.

Mutter war draußen; Sie war gegangen, um bei der Ankunft eines neuen Mitglieds der Bevölkerung mitzuhelfen, und ein solches Ereignis interessierte sie immer so sehr, dass sie für einen Moment andere Dinge vergaß. Eine solche Gelegenheit würde sich vielleicht für längere Zeit nicht mehr ergeben, und ich würde sie mir nicht entgehen lassen – sonst wären die beiden vorher nicht allein gewesen. Zumindest nicht meines Wissens nach.

Einmal war Joyce alleine in die Dorfvermarktung gegangen und als sie nach Hause gekommen war, war sie direkt in ihr Zimmer gerannt, anstatt in den Salon zu gehen. Ich war nach einer Weile auf sie zugegangen, da sie nicht herunterkam, und hatte sie mit ihren Sachen noch angezogen am Fenster sitzend vorgefunden, wie sie mit einem halb beunruhigten Gesichtsausdruck auf das Meer blickte. Ich hatte sie gefragt, was los sei, und sie hatte gelächelt und gesagt: „Überhaupt nichts", und ich hatte ihr geglaubt.

Allerdings war es Kapitän Forrester zu diesem Zeitpunkt trotz der offensten Art der Welt gelungen, Joyce ziemlich gut kennenzulernen, denn er war fast jeden Tag zum Grange gekommen, seit der Squire ihn zum ersten Besuch mitgebracht hatte. Er kam mit dem Vorwand, Interesse an den Ansichten seines Vaters zu haben; Und obwohl meine Mutter, wie ich sehen konnte, eine Abneigung gegen ihn empfunden hatte, einfach weil er ein Rivale des Gutsherrn war, und jede Gelegenheit nutzte, uns Mädchen gegenüber abfällige Dinge über ihn zu sagen, wenn er nicht anwesend war, spürte sogar sie den Einfluss von die freundliche Art, die darauf bestand, dass alles im Gegenzug angenehm und freundlich sei, und ihm irgendwie nicht die Freiheit verweigern zu können schien, die er so selbstverständlich beanspruchte, ins Haus zu kommen, wann immer ihn die Lust packte. Sicherlich wäre es sehr schwierig gewesen, Captain Forrester rauszuwerfen.

alle außer Vater in seiner verträumten Selbstbezogenheit offensichtlich war , dass der junge Mann meine schöne Schwester besuchte und sich schnell hoffnungslos in sie verliebte, war er dennoch viel zu höflich, um andere ihr gegenüber zu vernachlässigen – er tat immer etwas für die Mutter, besorgte ihr etwas, das sie wollte, oder half ihr auf irgendeine Weise; Und was mich betrifft, so nahm er mir nicht nur die ganze Last des Dorfkonzerts ab, dessen musikalischer Teil immer mir zufiel, sondern er lehrte mich auch, meine Lieder zu singen, da ich keine Ahnung davon hatte, wie man singt Er hatte sie schon einmal kennengelernt und interessierte sich so sehr für meine Stimme und meine Darbietung, dass er mich für die Zeit wirklich sehr ehrgeizig gemacht hat, was ich tun könnte. Und so sehr sich Mutter auch gewünscht hätte, den Kapitän rauszuschmeißen, es gab doch Schwierigkeiten bei der Begleitung dieser Vorgehensweise.

Erstens war er der Neffe des Squires, und sie konnte dem Neffen des Squires gegenüber nicht unhöflich sein, so sehr sie sich auch eingebildet haben mochte, dass der Squire es in seinem Herzen dulden würde; Und dann hatte Vater eine so ungewöhnlich starke Vorliebe für den jungen Mann entwickelt, dass es mehr gewesen wäre, als Mutter es je getan hätte, um es zu widerlegen. Diese Freundschaft zwischen einem alten und einem jungen Mann war wirklich eine bemerkenswerte Sache.

Vater neigte überhaupt nicht zu ausgeprägten Vorlieben gegenüber Menschen; Er war ein zurückhaltender Mann, und seine eigene Gesellschaft genügte ihm im Allgemeinen. Sogar in der Klasse, deren Interessen ihm so sehr am Herzen lagen – seine eigene Klasse hätte er es genannt, obwohl er in Stärke und Kultur weit über den typischen Vertretern dieser Klasse stand – war er für die Vielen eher ein Gott als ein Freund zum Einzelnen. Und abgesehen von seiner Freundschaft mit dem Squire, die eher eine Gewohnheits- als eine freiwillige Freundschaft war, kann ich mich nicht erinnern, dass er auch nur eine einzige innigere Bekanntschaft gehabt hätte. Denn ich gehe nicht davon aus, dass Hoad jemals wirklich ein Freund im wahrsten Sinne des Wortes war.

Ich habe mir immer vorgestellt, dass die Freundschaftsfähigkeit meines Vaters in dieser einen romantischen Episode seiner Jugend aufging, die Seite an Seite mit seiner Liebe zu unserer Mutter stand und nicht weniger schön, aber so anders war.

Zuerst denke ich, dass Forresters aristokratisches Aussehen, seine Kenntnisse der Jagd und des Pferdefleischs, der Musik und des Tanzes und aller Vergnügungen der Reichen und Müßiggänger, seine gepflegten Manieren und sogar sein gutes Fell eher in seinen Augen standen des „Arbeiters"; aber es war nur am Anfang. Forresters aufrichtige Begeisterung für die Interessen, die er vertrat, und seine bewundernde Achtung vor dem Geist, der das Problem erdacht hatte, reichten aus, um die Freundschaft eines jeden Mannes zu gewinnen; denn ich vermute, dass man auch im Vateralter nicht vor dieser raffinierten Art von Schmeichelei gefeit ist.

Es waren glückliche Tage in der lieben alten Heimat, als wir alle zusammen waren und nichts außer der kleinsten Wolke von Ärger oder Zweifel die Harmonie unseres Lebens beeinträchtigte.

Ich kann mich nie daran erinnern, dass mein Vater fröhlicher war als damals. Er und Frank saßen da, rauchten ihre Pfeifen und lachten und redeten, wie es einem das Herz täte, sich daran zu erinnern. Bei diesen Gesprächen kam es nie zu Streitigkeiten, wie es früher bei den Auseinandersetzungen mit dem Gutsherrn der Fall war. Nicht, dass der junge Mann immer einer Meinung war. Er musste überzeugt werden, aber am Ende war er immer überzeugt. Und seine wilden Pläne zur Entwicklung des Volkes, zur Verhinderung von Verbrechen und zur Linderung von Not klangen alle so praktisch und angenehm, wie sie in seiner angenehmen, brillanten Sprache dargelegt wurden, voller Feuer und Begeisterung und überhaupt nicht ähnlich Dieselben Theorien, über die sich Vater auf seine mürrische, ernste Art mit dem Gutsherrn gestritten hatte.

Alles, was der Kapitän vorschlug, musste von oben durch Diskussionen und Treffen unter den Großen des Landes gewonnen werden. Er konnte dem ärmsten Arbeiter bei seinem Krug Bier die Hand unter den Bedingungen der Gleichberechtigung schütteln, aber nicht vom Arbeiter aus konnte die Reform jemals erreicht werden; und er weigerte sich ganz und gar, die Angelegenheit in dem düsteren Licht zu sehen , in dem Vater sie betrachtete, der an keine Reform glaubte – falls es überhaupt eine Reform geben könnte –, die nicht von der Klasse kam, die sie brauchte, und die ohne erbitterte Kämpfe und Geduld kommen sollte , verbissene Ausdauer. Und am Ende überzeugte er Frank – oder schien es zu überzeugen –, dass dem so war.

Ich bemerkte, wie der junge Mann unter dem Einfluss der ernsten, kraftvollen Natur seines Vaters unmerklich langsam ernster und auch ernster wurde. Er redete weniger und hörte mehr zu; und an Nahrung mangelte es wahrlich nicht.

Die großen Diskussionsthemen waren die Verstaatlichung von Land und die Gründung von Handelskorporationen zum Schutz der Handwerkerklasse. Diese Korporationen sollten möglichst nach dem Vorbild der alten Zünfte des Mittelalters gebildet werden; Sie sollten über obligatorische Vorsorgefonds für Witwen, Waisen und arbeitsunfähige Arbeiter verfügen; Sie sollten Sonntagsarbeit und die Beschäftigung von Kindern und verheirateten Frauen in Fabriken verhindern; Sie sollten die Arbeitsstunden und den Lohnsatz festlegen und den hygienischen Zustand der Arbeitsplätze prüfen.

Es gab noch viele andere Prinzipien, die zu ihnen gehörten, außer den von mir zitierten, aber ich kann mich nicht an mehr erinnern, obwohl ich mich deutlich daran erinnere, wie Vater und Frank sich über die Frage, ob die Unternehmen ein Monopol genießen sollten oder nicht, nicht einig waren. Ich nehme an, dass sie sich schließlich in diesem Punkt einig waren, denn ich weiß, dass Frank es sich zur Aufgabe machte, die Angelegenheit auf öffentlichen Versammlungen in London zur Sprache zu bringen, und schien ziemlich sicher zu sein, dass er in Kürze in der Lage sein würde, eine Prozessgesellschaft zu gründen. Ich erinnere mich, wie absolut er sich weigerte, sich von der weniger zuversichtlichen Stimmung seines Vaters dämpfen zu lassen; Und das Beste von allem ist, dass ich mich an das Lächeln erinnere, das er auf Vaters Gesicht zauberte, und an das Licht, das er in sein hängendes Auge zurückrief.

Es gab nur einen Makel: Der Gutsherr kam nicht, um uns zu besuchen. Zweifellos hätte ich zu diesem Zeitpunkt nicht zugeben sollen, dass es sich um einen Fleck handelte, und als Mutter darauf eine Bemerkung machte, hielt ich den Mund; aber ich weiß sehr gut, dass es mir leid tat, dass der Gutsherr sich fernhielt.

An diesem Abend, an den ich denke, blieb der Gutsherr jedoch nicht fern. Ich fürchte, ich hatte mich beim Stopfen von Vaters Socken ein wenig beeilt, damit ich für das große Ereignis am nächsten Abend meine eigenen Spitzenrüschen anfertigen konnte, und da ich dort am Fenster saß, machte ich das Beste daraus Im schwindenden Tageslicht kam er herein. Ich hörte, wie er Deborah im Flur nach ihrem Vater fragte, und als sie antwortete, dass sie dachte, er sei noch draußen, sagte er, er würde warten, und ging weiter in den Salon. Es stand ihm frei, in unserem Haus zu kommen und zu gehen. Ich hatte den Eindruck, dass er ein wenig zusammenzuckte, als er mich allein dort sah; Ich nehme an, er erwartete, die ganze Gruppe wie gewohnt vorzufinden.

"Oh wie gehts dir?" sagte er plötzlich und streckte seine Hand aus, ohne mich anzusehen. „Ist deine Mutter draußen?“

Ich erklärte, dass Mutter ins Dorf gegangen sei, um einen Nachbarn zu besuchen.

„Ich werde nur ein paar Minuten auf deinen Vater warten“, sagte er. „Ich möchte ihn besonders heute Abend sehen.“

„Geht es um diesen jungen Mann?“ fragte ich.

Ich weiß nicht, was mich dazu bewogen hat, danach zu fragen. Es war für mich kein angemessenes Verhalten, aber bei seinen Worten kam mir plötzlich die Erinnerung an den Mr. Trayton Harrod zurück, den er als Vater als Gerichtsvollzieher empfohlen hatte. Da er nie wieder erwähnt wurde, hatte ich mich bisher kaum an die Sache erinnert, so groß war die Aufregung in den letzten drei Wochen gewesen.

Er runzelte genervt die Augenbrauen und es tat mir leid, dass ich etwas gesagt hatte.

„Welcher junger Mann?“ fragte er.

„Dieser Herr, den Sie als Vater für die Farm empfohlen haben“, sagte ich halb beschämt.

„Oh, Trayton Harrod!“ rief der Gutsbesitzer mit erleichterter Miene. „Oh nein, nein, ich werde deinen Vater nicht noch einmal damit belästigen, es sei denn, er spricht mit mir. Ich dachte, es wäre vielleicht von Vorteil, denn ich kenne den jungen Mann, seit er ein kleiner Junge war, und er ist gut erzogen worden.“ – ein rundum kluger Kerl. Aber dein Vater kennt sein eigenes Geschäft am besten. Es könnte sein, dass es nicht funktioniert.“

Es lag mir auf den Lippen, zu sagen, dass es natürlich nicht funktionieren würde, aber ich hielt mich zurück, und der Gutsherr fuhr fort:

„Ich freue mich so sehr, deinen Vater wiederzusehen", sagte er. „Es besteht keine Notwendigkeit, dass ihm jemand hilft, solange er alles selbst tun kann; und natürlich tun Sie, das weiß ich, viel für ihn", fügte er hinzu, als wäre ihm ein nachträglicher Einfall gekommen. „Ich habe dich heute Morgen um die Mühlenfarm laufen sehen."

"Hast du?" antwortete ich. „Ich bin nur wegen des Mehls hochgegangen. Ich habe dich nicht gesehen."

„Nein", sagte er. „Ich bin in die andere Richtung gefahren."

Während er sprach, ging er zum Fenster und blickte auf den Rasen.

Irgendwie war ich froh, dass ich gerade gesehen hatte, wie Joyce und Captain Forrester wenige Minuten vor der Ankunft des Gutsbesitzers außer Sichtweite die Klippe hinuntergingen.

„Alle raus?" fragte er.

„Ja", antwortete ich. „Alle."

Er fragte nicht, ob sein Neffe dort gewesen sei. Er stellte einen Stuhl an den Tisch und begann, mit den Spulen und Kassetten in meinem Arbeitskorb zu spielen. Mutter und Joyce hätten große Qualen gehabt, als sie sahen, wie grausame Menschenhand in ihre heiligen Stätten eindrang, aber es amüsierte mich eher, zu sehen, in welch hoffnungslosem Schlamassel er mit den Haken, Seidenstoffen und Nadeln geriet. Mein Korb war zu keiner Zeit ein Wunder an Ordnung.

„Geht es Miss Joyce ganz gut?" sagte er schließlich und versuchte, die Schere aus einer Baumwollsträhne zu befreien, in der er sie verwickelt hatte.

Ich hatte fast Lust zu lachen. Sogar für mich, der ich ziemlich unbeholfen bin, kam mir diese Art, das Thema vorzustellen, so seltsam vor, denn ich hatte natürlich schon beim Betreten des Zimmers vermutet, dass er sie vermisst hatte.

„Ja, ganz gut, danke", antwortete ich. Und dann fügte ich lachend hinzu, als ich sah, dass er ein Stück meiner Spitze erwischt hatte: „Oh, pass bitte auf dich auf, das ist ein Stück von meinem Schmuck für dich." -Morgen Abend.

Er ließ es fallen, als hätte es ihn verbrannt. „Oh mein Gott, mein Gott, ja, wie tollpatschig ich bin!" rief er und schob den Arbeitskorb weit von sich weg. „Ich hoffe, ich habe nichts verdorben."

„Nein, natürlich nicht", lachte ich. „Ich hätte nicht sprechen sollen. Aber sehen Sie, ich habe nur dieses eine Stück Spitze und ich möchte es für morgen Abend haben."

„Oh ja, ich nehme an, dass Sie, junge Damen, in der Tat sehr großartig sein werden", lächelte er.

„Oh nein, nicht großartig", beharrte ich, „aber sehr lustig. Wir wollen uns amüsieren, das kann ich Ihnen sagen."

„Das stimmt", sagte er; "Ich auch."

Aber er konnte sich dem Thema Joyce nicht entziehen.

„Ist deine Schwester weit gekommen?" fragte er in einer Minute.

„Ich weiß es nicht", antwortete ich, fest entschlossen, kein Licht auf die Frage zu werfen, wo sie war und mit wem.

Eine direkte Frage machte es nun schwierig, an dieser Entschlossenheit festzuhalten.

„Wissen Sie, ob mein Neffe heute Nachmittag hier war?" war die Frage.

Ich schaute aufmerksam auf meine Arbeit.

„Ja, er ist gekommen", antwortete ich. „Er saß eine Weile bei Vater, bis Vater hinausging."

Ich erwähnte nicht, wo er sich seitdem aufgehalten hatte. Es war natürlich eine Ausflüchte, aber ich dachte, ich hätte es aus dem Wunsch heraus getan, die Gefühle des Gutsherrn zu schonen. Er stellte keine Fragen mehr. Er saß eine Weile schweigend da.

„Dein Vater und Frank scheinen gute Freunde zu sein", bemerkte er plötzlich, und ich dachte ein wenig bitter.

„Ja", antwortete ich, „Captain Forrester hat Vaters Stimmung ziemlich aufgeheitert. Er ist ein anderer Mann, seit er ihn wegen seiner Lieblingspläne mitfühlen konnte."

Ich spürte direkt, als ich die Worte gesagt hatte, dass es rücksichtslose Worte waren, und ich bereute sie, konnte sie aber nicht zurücknehmen.

Knappe Broderick errötete über seine helle, weiße Stirn.

„Ja, mein Neffe gibt an, nach all diesen demokratischen Tricks genauso eifrig zu sein wie Ihr Vater selbst", sagte er knapp.

„Oh, das ist es nicht", rief ich, bestrebt, die Sache wieder in Ordnung zu bringen. „Vater muss nicht alle seiner Meinung haben, damit er mit ihnen befreundet ist."

„Nein, das verstehe ich durchaus", antwortete der Gutsbesitzer und begann wieder mit dem unglücklichen Korb. Und nach einer Pause fügte er wie mit Mühe hinzu: „Frank ist ein sehr entzückender Begleiter, das weiß ich, und wenn er seinen Enthusiasmus bei Themen zum Ausdruck bringt, die einem am Herzen liegen, ist das natürlich sehr angenehm."

„Ja", stimmte ich zu. „Genau das ist es, er ist so enthusiastisch. Er wäre ein so großartiger Redner, ein so großartiger Anführer einer großen demokratischen Bewegung."

Der Gutsbesitzer ließ meinen Arbeitskorb in dem Durcheinander zurück, in das er ihn schließlich gelegt hatte, und steckte die Hände in die Taschen.

"Denkst du so?" er sagte.

„Oh ja, da bin ich mir sicher", fuhr ich blind fort. „Und ich bin sicher, dass Vater das auch denkt."

"In der Tat!" antwortete der Knappe, dachte ich ein wenig verächtlich. „Und bitte, wie wird mein Neffe ein großartiger demokratischer Anführer? Wird er ins Parlament einziehen? Wird er bei den nächsten Wahlen im County antreten?"

„Warum, wie können Sie glauben, dass er so etwas tun würde, Mr. Broderick", rief ich aus, „wenn er weiß, dass Sie die Gegenseite unterstützen?"

„Oh, das wäre kein Einwand", sagte der Gutsbesitzer, immer noch im gleichen Tonfall. „Der Einwand wäre, dass ein Radikaler eine so geringe Chance hat, reinzukommen."

mehr Gutes bewirken kann als darin. Sie sagen, das sei das Beste." Die Führer, die es in allen Nationen gegeben hat, waren diejenigen, die direkt an die Menschen herangegangen sind – ohne jeglichen Humbug zwischen ihnen."

„Puh!" sagte der Knappe. Dann beherrschte er sich und fügte hinzu: „Nun, und glaubt Frank, dass er auf diese Weise an die Leute herankommt? Glaubt er, dass es ihn nichts kosten wird?"

„Oh nein, ich nehme an, es wird Geld kosten", stimmte ich zu.

"Ah!" sagte der Gutsbesitzer im Tonfall eines Mannes, der der Frage endlich auf den Grund gegangen ist. „Nun, dann denke ich, dass es nur fair ist, dass Ihr Vater weiß, dass die Chancen, dass Frank für ihn von Nutzen sein wird, sehr gering sind. Wenn er sein Vertrauen auf Frank als möglichen Vertreter seiner Überzeugungen setzt, macht er eine … Fehler, und es ist nur richtig, dass er gewarnt wird. Frank hat kein eigenes Geld, überhaupt kein Geld. Er hat nichts außer dem Gehalt seines Kapitäns, und das reicht nicht aus, um sich zu ernähren.

Der Knappe sprach bitter. Sogar ich, ein Mädchen wie ich war, konnte erkennen, dass ihn etwas so sehr genervt hatte, dass er die Kontrolle über sich selbst verlor.

„Ich glaube nicht, dass Vater sein Vertrauen auf Captain Forrester gesetzt hat", sagte ich halb verärgert. „Ich glaube nicht, dass es eine solche Frage zwischen ihnen gegeben hat, wie Sie es sich vorstellen. Ich glaube, sie besprechen einfach gerne Dinge, in denen sie einer Meinung sind. Auf jeden Fall bin ich mir sicher, dass es Vater nie in den Sinn gekommen ist, darüber nachzudenken, ob Captain Forrester hatte Geld oder nicht.

„Nun, ich denke, aus mehreren Gründen ist es gut, dass man sich in dieser Sache nicht täuschen sollte", wiederholte der Gutsbesitzer vehement und ging in seiner Aufregung im Zimmer auf und ab. „Frank hat kein Geld und keine Aussichten, außer denen, die er sich selbst machen kann. Ich hoffe aufrichtig, dass er etwas Besseres tun kann, als eine Erbin zu heiraten, was das Ziel seiner Mutter für ihn ist, aber inzwischen hat er sicherlich nur sehr wenig Besitz außer seinem eigenen." Schulden."

Plötzlich leuchtete mir ein Licht auf. Die Worte „eine Erbin heiraten" hatten plötzlich eine Bedeutung in Squire Brodericks seltsamer Haltung gezeigt. Er hatte Angst, dass Captain Forrester die Zuneigung von Joyce gewinnen würde. Er war eifersüchtig. Ich hätte es von ihm nicht geglaubt; aber vielleicht war es natürlich auch natürlich. Er tat mir leid. Die Erinnerung an die traurigen Verluste seiner Jugend löste in mir Mitleid mit ihm aus.

Obwohl ich ihn damals noch nicht für einen jungen Mann hielt, war es doch traurig, so früh mit dem Leben Schluss gemacht zu haben und keine Chance auf einen weiteren kleinen Erben der Ländereien zu haben, die er besaß, anstelle des armen kleinen Babys, das meine Mutter zur Welt gebracht hatte sagte uns. Denn dazu gab es natürlich keine Chance, und Captain Forrester würde sie schließlich erben. Daran hatte ich vorher nicht gedacht. Kein Wunder, dass er verbittert war, und er tat mir leid. Nach dieser letzten Rede sprach er nichts mehr. Er kam und stellte sich über mich, wo ich arbeitete.

„Aber schließlich", sagte er plötzlich in seinem natürlich freundlichen Tonfall, „weiß ich nicht, warum ich Sie damit belästigt habe. Sie sind kaum die Person, die das interessieren sollte. Ich bitte um Verzeihung."

Ich wusste nicht, was ich sagen sollte, also sagte ich nichts.

Der Knappe trat ans Fenster, ich legte meine Arbeit nieder und folgte ihm. Das Tageslicht war verschwunden; Ohne Lampe war an diesem Abend kein Nähen mehr möglich. Als ich hinaufkam, sah ich die große, schlanke Gestalt von Captain Forrester, der sich vor dem trüben Blau des Dämmerungshimmels abhob und seine Hand ausstreckte, um meiner

Schwester das letzte, steilste Stück des Aufstiegs zu unserem Rasen hinaufzuhelfen. Ich warf einen Blick auf den Knappen. Sein Gesicht war weder traurig noch traurig, aber es war wütend. Er wandte sich vom Fenster ab, und ich auch, und als wir uns umsahen, sahen wir Mutter in der Tür stehen. Sie hatte noch ihre Haube und ihren Umhang an; Sie muss leise durch die Hintertür hereingekommen sein, wie sie es immer getan hatte, während wir uns unterhielten. Wie viel hatte sie von dem gehört, was der Gutsherr gesagt hatte?

Er ging auf sie zu und wünschte ihr in einem Atemzug „Guten Tag" und „Auf Wiedersehen". Er sagte, er würde nicht länger warten, um seinen Vater zu sehen. Er ging weg, ohne seinen Neffen zu treffen. Ich war sehr froh, dass er es tat, denn so ging Mutter sofort nach oben, um ihre Sachen auszuziehen, und da sie aufgrund ihrer Nachmittagserlebnisse mit dem Neugeborenen in einer geschwätzigen Stimmung war, blieb sie oben Einige Zeit unterhielt er sich mit Deborah und kam erst wieder in den Salon, nachdem Captain Forrester sich verabschiedet hatte. Daher erfuhr sie nie etwas von der langen halben Stunde, die sie bei Sonnenuntergang auf der Gartenklippe verbrachte.

KAPITEL X.

ICH GLAUBE, ich habe die Morgendämmerung an dem Tag gesehen, an dem der Ball stattfinden sollte. Ob ich es tat oder nicht, der Morgen war immer noch sehr grau und kalt, als ich aus meinem Bett kroch und mich zum Kleiderschrank schlich, um mir unsere beiden Kleider anzusehen. Dort hingen sie, sorgfältig ausgestellt auf beweglichen Stiften, wie sie in altmodischen Pressen verwendet wurden: ein weicher weißer Musselin; das andere aus blasser apfelgrüner Schussseide, die meiner Mutter in den Tagen ihrer Jugend gehört hatte und die ich zu diesem Anlass nachholen durfte. Wir hatten tagelang bei ihnen gearbeitet.

Joyce war geschickt im Anfertigen von Kleidern: Sie war geschickt in allen Dingen, die Geschicklichkeit der Finger erforderten. Sie hatte mir mein Kleid angezogen und wir hatten beide zusammengearbeitet. Aber nun waren die Kleider fertig, die letzte Rüsche war festgeheftet; Es gab nichts mehr zu tun und der Tag verging nur sehr langsam bis zum Abend.

Endlich kam die Stunde, in der es Zeit war, sich anzuziehen, und niemand konnte glauben, dass in dieser kleinen Dachkammer eine halbe Stunde lang die Gesichter gewaschen und die Haare gebürstet wurden .

mich zuerst zu „erledigen" . Sie wickelte mein Haar am Hinterkopf zusammen, bürstete es so sauber sie konnte und legte es in zwei dicken Bändern auf beide Seiten meiner Schläfen. Es wird nie sehr gepflegt aussehen, es ist so ein kräftiges, widerspenstiges Haar, dieses rote Haar von mir, und bis zum heutigen Tag wachsen hier und da immer wieder Ranken über Stirn und Nacken. Aber sie hat ihr Bestes gegeben und ich war mit mir zufrieden. Ich war noch zufriedener mit mir selbst, als ich die grüne Schussseide mit den Spitzenrüschen anzog. Joyce sagte, sie sei überrascht gewesen, zu sehen, welche Veränderung es bei mir bewirkt habe. So war ich.

Meine Haut war sehr rosa und weiß, wo immer sie nicht durch Sommersprossen verdorben war, und das Grün des Kleides schien es hervorzuheben und die roten Lippen röter als je zuvor erscheinen zu lassen. Es ist wahr, dass mein Hals und meine Arme immer noch gebrechlich waren von der Gebrechlichkeit der Jugend, aber dann war auch meine Figur schlank und meine Augen waren schwarz vor Aufregung und leuchteten, bis sie doppelt so groß waren wie sonst. Als ich in das Glas schaute, dachte ich, dass ich nicht so unscheinbar sei. Ja, ich hatte recht, als ich um die Schrotseide gebettelt hatte. Joyce konnte alles tragen, aber ich, der von Natur aus kein „schöner Vogel" war, brauchte die „schönen Federn".

Ich war zufrieden mit mir selbst und lächelte zufrieden, als Joyce erneut erklärte, dass sie ziemlich überrascht sei, was für ein gutes Aussehen ich hatte.

„Wenn du dich nur ordentlich halten würdest, Margaret, hättest du keine Ahnung, wie viel besser du aussehen würdest", sagte sie.

Das war es, was Deborah immer sagte, aber ich nahm es Joyce nicht übel – sie war sanft in ihrer Art, es zu sagen; und ich erinnere mich, dass ich versprochen habe, mein Haar in Zukunft glatt zu bürsten und meine Kragen zierlicher zu tragen . Ich glaube nicht, dass ich mich an meinen Vorsatz gehalten habe, aber an diesem Abend war ich überhaupt nicht die Margarete des Alltags, als ich mich im Spiegel betrachtete.

„Aber komm", sagte ich hastig – halb beschämt, glaube ich – „wir werden zu spät kommen, wenn wir uns nicht beeilen. Machen Sie doch weiter, Joyce."

Joyce begann, ihr langes goldenes Haar auszubürsten – echtes Goldhaar, kein schwaches Flachshaar – und wickelte die glatten, glänzenden Bänder um ihren kleinen Kopf. Es war ein kleiner Kopf, wie ich ihn auf den Marienbildern italienischer Maler vor langer Zeit gesehen habe.

„Es dauert nicht lange", sagte sie.

Ich setzte mich und beobachtete sie. Sie hätte sich nicht von mir helfen lassen, wenn ich es gewollt hätte. Sie hätte gesagt, ich solle mich nur durcheinanderbringen und nichts nützen. Sicherlich wurde nichts anderes gewollt als das, was sie für sich selbst tat, und sie tat es schnell genug. Als sie vor dem Spiegel aufstand – nach hinten geneigt, um das Beste von sich zu zeigen, denn wir hatten im Grange keine Piergläser –, glaube ich nicht, dass irgendjemand etwas an ihr hätte verbessern können. Ihre Figur wirkte in dem langen weißen Kleid größer und schlanker als je zuvor, und die weichen kleinen Falten des Musselins schmiegten sich zärtlich um ihre zarte Gestalt und ließen nur ihren Hals und ihre Arme frei, die fest und weiß wie Alabaster waren. Ihr Gesicht war gerötet wie eine Mairose; Ihre Lippen waren vor Eile geöffnet und zeigten die kleinen gleichmäßigen weißen Zähne darin. Ihre blauen Augen waren klar und weich unter den schwarzen Wimpern.

Sie trat vor das Glas, um zu sehen, dass ihr Kleid nicht zu lang war, und beugte ihren schlanken Hals zurück, an den sie gerade Mutters zarte kleine altmodische Goldkette mit den Tropfen aus gelbem Beryllstein geklammert hatte. Es war das einzige gute Schmuckstück in der Familie, und Joyce trug es immer, es stand ihr so gut.

„Komm jetzt, Meg", sagte sie, „ich bin ganz bereit. Lass uns gehen und sehen, ob wir etwas tun können, um Mutter zu helfen."

Wir gingen die Treppe hinunter. Deborah war im Zimmer ihrer Mutter und wartete darauf, uns alle zu begutachten. Sie hatte gerade das taubenfarbene Satinkleid ihrer Mutter angezogen, das ihr seit ihrer Hochzeit auf jeder Party gedient hatte. Mutter hatte genau die gleiche Mütze auf, die sie immer trug; Sie würde es nie aus irgendeinem Grund ändern, aber an diesem Abend bestand die Rüsche aus wunderschöner alter Spitze, die sie den Rest des Jahres in blauem Papier und Lavendel trug. Ich fand, dass sie großartig aussah, aber Joyce war nicht so leicht zufrieden.

„Liebe Mutter, du musst wirklich ein anderes Kleid haben, bevor du wieder irgendwohin gehst", sagte sie und schüttelte unzufrieden den Rock aus. „Dieser Satin hat seine ganze Steifheit verloren."

Ich erinnere mich, dass Mutter es selbst ein wenig besorgt betrachtete, als Joyce das sagte. Wir betrachteten Joyce als eine Kennerin von Kleidung und Mode, und natürlich war der Squire's Ball ein toller Anlass. Aber sie meinte, dass es einer alten Dame sehr gut tun würde, und das tat ich auch, obwohl das vielleicht daran lag, dass ich sehr darauf bedacht war, wegzukommen.

Liebe Mutter! Ich glaube nicht, dass sie viel über sich selbst nachgedacht hat; Sie war voller Stolz auf uns. Ja, ich glaube, an diesem Abend war sie sogar stolz auf mich.

Sie lächelte, als Deborah, die Hand auf dem Türknauf, gönnerhaft sagte, dass sie, obwohl sie nicht mit nackten Armen und Hälsen für bescheidene Frauen stand, nie gedacht hätte, dass ich mich so gut „anziehen" sollte. Mutter bat sie zu gehen, aber ich glaube, sie war zufrieden.

"Liebe mich!" sagte sie und sah mich an. „Ich erinnere mich, dass ich diese Seide gekauft habe. Es muss 1952 gewesen sein, als mein Vater mich in die Stadt mitnahm, um mir die Ausstellung anzuschauen. Sie war billig für die gute Seide, die sie ist. Sie hat sich sehr gut bewährt."

Sie hat mich umgedreht. Dann ging sie zu ihrem Schmuckkästchen, schloss es auf und nahm eine Reihe roter Korallenperlen heraus.

„Das ist es, was du mit diesem Kleid willst", sagte sie und befestigte sie mir um den Hals. „Und du sollst sie für dich haben. Rothaarige Frauen sollten Korallen tragen, sagen die Leute. Obwohl ich für meinen Teil immer dachte, dass es zu viele Farben gibt."

Wie gut kann ich mich an die Freude über dieses Geschenk erinnern! Joyce wollte mich davon überzeugen, sie nicht zu tragen; Sie sagte, das blassgrüne Kleid sei ohne die roten Perlen schöner. Aber ich würde nicht auf sie hören; Ich war zu zufrieden mit ihnen, und ich glaube nicht, dass das nur aus befriedigter Eitelkeit geschah; Ich denke, ein wenig war es für meine Mutter eine Freude, dass mein Aussehen für sie wichtig war.

Ich hätte es vor zwei Tagen nicht für sinnvoll halten sollen, für mich selbst zu sorgen, und es hätte mir egal sein sollen, ob meine Mutter es tat oder nicht. Aber mir war etwas passiert. War es der Anblick von Joyce und ihrem Liebhaber, der mich dazu gebracht hatte, mich selbst als Frau zu betrachten? Ich kann es nicht sagen. Ich weiß nur, dass ich, als wir eine Viertelstunde später den Ballsaal des Squires betraten, spürte, wie mein Gesicht brannte, als ich sah, wie sein Blick für einen Moment auf mir ruhte, und dass ich mich zutiefst danach sehnte, wieder in meinem Hochgefühl zu sein Selbstgesponnenes Kleid mit Ausschnitt und keinerlei Korallen um meinen Hals. So inkonsistent sind wir mit neunzehn!

Glücklicherweise wurde mein erwachendes Selbstbewusstsein bald durch andere, fesselndere Gefühle in die Flucht geschlagen. Als wir den Raum betraten, waren bereits einige Leute da, und jeden Augenblick kamen mehr hinzu. Mr. Farnham und die jungfräuliche Schwester, mit der er zusammenlebte, waren damit beschäftigt, die Gäste des Squires zu begrüßen, fast so, als wären sie selbst Gastgeber und Gastgeberin: Er war das konservative Mitglied. Selbst ein ruhiger, harmloser alter Herr, der ohne den Gutsbesitzer nichts und niemand gewesen wäre; aber gesegnet mit einer äußerst umtriebigen Dame als Verwandte, die die ganze Nachbarschaft unter ihre Fittiche nahm.

Sie ärgerte mich ziemlich über die Art, wie sie auf die Unterstützung ihres Bruders durch den Gutsbesitzer hoffte. Er unterstützte ihren Bruder, weil er ein Konservativer war, keineswegs, weil er Mr. Farnham oder sogar Miss Farnhams Bruder war.

Ich wage zu behaupten, dass der arme Mr. Broderick, wenn die Wahrheit bekannt gewesen wäre, sich oft von ganzem Herzen danach gesehnt hätte, sie loszuwerden. Aber das alte Ding war auf ihre Art eine gute Seele, wenn es auch eine diktatorische, lautstarke Art *war , und war unter den Armen sehr aktiv, wenn auch nicht immer auf die Art und Weise, die ihnen gefiel.*

stritten sich ständig über die Vorteile von Suppenküchen und Bekleidungsclubs; denn Mutter war genauso eigensinnig wie Miss Farnham, und da sie eine altmodische Frau war, verrichtete sie ihre Wohltätigkeit gern auf persönlichere Weise.

Ich blickte mit einer Mischung aus Ehrfurcht und Belustigung auf ihr Treffen heute Abend. Miss Farnham trug einen aggressiven Kopfschmuck mit nickenden Kunstblumen, die verächtlich auf die alte Spitze und die weichen Rüschen ihrer Mutter herabzublicken schienen. Sie hatte mich eine Zeit lang nicht gesehen, und als Mutter mich als ihre jüngste Tochter vorstellte, nahm sie meine Hand fest in ihre und hielt sie eine Weile in ihrem kompromisslosen Griff, während sie mich durch und durch ansah.

„Nun, so etwas habe ich noch nie in meinem Leben gesehen!" rief sie plötzlich mit lauter Stimme, die die Aufmerksamkeit aller auf sich zog.

Ich errötete. Ich neigte nicht dazu, rot zu werden, aber es reichte aus, um jeden zum Erröten zu bringen. Ich dachte natürlich, dass sie auf meine Kleidung anspielte, in der ich mich von dem Moment an, als ich den Ballsaal betreten hatte, von dem Moment an, als ich spürte, wie der Blick des Gutsbesitzers auf meinem Hals ruhte, so schüchtern und unbehaglich gefühlt hatte Waffen.

Sie ließ meine Hand fallen.

„Das genaue Bild von ihm", sagte sie und wandte sich an meine Mutter.

„Ja, sie ist ihrem Vater sehr ähnlich", stimmte die Mutter zu.

„Na, meine Liebe, das Bild von ihm", wiederholte das ärgerliche Geschöpf. „Hast du auch sein Temperament?" fragte sie und drehte sich wieder zu mir um.

„Ich weiß es nicht, Ma'am, da bin ich mir sicher", antwortete ich halb amüsiert, aber noch verärgerter. "Ich wage zu behaupten."

„Oh, das bin ich mir sicher, und ich bin auch stolz darauf", erklärte sie und schüttelte nachdrücklich den Kopf. „Mädchen sind immer stolz darauf, wie ihre Väter zu sein."

„Ich glaube nicht, dass es einen besonderen Unterschied machen wird, wer ich bin", sagte ich. „Ich gehe davon aus, dass die Dinge trotzdem passieren werden."

Miss Farnham lachte und klopfte mir ausgelassen auf die Schulter.

Ich glaube nicht, dass sie eine bösartige Frau war, obwohl sie sicherlich das Talent hatte, bei einem ein großes Unbehagen hervorzurufen.

„Nun, du bist nicht so hübsch wie deine Schwester", fügte sie hinzu. „Aber ich weiß nicht, ob du deinen Sternen dafür nicht besser danken solltest."

Damit wandte sie sich von mir ab und setzte sich neben Mutter, wobei sie ihr Kleid bequem über ihren Knien arrangierte, als wollte sie den ganzen Abend dort bleiben.

Die Leute kamen jetzt immer schneller. Der Gutsbesitzer stand an der Tür und schüttelte ihm so fest er konnte die Hand. Da war der alte Dorfarzt mit seiner hübschen Enkelin und der junge Dorfarzt, der die Praxis geerbt hatte und gerade eine rüstige kleine Frau geheiratet hatte, in der Hoffnung, ihr mehr Bedeutung zu verleihen.

Und dann war da noch die Witwe eines Offiziers, die in einem massiven Backsteinhaus an der Ecke der Dorfstraße lebte und zwei Söhne hatte, die im Schiffsgeschäft der Stadt arbeiteten. Und da war der sanftmütige Geistliche mit seiner zarten jungen Frau, die selbst mehr als genug Kinder hatte und nur zu dankbar war, die Babys der Gemeinde Miss Farnham oder sonst jemandem zu überlassen, der sie bemuttern würde.

Sie war eine süße kleine Frau mit einem durchsichtig weißen Gesicht und weichem, seidigem Haar, und sie trug heute Abend ihr Hochzeitskleid, ohne die geringste Rücksicht darauf, dass es vor sechs Jahren auf eine etwas aufwendige Art und Weise hergestellt worden war passte in diesem Moment nicht ganz zu ihrer Figur. Sie setzte sich zwischen ihre Mutter und Miss Farnham, und die Bemerkung dieser Dame, dass sie aussehe, als ob sie in ihrem Bett liegen sollte, und dass sie es höchstwahrscheinlich bald tun würde, wenn sie sich nicht dorthin zurückzog, dürfte sie sehr aufgeheitert haben in ihrem Grab.

Ich verließ meine Mutter und ging hinauf, um Mary Thorne zu begrüßen, die gerade mit ihrem Vater hereingekommen war. Er war ein großer, kräftiger, kräftiger Mann, ziemlich zittrig in Bezug auf seine *H-Formen*, aber in jeder anderen Hinsicht genau das Gegenteil von zittrig; klug und scharf wie ein scharfes Messer oder ein Ostwind.

Ich weiß nicht, ob ich jemals mit ihm gesprochen habe, außer dieses eine Mal in meinem Leben. Vater hatte eine so überwältigende Abneigung gegen ihn, dass wir danach nicht einmal mehr die Bekanntschaft der Tochter behalten durften, aber er hinterließ bei mir den Eindruck, dass es nur eine Schwäche in ihm gab, und zwar für das mutterlose Mädchen, das es war die einzige Person, die ihm widersprechen durfte.

Sie widersprach ihm nun.

Der Gutsherr war auf sie zugegangen, um sie unverblümt zu empfangen, sogar ich konnte es sehen; aber dem Squire könnte man vielleicht zugestehen, dass er eine Abneigung gegen den Mann hegt, der als Radikaler antritt, um den seit langem besetzten Sitz seiner Konservativen zu bestreiten, obwohl ich tatsächlich glaube, dass seine Abneigung gegen den Fabrikanten genauso groß war, weil er einen von ihnen aufgekauft hatte die alten Orte in der Nachbarschaft mit dem im Geschäft verdienten Geld. Ich vermute, dass die Thornes an diesem Abend nur als alte Freunde von Frank Forrester eingeladen wurden, und ich glaube nicht, dass Frank für diese Notwendigkeit gedankt wurde.

„Du musst einen seltenen Job gehabt haben, Broderick, diesen alten Ort zu beleuchten", sagte er, als ich heraufkam; „Diese ganze dunkle Eiche sieht so düster aus!"

„Oh, Papa, wie kannst du!" lachte seine Tochter. „Es ist das, was jeder bewundert; es ist der großartige Anblick der ganzen Nachbarschaft."

„Ja, ja; ich weiß, meine Liebe", antwortete Mr. Thorne; „Sie wollen damit sagen, dass wir selbst gerne hier wohnen würden. Nun ja, ich hätte das Haus kaufen sollen, wenn es auf dem Markt gewesen wäre, aber –"

„Aber Sie hätten es doch getan", unterbrach ihn der Gutsbesitzer, der sich am ganzen Körper sträubte; „während es im Manor nichts Neues gab, seit –"

Er hörte auf.

Ich bildete mir ein, dass er sagen würde: „Seit ich meine Braut nach Hause gebracht habe." aber er sagte nach einer Pause: „Seitdem mein Vater gestorben ist."

„Natürlich mag ich ein bisschen Helligkeit und Farbe", gab Thorne zu, dessen schönes Haus, obwohl von ausgezeichnetem Geschmack, ausgesprochen reich verziert und prächtig war; „Und es eignet sich eher für festliche Anlässe."

„Da, Papa, du weißt nichts darüber", erklärte Mary mit Nachdruck. „Ich behaupte, ich habe das Manor noch nie besser gesehen. Diese Fahnen und Girlanden sind wunderschön."

„Oh, mein Neffe Frank hat das alles getan", antwortete der Gutsbesitzer nachlässig; „Er mag so etwas."

„Captain Forrester?" wiederholte das Mädchen mit einem kleinen Lächeln auf ihrem offenen, frischen Gesicht. „Nun, dann macht es ihm alle Ehre. Es ist nicht so, dass sich jeder so viel Mühe geben würde."

„Er mag es, Ärger zu machen", sagte ich. „Sehen Sie sich nur an, welchen Ärger er sich bei unserem Konzert zugezogen hat."

„Er spielt gern die erste Geige", lachte Miss Thorne fröhlich, und ihr rosiges Gesicht – das war zu rosig für Schönheit, aber nicht zu rosig für vollkommene Gesundheit – wurde rosiger als je zuvor, als sie es sagte; „Das sage ich ihm immer."

Ich habe nicht geantwortet. Mr. Thorne und seine Tochter gingen weiter, und ich schaute mich im Raum um, auf der Suche nach dem Kapitän. Der Ort sah wirklich sehr schön aus, obwohl ich nicht glaube, dass ich seine strengen Proportionen und seine prächtige Holzvertäfelung jetzt durch Fahnen und Girlanden entstellt sehen möchte. Wir tanzten in dem ehemaligen Refektorium der Mönche. Das Haus war an der Stelle eines Teils der Klostergebäude der Abtei errichtet worden, und dieser Teil des alten Gebäudes war erhalten geblieben, während der Rest des Hauses im Tudor-Stil gehalten war. Ich hörte, wie der Squire es dem neuen Pfarrer erklärte, der kürzlich in die nächste Pfarrei gekommen war. Ich hatte ihn schon vorher erklären hören, oder ich glaube nicht, dass ich überhaupt etwas darüber hätte wissen sollen.

„Ich nehme an, Sie finden es schockierend, in irgendeinem Teil des Klosters zu tanzen?" Ich konnte ihn lachend sagen hören: „Aber es ist nicht so schlimm wie bei einem Freund von mir, der in der ehemaligen Kapelle Bälle gibt."

Der Pfarrer war ein junger Mann mit einem blassen, rasierten Gesicht und sehr feinen Gesichtszügen; Der Ausdruck seines Mundes war sanft, fast zitternd, aber seine Augen waren dunkel und durchdringend.

„Ich bin nicht ganz so voreingenommen", sagte er und lachte auch, „obwohl ich das Tuch trage."

„Das stimmt", sagte der Gutsbesitzer herzlich. „Wir haben die Überreste einer Kapelle aus dem dreizehnten Jahrhundert aus reinster Zeit auf dem Gelände, und wir entweihen sie nicht einmal durch ein Schulfest. Sie müssen tagsüber vorbeikommen und sie besichtigen."

In diesem Moment kam Vater hoch. Er war in dieser Versammlung furchtbar wie ein Fisch auf dem Trockenen, armer Vater, und sah auch so aus. Der Squire stellte ihn hastig dem Rev. Cyril Morgan vor und ging weiter, um einem beleibten Weinhändler die Hand zu schütteln, der sich kürzlich von seinen Geschäften in der Nachbarstadt zurückgezogen hatte und einen der kräftigen Rotweine genommen hatte. Backsteinhäuser, die Überbleibsel des Wohlstands unserer eigenen Stadt waren.

Dieser Herr stellte seine Frau vor, und sie musste der Gesellschaft vorgestellt werden, und der Gastgeber hatte alle Hände voll zu tun. Vater zog mit dem Pfarrer weg. Zuerst sah er ziemlich angewidert aus, aber der junge Mann sah ihn mit einem Lächeln auf seinem sanften Mund und in seinen dunklen Augen an und sagte schüchtern: „Ich habe viel von Ihnen gehört, Mr. Maliphant – die ganze Nachbarschaft klingelt." mit deinem Namen. Ich bin stolz, dich kennenzulernen."

Natürlich mochte ich diesen jungen Mann sofort, und als ich mich wieder neben die Mutter und Joyce setzte, war ich erfreut, auf der anderen Seite des Raumes zu sehen, dass Vater und Rev. Cyril Morgan ein Gespräch begonnen hatten. Aber um die Wahrheit zu sagen, ich vergaß ihn bald; Ich war zu sehr damit beschäftigt, mich umzusehen.

Ich musste mich fragen, wo Captain Forrester sein könnte, und ich war ziemlich wütend auf Joyce, weil sie so würdevoll war und sich scheinbar so wenig darum kümmerte. Sie schien ziemlich vertieft in die Hoad- Mädchen zu sein, die in Begleitung ihres Vaters gerade spät genug hereinsegelten, um in Mode zu kommen und ihren schicken neuen Kleidern eine gute Wirkung zu verschaffen.

Ich fürchte, ich war den Hoads gegenüber nicht gnädig . Ich könnte nicht so gnädig sein wie Joyce, die all ihre Gönnerschaft über das Konzert in größtem guten Glauben auf sich genommen hat. Ich wandte mich von ihnen ab und setzte meine Suche nach Joyces Bewunderer fort. Ich mochte sie nicht, und ich fürchte, ich habe es gezeigt.

Aber sie gingen weiter, Bella, die von den beiden besser aussah, verfolgt von zwei Jugendlichen aus der Stadt, die um einen Platz auf ihrer Karte baten; Jessie, die Ältere, unterhält sich mit einer angesehenen alten Dame aus der Hafenstadt, die sich wünschte, dass sie bei einem Benefizkonzert singt.

Sie schienen sehr vertieft zu sein; Als die Band jedoch bald den ersten Walzer anstimmte, drehten sie und viele andere Leute im Raum sich um, um zu sehen, wer ihn tanzte. Sie stellten ihre langstieligen Brillengläser auf und starrten regelrecht hin; Denn sobald die Musik begann, war der Gutsbesitzer auf meine Schwester zugegangen und hatte sie gebeten, mit ihm den Ball zu eröffnen.

Mutter errötete vor Freude und Triumph; Ihre lieben blauen Augen leuchteten förmlich. Sie sagte kein Wort, aber ich weiß, wenn sie gesprochen hätte , hätte sie gesagt, dass sie nicht überrascht war.

Ich war auch nicht überrascht, aber ich war sehr verärgert, und ich war überhaupt nicht gut gelaunt mit Captain Forrester, als er zwei Minuten später mit Mary Thorne auf dem Arm aus dem Wintergarten kam. Worum ging es ihm? Kein Wunder, dass sein Gesicht sich verfinsterte, als er sah, dass es zu spät war. Aber es war seine eigene Schuld; Er tat mir kein bisschen leid. Mary Thorne lachte und sah ihm halb trotzig ins Gesicht. Sie sah aus, als würde sie etwas von diesen rauen, unverblümten Dingen sagen, die sie so liebte; und sie könnte in diesem Moment durchaus etwas zu Captain Forrester sagen, obwohl ich kaum annahm, dass es sich dabei um das Thema handeln könnte, zu dem er es verdient hatte.

Konnte sie sich vielleicht über ihn lustig machen, weil er den ersten Tanz mit meiner Schwester verpasst hatte? NEIN; denn sie hatte keine Gelegenheit gehabt, seine Hingabe an sie zu bemerken. Sie ließ seinen Arm sinken und nickte ihm fröhlich zu, als wollte sie ihm sagen, dass er sie verlassen sollte – als wollte sie ihm sagen, dass sie wusste, dass es woanders vielleicht besseren Sport gab. Und nach einer kurzen Antwort auf das, was sie gesagt hatte, verließ er sie und kam auf mich zu.

Auf seinem strahlenden Gesicht lag ein besorgter, nachdenklicher Ausdruck, der kaum damit zu erklären war, dass er einen Tanz mit Joyce verpasst hatte. Er begrüßte mich und setzte sich neben mich, ohne nach Vater zu fragen. Wir saßen da und sahen zu, wie Joyce im festen Griff des Knappen umherschwebte, aber ich glaube nicht, dass wir beide über den Anblick so erfreut waren wie Mutter, deren Gesicht ungetrübte Freude verriet.

Sie war einfach wirklich stolz darauf, dass der Gutsbesitzer den Ball mit ihrer Tochter eröffnet hatte. Ich denke, sie wäre stolz darauf gewesen, wenn in ihrem Herzen keine tieferen Hoffnungen gelebt hätten. Aber es gab tiefere Hoffnungen, und als ich Joyce an diesem Abend beobachtete , erinnerte ich mich an sie.

In der Aufregung, die Romanze zu beobachten, von der ich mir vorgestellt hatte, dass sie sich schneller und entschiedener entfaltete, als ich gehofft hatte, hatte ich zunächst meine Befürchtungen darüber, dass der Gutsherr Joyce heiraten wollte, völlig vergessen. Sie waren mir erst an jenem Nachmittag vor zwei Tagen in den Sinn gekommen, als er so vehement über Franks Position gesprochen hatte. Aber jetzt, als ich ihn mit ihr beobachtete, nahm die Vorstellung, die ich zuvor überhaupt nicht in Betracht gezogen hatte, festere Formen an.

Ich befürchtete, dass der Gutsherr mit dieser ausgeprägten Aufmerksamkeit für die Tochter seines Pächters wirklich etwas meinte. Es muss notwendigerweise viele Kommentare hervorrufen, selbst bei denen, die unsere eher besondere Stellung im Dorf und die ungewöhnliche Intimität zwischen zwei Familien unterschiedlicher sozialer Stellung kannten. Hätte er diesen Kommentar nur umworben, um seinen alten Freund zufrieden zu stellen? Was wäre, wenn er Joyce einen Heiratsantrag machen würde – wenn er unsere Eltern sofort um Zustimmung zur Heirat bitten würde? Hätte Captain Forrester, der unbekannte Fremde, neben dem langjährigen Freund eine Chance? Hätte der Soldat, der nichts anderes hatte als das, was er sich durch seinen tapferen Beruf verdient hatte, eine Chance gegen den Mann, der ihr ein ebenso schönes Zuhause bieten konnte wie alle anderen in der Grafschaft?

Nicht mit der Mutter; Nein, ich fühlte mich keinen Augenblick bei meiner Mutter. Aber mit Vater?

Ich wusste ganz genau, dass Vater, egal wie sehr er den Mann respektierte, einer Heirat zwischen dem Gutsherrn und seiner Tochter nie Freude bereiten würde, und ich hielt es sogar für wahrscheinlich, dass er sie gänzlich verbieten würde. Aber was wären seine Gefühle gegenüber dem Kapitän? Würden sie anders sein, weil er, obwohl er von Geburt an einer anderen Klasse angehörte, dennoch für die Interessen der Klasse arbeiten wollte, die uns gehörte? Ich konnte es nicht sagen.

Die Stimme von Captain Forrester an meiner Seite weckte mich aus meinem Traum. Er bat mich um einen Tanz – gleich den nächsten. Da war etwas in seiner Stimme, die mich verwirrte – ein rauer Klang, als würde ihm etwas wehtun. Natürlich gab ich ihm den Tanz. Ich war nur zu erfreut.

Sobald ich die Musik gehört hatte, begannen meine Füße zu jucken, und als ich Joyce herumsegeln sah und niemand gekommen war, um mich zu fragen, hatte ich mich sehr einsam gefühlt. Wir standen auf, noch bevor der Gutsherr Joyce zu Mutter zurückgebracht hatte – wir standen auf und machten uns mit den ersten Takten des neuen Walzers auf den Weg. In der puren Freude meines eigenen Vergnügens vergaß ich bald alle Gedanken an Joyce oder irgendjemanden anderen.

Ich liebte das Tanzen. Ich konnte mich nicht daran erinnern, dass es Captain Forrester war, mit dem ich tanzte, ich wusste nur, dass es ein Mann war, der mich festhielt und dessen Gliedmaßen sich mit meinen in einem gleichmäßigen und verträumten Rhythmus bewegten, während wir über etwas glitten, das kaum zu sein schien eine Etage, zum langsamen Klang magischer Musik. Ich tanzte sehr gern. Ich nehme an, Captain Forrester hat es erraten, denn er hat den ganzen Tanz über kein einziges Mal innegehalten.

Als wir innehielten, gerade angenehm außer Atem, als die letzten Akkorde langsam verklangen, sagte er, während sein Blick auf die von mir beschriebene Weise auf meinem Gesicht lag: „Warum, Miss Maliphant , Sie sind eine himmlische Tänzerin. Wo sind Sie her?“ Lern es?"

„Ich hatte sechs Unterrichtsstunden an der Akademie in der Stadt“, antwortete ich ernst; und ich fragte mich, warum er in Gelächter ausbrach, „aber Joyce kommt schneller außer Atem als ich, obwohl sie zwölf Unterrichtsstunden hatte.“

Das Lachen verschwand aus seinem Gesicht, als ich Joyces Namen erwähnte.

„Ich will nicht sagen, dass Joyce nicht wunderschön tanzt“, fügte ich hastig hinzu, „sie tanzt besser als ich, weil sie so groß und schlank ist, aber sie gerät schon vor dem Ende einer Stunde außer Atem.“ Walzer."

Er äußerte sich hierzu nicht. Er sagte nur: „Sollen wir zu deiner Mutter zurückkehren?“

Wir standen auf und gingen durch den Raum. Miss Thorne unterhielt sich mit ihrer Mutter, und ein frisch rasierter junger Beamter trug seinen Namen in Joyces Programm ein .

Kapitän Forrester schüttelte Joyce nur die Hand, und dann kam er, setzte sich neben Mutter und begann auf seine aufgeregteste Weise mit ihr zu reden, indem er ihr alles über das Wachsen des Bodens, das Aufhängen der Banner und das Beschneiden des Immergrüns erzählte Girlanden und wie der Gärtner den Union Jack auf den Kopf stellte, bis sie gezwungen war, gnädiger mit ihm umzugehen, als sie es gewohnt war.

Joyces süßer Mund hatte den Ausdruck, den ich gut kannte, als Mutter und sie eine unangenehme Passage hatten, aber ich konnte mir nicht vorstellen, warum sie ihn heute Abend tragen sollte. Ich konnte auf ihr Programm blicken und sah, dass fast ganz unten Namen geschrieben standen, obwohl ich nicht lesen konnte, wessen Namen es waren, und vor allem, nachdem ich einen einzigen Eindruck von der Freude am Walzer hatte, begann ich es zu tun Denken Sie, dass kein Mädchen Grund zur Traurigkeit haben könnte, das bei jedem Tanz einen Partner hatte. Ach! Ich hatte nur einen und meine Stimmung begann sehr zu sinken. Ich hatte Liebesaffären vergessen; Ich wollte Walzer tanzen.

„Es herrscht ein schrecklicher Mangel an Herren“, sagte Jessie Hoad , die neben uns gekommen war, ihr Brillenglas aufstellte und sich im Raum umsah. „Dieser unglückliche Mann muss alle Hände voll zu tun haben.“

„Meinen Sie Knappe Broderick?“ fragte Miss Thorne. „Ich glaube nicht, dass er sich für unglücklich hält. Er sah gerade recht fröhlich aus, als er mit Miss Maliphant tanzte .“

Miss Hoad gewährte darauf keine Antwort; Sie ging zu ihrem Vater, der in einer Ecke mit mir redete, legte ihren Arm um seinen und begleitete ihn ohne die geringste Zeremonie, um ihn der alten Dame mit dem Namen vorzustellen, die aus unserem schicken Seehafen herübergekommen war .

Ich fand es sehr unhöflich, aber Mr. Hoad war heute Abend selbst nicht ganz so umgänglich wie in der Privatsphäre unseres eigenen Grange-Salons.

„Ich hasse so etwas“, sagte Miss Thorne in ihrer offenen Art zu mir. „Wann gibt es bei einem Country-Tanz jemals genug Männer, wenn man nicht in das Gesindel hinter den Ladentheken gerät? Wir kommen, um unsere Freunde zu treffen, und nicht, um mit bloßen Stöcken herumzuwirbeln.“

Ich fand es sehr nett von Miss Thorne, wünschte aber, es gäbe gerade genug Männer, die mit mir tanzen würden.

Die Musik erklang erneut und Joyce ging mit ihrem Partner los. Ich hatte das Gefühl, als wäre das Leben tatsächlich insgesamt eine Enttäuschung; und es bereitete mir keine Freude, Miss Thorne zuzuhören, wie sie sich über Joyces Schönheit äußerte oder in ihrer offenen, gutmütigen Art über die Aufmerksamkeiten des Squires lachte, ebenso wenig wie es mich amüsierte, Fragmente der fröhlichen Beschreibungen zu hören, mit denen Kapitän Forrester ließ sich die Zeit für Mutter vertreiben.

Aber schließlich begann ich zu früh zu verzweifeln; es war erst der vierte Tanz des Abends. Bevor es vorbei war, kam der Knappe auf mich zu.

„Ich war so beschäftigt", sagte er, „ich konnte vorher nicht kommen, aber ich hoffe, du hast nicht alle deine Tänze verschenkt?"

Obwohl ich neu in der Welt war, lehrte mich ein innerer Instinkt, kühl zu sagen: „Oh nein, nicht alle."

"Was kannst du mir geben?" fragte er. Und er zitierte am Abend noch drei Zahlen weiter. „Ich denke, da wir alte Freunde sind, könnten wir drei Tänze zusammen tanzen", fügte er lächelnd hinzu.

„Oh ja", rief ich. „Ich würde sie gern mit dir tanzen."

Der Knappe war ein wunderschöner Tänzer, obwohl er kein junger Mann war; oder besser gesagt, obwohl er nicht das war, was ich damals für einen jungen Mann hielt. Ich hatte den Eindruck, dass er bei meiner enthusiastischen Antwort nicht lächelte. Er sah sogar ziemlich ernst aus. Ich war zu einfältig, um daran zu denken, ihm mein Programm nicht zu geben . Ich sah, wie er es ansah und dann mich ansah. Von diesem Moment an mangelte es mir nicht an Partnern, und zwar soweit das Unternehmen sie zur Verfügung stellen konnte, an guten.

Natürlich drängte ich mit ein oder zwei rohen Jugendlichen durch den Raum, führte einen schnaufenden Herrn durch das Labyrinth und ließ mich von einem großen Herrn mit Brille auf der Nase auf die Zehen treten, der sich erst umdrehte, als er daran dachte ; Aber im Großen und Ganzen hat es mir Spaß gemacht, und das war alles meinem Gastgeber zu verdanken. Ich kannte kaum einen Mann, als ich das Zimmer betrat, und abgesehen von diesem einen wilden, entzückenden Walzer hatte Kapitän Forrester sicherlich keine Rücksicht auf mich genommen, obwohl er den halben Abend in meiner Nähe gesessen hatte, und man hätte es für möglich halten können hätte gemerkt, dass ich nicht tanzte. Aber dann war er natürlich beschäftigt. Ich konnte ihn überhaupt nicht erkennen. Den ganzen Abend über konnte ich ihn kein einziges Mal dabei erwischen, wie er mit Joyce redete, und ich bin mir ziemlich sicher, dass er sie, als ich zum Abendessen ging, kein einziges Mal zum Tanzen aufgefordert hatte.

weniger Spaß gehabt hätte, hätte ich vielleicht mehr darüber nachgedacht, aber ich war zu glücklich, mich daran zu erinnern, bis die Zeit zum Durchatmen gekommen war und ich ins Esszimmer ging. Dann, als ich Kapitän Forrester mit dieser schrecklichen alten Miss Farnham und Joyce an einem Beistelltisch an einem der besten Plätze sitzen sah, kaum Platz zum Stehen und niemand außer meinem Lieblingshass, Mr. Hoad , auch nur zu erreichen Als ich ihr etwas zu essen gab, kochte mein Blut und ich konnte kaum höflich mit ihm sprechen.

Und er schien auch so interessiert zu sein, so vertieft in das, was die dumme Kreatur mit ihrem nickenden alten Haarknoten sagte! Ich war dankbar, als er aufstand und sie mit nach draußen nahm, um ihre Diskussion über die Armengesetze in einer abgeschiedenen Ecke des Wohnzimmers zu beenden. Ich war sehr wütend auf ihn.

Ich blickte misstrauisch auf den Gutsbesitzer, der Mutter zum Abendessen eingeladen hatte und mit ihr am Kopfende des Tisches saß. Mutter lächelte glücklich: Sie war stolz auf die Ehre, die der Knappe ihr und den Ihren erwies. Aber ich konnte den Knappen nicht freundlich ansehen. Es war berüchtigt, wenn er aus reiner Eifersucht versucht hatte, zwei Leben zu ruinieren. Statt stolz darauf zu sein, dass er meiner Schwester die Ehre erwiesen hatte, mit ihr den Ball zu eröffnen, statt ihm für seine Freundlichkeit mir gegenüber dankbar zu sein und sich über die große Aufmerksamkeit zu freuen, die er unserer Mutter inmitten der Kreismagnaten schenkte, die wen Er hätte es vielleicht vorgezogen, ich war von dieser neuen Idee aufgefressen und spürte, wie mein Herz in mir schwoll, als Joyce plötzlich mit diesem ruhigen und doch halbmüden Ausdruck auf ihrem schönen Gesicht an mir vorbeiging.

Mitternacht war längst vorbei und es war fast Zeit, nach Hause zu gehen. Tatsächlich hatte Vater schon vor langer Zeit gesagt, dass es Zeit sei, nach Hause zu gehen. Er hatte in dem jungen Pfarrer einen neuen Freund gefunden und schien eine Stunde glücklich mit ihm verbracht zu haben, aber der Pfarrer war gegangen, und er hatte alle Argumente ausgeschöpft, die er bereit war, mit den Leuten zu besprechen, denen er in der gewöhnlichen Gesellschaft begegnete war von Mr. Hoad überredet worden, ein höfliches Wort zu alltäglichen Themen zu seinem Lieblingshass, Mr. Thorne, zu sagen, und jetzt hatte er die ganze Sache völlig satt und wollte nichts mehr damit zu tun haben.

Er kam auf Mutter zu und flehte sie an, nach Hause zu kommen, aber Mutter hatte gehört, wie der Gutsherr später Joyce um einen weiteren Tanz bat, und ich wusste ganz genau, dass sie nicht gehen würde, bis das vorbei war; Außerdem war sie trotz ihrer manchmal groben Worte die selbsloseste alte Dame der Welt und hätte niemals zugestimmt, uns auch nur einen Zentimeter der Freude zu nehmen, die sie uns verschaffen konnte.

Persönlich war ich ihr sehr dankbar. Ich selbst hatte noch einen Tanz mit dem Gutsherrn vor mir, und neben dem Vergnügen hatte ich auch noch etwas arrangiert, was ich ihm sagen wollte. Ich stand allein am Eingang des Wintergartens, als er es abholte. Ich war auf der Suche nach Joyce. Ich hatte sie seit dem Abendessen vermisst. Ich hatte geglaubt – ich hatte gehofft –, dass sie bei Captain Forrester war, aber als Miss Thorne mir erzählte, dass er im Salon mit Mr. Hoad über Politik sprach , glaubte ich ihr und konnte die Abwesenheit meiner Schwester nicht verstehen. Könnte es sein, dass es ihr schlecht geht? Aber ich vertraute dem Gutsherren meine Zweifel nicht an. Er legte seinen Arm um mich und trug mich auf diesen schönen Boden, und ich dachte an nichts anderes.

Ich erinnere mich noch genau daran, wie gut der Gutsherr an jenem Abend aussah – frisch und fröhlich, mit strahlenden, scharfen Augen.

„Das ist ein hübsches Kleid, Miss Margaret“, sagte er, als wir herumtanzten.

„Oh, ich bin so froh, dass es dir gefällt“, antwortete ich. „Ich hatte Angst, dass es nicht passt.“

In der Aufregung des Balles hatte ich mein Aussehen völlig vergessen, aber jetzt, als der Gutsbesitzer eine Bemerkung darüber machte, erinnerte ich mich daran, wie unbehaglich ich mich dabei anfangs gefühlt hatte.

„Warum nicht geeignet?“ fragte er.

„Mutter hat es auf der großen Ausstellung 1952 gekauft“, sagte ich.

Aber der eigentliche Grund für mein Unbehagen lag in der Tatsache, dass ich mich in einem „Partykleid“ anders fühlte als ich selbst, und keineswegs in der Angst, das Kleid könnte altmodisch sein.

„Oh! Und Miss Hoad hält das wohl für einen Einwand“, lächelte er. „Nun, das tue ich nicht. Es gibt nur eine Sache, die mir nicht gefällt“, fügte er in seiner offensten Art hinzu. „Ich mag die Schmuckstücke nicht. Du bist zu jung für Schmuckstücke.“

Er hatte es gespürt. Er hatte genau das gleiche empfunden wie ich – dass es für ein Mädchen wie mich unpassend war, schick gekleidet zu sein.

„Du meinst die Korallen“, sagte ich; und meine Stimme sank ein wenig, denn auch ich war stolz auf die Korallen und froh, dass Mutter sie mir geschenkt hatte.

„Ja", antwortete er. „Sie sind sehr hübsch; aber", fügte er sanft hinzu, „der Hals eines jungen Mädchens ist viel hübscher."

Wir liefen zwei Runden herum, ohne zu sprechen. Dann sagte er plötzlich: „Vielleicht hätte ich das übrigens nicht sagen sollen, aber ich denke, so alte Freunde wie wir können einander alles sagen, nicht wahr?"

„Natürlich", sagte ich ziemlich überrascht.

Die Rede ähnelte überhaupt nicht der des Gutsherrn . Ich hatte immer gedacht, dass er zu jedem von uns einfach das sagen würde, was er wollte. Allerdings hatte er bis neulich Abend überhaupt nicht viel mit mir gesprochen.

Ich lachte – ein etwas nervöses Lachen. Ich war in dieser Nacht mit dem Knappen wahnsinnig nervös. „Ich denke, wir wären sehr dumm, wenn wir nicht sagen würden, was uns in den Sinn kommt", sagte ich. „Ich glaube nicht, dass ich Leute mag, die nicht sagen, was sie denken. Obwohl es natürlich viel ist." Es ist für mich schwieriger, dir Dinge zu sagen, als für dich, sie mir zu sagen.

"Warum?" fragte er.

„Na klar, weil du so viel älter bist", antwortete ich.

Er schwieg. Für einen Moment schien die Hochstimmung, die ich so besonders an ihm bemerkt hatte, ihn zu verlassen.

„Nun, was willst du mir Unangenehmes sagen?" sagte er plötzlich mit einem kleinen Lachen.

„Oh, nichts Unangenehmes", erklärte ich. „Es geht um Ihren Neffen, Captain Forrester."

"Oh!" sagte er.

Sein Gesichtsausdruck veränderte sich. Es war, als hätte ich nicht das gesagt, was er von mir erwartet hatte. Doch seine Stirn verfinsterte sich noch mehr, nur dass darin eher Wut als Traurigkeit zu sehen war – derselbe Ausdruck der Wut, den er neulich Nachmittag zur Schau gestellt hatte. Er war sicherlich ein sehr hitziger Mann.

„Ich glaube nicht, dass du ihm gegenüber fair bist", sagte ich kühn.

Er sah mich an. Er lächelte ein wenig.

„Inwiefern ist das nicht fair ihm gegenüber?" sagte er.

„Nun, wenn es jemand anderes als ich gewesen wäre“, antwortete ich, „und Sie hätten alles gesagt, was Sie neulich im Grange-Salon gesagt haben, ich glaube, die Person wäre gegen Captain Forrester eingestellt worden . Natürlich hat für mich keinen Unterschied gemacht, weil ich ihn so sehr mag.

Er zuckte zusammen, dachte ich.

„Sie verstehen es nicht, meine liebe junge Dame“, sagte er. „Ich wünschte nur, dass es keine Missverständnisse geben würde.“

„Ich glaube nicht, dass es irgendwelche Missverständnisse gegeben hat“, antwortete ich. „Wir wussten immer, dass Captain Forrester kein Mann des Eigentums war. Er hat es uns selbst gesagt.“

„Na dann ist das in Ordnung“, sagte der Gutsbesitzer.

„Er gefiel uns umso besser“, schlussfolgerte ich, angetrieben von einem bösen Geist des Unfugs.

Darauf antwortete der Gutsbesitzer nicht. Darauf gab es natürlich nichts zu erwidern. Es war eine unhöfliche Rede, und man sollte sie besser nicht zur Kenntnis nehmen. Er legte lediglich seinen Arm wieder um meine Taille und fragte, ob wir den Walzer beenden sollten. Ich bedauerte meine Unhöflichkeit, bevor wir es getan hatten, und versuchte, sie wiedergutzumachen.

Obwohl das Wetter trotz des klaren Himmels immer noch sehr tückisch war, waren Paare durch den Wintergarten auf die breite Terrasse im Freien verirrt. Ich schlug dem Gutsherrn vor, dass wir dasselbe tun sollten. Er widersprach zunächst und sagte, es sei zu kalt; Als ich aber darüber lachte und ohne irgendeine Decke über mir hinauslief, kam er hinter mir her – aber er ging auf seinem Weg durch die Eingangshalle und holte einen Umhang, den er um mich wickelte. Trotz meiner Frechheit kümmerte er sich so sehr um die Tochter seiner alten Freunde.

Draußen schien der Mond. Es warf dunkle Schatten und weiße Lichter auf die efeubewachsenen Wände und auf die schlanken grauen Säulen der zerstörten Kapelle; Drinnen, unter den Spitzbögen, lagen schwarze Flecken auf dem Gras, die sich mit scharfen Lichtkontrasten abwechselten, wo die Mondstrahlen durch die Chorfenster einströmten.

Der Sumpf war weiß, wo die silbernen Strahlen die darüber schwebenden Dämpfe fingen, und dunkel jenseits des leuchtenden Pfades; Es gab eine Lichtspur auf dem Meer. Wir standen einen Moment da und schauten. Sogar mir kam es seltsam vor, die Helligkeit meines Inneren hinter dieser unheimlichen, feierlichen Helligkeit der stillen Welt draußen zu lassen. Ich glaube, ich habe geseufzt. Es tat mir jetzt wirklich sehr leid, diese Rede gehalten zu haben.

Wir gingen um die Terrasse vor der Kapelle herum. Wir sprachen kaum fünf Worte. Als wir den Wald erreichten, der die Kapelle auf der anderen Seite beschattet, hielten wir an. Der Weg, der dorthin führte, verlor sich in der Dunkelheit.

„Es ist ein ziemlicher Ort für Geister, nicht wahr?" sagte ich.

„Ja, es ist für niemand anderen der richtige Ort", lachte der Gutsherr. „Jeder, der weniger an Feuchtigkeit gewöhnt ist, würde sich mit Sicherheit eine Erkältung holen."

„Oh, du darfst nicht über Geister lachen", antwortete ich. „Ich glaube an Geister. Und ich bin sicher, dass dieser Wald voller Geister sein muss – so viele wunderbare Menschen müssen vor Hunderten von Jahren darin herumgelaufen sein ."

„So lange her?" sagte er.

Er war entschlossen, meine Fantasie auf die leichte Schulter zu nehmen. Aber sein Lachen war freundlich. Wir wandten uns wieder dem weißen Mondlicht zu, doch erst als ich in den schwarzen Tiefen eine große, weiße Gestalt bemerkte, hätte ich ganz sicher für einen Geist gehalten, wenn ich mir des Gegenteils nicht ebenso sicher gewesen wäre. Die Figur war nicht allein. Wenn es so gewesen wäre, hätte ich es ansprechen sollen. So nahm ich den Arm des Gutsbesitzers und ging schnell in Richtung des Hauses davon. Die Musik war wieder da. Der Schwung eines hinreißenden Strauss-Walzers erklang im Nachtwind.

„Wir müssen nach drinnen gehen", sagte der Gutsherr, ganz und gar nicht wie ein Mann, der sich danach sehnt, zu dieser schönen Luft zu tanzen; „Ich bin dafür mit Miss Thorne verlobt."

Armer Mann! Zweifellos hatte er zu diesem Zeitpunkt fast genug davon, den Gastgeber zu spielen und jeden Tanz zu tanzen; er wollte ein paar Minuten Ruhe.

Auch ich war verlobt, allerdings nicht mit einem besonders entzückenden Partner. Nachdem ich einmal mit ihm durch den Raum gegangen war, beschwerte ich mich über die Hitze und flehte ihn an, mich nach draußen zu bringen. Natürlich gingen wir Richtung Ruine.

Von den wenigen Paaren, die herausgekommen waren, waren alle diesen Weg gegangen, denn von da an gab es eine Lücke im Baumgürtel, und man konnte auf das Sumpfgebiet und das Meer blicken. Aber wir gingen um die Kapelle herum zum Wald auf der anderen Seite.

„Ich sage, es sieht düster da drin aus, nicht wahr?" sagte der junge Mann an meiner Seite.

„Ja", antwortete ich, aber ich schaute jetzt nicht in den Wald.

Als wir vorbeikamen, hatte ich einen Blick in das Innere der Ruine geworfen und eine große schwarze Gestalt gesehen, die sich im tiefen Schatten an der Seite des zentralen Bogens lehnte, der sich so ruhig gegen den weichen Himmel abhob. Ich war mir ziemlich sicher, dass der „Geist", den ich ein paar Minuten zuvor gesehen hatte, in der Nähe war. Ich war mir fast sicher, dass ich hinter der Biegung des Bogens einen weißen Streifen sah, der kein Mondlicht war.

Ich drehte mich um und ging ein paar Schritte den Rasen hinunter, mein Begleiter folgte mir. Er fing an, mit mir zu reden, aber ich wusste nicht, was er sagte. Ich lauschte hinter ihm einer anderen Stimme. Es fiel mir traurig ins Ohr.

„Ich habe keinen Zweifel daran, dass das Mädchen Recht hatte", hieß es. „Ich bin mir sicher, dass sie Recht hatte. Mir war es noch nie aufgefallen, aber dass er dich heute Abend vor allen anderen rausgeführt hat, war sehr bedeutsam."

Es war die Stimme meiner Schwester, die antwortete, aber sie musste die Worte fast geflüstert haben, denn ich konnte sie überhaupt nicht hören.

Der Mann sprach erneut.

„Ja, das ist nicht sehr wahrscheinlich", antwortete er mit einem leisen Lachen. „Natürlich, wie konnte er das verhindern? Oh, ich hätte weggehen sollen", fügte er hinzu; „Ich hätte gehen sollen, sobald ich dich gesehen hatte. Aber ich konnte nicht. Du siehst, selbst heute Nacht, als ich versuchte, mich von dir fernzuhalten, hast du mich endlich dazu gebracht, zu dir zu kommen. Und ich Ich habe bis jetzt nicht gedacht, dass ich dir Schaden zufüge.

Er betonte das Wort „du". Ich habe es damals nicht bemerkt, aber jetzt erinnere ich mich daran.

Wieder sagte die Stimme meiner Schwester etwas; Was, ich konnte es nicht hören.

„Meinst du das, Liebste? Meinst du das?" sagte er leise. „Dass du ihn nicht heiraten würdest, wenn du es verhindern könntest, obwohl er so eine Dame aus dir machen würde? Ah, dann glaube ich, dass ich mir etwas vorstellen kann!"

Eine feurige Röte stieg auf meine Wange. Ich war froh, dass mein Begleiter es im weißen Mondlicht nicht sehen konnte. Ich rannte schnell den

Grashang hinunter auf den Kiesweg. Es war schrecklich, schrecklich, dass ich diesen Worten zugehört habe, die nur für ihr Ohr bestimmt waren.

„Komm", rief ich dem Jungen zu, der hinter mir herumlungerte; „Komm, es ist kalt, wir müssen rein."

Er folgte mir langsam.

„Ich glaube, da waren ein Mann und ein Mädchen, die hinter dieser Wand löffelten", sagte er grinsend.

Wie ich ihn hasste! Ich habe von diesem Tag bis heute nie mit ihm gesprochen, und doch war es seine Schuld?

Wir gingen zurück in den Ballsaal. Der Walzer war zu Ende. Beim letzten Tanz hatte ich einen Partner, aber ich hatte keine Lust, ihn zu tanzen. Ich hielt Ausschau nach Joyce, und als ich sie plötzlich mit ihrer Hand auf Captain Forresters Arm herumschweben sah, dachte ich, ich wäre ziemlich glücklich.

Aber Mutter war nicht glücklich. Sie hatte gedacht, dass Joyce den letzten Tanz mit Squire Broderick tanzen würde. Sie sagte, dass Vater müde sei und dass sie gehen wollte. Und tatsächlich sah sein Gesicht sehr müde aus und seine schweren Lippen schwerer als je zuvor.

Zweifellos waren wir alle müde, denn auch der Gutsherr hatte den fröhlichen Gesichtsausdruck verloren, den er den ganzen Abend getragen hatte.

Ich saß da und wartete auf Joyce und fragte mich, ob jemals jemand mit seinem Herzen in der Stimme mit mir schlafen würde.

KAPITEL XI.

DIE ZEIT lastete schwer auf meinen Händen, nachdem die Aufregung um den Knappenball vorbei war. Es war nicht nur so, dass ich wieder in den Alltag zurückkehren musste – denn es gab immer noch das Konzert, auf das ich mich freuen konnte, und das weckte großes Interesse –, sondern es war genau das, wonach ich vierzehn Tage lang gesucht hatte Neuigkeiten von Joyce, und dass Joyce nie ein Wort gesagt hatte. NEIN; Sie war lieber stiller als sonst, eingeschränkter und anders als ihr eigenes heiteres und glückliches Selbst gewesen; und ich hatte Angst gehabt, Angst vor dem Sturzbach, den ich losgelassen hatte, und ich hatte Zweifel, ob dieser hübsche, höfische, ritterliche Ritter, der meine Verkörperung der Romantik war, trotz all seiner demokratischen Theorien wirklich ein passender Partner war für das bescheidene Mädchen, das im stillen Schatten gepflegt wird.

Nun, wie dem auch sei, der Strom rollte weiter, ob ich ihn nun wirklich freigesetzt hatte oder nicht, und ich war gezwungen, beiseite zu treten und seinen Lauf ohne weitere Umstände zu beobachten.

Es gab viel zu sehen. Das Dorfkonzert war gekommen und gegangen; es hatte eine Woche nach dem Ball des Gutsherrn stattgefunden. Captain Forrester hat uns gegen Ende sehr hart dafür gearbeitet. Wir hatten jeden Nachmittag geübt und ich hatte unermüdlich meine Soli geprobt; Aber abgesehen davon, dass sie im Gesangsgesang gesungen und ab und zu eine Begleitung gespielt hatte, hatte sich Joyce nicht aktiv an der musikalischen Darbietung beteiligt, und ich hatte mir eingebildet, dass sie sich viel mehr aus dem Weg gelassen hatte, als sie hätte tun müssen.

Ich konnte sie überhaupt nicht verstehen. Sie würde Frank keine Chance geben, allein ein Wort mit ihr zu sagen; sie mied ihn, wie sie mich mied.

Am Abend des Konzerts war er natürlich zu sehr aufgeregt, bis die Aufführung zu Ende war, als dass er sich zunächst einmal an Joyce hätte erinnern können; denn er gehörte zu den Naturen, die sich mit Eifer in alles stürzen, was sie unternehmen; und er freute sich genauso sehr auf diese Unterhaltung, für die er die Verantwortung übernommen hatte, als würde sie vor einer ausgewählten Gesellschaft stattfinden und nicht vor einer Handvoll Bauerntölpeln.

Nun, er wurde für seine Mühen belohnt. Das Konzert wurde als glänzender Erfolg gewertet und war mit Abstand das beste, das jemals im Dorf gegeben wurde.

„When Stars are in the quiet skies" und „Robin Adair", das ich „auf Wunsch" als Zugabe sang, *erhielten* großen Beifall, ebenso wie die Freudenlieder, die wir so geduldig geübt hatten ; Und obwohl der krönende

Abschluss des Abends natürlich Kapitän Forresters eigenes Lied war, das er in seinem satten, sanften Baryton erklingen ließ, hatten wir keinen Grund, uns über den Empfang zu beschweren, den wir bekamen; und die Steinmauern des alten Rathauses, die seit der Zeit standen, als der Henker noch eine Institution war, reagierten auf den Applaus des Volkes.

Natürlich wollten sie, dass der Vater aufstand und ihnen eine Rede hielt, aber damit wollte er bei dieser Gelegenheit nichts zu tun haben; er sagte, es handele sich um Entspannung und nicht um Arbeit; und er weigerte sich immer, Dinge zu berühren, die ihm heilig waren, sei es nur zum Zweck oder in etwas anderem als im ernstesten Sinne. Er wünschte ihnen allen eine gute Nacht und sagte es ihnen.

Ich erinnere mich an einen merkwürdigen Vorfall, der sich in dieser Nacht ereignete. Eine der amerikanischen Öllampen, die den Saal erleuchteten, ging in Flammen auf; in der kleinen Menge entstand Panik; Die Frauen drängten sich an die Tür. Aber Kapitän Forrester rief den Leuten in kräftigen, beruhigenden Tönen zu, sie sollten ihre Plätze behalten, ergriff die Lampe, trug sie brennend über die Köpfe der Menge und warf sie in den kleinen Hof draußen.

Als der Schreck vorbei war, vermisste ich Vater und Joyce. Ich fand ihn sofort, wie er mit zwei schluchzenden Kleinen auf den Knien auf der Treppe saß – zwei Kleine, deren Schwestern ohne sie davongelaufen waren und deren kleine Herzen vor Angst betäubt waren. Im Allgemeinen würde der Vater jeden Erwachsenen gegenüber einem Kind vernachlässigen. Aber Joyce konnte ich nicht sehen.

Ich war mir sicher, dass sie gegangen sein musste, um sich um Captain Forrester zu kümmern; Als er aber bald darauf mit verbundener Hand zurückkam und sagte, er habe nichts von Joyce gesehen, erschrak ich wirklich. Ich entdeckte sie weinend in einer dunklen Ecke des Hofes sitzend.

allen anderen in Sicherheit gerannt . Aber ihre Art verwirrte mich. Und noch eine ganze Woche lang verwirrte mich ihr Verhalten.

Frank Forrester kam jeden Tag zum Grange, um Vater zu sehen. Sie hatten einen neuen Plan parat, einen originellen Plan, einen Lieblingsplan meines lieben Vaters – den Plan all seiner Pläne, der ihm am meisten am Herzen lag, und einen, von dem ich weiß, dass er ihn schon seit Jahren hatte und nie zu hoffen gewagt hatte, ihn zu finden Gefallen bei irgendjemandem . Es handelte sich um einen Plan zur Unterstützung der armen Kinder, die entweder keine Eltern hatten oder deren Eltern sie unbedingt loswerden wollten.

Natürlich verstand ich damals die Funktionsweise nicht, da es mir unmöglich war, die Anforderungen des Falles zu verstehen; Aber soweit ich mich erinnern kann und was ich aus den Gesprächsfetzen meines Vaters und Kapitäns Forrester herausgefunden habe, glaube ich, dass es beabsichtigt war, Fälle aufzugreifen, die in den gewöhnlichen Findelkrankenhäusern nicht vorgesehen waren, und die armen, elenden kleinen Geschöpfe zu retten, deren … Die Eltern waren bereit, sich von einem Leben voller Sünde und Erniedrigung zu trennen.

Den Kindern sollte ein Beruf beigebracht werden, und sie sollten beim Verlassen des Hauses ehrenhaft behandelt werden.

Natürlich war es ein gewaltiger Plan – ich bin mir sicher, dass Vater damals nicht begriffen hat, wie umfangreich er war; Aber obwohl er ernsthafte Zweifel an der Möglichkeit seines Erfolgs hatte, ließ er sich für einen Moment von Frank Forresters wilder Begeisterung für das Thema mitreißen und überredete ihn, zu versuchen, es sofort in die Praxis umzusetzen.

Ich glaube, dass er sich dadurch mehr denn je zu Frank hingezogen fühlte. Ich glaube, er fühlte sich zu jedem hingezogen , der sich um Kinder kümmerte. Aber obwohl der Kapitän von diesem Plan sehr begeistert war, fand er Zeit, Joyce anzusehen und zu seufzen, um ein Wort von ihr zu erbitten, nach einer Chance, sie allein zu sehen, und sie wollte sie ihm nicht geben.

Vierzehn Tage lang hatte sie ihn nach diesem denkwürdigen Abend des Knappenballs seufzen lassen; Zumindest glaube ich, dass sie es getan hatte, und er tat mir sehr leid.

Gewiss, Mutters Augen waren wachsam – es erforderte etwas Mut, sich den Augen der Mutter zu entziehen, aber ich dachte, wenn man etwas sehr wollte, wäre man mutig.

War Joyce kaltherzig? War ihr Gesicht deshalb so ruhig und so schön?

Doch eines Tages kamen und gingen der Gutsherr und sein Neffe schließlich gemeinsam, und Mutter, die dachte, der Besuch sei für heute vorbei, war ausgegangen, um Besorgungen im Haushalt zu machen. Ich kam gerade zurück, um ein Paket schlechter Wäsche zum Pfarrhaus zu bringen, als Deborah mich im Flur traf.

„Der Kapitän ist mit Miss Joyce im Salon", sagte sie. „Sie wollten kein Licht, das wollten sie nicht. Aber ich habe sie gerade in dieser Minute in die Lampe gebracht."

Sie sagte dies mit grimmiger Entschlossenheit und ging murrend davon.

Deborah wollte, dass Joyce den Knappen heiratete, und ich glaube, sie verdächtigte mich, ihre Bekanntschaft mit dem Kapitän zu fördern.

Ich ging nicht hinein, wie Deborah vorgeschlagen hatte, erst kurz vor der Zeit, als ich Angst hatte, dass Mutter nach Hause kommen würde.

Joyce saß in dem großen Sessel, die Hände vor den Knien verschränkt, und starrte ins Feuer.

Kapitän Forrester saß am alten Spinett – unser bestes neues Klavier stand im Wohnzimmer – und berührte sanft die armen alten, klirrenden Tasten und sang mit seiner sanften, sanften Stimme leise Töne dazu. Wie ich jetzt weiß, waren es leidenschaftliche Liebeslieder ; aber die Worte waren in fremden Sprachen, und ich verstand sie nicht; Kein Zweifel, Joyce hat es getan. Als ich hereinkam, stand er auf und fragte, wie spät es sei.

Ich sagte es ihm, und er lachte sein fröhliches, mitfühlendes Lachen und erklärte, dass er im Grange nie wüsste, wie spät es sei; Er glaubte, wir hätten unsere Uhren völlig falsch eingestellt. Dann sagte er, dass er an diesem Abend nicht länger auf den Vater warten könne, sondern morgen früh zu ihm kommen würde. Er ging auf Joyce zu und streckte ihm die Hand entgegen. Sie schüttelte sich, als wollte sie aus einem Traum aufwachen, und stand auf. Diesmal war es kein Fehler von mir. Kapitän Forrester hielt lange Zeit Joyces Hand.

„Auf Wiedersehen – bis morgen früh", sagte er mit leiser Stimme.

Sie antwortete nicht und er drehte sich zu mir um.

„Gute Nacht, Miss Margaret", sagte er, und in seiner Stimme lag ein Klang – selbst für mich beeindruckend –, der zu sagen schien, dass etwas Besonderes passiert war.

Als er weg war, hatte ich das Gefühl, ich müsste wissen, was es war. Diese Barriere der Zurückhaltung zwischen zwei Schwestern war lächerlich.

„Joyce", sagte ich halb ungeduldig, „hast du mir nichts zu sagen?"

Sie sah zu mir auf. Eine Röte breitete sich über ihren ganzen Hals und ihr Gesicht aus, ihre kurze Oberlippe zitterte ein wenig – das tat sie immer bei jeder Emotion.

„Ja", antwortete sie einfach; „Captain Forrester will mich heiraten."

Ich habe nicht geantwortet. Nachdem es nun so gekommen war, wie ich es mir gewünscht hatte, hatte ich, wie gesagt, Angst.

Aber Joyce blickte mit einem ansprechenden Blick in ihren Augen zu mir auf. Ich beugte mich vor und küsste sie.

„Du liebes altes Ding", sagte ich; „Ich bin so froh. Ich habe gehofft, dass er es getan hat – ich habe die ganze Zeit gehofft, dass er es tun würde."

„Ich dachte, du hättest es gewollt“, sagte sie mit kindlicher Einfachheit.

Ich lachte.

„ Natürlich wusste ich von Anfang an, dass er sich in dich verlieben würde“, sagte ich.

„Oh, Margaret, sag das nicht!“ flehte sie. Und dann, nach einer Pause, fügte sie mit einem kleinen Seufzer hinzu: „Ich hätte gedacht, er wäre klüger gewesen, als sich in ein Mädchen vom Land zu verlieben, wo es doch so viele Mädchen aus der Stadt geben muss, die besser zu ihm passen.“

"Unsinn!" rief ich. „Die Frau, die zu einem Mann passt, ist die Frau, die er liebt.“

"Denkst du so?" murmelte sie schüchtern.

„Warum, natürlich“, rief ich, während ich weitersprach, wurde mir warm und ich vergaß meine eigenen Zweifel, indem ich über ihre lachte. „Ein Mann heiratet eine Frau nicht wegen der vielen Sprachen, die sie spricht, und so etwas – zumindest nicht ein Mann wie Captain Forrester. Ich weiß nicht, wie man ihn so falsch einschätzen kann. Glauben Sie das nicht?“ dass er dich liebt?

„Oh ja“, murmelte sie erneut; „Ich glaube, dass er mich liebt.“

Ich sagte eine Weile nichts mehr. Joyces Haltung verwirrte mich. Dass sie so zurückhaltend von der Verehrung eines Mannes sprach, der die leidenschaftlichen Worte, die ich belauscht hatte, an sie gerichtet hatte, überstieg mein Verständnis.

Ich fragte mich, was sie für ihn empfand. Mehr denn je hatte ich das Gefühl, dass sie an mir vorbei in eine Welt vorgedrungen war, die ich nur in Träumen kannte. Ich war jetzt aufgestanden und stand über dem Feuer.

„Ich habe immer von so etwas für dich geträumt, Joyce“, sagte ich. „Ich hatte immer das Gefühl, dass du nicht im Geringsten geeignet bist, einen Bauern vom Land zu heiraten, aber ich habe mir nie vorgestellt, dass etwas so Gutes für dich wäre. Mutter.“ „Ich weiß, ich hatte großartige Ideen für dich. Oh ja; und du weißt jetzt, dass sie das getan hat“, fügte ich als Antwort auf ein abfälliges „Oh, nicht!“ hinzu. von meiner Schwester. „Aber ich hätte hassen sollen, was sie wollte; und ich glaube nicht, dass Sie jemals zugestimmt hätten. Aber Kapitän Forrester ist kein Grundbesitzer; er kümmert sich um die Rechte des Volkes wie sein Vater. Er ist ein feiner Kerl; und dann ist er jung und hat nie jemand anderen geliebt“, fügte ich mit gesenkter Stimme hinzu.

Ich glaube, ich habe das in Anspielung auf die erste Frau des Gutsherrn gesagt.

Sie sagte nichts und ich kniete neben ihr nieder. „Liebe Joyce", flüsterte ich – und ich glaube, meine Stimme zitterte – „ich möchte wirklich, dass du glücklich bist. Und obwohl ich mich furchtbar einsam fühlen werde, wenn du weggegangen bist und mich verlassen hast, wird es mir nicht leid tun, denn ich werde so froh sein, dass du das bekommen hast, was ich dir gewünscht habe.

Sie drückte meine Hand ganz fest.

„Oh, aber ich werde nicht verheiratet sein, Liebes, noch nicht so lange", sagte sie. „Warum, vergessen Sie, wir wissen nicht, was Vater und Mutter sagen werden."

„Na, Vater und Mutter können nur das Beste für euch wollen", antwortete ich. Und ich glaubte es. Dennoch war das, was Vater und Mutter oder jedenfalls die Mutter für das Beste hielten, nicht das, was ich für das Beste hielt.

Als Kapitän Forrester am nächsten Morgen kam, wusste ich, bevor er das Geschäftszimmer meines Vaters betrat, dass er keine sehr zufriedenstellende Antwort erhalten würde. Er wurde erwartet; Seine Antwort war vorbereitet, und ich war schuld daran.

An diesem Abend sandte der Squire nach dem Vorschlag des Kapitäns an Joyce eine Nachricht und fragte, ob Vater abgezogen werden würde; und wenn ja, ob er nach dem Abendessen herunterkommen könnte, um mit ihm eine Pfeife zu rauchen. Wir saßen beim Essen, als Deborah die Botschaft überbrachte.

„Sicherlich", antwortete Vater. „Sagen Sie, dass ich mich freuen würde, Herrn Broderick zu sehen." Aber als sie gegangen war, fügte er schroff hinzu: „Warum zum Teufel will der Gutsbesitzer mich sehen? Ich weiß nichts, worüber ich mit ihm reden müsste."

Er sah Mutter an, aber Mutter antwortete nicht. Sie nahm ihre würdevollste Miene an und auf ihrem Gesicht lag eine Art unterdrücktes Lächeln, das mich unerklärlicherweise irritierte. Sobald das Essen vorbei war, erinnerte sie uns daran, dass wir die Orangenmarmelade zusammenbinden und etikettieren mussten und wir gezwungen waren, sie und unseren Vater zusammen zu lassen.

Ich ging sehr zögernd hin, denn ich wollte hören, was sie zu sagen hatten, und Deborah war sehr neugierig – sie fragte uns, wie es kam, dass der Squire uns drei Wochen lang nicht zum Abendessen ins Manor eingeladen hatte, und wann das geschah Der feine Herr aus London wollte wieder in sein eigenes Zuhause zurückkehren.

Ich überließ es Joyce, ihr zu antworten, und fand einen Vorwand, um so schnell ich konnte wieder in den Salon zurückzukehren. Vater und Mutter saßen einander in ihren Stühlen mit hoher Rückenlehne am Feuer gegenüber. Vater ging es seit der Ballnacht nicht gut. Ich glaube, er hatte sich im Ostwind eine Erkältung zugezogen und litt wieder ein wenig unter Gicht. Ich glaube, es muss so gewesen sein, sonst wäre er kaum sitzen geblieben. Da ich ihn kannte, war ich überrascht; denn an seinem Gesicht erkannte ich sofort, dass er schlecht gelaunt war, und er blieb nie sitzen, wenn er schlecht gelaunt war.

„Unsinn, Mary, Unsinn!“ Er sagte. „Ich wundere mich, dass eine Frau von deinem gesunden Menschenverstand mit solchen Ideen davonläuft! Bloße Freundschaft, bloße Freundlichkeit – das ist alles.“

„Nun“, antwortete Mutter und streichelte ihr Knie, über das sie ihr Kleid hochgekrempelt hatte, damit es nicht am Feuer versengte, „er hat Joyce nicht nur zum ersten Tanz vor allen Nachbarn des Landkreises mitgenommen, sondern er hat auch mich mitgenommen.“ selbst zum Abendessen – und ich kann Ihnen versichern, dass er mir gegenüber äußerst aufmerksam war.“

„Nun, und ich hätte nichts weniger von ihm erwarten dürfen“, sagte Vater. „Der Mann ist ein Gentleman, und Sie waren ein guter Freund für ihn. Kein Mann, ob Gutsbesitzer oder nicht, muss sich schämen, meine Frau zum Abendessen einzuladen – nein, nicht vor zehn Landkreisen!“

Mutter lächelte zufrieden.

„Man kann nicht von jedem erwarten, dass er so sieht wie du, Laban“, sagte sie. „Ich denke, es geschah mit einem bestimmten Ziel.“

„Oh! Und, bitte, welchen Zweck?“ fragte Vater in seinem irritierendsten und gereiztesten Ton.

Mutter war vernünftig; vielleicht hatte sie sogar ein wenig Angst. Sie antwortete zunächst nicht. Ich war hinter die Tür der Marmeladenpresse in der Ecke des Zimmers geschlüpft und begann nun, die Reihen der Marmeladentöpfe in Ordnung zu bringen. Sie hatte mich nicht bemerkt.

„Ich glaube, der Gutsherr möchte unsere älteste Tochter heiraten“, sagte sie langsam; und dann griff sie nach ihrem Strickzeug vom Kaminsims und begann, ihre Nadeln zu stricken.

Eine Minute lang herrschte schreckliche Stille.

„Das habe ich schon lange gedacht“, fügte Mutter hinzu. „Ich war mir sicher, dass er außer der bloßen Freundschaft mit zwei alten Leuten noch einen anderen Grund haben musste, warum er so oft hierher kam.“

Vater beugte sich in seinem Stuhl vor und legte seine Hand auf die Armlehne, als wollte er aufstehen, erhob sich aber nicht.

„Nun, wenn er einen anderen Grund hat, dann gilt: Je länger er ihn für sich behält, desto besser", sagte er mit einer Stimme, die er zu verhindern versuchte, laut zu werden. „Aber wir haben kein Recht, ihn zu verurteilen, bis wir es wissen", fügte er hinzu. „Du hast einen Fehler gemacht, Mutter. Der Gutsherr denkt nicht daran, noch einmal zu heiraten. So ein Idiot ist er nicht."

„Ich glaube nicht, dass er so dumm wäre, ein süßes Mädchen heiraten zu wollen, das er sein ganzes Leben lang gekannt hat", entgegnete die Mutter.

„Er kann kein Mädchen von mir heiraten, zumindest nicht mit meiner Zustimmung", erklärte Vater laut, während sein Temperament die Oberhand gewann. „Meine Mädchen müssen in ihrem eigenen Stand heiraten, oder überhaupt nicht. Ich brauche den Adel nicht, um neues Blut in unsere Adern zu stecken. Wir sind jeden Tag gut genug und stark genug für uns selbst. Aber komm, alte Dame „Komm", fügte er leiser hinzu und versuchte, sich zu erholen, „du hast einen Fehler gemacht. Das ist ganz natürlich. Mütter werden stolz auf ihre Kinder sein, und Frauen müssen immer ausgefallen sein , Reichtum und Ehre sind das Beste auf der Welt." Welt."

„Oh, das gefällt mir sicher nicht, Laban", antwortete Mutter. „Aber ich kann mir nicht vorstellen, dass du einen so wahren und ehrlichen Mann für Joyce wirklich ablehnen würdest."

„Nun, Mary, schau her. Du bist ganz sicher, dass ich niemals zustimmen werde, dass meine Tochter einen Mann heiratet, der in den Augen der Welt einen Pflock herabsetzen muss, um sie zu heiraten", begann er und erhob erneut seine Stimme. und sehr langsam sprechen.

Er schaute meiner Mutter scharf ins Gesicht, kam aber nicht weiter, denn ich kam mit einem Topf in der Hand aus dem Marmeladenschrank; und gleichzeitig öffnete Deborah die Tür und verkündete Squire Broderick. Mutter legte schnell ihren Rock ab und Vater sank in seinen Stuhl zurück. Auf dem Gesicht des Gutsbesitzers lag ein besorgter Ausdruck, der mich verwirrte, aber er versuchte zu lachen und wie er selbst auszusehen, als er uns die Hand schüttelte.

„Du darfst nicht so laut sprechen, Maliphant , du darfst nicht so laut sprechen, wenn du die Dinge geheim halten willst", lachte er. „Heiraten? Wer wird bitte heiraten?"

Mutter errötete und selbst Vater schien sich unwohl zu fühlen.

„Wir haben nur von Möglichkeiten gesprochen, Squire, von sehr fernen Möglichkeiten", sagte er. „Die Frauen lassen sich in solchen Angelegenheiten gerne Zeit, wissen Sie. Aber jetzt lassen wir solchen Unsinn hinter uns und lenken unsere Gedanken auf etwas Vernünftigeres. Du wolltest mich sehen?"

„Ja", antwortete der Knappe. „Und ich habe nur ein paar Minuten. Mein Neffe reist morgen ab und wir müssen uns um ein paar kleine Angelegenheiten kümmern."

„Dein Neffe reist morgen ab!" schrie ich entsetzt. Sie drehten sich alle um und sahen mich an, und ich spürte, wie ich errötete.

„Das hat er nie gesagt, als er heute Nachmittag hier war", fügte ich hastig mit einem leicht nervösen Lachen hinzu.

„Nein, ich glaube nicht, dass er es wusste, als wir hier waren", antwortete der Knappe, der offensichtlich nichts von dem zweiten Besuch des Kapitäns wusste. „Heute Abend erhielt er ein Telegramm von seiner Mutter, in der sie ihn anflehte, sofort nach Hause zurückzukehren."

Ich sagte nichts mehr und Squire Broderick wandte sich an Vater. „Kannst du mir ein paar Minuten geben?" fragte er.

Vater erhob sich. Es ärgerte mich zu sehen, dass es ihm schwer fiel, aufzustehen. Offensichtlich war er wieder traurig steif, und es ärgerte mich, dass der Gutsherr das sah. Ohne ein Wort zu sagen, ging er voran in sein Geschäftszimmer.

Ich blieb, wo ich war, mit dem Marmeladentopf in der Hand, und schaute zu meiner Mutter, die am Feuer saß und strickte. Auf ihren Lippen lag ein kleines Lächeln, das mich ungemein ärgerte.

„Ich denke, ich sollte dir sagen, Mutter, dass ich hinter der Tür des Marmeladenschranks war, während du und Vater gesprochen habt, und dass ich gehört habe, was du gesagt hast", sagte ich plötzlich.

„Nun, natürlich habe ich nicht damit gerechnet, dass du dort eindringst, wo du nicht erwünscht bist, Margaret", sagte Mutter; „Aber ich weiß nicht, dass es darauf ankommt. Ich schäme mich nicht für das, was ich gesagt habe."

„Natürlich nicht", antwortete ich; „Und ich vermute, dass du diese Vorstellung in den vergangenen Monaten im Kopf hattest."

„Ich weiß nicht, ich bin mir sicher, welches Geschäft du erraten musstest", sagte Mutter. „Das war nicht dein Platz, das sehe ich."

„Und ich kann Ihnen genauso gut sagen, dass ich ganz sicher bin, dass Joyce nie an den Squire denken würde, wenn er sie heiraten wollte", fuhr ich fort, ohne dieser Bemerkung Beachtung zu schenken. Ich hielt einen

Moment inne, bevor ich hinzufügte: „Sie konnte es jedenfalls nicht, weil sie in einen anderen Mann verliebt ist."

Mutter sah mich über ihre Brille hinweg an. Sie sah mich an, als würde sie mich nicht sehen, und doch blickte sie mich durch und durch an.

„Margaret", sagte sie schließlich hochmütig, „ich halte es für äußerst unziemlich von dir, so etwas über deine Schwester zu sagen. Ein gut erzogenes Mädchen verliebt sich nicht auf diese Weise in Männer. "

„Ein Mädchen muss sich in den Mann verlieben, den sie heiraten will, Mutter; zumindest sollte das so sein", sagte ich.

Und ich marschierte mit dem Marmeladentopf, der ein Etikett brauchte, in die Küche und kam erst wieder heraus, als ich hörte, wie sich die Tür zum Arbeitszimmer öffnete und die Stimme des Gutsherrn im Flur hörte.

„Nun, du wirst jedenfalls am Donnerstag zum Abendessen kommen und ihn sehen", sagte er gerade; „Es muss dich an nichts binden."

Vater grummelte etwas, als er hinüberhumpelte, und mir fiel erneut auf, wie lahm er an diesem Tag war. Als der Squire Mutter auf der Schwelle der Salontür sah, blieb er stehen und fügte freundlich hinzu: „ Maliphant hat versprochen, Sie zum Abendessen ins Manor zu bringen, also denken Sie daran, dass Sie ihn an sein Wort halten." Mutter versicherte ihm, dass sie es tun würde, und der Knappe ging hinaus.

"Also?" fragte sie und wandte sich mit einem fragenden Gesichtsausdruck an Vater, der weder so hoffnungsvoll noch so glücklich war wie vor zehn Minuten.

"Also?" wiederholte er etwas verärgert. Dann verwandelte sich sein Stirnrunzeln in ein Lächeln, er klopfte ihr auf den Arm und sagte fröhlich: „Nein, Mutter, nein. Diesmal ist es falsch; falsch, alte Dame, auf meiner Seele. Die Zeit ist noch nicht gekommen, in der wir es sind." die Ehre zu haben, dass unsere Töchter vom Adel um die Hand gebeten werden."

„Still, Laban, still", rief die Mutter verärgert; denn die Küchentür stand offen und Joyce war in Hörweite. Und dann folgte sie ihm in den Salon, wohin ich bereits den Weg gefunden hatte, und fügte hinzu: „Vielleicht bin ich nicht ganz so dumm, wie Sie denken, und eines Tages wird die Zeit kommen, obwohl sie noch nicht reif ist."

„Ein Narr! Wer hat dich jemals einen Narren genannt, Mary? Ich nicht, da bin ich mir sicher", erklärte Vater. „Nein, Sie sind eine wahre, kluge Frau, und da Sie in solchen Dingen im Allgemeinen recht haben, können Sie es wohl jetzt beweisen; aber ich möchte Ihnen nur klarmachen, dass, wann auch immer die Frage des Gutsherrn kommt – wenn … Es sei eine Frage dieser Art – seine Antwort wird immer dieselbe sein."

Mutter sagte nichts mehr. Sie war eine weise Frau und ging nie einer leidigen Frage nach, wenn dazu keine Notwendigkeit bestand. Ich, der nicht so weise war, dachte, dass ich jetzt eine passende Gelegenheit sah, inmitten der unruhigen Gewässer mein eigenes Ruder einzusetzen.

„Ich glaube nicht, dass du dir darüber den Kopf zerbrechen musst, Vater", sagte ich. „Joyce wird Squire Broderick niemals heiraten, selbst wenn er sie fragen würde. Sie ist in Captain Forrester verliebt."

Vater drehte sich mit der Pfeife, die er gerade füllte, zwischen Finger und Daumen um und sah mich an.

„Margaret", sagte Mutter, „habe ich dir nicht gerade gesagt, dass das eine äußerst seltsame und unziemliche Aussage sei?"

Ich antwortete nicht, und Vater sah mich immer noch mit der Pfeife zwischen Finger und Daumen an.

„In der Tat verliebt in Captain Forrester!" fuhr Mutter verächtlich fort. „Und bitte, woher wissen Sie, dass Captain Forrester in Joyce verliebt ist?"

„Na klar", antwortete ich und warf den Kopf zurück, „Mädchen verlieben sich nicht in Männer, es sei denn, die Männer sind zuerst in sie verliebt. Wer hat jemals davon gehört? Natürlich ist er verliebt ." mit Joyce.

"Zeug und Unsinn!" sagte Mutter mit Nachdruck und klopfte mit dem Fuß auf den Boden, wie sie es immer tat, wenn sie genervt war. „Captain Forrester und Ihre Schwester haben sich im Laufe ihres Lebens nicht mehr als ein halbes Dutzend Mal getroffen. Ich frage mich, wie eine Liebe sein wird, die nach dreiwöchiger Bekanntschaft die Welt im Sturm erobert."

„Es gibt so etwas wie Liebe auf den ersten Blick", antwortete ich mit einer, wie ich weiß, ärgerlich überlegenen Miene. Es beeindruckte Mutter nicht.

„Eine wundersam schöne Sache, die mir erzählt wurde", war alles, was sie sagte.

Ich wandte mich an Vater, der nichts gesagt hatte. „Na ja, jedenfalls sind sie ineinander verliebt", wiederholte ich. „Ich weiß es als Tatsache, und er wird morgen früh hierher kommen, um Sie um Erlaubnis zu bitten, sie zu heiraten."

„Der Teufel ist er!" ejakulierte Vater, endlich geweckt.

Mutter ließ ihr Strickzeug fallen. Ich glaube, ihr Gesicht wurde vor Entsetzen weiß.

„Ich dachte immer, Laban, es wäre schade, diesen jungen Mann so oft bei uns zu haben, wenn wir doch erwachsene Mädchen zu Hause hatten", stöhnte sie und vergaß meine Anwesenheit völlig. „Aber du wärst immer so sicher gewesen, dass er an nichts anderes dachte als an deine Politik."

„Sicherlich, sicher", murmelte Vater.

„Und er war immer so freundlich zu uns allen", fuhr sie fort, als ob auch das etwas wäre, was man an ihm bedauern könnte; „Aber ich hätte nie gedacht, dass er die Tochter eines Bauern heiraten möchte. Und ich würde gerne wissen, was er hat, um jemanden zu heiraten", fügte sie nach einer Pause hinzu und drehte sich empört zu mir, als ob ich es wüsste die Angelegenheiten des Kapitäns besser als sie.

„Sein Kapitänssold", antwortete ich leichthin, obwohl mich diese Bemerkung einen Moment lang erschaudern ließ. „Und warum solltest du ihn für einen Taugenichts halten, weil er seinen Lebensunterhalt anders verdient als du? Er tötet die Feinde des Landes und du bebaust das Land des Landes. Das sind beides ehrenvolle Berufe, mit denen a Der Mensch bekommt sein Brot im Schweiße seines Angesichts.

Ich sah Vater an; Die ganze Zeit hatte ich nur mit ihm gesprochen. Er lächelte und begann, seine Pfeife anzuzünden. Es war ein Zeichen dafür, dass er sich entschieden hatte. Wie war es zusammengesetzt?

„Joyce ist genau das Mädchen, in das sich Männer verlieben", sagte ich weise; „Und was sie betrifft – nun, Sie können nicht überrascht sein, dass sie sich in einen Mann verliebt, den Sie selbst so sehr mögen."

„Ja, ich mag den jungen Mann", stimmte Vater standhaft zu. „Ich kann nichts dagegen tun. Es gibt nur wenige, die so sehr im Kopf sind, als nach ihrem eigenen Vergnügen zu streben."

„Nun, wenn du ihn so sehr magst, warum tut es dir dann leid, dass er Joyce heiraten will?" fragte ich kühn.

„Ich habe nicht gesagt, dass es mir leidtut, Mädchen", sagte Vater ruhig.

Mein Herz pochte vor angenehmem Triumph, aber der Kampf war noch nicht vorbei.

„Nun, Laban, ich schätze, du kannst nicht sagen, dass du froh bist", warf Mutter fast säuerlich ein, „nach dem, was ich dich über Mädchen sagen hörte, die aus ihrer eigenen Klasse heraus heiraten."

„Captain Forrester ist nicht reich und untätig", sagte ich.

„Nein", antwortete Mutter verächtlich, „er ist nicht reich, da hast du völlig recht; aber er ist um einiges müßiger als viele Männer, die es sich leisten können, eine Frau bequem zu unterhalten. Ich kenne eure Art von Spielsoldaten." die nie einen Feind sehen.

„Er ist reich genug für ein Mädchen von mir", antwortete Vater. „Was seine Untätigkeit angeht, hoffe ich, dass er vielleicht bessere Arbeit leisten wird, indem er das Leben unschuldiger Kinder rettet, als er es hätte tun können, wenn er gegen die sogenannten Feinde der Nation vorgeht."

„Ja, ja", sagte Mutter ein wenig ungeduldig. „Ich zweifle nicht daran, dass du recht hast. Ich habe nichts gegen den jungen Mann, aber ich kann es nicht glauben, Laban, denn du meinst wirklich, dass du ihm dein Mädchen freiwillig geben würdest."

„Nun", antwortete Vater, „ich muss zugeben, dass ich über die Nachricht überrascht bin; aber wir alten Leute vergessen oft, dass wir einmal jung waren; und als ich ein Junge war, habe ich dich geliebt, Mary, und wir auch." Man darf nicht zu hart für die Jugend sein. Es ist weder Armut noch Reichtum, noch dies oder das, was das Glück ausmacht; es ist einfach Liebe; und wenn die beiden einander lieben, dürfen wir uns nicht einmischen."

„Ich verstehe dich nicht, Laban, wirklich nicht", rief die arme Mutter außer sich vor Angst. „Es stimmt nicht mit dem überein, was Sie vor ein paar Minuten gesagt haben, und das können Sie auch nicht behaupten."

Vater schwieg. Ich nehme an, er konnte nicht umhin, tief in seinem Herzen zu wissen, dass die Einwände gegen Captain Forrester praktisch die gleichen sein mussten wie die gegen Squire Broderick, mit dem Zusatz, dass er für uns fast ein Fremder war. Aber seine natürliche Vorliebe für den jungen Mann trübte seinen Blick für die klaren Tatsachen. Vater und ich waren uns sehr ähnlich; Was wir sein wollten, musste sein. Aber wenn ich auf diesen Punkt in unserem Leben zurückblicke, tut mir die arme Mutter leid, die wirklich die weiseste und praktischste von uns allen war.

„Nun, Mutter, das Mädchen muss selbst entscheiden", sagte Vater. „Sie ist volljährig; sie sollte ihre eigenen Gedanken kennen."

„Joyce kennt ihre eigenen Gedanken gut genug", sagte ich. „Sie hat Frank Forrester gesagt, dass sie ihn vorbehaltlich Ihrer Zustimmung heiraten wird."

„Ich wundere mich, dass sie sich die Mühe gemacht hat, so viel hinzuzufügen", sagte Mutter schließlich. „Junge Leute sind heutzutage so schlau geworden, dass sie uns Alten etwas beizubringen scheinen."

Ihre Stimme zitterte, und Vater stand auf, ging zu ihr und legte seine Hand auf ihre Schulter.

„Meg, geh und sag deiner Schwester, sie soll hierher kommen", sagte er sofort. „Du brauchst nicht zurückzukommen."

Die Entlassung tat mir weh und ich wartete im Flur, bis Joyce aus dem Interview herauskam; aber ihr Gesicht war sehr weiß, und sie sagte nur: „Oh, Margaret, lass sie das regeln. Ich möchte keinen eigenen Willen haben."

Ich war sehr enttäuscht und hätte mich gern angenehm überrascht, als ich am nächsten Morgen hörte, dass unsere Eltern nach reiflicher Überlegung beschlossen hatten, dem Kapitän ein Jahr auf Bewährung zu gewähren.

Ich hatte befürchtet, dass Mutter alle Argumente des Vaters völlig außer Kraft setzen würde; das tat sie im Allgemeinen.

Die Affäre sollte nicht als Verlobung bezeichnet werden – beide sollten völlig frei entscheiden können, noch einmal zu entscheiden; aber wenn am Ende dieser Zeit beide einer Meinung waren, sollte die Verlobung offiziell geschlossen und bekannt gegeben werden.

Mutter muss jedoch sehr streng in ihren Worten gewesen sein; denn die jungen Leute durften sich weder treffen noch miteinander schreiben, noch durften sie voneinander Neuigkeiten erfahren, die über das hinausgingen, was sich aus der Korrespondenz ergab, die Vater mit Frank über äußere Angelegenheiten führen würde.

Frank erzählte mir von den Bedingungen draußen im Garten, als ich ihn erwischte, als er aus Vaters Arbeitszimmer kam. Die ganze Angelegenheit sollte ein absolutes Geheimnis bleiben und innerhalb unserer eigenen Familie streng geheim gehalten werden. Diese Mutter wiederholte es mir hinterher, ich ahnte sehr gut, mit welcher Absicht. Doch obwohl Frank in seinem Onkel einen möglichen Rivalen vermutet hatte, ließ er sich absolut nicht unterkriegen.

Mir kam sogar der Gedanke, dass ich mir gewünscht hätte, dass mein Geliebter etwas niedergeschlagener gewesen wäre. Aber zweifellos fühlte er sich seiner selbst zu sicher, selbst nach dem leichten Schock der Überraschung, den er erlitten haben musste, als er feststellte, dass seine Klage nicht sofort angenommen wurde.

Als er jedoch das Zimmer verließ, in dem er allein von Joyce Abschied genommen hatte, beugte er sich zu mir vor, als ich im Flur stand, und sagte ernst: „Miss Margaret, ich vertraue sie Ihnen an. Lassen Sie sie nicht." Vergiss mich."

Mein Herz schmerzte für ihn, und von diesem Moment an brannte es in dem unerschütterlichen Entschluss, die schwächelnde Stimmung meiner Schwester zu unterstützen und ihr die wunderschöne Romanze zu bewahren, die sich so unerwartet vor ihr aufgetan hatte.

KAPITEL XII.

JOYCE und ich saßen an einem Mainachmittag im Apfelgarten. Wir saßen nicht oft untätig da; Aber Joyce reiste morgen zu einem Besuch nach Sydenham ab, und wir wollten ein paar ruhige Minuten zusammen verbringen.

Drinnen herrschte keine Ruhe; Mutter war in einer ihrer unruhigen Stimmungen und Mr. Hoad war bei Vater. Ich nahm an, dass er immer noch auf dem Wahlthema herumplapperte, denn ich konnte nicht sagen, warum er sonst so oft kommen sollte; aber ich hätte ihm sagen können, dass er sich die Mühe hätte ersparen können, denn dieser Vater hat seine Meinung nie geändert.

Bei dieser besonderen Gelegenheit war ich jedoch froh, dass er kam, denn ich dachte, es würde Vater davor bewahren, Frank zu sehr zu vermissen – obwohl sie sich freilich nicht mehr so gut zu verstehen schienen wie vor Franks Ankunft; und ich bildete mir ein, dass sich auf Vaters Gesicht sogar eine Wolke bildete, als er die Tür hinter seinem Geschäftsmann schloss.

Wer könnte sich das wundern? Wer würde Hoad nach Frank Forrester mögen? Ich für meinen Teil ging ihm immer aus dem Weg, und deshalb hatte ich Joyce mit nach draußen genommen.

Vom Meer wehte ein Ostwind, und das Marschland war kahl, auch wenn die länger werdenden Schatten in sanften Tönen über dem rauen Frühlingsgrün lagen. Die Sonne schien, und die Dornenbäume, die an den Deichen blühten, bildeten weiße Flecken entlang ihrer Geraden – sanftere Erinnerungen an den Schnee, der so kürzlich verschwunden war, ein freundliches Versprechen des kommenden Frühlings. Unter den blütenreichen Apfelbäumen war die Luft blau über dem leuchtenden Smaragdgrün des blühenden Grases, und rund um uns herum bildeten schlanke, kräftige graue Stämme und kantige Äste, die durch eine Fülle rosaroter Blüten aufgelockert wurden, zarte Muster auf dem Baum Himmel oder vor der glitzernden Meereslinie jenseits des Sumpfes.

Aber eine Frühlingsszene mit ihrer offenen, leidenschaftslosen Schönheit, ihrer Zärtlichkeit, die nur Versprechen und keine Erfahrung ist, ihrer Arroganz gegenüber dem kommenden Leben bringt einen manchmal aus dem Herzen, denke ich, obwohl es diese Wirkung nicht hätte haben sollen auf jemanden, der in derselben Beziehung zum Leben stand wie der Frühling zum Jahr. Jedenfalls war ich an diesem Tag nicht in meiner fröhlichsten Stimmung – nicht ganz so arrogant und zuversichtlich, wie ich es gewohnt war.

Seit dem Tag, als Captain Forrester das Dorf vor drei Wochen verlassen hatte, waren die Dinge nicht nach meinem Geschmack gelaufen. Erstens war ich mit dieser einjährigen Verpflichtung nicht zufrieden, die vor jedermann geheim gehalten werden sollte . Ich dachte, es wäre Joyce gegenüber nicht fair. Und dann, und leider! Ich fürchte eine noch aktivere Ursache für meine Niedergeschlagenheit – Mr. Trayton Harrod war als Gerichtsvollzieher für die Knellestone- Farm engagiert worden!

Ja; Ich hätte nie damit rechnen dürfen. Es war zu schrecklich, aber es war wahr. Vater und Mutter waren ihm zwei Tage nach der Abreise des Kapitäns zum Abendessen im Manor entgegengegangen, und Vater war gezwungen worden, zu gestehen, dass er ein ruhiger, vernünftiger, unkomplizierter Kerl war, der keinen Unsinn an sich hatte, und dass es keinen gab Ich bezweifle, dass er wusste, worum es ging.

Es war für mich sehr beschämend, Vater so über ihn reden zu hören, obwohl ich zu dem Schluss gekommen war, dass er mit Sicherheit nicht wusste, was er meinte. Aber es scheint, dass ich mich in diesem Punkt seltsamerweise geirrt habe.

Weit davon entfernt, nur ein Amateur in diesem Geschäft zu sein, war er am Agricultural College in Ashford sorgfältig dafür ausgebildet worden. Sein Vater war der Meinung gewesen, dass seine eigenen Unternehmungen an einer zu oberflächlichen Kenntnis des Themas gescheitert seien – eine Kenntnis, die nur auf natürlichem Mutterwitz und praktischer Beobachtung beruhte, und er wünschte, dass sein Sohn nicht unter solchen Nachteilen leiden müsste.

Ich vermute, dass Mr. Harrods Vater, wie die Landleute sagen, in Kultur und gesellschaftlichem Ansehen „seinen Nachbarn überlegen“ war und die Landwirtschaft als Spekulation betrachtete, als andere Dinge scheiterten. Aber das war natürlich kein Grund, warum sein Sohn kein guter Bauer werden sollte, da er sorgfältig in den Beruf erzogen worden war.

Auch an praktischer Erfahrung mangelte es ihm nicht. Er hatte alles getan, was er konnte, um das Vermögen der Farm seines Vaters zurückzugewinnen, aber die Spekulationen waren zu weit fortgeschritten, bevor er die Zügel in die Hand nahm; und der ältere Harrod war als ruinierter Mann gestorben und hatte seinen Sohn sich selbst überlassen.

All dies hatte ich aus Gesprächen zwischen meinen Eltern und dem Gutsbesitzer in unserem eigenen Haus erfahren; Aber es war beschämend, obwohl ich zu diesem Zeitpunkt noch nicht geahnt hatte, dass eine wirkliche Gefahr bestand, dass er nach Knellestone kommen würde . Denn das war erst vor zwei Tagen geklärt worden, und ich kam zu dem Schluss, dass Mr. Hoad eine Mitschuld trug.

Natürlich ließ sich nicht leugnen, dass Vater erneut krank gewesen war –
nicht so schwer wie im Winter, aber nicht mehr in der Lage, ein aktives Leben
zu führen. Seit mehr als vierzehn Tagen war es ihm nicht mehr gelungen, auf
sein Pferd zu steigen und nicht weiter als bis zum Gartengrundstück oben
auf der Terrasse zu gehen.

Der Arzt hatte einen Badestuhl vorgeschlagen; Aber die Vorstellung,
einen Bauern in einem Badestuhl zu sehen, war geradezu beleidigend, und
ich hätte ihn lieber einen Monat lang im Haus eingesperrt gesehen, als sich
den Nachbarn in einer solchen Notlage zu zeigen. Die Idee wurde
aufgegeben; Aber nach und nach und ohne jedes Anzeichen kam er wieder
zu dem Plan, den er zunächst so vehement zurückgewiesen hatte – der eines
Gerichtsvollziehers für Knellestone .

Ich weiß nicht, ob es wirklich Mr. Hoad war , der etwas mit seiner
Entscheidung zu tun hatte. Er hatte zweifellos Einfluss auf seinen Vater und
war in letzter Zeit sehr oft im Grange gewesen, aber es könnte nur an der
Wirkung gelegen haben, die Mr. Harrod selbst hervorrief. Ungefähr vierzehn
Tage nach dem Abendessen im Manor teilte uns Vater am Esstisch
unvermittelt mit, dass er an diesem Morgen geschrieben habe, um „diesen
jungen Mann vom Gutsherrn“ zu verpflichten, nach Knellestone zu
kommen . Als er das sagte, hatte er sich so eigenartig verhalten, dass ihn
niemand weiter zu dieser Angelegenheit befragt hatte; Und was mich betrifft,
ich war von der Nachricht so tief erschüttert, dass ich glaube, seitdem nicht
mehr mit Vater gesprochen zu haben!

Wenn die Abreise meiner Schwester nicht vor dieser Nachricht arrangiert
worden wäre – und zum großen Teil von mir selbst arrangiert worden wäre
–, hätte ich sie sicher nicht vorgeschlagen; denn es war das erste Mal in
unserem Leben, dass wir uns trennten, und obwohl ich zurückhaltend war,
hatte ich das Gefühl, dass ich wollte, dass Joyce während dieser Familienkrise
bei mir war.

Zumindest ließ sie sich nie aus der Fassung bringen, und obwohl diese
Eigenschaft ihre ärgerliche Seite hatte, war sie doch tröstlich; und gerade in
diesem Moment brauchten wir einen Schnuller, denn die Familie war
insgesamt in einem etwas aufgewühlten Zustand.

Vater war verärgert über das, wozu er dem Gerichtsvollzieher gegenüber
gezwungen worden war. Mutter war verärgert, weil der Squire Joyce keinen
Heiratsantrag gemacht hatte, Captain Forrester hingegen schon. Und ich war
verärgert – mehr verärgert als jeder andere –, weil ich eine rechthaberische
junge Frau war und bei der Verwaltung jedes Kuchens mithelfen wollte.

Es war eine gute Sache, dass Joyce sogar ihren eigenen Anteil an diesen
Angelegenheiten stiller übernahm, als ich es für sie tat. Dennoch war selbst

sie an diesem Abend etwas betrübt. Wie war es möglich, dass sie glücklich und ohne den Trost einer Korrespondenz von dem Mann getrennt sein konnte, den sie liebte? Ich glaube an meine geheime Seele. Ich bezeichne Joyce als gefühllos, weil sie sich nicht mehr Sorgen macht als sie; Aber sie *war* deprimiert, und meine Mutter hatte mir zugestimmt, dass Joyce blass war, und es war besser, sie diesmal für einen Besuch bei Tante Naomi zu wählen, was schon seit langem ein Versprechen war. Und jetzt war es unmöglich, es aufzuschieben.

Joyce erwachte mit einem kleinen Seufzer aus einem Traum und drehte sich zu mir um.

„Nun, haben Sie Mr. Trayton Harrod heute Morgen gesehen, Margaret?" fragte sie. „Deborah sagt, er sei hier, um Vater zu sehen. Wann kommt er endgültig?"

„Ich weiß es nicht", antwortete ich knapp. „Ich weiß überhaupt nichts über Mr. Trayton Harrod." Joyce seufzte ein wenig. „Deborah sagt, er sei ein einfacher Mann", fuhr sie fort – „sehr groß und breit und sehr klein in seinen Manieren."

„Er kann mir gegenüber nicht zu klein sein", antwortete ich. „Er wird mich auch klein finden."

Joyce streckte ihre Hand aus und legte sie auf meine. Es war eine tolle Sache für sie. Erstens neigten wir nicht dazu, unsere Zuneigung äußerlich zu zeigen; und zweitens wusste Joyce, dass ich Mitgefühl verabscheute und dass ich seit meiner frühesten Kindheit immer Menschen angegriffen hatte, die es wagten, mich wegen meiner Verletzungen zu bemitleiden.

„Liebe Margarete", sagte sie, „ich möchte, dass du nicht so sehr gegen diesen jungen Mann bist. Vater sagte, er sei ein unkomplizierter, guter Kerl, wissen Sie, und Sie können nicht sicher sein, dass er unangenehm sein wird bis du ihn kennst.

„Ich glaube nicht, dass er überhaupt unangenehm sein wird", erklärte ich. „Er ist vielleicht der entzückendste Mann auf der Welt; ich habe keinen Zweifel, dass er es ist. Ich sage nur, dass er mir nichts bedeutet. Ich." Ich werde nichts mit ihm zu tun haben, und ich werde nicht wissen, ob er entzückend ist oder nicht.

„Nun, wenn Sie so anfangen, stellen *Sie* sich gegen ihn auf", sagte Joyce tapfer. Sie hielt einen Moment inne und fügte dann hinzu: „Ich hoffe, dass es eine gute Sache für Vater sein wird. Ich habe in letzter Zeit oft gedacht, dass die Arbeit zu schwer für ihn war. Vater ist nicht mehr der Mann, der er war."

„Vater ist in Ordnung", beharrte ich. „Es sind immer die stärksten Männer, die an Gicht leiden. Du wirst sehen, Vater wird die Kleinen noch vom Boden abheben, wenn es um die Arbeit eines Tages geht. Ein Mann kann für sich selbst arbeiten – er arbeitet, ob er müde ist oder nicht; aber ein Tagelöhner – warum sollte ein Tagelöhner arbeiten, wenn er keine Lust dazu hat? Es bedeutet ihm nichts; er bekommt seinen Lohn trotzdem."

Diese Theorie schien Joyce ein wenig zu beunruhigen, denn sie schwieg.

„Nein", sagte ich, „es wird nicht gehen. Er wird überhaupt nichts davon verstehen, und er wird nur alle an die Ohren hauen."

„Ich verstehe nicht, warum das sein muss", beharrte Joyce. „Der Gutsherr sagt, dass er zu harter Arbeit erzogen wurde und dass er über bemerkenswerte Kenntnisse des Landes verfügt."

„Ja, welchen Nutzen hat ihm seine Kenntnis des Landes gebracht?" fragte ich verächtlich. „Er verwaltete die Farm seines Vaters in Kent, und sein Vater starb als Bankrotteur. Das nenne ich keine große Empfehlung."

Ich musste von meinem hohen Ross herabsteigen, weil dieser Freund des Squires zu seiner Klasse gehörte , ein verarmter Herr, der seinen Lebensunterhalt verdienen wollte, denn es bestand kein Zweifel daran, dass er auf einem Bauernhof geboren und aufgewachsen war Außerdem war er für seine Arbeit besonders erzogen worden, aber es war mir dennoch gelungen, etwas anderes herauszufinden, was zu seinen Ungunsten war.

Meine Schwester war verwirrt, wie sie darauf antworten sollte.

„Ich wusste nicht, dass das so ist", sagte sie.

„ Natürlich ist es so", wiederholte ich. „Deshalb muss er unbedingt einen Job annehmen."

"Armer Kerl!" murmelte Joyce.

"Unsinn!" rief ich. „Er hätte die Farm vor dem Ruin retten können. Es nützt nichts, die Menschen für das Unglück zu bemitleiden, das sie sich selbst zufügen. Die Schwachen gehen immer an die Wand."

Ich habe mir mit dieser Rede Unrecht getan. Es drückte überhaupt nicht wirklich meine Gefühle aus, aber ich war wütend.

Joyce sah gequält aus. „Vielleicht waren die Angelegenheiten des Hofes zu schlecht, als dass man sie hätte regeln können, bevor er die Leitung übernommen hätte", schlug sie vor. „Auf jeden Fall nehme ich an, dass Vater es am besten weiß."

„Ich kann Vater nicht verstehen", rief ich hastig. „Mir scheint, dass er sich viel mehr für Pläne zur Rettung armer Kinder interessiert als für die Bewirtschaftung seines eigenen Landes."

„Oh, Margaret! Wie kannst du so etwas sagen?" rief Joyce entsetzt. „Sie wissen, dass der Vater oft liegen bleibt und nicht in der Lage ist, auf dem Bauernhof herumzulaufen."

„Ja, ja, ich weiß", beeilte ich mich zu antworten, beschämt über meinen Ausbruch und mir fiel ein, dass ich dem, was ich zwei Minuten zuvor gesagt hatte, völlig widersprach. „Natürlich hat niemand wirklich das Interesse an der Stelle, die Vater hat. Deshalb möchte ich nicht, dass er einen bezahlten Gerichtsvollzieher nimmt. Wenn er im Bett liegt, kann er das durch mich regeln."

„Ich fürchte, das antwortet nie", sagte Joyce kopfschüttelnd; „Ich fürchte, geschäftliche Angelegenheiten brauchen einen Mann. Menschen scheinen eine Frau immer auszunutzen."

Ich versuchte zu lachen. „Ich frage mich, was Deborah dazu sagen würde?" Sagte ich und versuchte, die Sache in einen Witz zu verwandeln.

„Deborah unternimmt nichts, was außerhalb ihrer Grenzen liegt", antwortete Joyce.

Es war ein weiterer ihrer ruhigen Heimstöße. Sie ahnte kaum, wie weh sie taten, sonst hätte sie sie nie behandelt – sie, die es nicht ertragen konnte, einer Fliege wehzutun.

„Margaret", begann sie erneut, ihre Gedanken waren immer noch auf das versöhnliche Projekt gerichtet, das sie unternommen hatte, „versprich mir eines, bevor ich gehe. Ich gehe nicht gern weg, und der Gedanke, dass du arbeiten wirst, macht mich noch schlimmer." geraten Sie in ein Fieber der Verärgerung über das, was nicht geändert werden kann. Versprich mir, dass du nicht gleich zu Beginn gegen den jungen Mann hetzst. Es wird für alle sehr unangenehm sein, wenn du das tust, und das wirst du auch nicht Sei umso glücklicher. Du kannst so nett sein, wenn du willst."

Ich sah sie überrascht an. Es kam sehr selten vor, dass Joyce aus ihrem Schneckenhaus herauskam, um eine solche Aussage zu vertreten. Es zeigte, dass es schon lange in ihrem Kopf gewirkt haben musste.

„Ja, Liebling, ja", sagte ich, wirklich berührt von ihrer Angst, „ich werde versuchen, nett zu sein."

„Du nimmst die Dinge wirklich so schwer", fuhr sie fort, „und es hat keinen Sinn, die Dinge hart zu nehmen. Nun, wenn du möchtest, könntest du Vater noch helfen, bei Mr. Harrod, und er könnte eine ganz angenehme Bereicherung für dein Leben sein."

„Das ist lächerlich, Joyce", antwortete ich scharf. „Du musst sehen, dass er und ich nie Freunde werden könnten. Ich kann nur versprechen, dass ich es ihm nicht schwerer machen werde, unter den Leuten Fuß zu fassen, denn es wird schon schwer genug sein. Wie klug der Knappe ihn auch halten mag, er hat gewonnen." „Ich verstehe dieses Land nicht, auch nicht dieses Wetter, noch diese Leute, daran besteht kein Zweifel. Er wird viele Fehler machen. Aber reden wir um Himmels willen nicht mehr über ihn", rief ich. hastig. „Ich habe den Mann satt; und auch an unserem letzten Abend, an dem ich dir so viel zu sagen habe."

„Was hast du mir zu sagen?" fragte meine Schwester und blickte sich plötzlich mit einem unruhigen Gesichtsausdruck um.

„Oh, kommen Sie, Sie müssen nicht so aussehen", lachte ich. „Es ist nichts Schreckliches wie das, was Sie mir gesagt haben. Es geht um Captain Forrester."

Ihr Gesicht wurde dennoch ernst. "Was ist mit ihm?" fragte sie mit leiser Stimme.

„Nun, ich werde für dich kämpfen, Joyce, während du weg bist", sagte ich. „Ich glaube nicht, dass du übermäßig erfreut darüber warst, zu Tante Naomi gehen zu müssen, und vielleicht warst du etwas schuldig." Es ist langweilig für Sie, wenn Sie mit der alten Dame und ihrem Rheuma zusammensitzen, aber Sie müssen bedenken, dass ich hier für Sie arbeiten werde, besser als ich es vielleicht könnte wenn du da wärst.

„Warum, Meg, was willst du tun?" fragte meine Schwester entsetzt.

„Ich werde Mutter dazu bringen, deine Verlobung zu verkürzen", sagte ich, stand auf und stellte mich vor sie, „und ich werde sie zwingen, dir und Frank zu erlauben, einander zu schreiben."

„Oh, Meg, wie kannst du?" keuchte Joyce.

„Nun, das werde ich", wiederholte ich hartnäckig. Sie antwortete nicht. Mit einer nervösen Bewegung verschränkte sie die Hände im Schoß und senkte den Blick auf sie.

„Mutter sagte, dass die diesjährige Verlobung dazu gedacht war, dass Sie und Captain Forrester lernen sollten, sich selbst ziemlich sicher zu sein. Wie können Sie nun selbstsicherer sein als jetzt, wenn Sie sich nicht besser kennenlernen? „Und wie soll man sich besser kennen lernen, wenn man sich nie sieht und einander nie schreibt?"

Joyce hielt inne, bevor sie antwortete. Sie hob den Blick und fixierte den Kanal, dessen lange, gewundene Kurven, die sich über das Sumpfgebiet bis zum Meer schlängelten, jetzt blau waren und im zunehmenden Grau des Abends eine undurchsichtige Farbe hatten.

„Vielleicht möchte Mutter nicht, dass wir uns besser kennen. Vielleicht möchte sie, dass wir einander vergessen", sagte sie schließlich langsam.

„Ich weiß, Mutter möchte, dass ihr einander vergesst, weil sie möchte, dass ihr den Knappen heiratet", sagte ich unverblümt, „aber Vater nicht."

„Oh, Meg, nicht", flüsterte Joyce.

„Natürlich weißt du es", lachte ich, ein wenig beschämt über mich selbst, „und du weißt, dass ich es weiß. Aber du hättest ihn nie geheiratet, Liebes, also geht es meiner Mutter nicht schlechter, wenn du Captain Forrester heiratest.", und du wirst ihn nicht vergessen, weil sie es wollen."

„Nein", murmelte sie. „Aber oh, Meg", fügte sie hinzu, erhob sich ebenfalls hastig und nahm meine Hand, „ich möchte nicht, dass du ihnen etwas darüber sagst. Es ist jetzt geklärt und es ist bei weitem das Beste, so wie es ist. Ich hatte viel lieber." Lass es sein und nutze meine Chance.

„Was meinst du damit, deine Chance zu nutzen?" rief ich. „Du willst damit sagen, dass du deinem Geliebten vertrauen kannst, dass er dich nicht vergisst? Nun, ich nehme an, dass du das kannst. Er verehrt dich, und ich nehme an, man kann durchaus erwarten, dass sogar ein Mann ein kleines Jahr lang treu ist. Aber, In der Zwischenzeit werdet ihr beide unglücklich sein, statt verhältnismäßig glücklich zu sein, wie ihr es wäret, wenn ihr einander schreiben und euch manchmal sehen könntet. Nun, das scheint mir nutzlos zu sein, und ich verstehe nicht, warum das so ist Ich werde auf jeden Fall versuchen, es zu verhindern."

„Du bist eine gute, treue alte Meg, treu wie Stahl", sagte Joyce zärtlich und nahm meine Hand; „Und ich nehme an, Sie können nicht verstehen, wie ich mich fühle, weil wir so unterschiedlich sind. Aber ich möchte, dass Sie glauben, dass ich viel lieber warten würde. Tatsächlich würde ich viel lieber warten."

Ich blickte sie schweigend an. Wieder überkam mich ein seltsames Gefühl der Ehrfurcht, das aus der Überzeugung entstand, dass Joyce auf dem Schoß eines mir unbekannten Baches langsam von mir fortgeschwemmt war. Wohin führte es und wie war es? Was war dieses „Verliebtsein", von dem ich in letzter Zeit geträumt hatte – für sie, wenn nicht für mich selbst? Ich lachte verhalten.

„Nun, ich war nie verliebt", sagte ich, „und vielleicht werde ich es auch nie sein. Aber ich bin mir ziemlich sicher, dass, wenn ein Mädchen einen Mann liebt und er sie liebt, der Abschied so sein muss, als würde man ohne ein Stück davon auskommen." Nein, Joyce, du kannst mich nicht täuschen. Ich weiß, dass du ihn jede Stunde und jede Minute deines Lebens sehen willst und dass, wenn du es nicht tust, die ganze Zeit etwas in dir schief geht.

Joyce seufzte sanft und zog ihren Schal um sich. „Du bist so ungestüm", seufzte sie. „Wenn man eine Person mag, vergisst man nicht alle anderen."

„ *Gefällt mir* , nein", sagte ich und hörte dann auf.

Das Marschland war durch eine vorbeiziehende Wolke dunkel geworden, und die Espen auf der Klippe zitterten im aufkommenden Wind. Im Haus dahinter öffnete sich ein Fenster, und Deborahs Stimme ertönte über den Rasen zu uns rufend.

„Nun, was auch immer ihr zwei braucht, um euch dort draußen den Tod durch Erkältung einzufangen, ich weiß es nicht", rief sie, als wir auf sie zukamen. „Und nicht einmal ein junger Mann, der dir Gesellschaft leistet! Oh, da sind zwei düstere Gesichter!" lachte sie, als ich mich an ihr vorbeidrängte. „Nun, ich war zu meiner Zeit klüger. Die Männer haben mir nie Gedanken gemacht – weder gute noch schlechte."

„Nein, du hattest damals nie jemanden, der sich um dich kümmerte, so wie Ruben sich jetzt um dich kümmert", rief ich.

Aber Joyce stoppte die Erwiderung, indem sie fragte, wofür wir gesucht würden.

„Es ist Gesellschaft im Salon", antwortete sie und sprach immer noch mit mir. „Der Gutsbesitzer ist gekommen, um sich von Miss Joyce zu verabschieden, und da ist Ihr Freund, Mr. Hoad ."

Ich antwortete nicht auf diesen Stoß, aber als wir durch den Flur gingen, öffnete sich die Tür von Vaters Zimmer und die Stimme von Mr. Hoad sagte lachend: „Nein, ich fürchte, Sie werden nie etwas Gutes herausbekommen." von ihm. Ein brillanter Redner, ein charmanter Kerl, aber er hat kein Rückgrat. Ich habe mich zuerst selbst von ihm getäuscht, aber er ist nicht geeignet. Ich denke, je weniger irgendjemand mit ihm rechnete, desto besser.

„Du verstehst ihn nicht", begann Vater herzlich; aber er blieb stehen, als er uns sah.

Meine Wangen röteten sich vor Wut. Auf Deborahs Gesicht lag ein Grinsen, aber das meiner Schwester war gelassen.

Sie hätte es nicht verstehen können.

KAPITEL XIII.

JOYCE war eine Woche vor der Ankunft von Mr. Trayton Harrod weg gewesen. Ich hatte mein düsteres Schweigen über sein Kommen bewahrt, obwohl ich unbedingt alles darüber erfahren wollte; Und da Vater meiner Laune nachgegeben hatte, indem er mir keine Einzelheiten erzählte, wusste ich nicht einmal den genauen Tag seiner Ankunft.

Es war ein Montag und Backtag. Jetzt, da Joyce weg war, gab es viel zu tun, und ich erledigte ihre Arbeit nicht so, wie sie es tat. Mutter erinnerte mich ständig daran. Es hat mich nicht dazu gebracht, die Arbeit schneller zu machen oder es mir besser zu machen; aber natürlich war es natürlich, dass Mutter den Unterschied sah und darauf eine Bemerkung machte.

Schließlich war das Backen, Flicken und Abstauben jedoch erledigt, und Mutter gab mir die Erlaubnis, einem alten Ehepaar, das unten am Meer wohnte, einen kleinen Korb mit Proviant zu bringen. Mir ging es sehr schlecht, ich hatte mitleiderregend gespürt, wie wenig ich im Moment dazu beigetragen hatte, mein Versprechen gegenüber Joyce zu erfüllen, die Dinge angenehm zu gestalten, und war mir traurig bewusst, dass ich nicht in den guten Büchern meiner Mutter und auch nicht in denen meines Vaters stand Ich fürchte, es war mir wichtiger. Er hatte die ganze Woche kaum ein Wort mit mir gesprochen.

Armer Vater! Warum erinnerte ich mich nicht daran, dass es für ihn viel schlimmer war als für mich? Aber als ich über den Rasen rannte und Taff auf den Fersen jaulte, glaube ich nicht, dass ich einen Gedanken an seine Ängste verschwendete, obwohl ich seinen lieben alten Kopf durch das Fenster im Arbeitszimmer gesehen haben muss, wie er sich über die Geschäftsbücher der Farm beugte bestanden. Ich war so froh, mit der Haushaltsführung fertig zu sein, dass ich alles andere im zarten Sonnenschein eines Mainachmittags vergaß, der den Sumpf mit Lichtflecken übersäte, die sich veränderten, während sich die sanften Wolken am blauen Himmel bewegten. Wie könnten irgendwelche Probleme, meine eigenen oder die anderer Leute , von Bedeutung sein , wenn die Möglichkeit bestand, in der Nähe des Geruchs der Algen und des Geschmacks der salzigen Meeressole zu sein?

Ich pfiff den Bernhardiner und wir machten uns auf den Weg die Klippe hinunter. Mein Hut flog weg, ich fing ihn an den Schnüren auf; Die ganze Dichte meiner Haare entrollte sich und fiel mir über den Rücken. Ich spürte, wie die Haarnadeln eine nach der anderen herausfielen, und wusste, dass eine große lockige rote Masse im Wind schweben musste; aber ich musste noch hundert Meter laufen, bevor ich zu den Ulmen am Fuße des Hügels kam — und Taff war schwer zu schlagen.

Entlang der Rinnsale, die den Weg säumten, verlief ein Band, blauer als das Meer oder der Himmel, und säumte das Grün; Es bestand aus Tausenden zarter Veronica-Blüten, die der Sonne fröhliche Augen öffneten, und die rote Lichtnelke war am Ufer unter der Klippe verstreut, und die Wiesenkuckucksblumen nickten mit ihren blassen Büscheln an den Rändern kleiner Deiche. Aber ich sah die Blumen gerade nicht; Ich rannte immer weiter und sprang über das Tor, das den Sumpf von der Straße trennt, fast wie Taffy selbst darüber gesprungen ist – immer weiter den Deich entlang, ohne anzuhalten, bis ich zum ersten Dornbaum kam, der am Ufer wächst; und dort endlich wollte ich mich außer Atem und zitternd niederwerfen, um mich auszuruhen.

Was war das für ein Lauf! Ich erinnere mich bis heute daran. Es vertrieb all meine schlechte Laune; Und als ich dort saß, meine Haare wieder hochsteckte und über Taff lachte , der den Witz genauso verstand, als wäre er ein Mensch, hatte ich an nichts anderes gedacht als an die weißen Maibäume, die die ganze Zeit über das Sumpfgebiet säumten die braunen Ufer der Deiche und lag so harmonisch vor dem schwachen Blau des Himmels, wo es im tieferen Blau des Meeres dahinter versank.

Jenseits der flachsigen Ebene, die langsam in das wachsende Grün überging, konnte man schwach die kleinen Wellen sehen, die sich über den gelben Sand kräuselten und auf deren Kämmen das Sonnenlicht blitzte; über die Wiesen wanderten rote und weiße Rinder, und kleine makellose Lämmer spielten mit ihren Müttern an den frischeren Ufern; Büschel zarter Primeln wuchsen dicht an meiner Hand, Fische sprangen im stillen grauen Wasser des Deichs, Vögel sangen im Baumgürtel unter dem Herrenhaus, Kiebitz machte seltsame blökende und zwitschernde Geräusche inmitten der neu sprießenden Binsen vermischte sich sanft mit dem schwachen Gold der letztjährigen gemähten Ernte; Ab und zu kam der Kuckuckston durch die Luft. Endlich war der Frühling gekommen.

Ich setzte meinen Hut wieder auf und sprang auf. Während ich ging, begann ich auch zu singen. Ich war fröhlich. Was mit Captain Forrester, und was mit dem Ärger um den Gerichtsvollzieher, und was mit Joyces Weggang und den auf mich fallenden Haushaltspflichten, ich war schon lange nicht mehr an meinen Lieblingsplätzen gewesen, und der Anblick der Vögel und des Tiere und die Blumen waren neues Leben für mich. Ich habe die Zeichen des Jahreswachstums bemerkt, wie sie nur einer bemerkt, der das Land auswendig kennt; Ich wusste, dass die jungen Saatkrähen bereits auf dem Flügel waren, dass die Mauersegler und Schwalben ihre Nester gebaut hatten, dass die Singdrossel ihre Brut ausbrütete und dass eine Jagd entlang der sonnigen, sandigen Ufer unter dem Laub des Hügels stattfinden würde Entdecken Sie die runden Löcher, in denen die kleine Uferschwalbe mühsam ihr Nest etwa einen halben Meter tief in den weichen Boden grub.

Ich versprach mir einen schönen Nachmittag, wenn ich das nächste Mal Freizeit haben und an den Ufern der Deiche, wo Teichhühner und Kiebitz ihr Zuhause finden, nach Regenpfeifereien suchen würde; Aber heute wagte ich es nicht, herumzulungern, denn das alte Paar, für das ich bestimmt war, lebte im Schatten des großen Felsens, wo das Sumpfgebiet endet und das Land zu weißen Kreideklippen am Meer ansteigt; und das war gut vier Meilen von meinem jetzigen Aufenthaltsort entfernt. Taff und ich gaben unser Bestes, überwölbten die Tore, die die Felder trennten, und überquerten die weißen Brücken über das Wasser, bis wir schließlich an die Stelle kamen, an der der Deich auf das Meer trifft und die Martello-Türme die Küste prägen.

Ich gestehe, wir waren nicht immer ganz gerade gegangen. Einmal war meine Aufmerksamkeit durch das Schweben einer Meisenlerche in der Nähe einer Böschung am Wegesrand erregt worden, und ich hatte der Versuchung nicht widerstehen können, einen etwas gefährlichen Anstieg hinaufzusteigen, um nach dem Nest zu suchen, dessen Nähe ich vermutete . Es befand sich auf der Oberfläche einer merkwürdigen Klippe, die über dem Sumpf lag; Eine Seite davon fiel ins Weideland ab, aber die andere bildete eine graue, schroffe Front zum darunter liegenden Grünland und erzählte von Tagen, als das Meer seine massiven Seiten umspült und sich seinen Weg in die seltsamen Höhlen gefressen haben musste, in denen Jetzt wachsen junge Eichen und Ebereschen auf dem kargen Boden.

Ungefähr auf halber Höhe des untersten Ufers dieser Klippe fand ich das Nest der Meisenlerche unter einem Heidebusch. Aber darin saß ein junger Kuckuck, der allein und kaum flügge war, während am Ufer, etwa einen Fuß vom Rand des Nestes entfernt, die beiden kleinen Nestlinge des Elternvogels lagen. Ich hob sie auf, wärmte sie in meiner Hand und legte sie zurück ins Nest, wo sie bald wieder ihre Köpfe hoben. Dann blieb ich einen Moment stehen und schaute zu. Der junge Kuckuck fing an, herumzukämpfen, bis er mit dem Rücken unter einen von ihnen gelangte, und obwohl er noch blind war, spannte er ihn an den offenen Teil des Nestes und schob ihn ans Ufer hinaus. Noch einmal hob ich den armen kleinen Vogel hoch und setzte ihn zurück in das Nest seiner Mutter. Als ich dann sah, dass der grausame kleine Eindringling beschlossen zu haben schien, vorerst kein weiteres Aussteigen zu versuchen, rutschte ich wieder die Böschung hinunter und ging weiter, versprach mir jedoch, auf dem Heimweg bei dieser streitsüchtigen Familie vorbeizuschauen.

Dieses kleine Abenteuer verzögerte uns, aber wir liefen einen großen Teil des restlichen Weges, um das auszugleichen, und erreichten etwas außer Atem das Cottage des alten Warren, und ich mit roten Wangen und von der Reise stark zerzausten Haaren. Da wir jedoch alte Freunde waren, freute uns die freundliche Begrüßung bald. Taffy legte sich mit der großen Perserkatze auf den Kamin, und ich nahm in der Kaminecke Platz, wobei Mrs. Warren darauf bestand, das Bett als Sitzgelegenheit vorzuziehen.

Es war eine lustige kleine Hütte, versteckt im Schatten der hoch aufragenden Klippe, nur fünfzig Meter entfernt vom Meer, das plätscherte oder rauschte, und rechts davon erstreckte sich kilometerweit ein einsamer Sumpf. Niemand wusste, warum Warren es gebaut hatte, aber einige bildeten sich ein, dass er immer noch Schmuggelware in den Höhlen der Klippen versteckt hatte, und wenn das so war, wählte er natürlich einen Wohnort in der Nähe und nicht zu sehr unter den Augen der Menschen . Es war eine armselige Hütte, besser zum Sterben als zum Leben, hätte man meinen können; aber der alte Warren schien zufrieden zu sein und sein Leben durchaus zu genießen, obwohl man das offenbar nicht von seinen Frauen sagen konnte, von denen er bereits drei gehabt hatte. Der jetzige hatte am längsten gedauert, da die beiden ersteren (laut Warren) vergleichsweise früh in ihrem Leben durch die Einsamkeit ihres Lebens und die Schrecken der Elemente, deren Zeuge sie geworden waren, getötet worden waren.

Warren war ein dramatischer alter Kerl und konnte viele Geschichten von Schiffbrüchen und Katastrophen erzählen und sogar (wenn es nötig war) von Begegnungen zwischen Steuervernichtern und Schmugglerbooten, von gefährlichen Landungen an diesem gefährlichen Küstenabschnitt und von Nächten als es für die „Jungen" nur noch darum ging, ihre Spirituosenfässer noch vor dem Morgen sicher an Land zu bringen und im Sand zu vergraben. An diesem Nachmittag war er besonders gut gelaunt. Etwas in der Farbe des Landes und des Meeres und in der Richtung des Windes hatte ihn an einen Tag erinnert, als der Nebel plötzlich aufzog und eine Katastrophe verursachte, obwohl der Himmel in meinen Augen klar und schön war wie jeder andere könnte wünschen. Ich entnahm ihm bald den Bericht über einen schrecklichen Kampf zwischen den Regierungsbeamten und den Schmugglern, als der Nebel diesen einen wunderbaren und unerwarteten Triumph beschert hatte, und dies führte zu der oft wiederholten, aber nie abgestandenen Geschichte des Wracks des portugiesischen „Kaufmanns", als die „Jungs" die an Land treibenden Korbflaschen aufhoben und sich irrtümlich mit Brandy mit Eau de Cologne tranken.

Das war meine Lieblingsgeschichte; Aber es war schwer zu wissen, ob man lachen oder weinen sollte, als Mrs. Warren Nummer drei mitfühlend den Kopf schüttelte über den tränenreichen Bericht über den Tod von Mrs. Warren Nummer zwei, die „im Sterben lag, während die Jungs das tranken." Geister ohne", und der alte Warren war gezwungen, selbst einen Abfluss zu nehmen, um ihm in seiner Not zu helfen.

Die Zeit mit dem lustigen alten Paar in ihrer lustigen alten Hütte unter der Klippe verging für mich immer schnell, und es war später Nachmittag, als ich wieder raus an den Strand ging. Warrens Erinnerungen waren nicht durch bloße Einbildung geweckt worden; seine Prophezeiung war richtig. Über dem Marschland lag dichter Seenebel, der von einem Ostwind aufgewirbelt wurde. Ich wickelte meinen Umhang um mich und machte mich auf den Weg, so schnell ich konnte. Der Nebel war so dicht, dass der Hund sich schüttelte, als er vor mir herlief; die Feuchtigkeit stand in großen Tropfen auf den Borsten seines struppigen Mantels und meines groben, selbstgesponnenen Umhangs; Es nahm sogar die Locken aus meinem lockigen Haar, das in feuchten Massen seitlich an meinem Gesicht herunterhing.

Ich konnte das Meer nicht sehen, obwohl ich es in der Nähe am Ufer plätschern hören konnte; Ich konnte nicht einmal den Deich zu meiner Linken sehen, und doch war er keine dreißig Meter entfernt. Allerdings kannte ich den Weg gut genug und der Nebel machte den Alltagsspaziergang nur zu einer amüsanten Abwechslung. Ich machte mich fröhlich auf den Weg, mied die Straße, die nicht der kürzeste Weg war, und folgte, so gut ich konnte, einer geraden Linie durch den Sumpf, wie ich es schon hunderte Male zuvor getan hatte. Aber ein Nebel täuscht, und ich konnte kaum länger als eine Viertelstunde unterwegs gewesen sein, als ich spürte, wie der Boden unter mir plötzlich nachgab und ich in einem der tiefen Gräben verschwand, die das Sumpfgebiet zwischen den breiteren Deichen durchschneiden .

Ich wusste, dass sich am Grund des Grabens Brackwasser befand, und obwohl es mir nichts ausmachte, mich zu ducken, machte es mir nichts aus, wenn ich mich in schmutzigem Wasser und so weit weg von zu Hause duckte. Indem ich mich an den Ampeln und Karden am Ufer festklammerte, schaffte ich es, mich hochzuhalten und meine Fersen in den Boden zu stecken, und dann landete ich mit einem Sprung am gegenüberliegenden Ufer. Meine Unterröcke würden Deborahs Aufmerksamkeit nicht entgehen, aber meine Füße waren trocken und selbst meine Röcke würden nicht sofort Aufmerksamkeit erregen.

Aber wie war ich zum Graben gekommen? und wo war ich jetzt? Ja, ich muss mich weiter nach links gehalten haben, als ich beabsichtigt hatte; aber es bedeutete nicht viel – ein Weg über den Sumpf war für mich so gut wie der andere, und ich sollte jetzt besser auf dieser Seite bleiben und unter dem Vorfuß des Hügels nach Hause gehen. Das hätte den Vorteil, dass ich meine kleine Meisenlerche vielleicht wiederfinden könnte. Ich pfiff, denn ich konnte den Hund nicht sehen, und plötzlich wurde mein Ruf mit lautem Bellen dicht vor mir beantwortet, und als ich mein Gesicht hob, sah ich undeutlich, wie Taff vor sich einen größeren Gegenstand in den Nebel jagte.

Ich wusste sofort, dass ich, als ich auf diese Seite des Grabens kam, inmitten einer Rinderherde gelandet war, die jetzt ihr Sommerquartier im

Sumpfgebiet bezogen hatte. Ich hatte keine Angst vor dem Vieh; Ich hatte
sie dort gesehen, seit ich ein Kind war, wie sie im warmen Wetter grasten; sie
waren Teil des Landes. Aber ich fragte mich, wo ich wohl angekommen war,
und dachte darüber nach, wo das Meer und der Deich waren. Ohne diese
beiden Orientierungspunkte war ich etwas verwirrt. Das Vieh schloss sich
um mich herum. Auch sie schienen an etwas zu zweifeln, aber sie behielten
mich im Auge. Ich wünschte, Taff würde nicht so bellen.

Ich drehte mich um und begann erneut zügig in die Richtung zu gehen,
die ich für die richtige hielt. Ein großes braunes Tier stand direkt vor mir.
Ich hatte ihn vorher nicht bemerkt, aber er war über einen Hügel des
unebenen Marschlandes gekommen und stand da und starrte mich an,
während er den Kopf sanft wiegte. Bis jetzt hatte ich keinen Moment Unruhe
verspürt, aber ich begann mich zu fragen, ob das Sumpfvieh immer in
Sicherheit war. Ich bin umgezogen, und der Stier hat sich auch bewegt. Taff
bellte lauter als je zuvor und der Stier begann leise zu brüllen. Ich war noch
nie in meinem Leben so böse auf den Hund, und ich konnte ihn nicht
bestrafen, denn ich wagte es nicht, den Blick von dem braunen Tier
abzuwenden.

Ich ging weiter, bis ich die Stelle passiert hatte, wo der Stier stand. Aber
jetzt war es schlimmer als je zuvor. Der Nebel war so dicht, und ich hatte
mich so völlig verirrt, dass ich es nicht wagte, zurückzuweichen, aus Angst,
in einen unsichtbaren Deich zu fallen, und einige der Deiche waren zu dieser
Jahreszeit tief. Ich begann sanft zu rennen, aber mein Herz versagte mir, als
ich hörte, wie hinter mir der Stier folgte und immer noch leise brüllte. Wenn
ich nur auf der richtigen Straße wäre, müsste es bald ein Tor geben, aber ich
befürchtete, dass ich nicht auf der richtigen Straße war. Taff rannte immer
wieder vor mir her und behinderte mein Tempo. Ich hatte das Gefühl, dass
die Kreatur auf mich zukam. Ich glaube, ich hatte noch nie so große Angst.
Ich kann mich nicht erinnern, dass meine Geistesgegenwart mich so völlig
im Stich gelassen hätte wie an diesem Tag. Aber meine Beine schienen
zusammengebunden zu sein. Ich stand still und wartete, und dann glaube ich,
dass ich zu Boden gefallen sein musste.

Ich wusste, dass der Stier nahe bei mir sein musste, und es war nicht mehr,
als ich erwartet hatte, als ich plötzlich an der Taille hochgehoben und in eine
für mich unermessliche Entfernung durch die Luft geschleudert wurde.
Einen Moment lang lag ich fassungslos da. Das Brüllen des Stiers, das Bellen
des Hundes, das Rauschen des Meeres – alles vermischte sich in meinen
Ohren zu einem großen dröhnenden Klang. Dann wurde mir langsam
bewusst, dass neben mir im Nebel eine menschliche Präsenz war. Ich öffnete
meine Augen. Ich lag dicht unter einem Tor mit fünf Gitterstäben. Der Stier
war auf der anderen Seite; Taffy lag jammernd neben mir und über mir stand
ein großer, großer Mann, der ruhig auf mich herabblickte.

„Sind Sie verletzt, Miss?" sagte er.

Ich kämpfte mich in eine Sitzhaltung und zog mich mithilfe des Tors auf die Beine.

„Nein, nein, danke", antwortete ich. Aber mir war schwindelig und mein Arm schmerzte fürchterlich.

„Ich fürchte, ich habe dich ziemlich hart umgeworfen", sagte er. „Aber es war keine Zeit, es schön zu machen."

„Du hast mich umgeworfen!" schrie ich entsetzt.

„Natürlich", antwortete er, „hast du gedacht, es sei der Stier?"

Er lachte kurz, kaum ein Lachen, es war so düster und still. Aber als er lachte, war sein Lächeln wie ein weißer Blitz – ich erinnere mich, dass ich es bemerkt habe. Ich sah ihn an. So wütend ich auch war – und ich war absurd, kindisch wütend – konnte ich nicht anders, als diesen Mann anzustarren, der mich wie ein Baby hochnehmen und mich im Handumdrehen über ein Tor mit fünf Gitterstäben schleudern konnte.

Er war sehr breit und kräftig, seine Augen waren dunkelbraun, sein Haar war schwarz und lockig, ebenso sein Bart. Er hatte weder ein angenehmes noch ein hübsches Gesicht – bis er lächelte. Ich war mir dieser Einzelheiten zu diesem Zeitpunkt nicht bewusst; aber dort im Nebel fand ich, dass er sehr imposant aussah.

„Ich fürchte, wenn es der Stier gewesen wäre , hätte er dich weiter geschleudert und dich noch mehr verletzt", sagte er. „Du lagst da, sehr praktisch für ihn."

Wie ich mich dafür hasste, zu Boden gefallen zu sein!

„Komm, Taff ", sagte ich und gab dem Hund einen kleinen Tritt, „steh auf."

Der Hund sprang mit eingezogenem Schwanz auf. Kein Wunder, dass er Angst und Überraschung hatte. So etwas hatte ich ihm noch nie angetan. Aber ich hatte das unbestimmte Gefühl, dass ich das Tor allein hätte überwinden können, wenn er mich nicht daran gehindert hätte, und ich war wütend bei dem Gedanken, die Hilfe eines Mannes gebraucht zu haben.

„Guten Abend", sagte ich kurz und nickte in Richtung des Mannes, ohne ihn jedoch noch einmal anzusehen.

„Guten Abend", antwortete er und lüftete seinen Hut. „Ich hoffe, dass dir dein Sturz nichts Schlimmeres erleidet."

Auf diese Rede gab ich keine Antwort, sondern schritt den Weg weiter, so schnell es meine schmerzenden Glieder und mein schwindliger Kopf zuließen. Das Meer rauschte am Strand zu meiner Rechten. Ich konnte es wegen des Nebels nicht sehen, aber ich konnte es hören. Nach einer Weile denke ich, dass es meinen Ärger beruhigt haben muss. Das Meer war mir immer ein guter Freund, in seinen Stürmen wie in seiner Ruhe. Ich mag es, wenn ich es toben sehe, weil ich nicht zu toben wage, und ich mag es, wenn es ruhig ist, weil ich nicht ruhig sein kann. Das unruhige Meer hat mir so viel beigebracht wie der stille Sumpf; sie sind beide sehr breit. Und ich bin mir sicher, dass es an diesem Tag mein gereiztes Temperament beruhigte.

Es dauerte nicht lange und ich begann zu glauben, dass ich, gelinde gesagt, meinen Befreier mit wenig Höflichkeit behandelt hatte. Als ich bei der Farm ankam, die das Sumpfgebiet vom Strand trennt, drehte ich mich um, um zu sehen, ob er mir folgte. Der Nebel begann sich zu lichten. Die fernen Hügel der South Downs ragten aus dem Dampfmeer empor und wirkten wie hoch aufragende Berge im Mysterium, die schwach und doch blau vor dem kämpfenden Licht des Sonnenuntergangs dahinter lagen. Die weiße Landzunge, die ich verlassen hatte, löste sich kühn von der Meereslinie — denn der Nebel befand sich jetzt nur noch auf dem ebenen Land, wo er wie eine Decke ein paar Fuß über dem Sumpf lag, so dass die Gegenstände auf dem Boden selbst leuchteten, beleuchtet von den schrägen Sonnenstrahlen, bis jedes einzelne in der Szene einen eigenen Wert hatte. Durch den goldenen Sprühnebel des sonnenbeschienenen Dampfes leuchteten das rote und das weiße Vieh wie Juwelen auf dem braunen Land, wo jede kleine Wasserlinie im hellen Licht wie eine Schlange wirkte; Und als ich mich umdrehte und zu der grauen Klippe blickte, wo ich vor einer Stunde nach dem Vogelnest die Böschung erklommen hatte, lag die lange Hügelreihe dahinter, übersät mit Tannen, Kirchtürmen und kleinen Gehöften, auf halber Höhe Luft durch den silbernen Schleier.

Ich stand eine Weile da und blickte zurück. Ich weiß nicht, ob ich mir des Wunders dieser Szene bewusst war, aber ich erinnere mich sehr lebhaft daran. Ich glaube, ich war damals hauptsächlich damit beschäftigt, dem Fremden zu wünschen, er möge heraufkommen, damit ich meinen Mangel an Höflichkeit wiedergutmachen könnte. Endlich sah ich ihn. Er kam sehr langsam in Sicht und blieb lange, an das letzte Tor gelehnt, stehen und zündete seine Pfeife an. Ich beobachtete ihn mehrere Minuten lang, und er schaute kein einziges Mal den Weg entlang, um zu sehen, ob ich dort war. Warum war ich verärgert? Ich hatte ihn fast unhöflich abgewiesen. Er tat nur, was ihm geboten wurde. Und doch glaube ich, dass ich verärgert war; Ich glaube schon, dass ich bis dahin unvernünftig war.

KAPITEL XIV.

Als ich an diesem Abend zum Abendessen kam, stand mein Freund des Nebels neben Vater auf dem Kaminvorleger im Wohnzimmer. Als ich ihn sah, fragte ich mich, wie ich so dumm sein konnte, nicht sofort zu erraten, dass es sich um Mr. Trayton Harrod handelte. Aber es war mir keinen Moment in den Sinn gekommen; Und als ich in dem Mann, dem ich versprochen hatte, freundlich zu sein, auch die Person erkannte, die sich vorgenommen hatte, mich an der Taille zu packen und über ein Tor zu werfen, schwoll all meine schlechte Laune von zuvor in mir an, schlimmer als je zuvor, und Ich hatte das Gefühl, dass es für mich völlig unmöglich wäre, auch nur höflich zu sein. Und doch hatte ich seitdem jemandem versprochen, noch entschiedener als ich es Joyce versprochen hatte, dass ich mein Bestes tun würde, damit die Dinge reibungslos liefen.

An diesem Abend hatte Vater an meine besseren Gefühle appelliert. Es scheint, als hätten sich Reuben Ruck und seine Mutter während meiner Abwesenheit einen echten Schlagabtausch geliefert. Mutter hatte ihm gesagt, er solle etwas tun, um sich auf die Ankunft des Gerichtsvollziehers vorzubereiten, was er jedoch abgelehnt hatte; Daraufhin war die Mutter zum Vater gegangen und hatte gesagt, dass es unbedingt notwendig sei, dass Ruben ginge.

Als ich nach Hause kam , hatte ich Vater im Sonnenuntergang auf der Terrasse stehen sehen. Es war sehr unklug von ihm, denn die Luft war kalt. Ich fragte mich, was ihn hierher gebracht hatte und ob er vielleicht nach mir suchte. Das kleine Gefühl der Entfremdung, das zwischen uns herrschte, seit er sich damit einverstanden erklärt hatte, dass der Gerichtsvollzieher auf die Farm kommen sollte, hatte mir große Schmerzen bereitet, und ein Kloß bildete sich in meiner Kehle, als ich ihn dort sah, wie er mich beim Aufstieg auf den Hügel beobachtete. Es war teils Reue für die Gefühle, die ich ihm gegenüber empfunden hatte, teils die Hoffnung, dass er mich wieder so begehren würde wie früher.

„Wo warst du, Mädchen?" sagte er, als ich ihn erreichte. „Du siehst traurig aus."

Ich lachte. Die Tränen waren nahe, aber ich lachte. Mein Arm tat mir sehr weh und mein Kopf schmerzte seltsam; aber ich war so froh, ihn wieder so zu mir sprechen zu hören.

„Der Nebel hat meine Haare aus den Locken gerissen", sagte ich; „Das ist alles. Ich war zu den Klippen hinunter, um dem alten Warren Tee zu bringen. Wollten Sie mich?"

„Ja", antwortete er; „Ich möchte mit dir reden."

„Nun, dann kommen Sie rein“, sagte ich. „Sie wissen, dass Sie nicht so spät draußen sein sollten.“

Wir gingen ins Arbeitszimmer. Mutter und Deb bereiteten im vorderen Wohnzimmer das Abendessen vor. Es brannte keine Lampe; Wir setzten uns in die Dämmerung.

„Deine Mutter und Reuben hatten Streit, Meg“, begann Vater mit einer Art Augenzwinkern, obwohl er ernst sprach.

"Eine Reihe!" wiederholte ich; "wie wäre es mit?"

„Über Herrn Trayton Harrod“, antwortete Vater; „Sie möchte, dass ich Reuben wegschicke.“

„Schick Ruben weg!“ schrie ich entsetzt. „Das wäre doch nicht möglich. Es würde mehr Schaden anrichten, wenn die alten Leute weggehen, als alles Gute, wenn die neuen Leute kämen; das behaupte ich.“

„Das ist nicht die Frage“, sagte Vater und klopfte mit der Hand auf den Tisch. „Mr. Harrod muss kommen, wissen Sie, und wenn es den alten Leuten nicht gefällt, dann müssen sie gehen.“

„Eines ist sicher“, fügte ich hinzu, „Ruben würde nicht gehen, wenn man ihn fünfzig Mal wegschicken würde.“

Vater lachte; Das erste Mal seit zwei Wochen hörte ich ihn lachen.

„Nun, er muss freundlich sein, wenn er bleibt“, sagte er.

„Oh, keiner von euch versteht Ruben“, sagte ich. „Er ist nicht so dumm, wie ihr alle denkt. Er wird freundlich sein, wenn er denkt, dass es zu unserem Besten ist, dass er freundlich ist. Er wünscht uns alles Gute. Aber er‘ Ich möchte zuerst überzeugen. Und“, fügte ich mit einem kleinen Lachen hinzu, „vielleicht möchte ich mich zuerst selbst überzeugen.“

Und da appellierte Vater an meine besseren Gefühle.

„Ja, Meg“, sagte er, „das weiß ich. Ich habe das die ganze Zeit gesehen, und vielleicht ist es natürlich. Wir alle mögen Fremde nicht. Aber ich hielt es für angebracht, Mr. Harrod zum Wohle der Menschen kommen zu lassen.“ Bauernhof, und jetzt müssen wir alle ihn höflich behandeln und ihm die Arbeit erleichtern. Ich schwieg, aber Vater fuhr fort: „Und was ich möchte, Meg, ist, dass du mir hilfst, ihm die Arbeit zu erleichtern. Es wird für ihn nicht einfacher sein als für uns. Wenn sein Vater es nicht getan hätte.“ Er ist bettelnd gestorben. Ich nehme an, er hätte inzwischen ein eigenes Kind gehabt. Es ist hart für Kinder, wenn ihre Eltern sie betteln.“ Da es dunkel war, konnte ich sein Gesicht nicht sehen, aber ich hörte ihn seufzen und sah, wie er mit der Hand über seine Stirn fuhr. „Mutter hat recht“, fügte er hinzu. „Wir sollten dafür sorgen, dass er es so wenig wie möglich spürt, und da Joyce weg ist, bist du jetzt die Tochter des Hauses, Meg. Ich möchte, dass du dich daran erinnerst. Ich möchte, dass du dem Haus die Ehre erweist.“ Eine Tochter sollte es tun. Was eine Tochter zu Hause ist, wird eine Frau sein, wenn sie verheiratet ist.“

„Ich werde nie heiraten“, sagte ich mit einem kurzen Lachen. „Aber ich werde mich anständig benehmen, Vater, keine Angst.“

„Das stimmt, mein Mädchen“, sagte Vater, der diese Rede als etwas Versöhnlicheres zu verstehen schien, als es jetzt aussieht, als ich sie niederlegte. „Heute Abend kommt er zum Abendessen. Mutter will ihn bitten, jeden Abend zum Abendessen zu kommen. Sie hätte ihm gerne Zimmer im Haus gegeben, aber das scheint nicht möglich zu sein. Deshalb wollen wir ihn willkommen heißen.“ an unseren Vorstand.

„In Ordnung“, sagte ich. „Ich nehme an, Mutter weiß es am besten.“

„Ja“, wiederholte Vater; „Mutter weiß es immer am besten. Sie ist eine weise Frau, deshalb liebt sie jeder .“

Wieder versprach ich, mein Möglichstes zu tun, um Mutter ähnlich zu werden – Ruben zu versöhnen und mich unserem Gast gegenüber angenehm zu machen. Und doch, leider! Trotzdem konnte ich meine kleinliche Verärgerung nicht überwinden, als ich den Salon betrat und feststellte, dass der Mann, zu dem ich höflich sein wollte, der Mann war, der mich durch seine Höflichkeit beleidigt hatte. Was für ein dummes Mädchen ich war! Wenn ich jetzt daran zurückdenke, bin ich fast geneigt zu lächeln. Aber ich war erst neunzehn.

Mr. Harrod hatte mir den Rücken zugewandt, als ich das Zimmer betrat. Aber ich konnte die breiten, kräftigen Schultern und die sehr schwarzen Locken nicht übersehen. Ich muss von den beiden am meisten verändert gewesen sein, denn ich hatte meine Locken gebürstet und geflochten, die sich durch das Nasswerden noch schöner kräuselten, und ich hatte ein anderes Kleid angezogen. Dennoch hatte sein Blick kaum auf mir geruht, als sein Mund sich wieder zu jenem Lächeln verzog, das die starken weißen Zähne zeigte.

„Ich hoffe, dass es Ihnen nicht schlechter geht, Miss“, sagte er. „Ich hatte Angst, dass du stark gezittert hättest.“

Deborah, die das Abendessen hereinbrachte, sah mich scharf an. Mutter war noch nicht hereingekommen, und Vater befand sich in einem

Arbeitszimmer, aber die Bemerkung war der alten Deb nicht entgangen. Sie konnte nicht einmal vor einem Fremden schweigen.

„Ich fand, dass du aussahst, als hättest du schon wieder Unfug getrieben", sagte sie. „Dein Gesicht ist ein schöner Anblick."

Ich errötete wütend. Ich denke, es war genug, um jedes Mädchen wütend zu machen. Es war schon schlimm genug zu wissen, dass ich durch einen Kratzer auf meiner Wange entstellt war, ohne dass die Aufmerksamkeit eines Fremden darauf erregt wurde und ich nicht nur Gefahr lief, von meiner Mutter, die gerade hereinkam, beschimpft zu werden. Zum Glück hörte sie nicht, was Deborah gesagt hatte. Sie war zu sehr damit beschäftigt, ihren Gast zu begrüßen, und das tat sie mit jener sanften Würde, die manchen wie ein Mangel an Herzlichkeit vorgekommen wäre, mir aber im Rückblick genau das zu sein scheint, was eine Begrüßung sein sollte … gastfreundlich, ohne ängstlich zu sein. Aber als wir am Abendbrottisch saßen, bemerkte sie das Mal in meinem Gesicht.

„Es ist nur ein Sturz, den ich im Sumpf erlitten habe", antwortete ich auf ihre Frage. „Es hat nicht die geringste Konsequenz."

Sie sagte nichts mehr, und Mr. Harrod auch nicht. Ich muss sagen, ich war ihm dankbar. Er sah, dass ich wünschte, dass die Angelegenheit vergessen würde, und er respektierte meinen Wunsch; aber ich habe mich seitdem oft gefragt, welche Auslegung er über mein Verhalten legte. Wenn er überhaupt an mich gedacht hat, muss er mich für ein etwas außergewöhnliches Beispiel einer jungen Dame gehalten haben, aber ich nehme nicht an, dass er überhaupt an mich gedacht hat. Natürlich war ich für ihn nur eine Figur; er hatte viel damit zu tun, sein Niveau in dem neuen Leben, in das er gerade eingetreten war, zu spüren.

Ich bin sicher, dass Herr Harrod ein sehr schüchterner und sehr stolzer Mann war. Als Mutter sagte, dass sie ihn jeden Abend zum Abendessen im Grange erwarten sollte, lehnte er ihre Einladung mit meiner Meinung nach dürftiger Dankbarkeit ab, obwohl die Worte, die er benutzte, höflich genug waren; und als Vater von seiner Freundschaft mit dem Squire sprach, sagte er, dass er dem Squire für seine Empfehlung verpflichtet sei, dass er sich jedoch niemals als Freund eines Mannes betrachten sollte, der in einer anderen Lebensposition stand als er.

Ich denke, in meinem Herzen habe ich ihn für dieses Gefühl bewundert, und Vater hätte es auch gutheißen sollen; Aber wenn ich mich recht erinnere, erwiderte Mutter leise, dass es nicht immer die Menschen seien, die auf Augenhöhe seien, die wirklich die besten Freunde seien. Ich erinnere mich, dass sie, die es gewohnt war, da zu sitzen und zuzuhören, an diesem Abend hart daran arbeitete, das Gespräch aufrechtzuerhalten.

Liebe Mutter! den ich mit der Arroganz der Jugend nie für ausgezeichnet gehalten hatte, außer als Hausfrau oder Krankenpflegerin. Die Nachrichten aus dem Kreis, das Freiwilligenlager, die Entwässerung des Sumpfgebiets, der Mangel an Brunnenwasser, der Mangel an Unternehmertum in der Stadtbevölkerung, die bevorstehenden Wahlen – mein Lieber, sie hatte sie alle im Griff, während Vater und ich das schon getan hatten Wir hatten uns sozusagen vorgenommen, unsere besten Beine in den Vordergrund zu stellen, und saßen still und düster da. Um mir selbst gerecht zu werden, hatte ich heftige Kopfschmerzen und fühlte mich zum ersten Mal in meinem Leben wirklich krank, aber ich hätte mich vielleicht besser benommen als ich.

Unter dem Einfluss der Freundlichkeit seiner Mutter begann Mr. Harrod langsam aufzutauen. Sie zeigte eine so gewinnende Art, als sie es wollte, dass alle davor nachgaben; und mir fiel auf, dass Mr. Harrod seine Mutter schon von Anfang an, als er diesen, seinen ersten Arbeitgebern gegenüber, sicherlich in einer empfindlichen Stimmung war, mit der gleichen ehrfurchtsvollen Rücksichtnahme behandelte, die jeder ihr gegenüber immer an den Tag legte.

Trotz alledem war dieser erste Abend keine angenehme Zeit. Vater und Herr Harrod verglichen Notizen über verschiedene Rinderrassen und verschiedene Getreidearten; Aber es gab eine Zurückhaltung für uns alle, und ich glaube, jeder war froh, als Mutter vom Tisch aufstand und Vater seine Pfeife anzündete. Ich weiß nicht, wie es ihnen später beim Tabak ging; Als ich vom Tisch aufstand, schwamm das Zimmer um mich herum, und wenn da nicht Deborah gewesen wäre, die gerade mit einem Auftrag hereinkam, mich bei den Schultern packte und mich vor sich aus der Tür schob, dann wäre ich es Ich fürchtete, ich hätte mich im Grange-Wohnzimmer höchst ungewöhnlich und unwürdig zur Schau gestellt. So musste ich mich aber damit abfinden, von der alten Frau ins Bett gebracht zu werden, und konnte sie nur mit größter Mühe überreden, meiner Mutter nichts von meinem Unfall zu erzählen, von dem sie mir, wie zu erwarten war, eine Erklärung abtrotzte Erklärung von Mr. Harrods Worten im Salon.

„Ich wäre ihm nicht verpflichtet gewesen, wenn ich es hätte verhindern können", waren die tröstenden Worte, mit denen sie mich verließ; Und als ich dort lag, schmerzte und elend, wurde ich völlig überzeugt, dass jede Kameradschaft zwischen mir und dem Gerichtsvollzieher meines Vaters durch den Vorfall des Nachmittags umso unmöglicher geworden war.

Kapitel XV.

Am nächsten Morgen stand ich wie immer auf. Nichts hätte mich zu dem Eingeständnis bewegen können, dass irgendetwas mit mir nicht stimmte, obwohl mein Arm so steif war, dass ich die Frühstückskanne mit den größten Schmerzen trug, und mein Kopf von meinem Sturz so schmerzte, dass es hart genug war um ein gutes Gesicht zu machen, als Mutter noch einmal die Entstellung bemerkte, die ich auf meiner Wange hatte. Aber obwohl ich kein Zeichen gab, war ich es nicht gewohnt, krank zu sein, und es besserte meine Laune nicht.

Die Dinge im Haus waren nicht angenehm, und ich tat nichts, um sie zu verbessern. Ich habe zwar mein Versprechen gehalten, mit Reuben zu sprechen, aber ich fürchte, ich habe das nicht einmal in einer Art und Weise getan, die mir von Nutzen wäre. Ich traf Mr. Harrod, als ich ohnmächtig in den Stallhof hinausging, und er fragte mich, wie es mir ergangen sei? Das allein hat mich verärgert.

Mich hätte es geärgert, wenn jemand mich an diesem Morgen gefragt hätte, wie es mir ergangen sei, aber die Frage eines Mannes, der irgendwie mit meinem Verhalten zu tun hatte, hat mich ganz besonders geärgert. Ich dachte, es wäre geschmackloser gewesen, wenn er sich nicht über das Aussehen einer Person geäußert hätte, als sie am schlechtesten aussah; und überhaupt schien es mir eine unnötige Formalität zu sein. Ich schäme mich jetzt wirklich, solchen Unsinn aufzuschreiben, aber es besteht kein Zweifel daran, dass ich damals solche Gefühle hatte. Ich glaube nicht, dass ich ihm auch nur mit einem „Guten Morgen" geantwortet habe, sondern habe weitergemacht, als ob die Angelegenheiten der Welt auf meinen Schultern lägen.

Ich fand Reuben dabei, wie er die Stute rieb, die mit Vater in die Stadt gehen sollte. Sie wieherte, als ich eintrat, und streckte ihren Hals aus. Ich hatte keinen Zucker, aber sie leckte trotzdem meine Hand; und ich erinnerte mich an Rubens Lob für meine Fähigkeit, die Liebe der Tiere zu gewinnen. Es tröstete mich ein wenig in einer Zeit, in der ich dachte, ich sollte mich immer fernhalten, nicht nur von der Liebe, sondern sogar von der Kameradschaft der Menschen. Und es gab mir Mut, Ruben zu sagen, was ich sagen wollte. Es war etwas zu wissen, dass ich zumindest der Liebling des alten Mannes war.

„Ruben", begann ich und stürzte mich kühn auf die Sache, „warum haben Sie sich dem Gerichtsvollzieher Ihres Vaters gegenüber so schlecht benommen, als er hier vorbeikam?"

An jenem Morgen, als Vater Mr. Harrod zum ersten Mal über die Farm geführt hatte, hatte es einen besonderen Grund zur Beschwerde gegeben, also wusste ich, womit ich beginnen konnte.

„Wissen Sie nicht", fuhr ich fort, „dass dieser Herr Herr über Sie sein muss?"

"Meister!" wiederholte Ruben, indem er seine Arbeit unterbrach und mich direkt ansah; „Nein, Fräulein, darüber weiß ich nichts."

Ich hatte das Wort mit Absicht verwendet, um den ganzen Schmerz auf einmal herauszulocken.

„Ja", fuhr ich fort, „er wird der Gerichtsvollzieher meines Vaters sein."

"Gerichtsvollzieher!" wiederholte Reuben und zeigte wieder seine sachlichste Miene. „ Davon weiß ich nichts."

„Nun", erklärte ich und versuchte weder zu lachen noch verärgert zu sein, „das bedeutet, dass er das Land verwalten und die gleichen Befehle erteilen wird wie Vater, sodass es zwei Herren statt einem geben wird."

Reuben fuhr fort, das Fell der Stute abzureiben, bis es wie Satin zu glänzen begann.

„Ich habe gehört", antwortete er schließlich, „es gibt etwas in dem Buch, das besagt, dass ein Mann nicht dazu berufen ist, zwei Herren zu dienen."

Dieses Mal habe ich richtig gelacht. „Oh, das ist etwas anderes, Reuben", sagte ich, „das ist etwas anderes; aber diese beiden Meister werden beide gut sein, und beide werden wollen, dass du dasselbe tust."

„Wissen Sie das sicher, Fräulein?" fragte Ruben noch einmal, und ich hatte den Verdacht, dass er nicht in einem vollkommen lehrbaren Geist fragte. „Ich habe gehört, dass zwei Herren immer wollen, dass ein Mann genau das Gegenteil tut."

Ich hielt einen Moment inne. Ich wusste nicht, was ich antworten sollte, denn es schien mir, als ob darin eine Menge Wahrheit stecken könnte.

Aber ich sagte mutig: „Oh nein, Reuben."

Reuben kratzte sich am Kopf. „Nun, Fräulein, Bauer Maliphant , er war seit fünfzehn Jahren seit Michaelis mein Herr , und er war ein guter Herr für mich. Viele andere hätten mich wegen des Alkohols abgewiesen. Es war manchmal eine kühle Arbeit dort unten Ich war im Sumpf, als ich bei den Schafen war, und das Getränk war ein Trost. Ich wäre fast an dem Getränk gestorben, aber Bauer Maliphant war geduldig mit mir und gab mir eine weitere Chance, als andere mich wortlos entlassen hätten . Und jetzt bin ich das, was Pfarrer einen reformierten Charakter nennt."

„Nun, du hast völlig Recht, wenn du das Trinken vermeidest, Reuben", sagte ich, hauptsächlich weil ich nicht wusste, was ich sagen sollte.

„Ja, aber es macht mir nichts aus , es Ihnen zu sagen, Fräulein", fuhr Reuben vertraulich fort, „dieser Bauer hat mehr damit zu tun, mich zu einem frommen Mann zu machen, als es Pfarrer getan hat; nicht, was ich respektiere, ist die Kirche; aber segne." Du, Pfarrer, hättest mir nichts dafür gegeben, dass ich meine schlechten Sitten aufgegeben habe, und was hat es für einen Sinn, sich selbst Gewalt anzutun, wenn du nicht die Absicht hast , etwas dadurch zu erreichen?"

Reuben wischte sich die Stirn. Diese lange und ungewohnte Redeanstrengung war für ihn fast zu viel.

„Nein, Pfarrer, er hat mir keine Belohnung angeboten", fügte er hinzu, „aber Bauer hat er geboten. Er sagt zu mir: ‚Ruben', sagt er, ‚wenn du mit dem Trinken aufgibst, sollst du so lange bleiben wie ich.' 'bin über der Erde;' und dreimal bin ich zurückgefallen , das habe ich getan, und dreimal hat er mir eine weitere Chance gegeben ; und jetzt, da ich eine respektable Partei bin und eine Ehre für jeden Club, dem ich angehöre, habe ich vor, bei meinem alten Meister zu bleiben, und nicht dafür, irgendeinen anderen Mammon zu verfolgen .

Bei dieser Erklärung wurde ich strahlender.

„Nun, darüber bin ich froh, Reuben", sagte ich. „Ich bin sicher, keiner von uns möchte, dass du uns nach all den Jahren verlässt."

„Herr segne dich, ich werde nicht gehen", antwortete er schlicht.

„Dann ist das in Ordnung", antwortete ich. „Wenn du dir vorgenommen hast, zu tun, was dir geboten wird, weiß ich, dass Vater seinem Wort treu bleiben und dich niemals abweisen wird, solange er lebt."

„Ja, der Meister wird seinem Wort treu bleiben", wiederholte der alte Mann und nickte mit dem Kopf, „und ich werde meinem Wort treu bleiben, aber ich werde keinen neuen Meistern hinterherlaufen . Ein Meister reicht für." mir, und ihm allein werde ich dienen.

Er gab der Stute einen Schlag auf die Hüften und schickte sie weg; Das Licht der Vernunft verblasste aus seinem Gesicht, und ich wusste, dass es absolut sinnlos war, ihm noch ein Wort zu diesem Thema zu sagen. Ich drehte mich um, um hineinzugehen, und auf der Veranda stand Deborah mit einer Schüssel in der Hand vor mir, mit einem verärgerten Lächeln auf ihrem breiten roten Gesicht und etwas mehr als sonst Aggressivem in ihrer breiten, kräftigen Figur. Ich schaute mich um und sah, dass das Tor zum Hof offen stand und dass Mr. Harrod in seinen schweren Stiefeln und Gamaschen, bereit zur Arbeit, direkt hinter mir stand. Ich hätte vor Verärgerung weinen können.

„Mr. Maliphant wartet", sagte er, ging auf das Tier zu, das Reuben gerade angeschirrt hatte, und befestigte selbst die letzte Schnalle. „Ich werde den Karren selbst nach vorne fahren." Und er nahm die Zügel und sprang auf, während Ruben in düsterem Schweigen einen der Riemen festzog. Ich ging und öffnete die Tore, und mit einem Dankesnicken rannte Mr. Harrod hinaus.

Ich kann nicht sagen, ob es der Riemen war, den er selbst befestigt hatte, oder ob es der Riemen war, den Ruben angelegt hatte, aber irgendetwas ärgerte die Stute. Sie bäumte sich auf und begann zu treten. Ohne ein Lächeln auf seinem Gesicht und ohne sich auch nur einen Zentimeter zu bewegen, sagte Reuben: „Ja, es braucht einen Mann, um diese Stute zu halten."

"Du Narr!" rief ich und vergaß mich selbst ganz. „Es ist nicht der Mann, es ist das Geschirr."

Ich flog den Kies hinter dem Karren her. Das Pferd trat immer noch heftig. Jeder Muskel in Mr. Harrods dunklem Gesicht war in harte Linien gezeichnet.

„Lass sie in Ruhe", rief er, als ich näher kam; „Fass sie nicht an."

Etwas in seiner Stimme schüchterte mich ein, und offenbar schüchterte es auch das Pferd ein, denn es verstummte augenblicklich und ihre Seiten zitterten nur vor Nervosität. Ich sprang zu ihr und löste den grausamen Riemen. Sie drehte sich zu mir um, und ich hielt sie am Zaumzeug und tätschelte ihren Hals. Mr. Harrod stieg aus und untersuchte den Wagen. Glücklicherweise wurde es nicht wesentlich verletzt.

„Wie konnte Reuben das nur so verschärfen?" sagte ich. „Es war genug, um jedes Pferd verrückt zu machen."

Er hat nicht geantwortet.

„Ich fürchte, er war wütend darüber, dass Sie ihm einen Befehl gegeben haben", sagte ich. „Sie müssen ihn entschuldigen. Er ist ein hartnäckiger alter Kerl, aber er ist ein guter Diener, und er ist schon viele Jahre bei uns."

„Es ist das Natürlichste auf der Welt, dass er mich zunächst nicht mag", antwortete Trayton Harrod mit seinem Lächeln, das so schnell und kurz aufblitzte. „Ich mag eher die Art von Leuten, die sich über Einmischung ärgern. Aber ich glaube nicht, dass er das einen Moment lang getan hat. Ich habe das falsch verstanden."

Er zeigte auf seinen Teil der Arbeit. Vater kam herauf, und sie fuhren leise zusammen davon. Ich ging zurück in den Hof und dachte über seine Worte nach.

„Ich glaube nicht, dass Sie Herrn Harrod als ungerechten Herrn empfinden werden, Reuben", sagte ich.

Ruben nahm keine Notiz davon; aber Deborah lachte und sagte grimmig:

„Nun, er ist jedenfalls ein stattlicher junger Mann; und er wird wissen, wie man eine Stute führt, daran zweifle ich nicht."

Aber ich achtete nicht auf ihre Worte. Ich fragte mich, warum Mr. Harrod gesagt hatte, dass er Menschen lieber mag, die sich nicht einmischen.

Kapitel XVI.

Es vergingen vierzehn Tage. Von Mr. Harrod hatte ich wenig bis gar nichts gesehen, bis ich eines Nachmittags mit einem Buch von Walter Scott unter dem Arm meinen Korb nahm, um ein paar Regenpfeifer-Eier aus dem Sumpf zu holen. Ich war weit über den Teil des Deiches gewandert, der unterhalb des Dorfes lag und häufig von Passanten frequentiert wurde, und hatte bereits etwa ein Dutzend Eier in meinem Körbchen, als ich hinter mir jemanden pfeifen hörte das Schilf auf der gegenüberliegenden Uferseite.

Es könnte ein Hirte gewesen sein. Hier verlief ein Weg über die Ebene, und nur die Hirten wussten davon; aber irgendwie glaubte ich nicht, dass es ein Hirte war. Ich setzte mich auf den Rasen, denn die Binsen im Deich waren noch nicht so hoch gewachsen, und ich wollte nicht gesehen werden.

" Robust !" rief eine Stimme.

Ja, es war Mr. Harrod. Ich hatte den Bernhardiner vermisst, als ich herauskam, und hatte mich gefragt, wohin er gegangen war, denn ich hatte ihn als Begleiter gewollt – Glück, den Schäferhund, der mit Ruben unterwegs war. Ich fragte mich, wie Mr. Harrod ihn hätte mitnehmen können.

Ich saß ganz still zwischen den Binsen, wo ich nach Vogelnestern gesucht hatte. Ich wollte nicht gesehen werden, und soweit ich mich erinnerte, gab es hier keine Planke über dem Deich. Aber es gab jemanden , der das Sumpfgebiet besser kannte als ich. Es war der Hund. Sobald er mir gegenüberstand, begann er laut zu bellen, rannte dann einige hundert Meter zurück und blieb stehen, bellte und wedelte mit dem Schwanz und forderte seinen Begleiter so deutlich wie möglich auf, ihm zu folgen.

Mr. Harrod muss Hunde fast genauso sehr geliebt haben wie ich, denn er kehrte tatsächlich um, und als er dort ankam, war Taff stand auf, er lachte. Offensichtlich befand sich dort ein Brett, und ich vermute, er vermutete, dass aus irgendeinem Grund erwartet wurde, dass er überquerte. Er tat es und Taff folgte ihm. Der Hund rannte den Weg entlang auf mich zu, und Mr. Harrod folgte ihm langsam. Er schien überhaupt nicht überrascht zu sein, mich zu sehen. Er kam mit einem Buch in der Hand auf mich zu.

„Ich glaube, das musst du fallengelassen haben", sagte er und reichte es mir. „Wir haben es gleich dort unten gefunden."

Er sagte „wir". Es muss die Scharfsinnigkeit dieses elenden Hundes gewesen sein, die mich verraten hatte, denn in dem Buch stand kein Name. Ich nahm es widerwillig; Ich schämte mich eher für meine Liebe zum Lesen. Mädchen auf dem Land sollten normalerweise nicht gern lesen. Wenn es nicht diese guten, altmodischen Romane in Vaters Bibliothek gegeben hätte, hätte Mutter über die Bibel nachgedacht und so viele Nachrichten, die nötig waren, um nicht als Narr da zu stehen, so viel Literatur, wie jede Frau brauchte. Die Liebe zum Lesen könnte man bei mir als eine Affektiertheit betrachten, und es gab nichts, wovor ich einen so gesunden Abscheu empfand wie die Affektiertheit.

Ich nahm das Buch schweigend — meine Manieren besserten sich nicht — und bückte mich, um den Hund zu streicheln. Ich wollte wegziehen, wusste aber nicht so recht, wie ich das machen sollte. Taffy wedelte mit dem Schwanz, als hätte er mich wochenlang nicht gesehen. Dummes Biest! Wenn er mich so mochte, warum ging er dann so leicht auf Fremde los?

„ Taff kennt das Sumpfgebiet", sagte ich, um etwas sagen zu können.

„Berühmt", sagte Herr Harrod. „Er zeigt mir überall den Weg. Wir sind beste Freunde."

Ich runzelte die Stirn. War es eine Entschuldigung dafür, dass ich meinen Hund mitgenommen hatte?

„ Taff wird jedem folgen", sagte ich grob.

Das stimmte nicht, denn es war noch nie bekannt, dass Taff jemandem folgte; und noch während ich das sagte, fragte ich mich, ob Mr. Harrod einer von denen war, die „die Tiere lieben", aber er achtete nicht auf meine Unhöflichkeit.

"Was hast du da?" fragte er und schaute in meinen Korb.

„Regepfeifer-Eier", antwortete ich. „Es gibt viele Eier im Sumpf, näher am Strand."

„Kiebitzeeier", korrigierte er und nahm eines in die Hand.

„Oh nein! Regenpfeifer-Eier", beharrte ich. „Sie werden sowohl in den Geschäften der Stadt als auch hier als Regenpfeifer-Eier verkauft."

„Ja", lächelte er. „Sie werden überall auf dem Londoner Markt auch als Eier von Regenpfeifern verkauft, aber der Kiebitz — oder der Kiebitz, wie Sie ihn nennen — legt sie trotzdem. Es ist ein Vogel aus der Familie der Regenpfeifer, aber man sollte ihn nicht richtig nennen ein Regenpfeifer.

Ich biss mir auf die Lippe.

„ Natürlich sind das nicht alle Eier von Regenpfeifern", sagte ich und nahm eines von cremiger Farbe mit braunen Flecken, das ganz anders war als die grauen mit schwarzen Flecken, die anscheinend so gestaltet waren, dass sie auf dem Grau nicht entdeckt wurden Strand, wo sie normalerweise zu finden sind. „Das ist das Ei eines Dabchicks."

„Ich sehe, Sie wissen mehr über Vögel als die meisten jungen Damen“, sagte Mr. Harrod; „Aber ich würde das ein Teichhuhn-Ei nennen. Und was den Grauregenpfeifer betrifft, es ist ein Zugvogel; er brütet nicht in England.“

Ich schätze, ich sah immer noch nicht überzeugt aus, denn er fügte freundlich hinzu: „Komm, ich wette mit dir, was du willst; und wenn wir das Glück haben, einen Vogel auf den Eiern zu finden, werde ich es dir jetzt beweisen.“

Er drehte sich um und begann langsam am Deichufer entlang zu gehen, nahe am Wasserrand. Ich gab Taff eine freundliche Handschelle, um ihn zum Schweigen zu bringen, denn er war ziemlich aufgeregt, und wir mussten sehr vorsichtig sein, wenn wir den sitzenden Vogel überraschen wollten.

Mr. Harrod schlich vorsichtig entlang, und ich folgte ihm; Ich war jetzt genauso besorgt wie er, und auf diese einfache Weise wurde ich in einen Spaziergang mit meinem Erzfeind verwickelt. Ein brauner Vogel mit langem Schnabel erhob sich zwischen dem Schilf und flog zögernd zum Wasser hinab. Es war eine Wasserschiene, und Mr. Harrod sagte das – denn diese Vögel sind auf dem Deich seltener als die Teichhühner und Kirchenbänke, von denen es eine große Zahl gibt, und ich nehme an, er glaubte, ich würde es nicht wissen.

Etwas bewegte sich in den wachsenden Binsen zu unseren Füßen; aber es waren nur ein paar schwarze Teichhühner, die sich sozusagen mit großer Geschwindigkeit auf den Fersen machten und mit herabhängenden Beinen und sehr senkrechtem Körper kleine Flüge in der Luft machten. Wir standen eine Minute da und lachten über sie, sie waren so absurd, dass sie nicht in ihrem Element waren; aber als sie ins Wasser gingen, waren sie hübsch genug, die kleinen roten Schilde ragten auf ihren schwarzen Stirnen hervor, als sie beim Schwimmen ihre Köpfe schüttelten.

Ich stieß auf eine Teichhuhnmutter, die sich gerade um ihre kleine Brut kümmerte; Das große, flache Nest aus getrockneten Binsen lag in den überhängenden Zweigen eines Weidenstrauchs, und sie stand direkt daneben am Ufer. Sie flog oder rannte nicht weg wie andere Vögel, wenn sie Angst hatten, sondern krächzte wie im Zorn und flatterte ängstlich um die Stelle, wo die sechs kleinen schwarzen Flaumbällchen ihre roten Köpfe über dem Nestrand zeigten.

Ich hielt Taff am Kragen fest, um zu verhindern, dass er Unheil anrichtete, und wir ließen die arme treue Mutter in Ruhe. Seit wir mit der Suche begonnen hatten, hatten wir keine Eier des Regenpfeifers gefunden. Sie sind immer schwer zu finden, da sie auf offenem Boden liegen, manchmal direkt am Strand, wo sie selbst fast wie kleine Kieselsteine aussehen, und manchmal in Furchen und Spalten der Erde, aber immer ohne Nest, das den Ort markiert. Ich nehme an, dass ich diesen speziellen Bereich ziemlich gut abgesucht hatte.

Ungefähr hundert Meter weiter drang jedoch der seltsame Schrei, der den Vogel, den wir suchten, auszeichnete, an unsere Ohren; Ein Kiebitzhahn flog auf, seinen langen, gefiederten Kamm aufgerichtet , und taumelte immer wieder in der Luft, wie es seiner Art eigen ist, wobei er die ganze Zeit das klagende „ Piep , Piep" ausstieß, das Kummer und Angst bedeutet.

Mr. Harrod streckte eine warnende Hand hinter sich aus, während er sanft auf Zehenspitzen vorwärts kroch, und ich musste schweigen, obwohl ich besonders darauf bedacht war, etwas zu sagen. Plötzlich winkte er mir, vorwärts zu gehen, und während ich das tat, sah ich, wie der Hühnervogel so nah wie möglich am Boden am Ufer entlanglief, während in einer Furche dicht neben meinen Füßen die hübschen, graugefleckten Eier lagen, die wir waren Auf der Suche nach.

Mr. Harrod drehte sich um und sah mich mit einem kleinen Lächeln an, das ich für triumphierend hielt. „Das beweist nichts", sagte ich. „Ich nenne diesen Vogel einen Regenpfeifer, einen Grünregenpfeifer. Ich kann nicht anders, wenn Sie ihn anders nennen. Natürlich weiß ich, dass es noch eine andere Art Regenpfeifer gibt: den Goldregenpfeifer, aber Niemand könnte die beiden verwechseln, denn dieser hat einen Kamm auf dem Kopf, den er auf und ab hebt, wenn er will.

„Oh, ich bitte um Verzeihung", antwortete er. „Wie ich sehe, wissen Sie alles darüber. Es ist nur eine Begriffsverwirrung."

Ich errötete und bückte mich, um die Eier aufzuheben.

„Nein, nicht", sagte er; „Lass sie das arme Ding haben. Du wirst sehen, sie wird zurückfliegen, sobald wir weg sind."

Wir traten zurück auf den Weg, und sicherlich trafen sich die beiden Eltern im nächsten Moment in der Luft, fielen zusammen um und stießen immer noch ihren klagenden Schrei aus. Dann schwebte der Hühnervogel plötzlich wieder herab und kehrte zu seiner geduldigen Pflicht zurück; und bald folgte ihr auch ihr Gefährte, und beide versteckten sich zwischen den Binsen.

Ich drehte mich lachend um. Ich hatte gedacht, ich wäre verärgert; Aber Tatsache ist, dass ich zu glücklich war, um mich zu ärgern.

Die Fülle eines zarten grauen Himmels, geformt aus vielen, vielen weichen Wolken, die übereinander und aneinander vorbeischwebten und dort, wo die Sonne hätte sein sollen, ein wenig aufhellten, breiteten sich über den ruhigen Boden aus; Auch das Meer jenseits der Ebenen war grau und verschmolz mit dem grauen Himmel, die weiße Landzunge in der Ferne und die grauen Türme entlang der Küste schienen sehr nah und deutlich zu sein; Schafe wanderten am Deichufer auf und ab und weideten beständig; die Luft war weich und freundlich. Mein Herz schlug mit einem Gefühl der Befriedigung, das anders war als alles, was ich jemals zuvor empfunden hatte; Und doch war ich oft an einem so milden Tag draußen im Sumpf gewesen, inmitten der Vögel und Tiere, die ich liebte.

„Hören Sie", sagte ich plötzlich und durchbrach die angenehme Stille, als ein lauter, kreischender Vogelgesang, keineswegs schön, aber voller entzückender Assoziationen, über das Sumpfgebiet kam. „Die Mauersegler fangen an zu singen; das bedeutet tatsächlich Sommer."

Eine kleine Gruppe der schönen schwarzen Vögel kam auf uns zu, flog wild im Kreis über dem Deich, saugte am Wasser, während sie über die Oberfläche glitten, und flog dann wieder über die Wiesen.

„Ich frage mich, wie es sein kann, dass sie so schwarz und glänzend sind, wenn sie zu uns kommen, und so grau und schmuddelig, wenn sie weggehen?" sagte ich.

„Ist Ihnen das tatsächlich aufgefallen?" fragte er.

„Oh ja", antwortete ich; und ich bin sicher, dass ich sehr stolz war, das sagen zu können. „Sie kommen zum 1. Mai und sehen so schick wie möglich aus; und wenn sie Ende August abreisen, sehen sie für ihre Badesaison nicht gerade besser aus."

„Ich gehe davon aus, dass sie sich in den anderen Ländern häuten , in die sie gehen, wenn sie uns verlassen. Aber ich habe hier sowieso nicht viele Mauersegler gesehen. Vielleicht ist das Land zu wild für sie."

„Nun, wir haben viele Schwalben", sagte ich, „und Martins auch. Und ich weiß nicht, warum Mauersegler so viel wählerischer sein sollten als der Rest ihrer Familie. Aber in diesem Punkt bin ich mit unserer ständig anderer Meinung." der alte Diener Ruben. Er schwört, dass es im Dorf nur acht Mauerseglerpaare gibt und dass jedes Jahr dieselben Vögel an denselben Ort zurückkehren.

„Das klingt ziemlich unglaublich", sagte Herr Harrod.

„ Das sage ich", erwiderte ich. „Aber er besteht darauf, dass er die Paare gezählt hat und dass es immer die gleiche Zahl ist. Und da natürlich zu jedem Paar alter Vögel ein Paar Junge kommen muss, wenn sie fliegen." „Wenn er uns verlässt, argumentiert er, dass die Elternvögel sich weigern, den Jungen zu erlauben, bei ihrer Rückkehr am selben Ort zu leben. Reuben ist davon so positiv wie möglich überzeugt", fügte ich lachend hinzu. „Diese

Mauersegler leben unter dem Dachdach der alten Kirche; und ich glaube, er begrüßt sie jedes Jahr wie alte Freunde.“

„Ich wage nicht zu behaupten, dass er sich geirrt hat“, sagte Herr Harrod. „Unter Tieren und Vögeln passieren so viele seltsame Dinge, und Mauersegler sind besonders amüsante Geschöpfe. Ruben scheint ein ziemlicher Naturforscher zu sein.“

Ich hatte meine selbst auferlegte Trotzhaltung im lebhaften Interesse dieses Vortrags völlig vergessen; aber irgendetwas im Ton dieser Bemerkung erweckte sie erneut.

„Wenn damit jemand gemeint ist, der sich mit Vögeln und anderen Dingen auskennt, ja – das ist er“, antwortete ich kopfschüttelnd – eine dumme Angewohnheit, von der ich weiß, dass ich sie hatte, wenn ich nachdrücklich sein wollte. „Wahrscheinlich ein viel besserer Naturforscher als Leute, die nur aus Büchern lernen. Er hat mir alles beigebracht, was ich weiß“, fügte ich stolz hinzu, ohne einen Moment lang den Sinn dieser Bemerkung zu erkennen. „Als ich ein Kind war, war ich den ganzen Tag mit ihm hier draußen , und wir beide gerieten in endlose Auseinandersetzungen, weil wir ‚das taten, was wir nicht tun sollten, und das, was wir tun mussten, unterließen‘.“ Oh, aber es hat Spaß gemacht!“ fügte ich seufzend hinzu.

Mein Begleiter lachte. „Entzückend, da bin ich mir sicher“, sagte er; „Und es hat dir viel mehr geholfen , als sich an Bücher zu halten, das bin ich mir sicher.“

Als er das sagte, sah er mich direkt an, als würde er mich messen.

„Ich habe mich auch an meine Bücher gehalten“, rief ich schnell, besorgt, dass er mich nicht für einen Ignoranten halten würde. „Mutter war da immer sehr wählerisch.“

„Ja, ja, natürlich“, sagte er. Und dann fügte er hinzu, mit einem Augenzwinkern, wie ich glaubte, „‚The Fair Maid of Perth‘ ist nicht die Wahl jeder jungen Dame.“

Ich errötete. Vielleicht hielt er mich schließlich doch nicht für lächerlich, weil ich Romane las. Ich war halb wütend, halb beschämt, aber es kam mir nie in den Sinn, mich zu fragen, warum es mich interessieren sollte, was dieser neue Bekannte sagte oder dachte.

„Wir haben im Unterricht keine Romane gelesen“, sagte ich steif; „Wir haben überhaupt nicht viele Romane gelesen. Vater und Mutter halten nichts von Romanen für Mädchen, und Mutter hält auch nichts von Gedichten, aber Vater mag Milton und Shakespeare.“

„Ich wage zu behaupten, dass sie völlig recht haben", sagte mein Begleiter. „Aber du bist wohl nicht derselben Meinung?"

„Nein", antwortete ich kühn und entschlossen, ehrlich zu sein. „Ich finde die Romane von Sir Walter Scott wunderschön; und ich mag Poesie – alles, was ich verstehen kann."

Herr Harrod lachte. „Ich glaube nicht, dass ich bereit gewesen wäre zuzugeben, dass es irgendetwas gab, was ich in deinem Alter nicht verstehen konnte", sagte er.

Ich sah ihn überrascht an. Er redete, als wäre er viel älter als ich, obwohl er nicht älter als sechs oder siebenundzwanzig aussah. Ich habe vergessen, dass selbst dann noch Jahre zwischen uns liegen würden. Ich habe immer vergessen, dass ich kaum mehr als ein Kind war.

„Ich glaube, das wäre albern", sagte ich hochmütig. Ich vergaß noch etwas anderes, und zwar, dass ich Mr. Harrod, seit er auf dem Grange war, ziemlich ständig gezeigt hatte, dass ich nicht gern zugab, dass es irgendetwas gab, was ich nicht verstehen konnte, und dass, wenn irgendetwas Schlaues in ihm steckte, Er muss es zu diesem Zeitpunkt als eine besondere Eigenschaft von mir eingestuft haben.

„Nun, jedenfalls verstehen Sie die ‚Fair Maid of Perth'", fügte er hinzu.

„Ja", antwortete ich. „Die Heldin ist wie meine Schwester, schön und furchtbar gut."

Ich schämte mich sofort, als ich es gesagt hatte: Seine Schwester zu loben war fast so, als würde man sich selbst loben.

„In der Tat", sagte er; „Das ist kein Fehler, unter dem die meisten von uns leiden, aber nur sehr wenige von uns haben Menschen zur Hand, die bereit und großzügig genug sind, unsere Loblieder zu singen."

Ich hätte die Rede vermutlich als Kompliment aufgefasst, aber es erschien mir so natürlich, Joyce zu loben, dass ich gestehen muss, dass es mich ziemlich verwirrte.

„Sie müssen Ihre Schwester vermissen", fügte Herr Harrod hinzu.

„ Natürlich tue ich das", rief ich herzlich. „Zum Glück wird sie nicht lange weg sein, sonst weiß ich nicht, was Mutter tun würde. Sie ist die rechte Hand der Mutter im Haus. Drinnen bin ich nutzlos."

„Sie scheinen mir immer sehr beschäftigt zu sein", sagte Harrod.

„Oh nein", beharrte ich; „Es war Vater, dem ich immer geholfen habe."

„Hilfst du ihm jetzt nicht?" fragte er.

„Nein", antwortete ich kurz; und während ich sprach, überkam mich die Erinnerung an meinen Kummer und brachte die Tränen ganz nahe: „Er braucht mich nicht."

Mr. Harrod sagte kein Wort, er sah mich nicht einmal an, und dafür war ich ihm dankbar; aber ich war mir sicher, dass er es verstanden hatte, und ich wurde noch wunder als je zuvor, weil ich wusste, dass ich ihn über meine wunde Stelle raten ließ. Wir gingen schweigend weiter.

„Als ich ein Junge war, habe ich die Waverley-Romane geliebt", sagte er und wechselte freundlich das Thema.

„Nicht wahr?" fragte ich.

„Ich wage zu sagen, dass ich es tun sollte, wenn ich sie lese, aber ich muss jetzt anspruchsvollere Bücher lesen – wenn ich überhaupt lese."

„Bücher über Landwirtschaft! Vermutlich", sagte ich verächtlich; „Aber Vater sagt, ein wenig praktisches Wissen ist alle Bücher der Welt wert."

Es fiel mir im Moment nicht auf, wie unhöflich diese Rede war; aber Mr. Harrod lächelte.

„Ihr Vater hat völlig recht, Miss Maliphant ", sagte er. „Bücher sind von geringem Nutzen, solange sie nicht durch praktisches Wissen geprüft werden; aber wenn es gute Bücher sind, dann wurden sie schließlich aus praktischem Wissen heraus geschrieben, und vielleicht würde es ein ganzes Leben dauern, bis man das individuelle Wissen von allem, was sie haben, erntet." zusammengefegt."

„Ich weiß nur, was Vater gesagt hat", wiederholte ich halb mürrisch.

„Vielleicht erinnern Sie sich nicht an alles", sagte er. „Ich denke, dein Vater würde mir dieses Mal zustimmen; er ist ein sehr weiser Mann, und ich glaube, ich habe den Fall ziemlich fair dargelegt."

„Ich sollte denken, dass er ein weiser Mann *war*!" Rief ich aus und ich denke, mein Stolz war dieses Mal verzeihlich. „Das weiß das ganze Land."

„Ich weiß es", antwortete er. „Man kann kein Cottage betreten, ohne zu hören, wie mit Liebe und Ehrfurcht von ihm gesprochen wird."

„Ja, ich habe noch nie jemanden erlebt, der Menschen so sehr leid tut wie Vater", antwortete ich. „Ich habe Angst vor Menschen, die krank und unglücklich sind; aber Vater – er möchte ihnen helfen – nun ja, genauso wie ich helfen wollte." die Tiere und Vögel", endete ich mit einem Lachen.

Während ich sprach, ertönte das seltsame Zwitschern des Kuckucksweibchens in einem der Bäume auf der Klippe, und sofort kam aus vier verschiedenen Richtungen nacheinander die Antwort in den zwei unterschiedlichen Tönen des männlichen Vogels. Ich stand still auf dem Weg und sah mich um. Das Geräusch und vielleicht teilweise auch das, was ich gerade gesagt hatte, erinnerten mich an eines der Ziele meines Spaziergangs.

„Ich erkläre, dass ich es fast vergessen hätte", rief ich, und ohne ein weiteres Wort der Erklärung rannte ich das Ufer der Klippe hinauf, gefolgt von Taff .

Herr Harrod stand unten auf dem Weg. Ein paar weitere Minuten reichten aus, um den Busch zu finden, den ich an jenem denkwürdigen Abend vor ein paar Nächten mit einem Stück Zopf meines Umhangs markiert hatte.

Das Nest der Lerche war noch da. Der grausame kleine Kuckuck saß allein darin, während er ganz in der Nähe in der Luft schwebte, während die törichte Mutter mit einem köstlichen Bissen im Schnabel darauf wartete, bis ich gegangen war und sie den bösartigen kleinen Eindringling, der es getan hatte, sicher füttern konnte zerstörte ihre eigene Brut. Die Körper der kleinen Meisen lagen am Ufer. Ich sprang wieder auf den Weg und erzählte Mr. Harrod die Geschichte.

„Ich wünschte, ich hätte den Kuckuck gelöscht", sagte ich. „Ich hasse Kuckucke – umso mehr, weil jeder sie bewundert." Und ich erinnere mich, dass ich auf dem ganzen Weg nach Hause immer wieder an dieses erschütternde kleine Stück Vogeltragödie dachte.

Wir kehrten am Meeresufer zurück. Es war ein längerer Weg, aber ich erklärte, dass ich an diesem sanften, ruhigen Tag unbedingt einen Blick auf das Meer werfen müsse. Und weich war es und ruhig und grau und mild. Die Sonne ging unter, aber es gab keinen Sonnenuntergang. Erst hinter dem Dorf auf dem Hügel hoben sich die Wolken ein wenig zum Horizont und hinterließen eine Linie weißeren Lichts, vor dem sich die Bäume und Häuser deutlich abhoben; Der Sumpf war gleichmäßig und nüchtern.

Als wir die steile Straße hinaufgestiegen waren und vor den Toren von Grange standen, streckte Mr. Harrod seine Hand aus und sagte, während er mir eine gute Nacht wünschte: „Ich verstehe nicht, warum Sie mir nicht genauso nützlich sein sollten Ihr Vater wie immer, Miss Maliphant . Bitte stellen Sie sicher, dass niemand Sie jemals an die Stelle Ihres Vaters setzen wird oder kann.

Er redete, als wäre es für ihn nicht ganz einfach; aber in seiner Stimme lag ein Klang ehrlicher Freundlichkeit, der mich stumm und fast beschämt zurückließ. Er hielt meine Hand einen Moment fest, aber er sah mich nicht an; und dann drehte er sich um und floh fast die Straße hinunter, als würde auch er sich fast für das schämen, was er gesagt hatte.

Und ich hatte kein Wort geantwortet. Ich stand überrascht, ratlos und sogar ein wenig verängstigt da, umgeben von neuen und seltsamen Gefühlen, die ich nicht einmal zu enträtseln versuchte.

Kapitel XVII.

Ich glaube nicht, dass ich damals auch nur die leiseste Ahnung hatte, dass dieser Mann, den ich als meinen Feind betrachtete, mit Sicherheit und sobald ich ihn sah, in jenen geheimnisvollen leeren Raum gesprungen war, der in der Fantasie jeder Frau existiert und nur darauf wartete, entdeckt zu werden erfüllt von der Figur, die fortan ihren Horizont begrenzen wird. Ich glaube nicht, dass ich auch nur einen Moment lang meine wahren Gefühle erraten habe. Wenn ich das getan hätte, hätte es meine feindselige Haltung sicher nur noch verstärkt, während meine erste, höchst unvernünftige Stimmung langsam in eine Stimmung des freundlichen Interesses und des eifrigen Wunsches, nützlich zu sein, umzukippen begann.

Es ist ein schlechter Sport, eine trotzige Haltung gegenüber einer Person einzunehmen, die sich seiner Absichten überhaupt nicht bewusst ist. und ob Mr. Harrod sich meiner Absicht wirklich nicht bewusst war oder nicht, er tat auf jeden Fall so, als ob er es wäre, und war, soweit seine zurückhaltende Natur es zuließ, so freundlich zu mir, dass ich nicht anders konnte, als freundlich zu ihm zu sein zurückkehren. Wie auch immer, es ist wahr, dass noch vor Ablauf von drei Wochen das begann, was Joyce sich so sehr gewünscht hatte: Mr. Harrod und ich begannen, Freundschaften über unsere gemeinsamen Interessen zu schließen.

Ein gewisses Maß an Trotz hatte sich in mir von ihm, dessen Kommen ich so bitter verärgert hatte, auf diejenigen übertragen, die meinen Groll teilten.

Reuben war leider immer noch widerspenstig. Zum Glück war er nicht viel unter den Männern; aber wo ein Wille ist, ist auch ein Weg; und ich fürchte, er hatte genug Einfluss, um nichts Gutes zu tun. Und Deborah machte mir mehr Sorgen. Obwohl Mutter für den Gerichtsvollzieher war, weil er der Freund des Gutsherrn war und weil sie, glaube ich, auch viel mehr um die Gesundheit des Vaters besorgt war, als sie vermuten ließ, und ihm die Arbeit ersparen wollte – Deborah hatte es nicht wirklich zugelassen selbst davon überzeugt zu sein, wie sie es im Allgemeinen war.

Sie war nicht unvernünftig; Sie war zu schlau, um unvernünftig zu sein, und sie liebte uns so sehr, dass sie keinen Schritt übel nehmen konnte, von dem sie glaubte, er sei zum Wohle eines von uns. Aber ich bin mir sicher, dass sie nie geglaubt hat, dass dieser Schritt für irgendjemanden von uns zum Wohle von irgendjemandem von uns war. Von Anfang bis Ende mochte sie Trayton Harrod nie. Und was mich zu diesem Zeitpunkt besonders an ihr ärgerte, war, dass sie so tat, als wolle sie mich dazu bringen, ihn zu mögen; Und als ich unschuldig begann, meine eigenen Gefühle zu ändern, fing ich natürlich an, ihr diese Einstellung zu verübeln.

Genau an dem Nachmittag, an den ich denke, ärgerte ich mich über Deborahs Verhalten. Ich war in der Küche gewesen und habe Kuchen gebacken (wenn Joyce weg war, war ich es, der die Kuchen backen musste), und Deborah hatte die Gelegenheit genutzt, die Linie fortzusetzen, die meine Schwester bereits begonnen hatte, und mich um die Kuchen meines Vaters zu betteln um Himmels Willen, meinen Kummer zu vergessen und dem jungen Gerichtsdiener gnädig zu sein. Wie man sich vorstellen kann, hielt Deborah es nicht für nötig, Rücksicht auf das zu nehmen, was sie uns Mädchen sagte.

„Ich weiß, es fällt dir schwer, meine Liebe", sagte sie. „Es gibt viele kleine Arbeiten, die du früher gemacht hast und die du zweifellos auch genauso gut erledigt hast. Das wird jetzt die Aufgabe dieses jungen Mannes sein, und er wird es nicht merken, ob es dir etwas ausmacht oder nicht." Das ist wahrscheinlich nicht der Fall Aber solange er sich nicht in unsere Arbeit einmischt, werden wir uns um unsere eigenen Angelegenheiten kümmern und keinen Gedanken an ihn verschwenden. Siehst du, Kind, es ist dein Vater, der sagen muss, ob der junge Mann ein ... ist - helfend oder a-hindernd. Vielleicht wird er herausfinden, dass diese Kerle, die alles aus Buch und Papier gelernt haben, die Ober- und Unterseite nicht besser kennen, genauso wenig wie er selbst. Aber das ist ihre Aufgabe, dazwischen zu entscheiden . em , und es ist nicht unser Ausguck.

Ich weiß nicht, warum mich diese Rede besonders irritieren sollte, aber sie tat es. Selbst wenn ich angefangen hätte zu ahnen, dass ich Mr. Harrod immer mehr mochte, als ich ursprünglich beabsichtigt hatte, wäre ich sicherlich nicht froh gewesen, dass jemand anderes es erraten hätte. Aber Tatsache ist, dass ich glaube, dass ich die letzten vierzehn Tage gedankenlos gelebt habe und dass diese Rede von Deborah mich zu einer Untersuchung meiner Gefühle angeregt hat, die mich ärgerte.

„Ich habe überhaupt nicht die Absicht, unhöflich zu sein, Deb", rief ich. „Das überlasse ich dir. Ich glaube nicht, dass es damenhaft ist, unhöflich zu sein."

Deb lachte.

„Oh, komm schon, nichts von deiner Großartigkeit !" rief sie aus. „Wer ging die Treppe hoch und runter, als der erste Gutsherr von einem Gerichtsdiener sprach, den man überhaupt beherrschen sollte? Ich habe dich nicht gestillt, als du ein Baby warst, um nicht zu merken, wann du schlecht gelaunt bist. Das ist klar genug, mein Lieber ."

„Ich weiß, dass ich schlechte Laune habe", sagte ich; „Aber ich sehe nicht, dass das etwas mit der Sache zu tun hat."

Ich nehme an, etwas an der Art, wie ich es sagte, muss die alte Deb berührt haben, die trotz all ihrer rauen Art ein weiches Herz hatte, denn sie sagte auf ihre verkehrte Art:

„Nun ja – nicht mehr, ich sehe nicht, dass es so ist. Ich meine nur, wenn du ihn in Ruhe lässt , lässt er dich in Ruhe, und es entsteht kein Schaden. Du wirst mehr Zeit für deine Bücher und für … haben Pass ein bisschen auf deine Kleidung auf. Weißt du, ich habe dir oft gesagt, dass du nie einen Freund bekommen wirst, solange du so mit dem Zigeunertum umgehst .“

„Deborah, wie kannst du es wagen!“ schrie ich wütend. „Du weißt sehr gut, dass –“

„Dass ich für nichts auf der Welt einen Liebhaber hätte“, wollte ich sagen und mich zutiefst beschwören; aber in diesem Moment öffnete Mutter die Tür und schaute in die Küche. Sie hatte immer noch ihre Brille auf der Nase und einen offenen Brief in der Hand.

„Margaret, ich will dich“, sagte sie kurz, „im Wohnzimmer.“

„Ich kann jetzt nicht kommen, Mutter“, antwortete ich. „Die Kuchen werden verbrennen.“

„Deborah wird sich um die Kuchen kümmern“, sagte Mutter, und ich wusste an ihrem Tonfall, dass ich tun musste, was sie mir befahl. „Ich will dich sofort.“

Ich wusste, worum es ging. Vor zwei Tagen hatte ich einen Brief von Joyce erhalten. Es brachte mir keine Neuigkeiten; sie war mit ihrem Wandteppich weitergekommen; sie hatte sich eine neue Motorhaube zurechtgestutzt; Tante Naomis Rheuma war nicht besser; Sie hoffte, dass die Gicht ihres Vaters nicht zurückgekehrt war – bis zum Schluss gab es keine Neuigkeiten. Dann sagte sie, sie sei mit einer alten Dame, die in der Nähe von Tante Naomi lebte, in der Royal Academy of Pictures in London gewesen und habe dort Captain Forrester getroffen.

Sicherlich war dies eine Neuigkeit, die für einen Brief ausreichte. Aber warum hatte Joyce es ganz am Ende platziert? Und warum beeilte sie sich so schnell wie möglich, ohne irgendeinen Kommentar dazu abzugeben? Das war noch eines der Dinge an Joyce, die ich nicht erkennen konnte. Warum war sie nicht stolz auf ihre Verlobung? Warum wollte sie nie darüber sprechen? Ich dachte, wenn ich mit einem Mann verlobt wäre, den ich liebte, wäre ich sehr stolz darauf, wohingegen sie das Thema offenbar stets meiden wollte.

Natürlich war es schrecklich, von ihm getrennt zu sein, aber dann sollte es ihr die Last erleichtern, mit jemandem darüber zu sprechen , der wie ich mit ihr sympathisierte. Aber ich wusste genau, warum das so war. Es entsprang alles dieser überstrapazierten Pflichtvorstellung. Sie hatte ihrer Mutter versprochen, Frank nicht zu sehen, ihm nicht zu schreiben und nicht über Frank zu sprechen, und sie hielt sich so strikt an den Wortlaut dieses Versprechens, dass sie nicht einmal mit mir über ihn sprechen würde.

Als ich Joyces Brief zum ersten Mal gelesen hatte , war ich wütend auf sie gewesen, weil sie ein kaltherziges Mädchen war, aber jetzt war ich nicht wütend auf sie. Ich bewunderte sie, aber ich kam zu dem Schluss, dass ihre Leidenschaft für Selbstaufopferung ihr Lebensglück nicht zerstören sollte, wenn ich es verhindern könnte. Von Angesicht zu Angesicht war es schwierig, Joyce zu schelten. Sie hatte eine Art sanften Eigensinn an sich, der einen überraschte und mit dem man nur schwer umgehen konnte. Aber in einem Brief konnte ich meine Meinung sagen, und ich würde meine Meinung sagen – nicht nur gegenüber ihr, sondern, was weitaus schwieriger war, auch gegenüber meiner Mutter. Als meine Mutter ihren Kopf durch die Küchentür steckte und mich ins Wohnzimmer rief, ahnte ich, worum es ging, und wusste ziemlich genau, was ich sagen würde. Sie drückte mir den Brief in die Hand, setzte sich und schaute über ihre Brille zu mir auf, während ich ihn las. Ihre klaren blauen Augen waren aufmerksam und ein leichtes Stirnrunzeln auf ihrer weißen Stirn. Es war von Tante Naomi und es hieß, dass ein junger Mann namens Captain Forrester gerade Joyce besucht hatte; Sie glaubte, während seiner Anwesenheit eine gewisse Verwirrung bei Joyce zu bemerken, und schrieb daher sofort, um zu erfahren, ob seine Besuche von ihren Eltern genehmigt wurden, da sie keinen Ärger bekommen wollte.

Oh, was war sie für eine schreckliche alte Frau! „Wie können Menschen so engstirnig und egoistisch sein?" Ich sagte zu mir. Mutter beobachtete mich, und Deborah kam ins Zimmer, um das Tuch auszubreiten. Es war nur die Neugier, die sie dorthin brachte.

„Das ist ein lächerlicher Brief", sagte ich grob, warf ihn unwillig weg und schaute trotzig nicht auf die Mutter, sondern auf die alte Frau, die mich mit vorwurfsvollen Augen ansah. „Warum in aller Welt sollte Joyce keinen Besuch von einem Gentleman bekommen – und noch mehr von dem Mann, den sie heiraten wird?"

„Sie wird ihn nicht heiraten, zumindest nicht mit meiner freiwilligen Zustimmung", sagte Mutter und legte ihre Lippen zu einem festen Schwung zusammen, den ich kannte.

„Na ja, dann wäre es natürlich sehr schade, aber ich nehme an, dass es ohne Ihre Zustimmung geschehen muss", sagte ich vorschnell.

„Nun, ich bin mir sicher!" rief Deborah leise und sah mich mit einer Art Protest an. Mutter erhob sich würdevoll, wandte sich an den Tisch und sagte: „Deborah, wärst du so freundlich, den kalten Schinken zu holen?"

Natürlich wusste Deborah, dass sie aus dem Zimmer geschickt wurde, damit ich etwas über die Gedanken meiner Mutter erfahren konnte, und ich selbst war ein Kampf zwischen der Freude darüber, dass Deborah einmal abgesetzt werden sollte, und der Wut darüber, dass sie den Grund für sie erfahren sollte Entlassung. Sie blieb einen Moment und legte die Gabeln mit äußerster Präzision auf den Tisch. Dann, als sie das Zimmer verließ, gab sie mir einen freundlichen Stoß und sah mich einen Moment lang mit einer Art humorvoller Freundlichkeit in ihren klugen grauen Augen an.

Mutter nahm den Brief erneut auf. „Wissen Sie, woher Captain Forrester wusste, wo Joyce wohnte?" fragte sie.

„Nein, woher soll ich das wissen?" antwortete ich. „Joyce erzählte mir, dass sie ihn zufällig an der Royal Academy getroffen hatte. Ich nehme an, er hat herausgefunden, wo sie war. Wo ein Wille ist, ist auch ein Weg."

„Aber er verpflichtete sich, nicht zu versuchen, sie zu sehen", bemerkte die Mutter streng. „Sein Verhalten ist unehrenhaft."

„Nun, vielleicht machst du ein paar Zugeständnisse", rief ich. „Das zeigt, dass er sie liebt; es zeigt, dass sie mit ihm glücklich sein wird. Und sieh mal, Mutter", fügte ich in einem plötzlichen Wahnsinn der Offenheit hinzu, „das glaube ich." Wenn ich die Chance hätte, irgendetwas zu tun, um sie zusammenzubringen, sollte ich es tun.

Mutter sah mich starr an. „Nein, das würdest du nicht", sagte sie schließlich. „Sie sind eigensinnig und irren sich, aber Sie sind ehrlich. Sie haben Ihr Wort genommen, dass Sie sich ein Jahr lang nicht einmischen oder die Angelegenheit niemandem gegenüber erwähnen würden, und Sie werden Ihr Wort halten."

Ich wusste sehr gut, dass sie recht hatte, aber ich sagte mutig: „Joyce ist meine Schwester, ich liebe sie, ich möchte, dass sie glücklich ist, und ich werde tun, was ich kann, um sie glücklich zu machen."

Mutter sah mich immer noch an. „Du vergisst, dass ich möchte, dass auch Joyce glücklich ist", sagte sie. „Wenn sie deine Schwester ist, ist sie auch meine Tochter." In ihrer Stimme lag ein Zittern, ob vor Wut oder Kummer, ich wusste es nicht.

„ Natürlich weiß ich sehr gut, dass Sie sich um sie und ihr Glück kümmern", sagte ich; „Aber vielleicht sehen Sie nicht, was das Beste dafür ist. Wie können alte Menschen, deren Jugend schon so lange vorbei ist, sich daran erinnern, wie junge Menschen sich fühlen? Sie können nicht so gut wissen wie andere, was junge Menschen brauchen, um glücklich zu sein." ihres Alters können.

„Vielleicht können sie aber etwas besser nach vorne blicken“, sagte Mutter, ohne sich dazu herabzulassen, mit mir zu streiten. „Wie dem auch sei, ich glaube nicht, dass ich Sie bitten werde, mir beizubringen, was für das Glück meiner Kinder am besten ist. Natürlich kann es sein, dass ich völlig falsch liege, aber ich werde versuchen, meinen eigenen Weg durchzusetzen, solange ich es kann.“ kann, obwohl ich sehr gut weiß, dass wir nicht die Pflicht und Ehrerbietung erwarten können, die wir unseren Eltern erwiesen, als ich in deinem Alter war.“

Ich hatte das Gefühl, dass die Zurechtweisung verdient war, und schwieg.

„Auf jeden Fall geht es dich nichts an“, fuhr Mutter fort. „Wenn die Sache geklärt werden muss, würde ich es lieber mit Joyce selbst ausfechten. Wenn sie darauf besteht, den jungen Mann zu heiraten, kann sie das wohl tun. Sie ist volljährig.“

Ich antwortete ihr nicht, aber ich lachte. Die Vorstellung, dass Joyce darauf bestehen sollte, irgendetwas zu tun, war zu lächerlich. Und natürlich wusste die Mutter das ganz gut, so dass es ihr gegenüber nicht ganz fair war.

Nachdem ich einmal angefangen hatte zu lachen, wurde der Bann meiner Verstimmung jedoch gebrochen, und ich sagte mit ganz anderer Stimme: „Komm, Mutter, du weißt sehr gut, dass Schwester viel zu sanft ist, und liebt dich viel zu sehr, um jemals etwas gegen deinen Willen zu tun, also ist das doch lächerlich, nicht wahr?“

Mutter lächelte. „Ja, ja, sie ist ein gutes Mädchen“, sagte sie. „Ihr seid beide gute Kinder, aber ihr dürft nicht so selbstgenügsam und eigensinnig sein.“

„Nun, ich glaube, ich bin eigensinnig“, sagte ich; „Es tut mir leid. Aber Joyce nicht. Ich finde, man sollte ihr weniger zumuten als den Leuten, die es tun. Ich glaube, wenn niemand die Kämpfe von Joyce ausfechten würde, würde sie sich sofort auslöschen lassen.“

Und tatsächlich kam am Nachmittag mit der Post ein Brief von Joyce, der meine Mutter mehr befriedigte als mich. Darin wurde erklärt, dass Kapitän Forrester uneingeladen und unwillkommen nach Sydenham gekommen sei; und es flehte meine Mutter an zu glauben, dass er nie wiederkommen würde.

Kapitel XVIII.

Donnerstag war der Tag, an dem die Butter gemacht wurde, und an einem Donnerstag Anfang Juni des von mir aufgezeichneten Jahres ging ich über die Steinplatten des Hofes in Richtung der Molkerei, die etwas abseits vom Haus stand. Ich summte leise vor mich hin, während ich ging; Ich war glücklich. Ich hätte nicht sagen können, warum ich glücklich war – denn Joyce war weg und ich hätte einsam sein sollen. Aber der Juni war schön und angenehm, und ich war jung und stark.

Mutter war besonders stolz auf ihre Molkerei. Die breiten, niedrigen Pfannen standen in ihrer Reihenfolge auf den Kommoden an den weiß gekachelten Wänden, jede der vier „Mahlzeiten" an ihrem Platz; Die Haushaltssahne beiseite stellen und andere saubere Pfannen für die Frischhaltung bereithalten. Die warme Sommerbrise wehte durch die Gitterfensterläden, die Tag und Nacht Luft hereinließen, und durch die offene Tür, um die sich die Mittsommerrosen dicht drängten und das Geißblatt seine süßen Ranken umrankte.

Hinter der Tür konnte man das Rasenquadrat sehen, um das herum die breite Einfassung verläuft, auf der altmodische Blumen an der Ziegelmauer emporragten; und hinter der Mauer konnte man in der Ferne nur einen kleinen Streifen Sumpf und Meer sehen. Mutter war noch nicht hereingekommen; aber Ruben hatte schon vor Tagesanbruch gebuttert, und jetzt stand Debora da und hob die Butter aus dem Butterfass, bereit zum Waschen und Pressen.

„Hast du Reuben irgendwo gesehen ?" sagte sie scharf, als ich eintrat.

Ich wusste an ihrer Stimme, dass sie genervt war.

„Ja", sagte ich; „Ich habe ihn gerade verlassen. Willst du ihn?"

„Ich möchte ein paar Reisigbündel für mein Küchenfeuer; aber heutzutage kann man niemanden mehr dazu bringen, nichts zu tun", antwortete sie. „Ruben war nie besonders klug, aber früher war er geschickt; aber jetzt – wenn es nichts gibt, gibt es für Ruben immer etwas zu tun."

„Meine Güte! Wie ist das?" fragte ich.

Deborah schwieg. Sie hatte bereits viel mehr gesagt, als sie es gewohnt war – denn Deborah war keine Rednerin und behielt ihre Beschwerden im Allgemeinen für sich.

„Die Butter wird heute Morgen viel Pressen und Waschen erfordern", sagte sie. „Das Wetter ist schwül und es ist nicht sauber geworden."

Ich krempelte die Ärmel hoch. „Meine Güte! Dann wird es lange dauern?“ sagte ich. Ich hasste es, die Butter zu waschen; es war langweilige Arbeit.

„ Natürlich wird es das“, lachte Deborah grimmig. „Was möchtest du machen? Du bist nicht mit halb so viel Herzblut bei der Arbeit wie deine Schwester!“

„Ah nein“, stimmte ich zu. „Ich bin darin nicht so schlau wie Joyce.“

„Du kannst klug genug sein, wenn du willst“, sagte die alte Frau weise. „Ich wage zu behaupten, dass Sie klug genug sein könnten, diesem Mr. Harrod beizubringen, wie man sich auf der Farm zurechtfindet, wenn Sie es wollten.“

Ich blickte schnell auf. Ich glaube, ich bin rot geworden. Warum hat Deb das gesagt? Aber warum sollte ich erröten, weil sie es gesagt hatte?

„In der Tat sollte ich nicht daran denken, Mr. Harrod etwas beizubringen“, sagte ich und versuchte zu lachen.

„Was! Ist er doch schlau genug geworden, um dir zu gefallen?“ fragte sie mit dem eigenartigen Schnauben, das sie immer ausstieß, wenn sie unangenehm sein wollte. „Ich dachte, du wärst der Meinung, dass niemand über diese kostbare Farm klug genug sein könnte, es sei denn, du würdest es ihnen zeigen.“

„Fiddlesticks!“ sagte ich.

Es war für Deborah sehr ärgerlich, mich in schlechte Laune versetzen zu wollen, obwohl ich in so guter Stimmung hereingekommen war.

„Hast du deinen Vater gesehen?“ fragte sie plötzlich.

„Nein“, antwortete ich. „Will er mich?“

„Er hat nach dir gefragt. Ich wollte, dass du hinaufgehst und diesem jungen Kerl das Feld zeigst, wo er die Rüben hinpflanzen möchte.“

Wieder der Gerichtsvollzieher. Was war mit Deborah los, dass sie mich und ihn nicht in Ruhe lassen konnte?

„Mr. Harrod kennt sich inzwischen gut genug im Land aus, um es selbst herauszufinden“, sagte ich.

Ich sah Deborah nicht an, aber ich wusste sehr gut, dass ihr Gesicht eine Art trotzigen und verschmitzten Ausdruck trug, den ich kannte.

„Es tut mir leid, dass du immer noch verärgert bist, der arme junge Mann“, sagte sie provozierend.

Doch als sie ein paar Minuten später wieder sprach, klang ihre Stimme ganz anders, und als ich aufsah, sah ich, dass sich eine ungewohnte Sanftheit über ihre harten, rauen Gesichtszüge ausgebreitet hatte.

„Wenn du deinen Vater seit dem Frühstück nicht gesehen hast", fügte sie hinzu, „weißt du es vielleicht nicht, da er schon wieder einen dieser seltsamen Anfänge in seinem Herzen hatte."

„Nein. Was für ein Ding?" fragte ich erschrocken.

„Oh, wissen Sie; das Gleiche wie im Winter, nur nicht so schlimm. Da brauchen Sie keine Angst zu haben", fügte sie hinzu; „Es ist nichts Schlimmes – es dauerte nur ein oder zwei Minuten. Er rief mich an und bat mich um ein Glas Wasser, und ich holte die Frau. Es ging ihm besser, bevor sie kam. Aber ich glaube, er ist weder so jung noch so gut wie er." War."

Das war offensichtlich; Aber weder Deb noch ich haben den Witz verstanden – wir meinten es zu ernst.

„Und ich glaube, er macht sich über etwas Sorgen, Margaret", fügte sie ernst hinzu. „ Wenn dieser neue Kerl ihm also die Mühe erspart, dürften die Leute sich wohl freuen."

Ich fragte mich, ob Deborah dies als Entschuldigung dafür meinte, dass ich zufrieden war, oder als Tadel dafür, dass ich nicht zufrieden war. Ich denke jetzt, dass sie es als keines von beidem meinte, sondern vielmehr als eine Zurechtweisung an sich selbst. Ich nahm es mir jedoch zu Herzen und die Tränen schossen mir in die Augen.

War es mir wirklich wichtig gewesen, Vater wegen dieser Neuerung alle möglichen Sorgen zu ersparen? Hatte ich alles getan, was ich konnte, um Herrn Harrod zu helfen, sich an seiner Stelle einzuleben? Ich war mir nicht sicher. Ich dachte, ich würde mehr tun, und doch dachte ich, ich würde nicht mehr tun. Oh, Margaret, Margaret! Waren Sie damals ganz ehrlich zu sich selbst? Ich nahm ein frisches Stück Butter und begann, es blind zu waschen.

„Komm, komm, du gehst nicht auf die richtige Art und Weise! So kriegst du nie die Milch heraus!" rief Deborah und kam auf mich zu.

„Nein, nein – ich weiß", antwortete ich ungeduldig; und dann, zusammenhangslos: „Aber, oh mein Gott! Was ist der richtige Weg?"

Deborah lachte, aber sanft genug. Sie war eine kluge alte Frau, und sie wusste, dass ich nicht auf die Butter anspielte.

„Nun, ich weiß es selbst nicht richtig", sagte sie, ohne mich anzusehen. „Was man für richtig hält , stellt sich meistens als falsch heraus; und wenn man die Leute dazu bringt, nach rechts abzubiegen, obwohl sie eigentlich nach links abbiegen wollten, ist es höchstwahrscheinlich so, als wäre die linke

Seite der beste Weg gewesen Ich habe sie schon vor langer Zeit beraten ,
denn hier unten ist es ein seltsames Stück Land, und auf lange Sicht muss
jeder sein eigenes Risiko eingehen.

Diese Rede von Deb hatte mir Zeit gegeben, meine lächerlichen Tränen
zu unterdrücken und mein gewohntes Gesicht wieder aufzusetzen; denn ich
hätte mich tatsächlich geschämt, beim Weinen erwischt zu werden, wenn es
doch nichts auf der Welt gab, worüber ich weinen konnte; und gerade als sie
zu Ende gesprochen hatte, kam Mutters Gestalt langsam am Fenster vorbei,
Squire Broderick an ihrer Seite.

„ Oh mein Gott! Was will der Knappe um diese Zeit?" schrie ich
ungeduldig. „Er sollte nicht so oft kommen müssen, jetzt ist Joyce weg."

Deborah sah mich warnend an. Obwohl die Gitterfensterläden
geschlossen aussahen, ließen sie jedes Geräusch herein; und tatsächlich weiß
ich nicht, was mich dazu bewog, diese Rede zu halten, denn ich hatte keine
Abneigung gegen den Gutsherrn. Ich schätze, ich war immer noch ein wenig
verärgert.

„Sie behalten vielleicht eine höfliche Zunge im Kopf?" grummelte
Deborah wütend.

Der Squire war, wie ich bereits sagte, ein großer Favorit der alten Frau,
die sozusagen auf der konservativen Seite des Lagers stand, obwohl es ihr
schwergefallen wäre, die Bedeutung des Wortes zu erklären.

Mutter sprach mit ihrer traurigsten Stimme zu dem Knappen – einer
Stimme, die sie manchmal hervorbringen konnte, obwohl sie von Natur aus
sicherlich keine traurige Frau war.

„Es hat mich sehr verärgert", sagte sie, und ich wusste, dass sie damit auf
das Unwohlsein meines Vaters anspielte. „ Er sagt, es handele sich nur um
Rheuma, und das hoffe ich auch, aber es beunruhigt mich. Er ist nicht mehr
der Mann, der er war, und ich kann mir manchmal vorstellen, dass er etwas
im Kopf hat, das ihn beunruhigt."

Genau die gleichen Worte, die Deborah verwendet hatte; aber was den
Vater besonders beunruhigen sollte, konnte ich nicht erkennen.

„Er denkt zu sehr über diese hochtrabenden Ideen nach, Mrs. Maliphant
, das ist es", antwortete der Gutsbesitzer gereizt. „Es reicht aus, um das
Gehirn eines jeden Mannes zu verdrehen."

„Oh, das glaube ich nicht. Ich glaube, es macht ihn munter, an das Elend
der Arbeiterklasse zu denken", erklärte Mutter einfach, ohne den
Widerspruch ihrer Rede zu bemerken. „Ich bin mir sicher, dass er ziemlich

glücklich ist, wenn er von Ihrem Neffen einen Brief über die Treffen über diese Kindereinrichtung erhält. Es ist eine ganz eigene Idee, wissen Sie, und er ist damit zufrieden, so wie wir alle mit dem, was wir uns ausgedacht haben." . Nicht, aber was ich sage, ist eine schöne Vorstellung", fügte Mutter loyal hinzu. „Ich selbst habe Mitleid mit den armen kleinen Dingern; niemand mehr."

Das stimmte. Es war die einzige der „wilden Ideen" des Vaters, von der Mutter auch nur eine Spur hatte.

Mir fiel auf, dass der Gutsbesitzer bei der Erwähnung von Franks Namen die Stirn runzelte. Das hat er immer getan; Ich dachte, ich wüsste warum.

„Ja, das ist alles in Ordnung, Ma'am", sagte er, „aber das Problem ist, dass seine Ernte dadurch nicht wächst. Nein, und wenn er seinen Arbeitern noch einmal halb so viel zahlt wie jeder andere, wird er seine Farm nicht erwirtschaften." zahlen."

Mutter sah den Knappen besorgt an.

„Glauben Sie, dass die Farm nicht zahlt?" fragte sie. „Glauben Sie, dass es daran liegt, dass Laban unruhig wird?"

„Woher soll ich das wissen, meine liebe Dame?" antwortete der Squire auf die gleiche gereizte Weise – er war heute Morgen sehr gereizt – „ Maliphant kennt seine eigenen Angelegenheiten."

Mutter schwieg.

„Nun, ich hoffe, dieser junge Kerl wird der Farm und auch meinem Mann etwas Gutes tun", fügte sie fröhlich hinzu. „Ich erwarte viel von ihm und kann Ihnen, Squire Broderick, nicht genug dankbar sein, dass Sie die Angelegenheit für uns geregelt haben. Er ist ein klarer, vernünftiger junger Mann, und ich mag ihn sehr."

„Ja, Harrod ist ein durch und durch guter Kerl", antwortete der Gutsbesitzer herzlich. „Er *ist* offenherzig, manchmal zu sehr gegenüber seinen Älteren, aber das liegt daran, dass er mit ganzem Herzen bei der Arbeit ist. Er kümmert sich um nichts anderes, und das kann man nicht von jedem Mann sagen, der für das Geld eines anderen Mannes arbeitet." ."

Sie waren vor dem Fenster stehen geblieben und hatten die ganze Zeit still gestanden und geredet. Ich nehme an, Mutter hat vergessen, dass Deb und ich unbedingt drinnen sein mussten, um unsere Geschäfte zu erledigen, und dass das Gitter offen war.

„Ich mag ihn sehr", fuhr sie fort; „Aber ich glaube nicht, dass Laban viel von ihm hält, und Margaret auch nicht. Margaret lehnte sein Kommen von Anfang an ab, wissen Sie ; und wenn Margaret ihr Gesicht gegen irgendetwas richtet – nun ja, du kannst sie nicht führen, dann ist es Fahren. Es ist genauso, wenn sie etwas will. Du kannst fahren und fahren, aber du wirst sie nicht von diesem Ort vertreiben . Es ist sehr schwer zu wissen, wie man mit einer solchen Natur umgeht, Mr. Broderick, besonders wenn man an ein Mädchen gewöhnt ist, das so sanft ist wie Joyce. Aber da haben beide ihre Vorzüge und ihre Nachteile. Weit davon entfernt von ihrer Mutter, das zu leugnen.

Knappe Broderick lachte, und dann lachte auch Mutter, und beide kamen um die Ecke und traten durch die Tür herein. Mutter zuckte ein wenig zusammen, als sie mich sah, und der Knappe lächelte neugierig. Aber ich lächelte nicht; Ich kochte vor Wut.

„Warum, Deborah, du hast dich früh an die Arbeit gemacht", sagte Mutter, ohne mich anzusehen. „Warum hast du mich nicht angerufen?"

„Ich wusste es nicht, da ich überhaupt anrufen musste", antwortete Deborah grob, und ich glaube in meinem Herzen, dass sie umso rauer war , weil ihr die Worte meiner Mutter über mich nicht gefielen. „Sie haben Ihre Arbeit zu erledigen, Ma'am, und ich habe meine. Ich ging davon aus, dass Sie gekommen wären, als Sie wollten, aber das war kein Grund, warum Margaret und ich warten und Däumchen drehen sollten."

Mutter antwortete nicht. Ich spürte, wie der Blick des Gutsbesitzers noch immer auf mir ruhte, und ich schaute auf und warf ihm einen kühnen, wütenden Blick zu. Ich bin mir sicher, dass meine Augen geblitzt haben müssen, und ich glaube, dass meine Lippen die harten Linien geformt hatten, von denen meine Mutter mir immer erzählte, dass sie mich so hässlich aussehen ließen. Ich hasste es, dass der Gutsherr mich ansah, und er schien es zu erraten, denn er wandte sich sofort ab, und hinterher erinnerte ich mich daran, wie er es getan hatte und dass sein Gesicht irgendwie fast zärtlich ausgesehen hatte.

Aber Mutter schien sich überhaupt nicht darum zu kümmern, dass ich ihre Worte mitgehört hatte; Sie fing an, den Rock ihres weichen grauen Kleides hochzukrempeln und die Ärmel hochzukrempeln. Mutter trug immer Grau, wenn sie nicht den alten schwarzen Satinbrokat trug, der ihrer eigenen Mutter gehört hatte und der nur an Feiertagen und Feiertagen herauskam. Sie hatte gesagt, sie würde nie wieder Farben tragen, als unser kleiner Bruder vor vielen Jahren starb; und ich bin froh, dass sie es nie getan hat, denn ich möchte mich nur in den sanften Tönen an sie erinnern, die so gut zu ihr passten. Schwarz, grau oder weiß – sie trug nie etwas anderes.

„Die Molkerei ist nicht das, was sie ist, wenn Joyce zu Hause ist", sagte sie abfällig zum Gutsherrn.

„Natürlich, Ma'am, ich verstehe nicht, was daran falsch sein soll", erklärte Deborah. „Es ist schwer, weil sie, wenn sie nicht im Leerlauf sind, über sie gestellt werden sollten, wenn sie zu Hause bleiben und arbeiten."

Ich sah Deborah überrascht an. Sie war es nicht gewohnt, Joyce herabzusetzen.

„Warum, das Lokal sieht so aus, als könnte man vom Boden essen. Was wollen Sie mehr, Mrs. Maliphant ?" lachte der Knappe, kam auf mich zu und stellte sich neben mich. „Und ich bin mir sicher, dass niemand einen besseren Streich erfinden könnte als Miss Margaret."

„Margaret ist es eher gewohnt, im Freien zu arbeiten", sagte Mutter, woraufhin Deb einen ihrer Schnauben ausstieß. Ich wusste nicht warum, außer aus purem Widerspruch, denn sie hatte fünf Minuten zuvor selbst die Schuld daran gegeben, dass ich Butter gemacht hatte.

„Sie scheinen reichlich Sahne zu haben", sagte der Knappe und ging umher.

„Ja", antwortete Mutter; „Unseren Kühen geht es jetzt gut, obwohl Daisy in ihren Eimer reichhaltigere Sahne geben wird als alle anderen zusammen." Dann fügte sie hinzu, ohne mich anzusehen: „Margaret, du brauchst jetzt nichts mehr zu tun. Dein Vater hat nach dir gefragt. Geh zu ihm und komm zurück, wenn er mit dir fertig ist."

Ich wischte mir schweigend die Arme ab und schlug die Ärmel herunter. Ich hatte kein einziges Wort gesagt, seit sie hereingekommen war. Sie sah mich an, aber ich erwiderte ihren Blick nicht. Ich war ein verrücktes, dummes Mädchen, und als ich dachte, dass meine Mutter ungerecht zu mir gewesen war , versuchte ich, sie dafür büßen zu lassen.

Ohne ein Wort zu jemandem zu sagen, verließ ich direkt die Molkerei, und erst als ich draußen war, sah ich, dass der Gutsbesitzer mir gefolgt war. Er redete mit mir, also musste ich ihm zuhören.

„Ja", sagte ich vage als Antwort – denn natürlich bezog sich die Bemerkung, obwohl ich sie nicht ganz verstanden hatte, auf meine Schwester, „Ja, Joyce geht es sehr gut; aber sie kommt noch nicht zurück." . Ich möchte noch nicht, dass sie zurückkommt. Ich finde, dass es so gut für sie ist, weg zu sein. Wenn sie zu Hause ist, möchte Mutter sie jede Minute haben. Es geht nicht immer darum, etwas zu tun, aber es soll immer so sein Dort. Und Joyce ist gut. Sie scheint immer froh darüber zu sein, kein eigenes freies Leben zu haben. Aber sie kann nicht wirklich zufrieden *sein* . *Ich* konnte nicht. Wie auch immer, es kann nicht gut für sie sein, so furchtbar selbstlos zu sein; denkst du so?"

In meinem Eifer zog ich den Gutsbesitzer tatsächlich in mein Vertrauen. Er lächelte.

„Miss Joyce schien mir immer sehr zufrieden damit zu sein, die Dinge im Haus zu erledigen, die Ihre Mutter sich gewünscht hatte", sagte er. „Du darfst nicht jeden einzeln beurteilen. Die Leute versuchen im Allgemeinen, etwas von dem zu bekommen, was sie wollen, denke ich. Deine Schwester ist nicht so unabhängig wie du."

„Nein", stimmte ich düster zu, „das ist sie nicht. Sie ist das, was die Leute als weiblicher bezeichnen . Ich war nie für eine Frau bestimmt. Vater sagt immer, ich hätte ein Junge sein sollen."

„Ich glaube nicht, dass Frauen alle unweiblich sind, weil sie unabhängig sind", sagte der Gutsherr. Und dann fügte er mit leiserer Stimme hinzu: „Ich glaube nicht, dass du unweiblich bist."

Wir waren am Rasen vorbeigekommen und standen dort einen Moment vor der Veranda. Die Bienen waren zwischen den Sommerblumen geschäftig, und der Duft von Rosen und Reseda, von Wicken und Heliotrop lag schwer in der Luft. Die Sonne strahlte auf unsere Köpfe und auf das grüne Sumpfgebiet unterhalb der Klippe und auf das Meer in der Ferne. Es war ein heller, heißer Junitag. Ich ging gerade hinein, als der Gutsbesitzer seine Hand auf meinen Arm legte.

„Warten Sie einen Moment, Miss Margaret, ich möchte Ihnen etwas sagen", sagte er.

Ich sah ihn überrascht an. Wollte er mich bitten, bei Joyce für ihn einzutreten? Wenn dem so war, dann war er ganz entschieden an die falsche Person geraten. Aber etwas in seinem Gesicht ließ mich wegschauen.

„Ich werde dich nicht lange aufhalten", sagte er.

Und dann hielt er inne, während ich mit abgewandtem Gesicht wartete.

„Ich glaube nicht, dass Sie übel nehmen werden, was ich sagen werde, Miss Margaret", fuhr er schließlich fort. „Ich kenne dich schon so lange – seit du ein kleines Mädchen warst –, dass ich nicht das Gefühl habe, ich würde mir eine Freiheit herausnehmen, wie ich es tun sollte, wenn du ein Fremder wärst. Ich glaube nicht, dass du dich daran erinnerst, wie Ich habe dir immer dabei geholfen, aus den Deichen zu klettern, wenn du dich nach Regenfällen im Sumpf ducken musstest, und wie ich dich in das Zimmer der Haushälterin im Herrenhaus mitgenommen habe, um dein Kleid trocknen zu lassen, damit du es nicht erwischst in einen Kratzer geraten? Aber *ich* erinnere mich noch sehr gut daran und an die Kuchen mit der Brombeermarmelade, die du früher so geliebt hast, und an die Karussells, die du nach den Schulfesten auf meinem Rücken hattest."

Er hielt einen Moment inne, als suche er nach einer Antwort. Ich gab ihm keines, erinnerte mich aber sehr gut an alles, worauf er anspielte.

„Es macht dir nichts aus, wenn ich spreche, oder?" wiederholte er noch einmal.

„Oh nein, das macht mir nichts aus", antwortete ich mit einem kleinen Lachen.

„Da ich dich schon dein ganzes Leben lang so kenne, liegt mir so viel an dir", fuhr er fort, „dass ich es nicht ertragen kann, zu sehen, wie du dir selbst Unrecht tust."

Ich sah ihn jetzt direkt an. Ich war schließlich verärgert über das, was er sagen würde, wie ich wusste. Aber die Freundlichkeit und Sanftmut seines Gesichts entwaffnete mich.

„Du meinst, dass ich mich meiner Mutter gegenüber nicht gut benehme", sagte ich, während die Röte plötzlichen Ärgers aus meinem Gesicht verschwand. „Mutter versteht mich nicht. Ich kann nicht immer der gleichen Meinung sein wie sie. Ich verstehe nicht, warum Menschen immer der gleichen Meinung sein müssen wie ihre Verwandten; aber daraus folgt nicht, dass sie es sind." undankbar und herzlos, weil sie es nicht sind. Ich habe Mutter sagen hören, dass sie nicht glaubt, dass ich mich mehr um sie kümmere als um jeden Landstreicher auf der Landstraße; aber das stimmt nicht."

Der Knappe lachte.

„Nein, natürlich ist es nicht wahr", sagte er, „und Frau Maliphant glaubt es nicht."

„Oh ja, ich glaube, das tut sie manchmal", beharrte ich. „Sie möchte, dass ich wie Joyce bin. Aber ich werde nie wie Joyce sein!"

„Nein", stimmte der Knappe entschieden zu, „ich glaube nicht, dass Sie das jemals tun werden. Aber ich wollte nicht speziell über Ihre Mutter sprechen, obwohl das, was ich sagen wollte, stimmt Stellen Sie sich vor, was sie heute beunruhigte.

Ich biss mir auf die Lippe. Wollte er Mr. Harrod meinen? Er machte erneut eine Pause.

„Ich fürchte, Ihr Vater ist sehr bedrängt und beunruhigt, Miss Margaret“, sagte er als nächstes. „Mit großer Trauer habe ich in letzter Zeit festgestellt, wie traurig er gealtert zu sein scheint.“

"Denkst du so?" sagte ich. „Ich weiß nicht, worüber er belästigt werden sollte.“

„Die Führung einer Farm ist eine sehr belastende Sache: Sie erfordert die ganze Aufmerksamkeit und Sorgfalt eines Mannes. Und selbst dann lohnt es sich nicht immer“, sagte der Gutsbesitzer ernst.

Ich habe nicht geantwortet; Ich war verwirrt.

„Dein Vater wird alt“, fuhr er fort, „und es ist schwer für einen Mann, wenn er alt ist, solchen Dingen so viel Aufmerksamkeit zu schenken wie in seiner Jugend und Stärke.“

„Ich glaube nicht, dass er so alt ist“, sagte ich halb verärgert; „Aber vielleicht interessiert er sich nicht so sehr für die Landwirtschaft wie manche Leute. Vielleicht interessiert er sich mehr für andere Dinge.“

„Vielleicht“, sagte der Gutsbesitzer ausweichend. Dann fing er von neuem an und fügte schnell hinzu: „Ich hatte gehofft, dass dieser neue Gerichtsvollzieher ihn von einigen Ängsten befreien würde; aber ich fürchte, dass mit seiner Anwesenheit Unannehmlichkeiten verbunden sind, die für einen Mann vom Temperament Ihres Vaters besonders ärgerlich sind.“ ."

„Nun, ich denke, es ist natürlich, dass ein Mann, der sein ganzes Leben lang sein eigener Herr war, etwas dagegen hat, den Rat eines Jüngeren zu befolgen“, sagte ich, diesmal ziemlich hitzig.

„ Natürlich ist es das“, stimmte der Gutsbesitzer zu; „Aber trotzdem braucht die Farm den Kopf und das Herz eines jüngeren Mannes, damit sie so gedeiht, wie sie sollte. Und jetzt komme ich zu dem, was ich sagen wollte, Miss Margaret. *Sie* können mehr tun als.“ irgendjemand sonst, der die Schwierigkeiten glättet. Du musst deinen Vater überreden, Harrod seinen eigenen Weg zu lassen. Er ist ein eigensinniger Kerl, das sehe ich; und er wird nichts tun, er wird kein Interesse daran zeigen, wenn ihm widersprochen wird Bei jedem Schritt. Das würde niemand tun. Es gibt viele Arten moderner Verbesserungen, die in Knellestone nötig sind. Dein Vater hat sich immer dagegen gewehrt, weil er der Meinung war, dass es den Arbeitern gegenüber nicht fair wäre; aber sie werden kommen müssen, und ich weiß Nun gut, Harrod wird nicht lange hier bleiben und sie nicht bekommen. Kein Mann, der seinem Arbeitgeber gegenüber ehrlich ist, würde das tun. Jetzt müssen Sie der Vermittler sein“, fuhr er fort, noch ernster, wenn auch mit leiser Stimme. „Sie müssen Ihren Vater dazu bringen, die Dinge vernünftig zu sehen, und Sie müssen freundlich zu Harrod sein: Zeigen Sie ihm, dass Sie an seinen Verbesserungen interessiert sind, und überzeugen Sie ihn, dass Ihr Vater das auch tut. Das wird er auch tun, wenn er sieht, wie sie funktionieren." Ich sehe, dass viel von Ihnen abhängt, Miss Margaret. Sie sind ein kluges Mädchen; Sie können es schaffen – *wenn Sie wollen* .

Ich wandte mein Gesicht weiter zur Seite als je zuvor; Tatsächlich glaube ich, dass ich mir den Rücken gekehrt habe. Ich antwortete nicht – ich wusste nicht, was ich antworten sollte.

„Und *das wirst du* , ich weiß", fügte er mit überzeugender Stimme hinzu. „Ich verstehe durchaus, dass es für Sie zunächst nicht angenehm ist, aber es wird so, wenn Sie sehen, dass *Sie* viel tun können, um die Dinge reibungslos zu gestalten, wenn Schwierigkeiten auftreten. Ich bin sicher, dass es ein großer Trost für Sie sein muss." Denken Sie daran, wie viel Sie Ihrem Vater noch helfen können – genauso viel wie früher, als Sie es noch mehr auf Ihre eigene Art und Weise hatten. Niemand sonst kann ihm so helfen wie Sie ihm helfen können."

„Oh, ich glaube nicht wirklich, dass er Hilfe will", sagte ich – aber eher um etwas zu sagen, als aus Überzeugung.

„Nun, ich glaube, er will mehr, als Sie denken", beharrte der Gutsherr. „Um Himmels willen möchte ich keinen Schatten auf Ihr junges Leben werfen, Miss Margaret", fuhr er ernst fort; „Aber ich habe das Gefühl, dass es zu einem wahren Freund gehört, dass ich das bis zu einem gewissen Grad tun sollte. Deine Mutter ist eine zärtliche Gehilfin und eine bewundernswerte Krankenschwester, das weiß ich; aber es gibt noch andere Dinge, die ein Mann neben der medizinischen Versorgung braucht." und Umschläge. Es könnte die Zeit kommen, in der er sich wegen einiger Dinge an Sie wenden wird, und ich denke, Sie sollten sich auf diese Zeit vorbereiten."

Er sagte nichts mehr. Aber nach ein paar Augenblicken streckte er seine Hand aus.

„Auf Wiedersehen", sagte er. „Wann immer du einen Freund willst, muss ich dir nicht sagen, dass du einen im Manor hast."

Er war weg, und ich hatte mit gesenktem Kopf dagestanden und nie ein Wort geantwortet. Ich verstand damals nicht alles, was er gesagt hatte, und auch nicht, was er mit seinen Zweifeln und Ängsten gemeint hatte, obwohl mir seine Worte in späteren Jahren sehr lebhaft in den Sinn kamen, ebenso wie andere Worte von Deborah; Aber eines war mir schon damals ganz klar, und das war, dass alle – von Joyce und Deborah bis zu Mutter und dem Gutsherrn – der Meinung waren, dass ich mich mit dem neuen Gerichtsvollzieher anfreunden sollte, und dass ich dies noch nicht ausreichend getan hatte.

KAPITEL XIX.

Von da an gab ich mich vorbehaltlos dem Rat des Gutsherrn hin. Ja, ich schreckte nicht einmal vor einem möglichen Vorwurf der Inkonsistenz zurück. Deborah könnte mich auslachen, wenn sie wollte, Reuben könnte aus seinem starren Schweigen schief blicken, Mutter könnte nachdenken; aber ich war überzeugt; Ich wusste, was ich tun musste, und ich würde Trayton Harrods Freund ertragen. Das habe ich mir selbst gesagt. War ich ganz ehrlich? Auf jeden Fall war ich sehr zufrieden.

Eines Morgens – es muss etwa eine Woche nach den Worten des Gutsbesitzers an mich gewesen sein – hatte ich Gelegenheit, auf unsere Klippe hinauszugehen, um einige Stecklinge auszupflanzen, die Joyce besorgt und mir aus London geschickt hatte. Ruben war im Obstgarten nebenan und mähte das Gras unter den Apfelbäumen. Er erledigte solche Arbeiten, als es nur wenige Hände gab. Der Obstgarten war nur durch eine Mauer vom Garten getrennt, und Reuben und ich führten auf der anderen Seite eine lebhafte Unterhaltung.

„Ich habe gehört, wie Mister Harrod dafür gesorgt hat, dass er den Master davon überzeugt hat, dieses Jahr neue Hopfensorten entlang des Hügels pflanzen zu lassen, Miss“, sagte Reuben.

„In der Tat“, sagte ich. „Nun, ich nehme an, unsere Sorte ist nicht besonders gut.“

„Das ist ihre Sache, wie sie wissen“, antwortete der alte Mann. „Der Herr hat für jeden Teil Wachstum geschaffen, und es ist schlecht, im Angesicht des Herrn zu fliegen .“

„Nun, Mr. Harrod weiß es“, erklärte ich.

„Nein, Miss, er ist nicht hier geboren und aufgewachsen. Aber ich sage zu ihm: ‚Fragen Sie Jack Barnstaple ‘, sage ich. ‚Er weiß es‘, sage ich.“

„Das haben Sie Herrn Harrod gesagt, Reuben!“ rief ich aus.

„Ja, Miss“, antwortete er, „das habe ich.“

„Nun, ich denke, es war sehr unhöflich von dir, Reuben. Das ist alles, was ich zu sagen habe.“

„Nein, Fräulein, ich habe Sie sagen hören, dass es nicht gut sei, einen Fremden zu meistern“, grinste Reuben. „Sie verstehen es nicht.“

„Wenn ich das gesagt hätte, hätte ich einen großen Fehler gemacht“, antwortete ich halb verärgert. „Ich denke, Mr. Harrod ist sehr nützlich.“

„Nun, Miss, wenn er Goldings anstelle von Early Prolifics einpflanzen möchte , wird er keine Veränderung aus dem Boden kriegen, das ist es, was ich sage. Sie werden für niemanden gedeihen, und das werden sie auch nicht Tu es, um ihm zu gefallen.

Reuben schulterte seine Sense, während er die letzten Worte sagte, und ging zu einem weiter entfernten Teil des Obstgartens, und ich machte mich an die Arbeit beim Pflanzen. Zu diesem Zeitpunkt wusste ich ziemlich genau, dass es schlimmer als Zeitverschwendung war, sich auf die Seite von Mr. Harrod gegen Reuben zu stellen.

Ich fragte mich, was er gedacht hätte, wenn er gehört hätte, wie ich mich auf seine Seite gestellt hätte. Aber ich glaube nicht, dass er viel darüber nachgedacht hat, eine „Seite“ zu haben. Er war zu eifrig bei seiner Arbeit.

Ich machte mich eifrig daran, meine Stecklinge zu pflanzen – so eifrig, dass ich keine Schritte auf dem Kies hinter mir hörte, und blickte plötzlich auf und sah Mr. Harrod neben mir auf dem Weg stehen. Er sagte nichts, sondern stand eine Weile da und beobachtete mich. Schließlich stand ich auf, mit der Kelle in der Hand, und mein Gesicht war zweifellos sehr rot und heiß unter meiner großen, bedruckten Sonnenhaube.

„Hast du Reuben gerade getroffen?“ fragte ich, eher um etwas zu sagen.

„Nein“, antwortete er; „Ich komme direkt aus dem Zimmer deines Vaters. Er will dich.“

„Wirklich? Nun, ich kann in dieser Minute nicht gehen. Ich muss diesen Job zu Ende bringen. Ich habe ihn eine Woche lang vernachlässigt. Wofür will er mich?“

Ich kniete nieder und begann wieder mit der Arbeit.

„Er und ich haben über einen neuen Plan gesprochen“, sagte Herr Harrod, ohne meine Frage zu beantworten.

„Was ist mit der Zusammenarbeit und den Kinderschulen und so?“ rief ich mit einem Lächeln. „Wird er dich auch dazu drängen?“

„Oh nein; wegen der Farm“, antwortete er. „Sein Besitz an Hopfen ist sehr klein, und es besteht gerade eine gute und ungewöhnliche Chance, Geld zu verdienen. Ich möchte, dass er eine andere kleine Farm übernimmt – speziell für Hopfen.“

„Um eine andere Farm zu übernehmen!“ wiederholte ich.

„Ja“, sagte er; „Aber es gefällt ihm nicht. Ich glaube, er hat etwas anderes im Kopf. Aber die Sache muss sofort entschieden werden, denn ich habe gehört, dass ein anderer Mann hinter ihr her ist.“

"Wo ist es?" Ich fragte mit einem heimlichen Leuchten der Befriedigung in meinem Herzen, dass er kommen und mir das erzählen sollte, wie er es getan hatte.

„Es ist ‚The Elms‘“, antwortete er, „unter der Mühle am Hang dort drüben.“

Ich stand auf und unterbrach meine Gartenarbeit, um zu zeigen, dass ich Interesse an dem hatte, was er sagte. „Ich kenne ‚The Elms‘ gut genug“, sagte ich, „aber ich wusste nicht, dass es vermietet werden sollte.“

„Ja“, antwortete er. „Als der alte Searle starb, hinterließen seine Angelegenheiten ein furchtbares Durcheinander, und die Testamentsvollstrecker haben beschlossen, die Ernte zu einem Schätzwert zu verkaufen und das Anwesen sofort zu vermieten, ohne bis zur üblichen Frist zu warten.“

„Meine Güte, was für eine seltsame Sache!“ sagte ich. „Ich dachte, Bauernhöfe würden nie vermietet, außer zu Michaelis .“

„Niemals ist ein langes Wort“, lächelte Mr. Harrod. „Das ist ungewöhnlich. Aber ich nehme an, dass den Testamentsvollstreckern die Kosten für die Einsetzung eines Gerichtsvollziehers bis Oktober egal sind. Wie dem auch sei, sie scheinen es sofort realisieren zu wollen; und das ist eine gute Chance für uns.“

„Bei ‚The Elms‘ sind doch alles Hopfengärten, nicht wahr?“ fragte ich.

„Ja, Hauptteil.“

„Es scheint mir, dass es entweder eine sehr schlechte Ernte ist, oder dass sie so spät in der Saison einen guten Preis dafür wollen“, sagte ich, nicht unzufrieden mit mir selbst, weil ich die seltene Klugheit dieser Bemerkung ansah.

Aber Mr. Harrod lächelte wieder. „Der Preis wird dem Durchschnitt dessen entsprechen, was die Ernte in den letzten drei Jahren eingebracht hat“, sagte er. „Das ist jetzt Gesetz. Ich würde sagen, etwa 36 Pfund pro Hektar. Zumindest wäre das der Preis, den man pflücken kann, aber zu dieser Jahreszeit wird es einen Preisnachlass geben. Das wird eine Frage privater Verhandlungen sein.“

„Ja“, sagte ich. „Bis zur Ernte wird es noch viele Risiken geben.“

„Natürlich“, sagte der Gerichtsvollzieher halb gereizt. „Aber es handelt sich derzeit in dieser Gegend um die am besten aussehende Ernte. Sie *werden diese frühen* Fruchtsorten hier anbauen . Ich nehme an, das liegt daran, dass sie

sie früher auf den Markt bringen können. Aber sie sind eine schlechte Hopfensorte. Nun, Die Pflanzen bei „The Elms" sind alle Goldings oder Jones."

„Aber sie sagen, dass die Goldings auf unserem Boden niemals gedeihen werden", sagte ich.

„ *Sie* ; wer sind *sie* ?" erwiderte Harrod. „Sie wissen nichts darüber."

„Nein, ich wage zu behaupten, dass du recht hast", beeilte ich mich zu sagen. „Nur Hopfen gilt doch immer als riskant, oder?"

„Alles ist riskant", antwortete er sanfter. „Aber da ich ein Interesse daran habe, die Ernte vorteilhaft zu verkaufen, wenn sie gut ausfällt, glaube ich nicht, dass Ihr Vater dabei einen großen Fehler machen könnte."

„Nun, wenn Sie glauben, dass es eine so sichere Spekulation wäre, sollte Vater natürlich davon überzeugt werden, sich darauf einzulassen", sagte ich.

„Das glaube ich wirklich", antwortete Harrod selbstbewusst.

„Aber vielleicht glaubt er, dass er sich die Miete nicht leisten kann", schlug ich nach einer Pause vor; „Vielleicht hat er nicht das nötige Geld."

„Das kann ich kaum glauben, Miss Maliphant . Ihr Vater gilt in der Grafschaft als reicher Mann", antwortete er lächelnd. „Nein; er meint, das Anwesen sei gut genug, so wie es all die Jahre bestanden habe; aber tatsächlich wäre es weitaus wertvoller, wenn es bessere Hopfengärten gäbe. Hopfen ist das Grundnahrungsmittel der Grafschaft." , und es tut mir leid, sagen zu müssen, dass er nicht so gut in dieser Linie steht wie viele der Bauern in der Umgebung; er möchte, dass ihm jemand den Mut gibt, dieses Wagnis zu wagen. Leider hat er nicht genug Vertrauen in mich und Squire Broderick ist weg in London.

„Ist der Knappe weg?" fragte ich.

„Ja, ich habe mich gerade auf Wunsch deines Vaters erkundigt."

„Ich gehe und rede mit Vater", sagte ich mit jugendlichem Selbstvertrauen, sammelte meine Werkzeuge und war zu glücklich darüber, dass ich der Unterstützer des Mannes war, den ich vor zwei Wochen geschworen hatte, ihn wie einen Vater zu behandeln offener Feind, der sich von irgendwelchen Bedenken beunruhigen lässt.

Wie ich vielleicht wusste, habe ich nicht viel Gutes getan. Aber was Mr. Harrod gesagt hatte, stimmte – Vater war irgendwie beschäftigt. Ich glaube, er hatte einen Brief von Frank Forrester über das Children's Charity Houses Scheme erhalten, und dieser war nicht zufriedenstellend gewesen; denn als ich in sein Geschäftszimmer ging, fand ich ihn eifrig damit beschäftigt, an Frank zu schreiben, und ich konnte ihn erst nach der Post dazu bringen, mir Aufmerksamkeit zu schenken. Dann ließ er mich sprechen.

„Meg, Kind", sagte er, als ich fertig war, „ich bin mir nicht ganz sicher, ob du selbst viel über solche Dinge weißt, aber vielleicht hast du in einem Punkt Recht, und zwar wenn ich mich darauf einlasse." Als Mann, der sich um mein Eigentum kümmert, sollte ich bereit sein, seinem Rat ein wenig zu folgen. Also trinken wir zuerst einen Tropfen Tee und dann gehen wir hinauf und schauen uns seine Hopfen an. "

Und genau das haben wir getan. Mr. Harrod kam nicht zum Tee, aber wir trafen ihn draußen und gingen gemeinsam den Hügel hinauf. Es war immer noch das strahlende Juniwetter der Woche zuvor; Ich glaube, wir hatten noch nie einen so heißen und schönen Sommer wie in diesem Jahr. Nach unserem harten, langen Winter war die Wärme neues Leben und die langen Abende waren sehr herrlich. Der Hauch des gerade verblassenden Flieders, der platzenden Syringa, des schweren Seidelbasts lag in der Luft und wehte hinter Gartenmauern die Dorfstraße hinauf.

Als wir am alten Rathaus vorbeikamen und am Ende der Straße herauskamen, hoben sich die weißen Arme der Mühle vom hellen Himmel ab, wo die Sonne, die immer näher am Horizont sank, den Westen mit Glanz erstrahlte. Vater stand einen Moment lang auf dem Hügelkamm und schaute hinunter ins Tal, an dessen Grenzen die breiten Wiesen der South Downs wieder zu ansteigendem Gelände anwuchsen; ein Bach, der sich durch die Ebene schlängelte und in Abständen von Deichen durchschnitten wurde; Ganz links lag das Meer – eine trübe, blaue Linie über den Baumstämmen, die in einer kleinen Bucht in der Hügelsenke endete, wo das Tal auf das Sumpfgebiet traf.

„The Elms" stand auf der Kuppe des Hügels näher am Meer; Die dazugehörenden Hopfengärten lagen uns zu Füßen. Wir gingen den Hügel hinunter zwischen den Schafen und den kräftigen Lämmern, die leichtfüßig hinter ihren Muttertieren herhüpften; Vater ging langsam voran, Mr. Harrod und ich folgten. Die Hopfenplantagen bedeckten die Hänge und breiteten sich über das Tal auf die andere Seite aus. Wir verließen das Haus links über uns und gingen ins Tal hinunter.

Die Hopfen waren, je nach Sorte, unterschiedlich hoch gewachsen: einige drei Fuß, andere weniger, und die Frauen und Mädchen aus dem Dorf waren im letzten Monat draußen gewesen, um sie zu binden, so dass sie nun die zweite Bindung hinter sich hatten.

Vater und Herr Harrod gingen kritisch durch die Pflanzenreihen und untersuchten sie sorgfältig. Hier und da kniff Trayton Harrod die Blüte einer Rebe ab, die noch drangeblieben war.

„Es ist sehr seltsam", sagte er, „dass das Beschneiden und Verzweigen des Hopfens vor einigen Jahren noch nicht durchgeführt wurde. Ich habe in einem alten Buch gelesen, dass diese Praxis erstmals eingeführt wurde, als die Landwirte bemerkten, wie Hagelkörner die Rebenkronen abrissen." Früh im Sommer ließen die Pflanzen kräftiger wachsen.

Sie gingen wieder weiter, Harrod zeigte Vater, wo der Jones-Hopfen wuchs und wo der Goldings-Hopfen, und argumentierte, dass der Jones-Hopfen für den frühen Export ins Ausland problemlos den Platz der Early Prolifics einnahm und viel schöner und höher wurde Wachstum, während für die spätere Markteinführung die Goldings am besten gewachsen waren. Vater brachte die gleichen Einwände vor wie Reuben: Trayton Harrod kämpfte energisch gegen jeden einzelnen und ging als Sieger hervor, wie er es irgendwie immer tat.

Wir gingen weiter durch die Gärten und dann am Haus vorbei und entlang der Hügelkuppe zurück.

Die Sonne war unter den Horizont gesunken, und das Purpur des Nachglühens lag wie ein Feuerklumpen im purpurnen Westen und sandte auf allen Seiten rote Strahlen weit in den Himmel und überflutete die Wolken mit hundert Farbtönen vom hellsten Rosa bis zum zartesten Violett, dem schwächsten Grün, dem sanftesten Taubenton über unseren Köpfen. Hinter dem Dorf und seinen Häusern stand eine Reihe dunkelköpfiger Kiefern hoch oder beugten ihre Stämme, von den Sturmwinden gebeugt, über die Straße; Vater blieb einen Moment stehen und blickte zwischen ihren roten Stielen in den leuchtenden Himmel. Die Hügel lagen rund um die Ebene, wunderbar blau; Der Sonnenuntergang vergoldete den ruhigen kleinen Bach im Sumpf, bis er wie ein Streifen geschmolzenen Metalls aussah. Er hatte kein Wort gesprochen und seufzte nun halb ungeduldig, als er sich auf den Heimweg machte. Ich erinnere mich, dass Mr. Harrod uns zu diesem Zeitpunkt verlassen hat. Er versprach, zum Abendessen zu kommen, und Vater und ich gingen allein weiter.

Als wir an der Abzweigung der Straße ankamen, wo der Hügel zum Meeressumpf abzufallen beginnt, trafen wir Mr. Hoad , der in seinem schicken kleinen Wagen heraufkam, mit seiner Tochter Jessie an seiner Seite. Ich war dafür, mit einer bloßen Verbeugung an ihnen vorbeizugehen, denn sie machten keine Anstalten, anzuhalten, und ich wünschte kein Gespräch mit einem von ihnen; aber Vater hat den Auftritt abgebrochen.

„ Hoad , kannst du mir ein paar Minuten ersparen?" fragte er. „Ich wäre Ihnen sehr dankbar. Miss Jessie, Sie kommen herein und trinken eine Tasse Tee", fügte er höflich hinzu.

Miss Jessie sagte, dass sie sich sehr freuen würde, zu kommen; aber sie schien nicht erfreut zu sein, und ich fürchte, ich auch nicht. Ich konnte mir nicht vorstellen, warum Vater so bald wieder die Gesellschaft von Mr. Hoad haben wollte; aber ich nahm an, dass es sich um diesen Brief von Frank handeln musste. Offensichtlich schien er darüber verärgert zu sein, obwohl ich zu diesem Zeitpunkt nicht wusste, warum das so war.

Ich nahm Jessie Hoad mit in den Salon, während die beiden Männer ins Geschäftszimmer gingen. Mutter war ziemlich aufgeregt, als ich auf meine unverblümte Art ankündigte, dass diese Besucher zum Tee bleiben würden. Die Anwesenheit einer fremden Frau *bereitete* Mutter immer ein wenig Sorgen, und da Jessie seit dem Tod ihrer Mutter das Oberhaupt des Hauses ihres Vaters war, betrachtete sie sie als Hausfrau. Ich wusste, dass sie sich danach sehnte, ihr bestes Porzellan herauszuholen und die Holland-Decken im Wohnzimmer abzunehmen. Sie war jedoch viel zu gastfreundlich, um dieses Gefühl spüren zu lassen, und sie stand sofort auf, um ihren Gast zu begrüßen.

„Ich freue mich sehr, Sie zu sehen, Miss Hoad ", sagte sie; „Es tut mir leid, dass Joyce weg ist."

„Oh, überhaupt nicht. Bitte erwähnen Sie es nicht, Mrs. Maliphant ", erklärte Jessie mit ihrer harten, hohen Stimme, während sie sich hinsetzte und ihr Kleid vorteilhaft zurechtrückte. „ Natürlich tut es mir leid, Joyce zu vermissen, aber ich freue mich sehr, dich und Margaret zu sehen."

Mein Blut kochte, als ich hörte, wie sie uns so bei unseren Vornamen nannte, und zu sehen, wie sie da saß, mit ihrem kleinen schicken Hut und ihrer kleinen Nase in die Luft gereckt, und auf gönnerhafte Weise mit ihrer Mutter plauderte, und Sie behielt das Gespräch mit allen Neuigkeiten aus der Stadt, die sie zu erzählen hatte, ganz in ihren eigenen Händen.

„Ja, das Thornes' ist ein wunderschönes Haus", sagte sie, „alles im besten Stil und ganz unabhängig von den Kosten. Ich versichere Ihnen, dass das Dessertservice neulich Abend, als Vater und ich dort gegessen haben, ganz aus Gold und Silber bestand." Natürlich war es eine großartige Angelegenheit. Die ganze Grafschaft schwillt dort an. Aber die Sache hätte in London nicht besser gemacht werden können, erkläre ich."

"In der Tat!" antwortete Mutter. „Ich habe nicht viel Ahnung von London."

„Nein, natürlich nicht", sagte Jessie. „Aber Sie haben wohl das Haus der Thornes gesehen?"

„Nein", antwortete Mutter. „Wir gehen nicht dorthin. Mein Mann und Mr. Thorne halten nicht zusammen."

„Oh, tatsächlich!" rief Jessie aus; „Das ist schade. Er und seine Tochter sind die nettesten Leute in der Gegend. Aber wie ich schon zu Mary Thorne gesagt habe, in Ihrem alten Haus herrscht etwas sehr Uriges, und ich kann mir nicht helfen, dass der neue Stil einiges davon kopiert." die alten Häuser."

„Oh, das kann ich nicht glauben", sagte ich halb pikiert. „Es würde sich nicht lohnen."

Hoad aus dem Arbeitszimmer beseitigt .

Mr. Hoad war eher in besserer Stimmung als je zuvor; Seine Augen leuchteten und er rieb sich die Hände, wie es ein Mann tun würde, wenn alles zu seiner Zufriedenheit gelaufen war. Vaters Stirn hingegen war schwer. Wir setzten uns zum Tee. Mr. Harrod kam etwas spät. Er wollte sich gerade zurückziehen, als er sah, dass wir Gesellschaft hatten; Aber Mutter bestand so sehr darauf, dass er seinen gewohnten Platz einnahm, dass es unhöflich gewesen wäre, ihn abzulehnen, obwohl ich sah, dass ihm die Gesellschaft nichts ausmachte.

Hoad vor , die nur unter der Hutkrempe nach oben blickte und sich dann wieder ihrem Muffin zuwandte, als wäre keiner von uns einer besonderen Überlegung wert. Sie wirkte insgesamt so, als wolle sie die ganze Angelegenheit so schnell wie möglich hinter sich bringen. Und das tat sie. Ihr langweiliger Vater hatte nicht mehr als die Hälfte der angenehmen Dinge, die er normalerweise zu uns allen sagte, Zeit, bevor sie ihn auspeitschte.

„Wenn wir nicht sofort gehen, wird es für unseren Besuch im Priorat viel zu spät sein, Papa", sagte sie, erhob sich und blickte auf eine zierliche goldene Uhr an ihrer Taille. Ich vermute, dass sie der Zeit unserer alten Acht-Tage-Uhr, die zwischen den Fenstern stand, nicht traute, aber ich garantiere, dass sie die sicherere von beiden war.

Sie wandte sich an Mutter.

„Es tut mir leid, dass ich so schnell weglaufen muss", sagte sie mit einem äußerlichen Zeichen der Herzlichkeit, „aber Sie sehen, es ist sehr wichtig, direkt nach einer großen Party Karten bei Leuten wie den Thornes zu hinterlassen. Und wenn ich nicht „Wenn ich es heute nicht tue, muss ich morgen absichtlich wieder losfahren."

„Hast du bei Thorne's gegessen, Hoad ?" fragte Vater.

„Ja", antwortete der Anwalt. „Er ist ein selten guter Kerl, und er hat uns ein selten gutes Abendessen beschert."

Vater sagte kein Wort und die Hoads verabschiedeten sich.

„Das überlasse ich Ihnen morgen früh", sagte Mr. Hoad , als er Vater die Hand schüttelte.

Vater nickte, machte aber ansonsten keine Bemerkung. Als die Besucher gegangen waren , wandte er sich an Herrn Harrod: „Ich habe beschlossen, ‚The Elms‘ zu mieten", sagte er kurz. „Wir werden morgen in die Stadt fahren und mit Searles Testamentsvollstreckern sprechen."

„Das stimmt, Sir", sagte Harrod fröhlich. „Ich bin sicher, dass es sich um eine sinnvolle Investition handelt."

„‚The Elms!‘", rief Mutter. „Denkst du darüber nach, Laban?"

„Ja", antwortete er. „Harrod rät dazu."

„Natürlich möchte ich mich nicht gegen Herrn Harrod stellen", sagte Mutter halb zweifelnd. „Aber ich hätte denken sollen, dass unsere eigene Farm ausreichen würde, um sich um sie zu kümmern. Das scheint eine Menge Verantwortung und Geldverschwendung zu sein."

„In ‚The Elms‘ gibt es keine nennenswerte Farm, Ma’am", antwortete Harrod. „Es sind alles Hopfengärten. Deshalb habe ich Herrn Maliphant zum Kauf geraten."

„Liebes", sagte Mutter, keineswegs beruhigt. „Ist das nicht sehr riskant? Ich habe immer davon gehört, dass Hopfen riskanter sei als Kühe, und ich bin mir sicher, dass er schon schlimm genug ist, obwohl Reuben davon überzeugt ist, dass er den Schafen bei der Ablammung nichts ausmacht."

Harrod hatte zuerst ein wenig die Stirn gerunzelt, aber jetzt lächelte er. „In allem steckt ein Risiko", sagte er. „Wenn du durch den Raum gehst, könntest du dir das Bein brechen."

„Du wirst oben im Haus wohnen, Harrod", warf Vater ein. „Es tut mir leid, dass es bisher keinen besseren Ort für dich gab."

„Oh, ich habe es sehr gut gemacht", lachte der junge Mann; „Aber am besten gehe ich jetzt dorthin. Von den Morgenstunden ist es für mich nur ein Schritt hierher zu kommen."

darüber bin ich auf jeden Fall froh", sagte Mutter. „Vater hat ganz recht. Es war für dich als unser Gerichtsvollzieher unpassend, keinen richtigen Platz zu haben „Ich bin da, um nach ihm zu sehen. Die Nichte des alten Dorcas könnte das tun. Sie ist eine Witwe – sie würde ihre Jüngste gerne mitnehmen, aber das würde dir nichts ausmachen", fügte sie hinzu und wandte sich wieder Harrod zu. Ihr Kopf war jetzt voll mit der Sache. Meins war es auch. Wir waren uns einig und diskutierten den ganzen Abend darüber. Dennoch fand ich ab und zu Zeit, mich zu fragen, wie es dazu kommen konnte, dass Vater sich erst nach seinem Gespräch mit Mr. Hoad dazu entschlossen hatte, es mit „The Elms" aufzunehmen. Es hat mich ziemlich geärgert. Mr. Hoad konnte unmöglich so viel über die Landwirtschaft wissen wie Trayton Harrod.

Aber die Sache war erledigt, das war die Hauptsache. Mr. Harrod hatte seinen Willen durchgesetzt, und ich versuchte mir einzubilden, dass ich in irgendeiner Weise maßgeblich dazu beigetragen hätte, ihn zu beschaffen.

KAPITEL XX.

Die Zeit, in der Joyce nach Hause kommen sollte, rückte näher, und ich hatte in der Angelegenheit, in der ich versprochen hatte, ihren Kampf zu führen, absolut nichts getan. Es ist wahr, dass sie mich gebeten hatte, ihren Kampf nicht zu führen, aber ich wollte dagegen ankämpfen, und ich war über mich selbst verärgert, dass ich die Sache so ins Wanken geraten ließ. Bei dem einen Streit, den ich mit meiner Mutter gehabt hatte, war ich so niedergeschlagen gewesen, dass ich voller Demütigung das Gefühl hatte, mein späteres Schweigen müsse wie ein Eingeständnis einer Niederlage wirken.

Tatsache ist, dass ich an andere Dinge gedacht hatte. Trayton Harrod und ich hatten über viele Dinge nachzudenken. Er hatte einen neuen Plan zur Wasseraufbringung ins Leben gerufen.

Unser Dorf war reich an Brunnen; Auch sie waren die Überbleibsel des Wohlstands der Stadt vergangener Zeiten, aber sie lagen alle am Fuße des Hügels.

Trayton Harrod wollte das Wasser von der Quelle oben auf Crofts Hügel in Rohren durch das Tal und wieder auf unseren eigenen Hügel bringen. Er wollte eine Genossenschaft der Einwohner für das Unternehmen bilden. Wenn dies unmöglich war, wollte er, dass Vater es als Privatunternehmen machte und sich dafür revanchierte, indem er den Leuten, die es in ihre Häuser bringen ließen, eine Miete in Rechnung stellte. Aber er stieß überall auf Widerstand. Die Bewohner von Marshlands waren ein hartnäckiger Haufen; sie glaubten nicht an die Möglichkeit der Sache; sie interessierten sich nicht für Innovationen; Sie waren all die Jahre mit Karren, die das Wasser den Hügel hinaufbrachten und es in Brunnen in ihren Gärten speicherten, sehr gut zurechtgekommen, und warum nicht jetzt? Er hatte seinen Standpunkt noch nicht erreicht, weder auf die eine noch auf die andere Weise, und ich war sehr damit beschäftigt gewesen, ihn für ihn zu vertreten; So kam es, dass ich Joyces Geschäft vergessen hatte.

Mutter und ich saßen auf der niedrigen Fensterbank des Wohnzimmers und starrten im schwindenden Licht des Juniabends auf das Ausbessern der Socken und Strümpfe der Familie. Mutter hatte Joyce sehr vermisst. Ich war nicht das, was eine Tochter für sie hätte sein sollen, da ich die alleinige Verantwortung trug; Ich war sehr beschäftigt gewesen, und sie hatte Joyce viel mehr vermisst, das wusste ich sehr gut, als sie gestehen wollte. Da ich das wusste, dachte ich, dass der Moment gut gewählt wäre, um darüber zu sprechen, was Joyces Glück beeinflussen sollte; Ich dachte, ihr Herz wäre sanft zu ihr. Aber in diesem Punkt habe ich mich geirrt. Mutter änderte ihre

Meinung nicht, weil ihr Herz weich war. Sie konnte sehr zärtlich sein, aber sie war sicherlich auch sehr eigensinnig.

Ich eröffnete das Gespräch mit einer Anspielung auf den Brief, den Vater von Captain Forrester erhalten hatte.

„Sein Plan für arme Kinder scheint nicht so einfach in Gang zu kommen, wie er gehofft hatte", sagte ich. „Es tut mir leid. Es wäre eine schöne Sache gewesen, und Vater wird ihm das Herz brechen, wenn es durchbricht."

„Er scheint zu denken, dass der junge Mann nicht den richtigen Weg zur Arbeit gegangen ist", sagte Mutter. „Ich hätte ihm sagen können, dass er nicht der Richtige für den Job ist."

Ich versuchte, meine Beherrschung zu bewahren, und lachte, als ich sagte: „Wenn irgendetwas getan werden könnte , bin ich mir sicher, dass er es tun würde, und sei es nur, um Joyce zu erfreuen."

Mutter sagte nichts. Sie war stolz auf ihre Flickarbeit und hatte sich ein sehr kunstvolles Stück Gitterwerk vorgenommen.

„Er würde alles tun, um Joyce zu gefallen. Ich habe noch nie einen Mann gesehen, der so sehr in ein Mädchen verliebt ist", sagte ich.

„Haben Sie diesbezüglich gute Erfahrungen gemacht?" fragte Mutter auf ihre coolste Art. „Denn wenn ja, würde ich gerne davon hören; Mädchen von neunzehn Jahren haben im Allgemeinen nicht viel Erfahrung in solchen Angelegenheiten."

„Dass er verliebt ist, kann ich ganz gut erkennen", sagte ich und biss mir auf die Lippe. Dann wurde ich plötzlich wärmer und fügte hinzu: „Ich verstehe nicht, warum, Mutter, du dein Gesicht so gegen den jungen Mann richten solltest? Du willst, dass Joyce glücklich ist, nicht wahr?"

„Ja", sagte Mutter leise. „Ich möchte, dass sie glücklich ist."

„Nun, es wird sie nicht glücklich machen, den Mann, den sie liebt, nie wiederzusehen", rief ich; „Nein, und auch nicht die ganze Zeit warten zu müssen, bis sie ihn heiraten kann. Ich habe immer gehört, dass lange Verlobungen für Mädchen schrecklich schlecht sind."

Mutter lächelte. „Ich habe drei Jahre auf deinen Vater gewartet", sagte sie, „und ich bin eine herzliche Frau meines Alters."

„Vielleicht warst du anders", schlug ich vor.

„Vielleicht", stimmte Mutter zu. „Frauen waren zu meiner Zeit natürlich nicht so aufgeschlossen."

„Ich sehe nicht, dass Joyce vorne ist“, rief ich.

„Nein, Joyce benimmt sich anständig, wenn man sie in Ruhe lässt. Sie wird ihre Zeit abwarten, daran habe ich keinen Zweifel“, sagte Mutter.

Ich spürte den verborgenen Stoß, und er war umso schärfer, als ich antwortete: „Du liebst Joyce so sehr, ich hätte denken sollen, dass es dir egal wäre, sie leiden zu lassen.“

Mutter seufzte leicht. Sie nahm meine unhöfliche Verspottung nicht zur Kenntnis.

„Der Herr weiß, es ist schwer zu wissen, was das Beste ist“, sagte sie. „Aber ich würde lieber sehen, dass sie jetzt ein wenig nachgibt, als ihr ganzes Leben im Elend zu verbringen, und es gibt kein Elend wie in einem Zuhause, in dem die Liebe nicht von Dauer ist.“

Der Ernst dieser Rede schämte mich meines Ärgers, und ich sagte sanft: „Aber, Mutter, ich verstehe nicht, warum du denken solltest, ein Mann müsse zwangsläufig wankelmütig sein, weil er sich auf den ersten Blick verliebt.“ Ich verstehe nicht, wie Menschen, die sich ihr ganzes Leben lang gekannt haben, daran denken, sich zu verlieben. Wann beginnt das?

„Ich weiß es nicht, denn ich verstehe diese gewaltige Sache, die ihr jungen Leute ,sich verlieben‘ nennen“, sagte Mutter. „Ich war mir ziemlich sicher, was ich vorhatte, als ich deinen Vater geheiratet habe.“

„Nun, Mutter, ich verstehe nicht , *wie* du vorher ganz sicher sein konntest“, argumentierte ich hartnäckig. „Du hattest Glück, das ist alles.“

„Nein, es ist nicht alles Glück“, sagte Mutter. „Es ist nicht ganz einfach, über fünfzig oder sechzig Jahre lang auf und ab zu reiben; und diejenigen, die gute Arbeit daraus machen wollen, sollten sich lieber auf etwas Robusteres als auf eine bloße Fantasie stützen.“

„Ich sehe nicht, dass sie stärker sein sollen als die Liebe, auf der sie stehen können“, sagte ich. „Und ich dachte immer, Liebe sei eine Sache, die man bekommt, ob man will oder nicht, und die nichts mit den Verdiensten der Menschen zu tun hat.“ "

Es war alles ein tolles Rätsel. Hat Mutter zu wenig Liebe gemacht und ich zu viel?

„Das ist keine Liebe“, sagte Mutter; „Das ist eine Einbildung. Ich bezweifle Menschen, die sich verpflichten, in einer Sache Geduld und Standhaftigkeit zu zeigen, bevor sie es in einer anderen Sache gelernt haben.“

„Was hat Frank Forrester getan, würde ich gerne wissen?“ fragte ich und hatte das Gefühl, dass sie zu hart zu ihm war.

„Nichts, meine Liebe", antwortete Mutter lakonisch.

Und ich seufzte. Es war ganz klar, dass es keine überzeugende Mutter geben würde und dass eine Lockerung der Härte des Urteils für Joyce durch den Vater und nicht durch sie erfolgen musste.

Sie stand auf und entfernte sich, denn das Licht war schwächer geworden und wir konnten nicht sehen, wie wir arbeiteten.

„Wenn ich einen Mann lieben würde, würde ich meine Chance nutzen", war mein Abschiedsspruch.

„Dann, mein Lieber, ist zu hoffen, dass du noch keinen Mann liebst", sagte Mutter, als sie das Zimmer verließ.

Und das war alles, was ich durch mein Bemühen erreichte, die Sache meiner Schwester mit meiner Mutter voranzutreiben. Ich glaube jedoch, dass ich den Ärger, den mein Scheitern in mir verursachte, bald vergaß; Es wurde durch andere und umfassendere Interessen aus meinem Kopf verdrängt.

Mutter und ich waren an diesem Tag oben in „The Elms" gewesen, um die Dinge für Mr. Harrod in Ordnung zu bringen. Wir hatten eine ordentliche Witwe gefunden, die ihn bediente, und Mutter hatte frische weiße Dimity-Vorhänge aus ihrem eigenen Laden angebracht, um sein kleines Wohnzimmer zu verschönern. Als er zum Abendessen hereinkam, war er voller stiller Freude. Ich habe vergessen, was er gesagt hat; er war kein Mann vieler Worte; er war immer in sein Geschäft vertieft; aber ich erinnere mich, dass es, so wenige es auch waren, Worte der liebevollen Dankbarkeit gegenüber der Mutter für eine Art von Fürsorge waren, die er scheinbar nie zuvor gekannt hatte, und ich weiß, dass ich ihm dafür dankbar war – so sensibel verantwortlich ist jemand die Taten eines anderen, der sich einem langsam ans Herz schleicht.

Harrod saß einige Zeit mit seiner Mutter auf dem Rasen und besprach die Qualitäten von Kühen; Sie wollte, dass Vater ihr ein neues schenkte, und sie wollte, dass Harrod für sie eins fand, das genauso gut war wie Daisy, wenn so etwas möglich war. Mit großer Geduld hörte er ihren Erinnerungen an vergangene Favoriten zu und versprach, sein Bestes zu geben; aber ich konnte sehen, dass ihm etwas auf dem Herzen lag.

Ich fragte mich, was es war. Ich begann mich zu fragen, ob Trayton Harrod jemals an etwas anderes gedacht hatte als an die Arbeit, die er tun musste, an die dummen Kreaturen, die ihm dabei über den Weg liefen, und an das schöne oder deprimierende Gesicht der Welt, in der er es tat. Ich erfuhr bald, was es war. Es war etwas, das schon oft besprochen worden war, aber es war noch nie so besprochen worden, wie es an diesem Abend besprochen wurde.

Vater kam mit angezündeter Pfeife heraus; Sein raues altes Gesicht zeigte den verträumtesten und zufriedensten Ausdruck. Er hatte offenbar an etwas gedacht, das ihm Freude bereitet hatte; aber ich glaube nicht, dass es etwas mit der Farm zu tun hatte. Aber Mr. Harrod ging ihm entgegen, und sie schlenderten gemeinsam durch den Garten und standen etwa zehn Minuten lang unter angeregter Unterhaltung am Beet, wo die goldenen Kiemenblumen und die violette Iris nebeneinander blühten.

„Nun, Sie wissen, was ich Ihnen gesagt habe, Mr. Maliphant ", sagte Harrod. „Sie können die Farm niemals rentabel machen, solange Sie an diesen Theorien festhalten. Ihre Männer arbeiten kürzer und erhalten höhere Löhne als alle anderen; und außerdem lehnen Sie den Einsatz von Maschinen absolut ab. Dafür werden Sie das Doppelte brauchen." So lange, um an Ihr Heu und Ihren Weizen zu kommen, wie die anderen Bauern brauchen. Wie können Sie überhaupt mit ihnen konkurrieren?"

„Ich möchte nicht mit ihnen konkurrieren", sagte Vater – „nicht in dem Sinne, dass ich sie überwältige. Ich möchte lediglich, dass die Farm mir genug Ertrag für einen bescheidenen Lebensunterhalt bringt; ich brauche keinen Reichtum."

„Nun, und Sie werden es nicht so machen, wie Sie es tun", sagte Harrod ruhig. „Das werden Sie nicht tun, es sei denn, Sie erlauben mir, die Farm mit den richtigen Maschinen auszustatten und den Männern den angemessenen Arbeitslohn zu entlocken."

„Was ist die richtige Rendite?" fragte Vater und seine Augen leuchteten. „Dass ich das Dreifache des Profits bekomme, den der Arbeiter bekommt? Da bin ich mir nicht sicher. Mein Kapital muss natürlich verzinst werden; aber ich bin nicht sicher, ob das das richtige Verhältnis ist." Seine schweren Brauen waren zusammengezogen, sein Haar war aggressiver als je zuvor, seine Unterlippe zitterte.

Harrod starrte. Er hatte noch nicht gehört, wie Vater seinen Theorien Luft machte, und starrte ihn an.

„Und was Maschinen betrifft", fuhr Vater fort, „ich wähle nicht, dass sie benutzt werden, weil ich es für ungerecht halte, dass Hände arbeitslos gemacht werden, damit ich schneller Geld verdienen kann. Meine Vorstellungen mögen weltfremd sein, aber sie gehören mir, und das Land gehört mir, und ich entscheide mich, es nach meinem Wunsch bearbeiten zu lassen."

„Sicherlich, Sir", antwortete Harrod steif. „Aber weil ich befürchte, dass ich die Farm unter diesen Bedingungen unmöglich zum Erfolg führen kann, würde ich lieber meine Situation aufgeben."

„Sehr gut", sagte Vater; „Das ist, wie du es wünschst." Und er ging weiter ins Haus.

Mutter sah Mr. Harrod einen Moment lang an, als wollte sie ihn bitten, keine Notiz davon zu nehmen und sich an seinen überstürzten Rücktritt zu erinnern. Ihre Augen hatten fast einen flehenden Ausdruck; aber offenbar glaubte sie, dass sie sich am besten an ihren Vater wenden würde, denn sie eilte ihm durch die offene Tür nach.

Trayton Harrod und ich blieben allein auf der Terrasse zurück. Sein Mund war zu einer harten Kurve geformt, die durch sein glattrasiertes Kinn noch deutlicher hervortrat; seine Augen schienen ganz klein geworden zu sein. Ich hatte fast Angst, mit ihm zu sprechen. Er stand einen Moment da, die Hände in den Taschen, und blickte über das Sumpfgebiet hinaus, wo die Dämmerung bereits anfing, braune Schattierungen zu verbreiten, obwohl in den Wolken über ihm noch ein Spiegelbild des fernen Sonnenuntergangs zu sehen war. Er schaute einen Moment lang hin, dann drehte er sich zum Gehen um; aber ich konnte ihn nicht so gehen lassen.

Mir wurde plötzlich schlecht ums Herz, als er gesagt hatte, er müsse Knellestone verlassen. Ich kann mich jetzt daran erinnern. Ich fragte mich nicht, was es bedeutete. Ich glaube, ich dachte, wenn überhaupt, dass es um das Wohlergehen der Farm ging; aber ich erinnere mich noch sehr gut daran, wie es sich anfühlte.

„Oh, Mr. Harrod, das meinen Sie nicht wirklich so!" sagte ich hastig.

„Was meinen?" antwortete er, ohne einen Gesichtsmuskel zu entspannen.

„Dass du deine Arbeit hier aufgibst."

„ Das tue ich tatsächlich ", antwortete er mit einem kleinen, harten Lachen und zeigte dabei seine weißen Zähne. „Ein Mann muss seine Arbeit auf seine eigene Weise erledigen, oder gar nicht."

Ich wusste nicht, was ich noch sagen sollte. Aber er bot nicht an, jetzt zu gehen; Er stand da, die Hände in den Taschen und die Rückenhälfte zu mir gewandt.

"Denkst du so?" sagte ich schließlich zweifelnd.

„Nun, wenn ich meine Arbeit hier nicht so erledigen kann, dass sie zum Vorteil Ihres Vaters ist, betrüge ich ihn, Miss Maliphant – das ist offensichtlich, nicht wahr? Und ich habe einen besonderen Wunsch, ein ehrlicher Mann zu sein ." In seiner Stimme lag Bitterkeit.

„Das sehe ich ein", sagte ich. „Nur wenn du weggehst, wird die Arbeit viel weniger zum Vorteil des Vaters erledigt sein, als wenn du bleibst – auch wenn du sie nicht so machen kannst, wie du willst."

„Das hat nichts mit mir zu tun", antwortete Harrod mit seiner härtesten Stimme. „Ich würde meinem Ruf schaden, wenn ich hier bleibe."

Da überkam mich auch eine Welle der Verbitterung.

„Ich verstehe", antwortete ich kalt. „Sie denken nur an Ihr eigenes Interesse. Nun, wir haben kein Recht, mehr zu erwarten. Sie kennen uns erst seit kurzer Zeit."

Er sagte kein Wort, und ich ging auf die Palisade zu, die den Garten abgrenzte, lehnte meine Arme darauf und blickte auf das Meer hinaus. Nach einer Weile kam er an meine Seite.

„Nun, sehen Sie", sagte er mit sanfterer Stimme, „ein Mann muss seine eigenen Interessen zumindest insoweit berücksichtigen – soweit es darum geht, seine Arbeit ehrlich zu erledigen. Ich halte einen Mann für einen Dieb, der es nicht tut." „Ich werde nicht tun, was er tun muss, um das Beste aus seinen Lichtern herauszuholen."

„Das verstehe ich durchaus", antwortete ich. „Ich verstehe durchaus, dass es für Sie angenehmer wäre, wegzugehen."

„Es würde mir sehr leid tun, wegzugehen", antwortete er schlicht. „Ich mag den Ort, und ich mag die Arbeit, und ich mag die Leute."

„Warum gehst du dann?" fragte ich unverblümt.

„Ein Mann muss seine Überzeugungen haben", wiederholte er hartnäckig.

Ich sah jetzt zu ihm auf.

„Ja", sagte ich bestimmt. „Vater hat auch seine Überzeugungen. Es sind nicht deine Überzeugungen, aber sie liegen ihm genauso am Herzen. Das solltest du berücksichtigen."

„Ich erlaube es mir in jeder Hinsicht", antwortete er; „Nur, ich sehe nicht, wie sich die beiden Gruppen vermischen können."

„Sie sagten gerade, dass ein Mann seine Arbeit auf seine eigene Weise erledigen muss, oder überhaupt nicht", fuhr ich fort, ohne ihn zu beachten. „Aber das sehe ich nicht."

Diesmal lächelte Mr. Harrod nicht nur, er lachte regelrecht. Ich nehme an, dass er mich schon in der kurzen Zeit, in der wir Freunde waren, gut genug kennengelernt hatte, um es amüsant zu finden, wenn ich jemandem wegen meiner Sturheit einen Vorwurf machte. Aber das Lachen ärgerte mich nicht; im Gegenteil, es stellte meine gute Laune wieder her.

„Nun, ich verstehe nicht, warum du nicht einen kleinen Weg gehen solltest, um Vater zu treffen", beharrte ich kühn. „ Natürlich wird er dir nicht in allem nachgeben; es ist unwahrscheinlich, dass er das tun sollte. Aber du könntest eine Menge Dinge tun, die ihm nichts ausmachen würden, was die Farm besser machen würde; und dann, wenn er es sieht „Sie haben es besser gemacht, und die Arbeiter haben genauso gut weitergemacht, vielleicht würde er Sie noch ein paar mehr machen lassen. „Ich kann nicht darüber reden", fügte ich hinzu, als ich sah, dass Harrod gerade etwas sagen wollte, „weil ich nicht kann." Ich verstehe es. Aber eines ist mir klar, und das ist, dass die Leute denken, die Farm wolle etwas mit diesem Vater machen, das geht nicht – und wenn ja, sind Sie der Mann, der es tut."

Ich machte eine Pause. Hatte ich die Anweisungen des Gutsherrn nicht genau befolgt? Hatte ich nicht mein Bestes getan, um „Schwierigkeiten zu glätten"?

„Ich glaube nicht, dass ich der einzige Mann bin, der das schaffen könnte", antwortete Harrod. Aber er sagte es zweifelnd – angenehm zweifelnd.

Es machte mich mutiger, mit größerer Entschlossenheit zu antworten: „Nun, *ich* denke ja. Und wenn Sie sagen, dass Sie sich hier wohl fühlen, wenn Sie sagen, dass Ihnen der Ort gefällt – und die Menschen", fügte ich hastig hinzu, „warum dann?" Versuchen Sie nicht wenigstens, hier zu bleiben und uns zu helfen?"

Er antwortete nicht. Wir standen eine ganze Weile da und blickten schweigend vor uns her. Der Abend war in die Dämmerung übergegangen, das Braun hatte sich in Grau verwandelt, jetzt, da das Gold der Sonnenuntergangsreflexionen verblasst war; Das Sumpfland war sehr still und süß, die Schafe waren nicht einmal weiße Flecken darauf, so sehr harmonierte das zarte Leichentuch alle Farbstufen, so dass die Kühe nicht mehr wie lebende Wesen wirkten, sondern wie geheimnisvolle, von ihnen gezeugte Gestalten sehr Land selbst; Sogar das alte Schloss, das tagsüber so großartig und solide war, wirkte jetzt wie ein Phantom in der Einsamkeit – jede Kurve und jeder Kreis zeichnete sich deutlicher ab als im Sonnenlicht, und doch war das Ganze durchsichtig in der durchsichtigen Dämmerung der Luft.

Das Massivste in all dieser mannigfaltigen Einheitlichkeit, dieser ungreifbaren Harmonie war eine Baumgruppe in der Nähe, die einen schwärzeren Schatten als alles andere verriet; denn die Türme der fernen Stadt lagen nur als schwache violette Masse über dem Land, und nur die kleinen Lichter, die hier und da darin funkelten, verrieten ihre Natur; Lange, lebendige Linien seltsamer Wolken, die weder violett noch grau noch weiß waren, lagen entlang des Blaus, wo Meer und Himmel eins waren.

„Bevor du kamst", sagte ich schließlich mit leiser Stimme, „dachte ich immer, ich könnte Vater genauso gut helfen wie jedem anderen *Mann* . Ich dachte, dass ich von der Landwirtschaft fast genauso viel verstand wie er. Dachte ich." Ich könnte es viel besser machen als ein Fremder, der Land und Leute nicht versteht. Aber jetzt denke ich anders. Ich sehe, wie viel mehr du weißt, als ich mir erträumt hatte. Du hast mir das Gefühl gegeben, sehr dumm zu sein."

„Das tut mir leid", sagte er. „Es war weit von meinen Absichten entfernt – sehr weit von meinen Gedanken."

Er sagte nichts mehr, und ich auch nicht. Vielleicht tat es mir ehrlich gesagt halb leid für das, was ich gesagt hatte, halb schämte ich mich, meine Minderwertigkeit überhaupt gespürt zu haben, und mehr als halb schämte ich mich, es irgendjemandem gestanden zu haben . Beschämt, tut mir leid – und doch –

Mutter rief uns auf, nach drinnen zu gehen.

„Wenn dein Vater mich bittet zu bleiben, werde ich bleiben und mein Bestes geben", sagte Trayton Harrod, als wir langsam den Rasen hinaufgingen.

Und der Glanz, der in meinem Herzen war, wurde tiefer. Es war ein Zugeständnis, und warum wurde es gemacht?

KAPITEL XXI.

Zwei Tage lang wurde zwischen Vater und Mr. Harrod kein Wort über das heikle Thema gesprochen, und am Abend des zweiten Tages kehrte der Squire aus der Stadt zurück.

Vater und ich waren am Morgen nach dem Streit hinuntergefahren, um der Schafschur auf der unteren Farm zuzusehen. Durch eine Verfälschung des Namens eines früheren Besitzers nannten die Landleute es „Pharisäer-Farm", und das war es schon immer. Es lag auf dem unteren Sumpfstreifen in Richtung der Burg, und die südliche Sonne schien voll darauf. Als wir den Hügel hinunterkamen, hörte ich Schritte hinter uns, und ohne uns umzudrehen, wusste ich, dass Trayton Harrod uns folgte. Vater wünschte ihm ganz höflich einen guten Tag und ich streckte ihm die Hand hin. Ich weiß nicht, warum ich mir angewöhnt hatte, Trayton Harrod meine Hand zu reichen; Das war bei mir keine übliche Angewohnheit.

„Es ist etwas kühler geworden, Mr. Maliphant, nicht wahr?" sagte Harrod.

„Ja", antwortete Vater; „Aber wir müssen froh sein, dass wir den Regen hatten, bevor wir das Heu reinholen mussten."

„Das müssen wir", antwortete Harrod. „Das Heu sieht wunderschön aus."

Wir gingen durch die Wiesen, bereit für die Sensen; Sie erstreckten sich auf jeder Seite von uns. Wiesen für Heu, Weiden für Schafe, es gab kaum etwas anderes, außer hier und da ein blaues Rübenfeld oder ein Stück spärlich besätes braunes Land, wo der Weizen noch nicht zu sehen war. Das einzige kleine Gehöft, an das wir gebunden waren, machte in der weiten Ebene einen sehr schlechten Eindruck; Es gab nichts außer Land und Meer und Himmel. Viel Land, flaches, eintöniges Land, das jetzt in seinem Reichtum und dem strahlenden Grün des Frühsommers eintöniger ist als später, wenn der Mais reif war und die blühenden Gräser braun wurden: ein ereignisloses Land, auf das man sich verlassen kann seine Beeindruckung liegt in seiner umfassenden Einfachheit, die keinen Grund für ein Ende oder eine Veränderung zu haben schien; über dem großen Stück Erde ein großes Gewölbe aus blauem Himmel, gesprenkelt mit weißen Dämpfen und gesäumt von langen Opalwolken bis zum Horizont; zwischen dem Land und dem Himmel ein Streifen blauen Meeres, der beide miteinander verbindet; Meer, blau wie ein Saphir vor dem Grün der Frühlingswiesen. Weit unten auf der Ebene konnten wir den Gürtel aus gelbem Kies nicht sehen, der von der Klippe oben aus das geteilte Sumpfland und das Meer erkennen konnte: Auf der anderen Seite des weiten Raums war er nur ein Streifen leicht unterschiedlicher Farbtöne, entfernt von der Schifffahrt und den verstreuten Gebäuden die Mündung des Flusses.

Wir gingen zu dritt weiter. Bei unserem Gespräch ging es um nichts Besonderes; nur von den aufkeimenden Sommerblumen – gelbe Schwertlilie und Mädesüß entlang der Deiche, Hahnenfuß, der goldene Flecken auf den Wiesen bildete, scharlachroter Mohn, der zwischen dem wachsenden Weizen auftauchte –, aber ich weiß nicht, wie das kam, trotz der Anwesenheit meines Vaters , da war eine Art Gefühl in meinem Herzen, als ob Trayton Harrod und ich auf einer ganz anderen Ebene wären als noch vor zwei Tagen; Ich weiß nicht, warum das so war, aber ich war sehr glücklich.

Als wir die Farm erreichten, waren die Schafe in der Herde versammelt, und Tom Beale, der Hirte, schurkte sie mit flinken und geschickten Händen. Ruben und sein alter Hund Luck waren auch da; Sie waren beide sehr gern daran interessiert, an ihrer früheren Berufung teilzuhaben, aber ich glaube, dass die Liebe zwischen ihnen allen nicht verloren gegangen ist. Luck konnte mit Taff gut befreundet sein , aber er konnte diesen klugen jungen Collie, der Tom Beales Beispiel folgte, nie ertragen; und was Reuben betrifft, so war er bereits damit beschäftigt, seinem Vater mit leiser Stimme Kommentare über die Art und Weise zu übermitteln, in der Beale seine Arbeit erledigte.

Vater belustigte den alten Mann bis zum Äußersten – er hatte Reuben sehr gern –, aber Beale ging trotzdem seinen Weg und schickte ein armes, geduldiges Mutterschaf nach dem anderen aus seinem schweren Fell, um erstaunt und verängstigt zwischen ihnen herumzuhüpfen Die Herde war nicht in der Lage, ihre Artgenossen in ihrem veränderten Zustand aufzuspüren. Man konnte sich das Lachen kaum verkneifen, so nackt und verwirrt wirkten sie ohne ihre warme Decke und nur etwa zwei Drittel ihrer üblichen Größe.

„Ja, die Lämmer werden jetzt nicht mehr viel Gutes von ihren Müttern haben“, kicherte Reuben. „Danach sind sie gezwungen, sich selbst zu entwöhnen, die meisten von ihnen, denn es gibt nur wenige, die sich wieder kennen.“

„Natürlich sehen sie anders aus“, lachte ich.

„Vielleicht bekommst du jetzt deinen , Tiver ‘, Reuben Ruck“, sagte Beale, „wenn du Lust hast, bei diesem Job mitzuhelfen. Sie sind am meisten auf sie geteert.“

Der „ Tiver “ war die rote Kreide, mit der die Schafe je nach Art und Alter auf dem Rücken oder mit einem Ring oder Halbring um den Hals markiert werden sollten. Ein Hirte hatte sie auf ihrem Hinterteil mit den Initialen seines Vaters geteert, während jeder einzelne aus seinem Fell sprang.

Die Arbeit ging eine Weile zügig weiter, und wir schwiegen alle und sahen zu, wie Reuben die Zwei-, Drei- und Vierjährigen voneinander trennte .

„Es ist schade, dass es nicht noch mehr Southdowns in der Herde gibt", warf Harrod schließlich ein.

Ich drehte mich um und sah ihn warnend an. Es war ein Fehler, dachte ich, dass er sich angesichts der angespannten Lage des Augenblicks dafür entschied, eine weitere unangenehme Frage zu stellen.

„ Southdowns !" wiederholte Ruben, der zuhörte. „Sie würden einen Deal vom Geld des Herrn verlieren, wenn Sie anfangen würden, Southdowns in seine Herden aufzunehmen."

Ich biss mir auf die Lippe, wütend auf den alten Diener wegen seiner Ambitionen, aber zu meiner Überraschung tadelte mich Vater selbst scharf dafür, wandte sich an seinen Gerichtsdiener, führte ihn ein paar Schritte zur Seite und besprach die Frage ausführlich mit ihm. Mein Herz glühte vor Freude, als ich hörte, wie er Harrod beauftragte, nächste Woche zur Messe in Ashford zu gehen und zu sehen, ob er einen zufriedenstellenden Kauf tätigen könnte. Ich war sehr erfreut, Reubens mürrisches Aussehen zu bemerken. Wie traurig war der Wechsel zu meinen alten Freunden! Und doch freute es mich umso mehr, die ehrliche Röte der Befriedigung auf Harrods Gesicht zu sehen, als Vater ihn verließ, dass ich keinen weiteren Groll gegen den alten Mann empfand und ihm fröhlich zunickte, während ich Vater über den Sumpf folgte.

Als wir den Fuß des Hügels erreichten , trafen wir den Gutsbesitzer. Er kam in Höchstgeschwindigkeit mit dem Collie, der sein ständiger Begleiter war, die Straße entlang, und bevor wir in Hörweite kamen, konnte ich sehen, dass sein Gesicht besorgt war. Ich kannte ihn jetzt gut genug, um zu erkennen, wann er Probleme hatte.

„Warum, Maliphant , was höre ich da?" sagte er, als er auf uns zukam.

Vater beugte sich auf seinem Stock vor und blickte den Gutsbesitzer mit einem halb amüsierten, halb trotzigen Ausdruck in den Augen an.

„Nun, Squire Broderick, was ist das?" fragte er.

„Ich habe im Dorf gehört, dass Sie ‚The Elms' gepachtet haben", antwortete der andere fast streng.

Ich schaute zufällig Vater an und konnte sehen, dass sich sein Gesicht veränderte.

„Ja", sagte er leise, „das habe ich. Was dann?"

Der Knappe lachte verhalten.

„Nun", begann er, dann hörte er auf und fing dann wieder von vorne an. „Das ist eine große Spekulation. Wie sind Sie darauf gekommen?"

„Mr. Harrod hat Vater geraten, es mit ‚The Elms' aufzunehmen", warf ich schnell ein. Ich war verärgert darüber, dass der Squire in der gegenwärtigen Lage irgendetwas gesagt hatte, was für Trayton Harrod von Nachteil war.

„Harrod!" rief der Knappe. Er fing an, mit dem Stock auf seinen Stiefel zu schlagen, so wie er es tat, wenn er genervt war. „Ich dachte, es wäre Hoad ", sagte er schließlich leise.

Vaters Augen waren schwarze Perlen. „Bitte machen Sie sich nicht die Mühe darüber nachzudenken, wer es war, der mich beraten hat, Squire", sagte er. „Wenn es sich um eine schlechte Spekulation handelt, ist niemand außer mir selbst schuld. Ich bin ganz mein eigener Herr. Mir wurde gesagt, dass ‚The Elms' zu haben sei, und ich entschied mich dafür. Meine Hopfengärten waren nicht so groß, wie ich es mir gewünscht hatte." ."

Er hatte beim Sprechen unwillkürlich die Stimme erhoben. Ein Mann, der auf der Straße vorbeikam, drehte sich um und sah ihn an.

„Still, Vater", flüsterte ich.

Es war einer seiner eigenen Arbeiter, einer von Vaters besonderen Freunden.

„Warte ein bisschen, Joe Jenkins, ich komme die Straße hoch. Ich möchte mit dir reden", sagte Vater.

Er streckte dem Knappen die Hand hin, ohne ihn anzusehen, und ging dann weiter den Hügel hinauf. Ich blieb einen Moment zurück. Der Knappe sah regelmäßig verzweifelt aus.

„Dein Vater ist so pfeffrig", sagte er, „so sehr pfeffrig."

„Nun, ich verstehe nicht, was Sie meinen", sagte ich, aber nicht in Anspielung auf seine letzte Bemerkung. „Warum ist die Sache keine gute Spekulation?"

„Oh, meine liebe junge Dame, es ist sehr schwer zu sagen, was sich als gute Spekulation erweisen wird und was nicht", antwortete er. „Auf jeden Fall fürchte ich, Sie und ich könnten es nicht sagen."

Es war zweifellos sehr höflich von ihm, es so auszudrücken, aber mir gefiel es nicht: Es war, als würde er sich über mich lustig machen, denn natürlich hatte niemand gesagt, dass ich es merken sollte.

„Ich habe verstanden, dass Sie viel von Mr. Harrods Urteilsvermögen hielten", sagte ich kalt.

„ Das tue ich, das tue ich", wiederholte der Gutsbesitzer eifrig. „Ich glaube, es ist am vernünftigsten."

„Na ja, Vater wird es nicht mehr lange haben, egal ob gesund oder schlecht, es sei denn, die Dinge nehmen eine andere Wendung", fuhr ich fort, mit einem grimmigen Gefühl der Genugtuung darüber, den Knappen verletzt zu haben, weil er Harrods Fall mit Vater verletzt hatte.

"Warum was ist los?" fragte er.

„Sie hatten einen Streit", erklärte ich nachlässig. „Mr. Harrod wollte, dass Vater die Löhne der Männer kürzt und sie dazu bringt, genauso viele Stunden zu arbeiten wie die anderen Bauern in der Gegend, und natürlich wollte Vater das nicht tun, weil er es für ungerecht hält."

„Ich wusste, dass es kommen würde – es würde kommen", murmelte der Knappe leise.

„Und dann wollte er, dass er Mähmaschinen für die Heuernte kaufte", fuhr ich fort, „und Sie wissen, was Vater von Maschinen hält. Also weigerte er sich, und dann sagte Mr. Harrod, wenn er die Farm nicht selbst bewirtschaften könne." So muss er gehen.

„Lieber! Liebling!" seufzte gut, Mr. Broderick. Und meine Güte, wie wenig war mir damals klar, was es bedeutete, dass er sich unsere Angelegenheiten so zu Herzen nahm! „Das muss klargestellt werden."

„Ich habe mein Bestes gegeben", schloss ich. „Es nützt nichts, mit Vater zu reden; aber Mr. Harrod hat mir versprochen, dass er sein Wort zurücknehmen würde, dass er gehen würde, wenn Vater ihn darum bitten würde."

Der Knappe sah mich scharf an. „Harrod hat dir das versprochen?" er hat gefragt.

„Ja", wiederholte ich und sah ihn einfach an, „das hat er mir versprochen."

Der Knappe sagte nichts mehr, runzelte aber die Stirn, als er sich von mir abwandte.

„Ich werde Harrod besuchen gehen“, sagte er. „Kannst du mir überhaupt sagen, wo ich ihn finden werde?“

„Er ist unten auf der Pharisäerfarm bei der Schafschur“, sagte ich. „Er und Reuben streiten sich wegen Southdowns . Er möchte Southdowns in der Herde haben . Aber wenn er weggeht, werden keine Southdowns benötigt.“

Mr. Broderick gab darauf keine Antwort, er schritt weiter die Straße entlang. Aber als er ein paar Schritte gegangen war, drehte er sich um.

„Übrigens, sagst du deinem Vater “ , sagte er, „dass mein Neffe letzte Nacht mit mir heruntergekommen ist? Ich glaube, er möchte ihn wegen irgendeiner Affäre sehen. Zweifellos wird er vorbeikommen.“ Nachmittag."

Er fuhr schnell fort und ich stand staunend da. Frank Forrester zurück im Manor! Glaubte er, dass Joyce zurückgekehrt war? Hatte er gehofft, sie zu sehen? Armer Kerl! Er kannte seine Mutter kaum.

„Vater“, sagte ich, als ich mich ihm auf dem Hügel anschloss, „wissen Sie, dass Captain Forrester wieder heruntergekommen ist?“

Er blieb stehen, er war ein wenig außer Atem; Ich hatte sogar das Gefühl, dass seine Wange gerötet war.

„Das sagst du nicht!“ sagte er. „Er hat mir in seinem Brief keine Ahnung davon gegeben. Überhaupt keine Ahnung.“

In seinem Auge hatte sich ein Licht entzündet.

„Wann kommt deine Schwester nach Hause?“ er hat gefragt.

„Sie hätte nächste Woche kommen sollen“, antwortete ich. „Aber ich nehme an, Mutter wird es jetzt aufschieben.“

„Ja, Meg“, sagte er mit einem Augenzwinkern, „ich nehme an, sie wird es aufschieben. Und doch ist der Junge ein guter Junge, aber Mutter weiß es am besten, Mutter weiß es am besten.“

Wir bogen die Straße hinauf und als wir an der Ecke der Dorfstraße ankamen, sahen wir zwei Gestalten auf uns zukommen. Eine von ihnen war Mary Thorne und die andere war Captain Forrester. Ich hatte nicht gewusst, dass die Thornes wieder im Priorat waren: Sie hatten es wegen der Londoner Saison verlassen.

Die beiden lachten und redeten fröhlich. Sobald sie mich sah, trat sie herzlich vor und reichte mir die Hand. Ihr rundes, rosiges Gesicht strahlte vor Fröhlichkeit, und ihr braunes Haar fing das Sonnenlicht ein. Sie sprach zuerst mit mir, während Frank seinem Vater herzlich die Hand schüttelte.

„Wie geht es Ihnen, Mr. Maliphant ?" rief er. „Es ist eine Freude, Sie wiederzusehen. Sie sehen, ich konnte mich nicht fernhalten. Ich musste herunterkommen und mir neue Impulse und neue Anweisungen holen."

Mary Thorne lachte. „Oh, er redet von nichts anderem", sagte sie. „Er ist ganz verrückt nach diesem wunderbaren Plan, das kann ich Ihnen versichern, Mr. Maliphant ."

Vaters Stirn runzelte sich, und natürlich konnte ich es nicht ertragen, sie so reden zu hören, obwohl ich nicht genau sagen konnte, warum.

„Und so haben wir es uns zum Vorwand genommen, uns ein paar Tage von Bällen und anderen Dingen fernzuhalten und hierher zu kommen, um frische Luft zu schnappen", fuhr sie fort.

Ich fragte mich, warum sie „wir" sagte. Aber Frank hat das erklärt.

„Mr. Thorne ist sehr an der Angelegenheit interessiert, das kann ich Ihnen versichern, Mr. Maliphant ", sagte er. „Er wird eine großartige Figur an die Spitze unserer Abonnentenliste setzen."

Vater sagte kein Wort. Seine struppigen Augenbrauen hingen über seinen Augen.

„Na ja, Vater ist nie geizig mit seinem Geld; das muss ich für ihn sagen", sagte Mary. „Er wird für alles alles geben." Dann drehte sie sich zu mir um und fügte hinzu: „Wir werden nächste Woche eine Gartenparty veranstalten, bevor wir wieder in die Stadt fahren. Man sagt, dass man in dieser Wahlkampfzeit Unterhaltungsveranstaltungen veranstalten muss. Zumindest sagt Mr. Hoad das . " , und von dem, was er sagt, scheint er eine Menge solcher Dinge getan zu haben. Wir haben zwei Abendessen eingenommen, bevor wir nach London fuhren, aber eine Gartenparty ist lustig – sie umfasst so viele. Du kommst und gewinnst Ihr alle? Ihr seid so ziemlich die einzigen Menschen, die ich fragen möchte, wissen Sie."

Sie rannte auf ihre offene, lustige Art weiter – immer ziemlich durchsichtig – und bemerkte dabei nicht, dass Vaters finstere Miene und Frank Forrester an seinem Schnurrbart zupfte und versuchte, ihren Blick auf sich zu ziehen. Wenn sie es getan hätte, hätte sie die Sache abgetan; Sie war kein Dummkopf, aber was sie gesagt hatte, war das, was sie dachte.

Vater antwortete, bevor ich sprechen konnte. „Meine älteste Tochter ist weg, Miss Thorne", sagte er, „und es tut mir leid, Ihnen mitteilen zu müssen, dass Margaret Ihre freundliche Einladung ablehnen muss. Meine Mädchen sind Bauernkinder und es nicht gewohnt, sich mit Leuten in anderen Lebensbereichen zu treffen."

Ich spürte, wie mir die Röte ins Gesicht stieg, denn es war eine unhöfliche und nicht einmal ganz ehrliche Rede, denn Mary Thorne hatte uns im Haus des Gutsherrn getroffen, obwohl wir nur Bauerntöchter *waren*. Es beschämte mich, dass Vater sich vor Frank Forrester Unrecht tat.

Aber Mary nahm es charmant auf. Einen Moment lang sah sie erstaunt aus, dann sagte sie mit einem fröhlichen Lachen: „Ah, ich verstehe, was es ist, Mr. Maliphant; Sie sind ein Tory. Ich bitte um Verzeihung, ich habe vergessen, dass Sie der Freund des Squires waren. Ich" „Ich bin furchtbar dumm, was Politik angeht. Ich schäme mich ziemlich für mich."

Vater schien im Begriff zu antworten, wurde jedoch durch ein fröhliches Lachen von Frank gestoppt, den Mary jedoch durch einen hübschen, kleinen, erstaunten Blick zum Schweigen brachte.

„Oh, bitte entschuldige dich nicht", sagte sie zu ihrem Vater. „Versuch mir nur nicht noch einmal einzureden, dass deine Töchter gute Gesellschaft nicht gewohnt sind. Ich weiß es besser", fügte sie hinzu und lächelte mich an. „Ich weiß, wer auf dem Knappenball zur besten Tänzerin gewählt wurde. Und was Ihre älteste Tochter betrifft – nun, wir wissen, wie viele Blicke *sie* mit ihrer Schönheit auf sich gezogen hat."

Während sie sprach, blickte sie neckend zu Captain Forrester auf. Sie war eine kleine Frau und musste weit nach oben blicken; aber obwohl er lachte, war sein Gesicht besorgt; und ich konnte sehen, dass er versuchte, meine Aufmerksamkeit zu erregen.

„Nun, auf Wiedersehen", sagte Mary zu mir. „Es tut mir leid, dass du nicht kommen kannst."

Vater reichte, verneigte er sich nur mit mühsamer Höflichkeit. Ich glaube, ich errötete vor Verärgerung, als wir uns abwandten, aber er machte keine Anspielung auf das Treffen; nur sein aufgehellter Humor von vor fünf Minuten war verflogen und seine Gesichtszüge arbeiteten schmerzhaft.

„Ich werde gehen und den kleinen David Jarrett holen, Meg", sagte er. „Die Sonne ist jetzt warm, und es tut ihm gut, ein bisschen im Garten zu liegen. Geh nach Hause und sag es der Mutter."

Ich ging, und eine Viertelstunde später trug er den Jungen herein – einen armen, kleinen, zarten Kerl, dessen Vater ihn in einem Trunkenheitsanfall niedergeschlagen hatte und der seitdem ein Krüppel war. Wir hatten zu spät von dem Unglück erfahren, als dass es noch von großem Nutzen gewesen wäre; denn der anhaltende Mangel an angemessener Ernährung bei einem kränklichen Körper hatte dazu geführt, dass der Unfall eine Krankheit hervorgerufen hatte, von der sich das arme Kind kaum erholen würde; Aber Vater hatte alles getan, was getan werden konnte, und er war sein besonderer

Favorit unter vielen Freunden im jüngeren Teil der Gemeinde. Wir breiteten eine Matratze auf der Gartenbank aus und legten ihn dort hin, und Mutter schickte mich mit Portwein und kräftigender Brühe für ihn hinaus, und Vater verbrachte den ganzen Nachmittag neben dem kleinen Kerl, las und redete mit ihm.

Als Mutter davon sprach, spielte er nicht nur auf Captain Forresters Ankunft an, sondern erwähnte auch nicht seinen jungen Freund oder das, was ihn bei der flüchtigen Begegnung mit ihm verletzt hatte. Doch als Frank am Abend wie versprochen kam, brach der Sturm los.

Er kam herein, als wäre er diese zwei Monate nicht von uns getrennt gewesen; genauso freundlich, genauso interessiert an allem, was wir getan haben, genauso locker und charmant. Aber als er, wie ich mir ein wenig zögerlich vorstellte, das Thema des Wohltätigkeitsprogramms ansprach, ließ sich Vater keine Missverständnisse einhandeln.

„Ich weiß, dass Thorne ein alter Freund Ihrer Familie ist, mein Junge", sagte er, „und ich verstehe, dass Sie einen Bekannten aus Ihrer Jugend nicht loswerden können; aber was diese Angelegenheit betrifft, möchte ich das ganz klar sagen." Ich werde keinen Einfluss auf ihn haben, um die Schule zu gründen. Wenn ich helfen könnte, hätte ich nichts von seinem Geld. Ich kann nichts dafür, und die „große Figur" muss bestehen bleiben; aber ich werde keins haben von ihm oder seinesgleichen in einem Ausschuss, der gebildet werden könnte, nicht, solange ich darin bin.

Vater wurde immer mundartlich, wenn er aufgeregt war.

„Sehr gut, Sir", lächelte Frank. „Es ist Ihre Angelegenheit, und ich muss mich von Ihnen leiten lassen. Ich glaube, Sie irren sich. Sie vermissen die wertvolle Hilfe einer großen und einflussreichen Klasse und warum sollten Sie den Herstellern verbieten, ein Übel zu beheben, an dem sie möglicherweise teilweise beteiligt waren." Ich weiß es nicht. Aber du hast deine Gründe, und ich bin in deinen Händen."

„Ja, ich habe meine Gründe", wiederholte Vater lakonisch.

Und dann wurde das Gespräch allgemeiner, und Frank zog mit seiner gewohnten liebenswürdigen Höflichkeit Trayton Harrod in das Gespräch ein, soweit dessen etwas mürrische Stimmung es erlaubte. Er schien von dem Neuankömmling keine Gefallen gefunden zu haben und antwortete nur mürrisch auf seine interessierten Fragen zum Land und zu Landesangelegenheiten.

Frank Forrester interessierte sich schon immer für alles; Dies schien er immer am meisten bei dem Thema zu tun, von dem er glaubte, dass es die

Person, mit der er sprach, interessierte. Aber Harrod würde gegenüber einem Außenstehenden keine Begeisterung für seine eigenen Ziele verraten. Er war in dieser Nacht sehr mürrisch. Ich glaube, es ging ihm nicht gut. Mutter hat ihn damit belastet. Wie gesagt, sie hatte stets mütterliches Interesse an ihm. Er gab zu, dass er starke Kopfschmerzen hatte und stand auf, um zu gehen. Ich erinnere mich , dass sie nach oben ging, um ihm ein kleines Medikament zu holen. Auch Vater folgte ihm in die Halle. Sie standen etwa fünf Minuten lang da und unterhielten sich, wobei ich fürchte, dass ich während dieser Zeit mehr versucht habe, dem zuzuhören, was sie sagten, als dem, was Frank Forrester bei dieser Gelegenheit zu mir sagen wollte.

Ich dachte jedoch darüber nach und erzählte ihm, was ich über Joyce konnte. Es gab so wenig zu erzählen; Über Joyce gab es immer so wenig zu erzählen – für einen Liebhaber in diesem Fall nichts sehr Befriedigendes.

Und ich musste zugeben, was er halbwegs fröhlich behauptete – dass meine Mutter ihm gegenüber nicht freundlicher war als in der Vergangenheit. Er schien darüber nicht niedergeschlagen zu sein, er behauptete es nur. Er schien in keiner Weise niedergeschlagen zu sein. Er sah mich mit seinen weit geöffneten braunen Augen genauso selbstbewusst und fröhlich an wie immer und beugte sich mit seiner großen, schlanken, geschmeidigen Gestalt zu mir, nahm meine beiden Hände in seine und sagte mir, ich solle Joyce sagen, dass er voller Hoffnung gekommen sei sie für einen Moment zu sehen, obwohl es nur in der Gegenwart meiner Mutter gewesen war.

„Sie hat mir gegen den Willen deiner Mutter verboten, sie zu sehen“, sagte er, „aber offen gesagt hätte es keinen Schaden gegeben.“

Ich war mir ziemlich sicher, dass er sie genauso sehr liebte wie eh und je, und ich versprach bereitwillig, ihr seine Botschaften zu überbringen.

Aber ich beeilte mich mit dem kleinen Interview; Ich wollte in den Flur gehen, bevor Harrod ging, und schüttelte Frank hastig die Hand, als ich hörte, wie Mutter mit dem Arzt die Treppe herunterkam.

Trotzdem war ich zu spät. Frank hatte mich für ein letztes Wort zurückgehalten und die Haustür wurde geschlossen, als ich das Zimmer verließ. Ich ging schlecht gelaunt ins Bett.

KAPITEL XXII.

Trayton Harrod verließ Knellestone nicht . Ich denke, das mussten wir dem Gutsherrn verdanken. Da Vater und er so stolz und eigensinnig waren, hätten sie sich allein nie geeinigt und mich auch nicht als Vermittler akzeptiert.

Ich weiß nicht, ob Mr. Broderick seinen Vater überredet hat, seinen Gerichtsvollzieher zu bitten, zu bleiben, und wie die Angelegenheit geregelt wurde. Ich weiß nur, dass ich ein paar Tage nach der Rückkehr des Gutsherrn Harrod unten bei der Heuernte im östlichen Sumpfgebiet getroffen habe und dass er mir gesagt hat, dass er uns nicht verlassen würde. Ich erinnere mich noch gut daran, wie er es mir lächelnd erzählte; nicht dieses schnelle Aufblitzen, das ich manchmal früher als charakteristisch für ihn bemerkt habe, wenn er zu plötzlicher Fröhlichkeit bewegt wurde, sondern eine Art halbes Lächeln, das etwas Triumphierendes an sich hatte.

„Ja", sagte er und schaute sich auf den Wiesen um, die für die Sense bereit waren, „wir werden noch vor Ablauf der Woche eine Mähmaschine darauf haben."

Das war alles; aber die Worte sagten mir, dass er bleiben würde. Ich weiß, dass ich mit einem zufriedenen Lächeln aufblickte, aber es verblasste, als ich sah, wie Jack Barnstaples düsterer Blick auf mich gerichtet war. Schon das Schweigen eines treuen Dieners tadelte mich für meine Untreue. Denn in meinem ersten Inhalt hatte ich vergessen, dass die Befriedigung einer solchen Rede Untreue gegenüber dem Vater *bedeutete*, zum Entsetzen der Maschinen, was bisher immer mein Glaubensbekenntnis gewesen war.

„Es tut mir leid …", begann ich, hielt dann aber verwirrt inne. Ich war zu ehrlich, um zu lügen. Wie könnte ich sagen, dass es mir leid tat, dass er gesiegt hatte? Er drehte sich um und sagte ein paar Worte zu dem Arbeiter, und ich hatte Zeit, mein plötzliches Erröten zu verlieren. Hatte er sie bemerkt? Ich glaube, es hat mich kaum interessiert. Ich war seltsam glücklich.

Den ganzen Tag war ich glücklich. Am Abend folgten wir dem letzten Wagen den Hügel hinauf. Müde Pferde, die von der Ochsenfliege in der Hitze bis zum Wahnsinn gereizt wurden, müde Männer, die ihre Gabeln schulterten, müde Frauen mit seltsamen Sonnenhüten und Mädchen, die noch nicht zu müde waren, um mit den Jungs zu lachen, gingen voran, und wir zwei folgten hinterher. überhaupt nicht müde von irgendetwas — zumindest spreche ich für mich.

Eine lange Flammenlinie markierte den Horizont hinter dem Hügel und am roten Himmel, die Häuser des Dorfes, die drei Dächer und den quadratischen Turm der alten Kirche, das Efeugras des alten Tors und die einsamen Kiefern Hier und da war der Grat markiert, alle lagen dunkel in der Helligkeit, ihre Formen klar und einzeln. Dicht hinter uns war das Meer kühl und duftend. Am Rande des weiten, weichen Sandes, der in den Spiegelungen des Sonnenuntergangs glänzte, hatte ein königlicher alter Reiher sein Abendessen aus den kleinen Teichen geholt, die das Meer hinterlassen hatte, und segelte, seine riesigen Schwingen ausbreitend, in einer seltsamen Schräglage und scheinbar gemächlich davon Flucht zu den hohen Bäumen, die sein Zuhause im Landesinneren waren. Wir verließen die Heuhäcksler, gingen auf die Straße und folgten dem Reiher über das Sumpfgebiet.

Ein Weizenährennest, das ich in einer Furche gefunden und mit seinen fünf kleinen, zierlichen blauen Eiern nach Hause getragen habe, löste eine Diskussion über die Seltenheit dieser hübschen kleinen Bauwerke im Vergleich zu der Zahl der winzigen Baumeister aus, die so reichlich ernten, dass die Hirten verdienen mit dem Verkauf eine Menge Geld; Ein alter Hase, von dem der Gerichtsvollzieher ausging, ließ ihn durch seine Form auf dem unbefestigten Weg über die ungewöhnliche Größe dieser Sumpfbewohner staunen, und als wir am Deich entlangkamen, wo das violette Schilf bereits hoch wuchs, bemerkte er, wie sich ihr Aussehen veränderte Farbe auf der Oberfläche, als sie in großen Wellen im Wind schwankten, wie blau auf der einen Seite, wie silbergrau auf der anderen Seite; Ich erinnere mich an jedes Wort, das wir gesprochen haben.

Es war zwar ein banales Gerede, aber es war das Gerede, das uns zuerst zusammengeschweißt hatte, und jetzt war darin etwas, das für mich jedes Wort ins Gegenteil von Alltäglichkeit verwandelte. Was war es?

Ich habe mich nicht gefragt, aber ich wusste sehr gut, dass seit jener Nacht, als Trayton Harrod versprochen hatte, zu versuchen, auf Knellestone zu bleiben , weil ich ihn darum gebeten hatte, etwas sehr schnell gewachsen war, so schnell, dass ich mir dessen bewusst war Ich befand mich in einem glücklichen Schuldzustand und fragte mich, ob die alte Deborah etwas davon wusste, während sie zusah, wie ich mich am Tor vom Gerichtsdiener verabschiedete, während sie im Klippengarten über unseren Köpfen Majoran pflückte.

Ich weiß, dass ich anfangs wegen ihrer scharfen kleinen dunklen Augen und ihres kurzen Lachens wütend war, und ich weigerte mich hochmütig, mit ihr oder mit Reuben über die Vorteile zu diskutieren, die es mit sich brachte, wenn Mr. Harrod auf der Farm blieb, oder über die Demütigung, Maschinen zu haben bei Knellestone und Southdowns im Sumpfgebiet. In keiner dieser Angelegenheiten kam es zu Verzögerungen. Herr Harrod war ein prompter Mann. Ich erinnere mich noch genau an den Tag, als er die Schafe kaufte – ja, ich erinnere mich noch sehr gut daran. Es war ein sehr heißer Tag, einer der ersten Julitage. Er hatte die Stute – meine unruhige

Stute – in die Gig bringen lassen und war sehr früh am Morgen zum Ashford-Markt aufgebrochen. Bis zum Markt in Ashford war es ein langer Weg, aber wenn man sehr früh aufbrach und ein Pferd wie meine Stute mitnehmen konnte, konnte man es einfach schaffen und wieder in den Tag zurückkehren. Über dem Meer und sogar über dem Sumpf lag ein Dunst; Unten auf dem Heufeld, wo ich den ganzen Vormittag verbracht hatte, war die Hitze fast unerträglich. Als es fünf Uhr war, ging ich zu meiner Mutter ins Wohnzimmer.

„Es ist so ein schöner Abend zum Ausreiten, Mutter", sagte ich. „Ich glaube, ich bringe den Becher Marmelade einfach rüber nach Broadlands zur alten Mrs. Winter. Sie würde sich freuen, mich zu sehen."

Mutter blickte überrascht auf. „Ich dachte, du hättest keine Lust, auf diesem alten Pferd zu reiten", sagte sie.

„Nun, ich *kann die Stute nicht* haben, also hat es keinen Sinn, daran zu denken", antwortete ich.

„Du kannst sie heute nicht haben, weil der Gerichtsvollzieher sie hat, aber du kannst sie morgen haben", sagte Mutter. „Und es ist bis jetzt schon zu spät für den Start."

Ich ging zum Fenster und schaute hinaus. „Ich denke, ich werde heute gehen", sagte ich. „Morgen könnte es regnen. Höchstwahrscheinlich werden wir einen Sturm haben. Es ist jetzt bis nach neun hell."

„Sehr gut", sagte Mutter; „Du kannst dir selbst etwas Gutes tun. Du nimmst besser auch etwas von dem Zeug gegen das Rheuma des alten Körpers."

Also zog ich meine Kutte an und machte mich auf den Weg. Es stimmte durchaus, dass das alte schwarze Pferd nicht so gut lief wie die Stute, aber aus irgendeinem Grund, den ich selbst am besten kannte, verspürte ich an diesem Nachmittag den besonderen Wunsch, nach Broadlands zu reiten.

Ich ließ das arme Tier jedoch in seinem eigenen Tempo gehen, denn die Hitze war immer noch sehr groß; Die Ebene war von ihr opalfarben, und die langen, weichen, violetten Wolken über dem Meereshorizont hatten ein gewitterartiges Aussehen. Ich joggte verträumt weiter, bis ich dicht unterhalb der alten Marktstadt auf dem Hügel war. Irgendwie kam mir die Erinnerung an die Winterfahrt mit Joyce, als wir Captain Forrester zum ersten Mal trafen, lebhaft in den Sinn. Ich weiß nicht, wie es war, aber ich begann darüber nachzudenken, wie er sie angeschaut hatte, wie er sich nur einen Moment länger zu ihrer Hand gebeugt hatte, als nötig war, um sich von ihr zu trennen. Ich fragte mich, ob das immer Zeichen der Liebe waren. Ich fragte mich, ob ein Mann möglicherweise verliebt ist und dennoch keines dieser Zeichen zeigt.

Ich ritt langsam weiter und beobachtete, wie die aufsteigende Brise über die Wiesen fegte und das hohe Gras in einer rhythmischen Bewegung wie die Wellen eines sanften Meeres bewegte. Mittlerweile hatte ich die Stadt hinter mir gelassen und war die kleine, mit Kopfsteinpflaster gepflasterte Straße hinunter und durch das düstere alte Tor wieder in den Sumpf gelangt. Der Fluss floss trübe vorbei, zwischen seinen Schlammbänken und über seine flachen Weiden bis zum Meer, eine Meile dahinter. Oberhalb des Flusses standen die Häuser der Stadt in Stufen den Hügel hinauf, flankiert von den dunkelgrauen Steinen des alten Gefängnishauses und gekrönt von der Kirche mit ihren malerischen Strebepfeilern; die Mauer der Zinnen umgab die Stadt; darunter lag das Sumpfgebiet und dann das Meer.

Das lag alles hinter mir; Rundherum und davor war das schwache, graue, flache Land, kaum grün unter dem schleichenden Dunst der Hitze, mit der Brise, die über das hohe Gras wehte, und dem Leuchtturm, dem hellsten Fleck auf der Szene, der weiß durch den Nebel schien. am entfernten Punkt des Strandes.

Ich nahm den kürzesten Weg, vermied die normale Straße und verirrte mich bald auf dem grasbewachsenen Meer. Die sanfte, helle Monotonie der Landschaft wurde kaum durch einen einzigen Vorfall unterbrochen, abgesehen von den Martello-Türmen, die in regelmäßigen Abständen entlang der Küste standen, oder den Schafen und Kühen, die über das Weideland verstreut waren und träge weideten und wiederkäuten; Es war kein Haus in Sichtweite, und selbst die niedrige Hügelkette war hier in die Ebene des Sumpfes abgesunken.

Ich versuchte, das Pferd in einen Galopp zu bringen, aber das arme Tier spürte die Hitze, als ich es tat, und ich ließ es bald wieder in seinen Trab fallen. Es war überhaupt nicht meine übliche Art zu fahren, aber an diesem Tag machte es mir nicht so viel aus; Ich hatte meine Gedanken, mich zu beschäftigen. Es waren angenehme Gedanken – falls ein so vager Traum überhaupt ein Gedanke war – und leisteten mir gute Gesellschaft. Der Traum war ein Liebestraum, aber ich bin mir nicht sicher, ob damals Joyce die Heldin war. Ich denke, wenn ich gefragt worden wäre, hätte ich sagen sollen, dass es in meinem Traum keine Heldin gab – dass er viel zu vage war, zu sehr ein Traum, um einen zu haben.

Ich ritt noch eine Stunde durch die heiße Ebene, bevor ich das Dorf Broadlands erreichte. Es lag schläfrig am Rande des Sumpfes, kaum ein Baum schützte es vor der heftigen Mittsommersonne oder den wilden Meereswinden, und bis die Hufe meines Pferdes die kleine Straße hinauf klapperten, sah ich kaum einen Mann, eine Frau oder ein Kind Sag mir, dass der Ort lebendig war. Aber rund um die Woolsacks herumlungerten ein halbes Dutzend Männer rauchend, und ein dicker Bauer in einem Karren hatte mitten auf der Straße angehalten, um ein paar Beobachtungen über Neuigkeiten aus der Landwirtschaft auszutauschen. Es war das Gasthaus, in dem Trayton Harrod mitten am Tag zum Abendessen eingekehrt sein musste.

Dieser Bauer war offenbar vom Markt zurückgekehrt. Ich fragte mich, wie lange es dauern würde, bis auch Trayton Harrod die gleiche Straße entlangkäme und bei den Woolsacks auf einen Drink anhielt. Ich glaube nicht, dass ich mir selbst getäuscht habe, dass in mir eine kleine Hoffnung bestand, dass ich ihn irgendwo auf der Straße treffen könnte. Aber ich vermutete, dass er auf seinem Heimweg noch lange nicht so weit sein konnte, da er wahrscheinlich viel weiter gekommen war als der Bauer im Karren und den Markt noch nicht so früh erreicht hatte.

Ich trottete weiter die Straße hinauf zu Mrs. Winters Cottage, das am äußersten Ende des Dorfes stand und auf die Ashford Road hinausblickte . Ich fürchte, dass mein Blick die ganze Zeit, die ich in der Hütte war – obwohl ich alle Botschaften der Mutter überbrachte und mich mit der gebotenen Aufmerksamkeit nach den einzelnen Schmerzen der alten Dame erkundigte –, ständig über diese staubige Straße wanderte und nach Pferdehufen lauschte die Distanz.

Aber Mrs. Winter bemerkte keine Nachlässigkeit meinerseits – sie war zu erfreut, mich zu sehen, zu froh, Neuigkeiten von meiner Mutter zu hören, die in den vergangenen Jahren ihre Freundin und Wohltäterin gewesen war. Ich brachte ihr ein Paar Strümpfe mit, die ich an den langen Winterabenden für sie gestrickt hatte, und ich kann mich jetzt daran erinnern, wie sachlich sie das Geschenk entgegennahm und wie ich hoffte, dass sie passen würden, als ich sagte, dass sie passen würden „, antwortete sie mit glücklicher Vertrauenswürdigkeit: „Oh ja, Fräulein; der Herr kennt meine Größe."

Wir tranken Tee aus den weiß-goldenen Tassen, der beste, seit ich denken konnte, und dann küsste sie mich und sagte mir, ich solle gehen, damit die Dunkelheit mich nicht überwältige.

Ich lachte und erklärte, dass die lange Dämmerung mich zu Hause mehr als aushalten würde; denn ich wollte nicht gehen, bis ich sicher war, dass Mr. Harrod auf meinem Weg war; Die vage Hoffnung, die ich gehabt hatte, ihn zu treffen, hatte sich zu dem festen Entschluss entwickelt, auf ihn zu warten, wenn ich konnte. Aber die alte Dame ließ sich nicht durch die Zusicherung beruhigen, dass ich keine Angst vor der Dunkelheit hätte; und natürlich lag ein seltsamer Schatten in der Luft, als ich nach draußen kam und wieder auf das schwarze Pferd stieg.

Als ich wieder hinter dem Dorf ankam , sah ich, was es war: Ein Seenebel kroch über die Ebene. Solche Nebel kamen bei heißem Wetter häufig vor und machten mir überhaupt keine Sorgen; aber ich sah mit einiger Bestürzung, dass die Sonne irgendwann untergegangen sein musste, denn die Dämmerung senkte sich in den klaren Raum, der noch über dem Nebel existierte.

Ich blickte zurück auf die Straße. Sicherlich hätte er nicht bestehen können. Ich konnte es nicht ertragen, die Hoffnung auf diese Heimfahrt mit ihm aufzugeben, und dennoch wagte ich es kaum, herumzulungern, damit meine Mutter nicht beunruhigt würde. Ich setzte das Tier in einen sanften Trab und ritt langsam vorwärts. Ich kannte keinen anderen Weg, den Harrod hätte nehmen können, und ich war mir sicher, dass er nicht ohne mein Wissen an diesem Cottage vorbeigekommen war.

Doch der Nebel wurde dichter. Ich konnte weder vor mir noch hinter mir sehen; Erst als ich nah dran war, konnte ich erkennen, wo der Weg abzweigte, der über die Wiesen in die Stadt führte. Es kam mir damals nicht in den Sinn, dass ich dumm war, es zu nehmen; Ich fragte mich nur, ob Harrod sicher so kommen würde. Ich dachte nur darüber nach, ob ich das Traben der Stute erkennen sollte, denn nur so konnte ich sicher sein, dass er sich näherte, bevor er sich mir näherte.

Ich ritt langsam weiter und lauschte immer. Ich ritt eine, wie mir schien, sehr lange Zeit weiter. Der Nebel war kühl nach dem heißen Tag, und ich hatte keine Decke außer meiner alten, dünnen, blauen Serge-Kleidung, die viele lange Tage lang getragen worden war.

Der Nebel wurde dichter und verdunkelte sich mit der Dunkelheit der kommenden Nacht. Ich begann zu glauben, dass ich schließlich einen Fehler gemacht hatte, als ich die Abkürzung nahm. Vielleicht war Mr. Harrod auf der Hauptstraße geblieben, da es in einer solchen Nacht sicherer war; Vielleicht sollte ich ihn deshalb vermissen. Ich hatte überhaupt keine Angst vor dem Nebel, aber ich hatte große Angst, den Begleiter zu verpassen, für den ich an einem heißen Tag diese lange Fahrt gemacht hatte. Und mit der Angst im Kopf, dass ich ihn vermissen könnte, tat ich etwas sehr Dummes – ich kehrte auf meinen Schritten um. Ich ließ das Pferd galoppieren und drehte mich um, um wieder auf die Landstraße zu gelangen. Ich ritt jetzt so schnell ich konnte und trieb das Tier vorwärts; Aber obwohl ich eine viel längere Strecke zurücklegte, als ich bereits seit meiner Abreise aus Mrs. Winters Cottage zurückgelegt hatte, sah ich keine Spur der Straße.

Schließlich blieb ich stehen und versuchte herauszufinden, wo ich war. Mein Herz schlug ein wenig. Plötzlich – durch die Stille, denn die Luft war absolut leblos – hörte ich den Klang von Stimmen. Ich hörte gespannt zu. Aber leider! Kein Geräusch von Pferdehufen war zu hören: Die Wanderer, wer auch immer sie waren, waren auf den Beinen. Mr. Harrod könnte kaum einer von ihnen sein. Ich blieb stehen und wartete darauf, dass sie auftauchten. Sie waren Landstreicher. Ihre Gestalten wirkten schwankend und unsicher, als sie durch den Nebel auf mich zukamen. Sie gingen mit schwerem, trägem Gang und rauchten ihre Tonpfeifen.

„Können Sie mir sagen, ob ich für die Landstraße richtig bin?" sagte ich, als sie in Hörweite kamen.

Sie blieben stehen, und einer von ihnen brach in Gelächter aus und sagte hinterher mit gedämpfter Stimme etwas zu seinem Begleiter.

„Sie sind weit von Ihrem Ziel entfernt", sagte er; Und während er das sagte, kam er auf mich zu und ergriff das Zaumzeug des Pferdes.

Etwas in seinem Gesicht missfiel mir. Ich verpasste ihm mit der Peitsche einen scharfen Schnitt. Er schrie vor Wut, ließ aber das Zaumzeug los; und ein weiterer Schnitt am Hals des Pferdes ließ ihn mit den Hinterhufen in die Luft vorwärts stoßen. Ich hatte noch nie erlebt, dass er so auf die Peitsche reagierte. Ich denke, ihm kann das Aussehen der Männer nicht besser gefallen haben als mir.

Bevor ich wusste, dass sich vor mir ein Deich befand, landete ich sicher auf der anderen Seite. und erst dann zog ich das arme alte Tier hoch und sah mich um. Natürlich konnte ich nichts sehen: Der Nebel wäre zu dicht gewesen, selbst wenn die zunehmende Dunkelheit nicht ausgereicht hätte, um jeden Gegenstand zu verdecken, der nicht in meiner Nähe war. Aber ich konnte keine Stimmen hören und fühlte mich in Sicherheit.

Wie ein Mädchen, mit nichts als einer kleinen Peitsche in der Hand, sich gegen zwei starke Männer durchgesetzt hatte – obwohl sie auf einem Pferd saß und sie zu Fuß – darüber dachte ich nicht lange nach. Ich war in Sicherheit; Aber das kleine Abenteuer hatte mir Angst gemacht und ich dachte, ich würde versuchen, so schnell wie möglich nach Hause zu kommen.

Aber wie? Ich war absolut unsicher, wo ich war. Ich hatte einen Deich überquert, was ich nicht hätte tun sollen; aber ein Deich glich dem anderen sehr, und das war kein Leitfaden. Ich konnte nichts sehen und ich konnte nichts hören.

Nichts? Ja; Als ich zuhörte, hörte ich etwas. Es war das Geräusch entfernter Wellen, die sanft an den Strand plätscherten. Ich hätte mich tatsächlich weit von der Hauptstraße entfernt, wenn ich nahe genug an das Meer gekommen wäre, um das Rauschen seiner Wellen zu hören. Ich blieb stehen und wartete erneut. Ich dachte, ich würde warten, bis diese Männer weit vorangekommen waren. Dann, nach einer Weile, setzte ich das Pferd wieder über den Deich und ging langsam vorwärts, wobei ich alle Nerven anstrengte, um festzustellen, ob das Meeresrauschen in meinen Ohren lauter oder leiser wurde.

Nach einer Weile war ich mir sicher, dass es weniger wurde, aber ich konnte mir nicht ganz sicher sein, denn in meinem Kopf herrschte ein seltsames Gefühl; und ich musste mir bald eingestehen, dass ich sehr schläfrig wurde. Ich wusste, dass der Nebel die Menschen schläfrig machen konnte, wenn sie sich lange darin aufhielten; Aber ich war schon oft im Seenebel unterwegs und hatte mich noch nie so schläfrig gefühlt. Ich fragte mich, wie spät es war. Ich kämpfte noch ein wenig weiter, aber ich hatte das Gefühl, dass ich vom Pferd fallen würde, wenn ich nicht gehen würde, also stieg ich ab und führte es am Zaumzeug weiter. Aus einem anderen Grund war es besser, zu Fuß zu gehen – ich war bis auf die Knochen durchgefroren.

Ich schlug das Ende meines Habits über meine Schultern, und obwohl es völlig durchnässt war, diente es als eine Art Umschlag; aber ich kann nicht sagen, dass ich fröhlich war oder mich wohl fühlte. Die Nacht war vollkommen still, der Nebel vollkommen dicht. Einmal rannte ein Hase, vermutlich erschrocken durch das Geräusch der Pferdehufe, vor mir her und zog sich in seine Gestalt zurück; aber ich glaube, das war das einzige Mal, dass ich ein Lebewesen gesehen habe.

Ich gewöhnte mich so sehr an die Stille und Einsamkeit, dass ich es kaum bemerkte, als sich schließlich ein weiteres Geräusch mit dem monotonen Schritt des müden Tieres vermischte. Vielleicht lag es daran, dass es nur eine Verstärkung desselben Geräusches war: Es war der Schritt eines anderen müden Tieres. Aber ob das nun der Grund war oder ob es daran lag, dass ich nach und nach immer schläfriger wurde, ist sicher, dass das Geräusch bis zu einem bestimmten Punkt zunahm und dann langsam wieder verklang, bevor ich mir seiner Existenz ganz bewusst wurde. Dann wurde mir plötzlich klar, was es sein könnte, und mit aller Kraft meines Wesens schrie ich durch den Nebel.

Einmal – zweimal schrie ich, und dann blieb ich stehen und lauschte. Das Geräusch der Hufe und der Räder – ja, der Räder – war immer noch schwach zu hören. Mein Herz wurde krank und ich schrie erneut in die Nacht hinein; Diesmal war es fast ein Schrei. Die Räder blieben stehen. Ich schrie erneut, und ein leises Holloa erklang, das mir verriet, wie viel schwächer meine eigene Stimme durch den Nebel gewesen sein musste.

Ich sprang auf das Pferd und drängte es so nah wie möglich in die Richtung der Stimme vorwärts. Und die ganze Zeit schrie ich weiter.

Dem Himmel sei Dank! Ich hörte den Antwortschrei jedes Mal klarer und deutlicher. Endlich – endlich sah ich ein Pferd und einen Gig, die man in der dampfenden Dunkelheit gerade noch erkennen konnte.

"Wer ist da?" schrie eine Stimme; und – wie soll ich mein Glück beschreiben? – es war die Stimme von Trayton Harrod.

Ich glaube nicht, dass ich geantwortet habe. Ich glaube, da war etwas in meiner Kehle, das mich daran hinderte, zu antworten; aber er muss mich sofort erkannt haben, denn er stieß einen Ausruf aus, den ich noch nie von ihm gehört hatte: „Großer Himmel!" Dann stieg er aus dem Gig und kam schnell auf mich zu.

„Fräulein Margaret!" er rief aus. „Wie bist du jemals hierher gekommen?"

Mittlerweile hatte ich meine gewohnte Stimme wiedererlangt und antwortete ganz ruhig, dass ich auf einer Besorgung nach Broadlands gewesen sei und mich auf dem Weg nach Hause im Nebel verlaufen habe.

„Habe dich selbst verloren! Ich sollte denken, du hättest dich selbst verloren", ejakulierte er halb wütend. „Bevor Sie angerufen haben, war ich mir nicht sicher, welchen Weg ich eingeschlagen habe, aber ich weiß genau, dass Sie sich hier völlig abseits der ausgetretenen Pfade befinden."

„Oh, dann fürchte ich, ich hätte dich auch verunsichern lassen", sagte ich entschuldigend.

Ich weiß nicht, was mit mir geschehen war, aber ich war so froh, ihn zu sehen, dass ich es nicht ertragen konnte, dass er wütend auf mich sein sollte.

„Das bedeutet überhaupt nicht", sagte er. „Du bist es, an den ich denke. Ich fürchte, dir muss kalt und müde sein, und ich fürchte, es wird noch lange dauern, bis wir nach Hause kommen." Er war jetzt nahe bei mir. „Du solltest besser mitmachen", sagte er; „Ich werde das Pferd daran anbinden."

Er streckte seine Hände aus, um mir beim Abstieg zu helfen, und ich legte meine in seine.

„Na, du bist bis auf die Knochen durchgefroren", murmelte er. „Du wirst deinen Kältetod ertragen."

Er hob mich vom Pferd, denn ich war tatsächlich taub von der durchdringenden Feuchtigkeit, und führte mich zum Gig. Dann nahm er das Pferdetuch, das über dem Sitz lag, und wickelte es so fest er konnte um mich.

„Hast du keine Anstecknadel?" er hat gefragt.

Ich versuchte zu lachen, aber es gelang mir nicht; etwas blieb mir im Hals stecken.

„Ich dachte, Frauen hätten immer Anstecknadeln", fügte er hinzu.

Dann lachte ich ein wenig; aber ich muss sehr müde und überfordert gewesen sein, denn das Lachen verwandelte sich in eine Art Schluchzen. Ich konnte nur hoffen, dass er es nicht bemerkte. Er machte jedenfalls keine Bemerkung; Er wickelte die Decke nur so eng wie möglich um mich und ergriff wieder meine Hände, als wollte er spüren, ob sie wärmer wären. Er hielt sie lange Zeit für sich; er hielt sie sehr fest. Das Blut schien aus meinem Herzen zu versiegen, als ich mit meinen Händen in seinen dastand. Mein Gesicht war abgewandt, aber ich spürte, dass seine scharfen dunklen Augen besorgt und zärtlich auf meine gerichtet waren. Ein seltsames, neues Glück erfüllte mein ganzes Wesen; Ich wusste nicht, was es bedeutete, aber ich wusste, dass ich trotz der Kälte, der Feuchtigkeit und der Dunkelheit so weiter stehen wollte; Ich wusste, dass das, was ich fühlte, süßer war als jede Freude, die ich zuvor in meinem Leben erlebt hatte.

Aber Trayton Harrod nahm ihm die Hände weg. Er legte seinen Arm um meine Taille, hielt mich an meinen Ellbogen fest, um die Decke, die er so sorgfältig um mich gewickelt hatte, nicht zu verrutschen, und half mir in die Gig. Ich ließ ihn tun, was er wollte. Ich, der ich zuvor so trotzig und stolz gewesen war und dachte, dass ich so etwas wie einen Beau verachtete, ließ zu, dass sich dieser Mann mir gegenüber so benahm, wie sich Kapitän Forrester gegenüber Joyce verhalten hätte; Ich war wie Wachs in seinen Händen. Daran habe ich damals nicht gedacht; Ich weiß nicht, ob ich jemals daran gedacht habe. Es fällt mir erst jetzt auf, wenn ich es aufschreibe.

Ich saß wortlos da, während Harrod das Pferd holte und es hinten an der Gig festband. Mir war nichts bewusst, außer dass ich vollkommen zufrieden war und darauf wartete, dass er auftauchte und sich neben mich setzte. All meine Müdigkeit war verschwunden, all mein Wunsch, zu Hause zu sein, all meine Erinnerung an die Angst meiner Mutter.

Aber warum sollte ich mich weiter mit all dem befassen? Wenn jemals jemand liest, was ich geschrieben habe, wird er meine Gefühle weitaus besser verstehen, als ich es beschreiben kann. Jeder weiß, dass die Liebe in sich selbst versunken ist und, außer gegenüber dem einen Wesen, für das sie die ganze Welt opfern würde, völlig selbstsüchtig ist. Und was ich langsam zu spüren begann, war Liebe.

Wir zogen in die neblige Nacht davon. Herr Harrod sprach einige Zeit nicht. Er war damit beschäftigt herauszufinden, welcher Weg der richtige war. Wir hatten keinen Schothorn . Das Rauschen des Meeres war zwar in unseren Ohren schwächer geworden, so dass wir uns weiter im Landesinneren befanden; aber außer dem Deich, den ich nach meiner Begegnung mit den Landstreichern überquert hatte, hatten wir keinen Orientierungspunkt, der uns verriet, wo wir uns befanden.

Harrod glaubte sich an den Deich zu erinnern; aber wie weit es von der Landstraße entfernt war, die wir erreichen wollten, konnten wir beide nicht genau bestimmen. Der Abschnitt des Landes lag etwas außerhalb unseres üblichen Tempos, sonst wären wir weniger ratlos gewesen. Aber es gab noch kein Zeichen oder Geräusch von der Marktstadt, durch die wir gehen mussten, bevor wir unser eigenes Stück Sumpfland erreichten.

Es bestand kein Zweifel daran, dass wir uns im Sumpf verlaufen hatten, und alles, was wir tun konnten, war, langsam voranzukommen, Deiche und unsichtbare Fallgruben zu meiden und ruhig darauf zu warten, dass der Tag uns zeigte, wo wir waren. Glücklicherweise sind in diesen Mittsommernächten die Stunden zwischen Dämmerung und Morgengrauen nur kurz. Nur Harrod schien sich darüber Sorgen zu machen; er fragte mich ständig, ob mir warm sei; Er flehte mich ständig an, nicht aufzugeben und schlafen zu gehen. Ich nehme an, er hatte Angst vor dem Fieber für mich. Aber ich für meinen Teil empfand keine Unannehmlichkeiten; Mir war nicht kalt und ich hatte keine Lust mehr einzuschlafen.

Ich kann mich nicht erinnern, dass wir über irgendetwas Bestimmtes gesprochen hätten; Ich kann mich nicht erinnern, dass wir überhaupt viel geredet hätten. Ich glaube, ich hatte Angst zu sprechen; Ich glaube, ich hatte Angst, dass sogar er sprechen würde; Die Stille war zu wunderbar, und das vage Gefühl von etwas Unausgesprochenem, Ungeahntem war süßer als alle Worte. Es war die tiefste Stille, die ich je gefühlt habe; es gab nicht einmal das Geräusch eines Vogels oder eines sich bewegenden Blattes oder den Atem des schlafenden Viehs; selbst das sanfte Stöhnen des Meeres war jetzt in der Ferne verstummt; Es war, als wären wir zwei allein auf der Welt.

Manchmal konnte ich Mr. Harrods Lächeln sogar in der Dunkelheit aufblitzen sehen, wenn er sich umdrehte und fragte, ob mir ganz warm sei, und manchmal beugte er sich einfach über mich und wickelte den Teppich – zärtlich, wie ich mir einbildete – enger um mich . Ah, es war ein Sommernachtstraum! Aber schließlich war die Natur stärker als die Neigung – ich war jung und gesund – und ich schlief ein. Als ich aufwachte, verhieß ich im Osten das kommende Licht, das Meer bebte davon und lange violette Streifen säumten den Horizont. Über uns war der Himmel schön, obwohl der dichte, weiße Nebel immer noch in einer riesigen Schicht um uns herum lag. Aus ihm erhob sich der Marktflecken direkt vor uns, dunkel und düster , aus dem leuchtenden Nebelmeer.

Wir trotteten jetzt auf dem ausgetretenen Pfad darauf zu, und Mr. Harrod trieb die müde Stute mit einer Hand an, während die andere um meine Taille gelegt war. Der Auftritt war eng für zwei Personen, und ich schätze, ich hätte riskieren müssen, in meinem bewusstlosen Zustand rausgeworfen zu werden, wenn er das nicht getan hätte. Er nahm seinen Arm weg, sobald ich mich bewegte, und ich schüttelte mich und sah ihn an. Lag mein Kopf auf seiner Schulter? Und wenn ja, warum störte es mich dann so wenig?

„Ich fürchte, ich habe geschlafen", sagte ich.

„Ja", antwortete Mr. Harrod, „Sie haben geschlafen. Ich brachte es nicht übers Herz, Sie noch einmal zu wecken, Sie waren so müde. Aber wir werden jetzt bald zu Hause sein."

„Na, wir sind wieder auf der Spur!" rief ich aus.

„Ja", lachte er. „Als die Stadt durch den Nebel auftauchte, war sie für mich ein Wahrzeichen, obwohl ich glaube, dass ich letztendlich durch Zufall über den Weg gestolpert bin."

Er sagte nichts mehr. Bald befanden wir uns wieder auf der Hauptstraße und stiegen die Straße der Stadt hinauf. Wir waren die einzigen rührenden Menschen darin, und dadurch wurde mir mein seltsames Abenteuer bewusster als all die Stunden, die ich allein mit meinem Begleiter im Sumpf verbracht hatte.

Zum ersten Mal begann ich mich zu fragen, was Mutter sagen würde. Sobald wir die Stadt verlassen hatten, rasten wir lautlos die gerade , vertraute Straße entlang, die zu unserem eigenen Dorf führte. Der Nebel begann sich langsam, sehr langsam zu lichten, und in der Ferne ragten die Hügel auf, auf denen unsere Farm stand. Im Sumpf, zu beiden Seiten von uns, begannen die Rinder sich wie ihre eigenen Geister im weißen Dunst zu bewegen und blickten uns mit verwunderten, schläfrigen Augen über die Deiche hinweg an.

Die Sterne waren alle tot, und über dem Nebel breitete der stille Himmel ein stahlblaues Geflecht aus, während sich über dem Meer die violetten Streifen in Silber verwandelt hatten und Strahlen nach oben in die große Kuppel sandten. Wie ein Vorhang vor den Toren einer wunderbaren, unsichtbaren Welt hing, breitete sich ein rosiger Glanz vom Schoß des Ozeans bis weit in die flaumigen Wolken darüber aus, die das nackte Blau so sanft bedeckten – ein Glanz, der von Augenblick zu Augenblick immer wunderbarer erleuchtet wurde geheimnisvolles inneres Feuer, dessen selbst entferntes Wesen jeden Hügel und Berg des Wolkenlandes mit einer Schicht aus geschmolzenem Gold überziehen könnte. Unbewusst blieb mein Blick an der Stelle hängen, wo eine so weitreichende Wärme aus einem so zarten Grenzland mit opaler Farbe entsprang; Und als schließlich die große Flamme aus der grauen Brust des Meeres entstand, spürte ich, wie mir Tränen in die Augen stiegen, ich weiß nicht warum, und ein kleiner Seufzer der Zufriedenheit stieg aus meinem Herzen auf. Ich war müde, denn der Sonnenaufgang hatte mir noch nie zuvor Tränen in die Augen getrieben.

„Ich hoffe, dass es dir nicht schlechter geht", sagte Harrod, blickte mich unruhig an und trieb das Pferd mit Stimme und Hand an; „Aber ich fürchte, deine Eltern waren sowieso sehr besorgt."

Ach! Ich hatte nicht noch einmal daran gedacht. Ich saß schweigend da und beobachtete, wie aus dem Nebel die vertrauten, soliden Kurven der Festung auf dem Sumpf Gestalt annahmen.

dich nicht getroffen hätte, wäre ich jetzt draußen im Sumpf gewesen", sagte ich.

Ich dachte, er hätte gesagt, er sei froh, mich kennengelernt zu haben, aber das tat er nicht. Er antwortete nur: „Ich hätte dich nicht einschlafen lassen dürfen."

Ich habe darüber gelacht. „Wenn du nicht gewesen wärst, würde ich jetzt an dem Ufer schlafen, an dem ich dich zum ersten Mal gehört habe", erklärte ich. „Und ich schätze, dass ich zu diesem Zeitpunkt schon an Fieber gestorben sein sollte."

Er sagte immer noch nichts. Er hatte Bedenken, die durch keine meiner Worte beseitigt werden konnten. Ich habe es instinktiv gespürt. Selbst als ich sagte – und während ich es jetzt aufschreibe, frage ich mich, wie ich es *hätte* sagen können –, selbst als ich leise sagte: „Nun, ich bereue nichts. Ich habe es genossen", antwortete er nicht.

Ich wunderte mich einen Moment lang darüber, aber keine seiner Laune konnte meine völlige Zufriedenheit trüben. Auch wenn ich, je näher ich meinem Zuhause kam, mir wegen der Sorgen meiner Eltern immer mehr Sorgen machte, konnte keine Wolke am Horizont dieses schönen, süßen Tagesanbruchs ruhen. Ich konnte nicht über die Barriere dieses immer breiter werdenden, immer heller werdenden Vorhangs aus herrlichem Licht hinaussehen; Aber da war es und freute sich über das Kommen der gesegneten Sonne, die bald den gesamten Raum der freien und vollkommenen Reinheit des Himmels erfüllen würde.

Die Kälte des Himmels und der ganzen Welt pulsierte langsam mit der erwachenden Wärme. Was gab es jenseits dieses brennenden Randes der Welt, jenseits dieses Meeres seltsamer, jubelnder Helligkeit?

Wir begannen den Hügel zu erklimmen, und auf der Gartenterrasse stand mein Vater. Er wartete auf mich, genau wie er an jenem Abend im Mai auf mich gewartet hatte, als er mir gesagt hatte, ich solle mit Trayton Harrod befreundet sein.

KAPITEL XXIII.

Mutter hat mich nie wegen meines Abenteuers gescholten, und natürlich tat es mir viel mehr leid , als ich es hätte tun sollen, wenn sie das getan hätte.

Als ich da in der kühlen, grauen Morgendämmerung stand, in meinem nassen Habit, standen die Tautropfen noch immer auf den Locken meines roten Haares, mein Gesicht war – daran besteht kein Zweifel – blass vor Kummer, und meine grauen Augen waren in ihrer dunkelsten Form Aus dem gleichen Grund sah ich wohl eher nach einem traurigen Schauspiel aus, das ihr Herz zum Schmelzen brachte; Jedenfalls weiß ich, dass sie ihren Arm um mich gelegt und mir hastig einen Kuss gegeben hat, bevor sie mich vorwärts geschoben hat, um Vater zu treffen. Einen Moment lang spürte ich, wie sich etwas in meiner Kehle hochschob, und ich schätze, ich hätte eigentlich weinen sollen. Aber ich weinte nicht; Ich war trotz allem zu glücklich, und zum Glück gehörten weder Vater noch Mutter zu den Menschen, die erwarten, dass man weint, weil es einem leid tut.

Wie ich bereits sagte, sagte keiner von ihnen ein Wort des Tadels. Ich gab meine Erklärung ab und sie wurde akzeptiert; Vater erklärte nur, dass es eine sehr gute Sache sei, dass Trayton Harrod mich kennengelernt habe; und Mutter bemerkte nur, dass „am wenigsten geheilt" sei. Ich nehme an, sie waren beide froh, mich sicher zu Hause zu haben. Und diese Fahrt mit dem Gerichtsvollzieher meines Vaters, die mir so viel bedeutet hatte, wurde so in heiliger Stille begraben.

Es war der Tag, an dem Joyce nach Hause kommen sollte. Als ich mich nach den paar Stunden Schlaf, auf die ich nicht verzichten konnte, wieder anzog, fiel mir ein, dass es der Tag war, an dem Joyce nach Hause kam. Wie kam es, dass ich nicht daran gedacht hatte? Wie kam es, dass ich gestern nicht an alles gedacht hatte und auch viele Tage davor nicht?

Mir war bewusst, dass selbst meine Briefe an meine Schwester weniger und hastiger gewesen waren als zu Beginn ihrer Abwesenheit. Ich war deswegen wütend auf mich selbst, denn ich hätte nicht geglaubt, dass eine längere Abwesenheit sie zu etwas anderem als der ersten wichtigen Person in meinem Leben hätte machen können. Aber jetzt, da sie wieder zu Hause war, würde natürlich alles wie zuvor sein.

Ich war sehr glücklich bei dem Gedanken, sie wiederzusehen. Ich flehte den Gig an, zum Bahnhof zu gehen und sie selbst zu treffen. Die Stute war mittlerweile an mich gewöhnt, so dass selbst Joyce nicht nervös werden würde. Ihr Gesicht erstrahlte in ihrem eigenen ruhigen Lächeln, als sie mich sah, die Kurven ihres süßen Mundes durchbrechend und ihre kurze

Oberlippe, die immer so aussah, als wäre sie in ihren hübschen Schmollmund eingeklemmt worden, ganz leicht nach unten gedrückt. Sie sah schöner aus als je zuvor; Ich weiß nicht, ob es daran lag, dass ich sie schon so lange nicht mehr gesehen hatte, aber ich fand sie viel schöner, als ich es mir jemals vorgestellt hatte. Mir tat der arme Frank mehr denn je leid, dass er so lange auf ihren Anblick warten musste.

„Na, Meg", sagte sie, als sie mit all ihren kleinen Päckchen herauskam, „wie gebräunt du bist! Ich erkläre, dass deine Haare und dein Gesicht nur eine Farbe haben."

Ich habe fröhlich laut gelacht.

„Nun, wenn mein Gesicht die Farbe meiner Haare hat, muss es tatsächlich eine Flamme sein", rief ich. „Aber ich war die ganze Zeit auf der Heuernte, während du, du Faulpelz, eine weiße Haut in einem Londoner Salon eingesperrt hast. Oh mein Lieber! Ich wäre nicht du gewesen."

„Nein, es hätte dir nicht gefallen", antwortete sie. „Ich war froh, der armen alten Tante nützlich sein zu können, aber es war ziemlich langweilig, und ich muss sagen, ich bin froh, zu Hause zu sein."

„Alle haben dich schrecklich vermisst", sagte ich. „Was Mutter und Deb betrifft, sie können mir nicht oft genug sagen, dass ich dir nicht das Wasser reichen kann."

„Oh, was für ein Unsinn, Meg!" murmelte sie. „Du weißt ganz genau, dass sie es nicht ernst meinen."

„Meine Liebe, es macht mir nichts aus", rief ich. „Ich weiß es gut genug und kann trotzdem meine eigene Arbeit auf meine eigene Weise erledigen. Aber Mutter hat dich vermisst, und das ist kein Fehler", fügte ich hinzu , „obwohl sie es höchstwahrscheinlich nicht zulassen wird, dass Sie es erraten. Sie wollte Sie schon vor langer Zeit nach Hause haben, aber dann kam Captain Forrester wieder herunter."

Bei der Erwähnung des Namens ihres Geliebten legte sich ein besorgter Ausdruck auf Joyces Gesicht, wie ich es schon ein- oder zweimal bemerkt hatte.

„Er kam vor einer Woche für ein paar Tage vorbei, wissen Sie", fügte ich hinzu. „Das habe ich dir gesagt, nicht wahr?" Ich war mir nicht ganz sicher, ob ich überhaupt daran gedacht hatte, diese großartige Neuigkeit zu überbringen.

„Oh ja, das hast du mir gesagt ", antwortete Joyce mit langsamer Stimme.

„Er hat sich natürlich viel nach Ihnen erkundigt", fuhr ich fort. „Er hat mich gebeten, Ihnen viele Nachrichten zu überbringen."

Sie antwortete nicht. Ihre zierliche Wange hatte sich leicht erröten lassen, wie es so passend war. Aber wir hatten den Hügel erreicht, und ich sprang hinunter und ging hinauf, wobei ich ihr die Zügel gab, die sie festhalten konnte. Und als wir oben ankamen, hing Deborah im Garten hinter dem Haus mit Kleidern und war bereit, den ersten Blick auf uns auf der Straße zu erhaschen, und Reuben am Tor sah halb schlafend aus, weil er den größten Teil der Nacht mit Jack draußen gewesen war Barnstaple sucht mich im Nebel. Für weitere private Gespräche blieb keine Zeit.

Es ist wahr, dass Mutter nicht bis zum Tor kam, da dies nicht ihre Art war, und als wir hineinkamen, hätte man meinen können, dass Joyce von der Art und Weise, wie sie sie empfing, nicht weiter als bis zum Markt entfernt war; Aber das bedeutete nichts, es waren nur Maliphant- Manieren, und Vater sagte nicht mehr als: „Du siehst herzhaft aus, Kind“, bevor er mich mitnahm, um seinen Prospekt für ihn zu schreiben, weil seine Hand steif war.

Erst am späten Abend hatte ich Zeit, mit Joyce in dem schönen alten Schlafzimmer im Dachgeschoss zu plaudern, das sie und ich uns immer geteilt hatten, und ich war gespannt auf ein Gespräch. Sie hatte zwei neue Kleider für uns mitgebracht, und neben allem, was ich ihr zu sagen hatte, wollte ich auch die neuen Kleider sehen. Bis vor Kurzem hatte ich mich nie für Kleidung interessiert; Früher schämte ich mich ziemlich für ein neues Kleid, als ob die Leute mich für einen Idioten halten müssten, weil ich es trug, und als hätte es mir ganz und gar an der unschuldigen Eitelkeit gefehlt, die angeblich zu den Reizen eines jungen Mädchens gehört. Aber in letzter Zeit war es anders gewesen. Ich wollte gut aussehen, und ich hatte meine eigenen Vorstellungen, wie das erreicht werden sollte. Ach! Als ich die Kleider sah, wusste ich, dass sie nicht meinen Vorstellungen entsprachen.

Schnürsenkel und Bänder beiseite ; Sie öffnete die schwere alte Eichenpresse und holte stolz die Kleider heraus. Ich glaube, sie war so damit beschäftigt, sie auszuschütteln, dass sie mein Gesicht nicht sah; Ich hoffe es, denn ich weiß, dass es gefallen ist. Die Kleider waren aus blassblauer Merinowolle, genau das Richtige für ihre zierliche Schönheit, aber nicht, wie ich instinktiv spürte, das Richtige für ein raues, rötliches Hengstfohlen wie mich.

„Werden sie es nicht erkennen?“ sagte ich schüchtern.

„Das hat Mutter gesagt“, antwortete sie ein wenig traurig; „Aber, mein Lieber, das sind unsere einzigen besten Kleider; wir sollen sie nicht bei schlechtem Wetter tragen.“

Ich bin so froh, dass ich nichts mehr gesagt habe, denn sie hatte mir ein Buch aus London mitgebracht – es war ein Roman eines berühmten Autors, von dem wir gehört hatten; Die Autorin war eine Frau, und ich hatte deshalb den großen Wunsch geäußert, es zu lesen. Ich war sehr erfreut darüber, dass Joyce sich daran hätte erinnern sollen. Ich erinnere mich, dass ich sie dafür geküsst habe, und ich dachte nicht mehr an die Kleider, ich empfand nur, dass es schön war, eine Schwester zu Hause zu haben. Ich hatte bis jetzt nicht gewusst, wie sehr ich sie vermisst hatte.

„Ich frage mich, wie es uns allen ergehen wird, wenn du endgültig weggehst und deinen jungen Mann heiratest?" sagte ich. „Es scheint nicht so, als wäre der Ort irgendwie er selbst, wenn man nicht da ist."

„Zeit genug, darüber nachzudenken, wenn der Tag kommt", antwortete Joyce, ich dachte ein wenig traurig.

„Na ja, vielleicht", sagte ich zweifelnd; „Und doch ist es nicht so weit weg, wissen Sie. Und wenn Sie nur ein wenig mehr Entschlossenheit in sich hätten, wäre es vielleicht viel näher."

„Sie scheinen sehr darauf bedacht zu sein, mich loszuwerden, sobald Sie mich nach Hause gebracht haben", sagte sie mit einem Hauch verletzter Sensibilität in ihrer Stimme.

Natürlich habe ich darüber gelacht – es war nicht wirklich eine Antwort wert. Aber ich hätte sagen können, dass ich vor drei Wochen gelernt hatte, was es mir schwerer denn je machte, Joyce von dem Mann zu trennen, den sie liebte. Ich hatte in letzter Zeit nicht viel über sie oder ihre Sorgen nachgedacht, aber jetzt, da sie mir nahe war , tat sie mir sehr leid. Als Joyce weggegangen war, hatte ich ein merkwürdiges Gefühl der Minderwertigkeit ihr gegenüber verspürt, als wüsste sie ein Geheimnis, das für mich verschlossen war, aber jetzt – jetzt hatte ich das Gefühl, dass es einen Riss in der Wolke gab, die uns trennte; Ich hatte das Gefühl, dass ich in ihre Welt hineinschauen konnte, ich fühlte, dass ich auf ihrer Ebene war. Und nur mit einem zarteren Gefühl des Mitgefühls als zuvor begann ich, ihr einige der Botschaften zu überbringen, die Frank mir anvertraut hatte .

Ich konnte nicht wirklich behaupten, dass er sehr elend aussah, aber ich konnte ihr seine anhaltende leidenschaftliche Hingabe an sie versichern, und das tat ich mit aller Inbrunst. Irgendwie kam es mir, als ich mich dieser Aufgabe annahm, vor, dass es eher ein seltsames Kompliment sei, einem Mädchen zu versichern, dass ihr Geliebter sie nicht vergisst, und ich fragte mich, warum ich mich dazu verpflichtet fühlte.

Sie hörte sich ruhig alles an, was ich ihr von dem kurzen Interview erzählte, aber als ich begann, von meinen Bemühungen zu sprechen, meine Mutter dazu zu bewegen, die Laufzeit der Verlobung zu verkürzen, unterbrach sie mich mit der gelassenen Miene der Entschlossenheit, die ich kannte keine Widerrede.

„Meg", sagte sie, „ich möchte, dass du das nie wieder tust. Ich möchte, dass du ein für alle Mal verstehst, dass, wenn die Dinge nicht von selbst kommen, das daran liegt, dass ich glaube, dass sie überhaupt nicht kommen sollten. Wenn Frank kümmert sich um mich, wie er sagt, er wird sich am Ende eines Jahres genauso um mich kümmern, und ich sollte lieber abwarten und sehen."

Ich sah sie mit offenem Mund an.

„Ich glaube, du bist ein seltsames Mädchen", sagte ich schließlich. „Ich hätte nicht gedacht, dass du dich selbst bestrafen willst, nur um einen Mann auf die Probe zu stellen. Aber ich glaube, ich verstehe es nicht. Das ist die Art, wie Mutter redet, und ich weiß, dass es sehr weise ist und so." ; aber, mein Lieber, ich denke, das ist alles nur so, als würde man sich hinsetzen und warten, bis die Welle über einen kommt. Ich bin sicher, wenn *ich* etwas sehr dringendes wollte , würde ich gerne dafür kämpfen – ich müsste *dafür* kämpfen Es."

Joyce seufzte leicht, setzte sich ans Fenster und blickte in die zunehmende Dämmerung.

Es war kurz vor Mittsommer und die Abende waren außergewöhnlich lang und strahlend, die Dämmerung reichte fast bis zum Morgengrauen. Nach der Hitze des Tages stiegen schöne, weiche, graue Nebel in durchsichtigen Schichten aus dem Sumpf unter uns auf und schwebten nach oben zum Hügel. Es war kein dichter Nebel wie in der Nacht zuvor, sondern nur ein geisterhafter Schleier, der über das Land geworfen war, über dem Lichter zwischen dunklen Häusern auf dem fernen Hügel funkelten. Es wehte kein Windhauch, und in der Stille drang das Plätschern des Meeres schwach an unser Ohr. Joyce blickte in den Nebel hinaus.

„Natürlich", fuhr ich nach einer Weile fort, „ich bin nicht mit einem Mann verlobt, und deshalb weiß ich nicht, was ich tun soll, wenn ich es wäre."

„Ich denke, Sie würden das tun, was Sie in anderen Angelegenheiten tun", antwortete Joyce. „Ich denke, du würdest dir sehr viel Mühe geben, deinen eigenen Willen durchzusetzen. Aber dann sind du und ich nicht gleich."

Nein, wir waren uns nicht ähnlich, das habe ich gespürt. Und ich nahm an, dass meine Schwester Recht hatte und dass der einzige Unterschied darin bestand, dass ich sturer war.

„Ich glaube nicht, dass eine Frau darum kämpfen sollte, ihren Willen durchzusetzen", fügte sie mit leiser Stimme hinzu.

Ich dachte einen Moment nach, bevor ich verstand, was sie meinte. „Wollen Sie damit sagen, dass es der Mann sein sollte, wenn jemand kämpft?" fragte ich. „Nun, du *bist* ein unvernünftiges Mädchen! Meine Güte! Wenn Frank einen Finger rührt, bist du wütend auf ihn."

Joyce lächelte ein schwaches Lächeln wie die grauen Nebel unten.

„Ich glaube nicht, dass du weißt, *was* du meinst oder *was* du willst", fügte ich ungeduldig hinzu.

Ohne auf meinen kurzen Ton zu achten, sagte sie ernst: „Ich weiß, dass alles so sein wird, wie es bestimmt ist."

Wenn Joyce davon sprach, dass die Dinge so seien, wie sie bestimmt waren, versetzte mich das immer in eine furchtbare Stimmung; und es war entweder dies oder ein kleines Unbehagen in meinem Kopf wegen Harrod, das mich dazu veranlasste, sehr kurz zu antworten, als sie mich sofort nach dem neuen Gerichtsvollzieher fragte.

Aus einem für mich völlig unverständlichen Motiv entstand in mir plötzlich eine Abneigung gegen den Gedanken, dass Joyce erraten sollte, dass ich ihn mochte. Und als sie fragte, wie er sei, antwortete ich schroff: „Oh, wie viele andere Männer – schlicht und sehr eigensinnig."

Das stimmte, aber der Eindruck, den ich dadurch erweckte, war falsch; Ich wusste das ganz genau, aber ich war zu stolz, es zu ändern, obwohl ich mich in meinem Herzen schämte, dass ich meiner lieben, einfachen Joyce gegenüber irgendeine Art von Täuschung begangen hatte, und obwohl ich wirklich so froh war, sie wieder zu haben wieder.

Einen Moment lang wirkte sie beunruhigt, doch dann heiterte sie auf und sagte fröhlich: „Na ja, so mancher gute Kerl ist unscheinbar, und was die Sturheit angeht, das dürfte Ihnen gefallen."

„So ist es", sagte ich. „Natürlich."

„Ich hoffe, dass Vater und er gut miteinander auskommen. Ich hoffe, dass er Vater gegenüber nicht stur ist."

Ich lachte. „Oh, ihr seid ein Vogel, weißt du", sagte ich. „Wir sind alle gemeinsam hartnäckig. Aber wir verschwenden keine Worte, also verstehen wir uns erstklassig."

Joyce seufzte ein wenig. „Mutter sagte, was für ein guter Kerl er sei, aber Vater wollte mir gegenüber kein Wort über ihn verlieren", sagte sie. „ Natürlich tut er das nie. Aber ich glaube nicht, dass er gut aussieht. Er ist in letzter Zeit so gealtert."

Ich sah sie trotzig an. So viele Menschen hatten in den letzten Monaten dasselbe gesagt.

„Meine Güte, Joyce!" Ich weinte. „Das sagst du immer. Vater ist recht gesund und munter. Die Leute werden zwangsläufig älter. Und eines kann ich dir sagen: Er ist nicht halb so empfindlich wie früher. Er und der Knappe hatten seitdem nicht mehr als zwei Streitereien." Du bist gegangen. Das ist ein sehr gutes Zeichen."

„Ja, darüber *bin ich froh"*, *stimmte Joyce zu.* „Der Gutsherr ist ein zu guter Freund, um mit ihm zu streiten. Und obwohl ich natürlich weiß, dass die Streitereien nie etwas bedeutet haben, haben sie mir immer Unbehagen bereitet, Meg, und noch schlimmer als je zuvor, als du dem Weg deines Vaters gefolgt bist. Es kam mir nicht schön vor." In einem von uns Mädchen, Liebes. Etwas ist gut für bloße Manieren. Wir halten nicht genug von ihnen.

Ich schwieg. Meine Manieren waren sicherlich am schlechtesten, wenn mein Herz nicht mit ihnen mitmachte. Aber ich war mir bewusst, dass ich nicht mehr das gleiche Mädchen war wie damals, als meine Schwester gegangen war. Sogar für den Gutsbesitzer war ich anders; Seit er auf der Gartenterrasse mit mir gesprochen hatte, verspürte ich keine Neigung mehr, etwas anderes als sanft zu ihm zu sein.

„Natürlich ist es für seine eigene Gesundheit genauso schädlich, wenn Vater mit dem Gerichtsvollzieher streitet, als wenn er sich mit dem Gutsherrn stritt ", fuhr meine Schwester besorgt fort.

„Warum, mein Lieber, Joyce, wer hat gesagt, dass er sich mit ihm gestritten hat ?" rief ich. „Ich habe nur gesagt, dass sie beide hartnäckig waren. Vater würde nicht auf die Idee kommen, sich mit seinem Gerichtsdiener zu streiten."

Ich zog mein Kleid aus, hängte es auf und schüttelte meinen roten Haarschopf aus, bevor ich ein weiteres Wort sagte.

Dann fügte ich hinzu: „Und ich denke, dass Herr Harrod Vater gegenüber sehr rücksichtsvoll ist. Er ist ein viel zu guter Kerl, um einem alten Mann gegenüber keinen Respekt zu zeigen." Aus Gründen der Ehrlichkeit fühlte ich mich verpflichtet, so viel zu sagen.

„Na, dann magst du ihn wirklich?" rief Joyce.

„Wer hat gesagt, dass ich das nicht getan habe?" antwortete ich. „Er ist ein absolut ehrlicher Kerl, der keinen Unsinn über ihn macht."

Es war nicht ganz das, was ich über Trayton Harrod empfand, aber es kam der Wahrheit am nächsten, und es schien Joyce eine Vorstellung davon zu geben, dass ich ihn mochte, denn sie drehte sich mit strahlendem Gesicht um und legte sie hin Hand auf meiner Schulter.

„Oh, Meg, du kannst dir nicht vorstellen, wie erfreut du mich damit machst", murmelte sie leise; „Ich hatte Angst, dass Sie sich einfach nur aus Hartnäckigkeit gegen den armen Mann wenden und die Dinge für alle unangenehm machen würden. Das tun Sie manchmal, wissen Sie. Und als Sie ihn in Ihren Briefen nie erwähnten, habe ich dafür gesorgt, dass das der Fall war." Grund. Ich dachte, Sie machen sich nur so unangenehm wie möglich, um zu zeigen, dass Sie es hassen, dass er nach Knellestone kommt .

„Nun, Sie müssen mich für einen schrecklichen alten Mistkerl halten", lachte ich verlegen.

„Du *bist* gereizt, wenn du Lust dazu hast, weißt du, obwohl du so klug sein kannst, wenn du dich darüber freust, dass jemand gezwungen wird, dich zu lieben. Das ist einfach schade."

„Natürlich hasste ich es, wenn *ein* Gerichtsvollzieher nach Knellestone kam ", antwortete ich; „Aber jetzt, wo ich sehe, wie viel klüger er in der Landwirtschaft ist als wir, bin ich zufrieden."

„Ich verstehe", sagte Joyce. „Dann *ist er* schlau?"

„Oh ja", antwortete ich. „Er ist klug."

Joyce hielt inne.

„Na dann", sagte sie schüchtern, „hoffe ich, dass ihr bald wirklich gute Freunde seid. Ich habe oft gedacht, Meg, dass die Leute hier nicht klug genug für dich sind. Ich glaube, wenn du es nicht wärst." Wenn du dich in einem Dorf auf dem Land niederlässt, wärst du ein wirklich kluges Mädchen.

Ich lachte, nicht böse erfreut.

„Oh nein, Joyce", sagte ich. „Ich gehe davon aus, dass das, was du und ich für schlau halten, nicht wirklich so wäre."

„Ich weiß mehr, als Sie denken", sagte Joyce weise und nickte mit autoritärer Miene mit ihrem hübschen Kopf. „Ich meine nicht Büchergelehrter , ich meine Mutterwitz. Und weißt du, Meg, ich hoffe sehr, dass die Anwesenheit von Mr. Harrod für dich einen Unterschied macht! Aber du scheinst es nicht gesehen zu haben." noch viel von ihm.

„Oh ja", sagte ich ausweichend. „An den meisten Abenden kommt er zum Abendessen; und natürlich trifft man sich hin und wieder draußen auf dem Land."

„Nun", schloss Joyce mit einer Art Resignation, „natürlich war nicht zu erwarten, dass man auf einmal gute Freunde sein würde. Es ist eine tolle Sache, dankbar zu sein, weil man sich nicht streitet."

„Oh nein", sagte ich; „Wir streiten nicht."

Und dann sprachen wir beide unsere Gebete und gingen ins Bett.

Aber ich lag lange wach und dachte nach – und fragte mich, warum ich so getan hatte, als ob ich den neuen Gerichtsvollzieher nicht mochte, und ob ich wirklich ein kluges Mädchen war; und – soll ich es gestehen? – ein wenig gehofft, dass das blassblaue Kleid mir stehen würde. Und dann, als ich einschlief und tief in meinen Träumen versunken war, leuchtete die Erinnerung an meine Fahrt mit Trayton Harrod durch den Nebel, und ich dachte wieder an den silbernen Versprechensbalken über der Morgendämmerung, über den ich nicht hinaussehen konnte.

KAPITEL XXIV.

Zwei ganze Tage vergingen, ohne dass Mr. Harrod zum Grange kam. Ich wage zu behaupten, dass es niemandem sonst aufgefallen ist; Ich wage zu behaupten, dass es *mir* nicht aufgefallen wäre, wenn – wenn ich nicht gedacht hätte, dass er kommen würde, um sich zu erkundigen, wie es mir nach unserem Abenteuer ergangen wäre. Ich hätte es immer übel nehmen sollen, gefragt zu werden, wie es mir ergangen sei: Und nun war ich ziemlich verletzt, weil ein junger Mann, den ich erst seit drei Monaten kannte, es versäumt hatte, dies zu tun.

Ich ergriff verdeckte Mittel, um herauszufinden, dass Vater und Ruben ihn gesehen hatten und dass es ihm gut ging; und ich bin ganz sicher, dass ich vor Freude errötete, als Mutter am Morgen des dritten Tages sagte, sie sei sicher, dass die weißen Vorhänge in „The Elms" schmutzig werden müssten, und vorschlug, ich solle ein neues Paar hochtragen. Harrod wurde bei ihr immer beliebter, sonst hätte sie sich nie so viel Mühe gegeben, ihn zu trösten – es war keine notwendige Pflicht ihrerseits. Ich wurde rot, aber ich glaubte nicht, dass es irgendjemandem aufgefallen war.

Als Mutter jedoch mit dem Schlüssel zur Wäschepresse die Küche verlassen hatte, sah ich, dass zwei kleine schwarze Augen mich mit einem fröhlichen Augenzwinkern ansahen. Sie machten mich für einen Moment wütend, ich weiß nicht warum; Aber es war eine Schande, wütend auf die alte Deb zu sein, besonders wenn ihr liebes altes rotes Gesicht so freundlich und liebevoll war: Das war nicht immer so.

„Nun, nun, ich bin froh zu sehen, dass die Leute diesem armen jungen Mann verzeihen, dass er Gerichtsvollzieher in Knellestone ist ", sagte sie mit gut gelauntem Scherz. „Als ich sah, was für ein großartiger, meisterhafter Kerl das war , hatte ich meine Zweifel, dass es so enden würde. "

„In welche Richtung, bitte?" fragte ich hochmütig.

Deborah lachte. „Was sagst du, Joyce?" sagte sie und wandte sich an meine Schwester, die sich mit einer der Haushaltspflichten beschäftigte, bei denen sie so froh war, wieder da zu sein. „Sie gehen doch nicht ganz so hart mit dem jungen Mann um, wie sie es erwartet haben, oder?"

„Ich verstehe es nicht ganz", sagte Joyce mit absoluter Unschuld. „Warum sollte Mutter hart zu ihm sein? Es ist nicht seine Schuld, wenn er der Gerichtsvollzieher seines Vaters ist. Außerdem bin ich mir sicher, dass Mutter erkennt, wie nützlich er für den Vater ist."

Deb lachte lauter als je zuvor. „Da segne dich, meine Liebe", sagte sie; „Du könntest nie um die Ecke sehen; aber du hast mehr gesunden Menschenverstand als die anderen . Warum sollten die Leute dem Mann wirklich einen Groll schulden? Trotzdem wird deine Mutter ihn verwöhnen, bevor sie fertig ist. " mit ihm. Vorhänge, tatsächlich! Ich habe noch nie erlebt, dass ein Gerichtsdiener sie so sehr brauchte ."

Mutter kam in diesem Moment mit den Sachen zurück, und ich beeilte mich, Joyce anzuflehen, mich nach dem Abendessen nach „The Elms" zu begleiten. Obwohl ich tief in meinem Herzen wusste, dass ich mich danach sehnte, Trayton Harrod wiederzusehen, überkam mich irgendwie plötzlich Schüchternheit bei dem Gedanken, ihn zu treffen, und ich wollte, dass Joyce dabei war.

Joyce wollte jedoch nicht kommen; Sie bettelte um die vielen Hausarbeiten, die während ihrer Abwesenheit ins Stocken geraten waren, und Mutter meinte, dass ich die Sache genauso gut alleine mit Dorcas' Hilfe erledigen könnte, denn das würde der Gerichtsvollzieher natürlich tun zu dieser Tageszeit draußen.

So war ich gezwungen, alleine zu gehen. Höchstwahrscheinlich würde Mr. Harrod, wie Mutter sagte, nicht da sein; aber ich nahm Taff mit – ein Hund war besser als die meisten Menschen; und mit Taff auf meinen Fersen spürte ich, wie mein Selbstbewusstsein verschwand.

Ich überquerte die Straße und umrundete die Kuppe des Hügels hinter der Kiefernallee. Die Mühlenarme waren dem Dorf zugewandt und wehten Westwinde, aber der Wind hatte seit dem Morgen nachgelassen, und die Luft war schwer und donnernd. Ich dachte, ich würde am neuen Stausee vorbeigehen und sehen, wie die Arbeiten vorankommen. Mr. Harrod würde höchstwahrscheinlich dort sein: Es war eines seiner neuen Unternehmungen, auf das er sich im Moment am meisten freute, und die Rohre sollten gerade verlegt werden; Selbst wenn ich ihn traf , musste er nicht wissen, dass ich zu „The Elms" ging.

Mein Herz begann ein wenig zu schlagen, als ich mich der Gruppe näherte, aber der Gerichtsdiener war nicht da; Nur der alte Luck, der Schäferhund, schlenderte schwanzwedelnd auf mich zu, und ich wusste, dass Ruben nicht weit entfernt sein konnte. Tatsächlich war er unter den Männern, die gerade Feierabend machten, und unterhielt sich mit Jack Barnstaple .

„Ich möchte wissen, was er braucht, um den Leuten seine neumodischen Ideen in den Rachen zu stopfen, die ihr ganzes Leben lang von den alten gelebt haben?" Letzterer sagte. „Wir verstehen solche Dinge hier nicht. Wir sind nicht so gut erzogen worden. Er sollte uns besser in Ruhe lassen."

„Ja, das habe ich ihm gesagt ", sagte Reuben weise und schüttelte seinen stattlichen weißen Kopf, der, wenn er seinen Hut abgenommen hatte, auf die ganze Welt wie der von Pfarrer aussah; „Aber diese jungen Leute müssen immer denken, dass sie es besser wissen als sie, da sie eine Lebenserfahrung haben. Aber seht mal, Jungs, wir sind nicht an der Landwirtschaftsschule in Ashford ausgebildet worden, ihr wisst schon."

„Scheiß auf das Agricultural College", murmelte Jack Barnstaple .

„Ja; und das wird er sagen, wenn er herausfindet, dass er sich bei diesen Golding-Operationen nicht so sicher ist. Und so ." „Der Meister wird es sagen, wenn er herausfindet, dass er sein ganzes Geld über Rohre und Brunnen geworfen hat, was nie dazu gedacht war zu antworten."

„Was meinst du damit, Ruben?" sagte ich und trat hinter ihn. Und ich bin mir sicher, dass meine Wangen rot und meine Augen schwarz waren, wie mein Vater es behauptet hätte, als der Teufel in mich eindrang. „Was sollte nie antworten?"

Reuben sah niedergeschlagen aus, denn ich weiß natürlich, dass er nicht damit gerechnet hatte, dass ich in Hörweite sein würde, und die anderen Männer begannen, ihre Werkzeuge für den Heimweg einzupacken.

„Nun, Fräulein, es ist nicht einleuchtend, dass ein Mann erwarten kann, dass das Wasser bergauf fließt, um ihm zu gefallen", sagte Reuben mit einem grimmigen Lächeln.

„Wasser findet seinen eigenen Pegel, Ruben", erklärte ich scharfsinnig; „Mr. Harrod hat mir das erzählt, und Vater hat es auch gesagt. Die Quelle ist dort auf dem Hügel, und wenn die Rohre durch das Tal zu diesem Hügel verlegt werden, wird das Wasser zwangsläufig auf die gleiche Höhe kommen."

Ich sah ein Lächeln auf den Gesichtern der Männer und Ruben schüttelte den Kopf.

„Es gibt nichts, was Wasser bergauf bringen könnte, außer eine Pumpe, Miss", sagte Jack Barnstaple düster. Er sagte immer alles düster – das war seine Art.

„Nein", fügte Reuben hinzu und sah mich mit seinen erbärmlichen Augen an, die so viel zu sagen schienen, was er nie beabsichtigt haben konnte; „Es kann ein Mensch oder ein Tier sein, aber irgendjemand muss das Wasser bergauf leiten, bevor es kommt. Es kann den Hügel hinunterlaufen, aber es wird nicht aus eigener Kraft diesen Hügel hinauflaufen." „ Es liegt nicht in der Natur."

„Nun, Reuben, ich rate dir, weiter über das zu reden, was du verstehen kannst", sagte ich verärgert. „Ich hätte gedacht, dass Sie klug genug wären, um zu wissen, dass Mr. Harrod es notwendigerweise besser wissen muss als Sie."

Ein schwaches, provokatives Lächeln breitete sich auf Reubens Lippen aus. „Junge Leute halten zusammen", sagte er lakonisch. „Das liegt in der Natur."

Ich warf dem alten Mann einen wütenden Blick zu, sah aber – zum ersten Mal in meiner Erfahrung – ein lauerndes Lächeln auf dem Gesicht des gleichmütigen Jack Barnstaple , der hinter den anderen geblieben war. Mein Gesicht wurde rot, so rot wie meine roten Haare, und ich bückte mich, um den Hund zu streicheln. Was meinte der Mann? Was hatte Deb an diesem Morgen in der Küche gemeint? Aber ich hob trotzig den Kopf.

„Nun, ich denke, es wäre besser, wenn ihr alle abwartet", sagte ich streng. „Du wirst dich für dumm halten, wenn du merkst, dass du einen Fehler gemacht hast."

Ich spielte auf den Wasserplan an; Aber später kam mir der Gedanke, dass die Männer mich möglicherweise missverstanden hatten. Aber es war zu spät, den Fehler zu korrigieren, und ohne ein weiteres Wort rannte ich den Hügel hinunter zu dem Pfad, der zu „The Elms" führte.

Meine Wangen waren heiß vor dem Bewusstsein, dass ich ein Geheimnis hatte, das selbst Reuben Ruck erraten konnte; das Bewusstsein ließ mein Herz wieder sehr schnell schlagen; aber es hätte nicht so sein müssen: Wie zu erwarten war, war Herr Harrod nicht zu Hause.

Dorcas und ich zogen gemeinsam die Vorhänge auf, und dann blieb ich allein in dem kleinen Wohnzimmer, während sie mir eine Tasse Tee machte. Es war das erste Mal, dass ich allein in diesem Raum war – seinem Zimmer.

Ein karges, trostloses Land- und Junggesellenzimmer, aber für mich interessanter als das zierlichste Damenzimmer. Am leeren Kamin stand der hochlehnige Holzstuhl, in dem er saß; neben dem breiten, altmodischen Rost die Herdplatte, auf der der Kessel für sein einsames Frühstück sang; in der Mitte des rauen Ziegelbodens der große quadratische Eichentisch, an dem er aß; auf dem hohen Kaminsims die Pfeifen, die er rauchte, die Tabakdose, aus der er sie füllte, ein Revolver und ein Almanach; an den Wänden zwei Aquarellzeichnungen, die eine zeigt einen alten Herrn im Sessel, die andere die Außenseite eines mit Glyzinien bewachsenen Landhauses; in der Ecke stand ein hübsches Jagdgewehr, das ich gesehen hatte, wie er es trug; im Bücherregal zwischen den Fenstern die Bücher, die er gelesen hat.

Ich ging hinauf und betrachtete sie: eine seltsame Ansammlung schäbiger Bände, obwohl sie für mich damals das Höchste der Kultur verkörperten. Das war vor zehn Jahren und ich war verliebt. Wäre es nicht so gewesen, hätte ich mich vielleicht daran erinnert, dass die Bibliothek meines Vaters mindestens genauso gut war.

Milton, eine zwölfbändige Ausgabe von Shakespeare, eine Bibel, ein Pilgrim's Progress, ein Band mit Cowpers Gedichten, ein Band mit Percys Reliquien , Adam Smiths Wealth of Nations, Chaucers Canterbury Tales, Sir Walter Scotts Romane, Byron, Burns, einige seltsame Bände von Dickens und dann Bücher über Landwirtschaft, deren Autoren und ihre Titel mir fremd waren; Das ist alles, woran ich mich erinnere. Eine gemischte Sammlung – wahrscheinlich das Ergebnis mehrerer Generationen, aber keine schlechte, wenn Trayton Harrod alles gelesen und gut gelesen hat.

Ich sah es traurig an. Außer den Walter-Scott-Romanen, den Burns-Gedichten, der Bibel und „The Pilgrim's Progress" kannte ich keines davon, außer dem Namen, und schon damals nicht alle. Ich fühlte mich sehr unwissend und schämte mich sehr; denn ich habe nie daran gezweifelt, dass Harrod all diese Bücher gelesen und kannte, und wie konnte ein Mann, der so viel wusste, etwas mit einem Mädchen gemeinsam haben, das so wenig wusste? Ich beschloss, zu lesen, zu lernen, klug zu werden. Joyce hatte gesagt, dass ich klug sei, das wusste Joyce vielleicht; Warum nicht?

Ich nahm den Band von Milton zur Hand und setzte mich auf die niedrige Fensterbank und las ihn. Es war ziemlich schrecklich, sofort mit Satan als Redner konfrontiert zu werden, denn ich war es nie gewohnt, ihn als eine Persönlichkeit zu betrachten, sondern eher als eine düstere Verkörperung des Bösen, die zu schrecklich ist, um laut genannt zu werden. Aber der reiche und klangvolle Fluss des herrlichen Verses faszinierte mich und ich las weiter, obwohl ich nicht viel verstand, was ich las.

Meine Gedanken wanderten oft umher, als mir auffiel, dass der Teppich abgenutzt war und ich meine Mutter überreden musste, einen neuen zu kaufen; oder aus dem Fenster auf die abfallenden Hügel zu blicken, auf denen dieses Haus einsam stand – ein Zeichen für alle Winde des Himmels; In der ruhigen Einsamkeit streunten die schläfrigen Schafe müßig umher – während sie gingen, weideten sie – weiße Flecken auf den gelben Weiden. Und die ganze Zeit über lauschte ich auf einen Schritt, den ich fürchtete und doch hoffte, dass er kommen würde, sehnte mich danach, weg zu sein und doch unfähig zu der Entschlossenheit, die mich von dieser Chance auf ein mögliches Treffen abhalten sollte. Aber so lange ich es erzählt habe, dauerte es keine zehn Minuten, bis ein schwerer Fuß die Dielen im Flur knarren ließ und eine Hand sich auf den Türknauf legte. Ich sprang auf, meine Wangen brannten – die Lautstärke von Milton auf dem Boden. Aber als sich die Tür öffnete, war es Squire Broderick, der in der Öffnung stand. Ich glaube nicht, dass die Röte in meinem Gesicht verblasste, denn es ärgerte mich, dass er mich dort sah, und ich bildete mir ein, dass er überrascht aussah.

„Oh, wissen Sie, ob Harrod zu Hause ist?“ fragte er.

„Nein, ist er nicht“, antwortete ich und blickte zu den sauberen Fenstern hinauf; „Und ich habe inzwischen neue Vorhänge angebracht.“

„Sie sehen köstlich aus“, sagte der Knappe mit einem etwas verlegenen Lachen, das nicht ganz so herzlich war wie gewöhnlich. „Was kümmerst du dich um ihn!“

„Mutter ist eine furchtbare Zappelei, weißt du“, murmelte ich.

„Und gleichzeitig hast du einen Blick auf Harrods Bibliothek geworfen“, lächelte er und nahm den Band, der neben meinem Fuß lag. „Milton! Eine ziemlich schwere Aufgabe für ein Kind wie dich, nicht wahr?“

Ich errötete wütend. Ein Kind!

"Verstehst du es?" fragte er.

Ich kämpfte einen Moment lang zwischen Stolz und Wahrhaftigkeit. „Nein“, sagte ich, „nicht alle. Oder?“

Er lächelte, dieses freundliche, süße Lächeln, bei dem ich mich schämte, wütend zu sein.

„Komm, ich werde dir meine Unwissenheit nicht gestehen“, lachte er. "Ich bin zu alt;" und er ergriff meinen Arm, um ihn in den Ärmel meiner Jacke zu stecken, die ich anziehen wollte.

Aber in diesem Moment brachte Dorcas den Tee herein, und natürlich musste ich bleiben und etwas trinken und dem Gutsherrn sogar eine Tasse reichen, um ihr eine Freude zu machen; Landleute stehen bei solchen Dingen auf Zeremonien, und ich wollte Dorcas nicht beleidigen.

„Du wirst heute Abend vorbeischauen und Joyce sehen, nicht wahr?“ sagte ich, da ich nichts sagen konnte, denn ich fühlte mich mehr als sonst unbehaglich. „Sie sieht besser aus als je zuvor. Sie hat ihr ländliches Aussehen nicht verloren.“

„Das freut mich“, sagte er und warf mir einen Blick zu, obwohl er natürlich an seine Schwester gedacht haben musste; „Sie sind die einzigen, die es wert sind, sie zu haben.“ Und dann, obwohl er versprach, hereinzukommen und sie zu Hause willkommen zu heißen, kehrte er zu unserem ersten Gesprächsthema zurück.

„Da Sie so gern lesen, sollten Sie sich ein bisschen Shakespeare besorgen“, sagte er.

„Sollte mir das gefallen?“ fragte ich. „Ich mag Gedichte, wenn sie schön klingen, aber die Waverley-Romane gefallen mir am besten.“

„Aber Shakespeare ist auch Roman und Poesie“, sagte der Gutsherr. „Ich selbst bin kein großer Leser von irgendetwas anderem als den Nachrichten, aber hin und wieder mag ich meinen Shakespeare.“

„Vater bewahrt all diese schönen gebundenen Bücher in der Vitrine auf“, sagte ich, „und ich glaube nicht, dass Mutter sie *mir überlassen würde* .“

Der Knappe lachte. „Deine Mutter meint, Mädchen hätten etwas Besseres zu tun, als Bücher zu lesen“, lächelte er. „Lesen ist etwas für einsame Junggesellen wie Trayton Harrod.“

„Er ist nicht einsamer als Sie, Mr. Broderick“, sagte ich, „und dennoch scheinen Sie immer recht glücklich zu sein.“

Er antwortete nicht, und ich bedauerte meine gedankenlosen Worte, als ich mich an die kurze Episode in seinem Leben erinnerte, in der er nicht einsam gewesen war.

„ Du denkst also, ich bin immer ganz glücklich?“ sagte er schließlich.

Ich errötete. Irgendwie war die Frage vertraulicher, als der Squire jemals zuvor an mich gerichtet hatte, denn obwohl er von mir aus vertraulich mit mir gesprochen hatte, hatte er mir nie erlaubt, ein eigenes Gefühl zu spüren. Ich hatte Angst, dass er mit mir über Joyce sprechen würde.

„Oh ja“, antwortete ich leichthin; „Ich denke, du bist einer der fröhlichsten Menschen, die ich kenne.“

„Nun, Sie haben recht, das habe ich auch“, sagte er fröhlich; „Und ich bin gesegnet, selten gute Freunde zu haben. Aber manchmal kommt es mir vor, dass ich ziemlich allein auf der Welt bin, Miss Margaret.“

Er sah mich auf seine offene Art an, aber ich bemerkte, dass die Hand, die seinen dicken Spazierstock hielt, ein wenig zitterte. Ich wurde wieder rot. Es war sehr ungewöhnlich für mich, aber er löste bei mir ein Unbehagen aus; Ich wollte nicht, dass er mir von seiner Liebe zu meiner Schwester erzählte, denn ich hatte das Gefühl, wenn er es täte , *müsste* ich ihm von ihrer heimlichen Verlobung mit seinem Neffen erzählen, und das würde mein Versprechen gegenüber meinen Eltern brechen. Plötzlich kam mir eine Idee; Ich dachte, ich würde den Stier bei den Hörnern packen.

„Du solltest heiraten“, sagte ich kühn.

Er sah mich voller Erstaunen an.

„Natürlich", fügte ich hinzu, „gibt es hier niemanden, der gut genug für Sie wäre – es sei denn, es wäre Mary Thorne, und sie ist nur die Tochter eines Fabrikanten. Sie müssen natürlich eine echte Dame haben. Sie sollten gehen und Verbringen Sie ein wenig Zeit oben in London und bringen Sie eine nette Frau mit. Würde das nicht die Landschaft verschönern!"

Ich staune über mich selbst für meine Kühnheit; Ich, kaum mehr als ein Kind, wie er gesagt hatte, vor einem Mann, der so viel älter ist als ich! Aber der Gutsherr schien nicht im Geringsten beleidigt zu sein, er sah nur sehr ernst aus.

„Ich verstehe, dass Sie es nicht gutheißen, wenn Menschen nicht in ihrem sogenannten Stand heiraten", sagte er plötzlich mit einem Augenzwinkern des Humors.

„Nein", sagte ich ernst; „Ich stimme Vater zu."

"Ah!" sagte der Gutsbesitzer mit der Miene eines Mannes, der Beweise für etwas bekommt, das er bestätigt hat. „Ich habe es Frank neulich gesagt. Die Bauernklasse betrachtet es in der Regel als ebenso großen Nachteil, sich mit uns zu paaren, wie wir es tun, wenn wir uns mit ihnen paaren."

Ich biss mir auf die Lippe. Er hielt es also für einen Sündenfall, wenn ein Gentleman die Tochter eines Bauern heiratete! Dann lass ihn doch einfach für sich bleiben. Aber was hatte er damit zu tun, sich in Franks Meinungen einzumischen? Ich war sehr wütend auf ihn.

„Ich denke, du hast völlig recht", sagte ich knapp. "Tun sie."

„Es erfordert eine sehr große Eigensinnigkeit, den Graben zu überbrücken", sagte er nachdenklich.

Es kam eine Zeit, in der ich mich an seine Worte erinnerte, aber im Moment nahm ich sie kaum wahr. Ich meinte, draußen auf dem Kies einen Schritt zu hören, und meine Angst, vom Hausherrn überrascht zu werden, wurde durch die Anwesenheit des Gutsbesitzers stärker als je zuvor.

„Ich muss jetzt nach Hause kommen", sagte ich hastig. „Ich fürchte, es zieht ein Sturm auf." und noch während ich sprach, hallte ein tiefes, leises Knurren durch die Hügel.

Der Gutsbesitzer stimmte voll und ganz zu, dass man keine Zeit verlieren dürfe, wenn man sich nicht durchnässen wolle, und auf dem Hang draußen trennten wir uns, indem er noch einmal versprach, am Abend heraufzukommen und Joyce zu besuchen.

Der Gerichtsvollzieher war nicht in Sichtweite. Ich hatte meinen Besuch recht gut überstanden; aber leider! Ich bin mir nicht sicher, ob ich erleichtert war. Ich ging so schnell ich konnte nach Hause, denn schwere Tropfen begannen zu fallen und Lichtblitze zerrissen den violetten Horizont. Die Sonne war untergegangen und hinterließ einen mattroten Feuersee in der Spalte zweier purpurschwarzer Wolkenberge; Über dem See schwebte eine Wolkenzunge, grell im Nachglühen, wie ein Geier über das Land, wo jede Form eines Hügels, eines Gehöfts und eines Kirchturms klar erkennbar war und doch alles wie von einem Schleier tödlicher Dunkelheit bedeckt war .

Der Sturm rückte mit schrecklicher Geschwindigkeit voran. Als ich die Hopfengärten durchquert hatte und den gegenüberliegenden Weg hinaufstieg, war es mit aller Kraft geplatzt und riss den Himmel mit feurigen Nähten auf und ergoss Regentropfen auf das Land. Ich hatte keine Angst vor einem Sturm, aber ich hatte sicherlich noch nie einen heftigeren gesehen.

Ich rannte weiter und vergaß für einen Moment alles außer dem Wunsch, zu Hause zu sein, und so bemerkte ich die Schritte hinter mir erst, als sie neben mir waren und Mr. Harrods Stimme mir fast ins Ohr sagte: „Miss Maliphant !"

Die Stimme ließ mich zusammenzucken, aber der Ton ließ mich erschauern.

„Ich hätte gedacht, dass ein Stück Tollkühnheit für eine Woche ausreichen würde", fügte er mit einem gewissen gefühlvollen Ausdruck hinzu, der unter der Rauheit verschleiert war und der mir immer schien, sein Gesicht zu verändern.

„Die letzte Nacht hat mir keinen Schaden zugefügt", sagte ich.

„Nun, Sie können Ihren Sternen danken, dass Sie es nicht getan haben", antwortete er; „Und du wirst jetzt bestimmt durchnässt."

Ich lachte zufrieden. „ *Das* wird mir nicht schaden", sagte ich. „Ich war oben bei ‚The Elms', um neue Vorhänge aufzuhängen." Ich hatte es ihm nicht sagen wollen, aber ein plötzlicher böser Geist und ich weiß nicht, was für ein Wunsch, zu erfahren, welche Wirkung die Rede auf ihn hatte, trieb mich dazu.

„Zu den Elms!" rief er enttäuscht. Und dann mit leiserer Stimme: „Um die Vorhänge für mich aufzuhängen."

„Ja", antwortete ich zurückhaltend, „Mutter hat mich geschickt?"

Was er darauf geantwortet hätte, weiß ich nicht; Denn in diesem Moment schien sich der Himmel plötzlich zu öffnen und die Öffnung eines flammenden Ofens voller Feuer zu sein, der weit in die Tiefen des Himmels reichte. Es war die Stunde, die Dämmerung hätte sein sollen, aber es war dunkel, außer als diese große blaue Lichtdecke den Sumpf in Pracht hüllte; Dann drängten sich die braun-weißen Rinder in Gruppen auf den Weiden, die schwere graue Zitadelle in der Ebene, der weite Meeresstreifen, der bis auf die weißen Wellen seiner Wellen bis auf das Braun seiner Untiefen tintenschwarz war, der weite Meeresstreifen das eintönige ebene Land, der ansteigende Hügel, dicht davor das alte Stadttor – alles offenbarte sich plötzlich in einem lebendigen Panorama und verschwand wieder im Geheimnis. Der Donner folgte dicht auf den Blitz – ein ohrenbetäubendes Krachen über uns.

"Von Jove!" sagte Harrod. „Das ist knapp. Ich hoffe, du hast keine Angst vor einem Sturm.“

"Erschrocken!" wiederholte ich verächtlich.

„Manche Mädchen schon“, sagte er halb entschuldigend und sah mich bewundernd an.

„Aber ich nicht“, lachte ich.

Aber während ich sprach, blieb mein Herz stehen. Wir waren den Hügel hinaufgestiegen und hatten eine Stelle erreicht, wo die Bäume die Straße überschatteten und sich fast über uns trafen; Eine feurige Gabel kreuzte den weißen Weg vor uns, es gab eine Art Knistern im Wald und eine blaue Flamme schien aus dem Ast einer Ulme in der Nähe zu schießen.

"Großer Gott!" rief Trayton Harrod leise aus, und er warf seinen Arm um mich und zerrte mich auf die andere Seite des Weges.

Ich hatte gerade noch gesagt, dass ich keine Angst hätte, und ich hatte die Wahrheit gesagt; aber wenn ich jetzt gesagt hätte, dass ich keine Angst hatte, dann deshalb, weil das süße Gefühl schützender Stärke, das diese Gefahr hervorgerufen hatte, ein Glück mit sich gebracht hatte, das stärker war als die Angst.

"Kannst du Rennen?" sagte er. „Wir müssen von diesen Bäumen wegkommen.“

Ich konnte nicht sprechen, etwas steckte in meiner Kehle, aber ich gehorchte ihm. Wir rannten, bis wir die Abtei erreichten, wo sie auf dem großen freien Platz ihres eigenen Friedhofs stand, und dort zogen wir uns im Schatten des östlichen Stützpfeilers zurück, ein wenig geschützt durch den vorspringenden Bogen.

„Du bist durchnässt“, sagte er und legte seine Hand auf meinen Arm.

Ich lachte wieder, nicht auf die überschwängliche Art und Weise, wie ich gelacht hatte, als er mich gefragt hatte, ob ich Angst vor Blitzen hätte, sondern auf eine leise, törichte Art.

„Es wird mir nicht weh tun", murmelte ich. „Mir tut nichts weh. Ich bin so stark."

„Oh ja, du bist der Richtige, ich weiß", sagte er; „Aber trotzdem hätten Sie in ‚The Elms‘ bleiben sollen, bis es vorbei war. Wenn ich dort gewesen wäre, hätte ich Sie dazu bringen sollen, zu bleiben."

Wie wütend hätten mich diese Worte vor einer Woche gemacht! Aber jetzt erfüllten sie mich mit Freude und mit der gleichen zärtlichen Angst und Sehnsucht nach neuen Erfahrungen, die mich seit der Nacht auf der Gartenklippe verfolgt hatten. Hätte er mich wirklich dazu „veranlassen" können, irgendetwas zu tun?

„Ich hätte nicht aufhören sollen", sagte ich; „Nein, für niemanden . Ich habe keine Angst vor einem Sturm." Aber ich glaube, in diesem Ton war nur noch sehr wenig von meinem alten Trotz zu spüren. Er lachte sanft und ich fügte hinzu: „Ich sehe keinen Sinn darin, hier zu warten."

Ich ging vorwärts ins Freie, doch während ich das tat, zerriss ein frischer Blitz die Wolken und erleuchtete den Boden um uns herum und enthüllte in seinem suchenden Licht die dunkelsten Ecken. Er nahm mich bei der Hand und zog mich noch einmal in den Schatten – diesmal nicht nur in den Schatten des Strebepfeilers, sondern auch in den Schatten des zerstörten Daches eines Querschiffs, wo uns nur der Blitz hätte entdecken können.

„Noch nicht", sagte er sanft; und obwohl es nicht nötig war, hielt er dennoch meine Hand in seiner.

Mein törichtes Herz begann wild zu schlagen. Was sollte das heißen? War das geschehen, worüber ich mich in letzter Zeit manchmal gefragt hatte? Ich wollte weg, und doch hätte ich mich um Welten nicht bewegen können. Ich wartete mit klopfendem Herzen.

Aber er sagte nichts, er hielt nur meine Hand fest in seiner, und es kam mir vor, als wären seine Augen im Dunkeln auf mich gerichtet. Ich habe mich vielleicht geirrt, aber ich hatte das Gefühl, als wären seine Augen auf mich gerichtet.

Plötzlich schrie in der Efeuwand über unseren Köpfen eine Eule. Wir begannen auseinanderzufahren und ich hatte fast das Gefühl, etwas falsch gemacht zu haben, so heftig schlug mein Herz gegen meine Seite.

„Stell dir vor, diese arme alte Schleiereule könnte zwei vernünftige Menschen erschrecken", lachte Trayton Harrod. „Aber auf mein Wort, ich habe ihn noch nie zuvor so einen Lärm machen hören."

Ich antwortete nicht. Ich trat noch einmal auf den Weg hinaus, drehte mich um und streckte meine Hand aus.

„Der Sturm ist vorbei", sagte ich. "Gute Nacht."

„Oh, ich muss dich nach Hause bringen", sagte er. „Es wird schon ziemlich dunkel."

Er ging mit mir vorwärts, aber der Zauber war gebrochen, nur mein Herz schlug noch immer gegen meine Seite.

„Du kommst zum Abendessen herein?" sagte ich, als wir das Tor erreichten. Ich fühlte, wie ich wie einer in einem Traum sprach. Das Einzige, dessen ich mich bewusst war, war ein seltsames und törichtes Verlangen, dass er mich nicht verlassen sollte.

Er antwortete einen Moment lang nicht, sagte dann aber: „Ich fürchte, das darf ich nicht. Ich bin durchnässt; ich sollte nicht vorzeigbar sein."

Ich hatte es vergessen; Wir waren in Wahrheit keiner von uns vorzeigbar.

„Nun, Sie müssen morgen kommen", sagte ich in einem möglichst sachlichen Ton, den ich aufbringen konnte. „Mutter erwartet dich und meine Schwester ist jetzt zu Hause."

Er trat vor mich und öffnete die Haustür, die immer auf der Klinke stand. Die Helligkeit von innen blendete mich für einen Moment, als er beiseite trat, um mich passieren zu lassen, und dort in der Helligkeit stand Joyce.

Wie gut ich mich daran erinnere! Sie trug ein weiches weißes Musselinkleid, das in geraden, weichen Falten bis zu ihren Füßen reichte und sie sehr groß und schlank, sehr hell und weiß aussehen ließ. Das Licht der Lampe fiel auf ihr glänzendes goldenes Haar; Ihre blauen Augen waren gerade unter den dunklen Wimpern angehoben, sanft und gelassen. Plötzlich, zum ersten Mal in meinem Leben, spürte ich den Kontrast zwischen mir und ihr.

Ich stand einen Moment in meinem tropfenden alten braunen Kleid da und sah sie an. Dann drehte ich mich um, um Herrn Harrod vorzustellen. Aber die Haustür hatte sich wieder hinter mir geschlossen. Er war gegangen.

KAPITEL XXV.

Am nächsten Tag kam Trayton Harrod tatsächlich zum Abendessen.

Ich erinnere mich, dass seine Mutter ihn dafür tadelte, dass er so viele Tage abwesend gewesen war, und dass er sich eine Art Entschuldigung ausgedacht hatte; und ich erinnere mich, dass ich rot wurde, als er es zubereitete, und dass ich mich ziemlich unbehaglich fühlte, als er mir die Hand schüttelte und fragte, ob ich in der Nacht zuvor eine Erkältung gehabt hätte. Aber ich war glücklich – sehr, sehr glücklich. Ich war sogar froh, als ich mir vorstellte, dass ich auch bei ihm ein gewisses Selbstbewusstsein sah, in der Beharrlichkeit, mit der er mit meiner Mutter sprach, und in etwas, das über sein Gesicht huschte, wenn sich unsere Blicke trafen, was fast genauso oft vorkam wie seine, die nicht fixiert waren auf Joyce, wo sie an ihrem alten Platz am Fenster saß.

Zuerst war jeder von Joyce beeindruckt, und ich war so darauf bedacht, dass Harrod sie gebührend bewunderte, dass ich absichtlich darauf verzichtet hatte, viel zu sagen, um seine Erwartungen zu wecken, so dass seine Überraschung zweifellos genauso groß war wie seine Bewunderung ; und ich hatte meine Schwester noch nie schöner gesehen als in dieser Nacht.

Seit sie in London war, strahlte sie eine etwas würdevollere Atmosphäre aus und war ein wenig mehr auf sich selbst angewiesen, was ihrer heiteren und bescheidenen Schönheit einen hübschen Ausdruck verleiht. Sie schaute den Menschen ins Gesicht, wie sie es sonst nie getan hatte, hob den Blick, ohne ihren kleinen Kopf anzuheben, der immer nur leicht geneigt war, wie eine königliche Lilie oder eine herabhängende Tulpe. Sie redete etwas mehr und errötete seltener .

Hoad , der zum Abendessen vorbeigekommen war, seinen Plan zur Wasserversorgung zu erklären . Doch als er, wie versprochen, zu Squire Broderick kam, um sie willkommen zu heißen, redete sie ganz lebhaft mit Squire Broderick und erstrahlte in ihrem allerbesten Licht, so wie ich es mir gewünscht hatte – die wunderschöne Gastgeberin unseres Hauses.

Es war ein fröhlicher Abend, typisch für unser glückliches Familienleben, der, so gesprenkelt von kleinen Problemen, wie der Sommerhimmel mit Wolken gesprenkelt ist, dennoch schön und warm war wie die hellen Julitage, die so aufeinander folgten strahlend.

Oh, wie wenig hätte ich an diesem Abend geahnt, dass uns nicht noch viele weitere so glückliche Familienfeiern bevorstehen würden, wenn wir vereint und ohne Lücke im Familienkreis um dieses Brett herumsitzen würden! Es ist gut, dass wir nicht in die Zukunft blicken können. Keine aufziehende Wolke beunruhigte mich in dieser Nacht; keine Angst um mich selbst oder um jemanden, den ich liebte; Ich war in diesen einen pochenden, alles fesselnden Traum versunken, der langsam begann, mein Leben zu erfüllen.

Vertieft, aber nicht ganz so vertieft, dass es mir um meiner Schwester willen leidtun könnte, dass einer, der dort gewesen war, jetzt abwesend war: Wo Frank Forrester gewesen war, war jetzt Trayton Harrod. Ich konnte mir nicht ehrlich sagen, dass ich es mir anders gewünscht hätte, aber Joyce tat mir leid. Sie schien jedoch nicht deprimiert zu sein, sie war sehr aufgeweckt; Die Freude, wieder zu Hause zu sein, verlieh ihrer Schönheit genau den Hauch von Glanz, der ihr manchmal fehlte.

Es war ein warmer Abend, und als das Abendessen vorbei war , stellten wir unsere Stühle um die niedrige Veranda, die auf den Rasen führte, und ließen es uns im Dämmerlicht gemütlich machen. Es kam sehr selten vor, dass wir so untätig saßen, aber manchmal, an Sommerabenden, genoss Mutter selbst gern ein wenig Muße und ließ uns nie arbeiten, wenn sie untätig war. Der Duft der Wicken und Rosen lag schwer in der Luft; Die Dämmerung war immer noch hell, wenn das Tageslicht nachblieb oder sich ein Mond ankündigte, der noch nicht aufgegangen war.

Southdowns in Ihre Herde aufgenommen haben , Harrod", sagte der Gutsbesitzer. „Ich hoffe, Sie werden keine Schwierigkeiten damit haben. Ich bin zuversichtlich, dass sie es tun sollten, aber als ich das Experiment ausprobierte , ist es mit Sicherheit gescheitert."

„Vielleicht hat man sich nicht sorgfältig um sie gekümmert", antwortete Harrod. „ Natürlich muss man Tiere genauso gut akklimatisieren wie Menschen, und je sorgfältiger, desto empfindlicher sind sie."

„Ah, ich wage zu behaupten, dass es eine Frage des Managements sein könnte", stimmte der Knappe zu. „Ich hatte damals keinen besonders guten Hirten."

„Ich überlasse es nicht einem Hirten", sagte Harrod. „Hirten sind klug genug, und es gibt eine Menge Dinge, die ich von ihnen lerne, und ich halte es nicht für eine Schande; aber sie wissen nur, was die Erfahrung sie gelehrt hat, und diese Hirten haben keine Erfahrung mit Southdowns . Außerdem sind sie ein vorurteilsvoller Haufen, und sie wehren sich gegen neue Unternehmungen."

Der Squire lachte, ein Lachen, in das Mr. Hoad – der immer von Mr. Brodericks Anwesenheit gedämpft war – sich einzustimmen wagte.

„Ja, da hast du recht", sagte er. „Sie bekommen es heiß und stark, das wage ich zu behaupten, überall. Im Dorf lachen sie ziemlich gut über Sie wegen Ihrer Wasserversorgung, das kann ich Ihnen sagen, Herr Gerichtsvollzieher."

Meine Wange glühte, und Mr. Hoad sank in meiner Wertschätzung noch einen Schritt tiefer.

„Das wage ich zu sagen", sagte Harrod knapp, und er sagte es in einem Tonfall, als würde er sagen: „Und es ist mir egal."

„Aber es ist eine sehr kluge Sache, nicht wahr?" fragte die liebe alte Mutter mit ihrer sanften Stimme. „Ich hätte nie gedacht, dass so etwas möglich ist."

Ich hätte sagen können, dass Reuben erklärt hat, dass es nicht möglich sei, aber ich hätte es um Welten über Reuben nicht gesagt.

„Es ist keine neue Entdeckung", antwortete der Gutsbesitzer, der den Anwalt nicht beachtet hatte und sich Mutters Frage zu Herzen nahm, „aber es ist eine sehr nützliche Entdeckung."

„Ich frage mich, dass du nicht schon früher daran gedacht hast, es für das Manor zu nutzen", warf Vater ein. „Da brauchst du sicher eine Menge Wasser."

Ich verspürte ein Gefühl der Genugtuung, als ich sah, wie Vater sich für Harrod einsetzte; denn soweit ich etwas über ihre Diskussionen wusste, hatte ich angenommen, dass er von dem Plan nicht besonders begeistert war.

„Ich hatte darüber nachgedacht", antwortete Mr. Broderick; „Aber ich dachte nicht, dass ich es mir leisten könnte. Ich dachte nicht, dass es sich für eine Einzelperson lohnen würde."

Ich hatte den Eindruck, dass Vater darüber verärgert war. Er begann auf die alte gereizte Art mit dem Fuß zu wippen, was ich in letzter Zeit bei ihm nicht mehr bemerkt hatte; denn wie ich Joyce bei ihrer Rückkehr gesagt hatte, fand ich, dass er weit weniger pfeffrig war als früher, und ich bildete mir ein, dass dies ein gutes Zeichen für seine Gesundheit sei.

„Wir glauben auch nicht, dass es sich für eine einzelne Person auszahlt", sagte er. „Wir wollen dafür sorgen, dass viele Menschen dafür bezahlen."

Er sagte „wir" und ich war zufrieden.

„Natürlich werde ich das Herrenhaus mit Wasser versorgen lassen und bin dem Mann dankbar, der damit begonnen hat", sagte der Squire in versöhnlichem Ton; „Aber ich bezweifle ein wenig, dass Sie Ihre Sache insgesamt gut machen. Die Leute aus den Marshlands sind sehr eigensinnig und altmodisch."

„Oh, auf lange Sicht werden sie sehen, auf welcher Seite ihr Brot mit Butter bestrichen ist", erklärte Harrod selbstbewusst.

Aber Mr. Hoad lächelte sardonisch, und der Gutsbesitzer fügte hinzu: „Ich fürchte, es wird Sie in der Zwischenzeit eine ganze Menge Geld kosten, Maliphant . Da ich jedoch aufrichtig hoffe, dass Sie mit diesen neuen Hopfen Ihr Vermögen machen werden-" Felder, es wird nicht bedeuten. Es war gelinde gesagt eine indiskrete Rede, um nicht zu sagen eine unzulässige; Denn ich glaube, es gibt nichts, was einem Menschen so unangenehm ist, wie wenn in der Öffentlichkeit über seine Angelegenheiten gesprochen wird. Es war ganz und gar nicht wie der Squire, und ich kam schon damals zu dem Schluss, dass Harrod Mr. Broderick irgendwie verärgert haben musste, obwohl ich noch weit davon entfernt war, den Grund für die Verärgerung zu erraten.

Vater stand auf und ging langsam zum Rand der Klippe hinunter. Ich konnte nicht sagen, ob er es tat, um seine Beherrschung zu bewahren oder um seinen Kummer zu verbergen, denn ich bildete mir ein, dass er beunruhigt aussah, als er an mir vorbeiging.

„Der Hopfen ist jetzt eine prächtige Ernte", sagte Harrod, ohne sich zu bewegen, während er sich eine neue Pfeife anzündete. Er erlaubte sich nie, zu zeigen, ob er verärgert war.

Aber der Knappe antwortete nicht. Er stand auf und folgte Vater. Ich bin mir sicher, dass es ihm leid tat, was er gesagt hatte. Es war der Anwalt, der antwortete.

„Es sollte eine schöne Ernte sein", sagte er. „ Maliphant hat dafür einen hohen Preis bezahlt."

„Woher wissen Sie, welchen Preis er dafür bezahlt hat?" fragte Harrod scharf.

Ich hatte das Gefühl, dass Mr. Hoad für einen Moment verwirrt aussah, aber er erholte sich bald.

„Nun, um die Wahrheit zu sagen, er hat mir die Ehre erwiesen, mich um Rat zu fragen", antwortete er mit einer Art Lächeln, für das ich ihn am liebsten schütteln würde. „Ich hoffe, Sie sind nicht beleidigt, Mr. Harrod", fügte er milde hinzu. „Ich weiß, dass Maliphant Ihre Meinung in höchstem Maße respektiert; aber – nun ja, ich bin ein alter Freund."

Mein Blut kochte auf die absurdeste Art; aber Harrod war viel zu weise, um verärgert zu sein oder es zumindest zu zeigen. Er schwieg nur vollkommen und rauchte seine Pfeife.

Vater und der Gutsbesitzer kamen wieder den Rasen hinauf; Ich fragte mich, was sie zueinander gesagt hatten. Der Abend war frisch und duftend nach dem Regen der Nacht zuvor auf der heißen Erde; die düstere Ebene lag ruhig unter uns; der Mond war gerade aufgegangen und beleuchtete schwach das Meer in der Ferne; Die Natur war ruhig und süß, aber ich hatte irgendwie das Gefühl, dass das Vergnügen unseres Abends ein wenig verdorben war. Mutter versuchte, das Gespräch wieder aufzunehmen, hatte aber bei der Themenwahl nicht ganz Glück.

„Na, Squire, die Mädchen haben mir erzählt, dass die Vorfahrt auf der anderen Seite des Gemeindestücks durch Dead Man's Lane gesperrt ist", sagte sie. „Wissen Sie, wessen Schuld es ist?"

Vater drehte sich scharf um.

„Es hat nie viel genutzt", antwortete Mr. Hoad stattdessen. „Der Weg an der Gasse ist fast genauso kurz und viel kühler."

„Es hängt davon ab, wohin die Leute gehen, ob es so kurz ist", sagte Vater. „Es ist eine eklatante Ungerechtigkeit. Wissen Sie, wer dafür verantwortlich ist?"

Mr. Hoad sah unruhig aus und antwortete nicht; und der Knappe brach in lautes Lachen aus.

„Ja, natürlich der Kandidat der Radikalen", sagte er mit einem verzeihlichen Hohnlächeln in seiner herzlichen Stimme. „Das sind die Männer für so einen Job."

„Herr Thorne!" rief Mutter. "Nein niemals!"

„Ja", sagte Vater leise; „Ein Mann, der seine Mitgeschöpfe in großen Dingen berauben kann, wird nicht viel davon halten, sie in kleinen Dingen zu berauben!"

„Du solltest deine eigene Gruppe nicht heruntermachen, Maliphant ", lachte der Gutsbesitzer. „Thorne ist kein besonderer Freund von mir, aber Raub ist ein zu großes Wort."

„Ich verstehe, dass er ein sehr barmherziger Mann ist", sagte Mutter, die immer für Fairness gesorgt hatte.

„Ja", wiederholte Joyce. „Du weißt nicht, Vater, was Mary Thorne für viel Gutes unter den Armen tut."

Vater erhob sich; er zitterte. Ich sah ein Feuer in seinen Augen aufblitzen.

linken Hand die Hälfte von dem zurückzugeben , was man mit der rechten geraubt hat", sagte er mit leiser Stimme, die dennoch wie das Murmeln eines fernen Donners klang; „Aber es ist nicht das, was diejenigen, die für die Freiheit kämpfen, in ihrem Vertreter sehen möchten."

„Oh, ich glaube nicht an eine radikale Partei – jedenfalls hier", sagte der Gutsbesitzer plötzlich; „Nicht einmal, wenn Sie anfangen würden, den Kandidaten zu unterstützen, Maliphant ."

„Ich werde den Kandidaten nicht unterstützen", sagte Vater grimmig.

„Nein", lachte der Knappe. „Er hat sich wegen dieser Vorfahrt mit dir abgefunden."

„Wenn ich einen Mann sehe, der erklärt, dass er auf der Seite des Volkes ins Parlament geht und absichtlich versucht, dem Volk seinen rechtmäßigen Besitz zu rauben, habe ich mehr denn je das Gefühl, dass der Name Radical nur eine Falle ist", sagte Vater.

Sein Gesicht war vor Gefühl purpurn geworden; seine Stimme zitterte dabei; seine Hand zitterte.

Ich sah, wie Mutter ihn ängstlich ansah, und ich sah, wie sich ein mürrischer Ausdruck auf Mr. Hoads verhasstes Gesicht legte.

„Nun, Laban, geh nicht in Hitze geraten", sagte Mutter mit ihrer ruhigen, vernünftigen Stimme. „Sie wissen, wie schlecht es für Ihre Gesundheit ist, und außerdem ist es für alle Beteiligten unangenehm."

„Ich selbst kann mich mit den Radikalen nicht messen", begann der Gutsbesitzer, der, wie man sich erinnern muss, vor zehn Jahren sprach. Aber Mutter unterbrach ihn.

„Kommen Sie, kommen Sie, Knappe", sagte sie in der ziemlich vertrauten Art, wie sie ihn immer anredete, „wir werden keine Politik mehr haben. Die Mädchen und ich verstehen solches Gerede nicht, und es ist unhöflich." Lass uns den ganzen Abend auf der einen Seite.

Er lachte und fragte, worüber wir reden wollten, und gleichzeitig trat Mr. Hoad vor, um sich zu verabschieden.

Er lächelte und schüttelte seiner Mutter die Hand, aber sein Lächeln war säuerlich, und ich bemerkte, dass er die Hand seines Vaters kaum berührte.

„Ich nehme an, Hoad ist schlecht gelaunt, weil Sie sich nicht für Thornes Sache einsetzen wollen", sagte der Gutsbesitzer, sobald der Anwalt den Gang betreten hatte.

Vater grunzte zustimmend, und der Knappe drehte sich mit der deutlichsten und lobenswerten Absicht, Mutter zu gehorchen und das Gespräch zu ändern, zu uns um.

"Hast du die Nachrichten gehört?" er hat gefragt. „Der junge Squire Ingram soll mit Miss Upjohn verheiratet werden. Ich habe es gestern in der Gegend gehört."

Mutter blickte gespannt auf. Das Thema beschäftigte sie sehr, aber die Nachricht war erschreckend.

„Niemals mit Nance Upjohn von der Bredemere Farm?" fragte sie.

„Genau das Gleiche, Frau Maliphant ", antwortete der Gutsbesitzer. „Die Leute sagen, sie sollen zu Michaelis heiraten ."

„Herz lebt!" rief die Mutter und verfiel vor Aufregung in die Umgangssprache. „Geht es dem alten Gutsherrn nicht gut?"

„Ich glaube, es gefällt ihm nicht", stimmte Mr. Broderick ausweichend zu.

„Warum nicht, bitte?" fragte Vater und erwachte aus seinen Träumereien.

Mir ist immer aufgefallen, dass er, sobald er sich für das wirkliche Interesse seines Lebens entschieden hatte, umso eher dazu bereit war, das Feuer auf zweitrangige Themen zu richten, die auch nur im Entferntesten damit in Zusammenhang standen. Niemand antwortete ihm und er wiederholte seine Frage.

„Warum nicht, bitte? Die Upjohns haben einen ebenso guten Bestand wie wir, obwohl sie noch nicht so lange auf dem Boden sind."

„Natürlich", warf Mutter schnell ein. „Und mir wurde gesagt, dass sie genauso gebildet ist wie jedes andere Fräulein aus der Stadt. Ich will nicht sagen, dass sie nicht gut genug für den jungen Gutsbesitzer ist, ich habe nur gehört, dass der alte Herr so furchtbar wählerisch ist."

„Ja, in der Tat, sie ist eine so brave und hübsche junge Frau, wie man sie nirgendwo finden kann", erklärte Mr. Broderick herzlich. „Der alte Ingram kann gegen nichts außer dem Punkt der Verbindung Einwände haben."

„Verbindung! Was ist das?" rief Vater aus. „Wenn das Mädchen aus einer anderen Abstammung stammt als der Junge, warum muss es dann aus einer schlechteren Abstammung sein? Glaube, wenn ich Nachbar Upjohn wäre, hätte ich Einwände."

„Unsinn, Laban", sagte Mutter halb genervt.

„Nein, ich würde keinem meiner Mädchen erlauben, dort zu heiraten, wo man mir einen Gefallen erweisen würde, sie zu empfangen", fuhr Vater hitzig fort.

„Auch unter den Adligen gibt es viele, denen es überhaupt keinen Gefallen tun würde, eine nette junge Frau zu empfangen, nur weil sie aus einem anderen Stand kommt", fügte Mutter verärgert hinzu. „Überall auf der Welt gibt es gute, ehrliche Leute, aber auch schlechte."

„Du hast recht, alte Frau", antwortete Vater nach kurzem Zögern mit großzügiger Reue. „Es gibt einige unter ihnen, denen ich mit Stolz die Hand schütteln darf. Aber trotzdem ist ein Vorurteil ein Vorurteil und eine Klasse ist eine Klasse."

„Du kommst am besten rein", sagte Mutter immer noch genervt. „Es wird langsam kälter, und ich glaube, du warst schon zu lange draußen."

Er stand mit der Gewohnheit des Gehorsams auf, und wir standen alle auf, aber er schwankte beim Gehen. Ich sah, wie Harrod, der neben ihm stand, seinen Arm ausstreckte.

Er nahm es nicht an, er ging tapfer hinein, die anderen folgten ihm – alle außer mir und dem Knappen. Ich sah, dass er beunruhigt war – ich sah, dass er mit mir sprechen wollte, und ich wollte mich nicht bewegen.

„Dein Vater ist so nachdrücklich, so sehr nachdrücklich", murmelte er; „Aber ich hoffe, Miss Margaret, dass Sie mich nicht missverstehen."

Ich sah ihn etwas überrascht an. Ich konnte mir nicht vorstellen, wie es für ihn bedeuten sollte, ob ich ihn missverstanden hatte oder nicht. Wenn es Joyce gewesen wäre, wäre es anders gewesen.

„Oh nein, ich verstehe dich nicht falsch", sagte ich ein wenig hastig, denn ich wollte ins Haus. „Es war ganz klar."

Ich war verärgert über den Knappen. Ich war wütend auf ihn, weil er scheinbar Harrods Wissen und Harrods Pläne heruntergespielt hatte.

Ich fand es unfair von ihm vor meinem Vater – und obwohl er mir immer aufgetragen hatte, die Kämpfe des Gerichtsvollziehers zum Wohle der Farm zu führen. Also antwortete ich ein wenig stolz: „Du kannst nicht meckern, wenn Vater und ich unseren Klassenstolz genauso haben wie du deinen."

„Nein, ich meckere nicht", sagte er mit einem Lächeln, und doch kam es mir auch so vor, als ob es so etwas wie ein Seufzer wäre. „Nur ich persönlich habe sehr wenig Standesstolz."

„Das freut mich zu hören", sagte ich und rannte ins Haus.

Trayton Harrod gute Nacht sagen . Aber im Salon war niemand außer meiner Schwester, die am offenen Fensterrahmen lehnte und in die duftende Sommernacht blickte.

"Was machst du?" fragte ich abrupt. „Wo sind sie alle?" Und während ich sprach, hörte ich draußen auf dem Kies einen Schritt verklingen.

„Ich habe Mr. Harrod gerade rausgelassen", antwortete sie, „und ich bin gekommen, um die Fenster zu schließen. Ich glaube, Mutter ist mit Vater nach oben gegangen. Ich glaube nicht, dass es ihm gut geht."

Ich habe nicht geantwortet. Nun, da sie zu Hause war, war es wieder Joyces Aufgabe, die Haustür hinter den Gästen zu schließen. Aber es war das erste Mal, dass Harrod den Grange verließ, ohne mir eine gute Nacht zu sagen. Als Joyce mich fragte, wo der Knappe sei, war es mir egal. Sie war es, die ihm entgegen eilte und sich bei der Mutter entschuldigte; Sie war es, die ihn herausließ, wie sie den Gerichtsdiener freigelassen hatte.

Es brauchte einen plötzlichen Schrecken um meinen lieben Vater, um mich wieder zu mir selbst zu bringen. Er hatte einen schlimmen Ohnmachtsanfall gehabt – den schlimmsten, den wir je bei ihm gesehen hatten. Es war das Klingeln oben und die verängstigte Stimme meiner Mutter, die mich aus einem Traum weckte. Und der Abend endete schlecht, da ich eine dumme Ahnung hatte, dass er enden würde.

KAPITEL XXVI.

Am nächsten Morgen schien die Sonne und die Welt war so fröhlich wie immer. Vater erklärte, er sei gesund und munter; klagte über keine Schmerzen und verriet keine Schwäche, saß fröhlich am Frühstückstisch über einem Brief von Frank Forrester und zog sich damit wie üblich in sein Arbeitszimmer zurück, wo er immer mehr Zeit gegenüber dem Porträt von Camille Lambert verbrachte, und verließ die Farm wird seinem Gerichtsvollzieher immer wichtiger.

Für mich schien die Sonne umso heller wegen der kurzen, entzückenden zehn Minuten mit Trayton Harrod, in denen wir nichts Besonderes sagten, aber das vertrieb den winzigen Schatten der Enttäuschung, der den Horizont meiner süßen, beginnenden Erfahrung überquert hatte, und verbannte es – beschämt und beschämt – in die Vergessenheit.

Es waren nur sehr kurze zehn Minuten. Miss Farnham und die Frau des Pfarrers waren zu Besuch gekommen, und die Hoad- Mädchen waren gekommen, um uns einzuladen, zu einem Ball im Rathaus zu gehen. „Oh, kommen Sie doch", hatten sie gesagt, „und bringen Sie den Gerichtsvollzieher mit." und meine Würde war in meinen Wangen aufgeflammt, und ich war meiner Mutter dankbar gewesen, dass sie sich umgehend für uns geweigert hatte, und sogar der alten Miss Farnham, die erklärt hatte, dass wir vernünftiger seien als die meisten Mädchen und nicht immer auf der Suche nach neuen Gelegenheiten seien um uns in die Taille zu kneifen. Ich erinnere mich, dass Miss Farnham hinterher erklärt hatte, es sei nur ein Trick gewesen, um Vater zu fangen.

Nachdem die Gäste gegangen waren und wir darauf warteten, dass Mutter ihre Motorhaube für eine Fahrt aufsetzte, hatten Harrod und ich diese kurzen zehn Minuten für uns alleine.

Joyce war mit ein paar Freunden zum Mittagessen nach Guestling gegangen, und Mutter hatte Harrod vorgeschlagen, uns zu fahren, um sie abzuholen, damit sie sich gleichzeitig eine Kuh ansehen konnte, die er dort zum Verkauf für sie gefunden hatte.

Wir machten uns auf den Weg, Harrod lenkte Mutter im Karren mit dem stabilen alten schwarzen Pferd, und ich ritt Marigold nebenher.

Als wir uns auf den Weg machten, merkte ich, dass er nur ein wenig außer sich war. Anfangs beunruhigte es mich, aber bald ahnte ich, worum es ging, oder glaubte es zu erraten.

„War das nicht Mr. Hoad , den ich oben auf dem Hügel bei dir und Laban gesehen habe?" fragte Mutter, kurz nachdem wir losgefahren waren.

Harrod nickte.

„Was will der Mann, der sich in die Landwirtschaft einmischt?" fragte Mutter. „Ich hätte nicht glauben sollen, dass er in so etwas ein Schwachkopf ist."

Harrod zuckte mit den Schultern; er hatte offenbar nicht die Absicht, sich festzulegen.

„Mr. Hoad würde nicht warten, bis er hört, ob andere Leute ihn für einen Schwachkopf halten, bevor er glaubt, dass er das Recht hat, sich einzumischen", lachte ich. „Diese klugen Töchter von ihm haben Joyce und mich gerade zu einem Ball eingeladen." "

"Du gehst nicht?" fragte Harrod schnell.

„Nein, nein", antwortete Mutter. „Ich halte diese Art von Unterhaltung für junge Leute nicht. Es gibt zu viele Fremde."

„Warum willst du nicht, dass wir gehen?" fragte ich leise.

Er antwortete nicht; Stattdessen peitschte er das Pferd ein wenig.

„Miss Farnham erklärte, dass wir unser Kommen dazu missbraucht hätten, Vater gegen seinen Willen in die Wahl hineinzuziehen", sagte ich. „Aber sie hat immer irgendeine seltsame Idee im Kopf."

„Nun, auf mein Wort, ich glaube nicht, dass diese Wahlmänner bei all dem bleiben würden", erklärte Harrod verächtlich. „Ich erkläre, dass ich glaube, dass sie in das Haus eines Mannes eindringen und sich seine eigenen Stühle und Tische schnappen würden, um gegen ihn vorzugehen, wenn sie könnten."

Mutter lachte, aber Harrod lachte nicht.

„Und wenn sie ihren Willen nicht durchsetzen können, gibt es nichts, was sie nicht tun würden, um einen Kerl zu ärgern", fügte er hinzu.

„Warum, was hat Mr. Hoad getan, um Sie zu ärgern?" fragte Mutter.

„Nichts, gnädige Frau, überhaupt nichts", erklärte der Gerichtsvollzieher. „Es gibt nichts, was er tun könnte, um mich zu ärgern, denn ich lege nicht genug Wert auf ihn; und ich würde bezweifeln, dass die Worte eines Mannes, der sich als solcher Zeitdiener erweist, weit führen würden."

Er sprach so bitter, dass ich ihn völlig verwundert ansah.

„Ich dachte, Mr. Hoad schien letzte Nacht ziemliches Gefallen an Ihnen gefunden zu haben", sagte Mutter.

Harrod lachte hart.

„Ja", sagte er; und dann fügte er abrupt hinzu: „Es gibt den Anschein einiger Leute , denen man nicht trauen kann. Sie verlassen sich darauf, was sie bekommen können."

"Ach du meine Güte!" sagte Mutter. „Was will Mr. Hoad auch immer von Ihnen haben?"

„Entschuldigen Sie, Ma'am, ich weiß nicht, ob er etwas bekommen wollte", erklärte Harrod, offensichtlich das Gefühl, dass er zu weit gegangen war. „Ich weiß nichts Schlechtes über den Mann. Ich mag ihn nicht – das ist alles."

Mutter schwieg, aber ich sagte kühn: „Das tue ich nicht mehr ."

Und damit endete das Gespräch zu diesem Thema. Erst viele lange Tage später erfuhr ich, dass Hoad – vermutlich bewegt von Harrods Argument gegen seinen Vater am Vorabend – versucht hatte, ihn zu überreden, im bevorstehenden politischen Kampf irgendwie gegen seinen Arbeitgeber zu helfen. Er kannte den Mann, mit dem er es zu tun hatte, kaum und wusste, dass keine abwertenden Bemerkungen, die ihn aus Trotz gegenüber seinem Vater über seine landwirtschaftlichen Fähigkeiten machen ließen, irgendeinen Einfluss auf den Gerichtsvollzieher seines Vaters haben würden. Ich war nur froh, dass ich ihm darin zugestimmt hatte, dass er Mr. Hoad nicht mochte . Es brachte mir einen vorwurfsvollen Blick von Mutter ein, aber es brachte mir auch ein kleines Lächeln von ihm ein, was im Zustand meiner Gefühle der wachsenden Summe meines uneingestandenen Glücks noch ein kleines Körnchen mehr hinzufügte.

Es war ein langer Weg nach Güstling . Vorbei an „The Elms" und seinen Hopfengärten und wieder vielen anderen Hopfengärten, wo die Reben mit ihren blassgrünen Trauben hoch und üppig wuchsen; weg zwischen Brombeer- und Brombeerhecken, die der stattliche Fingerhut schmückte, zwischen Ufern, die weiß von Hemlocktanne waren; weg auf die Küste der luftigen Hügel, wo die Hügel als Grenze blau waren und einsame Kieferngruppen unerwartet am Straßenrand wuchsen.

Der Westen verwandelte sich jenseits der Weite dieser anschwellenden Brust in ein Flammenmeer, so wie es fast jeden Abend in diesem herrlichen Sommer der Fall gewesen war, und hinterließ kilometerweit eine blutrote Linie am Horizont, die Wolkenklumpen abfeuerte, die darüber schwebten Seen von zartem Grün und andere Massen mit Rändern aus Gold gesäumt, die aufgrund ihrer Weichheit wie die Ränder brennender Auskleidungen wirkten.

Mutter hatte fast Angst davor. Sie erklärte, dass sie noch nie einen Sonnenuntergang gesehen hatte, der den halben Himmel auf diese Weise verschluckte, und fragte sich, was das verhieß; denn selbst nachdem wir umgedreht waren und den Westen hinter uns gelassen hatten, waren die Wolken, die über dem Blau segelten, immer noch rot.

Guestling näherten, wurden wir von Squire Broderick auf seinem Roan Cob überholt. Ich glaube, er hatte vorgehabt, weiter zu reiten, aber er schien so erfreut darüber, Mutter draußen zu finden, dass er sich nicht von unserer Gruppe trennen konnte.

„Aber, Mrs. Maliphant ", ich erinnere mich, wie er mit der halb respektvollen, halb liebevollen Art der Vertrautheit sagte, die er unserer Mutter gegenüber immer an den Tag legte, „wenn Sie wüssten, wie schick diese weiße Haube ist, würden Sie sie öfter aufsetzen. Das ist sie." Es ist wirklich eine Freude, dich beim Fahren zu sehen.

Mutter erklärte, dass sie jetzt nur noch aus geschäftlichen Gründen herausgekommen sei; und ich erinnere mich, wie der Knappe ihr sagte, sie würde nie eine neue Freundin finden, die eine alte ersetzen könnte, schon gar nicht, wenn Harrod ihr eine Kuh besorgen würde, die doppelt so viele Vorzüge hätte wie die arme alte Betsey. Und während Mr. Broderick seiner Mutter süße Komplimente machte, tauschten Harrod und ich noch ein paar dieser alltäglichen Worte aus, deren Erinnerung mich fröhlich machte, auch wenn ich mich bald hinter den Gutsherrn stellen und neben ihm reiten musste.

Ich hatte ihm etwas zu sagen, und da es sich um den Gerichtsvollzieher handelte, war ich nicht ungern zurückzutreten. In der Nacht zuvor hatte er die Pläne und Verbesserungen auf der Farm, auf die ich so stolz zu sein begann, heruntergespielt, und ich hatte es nicht fair von ihm gefunden, seinen eigenen Schützling vor Vater in ein schlechtes Licht zu rücken. Ich wollte es ihm sagen, und das war die Gelegenheit.

„Mr. Broderick", sagte ich und ging kühn auf mein Thema ein, „warum haben Sie gestern Abend so geredet, als ob die Dinge auf der Farm schlecht laufen würden? Sie haben mir vor einiger Zeit gesagt, dass die Farm nur einen jüngeren Kopf und ein jüngeres Herz braucht." es – jemand, der ehrgeiziger ist, dafür zu arbeiten. Doch jetzt könnte man fast meinen, Sie misstrauten genau dem Mann, den Sie empfohlen hatten, und wollten Vater dazu bringen, ihm zu misstrauen."

Ich sah, wie der Gutsherr zusammenzuckte und mich ansah – auf eine scharfe, fragende Art und Weise.

„Ich hatte nicht vor, diesen Eindruck zu erwecken", sagte er.

„Na ja, das hast du", sagte ich und schüttelte weise den Kopf. „Jeder hätte es sehen können. Du warst ziemlich cool, was das Wasserprojekt anging. Na ja, Vater hat seine Partei gegen dich ergriffen."

„Ich glaube, Sie übertreiben, Miss Margaret", murmelte er.

„Oh nein, das tue ich nicht", beharrte ich. „Und wenn ich unhöflich bin, bitte ich um Verzeihung; aber ich finde es schade, dass Sie die ganze Arbeit, die ich geleistet habe, rückgängig machen. Außerdem", fügte ich mit leiserer Stimme hinzu, „ist es nicht fair. Sie sagten, Sie wären …" Sie hatten Angst, dass er zu viel Geld ausgab, und Sie hofften, dass er mit dem Hopfen ein Vermögen machen würde. Es hörte sich nicht so an, als hätten Sie geglaubt, dass es so sein würde."

„Nun, ich hoffe also, dass man ein Vermögen macht", lächelte er.

„Ah, aber du hast es gesagt, als wäre es genau das Gegenteil gewesen", beharrte ich.

"Habe ich?" wiederholte er demütig.

„Ja", erklärte ich. „Wenn Sie glauben, dass Mr. Harrod es nicht gut schafft, sollten Sie es ihm sagen; Sie sind sein Freund."

Der Knappe schwieg, launisch still.

„Ah, wer kann schon sagen, was gutes Management im Hopfen ist?" seufzte er schließlich. „Das riskanteste Ding, das ein Mann anfassen kann. Alles Zufall. Zwölfstündiger Sturm, ein paar brütend heiße Tage und ein paar Nachtnebel im falschen Moment können die brillantesten Hoffnungen von Wochen zunichte machen. Ich habe gesehen, wie Vermögen verloren ging über Hopfen. Ein Feld, das in einem Jahr Hunderte hervorbringt, wird sich kaum für die Ernte im nächsten Jahr lohnen. Kein Mann sollte Hopfen anfassen, der nicht viel Geld auf dem Rücken hat."

„Glaubst du, Vater weiß, dass Hopfen ein so großes Risiko darstellt?" Ich fragte.

„Oh, natürlich muss er es wissen", antwortete der Gutsbesitzer.

Und da blieb er stehen. Ich habe mich nicht entschieden, noch mehr zu fragen. Es kam ihm wie Misstrauen gegenüber dem Vater vor, Fragen zu seinen Angelegenheiten zu stellen. Aber ich fragte mich, ob er ein Mann war, der „viel Geld im Rücken" hatte.

„Ich denke, Harrod ist ein sicherer und kluger Kerl", fügte der Gutsbesitzer hinzu. „Ein nüchterner, hartnäckiger Typ, der nicht allzu zuversichtlich sein sollte, obwohl er jung ist."

Die Worte waren nicht enthusiastisch, sie wurden eher aus Pflicht ausgesprochen – sie beleidigten mich.

„Oh, ich bin sicher, Sie hätten ihn Ihrem Vater nicht empfohlen, wenn Sie nicht eine hohe Meinung von ihm gehabt hätten", sagte ich hochmütig. „Und ich bin froh, sagen zu können, dass Vater selbst eine hohe Meinung von ihm hat und seinen Rat immer befolgt. Ich glaube nicht, dass irgendetwas, was irgendjemand sagte, Vater jetzt gegenüber Mr. Harrod benachteiligen würde. Tatsächlich haben wir alle die höchste Meinung." von ihm."

Damit berührte ich Marigold mit der Peitsche und schickte sie vorwärts zum Karren. Mutter zuckte zusammen und tadelte mich scharf; Aber in diesem Moment hielten wir vor den Hoftoren, und sie drehte sich um und bat den Gutsbesitzer, ihr ein paar Minuten Zeit zu lassen, um auch seine Meinung zu dem geplanten Kauf zu äußern. Harrod sah sich um und ich war wütend, denn sie hatte kein Recht dazu. Ich weiß nicht, wie der Squire zustimmen konnte, aber er tat es, wenn auch halb unfreiwillig und im Widerspruch zu Harrods erstem Recht.

„Der Gutsherr ist so ein sehr alter Freund von uns", murmelte ich dem Gerichtsvollzieher bei der ersten Gelegenheit halb entschuldigend zu. „Mutter hat ihn so oft um Rat gefragt."

„Ja, ja, das verstehe ich durchaus", antwortete er. Und dann fügte er hinzu – ich fragte mich fast warum: „Ich nehme an, du erinnerst dich an ihn, seit du ein Kind warst?"

„Oh ja", lachte ich; „Er hat mit uns gespielt, als wir kleine Mädchen waren und er ein junger Mann war."

"Ein junger Mann!" lächelte Harrod. „Was ist er jetzt?"

„Ich schätze, er muss fast fünfunddreißig sein", sagte ich ernst. „Und du weißt, dass er Witwer ist."

„In der Tat! Nun, er ist nicht zu alt, um noch einmal zu heiraten", lächelte Trayton Harrod und sah mich an.

„Das sagt Mutter", antwortete ich. Und dann fügte ich hinzu – und der Himmel weiß, was mich dazu bewogen hat, denn ich hatte kein Recht, darüber zu sprechen – „Manche Leute denken, er sei süß zu meiner Schwester."

Es war mir unähnlich, von Familiengeheimnissen zu plappern. Ich warf einen Blick auf meinen Begleiter. Auf seiner Stirn lag ein kleiner finsterer Ausdruck; Normalerweise war es da, wenn er nachdachte, und er war immer noch verärgert über den ungewöhnlichen Mangel an Taktgefühl seiner Mutter. Er schaute ihr nach, während sie mit dem Knappen sprach.

„Oh, soll es ein Match sein?" fragte er nachlässig.

„Oh, mein Gott, nein", lachte ich. „Joyce –"

Eigentlich wollte ich sagen: „Joyce kümmert sich um jemand anderen", aber glücklicherweise erinnerte ich mich gerade noch rechtzeitig an dieses feierliche Versprechen gegenüber meiner Mutter.

„Joyce glaubt nicht einmal, dass er sie mag", fügte ich stattdessen hinzu.

Er drehte sich zu mir um und brach in ein kleines Lachen aus. Ich fand es fast unhöflich von ihm und fragte mich, ob auch er der Meinung war, dass die Tochter eines Bauern es nicht wert sei, mit einem Gutsherrn verheiratet zu werden.

Aber er sah mich an – er sah mich mit einem seltsamen Ausdruck in seinen Augen an. Ja, es war nicht zu verkennen – es war ein Blick der Bewunderung, ein Blick fast zärtlicher Bewunderung, und als ich ihn auf mir spürte, stieg mir die Röte in die Wange, die so selten vorkam, und die Kraft des Denkens verließ mich; Ich habe nur seine Anwesenheit gespürt.

Ich weiß nicht, wie lange wir so standen; Ich nehme an, es dauerte nur Sekunden, bis er sagte: „Ich glaube, Sie würden Ihrer Schwester in allem den Vorzug geben, Miss Margaret."

Ich bemühte mich, ihn zu verstehen, denn ich glaube, ich war in einem Traum.

„Ja, sie ist so schön!" Ich murmelte.

"Schön!" wiederholte er.

Es lag etwas in seiner Stimme, das mich dazu veranlasste, den Blick auf sein Gesicht zu richten. Sein Blick war auf das Tor des Hofes gerichtet. Ich folgte seinem Blick. Joyce war eingetreten und kam auf uns zu. Hier hatten wir uns verabredet.

Sie schüttelte Harrod die Hand und dann dem Knappen, der sich mit Mutter zu uns gesellte. Wir gingen alle zusammen in den Kuhstall.

Ich kann mich nicht erinnern, welche Bemerkungen zu Betseys vorgeschlagenem Nachfolger gemacht wurden; Ich weiß nicht einmal mehr, ob wir sie gekauft haben oder nicht. Ich glaube nicht, dass ich in der Stimmung war, mich intensiv mit der Angelegenheit zu befassen. Eine seltsame Bemerkung von Trayton Harrod weckte mich aus meinem Arbeitszimmer .

Mutter hatte Gelegenheit gefunden, ihn zu fragen, ob die Frau, die sie ihm im „The Elms" zur Verfügung gestellt hatte, es ihm bequem machte und freundlich war. Ich weiß, es ging ihr durch den Kopf, seit er dort gewesen war.

„Sie macht ihre Arbeit", antwortete der Gerichtsvollzieher. „Ich weiß nicht, ob sie freundlich ist. Ich spreche nie mit ihr."

„So kann man aus einer Frau nicht das Beste herausholen", lachte der Gutsherr. „Wir armen Junggesellen brauchen von unseren Dienern mehr als bloße Pflichtarbeit." Er sagte es fröhlich, und doch fand ich, dass er nicht fröhlich war.

„Ich will nichts weiter als Pflicht", wiederholte Harrod. „Reden ist Zeitverschwendung, es sei denn, man hat etwas zu sagen."

„Du musst deine Manieren verbessern , mein Junge, wenn du jemals hoffst, eine junge Dame davon zu überzeugen, deine Frau zu werden", lachte der Knappe erneut.

„Ich würde niemals hoffen, so etwas zu tun", antwortete Harrod. „Ich sollte nicht so ein Idiot sein." Und damit verließ er den Hof und begann, den Karren für die Heimreise abzubinden.

Mutter schaute ihm einen Moment lang verwirrt nach. Dann nickte sie dem Knappen zu und sagte leise: „Ah, das ist alles, was ihr jungen Männer sagt, bis ihr euch für das Mädchen entschieden habt, das ihr haben wollt. Dann seid ihr ja nicht so rückständig."

Ich kam mir vor, als ob der Gutsherr ein wenig unbehaglich aussah, aber er sagte leichthin: „Meinen Sie nicht, Mrs. Maliphant ? Nun, nichts wagen, nichts haben ", sagen sie. Harrod hat sich wohl die Finger verbrannt. Ein bisschen wund das Thema, aber er wird darüber hinwegkommen. Er ist ein netter Junge, obwohl seine Frau, um sein Wort zu glauben, kein sehr glückliches Leben damit haben würde!"

„Nun, wir müssen uns nicht auf sein Wort verlassen", sagte Mutter. „Und, meine Güte! Es sind in der Tat Narren, die nur auf Zucker heiraten wollen. Es gäbe überhaupt keinen Mut in der Liebe, wenn wir nicht ein paar Pflichten gegeneinander hätten, die nicht alle angenehm wären. Das ist in das Tun von ihnen, dass die Liebe stärker wird. Ich habe immer gedacht, dass man die besten Rosen nicht riechen kann, bis man nahe genug ist, um die Dornen zu spüren."

Diese Rede meiner Mutter kommt mir jetzt noch lebhaft in den Sinn, aber damals war ich mir dessen kaum bewusst.

Trayton Harrod – „Ich sollte nicht so ein Idiot sein" – hallten in meinen Ohren wider. Was meinte er damit? Ich schaute ihm nach und sah, dass meine Schwester zu der Stelle schlenderte, wo er neben dem Karren wartete. Es war ganz natürlich – es war Zeit, nach Hause zu gehen. Aber als ich hinsah, sah ich, wie er sich ein wenig zu ihr beugte und etwas sagte. Sein Gesichtsausdruck war wieder weicher geworden und der finstere Blick auf seiner sonnenverbrannten Stirn war verblasst, aber seine Lippen waren so zusammengepresst, dass sie ziemlich dünn statt voll waren, wie sie in ihrer normalen Form erschienen; und ich fragte mich, warum er so aussah und warum das, was er sagte, dazu führte, dass die Röte, die jetzt so viel seltener war als früher, über Joyces Wange kroch, bis sie ihre helle Stirn bedeckte und ihre zarten kleinen Ohren mit Rot bedeckte.

Ein unkontrollierbarer, unvernünftiger Wutanfall erfasste mich. Ich flog über den Hof zu der Ecke, wo Marigold neben dem Hundekarren angebunden war.

„Ich nehme an, dass Sie abends viel lesen?" sagte Joyce.

Und Harrod antwortete knapp: „Nein, das mache ich nicht mehr so sehr wie früher. Ich bin zu sehr mit anderen Dingen beschäftigt."

Einfache Worte genug, aber sie entzünden mein Herz und machen mich dennoch krank und wund.

Mit grober Hand löste ich die Stute, und bevor sie sehen konnte, was ich vorhatte, setzte ich meinen Fuß in den Steigbügel und sprang in den Sattel. Sie war es gewohnt, dass ich das tat, aber sie war es nicht gewohnt, dass ich es auf diese Weise tat.

Sie bäumte sich auf und trat um sich. Meine Gedanken waren woanders und es tat mir recht, dass sie mich zum ersten Mal in meinem Leben warf.

Ich hörte einen Schrei meiner Mutter und im nächsten Moment hatte ich das Gefühl, dass mir der Arm eines Mannes vom Boden aufgeholfen hatte.

Ich war nicht verletzt, nur ein wenig benommen, und als ich sah, dass es Trayton Harrod war, der mich hochgehoben hatte, löste ich mich von ihm und taumelte auf meine Mutter zu.

„Ich bin kein bisschen verletzt, Mutter", sagte ich und brach dann in Tränen aus. Oh, wie schämte ich mich! Ich war stolz auf meine Selbstbeherrschung.

Aber sie legte ihren Arm um mich und legte meinen Kopf auf ihre Schulter, und ihre seltene Zärtlichkeit tröstete mich wie nichts anderes auf der Welt. Ich verbarg mein Gesicht an ihrem Hals, wie ich es schon als kleines Kind getan hatte, und war immer zuversichtlich, dass sie jede Wunde heilen konnte.

Doch es war nur für einen Moment.

„Ich sollte besser reiten und die Stute führen", hörte ich den Knappen mit leiser, besorgter Stimme sagen. „Sie wird nicht mehr in der Lage sein, wieder aufzusitzen oder auch nur den Karren zu fahren."

Ich hob meinen Kopf.

„Oh, in der Tat, Squire Broderick, ich bin nicht im geringsten verletzt", sagte ich so fröhlich ich konnte, denn ich war dankbar für diese freundlichen Töne. „Ich kann Marigold ganz gut nach Hause reiten."

„Nein, meine Liebe, das wirst du nicht", sagte die Mutter, und ihre ganze Entschlossenheit kehrte zurück, nachdem ihr Alarm vorüber war. „Ich habe für einen Tag genug von diesem Schrecken."

Joyce kam mit einem Glas Wasser von der Farm zurück, und Harrod an ihrer Seite mit etwas Brandy, den er im Haus des Arztes in der Nähe erbettelt hatte. Ich trank das Wasser, lehnte jedoch den Brandy ab und machte mich über die Vorstellung lustig, dass der Arzt persönlich vorbeikommen würde. Dann stieg ich in den Warenkorb. Ich bestand darauf, zu fahren, und da das Pferd der ruhige alte schwarze Dobbin war, stimmte meine Mutter zu. Joyce saß dahinter und Harrod ritt auf Marigold hinterher.

Der Knappe zeigte zunächst Anzeichen, dass er sich unserer Karawane anschließen wollte; Aber als ich mich umdrehte und ihm noch einmal versicherte, dass es mir vollkommen gut ginge, und ihn anflehte, seinen Weg fortzusetzen, war er fast gezwungen, sein Pferd wieder in die Richtung umzudrehen, in die er gegangen war, als er uns überholte. Aber er sah immer noch so besorgt aus, dass ich gezwungen war, ihn auszulachen. Ich glaube, es war das einzige Mal, dass ich an diesem Tag gelacht habe.

Die Heimfahrt über jene Meilen stillen Weidelandes, deren Ufer das Meer immer küsste, und wo die Schafe in schläfriger Passivität unter schwachen rosigen Wolken weideten, die regungslos auf dem sanften Blau lagen, war beruhigend genug; Die weiten, verträumten Weiden, die mit den herbstlichen Farbtönen vieler Herbstgräser bräunten, die sich veränderten, während sie sich in der trägen Brise wiegten, waren von einem gewundenen Strandstreifen gesäumt, rosa oder blau, je nachdem, wie die Sonne hinter oder über einem stand Die Nacht war dahinter von einem Streifen goldenen Sandes begrenzt, über den sich reihenweise kleine Wellen mit der Flut kräuselten. Wir fuhren am Strand entlang; Die gelben Seemohnblumen blühten inmitten ihrer blassen, blaugrünen Blätter auf jedem Kieshaufen, und nicht einmal die fernen Kirchtürme und Schiffsmasten, die von der Anwesenheit des Menschen kündeten, konnten die atemlose Ruhe stören, die keine Erinnerung an einen Sturm oder … hatte Der Streit schien zu einem Pulsieren des Lebens zu erwachen.

Doch plötzlich regte sich auf der riesigen Linie des weiten Horizonts, wo das Meer mit einem kleinen schwebenden Dunststreifen mit dem Himmel verschmolz, ein Lichtimpuls; Zuerst war es nur ein goldener Fleck in der Ferne, aber es war ein Fleck, der größer wurde, wenn auch mit einem sanften und strahlenlosen Glanz, ganz anders als der Glanz der untergehenden Sonne; Dann wurde aus seiner Brust eine rote Kugel geformt, die einen Pfad aus vergoldetem Purpur das Meer hinunterschickte und den Kamm jeder kleinen Welle, die auf uns zukroch, mit einer Krone aus schillerndem Licht überzog; Es war der letzte Kuss der Sonne, der den Mond begrüßte, als er aus dem Meer stieg.

Es war ein seltener und wunderschöner Anblick, und für mich, der ich die Welt, in der ich lebte, so sehr liebte, hätte es Freude bereiten sollen. Und doch gefiel es mir nicht. Ich hätte es lieber kühl und stürmisch gehabt, mit einem dichten Nebel, der aus dem Meer aufsteigt – einem Nebel wie dem, durch den Trayton Harrods große Gestalt aufgeragt hatte, als ich ihn zum ersten Mal traf, genau auf diesem Stück Land .

KAPITEL XXVII.

Am folgenden Tag traf ich Frank Forrester auf der Gasse beim Pfarrhaus.

Ich glaube wirklich, dass ich ihn in den letzten Tagen völlig vergessen hatte, aber am selben Morgen fiel mir ein, dass er höchstwahrscheinlich wegen der Gartenparty im Priorat war, zu der unser Vater uns so ärgerlicherweise verboten hatte; und ich habe in meinem Herzen geschworen, dass meine Schwester ihn auf jeden Fall sehen würde, bevor er die Nachbarschaft verlässt. Es war ein echter Glücksfall, dass ich ihn auf diese Weise kennengelernt habe; Aber als er mich zum ersten Mal sah, dachte ich, dass er mir aus dem Weg gehen würde. Er schien es sich jedoch anders zu überlegen und kam mit großen Schritten auf mich zu, wiegte seinen großen, geschmeidigen Körper und begrüßte mich schon aus der Ferne mit dem angenehmen Lächeln, ohne das man sein hübsches Gesicht kaum erkannt hätte. Ich war froh, dass er es sich anders überlegt hatte, denn ich hätte ihn auf keinen Fall an mir vorbeilassen dürfen.

„Holloa, Miss Margaret", sagte er, als wir in Hörweite waren; „Das ist herrlich. Ich hatte Angst, dass ich keine Chance bekommen würde, einen von euch zu sehen, da mir das Haus verboten ist. Wie geht es euch?"

„Mir geht es sehr gut", sagte ich und sah ihn an.

Ich bildcte mir cin, dass er in seinem Aussehen intelligenter geworden war als früher; Es gab nichts, was ich festhalten konnte, und doch schien er mir irgendwie verändert zu sein.

„Warum warst du gestern nicht auf der Gartenparty?" fragte er. „Es war ziemlich fröhlich."

„Gestern! War es gestern?" sagte ich halb enttäuscht. „Wir durften nicht gehen, wissen Sie. Wir wollten unbedingt gehen."

Er sah mich einen Moment lang mit seinen offenen Augen an, dann wandte er seinen Blick von meinem Gesicht ab und lachte ein wenig unbehaglich.

„War ich die Ursache?" er hat gefragt.

„Oh, mein Gott, nein", schrie ich eifrig, obwohl ich tief in meinem Herzen genau wusste, dass er bei meiner Mutter gewesen war. „Aber du weißt, dass Vater die Thornes nie gemocht hat. Sie gehören zu der Klasse, die er so sehr verabscheut.

Ich sagte das scherzhaft und hatte das Gefühl, dass Frank, da er natürlich mit all diesen Ansichten und Überzeugungen seines Vaters sympathisierte, es verstehen würde, auch wenn er selbst vielleicht nicht so starke Gefühle für die Mitglieder der widerwärtigen Klasse hegte, mit denen er von Anfang an befreundet war Jugend nach oben. Aber ein Schatten von Ärger oder Unbehagen – ich wusste nicht, was – zog wie eine kleine Sommerwolke über sein Gesicht, obwohl der volle, wechselvolle Mund immer noch lächelte.

„Und Mr. Thorne hat etwas Besonderes getan, um ihn zu ärgern", fuhr ich fort. „Er hat die Vorfahrt über die Gemeinde bei Dead Man's Lane gesperrt. Deshalb hat Vater uns jetzt verboten, zum Haus zu gehen."

Der geringste Hauch von Verachtung kräuselte Franks Lippen unter dem seidigen braunen Schnurrbart.

„Das ist schade", sagte er.

„Nun", sagte ich, „du würdest natürlich genauso denken, wenn diese Leute nicht zufällig alte Freunde von dir wären, und sie wären nie Freunde von Vater gewesen . Er mochte es von Anfang an nicht, dass sie das Grundstück kauften." ."

„Es ist ziemlich unangenehm, eine Theorie so weit zu treiben", lachte Frank.

Natürlich war es das, was ich selbst oft empfand, aber irgendwie ärgerte es mich, ihn das sagen zu hören; Wenn er der Freund seines Vaters war, der er zu sein schien, hatte er nicht das Recht, es zu sagen, und schon gar nicht mir gegenüber.

„Na ja, jedenfalls ist das der Grund, warum wir nicht zur Gartenparty gegangen sind", sagte ich knapp. Und dann wiederholte ich noch einmal und in einem angenehmeren Ton: „Aber wir wollten natürlich unbedingt hin."

„Ah ja", antwortete er, blickte mich an und dann wieder weg und bezog sich dabei vermutlich auf das Pronomen, das ich verwendet hatte: „Deine Schwester ist jetzt wieder zu Hause. Natürlich habe ich es im Dorf gehört. Wie schade, dass du." Konnte nicht kommen! Wir haben danach noch einen Tanz gefeiert – ein rundherum schöner Abend, und Sie hätten ihn sehr genossen. Außerdem", begann er, hielt dann inne und endete abrupt, „jeder hat Sie vermisst."

Ich lachte. „Das bedeutet, dass jeder Joyce vermisst hat", sagte ich. „Ich bin nicht so dumm zu glauben, dass die Leute mich meinen, wenn sie Joyce meinen – manche Leute natürlich besonders, als andere."

Es war eher eine dumme Bemerkung, und er achtete nicht darauf.

„Deiner Schwester geht es hoffentlich gut", war alles, was er sagte.

„Oh ja, ihr geht es gut", antwortete ich.

Und dann gab es eine unangenehme Pause. Ich fragte mich, warum in aller Welt er keine der unzähligen Fragen über sie stellte, die ihm bestimmt im Kopf herumschwirrten, und dennoch hatte ich das Gefühl, dass es natürlich war, dass er unbeholfen war, dass er nicht mit mir über sie sprechen wollte.

Ich wusste nicht genau, was ich sagen sollte, und dennoch ließ ich mir diese einmalige Gelegenheit nicht entgehen.

„Du musst kommen und es dir selbst ansehen", sagte ich kühn, ohne auch nur im Geringsten darüber nachzudenken, was mich diese Vorgehensweise meiner Mutter aussetzte. „Sie ist hübscher und süßer als je zuvor, Joyce, seit sie in London ist."

Er drehte sich schnell um und sah mich mit seinem wildesten Blick an.

„Kommen Sie und sehen Sie sie! Nun, Miss Margaret, Sie wissen, dass das unmöglich ist!" ejakulierte er.

„Du bist zu uns gekommen, als du das letzte Mal in Marshlands warst", sagte ich. „Du kommst nicht, um Joyce zu sehen, du kommst, um Vater zu sehen. Vater wäre furchtbar verletzt, wenn er denken würde, du wärst in Marshlands und hättest es nicht gesehen." ihn. Er weiß nicht, dass du hier bist. Das stimmte, aber ob Vater gewollt hätte, dass ich gegen den Willen der Mutter so rannte, darüber habe ich nicht nachgedacht.

„Deine Schwester war nicht zu Hause, als ich das letzte Mal auf den Gutshof kam", sagte er leise.

Ich stampfte fast mit dem Fuß auf vor Verärgerung über den Mangel an Rücksichtslosigkeit dieser Geliebten von Joyce, deren glühende Hingabe ich einst damit begonnen hatte, sie zu beneiden. Aber ich dachte darüber nach, dass es sowohl dumm als auch unfair war, verärgert zu sein, weil Frank Forrester sich nur an das Wort seiner Vereinbarung hielt.

„Du kommst, um Vater zu sehen, nicht um Joyce zu sehen", wiederholte ich dogmatisch. „Vater scheint nicht glücklich darüber zu sein, wie sich seine Vorstellung entwickelt."

„Diese Vorstellung?" wiederholte der junge Mann fragend.

Ich sah ihn an.

„Ja", sagte ich. „Ich weiß nicht genau, was es ist, aber irgendetwas dazwischen, Vater und du, haben sich dazwischen gestritten."

immer noch verwirrt aus.

„Eine Schule oder so etwas für arme Kinder“, erklärte ich, ich denke ein wenig ungeduldig.

„Oh, natürlich, natürlich“, rief Frank. „Ich habe nicht ganz verstanden, worauf Sie sich beziehen, und man hat so viele dieser Dinge zur Hand, so viele traurige Fälle, es gibt so viel zu tun. Aber ich erinnere mich an alles. Wir müssen es vorantreiben. Das ist es.“ „Ein toller Plan, aber er erfordert viel Druck und großes Interesse. So etwas ist nicht die Art, die an einem Tag aufgeht. Dein Vater neigt natürlich dazu, übermäßig zuversichtlich zu sein.“

Ich habe nicht geantwortet. Mir kam vage in den Sinn, dass es vor drei Monaten Vater gewesen war, der gesagt hatte, dass Frank dazu neigte, übermäßig zuversichtlich zu sein; oder besser gesagt, wer hatte es so verständlich gemacht, in Worten, die mit einem freundlichen Lächeln und einer Art Ausdruck des Lobes für den Eifer der Jugend gesprochen wurden. „Es sind die Jungen, auf die wir achten müssen, um hoch hinauszufliegen“, hatte er gesagt, oder ähnliche Worte.

„Nun, du musst kommen und es mit Vater besprechen“, sagte ich etwas verwirrt. „Er hält viel von dir.“

„Ah! Und ich halte auch viel von ihm, das versichere ich Ihnen“, rief Frank. „Er ist ein entzückender alter Mann! So aufgeweckt und frisch und voller Enthusiasmus! Man würde nie glauben, dass er sein ganzes Leben an einem Ort wie diesem verbracht hat und sich um Kühe und Schafe gekümmert hat. Es gibt nur sehr wenige Männer in einer besseren Position, die so sprechen können.“ er redet."

Ich schätze, ich hätte mich darüber freuen sollen, aber stattdessen machte es mich einen Moment lang unerklärlicherweise wütend. Ich hielt es für eine große Freiheit eines jungen Mannes wie Captain Forrester, so zu sprechen wie ein alter Mann wie mein Vater. Aber man konnte Frank nicht gerade böse sein. Erstens war er so freundlich, gutmütig und mitfühlend, dass man das Gefühl hatte, die Schuld müsse auf der eigenen Seite liegen; und dann wäre es Zeitverschwendung gewesen, denn entweder hätte er es nie bemerkt, oder er wäre so überrascht gewesen, dass man sich geschämt hätte, damit fortzufahren.

Ich versuchte jedoch, etwas beiläufig zu sagen, indem ich sagte: „Ja, er hat nicht oft jemanden hier, mit dem er gerne reden möchte, deshalb ist er natürlich sehr froh darüber, wer auch immer ihn ansieht.“ Dinge ein bisschen so, wie er es tut. Und dann fügte ich aus Angst, ich hätte zu viel sagen und ihn davon abhalten können, zum Grange zu kommen, hinzu: „Aber er hat dich wirklich gern, und wenn er denkt, dass du dem Ort so nahe warst und nicht dort warst.“ Ihn zu sehen, fürchte ich, dass er verletzt wird.

Frank sah einen Moment unentschlossen aus und ich blickte ihn besorgt an. Ich war an diesem Tag wirklich sehr darauf bedacht, einen Begleiter für meinen Vater zu finden.

„Vater ist deprimiert", fügte ich hinzu. „Ich glaube nicht, dass er mehr so fröhlich und hoffnungsvoll ist wie früher, und ich bin sicher, du würdest ihm gut tun."

Frank lachte. „Sehr gut", sagte er und bog mit mir die Gasse entlang, „wenn Ihre Mutter unzufrieden ist, Miss Margaret, lassen Sie es auf Ihrem Kopf liegen."

„Oh, ich habe keine Angst vor Mutter", sagte ich, obwohl ich in Wahrheit große Angst vor ihr hatte. „Sie wird sich freuen, wenn du Vater aufmunterst. Und wenn du ihm eine gute Nachricht von seinem Plan mit den armen kleinen Kindern erzählst, wirst du ihn aufmuntern."

„Er darf sich im Moment nicht allzu sehr darauf einlassen", sagte Frank auf eine kühle, sachliche Art. „Da muss noch viel harte und geduldige Arbeit geleistet werden, bevor es Gestalt annimmt, wissen Sie."

„Ja, ich verstehe", sagte ich; „Aber wer wird die Arbeit machen?"

Im Moment wirkte er etwas verstört, aber er sagte fröhlich: „Ah, genau das ist es. Wir müssen den richtigen Mann finden – den Mann für den Ort – dann wird es wie ein Haus brennen." Und dann drehte er sich um und richtete seine braunen Augen auf mich, wie es seine Gewohnheit war, und sagte: „Aber wie kommt es, dass dieser Gerichtsvollzieher das Herz Ihres Vaters nicht mehr durch seine eigene Arbeit geweckt und ihn diese fremden Pläne vergessen ließ?"

Ich errötete vor Wut; Ich hielt die Bemerkung für ungerechtfertigt.

„Ich habe gehört, dass er ein kluger Kerl ist", fuhr der Kapitän fort. „Das ist es, nehme ich an. Er zieht es vor, seinen eigenen Gang zu gehen. Obwohl sie mir sagen" – er sagte das, als würde er mir ein Kompliment machen – „sagen sie mir, dass du ihn um deinen kleinen Finger wickeln kannst."

"Wer sind Sie?" schrie ich mit zitternder Lippe. „Sie sollten sich besser um ihre eigenen Angelegenheiten kümmern."

Er lachte fröhlich. „Das Gleiche wie immer, wie ich sehe", sagte er. „Aber Sie könnten durchaus stolz auf eine solche Leistung sein. Als ich ihn das einzige Mal sah, kam er mir wie ein harter Kunde vor."

Ich presste meine Lippen fest zusammen und weigerte mich, ein weiteres Wort zu antworten; aber als wir die Kiefern verlassen hatten und von der

Gasse auf die Straße bogen, tat er mir leid und vergab ihm; Als ich ihn ansah, sah ich, dass seine Wange ganz blass war.

„Ich habe schreckliche Angst vor deinen Eltern", lachte er. „Deine Mutter wird sich nicht herablassen, mir die Hand zu schütteln, und dein Vater wird verletzt sein, weil ich nicht einen Zug kleiner Londoner Waisen hinter mir hergebracht habe."

Natürlich war es weder die Aussicht auf den kalten Empfang der Mutter noch der Gedanke an die Enttäuschung des Vaters über die Stagnation des Plans, die seine Wangen wirklich weiß werden ließ. Ich habe die Dinge besser verstanden; Es ging darum, dass er Joyce sehen würde, die er drei Monate lang nicht gesehen hatte. Der arme Kerl tat mir leid, obwohl er mich beleidigt hatte.

Zusätzlich zu meinem ursprünglichen Plan, der nur darin bestanden hatte, ihn zum Grange zu bringen, nahm plötzlich ein anderer Gestalt an. Es war ein Donnerstag – ein Milchmorgen. Doch als wir die Straße heruntergekommen waren, hatte ich Mutters großen Rücken neben der Theke des Dorflebensmittelladens gesehen, und ich beschloss, Deborahs Anwesenheit zu riskieren und Frank direkt durch die Hintertür zu den Milchtöpfen und in Joyces Gesicht zu bringen.

Das Glück hat mich begünstigt. Deborah war nach draußen gegangen, um ein Gefäß auszuspülen, das ihr nicht ganz gefiel, und Joyce stand allein mit einem frischen rosa Kleid und einem frischen, hellen Gesicht vor den weißen Fliesen und knetete mit hochgekrempelten Ärmeln die Butter. Ich ließ Frank dort zurück und rannte weiter zu Deborah, die Anzeichen einer Rückkehr zeigte.

„Was will denn dieser hübsche junge Beau noch mal?" sagte sie. „Ich dachte, er hätte seine hübschen Waden nach London mitgenommen, um mit den Damen Liebe zu machen."

Ich muss erwähnen, dass Frank unten in Marshlands immer einen Knickerbocker-Anzug trug – ein Kostüm, das vor zehn Jahren weniger in Mode war als heute, und eine Geste, die in Deborahs Augen keinen Anklang fand. Um die Wahrheit zu sagen, es hat mir an diesem Tag nicht gefallen; nichts an ihm gefiel mir wirklich, und doch glaube ich, dass er derselbe war, der er immer gewesen war. Aber ich würde mir nicht erlauben, über irgendetwas nachzudenken, das nicht im Sinne des Kapitäns war, und ganz bestimmt würde ich nicht zulassen, dass Deborah sich dazu äußerte. Schließlich war er, wie ich einmal zu meiner Mutter gesagt hatte, der Liebhaber meiner Schwester, nicht meiner; Aber er war der Liebhaber meiner Schwester, und als solcher sollte ich mich durch dick und dünn für ihn einsetzen.

„Er ist gekommen, um Vater zu sehen", sagte ich kurz.

„Da wusste ich zum ersten Mal, dass der Weg zum Zimmer deines Vaters durch die Molkerei führt", grinste Deborah. „Aber schau mal, Margaret" – und hier wurde die alte Deb so ernst wie ein Richter – „es war für dich kein Recht, ihn dorthin zu bringen, wenn deine Mutter weg war. Du weißt ganz genau, dass du das nicht getan hast. Du wirst es schaffen." ein Kratzer. Wie viel Deb wirklich über die Einzelheiten von Joyces Verlobung wusste, habe ich nie herausgefunden, aber dass sie vermutete, was sie nicht wusste, war mehr als wahrscheinlich.

"Warum nicht?" fragte ich.

„Warum nicht? Weil er ein schlüpfriger junger Aal ist, deshalb nicht", sagte Deborah. „Wenn Joyce sich um ihn kümmert, ist es umso besser, je früher sie aufhört. Aber ich glaube, sie hat mehr Verstand im Kopf, als manche ihr zutrauen."

„ Natürlich kümmert sich Joyce um ihn", rief ich wütend, „und er ist überhaupt nicht schlüpfrig. Er kann ihr nicht den Hof machen, wenn seine Mutter ihm das Haus verbietet. Aber es ist eine sehr unfreundliche Mutter, und deshalb habe ich ihn mitgebracht." Es ist mir egal, ob ich deswegen in Schwierigkeiten gerate. Du bist eine hartherzige alte Frau, wenn du so redest. Aber ich nehme an, du hast vergessen, was es bedeutet, jung zu sein – es ist so lange her."

„Ich erinnere mich gut genug daran, um zu wissen, wie vielen von einem Dutzend Männern man vertrauen kann, meine Liebe", lächelte Deborah grimmig. „Und meine alten Ohren sind noch nicht so seltsam geworden, aber sie können einen Jig von einer Psalmmelodie unterscheiden."

„Ich glaube nicht, dass man oft genug in die Kirche geht, um sie auseinander zu kennen", spottete ich; Denn Deb zeichnete sich nicht so durch Frömmigkeit aus wie Reuben und pflegte zu erklären, dass ihr Kopf so verwirrt und stagnierte , wenn sie dem Pfarrer zuhörte , dass sie ihre linke Hand nicht von ihrer rechten unterscheiden konnte.

„Ah, ich bin nicht wie manche Leute, die gerne hingehen und sich von ihren Sünden erzählen lassen", sagte sie und spielte wie üblich auf den unglücklichen Ruben an. „Ich kenne die meinen gut genug, und am Sabbat lege ich gerne meine Beine hoch und schenke ihnen in aller Ruhe meine Gedanken. Aber ich habe keine Angst, dass ich das Alte Hundertste hören werde, wenn ich gerade in die Molkerei gehe." „, grinste sie und holte den Milcheimer auf, den sie heftig geschrubbt hatte, „also gehe ich einfach zurück und beende meine Arbeit."

Ich legte meine Hand auf ihren Arm, um sie zurückzuhalten, aber in diesem Moment erschien Trayton Harrod um die Ecke vom Garten.

„Wo ist Ruben?" fragte er mit einer Gewitterwolke auf seiner Stirn.

„Das ist mehr, als ich Ihnen sagen kann ", antwortete Deb knapp. „Ich bin nicht der Hüter des Mannes."

"Was ist los?" Ich fragte.

„Einige böswillige Personen haben sich die Mühe gemacht, die Rohre zu zerstören, die gerade zum neuen Stausee verlegt wurden", antwortete er. „Sie waren noch nicht gedeckt. Aber ich bin fest entschlossen, die Täter herauszufinden."

„Nun, dann brauchst du nicht nach Reuben zu fragen", sagte die alte Deb mit rauher Entschlossenheit, „Der Mann ist vielleicht nicht besonders klug, aber er hat keine Zeit, solche Tricks zu planen."

„Ich verdächtige Ruben nicht", antwortete Harrod, „aber ich erwarte, dass Ruben mir hilft, herauszufinden, wer schuld ist."

„Nun, wenn dem Meister Unrecht getan wurde, dann wird er es auch tun", erklärte Deborah erneut. „Ruben ist seinem Herrn gegenüber ein wahrer Mann, man kann von ihm sagen, was man will. Du erzählst mir am besten keine Geschichten über Ruben."

„Nein, nein", antwortete Harrod hastig, „ich möchte keine Geschichten über Ruben oder sonst jemanden erzählen , aber ich muss der Sache auf den Grund gehen." Dann wandte er sich an mich und fügte hinzu: „Ich muss deinen Vater sofort sehen."

Er ging über den Hof zur Außentür, blieb aber auf halbem Weg stehen und lauschte.

Die Stimmen in der Molkerei hatten seine Aufmerksamkeit erregt. Ich glaube, er wollte mich gerade fragen, wer da war, als plötzlich Joyce mit roten Wangen und tränennassen Augen aus der Tür kam.

Sobald sie ihn sah , rannte sie schnell vorbei und um die Ecke des Hofes zur Vorderseite des Hauses; Aber an der Art und Weise, wie er mich ansah, wusste ich, dass er gesehen hatte, dass ihre Augen voller Tränen waren. Er sagte jedoch kein Wort und kümmerte sich auch nicht um sie. Zuerst warf er einen Blick hinüber zur Molkerei, aber Frank Forrester zeigte sich nicht, und er schritt zum Tor des Hofes hinüber und ging auf die Straße hinaus.

„Ich werde deinen Vater ein andermal sehen", sagte er im Vorbeigehen zu mir.

Ich ging um die Ecke, um Joyce zu folgen, erinnerte mich aber daran, dass Frank sich in einer sehr unbequemen Lage befand und dass ich ihn zwangsläufig durchbringen musste. Ich ging zurück und fand ihn dabei, wie er Deborah bat, mir zu sagen, dass er wiederkommen würde am Abend.

„Der Meister wird den ganzen Abend beschäftigt sein", sagte sie; und ihre Ungastlichkeit bewog mich zu einem mutigen Schritt.

„Vater ist jetzt auf freiem Fuß", sagte ich. "Bitte kommen Sie hier entlang." Und er hatte keine andere Wahl, als mir nach vorne zu folgen.

Zu meinem Glück war Vater allein da und las in den wenigen freien Minuten vor dem Abendessen seine Zeitung; weder Joyce noch Mutter waren zu sehen. Er empfing Frank noch herzlicher, als ich gehofft hatte.

„Wie geht es dir, Junge?" er weinte herzlich. „Warum, ich wusste überhaupt nicht, dass du in der Nähe bist. Wann bist du gekommen?"

Frank setzte sich an seinen gewohnten Platz und die beiden redeten miteinander, als hätten sie sich nie getrennt. Alle Vorsicht, um nicht zu sagen Halbherzigkeit, die Frank gegenüber Vaters Plan an den Tag gelegt hatte, schien nun, da er in seiner Gegenwart war, verflogen zu sein, als hätte er Angst oder schämte sich, nicht so enthusiastisch zu sein wie er. Als ich ihnen zuhörte, konnte ich nicht glauben, dass er mir zehn Minuten zuvor gesagt hatte, dass Vater „neige dazu neigte, übermäßig zuversichtlich zu sein" und dass er sich „nicht zu sehr auf die Sache konzentrieren" dürfe. Im Gegenteil schien es Frank zu sein, der zuversichtlich war, und Vater, der auf die Schwierigkeiten bei der Arbeit hinwies; Vater außerdem, der fast genau sagte, dass es notwendig sei, den richtigen Mann mit der Arbeit an den Details zu beauftragen, und Frank, der wie schon zuvor erklärt hatte, dass *er* der Mann sein würde. Wie kam es, dass das Feuer aus ihm zu erlöschen schien, als er ihm den Rücken zuwandte? War er wie eine Art Schamottstein, der Hitze absorbieren und sie heftig wieder abgeben kann, während das Feuer um ihn herum brennt, aber tot und kalt wird, sobald ihm die umgebende Wärme entzogen wird?

Aber es war sehr angenehm zu sehen, wie sie dort so fröhlich redeten wie immer. Fröhlich? Nun ja, bei Frank war es „fröhlich", aber bei Vater war es, glaube ich, nie etwas anderes als ernst gewesen, und jetzt bildete ich mir ein, dass er sogar einen Anflug von Hoffnungslosigkeit an sich hatte, den es schon immer nicht gegeben hatte. Dennoch lächelte er oft und behandelte Frank auf die halb raue, halb liebevolle Art, die er ihm gegenüber immer an den Tag gelegt hatte – etwas Beschützendes, etwas Humorvolles, fast so, als ob er eine Spur von Schwäche in ihm entdeckte, die er aber nicht unterdrücken konnte fasziniert von der strahlenden Freundlichkeit, dem mitfühlenden Wunsch, gegen seinen Willen zu gefallen.

Vielleicht war es bei uns allen so – bei uns allen, außer bei Mutter. Sie hatte die Faszination nie gespürt, sie hatte immer direkt durch den Spiegel gesehen. Und wie sie immer unerbittlich gewesen war, so war sie auch an diesem Tag unerbittlich.

Vater hatte in seinem Eifer über das Interesse, das ihm am Herzen lag, alles über Joyce vergessen, alles über den Grund, warum Frank Forrester nicht im Grange sein sollte. Aber ich hatte es nicht vergessen; Ich wusste, dass Mutter es nicht vergessen hätte, und ich stand mit zitterndem Herzen da und lauschte auf ihren Schritt auf der Treppe drinnen.

Endlich kam sie, und ein Blick in ihr Gesicht verriet mir, dass Franks Anwesenheit für sie keine Überraschung war; dass sie davon wusste und dass sie es von Joyce wusste. Ihre Lippen waren halb nervös zusammengepresst, ihre blauen Augen waren kleiner als gewöhnlich; und sie raschelte beim Gehen mit ihrem Kleid, was mir irgendwie immer als sicheres Zeichen ihres Unmuts vorkam. Sie streckte ihm nicht die Hand entgegen, obwohl er wie üblich mit aller Herzlichkeit auf sie zukam, um sie zu begrüßen.

„Oh, Mrs. Maliphant , Sie sind wütend auf mich, dass ich hierher gekommen bin“, rief er mit einer halb humorvollen, halb ansprechenden Stimme, die er zu verwenden pflegte, wenn er sich versöhnen wollte. „Da hast du völlig recht. Was kann ich zu meiner Person sagen?“

Er sagte nicht, dass ich ihn überredet hätte. Dafür mochte ich ihn, aber ich sagte es für ihn.

„ *Ich* habe Kapitän Forrester hierher gebracht, Mutter“, sagte ich auf meine kühnste Art und versuchte, weder zu erröten noch meine Stimme zittern zu lassen. „Ich wusste, dass Vater ihn sehen möchte, und er ist nur für einen Tag in Marshlands.“

„Captain Forrester ist in meinem Haus immer willkommen“, sagte Vater und seine Stimme zitterte zwar ein wenig, aber ob aus Verärgerung oder Verzweiflung, ließ sich nicht sagen. Aber Mutter sagte nichts. Sie hielt die Hände vor sich gefaltet. Es war Joyce, die sprach – Joyce, die Mutter die Treppe hinunter und auf die Veranda gefolgt war.

„Vater, ich habe meiner Mutter gesagt “, sagte sie und trat ganz nah an ihn heran, „dass ich nichts davon wusste, dass Captain Forrester heute hierherkommt. Ich wollte ihn nicht sehen.“

Sie hielt den Kopf gesenkt, während sie die Worte sagte, aber sie sagte sie ziemlich bestimmt, wenn auch mit leiser Stimme. Sicherlich hatte Joyce, für ein sanftes und zurückhaltendes Mädchen, manchmal einen wunderbaren Mutakt. Ich bewunderte sie dafür, obwohl sie mich heute verärgerte; Sie hätte ihrer Liebe vielleicht ein wenig freien Lauf lassen können – um ihres Geliebten willen, wenn nicht um ihres eigenen Willens willen.

„Alles klar, mein Mädchen", antwortete Vater, ohne sie anzusehen. "Ich verstehe."

Und dann wandte er sich wieder Frank zu. „Du bleibst und isst etwas mit uns zu Abend?" er sagte.

Ich war ihm dankbar, dass er das gesagt hatte, denn insgesamt war es ziemlich unangenehm. Die Ehrlichkeit und Offenheit unserer Familie ist eine Eigenschaft, auf die ich stolz bin, aber sie hat sicherlich auch ihre unangenehme Seite. Glücklicherweise waren Captain Forresters freundliche und lockere Manieren selbstverständlich und bereiteten ihm keine Probleme. Sie kamen uns allen an diesem Tag zu Hilfe.

„Oh, Mrs. Maliphant folgt Ihrer freundlichen Einladung nicht", sagte er. „Ich weiß, dass ich ihren Zorn verdient habe. Ein Schnäppchen ist ein Schnäppchen." Er streckte erneut seine Hand aus. „Aber sie wird mir die Hand geben, bevor ich gehe?" er fügte hinzu.

Wer hätte ihm widerstehen können? Mutter streckte ihre Hand aus.

„Sie sind in unserem Vorstand herzlich willkommen, Kapitän, wenn Sie bleiben wollen", sagte sie.

„Danke, das ist nett von Ihnen", antwortete er mit echtem Gefühl in seiner Stimme. „Ich darf nicht bleiben, ich muss woanders hin, aber ich weiß es dennoch zu schätzen, dass Sie mich darum gebeten haben."

Er drehte sich zu mir um und schüttelte mir herzlich die Hand. Dann blieb er vor Joyce stehen.

Sie hob den Blick nicht; Sie legte ihre Hand schweigend in seine ausgestreckte Handfläche, ohne, soweit ich sehen konnte, das geringste Zittern. Er drückte einen Moment lang seine weichen, langen Finger und wandte sich dann wortlos ab.

Vater und er gingen zusammen den Gang entlang und unterhielten sich; und es war Vater, der ihn aus der Haustür führte.

Es tat mir leid, dass ich ihn überredet hatte, zum Grange zu kommen. Harrod hatte Joyce weinen sehen und fragte sich, was die Ursache dafür war; Und war es die Mühe wert , die sehr unangenehme Szene, die sich gerade abgespielt hatte, für alles, was gewonnen worden war, miterleben zu müssen? Es war Joyces eigene Schuld, aber es zeigte mir, wie müßig es war, zu hoffen, sie zu einem Verhalten zu bewegen, das sie sich vorgenommen hatte.

KAPITEL XXVIII.

Am nächsten Morgen tat es mir noch mehr leid, dass ich Frank zum Grange gebracht hatte.

Mutter tadelte mich zu Recht dafür, und zwar auf eine Weise, die mir zeigte, dass sie mehr denn je entschlossen war, dass Joyce Captain Forrester nicht heiraten sollte, wenn sie es verhindern konnte. Sie sagte, dass Joyce diese tolle Liebesaffäre langsam zu vergessen begann und dass es für mich umso ärgerlicher war, meinen Finger ins Spiel zu stecken und alte Erinnerungen wachzurufen. Ich erklärte, dass Joyce Frank keineswegs vergaß, und sagte zu meiner Mutter, dass ich mich über sie wunderte, weil sie glaubte, ihre Tochter könne so wankelmütig sein, und weil sie annahm, dass ihr Verhalten alles andere als die Entschlossenheit bedeute, das unfaire Versprechen, das man ihr abgenommen hatte, einzuhalten von ihr.

Ach, meine Güte, wenn ich an die andere Saite geglaubt hätte, die meine Mutter für Joyce hatte! Doch obwohl der Gutsherr genauso oft wie eh und je zum Gutshof kam, konnte ich mir nicht vorstellen, dass sein Kommen oder Gehen für meine Schwester einen Unterschied machte, ganz gleich, welche Gefühle er ihr gegenüber hegte. Wenn Joyce ihren Geliebten nicht ermutigt hatte, was sie meiner Meinung nach hätte tun sollen, dann war das nicht der Grund. Ich sagte mir, der Grund dafür liege in der unterschiedlichen Art und Weise, wie wir solche Dinge betrachteten; aber es tat mir leid, dass ich Frank zum Grange gebracht hatte.

Mit meiner jugendlichen Arroganz hätte ich die Schelte meiner Mutter vielleicht überwunden, wenn ich mir eingeredet hätte, ich hätte etwas Gutes getan; aber ich konnte nicht umhin zu denken, dass ich anscheinend nichts anderes als Unheil angerichtet hatte. Joyce war für mich fast distanziert auf eine Weise, die es noch nie zuvor in unserem Leben gegeben hatte; Und als ich versuchte, sie wegen ihrer Kälte zu tadeln, würgte sie mich auf eine unaufhaltsame Art und Weise ab und ließ mich allein, wund, stumm und wütend. Oh, und dieser unglückliche Besuch hatte noch schlimmere Folgen als das alles, obwohl ich es nicht einmal meinem Herzen sagen würde.

Joyce war, wie ich bereits sagte, den ganzen nächsten Tag launisch und schweigsam. Natürlich hatte sich das Wetter von der herrlichen Hitze in einen trüben, grauen Regenschauer verwandelt, der für alle äußerst deprimierend war. Für Trayton Harrod, der die Ernte noch ängstlicher im Auge hatte als sein Vater selbst, hatte das allen Grund, deprimiert zu sein . Der Regen war noch nicht stark oder anhaltend genug gewesen, um mehr zu bewirken, als die ausgedörrte Erde zu erfrischen, aber ein wenig mehr könnte einen ernsthaften Unterschied für den Weizen und den Hopfen machen, von denen die eine Ernte noch nicht vollständig eingebracht war, die zweite fast bereit zum Pflücken.

Dies und die Verärgerung über die kaputten Wasserleitungen – wobei es ihm nicht gelungen war, die Täter zu entdecken – reichten natürlich völlig aus, um die Wolke auf der Stirn des Gerichtsvollziehers zu erklären, als ich ihn an diesem Abend auf dem Hügelkamm traf die Tiefen am neuen Stausee. Ich hätte mich daran erinnern sollen; Ich hätte den Ärger lindern sollen; Ich hätte es schon vor zwei Wochen tun sollen. Aber ich war verärgert, unvernünftig, ungerecht.

„Na, hast du noch etwas über diese lächerliche Angelegenheit herausgefunden?" fragte ich und knabberte kleinlich den Zweig eines Busches in der Hecke ab, während ich sprach.

„Welche Angelegenheit?" fragte er, obwohl ich wusste, dass er genau wusste, was ich meinte.

„Nun, was die Wasserpfeifen angeht, von denen du glaubst, dass die Männer auf sie getreten sind, um dich zu ärgern", lachte ich bösartig.

Er presste die Lippen aufeinander. „Ich denke, ich kann ziemlich gut erraten, wer dahinter steckt", sagte er. „Aber die Arbeit ist jetzt abgeschlossen und funktionstüchtig, deshalb werde ich nichts mehr dazu sagen."

er viel mehr darüber gesagt hätte, wenn er sich seiner Tatsachen sicher gewesen wäre, und in meiner unvernünftigen Verärgerung wollte ich ihm das spüren lassen.

„Raten reicht nicht", antwortete ich. „Aber wenn Sie sicher sein könnten, wäre es weitaus besser, den Mann wissen zu lassen, dass Sie ihn entdeckt haben. Sie werden aus diesen Sussex-Leuten nie etwas herausholen, wenn Sie sich ihnen unterwerfen."

Die Worte taten mir sofort leid, denn es war eine beleidigende Rede für einen Mann in seiner Position; aber ich würde keine Demut zeigen.

„Danke", antwortete er kalt. „Natürlich muss ich mein Bestes geben, um die Menschen in Sussex zu verwalten. Aber es ist auf jeden Fall *ich* , der es tun muss."

Ich würde den gerechten Vorwurf nicht sehen. „Nun, wenn irgendjemand daran schuld ist, dann ist es nicht der arme alte Reuben", erklärte ich energisch; „Er ist hartnäckig, aber er ist nicht gemein. Es *könnte* Jack Barnstaple sein . Ich sage nicht, dass es so ist, aber es *könnte* sein. Es ist nicht Reuben."

„Ich bin ganz Ihrer Meinung", antwortete er. „Aber wie Sie sagen, Raten nützt nichts, also lassen wir die Sache am besten stehen."

Er drehte sich um, um in die eine Richtung zu gehen, und ich in die andere. Doch gerade als wir uns trennten, erschien Ruben auf der Kuppe des Hügels, das Glück auf seinen Fersen. Sie waren unzertrennliche Begleiter. Glück war das einzige Zeichen seiner früheren Berufung, das dem armen alten Reuben noch immer anhaftete. Aber er war sehr alt, älter als sein Meister; beide hatten zu ihrer Zeit gute Arbeit geleistet, aber jetzt hatten beide ihre Arbeit fast hinter sich.

„Dieser Hund muss bald erschossen werden", sagte Trayton Harrod und beobachtete, wie sich das arme Tier fortschleppte, steif vor Rheuma, das das feuchte Wetter hervorgerufen hatte. „Das habe ich Reuben neulich gesagt."

"Schuss!" rief ich mit wütenden Augen. „Niemand soll diesen Hund erschießen, solange ich dazu noch ein Wort zu sagen habe."

Und ich rannte hinüber zu Luck, der mir entgegenkam und vor Vergnügen mit dem Schwanz wedelte.

„Armes altes Glück! armer alter Kerl!" Murmelte ich und bückte mich, um ihn zu streicheln. „Sie wollen dich erschießen, oder? Aber ich werde es nicht zulassen."

"Erschieß ihn!" knurrte Ruben und blickte sich zum Gerichtsvollzieher um, der mir gefolgt war. „Auf meinen Hund schießen?"

„Er ist nicht *dein* Hund, Reuben", sagte ich. „Er gehört deinem Vater, obwohl du ihn schon so lange für dich allein hast. Und Vater wird in der Angelegenheit eine Stimme haben, bevor er erschossen wird. Hab keine Angst. Er soll nicht erschossen werden. Wir können ihn pflegen, wenn er es braucht." Krankenpflege, und er wird friedlich wie ein Mensch sterben. Er verdient jeden Tag so viel, da bin ich mir sicher. Er hat auch gearbeitet.

Taff war mein besonderer Hund, und es stimmte, dass das Glück immer sozusagen Ruben gehört hatte, aber jetzt, da ich ihn in Gefahr wähnte, erwachte in mir all meine latente Liebe zu den Schwachen und Verletzten stark, und ich kämpfte für den Posten des Glücks-Champions. Vielleicht hatte auch meine unvernünftige Laune etwas damit zu tun.

„Sie irren sich", sagte Trayton kalt. „Das arme Tier ist krank und müde. Es wäre eine weitaus größere Gefälligkeit, es zu erschießen."

„Na ja, dann *darf er nicht* erschossen werden, also ist Schluss", rief ich gereizt, stand auf und blickte Harrod ins Gesicht.

„Oh, sehr gut, das geht mich natürlich nichts an“, sagte er.

Er wandte sich den Hang hinauf ab. Aber der Geist der Verärgerung war in Ruben, wie er an diesem Tag in mir war.

„Ich bin gekommen, um einen Blick auf die OP-Felder zu werfen, Meister“, sagte er. „Der Himmel sieht nicht so aus, wie wir es uns wünschen, oder?“

„Dieser Regen reicht nicht aus, um weh zu tun“, knurrte Harrod, ohne sich umzusehen.

„Nein, nein; wir könnten uns damit abfinden, solange es nicht so weitergeht“, stimmte Reuben langsam zu. „Wir wollen nach all dem trockenen Wetter ein bisschen Regen. Sie haben Ihre Wasserleitungen nicht rechtzeitig für das trockene Wetter verlegt, nicht wahr, Meister Harrod? Ich bitte um Verzeihung“, fragte der alte Mann schlau.

„Nein, einige schelmische Leute hatten ein kindisches Vergnügen daran, sie außer Betrieb zu setzen“, sagte der Gerichtsvollzieher und drehte sich scharf um; „Aber ich habe ein Auge auf sie geworfen.“

„Das sind furchtbar spröde Dinger, diese Porzellandinger für so eine Arbeit“, sagte Reuben mit langsamer, schläfriger Stimme. „Ich bezweifle, dass das Wasser nie so fließt, wie Sie es sich wünschen. Es heißt tatsächlich, dass es noch eine Panne von Witwe Dawes gibt“, fügte er grinsend hinzu.

Harrod drehte sich mit einem gemurmelten Fluch um.

„Aber ich denke, Sie werden in nächster Zeit kein Wasser haben wollen, Herr. Der Herr wird es für Sie tun.“

„Ich sage dir, das Wetter ist noch nicht umgeschlagen, Mann. Dieser Regen ist nichts“, knurrte Harrod erneut und schritt beim Sprechen das Ufer hinauf.

„Richtig, richtig“, stimmte Reuben zu und nickte mit dem Kopf; „Wir müssen dem Herrn vertrauen, wir müssen. Obwohl ich für meinen Teil Ihm lieber alles anvertrauen würde, als ein paar Gärten voller Operationen.“ Reuben seufzte, als er über das Tal blickte, das jetzt so reich an hohen und anmutigen Gewächsen war. „Sie sind jetzt ein schöner Anblick“, sagte er, „aber der Herr kann sie unterdrücken.“ Und mit diesem tröstenden Gedanken drehte er mir den Rücken zu und ging den Weg hinunter.

Zum Glück für Ruben hatte ich gerade keine Zeit, an ihn oder seine Worte zu denken; meine Gedanken waren woanders. Trayton Harrod hatte die Spitze des Abhangs erreicht. Er war fast außer Hörweite. Ich beobachtete, wie seine Gestalt am immer milder werdenden Himmel, der sich mit der kommenden Dämmerung langsam aufklärte, immer länger wurde.

Wie konnte ich es ertragen, ihn so von mir gehen zu lassen? War das der Grund dafür, dass wir diese schönen Zeiten miteinander verbracht hatten, diese glücklichen, glücklichen Stunden, die in meiner Erinnerung weiterlebten wie Sterne am hellen Himmel? War es umsonst, dass er meine Hände in seinen gehalten und seine Stimme auf Sanftheit eingestellt hatte, als er mit mir sprach? War es umsonst, dass mein Herz wild und heiß schlug, so voller Sehnsucht, so voller Hingabe? Oh, und doch war ich es, der diesen törichten Streit angezettelt hatte! Wie konnte ich zulassen, dass mein unvernünftiges Temperament mich so überwältigte? Es war meine Schuld, alles meine Schuld! Welcher Teufel hatte von mir Besitz ergriffen, um mein Herz mit bösen und ungerechten Fantasien zu erfüllen und alles zu verbittern, was noch vor kurzem so süß war?

Mein Herz war schwer, die Tränen traten mir in die Augen. Wenn er mich lieben würde, würde er mir vergeben, sagte ich mir, vergaß alles, was ich früher als echten Stolz angesehen hatte, und lief ihm nach.

„Mr. Harrod", rief ich. Er drehte sich sofort um und wartete auf mich.

„Eines Tages fährst du nach London, nicht wahr?" sagte ich atemlos, denn ich war die Böschung hinaufgerannt.

„Einen Tag bevor die Hopfenernte beginnt", sagte er hastig, voller Ungeduld, weiterzumachen; „Aber nicht, bevor die Ernte vollständig ist."

Er drehte sich um und ging weiter, und ich ging an seiner Seite.

„Nun, wenn du gehst, möchte ich, dass du etwas für mich tust", sagte ich. „Ich möchte, dass du ein paar Bücher für mich kaufst."

„Kauft ein paar Bücher!" ejakulierte er. „Welche Bücher?"

„Ich weiß es nicht", antwortete ich. „Ich habe etwas Geld gespart und möchte damit ein paar Bücher kaufen. Ich weiß aber nicht, welche Bücher. Ich dachte, Sie würden mir einen Rat geben."

Er lachte. „Ich glaube nicht, dass ich die richtige Person bin, um Ihnen Ratschläge zum Kauf von Büchern zu geben. Ich bin selbst kein großer Leser. Ich habe die Bücher meines Vaters und habe auch einige schöne Stunden damit verbracht, Aber ich weiß nicht, ob das die besten Bücher sind, die eine junge Frau lesen kann. Nein, ich bin sicher nicht die richtige Person, um Sie zu beraten. Fragen Sie am besten den Gutsherrn."

„Der Knappe!" schrie ich verärgert. „Und bitte, warum sollte ich den Knappen fragen?"

„Nun, er ist ein älterer Freund von dir als ich und weitaus besser geeignet, dich zu beraten", antwortete Harrod. „Und er würde alles für dich tun, da bin ich mir sicher."

War es möglich, dass Harrod einer Wahnvorstellung unterliegt? Irgendwie bereitete mir der Gedanke Freude, dass es möglich sein könnte.

„Der Gutsherr ist kein Freund von mir", sagte ich. Ich schämte mich der Worte, bevor sie ausgesprochen wurden, sie waren so unwahr; aber ich habe sie nach dem Verstand des Augenblicks ausgesprochen.

„Wie kann man so etwas sagen?" sagte Harrod streng.

„Ich will nicht sagen, dass er für keinen von uns etwas tun würde", murmelte ich beschämt. „Ich wollte nur sagen, dass er es eher tun würde – für Joyce."

Ich spürte, wie sich sein Blick auf mich richtete, und ich richtete meinen Blick auf sein Gesicht. Es war still, jede Spur der Wut, die vor fünf Minuten da gewesen war, war verschwunden; aber seine Augen, diese stahlgrauen Augen, blickten mich durch. Aber es war nur für einen Moment. Dann schmolz der Schatten auf seiner Stirn dahin, und die harten Linien seines Mundes brachen in die Öffnung seiner Lippen, die zwar kaum ein Lächeln darstellte, aber dennoch sein ganzes Gesicht wie ein starker, scharfer Lichtstrahl erleuchtete.

Es gab nie ein Gesicht, das sich so veränderte, wie sich sein Gesicht veränderte; nicht mit vielen und unterschiedlichen Ausdrücken wie bei manchen Leuten – denn sein Charakter war fast isoliert, und wenn er viele Dinge fühlte , erzählte er nur wenige davon, entweder stillschweigend oder in Worten –, sondern mit einem langsamen Schmelzen von etwas, das war fast der Grausamkeit gleichkam, in etwas, das der guten, ehrlichen Zärtlichkeit sehr nahe kam. Es war wie das Brechen des Sonnenlichts über einen schroffen Felsen, wo der Schatten jeden möglichen Weg verdeckt hat; Als das Sonnenlicht kam, konnte man sehen, dass es einen Weg zum Aufstieg gab. Gemessen an der Leidenschaftslosigkeit der Distanz glaube ich, dass Harrod sich vor Gefühlen fürchtete. Das Leben war ein geradliniger und nicht unbedingt angenehmer Weg, den man beharrlich zurücklegen musste, ohne unterwegs innezuhalten, ohne darüber nachzudenken, ob es irgendwelche Mittel gäbe, die ihn angenehmer machen könnten. Für Trayton Harrod bestand das Leben nur aus Arbeit .

Und als natürliche Konsequenz vermied er es instinktiv, bei Gefühlen darüber nachzudenken; deshalb misstraute er jedem Ausdruck dieser Dinge bei anderen. Er war grausam, aber wenn er anderen gegenüber grausam war , war er auch grausam gegenüber sich selbst.

An diesem Abend brach jedoch die Sonne über den Felsen. Es hat den letzten Rest Stolz in mir dahinschmelzen lassen. Nach diesem langen, halb amüsierten, halb vorwurfsvollen und völlig freundlichen Blick wandte er wortlos den Blick ab. Es verwirrte mich ein wenig, und dennoch gab es mir Mut.

„Ich glaube, ich bin heute sehr schlecht gelaunt", sagte ich mit einem etwas verlegenen Lachen. „Ich glaube, ich war gerade sehr unhöflich zu dir."

"Unhöflich!" wiederholte er und drehte sich schnell zu mir um. „Warum, wann warst du unhöflich?"

„Gerade eben, über den Hopfen und alles."

Er lachte laut, ganz fröhlich. „Meine Güte! Sicherlich sind wir gute Freunde genug, um ein oder zwei scharfe Worte zu ertragen", rief er.

Ich schwieg. Harrod ging sehr schnell und das Sprechen fiel ihm schwer. Als er die Spitze des Hügels erreichte , streckte er seine Hand aus und sagte mit fröhlicher, sachlicher Stimme: „Gute Nacht; ich muss so schnell wie möglich zur Witwe Dawes kommen."

Ich stand da und beobachtete ihn, als er den Hang hinunterrannte. Zu jeder anderen Zeit hätte ich mich über den Rohrbruch genauso aufgeregt haben müssen wie er, aber in dieser Nacht herrschte eine dumpfe Leere über Dinge, für die ich keinen Grund hatte.

Der Westen war immer noch bewölkt, und in den Ebenen bildeten die kämpfenden Strahlen der untergehenden Sonne goldene Gischt aus den Nebeln, die der Regen hinterlassen hatte; aber im Osten war der Himmel frei von Schauern.

Die Mühle war ganz still, ihre Warnarme schwiegen; Es stand weiß auf dem Flachshang, wo das kurze Gras von der seltenen Sommerhitze zu Spreu verbrannt war – weiß und riesig vor dem Dämmerblau. Dahinter stieg – langsam, langsam aus dem blauen Meer – der goldene Augustmond auf.

Ich drehte den Wolken den Rücken zu und blickte auf den goldenen Mond.

KAPITEL XXIX.

Und nun lassen Sie mich eine Weile innehalten und nachdenken. Seit dem Zeitpunkt, über den ich schreibe, sind zehn Jahre vergangen. Ich bin eine Frau, neunundzwanzig Jahre alt – eine Frau im Urteil wie auch im Alter, denn seitdem sind viele Dinge passiert, die mich mehr gelehrt haben als nur der Lauf der Zeit. Und ich kann jetzt deutlich erkennen, dass das, was ich erzählen werde, ohne die Schuld anderer geschah; mein Schmerz und meine Enttäuschung waren nur das Ergebnis meines eigenen Fehlers; Lassen Sie mich das als Tatsache feststellen: Es wird eine Befriedigung für mein eigenes Gewissen sein. Ich hatte nie eine Entschuldigung für diesen Fehler. Ich war ein törichtes, leidenschaftliches, romantisches Mädchen, und aus dem Wirbelsturm meiner eigenen Liebe zauberte ich die Antwort auf die Liebe, nach der ich mich sehnte; aber es war nie da – es war ein Phantom, das ich selbst geschaffen hatte.

Ein Monat war vergangen, seit Joyce nach Hause gekommen war, seit jener Nacht, als Trayton Harrod und ich im Blitz und Sturm unter dem Dach der Abtei standen – ein langer, langer Sommermonat. Das ganze Heu war schon vor langer Zeit eingesammelt worden, und die Ernte war golden und bereit zur Ernte; Die einst so grüne Ebene wurde von Tag zu Tag milder; Das dichte, schilfartige Gras, das mit satten dunklen Fransen auf unserem Sumpf blüht, zeichnete Ebenen in verschiedenen Brauntönen über die Ebene der Weiden – das ganze Land war warm vor Farbe; das graue Schloss lag schlafend auf dem Flachsrasen, dahinter lag der graue Strand; Die weißen Schafe schnitten träge ab, was sie an Klingen finden konnten; Zwischen den beiden Reihen hoher Binsen schwammen gelbe und weiße Seerosen auf den Deichen, und an ihren Ufern blühte Mädesüß; Die scharlachroten Mohnblumen waren von den Maisfeldern verblüht, und die kleine Erntemaus baute ihr Nest auf den hohen Weizenähren.

Jedes Zeichen deutete darauf hin, dass der Sommer bald in den Herbst übergehen würde; die jungen Bruten waren längst alle im Ausland; die Schwalben und Martins bereiteten sich auf einen zweiten Schlüpfer vor; Das Summen der Schnepfe, während ihr verspäteter Gefährte auf ihrem Nest saß, erzeugte ein angenehmes Blökgeräusch entlang der Deiche in der Nähe des Meeres; Der Mauersegler, der uns als erster aller Vögel verlassen sollte, würde bald seinen Flug nach Süden antreten; Am Strand blühten die gelben Meermohnblumen inmitten ihrer hellgrünen Blätter.

Beim Einbringen der Mäh- und Dreschmaschinen auf den Hof hatte es die gleichen kleinen Probleme gegeben wie beim Mähen. Der arme Vater schien mit diesen Neuerungen nicht einverstanden zu sein, obwohl er offenbar entschlossen war, bis zu einem gewissen Punkt Trayton Harrod nachzugeben; er hatte jedoch keinen Millimeter gewankt, was die Länge der Arbeitszeit der Arbeiter anbelangte; diesbezüglich bewahrten er und der Gerichtsvollzieher noch immer eine kaum verhohlene feindselige Haltung.

Ich tat, was ich konnte, um den Frieden zu bewahren, ebenso wie meine Mutter und wir alle; Aber ich glaube nicht, dass dieser Vater Trayton Harrod mit der Zeit immer mehr mochte . Ich denke, er hatte großen Respekt vor ihm. Ich erinnere mich, dass er mehr als einmal Gelegenheit hatte zu bemerken, dass er ein aufrechter und ehrenhafter Mann sei, und doch schien er ihm irgendwie kaum wirklich zu vertrauen.

Zumindest weiß ich, dass er mich eines Morgens um diese Zeit in sein Arbeitszimmer rief und mir befahl, sofort mit einem Brief für Mr. Hoad in die Stadt zu fahren , den ich privat in seine eigenen Hände geben sollte, damit niemand von meinem Auftrag erfuhr . Wie stolz hätte ich vor drei Monaten auf dieses Vertrauen sein können, das dem Mann hätte entgegengebracht werden können, der berufen worden war, mich zu ersetzen! Aber jetzt gefiel es mir nicht; Es erfüllte mich mit Befürchtungen, mit Bedenken, mit Wut über die Kränkung ihm gegenüber.

„Hast du Angst zu gehen, Meg?" hatte Vater gefragt, als er sah, wie ich zögerte. „Ich gehe selbst."

Das Wort muss meine grauen Augen mit dem Licht erleuchtet haben, über das er zu lachen pflegte, denn er legte seinen Stock nieder und ließ sich in seinen Stuhl sinken.

„Da", sagte er und tätschelte meine Wange, „ich dachte, sie hätte ihren Stolz nicht verloren."

Und ich auch nicht; Aber die Seltsamkeit der Bitte und die Seltsamkeit von Mr. Hoads Gesicht, als er den Brief las, lösten in mir auf dem Heimweg höchst unbehagliche Gedanken aus. Nicht nur bei dieser Gelegenheit hatte ich das Bedürfnis, einigermaßen ängstlich über Dinge nachzudenken, die nicht meine eigenen waren.

Ein Sonntagmorgen um diese Zeit kommt mir in den Sinn. Vater war während der Woche aus ein oder zwei geschäftlichen Gründen in London gewesen. Für einen Bauern war es damals ein Ereignis, nach London zu fahren. Für Vater war es ein besonderes Ereignis, denn er war immer ein Mann gewesen, der mehr als sonst zu Hause blieb. Aber es muss einen besonderen Grund gegeben haben, der ihn dazu veranlasste; er schien schon seit einiger Zeit unruhig zu sein.

Ich hatte geglaubt, dass es Frank Forrester allein aufgrund dieses Plans noch nicht gelungen war, zu schweben, und ich war wütend auf Frank wegen dieser Abkühlung, die ich bei ihm beobachtet habe, wann immer er sich dem feurigen Einfluss entzog. Ich war wütend auf Joyce, weil sie ihn nicht auf dem Laufenden gehalten hatte, und wütend auf meine Mutter, weil sie es ihnen nicht gestattet hatte, zu korrespondieren, damit sie es tun konnte. Aber schließlich glaube ich nicht, dass Vaters Unbehagen ausschließlich auf Frank Forrester zurückzuführen war, denn seine Reise nach London wurde plötzlich beschlossen, eines Nachmittags, nachdem er und Mr. Hoad ein langes Gespräch miteinander im Geschäftszimmer geführt hatten. Vater hatte Harrod danach gesehen und dann am Teetisch seine geplante Reise angekündigt.

Er war erst zwei Tage weg gewesen; aber obwohl er sagte, dass er von dem alten Freund, bei dem er gewohnt hatte, sehr geschätzt worden sei, und obwohl er erklärte, dass Frank genau derselbe sei wie immer, und man daher annehmen könne, dass sie ebenso gute Kameraden gewesen seien Wie üblich sah Vater trotz seines Kleingelds nicht besser aus. Als wir alle in der alten Kirche aufstanden, um das Glaubensbekenntnis zu beten, fiel mir auf, wie krank er aussah.

Es war nicht nur so, dass er seine große, massige Gestalt über den Schreibtisch beugte und sich mit beiden Händen schwer darauf stützte, als suche er nach nötiger Stütze; es war nicht einmal so, dass seine Wangen noch eingefallener waren und dass er müde den Kopf senkte; Es lag daran, dass in seinen trüben Augen und seinen zusammengepressten Lippen ein Hauch von Leid, Niedergeschlagenheit und Hoffnungslosigkeit lag, der selbst für mich erbärmlich war, der ich mit neunzehn nichts von Pathos hätte wissen sollen. Es erfüllte mich mit traurigen Vorahnungen, und die Worte des Gutsbesitzers vor ein paar Wochen kamen mir wieder in den Sinn.

Ich warf einen Blick auf das Gesicht meiner Mutter – schön und gelassen wie immer – mit dem kleinen Netz zarter Falten, die sich über die weiche Oberfläche verteilen, und den blauen Augen, die unter dem Schatten des dichten weißen Haares so zufrieden sind wie die eines jungen Mädchens . Es war das, was aus Joyces Gesicht eines Tages werden könnte, obwohl es damals Charakterlinien um den Mund gab, die der Schönheit meiner Schwester fehlten; Es war das, wozu mein Gesicht nie heranwachsen konnte. Aber sicherlich hatte keiner der beiden Bedenken. „Und das Leben der kommenden Welt“, wiederholte Mutter ernst und sagte die Worte kurz nach allen anderen auf eine Art abschließende Weise. Aber irgendwie fragte ich mich, ob sie wirklich darüber nachgedacht hatte, was sie bedeuteten, denn sie setzte sich wieder hin, fast mit einem Lächeln auf den Lippen, und strich ihren weichen alten schwarzen Brokat ohne den Anschein übermäßiger Feierlichkeit glatt.

Ich warf Joyce einen Blick zu. Ihr Blick war nach unten gerichtet und blickte auf ihre Hände – große, wohlgeformte, nützliche Hände, die in der Molkerei oder an ihrer Nadel besser aussahen als in schlecht sitzenden Glacéhandschuhen; Ihr Gesicht war ungestört, das hübsche kleine Kinn ruhte auf der weißen Schleife des Bandes, das an ihrer frischen Chip-Haube befestigt war. Es war noch vor der Zeit, als es als respektabel galt, mit Hut in die Kirche zu gehen.

Auch ich hatte eine weiße Chip-Haube – Joyce hatte sie beide aus London mitgebracht, zusammen mit den blauen Merino-Kleidern, die wir an diesem Tag auch trugen; aber ich sah mit der Chip-Haube nicht so gut aus wie Joyce.

Ich blickte die Reihe der Kirchenbänke entlang. Am Ende des Gangs, der parallel zu unserem verläuft, saß Reuben in seinem sauberen Kittel, sein schönes, altes, pergamentfarbenes Gesicht war in die ruhigen Linien eingebettet, die von Schläfrigkeit und der passenden Stimmung für den Anlass herrührten. Deborah kam, wie ich bereits sagte, selten zur Kirche; Sie erklärte immer, dass eine Taubheit, die ich an ihr nie bemerkt hatte, das Kommen nur zu einer bloßen Form machte, denn „was hätte es für einen Sinn, wenn man den Pfarrer nicht auslöschen könnte?" Aber Reuben war ein frommer und beständiger Wärter und passte besser zum Ort als der Besitzer zweier scharfer grauer Augen direkt hinter ihm, die, wie ich bemerkte, auf das Gesicht meiner Schwester gerichtet waren.

Sie zogen sich zurück, sobald ich den Kopf drehte, obwohl sie mich nicht ansahen, aber ich schenkte dem Gottesdienst an diesem Tag keine weitere Aufmerksamkeit, und obwohl die Predigt mir so viel Gutes beschert hatte, hätte ich genauso gut zu Hause bleiben können.

Und doch hatten wir eine schöne Unterhaltung – so sagte zumindest Vater, als wir aus der Kirche kamen –, denn sie kam vom Pfarrer der nächsten Gemeinde, dem jungen Mr. Cyril Morland, für den er so eine Vorliebe gehabt hatte die heruntergekommenen Schulen und berührte das Thema seines Vaters auf seine eigene Art und Weise. Wenn ich mich noch einmal nach ihm umgesehen hätte, hätte ich gesehen, dass seine müden Augen wieder zu ihrem gewohnten Feuer zurückgekehrt waren und dass er den Kopf erhoben hatte und den leidenschaftlichen jungen Redner anstarrte.

Aber ich sah Vater nicht noch einmal an. Ich saß da, den Blick auf den alten Grabstein zu meiner Rechten gerichtet, auf dem die gepanzerte Gestalt eines alten Ritters ruhte; und soweit ich wusste oder mich darum kümmerte, hätte der Prediger der schläfrige alte Pfarrer selbst sein können, der sich räusperte und demütig seine abgedroschenen Gefühle zum Ausdruck brachte. Ich erinnere mich nicht genau, was meine Gedanken waren – vielleicht hätte ich sie schon damals nicht in Worte fassen können; aber ich weiß, dass sie nicht von Gott stammten, noch von den armen kleinen, elenden Kindern, für die unsere Barmherzigkeit erbeten wurde. Als der Teller am Ende herumkam, weckte er mich aus einem Traum; Ach, ich! Es war weder ein guter Traum noch ein glücklicher Traum. Ich fragte mich, ob die Menschen in der Kirche oft so böse waren.

Als der Gottesdienst zu Ende war, ging Vater nach hinten und nahm den kleinen David Jarrett hoch, den er in die Kirche getragen hatte. Eigentlich hätte es dem kleinen Kerl besser gehen sollen, aber er sah nicht so aus, als würde er es noch lange auf diese Welt schaffen, und ich glaube, er wuchs Vaters Herz von Tag zu Tag näher.

Die junge Frau des Pfarrers sprach zu ihm, als er in den Armen seines Vaters hinausging.

„Du hast einen sehr netten Freund, David", sagte sie mit ihrer schwachen, jammernden Stimme zu dem Kind. „Ich hoffe, Sie sind sehr dankbar."

Ein Lächeln huschte über das kleine verkniffene Gesicht. Der Junge antwortete nicht, sondern legte seinen Arm um den Hals seines Vaters, um ihm die Last zu erleichtern, und sah ihm in die Augen.

„Ich werde dich heute zum Grange zum Roastbeef mitnehmen, David. Was sagst du?" fragte Vater.

„Ich würde gerne zum Grange gehen", sagte David, ohne irgendeine Anspielung auf das Roastbeef zu machen.

„Komm, du Junge", sagte der Knappe, als er mit Mary Thorne den Weg entlangkam und mit seiner herzlichen, gesunden Stimme sprach: „Ist dein Bein noch nicht gesund genug, um allein zu gehen und einen armen Alten nicht zu belästigen?" Mann?"

Das Kind errötete scharlachrot, und der Vater sagte verärgert: „Ich bin noch nicht so alt, Knappe, aber ich kann einen armen kleinen Krüppel ein paar hundert Meter weit tragen."

Der Gutsherr hatte nur im Scherz gesprochen, und das sagte er auch; Es war seine Art, denn in Wirklichkeit war er ein ebenso freundlicher Mann wie Vater selbst, aber ich glaube nicht, dass Vater ihm eine ganze Weile verziehen hat.

„Na, hast du etwas von meinem nichtsnutzigen Neffen oben in London gesehen?" fragte der Knappe noch einmal.

Wir standen alle in einer kleinen Gruppe herum, wie es die Leute tun, die aus der Kirche kommen und an Wochentagen selten Zeit haben, sich zu treffen. Mutter sprach mit dieser aggressiven alten Dame, Miss Farnham;

Joyce stand an ihrer Seite. Ich konnte Harrod nirgendwo sehen, aber es sah einfach so aus, als wäre er verschwunden; er hasste Menschenansammlungen.

„Ach, kommen Sie, Mr. Broderick, ich glaube nicht, dass Sie einem armen Kerl den Charakter nehmen sollten, wenn er abwesend ist", lachte Mary Thorne auf ihre fröhliche Art. „Hier ist Miss Maliphant ", fügte sie hinzu und zeigte auf Joyce, „könnte dadurch Vorurteile gegen ihn haben, und er hält sehr viel davon, was Miss Maliphant über ihn denkt, das versichere ich Ihnen."

Sie sagte es auf eine gutmütige, scherzhafte Art, aber keineswegs so, als ob sie die wahren Beziehungen erraten hätte, die zwischen Joyce und dem Freund ihrer Kindheit bestanden.

Der Knappe runzelte die Stirn und Mutter wandte sich von Miss Farnham ab.

„Nun, Miss Thorne, ich würde es sehr freundlich aufnehmen, wenn Sie mein Mädchen nicht hineinbringen würden", sagte sie. „Ich bin eine altmodische Frau und halte nichts von solchen Witzen."

Mary sah ziemlich überrascht aus, aber es war einfach eine Art Mutter, sich so zu äußern; Sie hatte nie Angst vor irgendetwas und irgendjemandem, obwohl sie so sanft wirkte.

„Ah, ich habe oft den Verdacht, dass Mrs. Maliphant im Herzen eine gute alte Tory ist", sagte der Gutsbesitzer und versuchte, die Sache auf die leichte Schulter zu nehmen.

„Nein, nein, Knappe, versuchen Sie nicht, aus meinen Worten mehr zu machen , als in ihnen steckt", erklärte Mutter kopfschüttelnd. „Ich war nie für die Politik. Ich mache mir weder den Kopf noch den Schwanz daraus."

Natürlich lachten alle darüber, und der Gutsbesitzer fügte hinzu: „Ich bin sicher, Frank wird sich erst zeigen, nachdem wir meinen Freund Farnham für die Grafschaft gewonnen haben."

„Er sagte nichts über das Herunterkommen", sagte Vater, der sich aus der Gruppe zurückgezogen hatte, seit die Thornes sich ihr angeschlossen hatten, und an der alten Steinmauer stand, auf der er den kleinen David ausgeruht hatte; „Aber ich glaube nicht, dass das der Grund ist."

„Er wäre schon früher hier gewesen, um mich wegen der neuen Ställe zu quälen, es sei denn, es gäbe etwas Besonderes, das ihn fernhält", fuhr Mr. Broderick fort. „Er schreibt mir ständig darüber, aber ich sage ihm, dass ich die Männer und Frauen vor den Hunden und Pferden unterbringen werde.

Auf dem Anwesen werden zwei neue Cottages gesucht, und diese werden zuerst fertiggestellt."

„Ah, Sie sind ein anständiger Hausbesitzer. Es gibt nur wenige wie Sie", erklärte Miss Farnham und nickte mit dem stets gebeugten Kopf, bevor sie ihr schwarzes Seidenkleid über ihren weißen Unterrock schlug und durch die Kirche davontrottete -Hof; „Und das ist ein schönerer Anblick, als Unfug zu treiben, wie es einige aufrührerische Leute tun müssen."

Dies war ein Abschiedsstoß an Vater, aber er schien es nicht einmal bemerkt zu haben.

„Mutter, ich bringe den Kleinen einfach nach Hause", sagte er. „Sie erreichen Mr. Morland und bitten ihn, mit uns zu Abend zu essen, ja?"

Der Gutsbesitzer kümmerte sich um ihn. „Sie sollten nicht zulassen, dass er das Kind herumträgt, Mrs. Maliphant ", sagte er. „Er ist nicht der Mann, der er war."

„Oh, Knappe, was für ein Tröster Hiob sind Sie doch!" seufzte Mutter halb unruhig. „Ich glaube, dass Laban seit dem Einbruch des Sommerwetters wieder ganz er selbst ist. Er ist heute etwas niedergeschlagen, das habe ich selbst gemerkt, aber das liegt in seiner Stimmung. Ich glaube nicht, dass ihn die Reise nach London gestört hat Alles Gute. Diese Eisenbahnen sind ermüdende Dinge, und dann kann ich mir vorstellen, dass er ein wenig enttäuscht ist über seine Idee, die Wohltätigkeitsschule zu bekommen, oder was auch immer. Er ist so auf diese Dinge fixiert. Ich sage ihm, dass es schade ist . Er erschöpft sich und vernachlässigt seine eigene Arbeit. Und keine Beleidigung für Sie, Knappe, Ihr junger Neffe ist nicht so schlau, wie er sein könnte. Ich habe Laban immer davor gewarnt, zu viel Vertrauen in ihn zu setzen. Das nicht Er hat alles gesagt, aber wenn die Dinge so gelaufen wären, wie er es wollte, hätte er etwas zu sagen gehabt, wissen Sie? Der junge Mann schien genauso eifrig dabei zu sein wie mein Alter, aber junge Leute haben das nicht Streugut."

Mutter hielt die ganze lange Rede vor dem Gutsherrn vertraulich, aber ich hörte jedes Wort davon. Joyce musste es auch getan haben, denn sie und Mary Thorne hatten sich unterhalten und standen Seite an Seite, aber sie gab überhaupt kein Zeichen, obwohl Mary mit einem lauten Lachen sagte: „Ist das Frank, von dem Sie reden? Warum." , mein Lieber, du erwartest doch nicht, dass er lange an einer Sache festhält, oder? Der Squire kennt ihn besser als das. Ein so lustiger alter Kerl wie immer, aber nie für zehn Minuten einer Meinung, zumindest nicht „ fügte sie ziemlich ernst für sie hinzu, „nicht über Dinge dieser Art. Lieber Gott, ich weiß, dass er mindestens fünf Dinge vorerst wild in Angriff genommen hat und derer er in sechs Monaten überdrüssig geworden ist."

Der Knappe lächelte ein wenig boshaft. „Da ist ein bisschen Wahrheit drin", stimmte er zu, „obwohl ich nicht weiß, ob ich es so leichthin hätte sagen können. Oh, Miss Mary, Miss Mary, was für eine böse Zunge Sie haben!"

Ich hatte den Eindruck, dass sie verzweifelt aussah. „Kommen Sie, wer hat sich gerade für ihn eingesetzt?" rief sie. „Man kann Schwarz nicht Weiß nennen, nur weil man einen Menschen mag."

Er lachte. Ich kam nicht umhin zu denken, dass er mit dem, was sie gesagt hatte, sehr zufrieden war, und ich fand, dass es sehr unfreundlich von ihm war. Was mich betrifft, ich war wütend auf das Mädchen. Früher hatte ich sie immer gemocht, aber an diesem Tag hasste ich sie regelrecht. Was hatte sie damit zu tun, Geschichten über Frank zu erzählen?

Es kam mir keinen Moment in den Sinn, dass sie womöglich einen Grund haben könnte, Joyce gegen Frank aufzubringen, weil sie ihr glauben machen wollte, dass seine Vorliebe für Menschen ebenso wie für Beschäftigungen sehr vergänglicher Natur sei.

Ich ging mit sehr schlechter Laune nach Hause. Warum war ich jetzt jedes Mal so besonders wütend, wenn Joyce ihrem abwesenden Liebhaber gegenüber lauwarm war? Ich hatte ihr schon oft insgeheim vorgeworfen, sie sei lauwarm. Sie hatte kein aufgeschlossenes Temperament; sie hatte ihre Gefühle nie frei zum Ausdruck gebracht und würde es auch nie tun; es lag nicht in ihrer Natur.

Warum störte es mich jetzt mehr als früher? Warum störte es mich so sehr, dass ich es nicht übers Herz brachte, mit ihr zu sprechen, als ich darüber nachdachte, dass Joyce während der gesamten Szene kein einziges Wort gesagt hatte?

Vor einem Monat hätte ich sie ausschimpfen sollen, weil sie sich von meiner Mutter zum Schweigen bringen ließ – ich hätte sie wegen ihrer Schüchternheit auslachen sollen. Aber an diesem Tag konnte ich es nicht.

Ich ließ sie allein die Treppe hinauf in unser kleines Schlafzimmer gehen, um ihre Haube abzunehmen, und fand einen Vorwand, meine Haube unten beiseite zu legen.

Ich hörte, wie Rev. Cyril Morland mit Vater über die Leitung der heruntergekommenen Schulen sprach und seine Verbesserungsvorschläge erörterte. Zu jeder anderen Zeit hätte ich stolz sein können, die Ehrerbietung zu bemerken, die er dem alten Mann entgegenbrachte. Ich hätte mir gerne den Vergleich ihrer Ideen und Pläne angehört. Aber dann hatte ich Angst.

Das Mitleid mit dem Leiden und der Eifer, es zu lindern, schienen mir zwischen dem Pfarrer und dem Vater viel ähnlicher zu sein, als sie es jemals zwischen ihm und Frank gewesen waren.

Ich konnte es nicht ertragen, es anzuerkennen, und doch konnte ich nicht umhin, instinktiv zu spüren, dass es so war.

Ich ahnte nicht, dass die Steine und Treibsande von Glaubensbekenntnissen, die bei jedem Verkehr zwischen Vater und seinem neuen Freund auf mich zukommen könnten, auf uns zukommen könnten, aber ich spürte, dass in ihm der Geist der Ausdauer und Selbstaufopferung steckte, den ich als Mädchen, wie ich war, nicht konnte Aber in der mitfühlenden, mitfühlenden Art des Liebhabers meiner Schwester fehlte die Angst. Erst seit er das letzte Mal im Grange gewesen war, hatte ich begonnen, mich davor zu fürchten; aber danach war das Auf und Ab in der Hitze seines Unterfangens selbst für mich offensichtlich.

Ich hatte das Gefühl, dass Mutter recht hatte, als sie sagte, dass man wisse, wo man mit einem Mann sei, der sich die Mühe gemacht habe, einige seiner Ideen in die Tat umzusetzen, und dass man es ihr nicht verübeln könne, dass sie froh sei, dass Vater seinen Plan in die Hände eines Mannes gelegt habe der gezeigt hatte, dass er sowohl arbeiten als auch reden konnte. Ich konnte es ihr nicht verübeln; sie hatte keinen Grund, sich für Frank Forrester zu entschuldigen; im Gegenteil, sie hatte allen Grund, sich zu wünschen, dass Vater ihn in seinem wahren Gesicht sehen würde, wie sie es nannte, damit ihr Verkehr ein Ende hätte.

Aber ich – ich hatte einen Grund, den ich selbst am besten kannte, für den Wunsch, jeden noch so kleinen Faden zu stärken, der Frank an seinen Vater und den Gutshof binden könnte. Und selbst wenn sich herausstellen sollte, dass dieser eifrige junge Pfarrer der Mann war, von dem Frank selbst gesprochen hatte – der „richtige Mann für die Arbeit" –, konnte ich ihn nicht mögen. Wie könnte ich jemanden mögen , der Anzeichen dafür zeigt, dass er Franks Platz bei seinem Vater einnimmt?

Ich saß schweigend an der Tafel und bekam hinterher von meiner wohlverdienten Mutter einen gerechten Vorwurf für mein Verfallen in die alten, ungezogenen Verhaltensweisen, aus denen ich, wie sie hoffte, herauswachsen würde.

Ich war wütend – ich war wütend auf Joyce; aber es war zu Unrecht, und ich fühlte es. Als ich an diesem Abend meine Gebete gesprochen hatte, ging ich zu ihr und küsste sie, wo sie mit ihren goldenen Haarbüscheln auf dem weißen Kissen lag.

KAPITEL XXX.

Es gibt keine Jahreszeit, die so schlecht ist, aber es gibt ein paar schöne Tage, und es gibt keine Zeit, die so anstrengend ist, ohne dass es ein paar schöne Stunden gibt. Dieser stürmische Sommer hatte seine schönen Stunden, obwohl ich unbedingt auch von seinen Wolken erzählen muss.

Die Erde war dieselbe, obwohl die Augen, mit denen ich sie sah, ein anderes Bild sahen, bevor sie sie erreichten, und manchmal drang das Gefühl ihrer ewigen Schönheit mit einem beruhigenden Lied in meinen Geist und flüsterte von einem dauerhaften Leben, das jenseits aller Veränderungen lag und die Möglichkeit wechselnder Wetterbedingungen fordert mich auf, still zu sein und zu warten. Ich weiß nicht, ob ich still war, ich weiß nicht, ob ich damals damit zufrieden war zu warten; Aber diese Stimmen, die so vertraut waren, machten mich glücklich wie nichts anderes und machten mich stark, obwohl ich es nicht wusste.

Der Wind, der sanft über den Hügeln wehte, schwer vom Duft des Hopfens; der Wind, der mit der frischen Meeressole Salz auf meine Wange schlug; das Plätschern der Wellen an der weichen Sandkante oder ihr unruhiges Fließen am steileren Strand, von wo aus sie die Kieselsteine wieder zurück ins Herz des Ozeans saugten; das Rauschen und Rauschen der Vögel in der Luft – Krähen oder Stare oder Wacholderdrosseln in großen Ansammlungen, die den Himmel verdunkelten; die Wolken rasten über das Blau, das das weite, ebene Land so weit bedeckte, und ließen die roten Dächer der Stadt unter ihrer Berührung purpurn erscheinen; das Kräuseln einer Brise in den Eschen und ihr Stöhnen in den Kiefern; das Prasseln des Regens, das Brüllen des Viehs; die hundert Töne der Vögel und die Geräusche der Tiere auf dem Land; das pochende Sonnenlicht und der kalte Mond – all diese Dinge und viele, viele mehr sprachen zu mir, fröhlich oder mitleiderregend, in Tönen, die ich seit meiner Kindheit gelernt hatte, und erzählten mir von dem weiten Meer des Lebens, das dort war für mich, ob ich wollte oder nicht, jenseits der Gegenwart, jenseits selbstsüchtiger Sehnsüchte, jenseits von Glück oder Unglück.

Ja, ich glaube, etwas von all dem kam mir schon damals in den Sinn, obwohl ich es nicht mit Worten hätte erzählen können, wie ich es jetzt – zehn Jahre später – versuche.

Es war Ende August – die letzte Ernte. Ich war zu den Weizenfeldern im Sumpfgebiet hinuntergegangen, die fast am Strand liegen.

Die Arbeit des Tages war fast erledigt, die Schnitter banden die letzten Garben zusammen, und nur noch ein paar einsame Ährenleser waren dort beschäftigt, wo die verhassten Maschinen mit ihrer monotonen Arbeit aufgehört hatten. Ich weiß nicht, wie es kam, dass die Männer an diesem Tag so früh mit der Arbeit fertig waren, denn es war noch eine Stunde vor Sonnenuntergang, aber ich glaube, es war das allerletzte Feld, das sie auf Vaters Land ernten mussten.

Trayton Harrod war dort gewesen, aber ich hatte den ganzen Nachmittag nicht mit ihm gesprochen, und jetzt stand ich da und betrachtete ihn aus der Ferne durch den späten goldenen Sonnenschein und einen dieser seltsamen Spinnwebenschauer, die manchmal zu dieser Jahreszeit fallen Auf unserem Sussex-Level sah ich den Gutsbesitzer auf dem Weg direkt daneben, der zum Strand führte. Ich hatte ihn schon früher mit seinem Gerichtsvollzieher die Straße entlangkommen sehen, hatte ihn damals aber kaum bemerkt – er war eine so vertraute Gestalt in der Landschaft. Erst als er verhältnismäßig nah bei mir war, fiel mir etwas über ihn ein.

Trayton Harrod ins Dorf laufen zu müssen , und sprang über den Deich, hinter dem sich nur ein schmaler Streifen Weideland zwischen mir und der Straße befand. Ich erinnere mich, wie ich beim Überqueren stehen blieb, um Mädesüß und blühende Weiden zu pflücken, damit ich nicht allzu lange bevor der Gutsherr diesen Punkt erreichen sollte, das Ufer erklimmen konnte.

„Haben Sie geerntet, Miss Margaret?" sagte er, wie ich mir vorstellte, eher nachdenklich. „Davon haben wir im Moment doch alle eine Menge zu tun, nicht wahr?"

Der Gutsherr hatte mehr zu tun als wir, denn er hatte mehr Weizen, und nachdem das schlechte Wetter in dieser Woche einem neuen Sommerausbruch Platz gemacht hatte, wollten wir alle, die wir noch Getreide auf dem Boden hatten, unbedingt davon profitieren unerwartetes Glück. Ich antwortete nicht; Ich überlegte, wie ich anfangen sollte, was ich zu sagen hatte, zog mein Messer aus der Tasche und bückte mich, um eine hohe Karde abzuschneiden, die sich am Deichufer braun verfärbte, und einen Zweig rötlichen Ampfers, der daneben wuchs.

„Das Wetter ist jetzt herrlich für die Ernte", sagte ich, als ich feststellte, dass der Gutsbesitzer nicht mehr sprach, „und Mr. Harrod sagt, dass die Weizenernte besser ausfallen wird, als er einst gedacht hatte."

„Warum hätte er nicht denken sollen, dass es in Ordnung wäre?" grummelte der Gutsbesitzer und schaute in die Richtung, in der unser Gerichtsvollzieher im Weizenfeld stand und mit dem Gerichtsvollzieher vom Herrenhaus sprach. „So einen heißen Sommer hatten wir selten."

Das Feld war heiß und golden, der Hügel dahinter kühl und dunkel.

Ich riss mit der Hand einen Ampferkopf in Stücke und sagte: „Er sagt, dass ein heißer Frühsommer nicht immer gut tut; er saugt den Saft aus, während das Stroh milchig ist, und schwächt die Kraft der Pflanze." ."

Der Knappe lachte, und ich wurde rot vor Verärgerung.

„Unter Harrods Schirmherrschaft wirst du ein echter Bauer sein", sagte er. „Du warst fast bereit, die Farm zu leiten, bevor er kam, und ich bin sicher, dass du ihn bald abweisen kannst."

„Nein, in der Tat", sagte ich und versuchte leise zu sprechen. „Ich fange gerade erst an zu begreifen, dass ich nichts weiß."

„Ah! Nun, man sagt, das sei der erste Schritt, um schlau zu werden", antwortete er. „Und, Spaß beiseite, natürlich ist Harrod ein sehr fähiger Kerl und kann uns beiden eine Menge Dinge beibringen, daran habe ich keinen Zweifel, auch wenn er manchmal seltsame Ansichten hat, muss ich sagen. Er ist ein Geschäft." Mann, und kein Fehler.

„ Natürlich ist Herr Harrod ein guter Geschäftsmann", sagte ich hochmütig. „Das wissen wir alle. Deshalb hast du ihn vermutlich deinem Vater empfohlen."

Wann immer der Knappe Harrod wegen seiner Energie grob kritisierte – was mir in letzter Zeit irgendwie ziemlich häufig vorkam –, erinnerte ich ihn immer daran, dass er ihn gerade wegen dieser Eigenschaft empfohlen hatte. Ich glaube nicht, dass es ihm gefiel, so daran erinnert zu werden. Ich weiß nicht warum, aber ich bin sicher, dass es ihm nicht gefallen hat.

„Mr. Broderick", sagte ich und schlug eine kühne Bemerkung vor, „wann kommt Captain Forrester wieder zum Manor herunter?"

Er sah mich überrascht an.

„Ich weiß es nicht, ich bin mir sicher", sagte er. „Er ist überhaupt nie gekommen. Er war noch nie so lange im Manor wie in diesem Frühjahr."

„Nein, vielleicht nicht", sagte ich.

Er sah mich scharf an, und als ich mich an die Warnung erinnerte, die er mir vor jeglicher Intimität zwischen meiner Schwester und Frank gegeben hatte, kam mir der Gedanke, dass er möglicherweise für Franks lange Abwesenheit verantwortlich war.

Dieser Gedanke ließ plötzlich eine Flamme der Wut in mir aufsteigen und richtete sich auf den Knappen. Ich konnte nicht anders, als wütend auf ihn zu sein, wenn er irgendetwas unternahm, um Joyce und Frank auseinanderzuhalten. Ich hätte es ihm am liebsten gesagt, aber mit diesem Versprechen gegenüber meiner Mutter im Rücken wagte ich es nicht.

„Er könnte zur Wahl kommen", sagte ich. „Ich denke, er sollte zur Wahl kommen."

Der Knappe lachte erneut.

„Auf welcher Seite würde er wohl sein Interesse einbringen, Miss Margaret?" er sagte.

Ich sah, dass ich etwas Dummes gesagt hatte, und errötete. Wenn Frank ein Interesse an der Wahl hätte, dann natürlich auf der Seite, die nicht die des Gutsherrn war.

„Aber bei meiner Seele kenne ich mich selbst kaum", fügte er hinzu. „Der Junge ist ein schlüpfriger Kerl."

Diese Rede gefiel mir nicht mehr als die vorherige. Es gefiel mir umso weniger, als es ein gewisses Unbehagen weckte, das ich selbst wegen Frank empfunden hatte. Obwohl ich ein Mädchen war, hatte ich mir auch vorgestellt, dass er nicht immer derselbe war; aber ich habe mich für ihn eingesetzt.

„Ich finde es sehr unfair von dir, das über deinen eigenen Neffen zu sagen", sagte ich.

Der Gutsbesitzer richtete seine blauen Augen mit einem amüsierten Gesichtsausdruck auf mich.

„Nun, Miss Margaret, Sie sind ein überzeugter Verfechter dieser jungen Sünderin", sagte er. „Was macht dich so mutig, seine Schlachten zu schlagen, und so begierig darauf, dass er wieder zum Herrenhaus zurückkehrt?"

„Ich kämpfe für ihn, weil ich glaube, dass du ungerecht bist", sagte ich. „Und ich möchte, dass er zurückkommt, weil Vater von ihm erwartet, dass er ihm bei seiner Arbeit hilft."

„Oh, ich verstehe", sagte der Gutsbesitzer etwas zweifelnd. „Aber Sie dürfen nicht glauben, dass er für Ihren Vater so notwendig ist. Ich bin sicher, mein Freund Maliphant ist ein viel zu kluger Mann, um viel Wert auf die Reden und Meinungen eines jungen und faulen Kerls wie meines Neffen zu legen. Es ist viel wahrscheinlicher, dass er den Rat eines Mannes wie dieses neuen Pfarrers drüben in Iden zu schätzen weiß. Ich freue mich, dass zwischen ihnen eine gute Freundschaft entstanden ist. Ich wünschte, er würde keinen so langen Mantel tragen, aber ich kann Sehen Sie, dass er trotzdem ein ehrlicher Kerl ist.

Zu jedem anderen Zeitpunkt wäre ich vielleicht bereit gewesen, mich auf eine Diskussion über die Verdienste von Rev. Cyril Morland einzulassen, aber in diesem Moment ärgerte ich mich nur über den Squire, weil er bemerkt hatte, dass mein Vater ihn mochte. Er ließ mir jedoch keine Zeit mehr für weitere Gespräche. Ob ich etwas gesagt hatte, was ihn ärgerte, oder ob er wirklich beschäftigt war, weiß ich nicht; aber er verabschiedete sich abrupt von mir und bat mich nur, ihm zu sagen, dass er im „The Elms" vorbeischauen und ihn später sehen würde, wenn ich Harrod treffen sollte.

Ich schlenderte zum Meeresufer hinunter, das den Rand des Sumpfgebiets säumte, und setzte mich an den Strand, um dem Rauschen des Wassers auf den Kieselsteinen zu lauschen, als die Flut nachließ. Es war einer dieser ruhigen Abende, die zum Träumen einladen; das Meer war ruhig und verschmolz mit dem Himmel, mit einem leichten Dunst am Horizont; Streifen in verschiedenen Schattierungen zogen in Linien darüber, braun auf den Untiefen, blasses Grün dahinter, blau, wo das Wasser tiefer wurde, und noch dunkler, wo der Schatten vorbeiziehender Wolken auf seine Brust fiel. Ein Fischerboot, dessen braunes Segel müßig flatterte, lag in der Ferne; ein Dampfer überquerte die Strecke. Der Leuchtturm am Ende der langen, schwach rosafarbenen Linie, das war der ferne Punkt, der ins Meer hinausreichte, schien kaum an Land zu sein, sondern nur ein weißer Fleck in einem Dunstschleier auf dem Meer; Sogar die Schiffe im zwei Meilen entfernten Hafen sahen wie Phantome aus, obwohl die fernen Klippen zu meiner Rechten selbst in dieser trägen Atmosphäre nicht umhin konnten, stabil und stattlich zu sein.

Es war alles so friedlich und angenehm, dass ich die Stürme vergaß, die dort oft tobten, und obwohl ich nicht aktiv glücklich war , war ich doch passiv zufrieden, unwillkürlich eingehüllt in den beruhigenden Einfluss der Welt, die bis sechs für mich die ganze Welt gewesen war vor wenigen Monaten.

Ich begann an die Tage zu denken, die noch gar nicht so lange her sind und in denen es für mich nichts Großartigeres gab, als mit den Fischerjungen draußen auf der Makrelenjagd zu sein. Mutter erlaubte mir nicht, hinauszugehen, wenn es sehr stürmisch war, deshalb erinnerte ich mich an verhältnismäßig ruhige Tage und an einen besonderen Abend, an dem ich die Erlaubnis hatte, mit Reuben und einem alten Fischer bei Fackelschein auszugehen. Es war im November – eine kalte, klare Nacht – und wir fischten Hering. Der Wellengang war gerade so stark gewesen, dass das Abenteuer nicht langweilig wurde, aber die Sterne hatten ruhig geleuchtet und die Beute war gut gewesen. Damals hatte ich viel mehr über den Fischfang als über die Sterne nachgedacht, aber jetzt erinnerte ich mich, dass die Sterne ruhig geleuchtet hatten. Es überkam mich die Sehnsucht, noch einmal auf dem Meer zu sein.

Der alte Fischer, mit dem ich in dieser Nacht unterwegs gewesen war, war tot, das wusste ich; aber es gab noch andere, die ich gekannt hatte, und mit einem plötzlichen Impuls stand ich vom Kies auf und begann, auf das Fischerdorf in der Nähe zuzugehen. Es bestand nur aus einer Handvoll kleiner, niedriger Hütten mit einem einfachen Gasthaus in der Mitte – ein wilder, seltsamer Ort, allein am Rande des Sumpfgebiets mit Wind und Meer.

Ich traf einen meiner Freunde, der am Strand entlangkam. Er wollte sein Garnelennetz holen, denn die Ebbe ging zu Ende, und in einer weiteren Stunde würde die Arbeit beginnen. Er kam geschlungen daher, sein altes, verblichenes blaues Trikot um die Taille hochgekrempelt und die Wollmütze tief über die Augen gezogen, um die schräg einfallenden Strahlen der Spätsonne fernzuhalten.

„Guten Tag, Eben ", rief ich. Sein Name war Ebenezer, aber alle nannten ihn Eben . „Wirst du heute Nachmittag die Netze in die Hand nehmen, oder ist es zu ruhig?"

Der alte Kerl – nicht ganz so alt, aber wettergegerbt und so aussehend, dass er jedes Alter zwischen vierzig und sechzig vermuten lässt – schürzte die trockenen Lippen und blickte auf das Wasser hinaus. Das gelbe Segel des Fischerbootes dort drüben war aufgebläht; Beim Aufstehen wehte eine leichte Brise.

„Wir könnten rausgehen", sagte er, „obwohl es ein Kinderspiel ist, wenn es sich lohnen würde . Willst du ausgehen?"

„Ja, ich möchte gehen", sagte ich. „Es ist schon lange her, seit ich auf dem Wasser war."

Eben sah mich an. Ich weiß nicht, ob er in meinem Gesicht etwas anderes gesehen hat als früher, aber er sagte ganz mitfühlend: „Nun, es ist eine lästige Arbeit , wenn man immer auf dem Trockenen ist."

Ich lachte. „Ich hätte lieber das ganze Jahr über das Land als das Meer", sagte ich; „Aber ich möchte das Salz noch einmal probieren."

„Ich habe meine Garnelen zu erledigen", sagte er. „Und wir können der Wende sowieso nicht zuvorkommen."

„In Ordnung", antwortete ich. „Ich warte noch ein bisschen."

„Es wird nicht mehr als eine Handvoll Apfelwein und vielleicht eine Seezunge geben", erklärte der alte Mann zweifelnd.

„Macht nichts", antwortete ich.

„Wie geht es dem alten Kerl oben auf der Farm?" sagte er, als er wegging. Man hätte meinen können, dass er Ruben meinte, aber ich wusste genau, dass er Vater meinte.

„Vater geht es gut", sagte ich.

„Er hat jetzt einen Gerichtsvollzieher, der sich um das Haus kümmert, nicht wahr?" fragte Eben . „Funktioniert nicht sehr gut, oder?"

„Na ja, es funktioniert ganz gut", sagte ich.

Ich fragte nicht, ob es Reuben war, der gesagt hatte, dass es nicht funktionierte, aber natürlich wusste ich es und fragte mich, was ich tun könnte, um Reuben dafür zu bestrafen.

„Er ist ein netter Kerl", fügte der Mann hinzu. „Ich habe ihn schon oft hierhergebracht , und er hat immer höflich zu mir gesprochen. Kommt er jetzt nicht mit?"

Ich drehte mich scharf um. Ja, Trayton Harrod kam am Strand entlang auf uns zu . Auch er ruhte sich nach getaner Arbeit aus. Das grelle Licht auf dem Kies blendete mich so sehr, dass ich ihn nicht sehen konnte, denn die Sonne stand hinter mir, sank auf den Hügel zu und schien auf die Kieselsteine, so dass der lange Strandabschnitt rosig grau erstrahlte. Kam er auf uns zu? Nein, höchstwahrscheinlich hatte er mich im Gespräch mit dem Fischer nicht erkannt. Soll ich ihn treffen? Ich musste die Nachricht des Gutsherrn überbringen. Aber ich dachte, ich würde nicht gehen. In letzter Zeit hatte ich den Entschluss gefasst, zu warten, bis er mich aufsuchen würde. Törichte und nutzlose Anstrengung des Stolzes! War ich dem überhaupt treu ? Er wandte sich über den Strand wieder der Straße zu, aber in Richtung der Klippe.

„Nun, ich bin in etwa einer Stunde wieder zurück, Eben ", sagte ich. „Bis dahin wirst du wissen, ob du ausgehen willst oder nicht."

Er nickte und schulterte die Stange seines großen quadratischen Keschers. Ich stand da und sah zu, wie er ins Wasser watete. Aber als er einige hundert Meter Abstand zu mir hatte, durch die kräuselnden Wellen stapfte und das große quadratische Netz vor sich herschob, drehte ich mich um und überquerte den Kies zurück zu dem kurzen braunen Rasen, wo die Kaninchengehege sind dicht auf dem unebenen Boden, und auf dem trockenen Boden blühen nur spärlich blaue Blüten und Seegrasblüten.

Ich hatte plötzlich beschlossen, die freie Stunde mit einem steilen Spaziergang zu den Klippen zu verbringen. Ich wusste nicht oder gestand es mir nicht, dass ich mit dieser Entscheidung ein besonderes Ziel verfolgte; aber ich glaube, mein Herz schlug ein wenig, während ich ging, und fragte mich, ob jemand anderes hinter mir in die gleiche Richtung ging. Ich ging jedoch, ohne mich umzudrehen, bis ich zu bestimmten Teichen am Strand kam, die von den Gezeiten nicht mehr erreicht werden – Teiche, die hinter Kiesbänken verborgen waren und kaum an das Meer, ihre Mutter, erinnerten; ruhige Zufluchtsorte, wo Binsen wachsen und Teichhühner ihre Nester bauen und der stattliche Purpurreiher im Morgengrauen und bei Sonnenuntergang zum Essen kommt.

Einer flog schräg und langsam landeinwärts über die Bäume hinweg, gerade als ich die letzten dieser scheinbaren Überreste einer primitiven Welt erreichte, und stand da und badete seine Füße auf der flachen Lippe, aufrecht und imposant, der einzige Bewohner, der an diesen Ort passte. Er sah mich nicht und rührte sich auch nicht, obwohl ich mich bückte, als ich auf ihn zukam, um einen Strauß gelber Meermohnblumen zu pflücken, die zwischen den Kieselsteinen blühten.

Der Strand erstreckte sich jetzt blau vor mir, als ich den Kopf hob, denn die Sonne stand vor mir – nahe dem Rand des Hügels; Ich schaute unterwegs zurück, das war rosa, aber Trayton Harrod war nicht zu sehen, und mit etwas, das einer Enttäuschung in meinem Herzen ähnelte, ging ich wieder weiter und folgte dem Deich, der jetzt nicht weit vom Ufer entfernt verlief, bis Ich kam an eine Stelle, an der es sich zu einem Kanal zwischen einer grünen Wiese auf der einen Seite und dem hohen Kiesrücken auf der anderen Seite erweitert. Sein Ende liegt in einem tiefen Teich, der unter der Haube einer grauen Klippe geschützt ist – einer Klippe, die an ihrer Basis mit Brombeeren und Asche geschmückt ist und an ihrer Spitze in die Kreide übergeht, die hier beginnt, den Stürmen der Turbulenzen ihre glitzernde Front zu geben Meer.

Auf einer Farnbank, die der September mit Bernstein zu vergolden versprach, setzte ich mich zum Ausruhen nieder. Armes, dummes Kind! Wie schwach war mein Herz, als meine Hoffnung vergeblich war – wie wild, als ich sie erfüllt sah! Denn schließlich kam er gemächlich und las, während er kam.

Ich hatte mich nicht getäuscht: Auch für ihn war dies ein Lieblingsort, dieser von der Welt verlassene Winkel, aber umso mehr liebte er das schläfrige Sumpfgebiet und das schlaflose Meer, die tosenden Winde des Himmels und den zarten Sommersonnenschein.

„Warum, Miss Margaret!“ sagte er, als er heraufkam, mit etwas Überraschung, aber auch – ach ja – etwas Freude in seinem Ton. „Ich freue mich, dich so weit weg von zu Hause zu finden!“

„Oh, ich komme oft hierher“, sagte ich. „Es ist nur ein Schritt.“

Ich hätte ihn am liebsten daran erinnert, dass ich ihn gerade dort drüben im Sumpf zum ersten Mal getroffen hatte, aber es gelang mir nicht. "Was ist das?" Ich fragte stattdessen abrupt, als ein Vogel aus einer der Höhlen flog, die einst das Meer füllte, und über unseren Köpfen schwebte. Es hing dort in einer Höhe von etwa zwölf Metern und zerstreute sanft die Luft; Dann fiel er wie ein Stein auf das Feld. „Ich nenne es einen Falken", fügte ich hinzu; „Aber ich weiß, dass du einen seltsamen Namen dafür hast."

Als wir zusammen waren , gingen wir, glaube ich, ganz natürlich und einmütig zu unseren kleinen Auseinandersetzungen über die Namen und Verhaltensweisen von Tieren und Vögeln zurück; Auf solchen kleinen Dingen war der erste gute Anfang unserer Freundschaft aufgebaut. Es beruhigte mich an diesem Tag.

„Es ist ein Turmfalke, kein Sperber", sagte Harrod. „Es ist schade, dass die Tierpfleger sie jemals verwechseln. Die Turmfalken sind nützliche Vögel. Sie töten Mäuse. Das war eine Maus, die es jetzt bekommen hat."

„Wie heißt du dafür?" Ich wiederholte.

„ Windhover ", antwortete er.

„Ah ja, es ist ein hübscher Name", sagte ich.

Und wir diskutierten weiter über die Lebensräume des Vogels und wie gern er in alten Gebäuden wohnte; Und während wir uns unterhielten , stiegen wir die grob gehauenen Stufen hinauf, die sich über die Felswand schlängelten, und standen auf der kahlen Spitze, mit dem frischen Wind in unseren Gesichtern und nichts als Meer, Meer überall, in der Mitte wir schienen fast wie auf einer Insel zu stehen. Der kleine Kampf mit der Brise tat mir gut, und die vertraute Art, mit der er von einem Thema zum nächsten unserer alltäglichen Interessen wechselte, ließ stürmischere Gedanken für einen Moment außer Sicht.

Als wir den Strand entlang zurückgingen — farblos, jetzt, da die Sonne untergegangen war, mit den silbrigen Kurven der weißen Flügel der Möwe, die auf dem blauen Wasser glänzten —, erwachte das Mitgefühl, das er von mir erwartete, wie schon immer, für die Dinge, die ihm gehörten Der Ehrgeiz, das tägliche und fesselnde Interesse an seiner Arbeit machten mich wieder glücklich, wie ich es schon seit vielen Tagen nicht mehr getan hatte, und ich glaube, dass mir im Moment kaum etwas Besseres eingefallen ist, als dass diese Sympathie so weitergehen sollte für immer.

Ein Schwarm Stare, beginnend mit Kompanien von Fünfzigern, bis, als der Tag zu Ende ging, die Armee Tausende zählte und den Himmel verdunkelte. Sie flogen mit senkrechten und weit ausgebreiteten Flügeln auf uns zu und waren eine dunkle Wolke hoch in der Luft; Doch plötzlich änderten sie wie auf stummen Befehl ihren Kurs, und im Handumdrehen wurde die Wolke zu einem bloßen Fleck schwachen Graus am Himmel, obwohl die Vögel immer noch so nah bei uns waren wie zuvor; Sie hatten nur die Haltung ihrer Körper verändert, und die horizontal präsentierten Flügel bildeten nur noch kleine Linien, wo zuvor schwarze Flecken gewesen waren. Doch noch einmal variierten sie ihren Flug, der Himmel verdunkelte sich erneut, die kompakte Masse wurde zu einer langen, geschwungenen Kurve, die mit einem einzigen großen Rauschen und Rascheln über den Baumgürtel hinabstieg, der die Manor-Klippe über dem Sumpf bedeckt, und mit einem Brüllen Mit Flügelschlägen und einem regelrechten Gezwitscher, das dem Rauschen eines Gebirgsbaches glich, vergruben sie sich völlig unsichtbar in der Bank aus hohem Schilf und Binsen, die hier die Deichbänke bedecken.

„Es ist ein Parlament", sagte Harrod. „Jetzt frage ich mich, worüber sie reden müssen. Wenn die Wahrheit jemals ans Licht kommen würde, wage ich zu behaupten, dass sie mehr über Zusammenarbeit wissen als wir."

Er lachte und ich auch.

„Sehen Sie, mein Gehirn kooperiert, Miss Margaret", sagte er. „Es liegt mir am Herzen, deinem Vater klarzumachen, welchen Vorteil das für die Bauern haben würde."

„Ich dachte, das wäre eine seiner Lieblingsbeschäftigungen", sagte ich.

„Ich fürchte, das ist nicht genau die Sorte, die ich meine", antwortete er. „Er meint die Zusammenarbeit zwischen Arbeitern oder Handwerkern, um ihre Arbeitgeber zu vereiteln – oder zumindest ohne sie auszukommen. Ich meine die Zusammenarbeit zwischen Grundbesitzern, um ihre Güter auf dem Preis zu halten, der ihnen ihre Ausgaben amortisiert."

„Oh, ich fürchte, das ist etwas ganz anderes", murmelte ich. Ich spürte in meinen Knochen, dass Vater sich nie daran beteiligen würde.

„Ja, ich weiß", antwortete er. „Aber ich möchte den Gutsherrn darüber sprechen. Ich hoffe, ihn von meinen Ansichten überzeugen zu können. Ich werde ihn heute Abend treffen." Er schaute auf seine Uhr. Wir hatten nicht bemerkt, wie die Dämmerung hereinbrach.

„Nun, beeilen Sie sich und treffen Sie den Knappen", sagte ich, nur ein wenig verärgert über die Art, wie er es sagte. „ *Ich fahre mit dem alten* Eben im Boot raus ."

„Damit kommst du sehr zu spät", sagte Harrod.

„Ich habe vor zu gehen", sagte ich hartnäckig.

Er sah mich an, lächelte und schüttelte leicht vorwurfsvoll den Kopf. Das Lächeln ließ mich alles vergessen.

„Willst du den Knappen nicht ein wenig davon abhalten, mit mir rauszukommen?" Ich bettelte wehmütig. „Es ist so schön auf dem Meer."

Er zögerte einen Moment und ich rannte zum Ufer hinunter, wo der alte Eben auf mich wartete. Aber bevor ich es erreicht hatte, hörte ich Harrods festen, leichten Schritt, der mir folgte.

„Ist jetzt der richtige Zeitpunkt, um mit dem Netz zu beginnen?" fragte er den Fischer.

„Frauen denken immer, es sei der richtige Zeitpunkt, etwas zu tun, wenn sie es wollen ", sagte Eben . „Aber ich habe es gewusst „Mädel , ein Kleines", fügte er unbeirrt hinzu.

Er wollte gerade seinen „Kameraden" für das andere Boot rufen, da zwei notwendig waren, um das zu tun, was sie „Seining" nannten – das heißt das Einziehen des Netzes aus entgegengesetzten Winkeln –, aber Harrod hielt ihn davon ab.

„Ich fahre mit der jungen Dame in einem Boot raus, wenn du das andere nimmst", sagte er.

Mein Herz wurde groß. Eben fragte ihn, ob er etwas über die Arbeit wisse, obwohl er sehr zweifelte, ob er die Kompetenz eines reinen Vergnügungssüchtigen besäße, doch plötzlich hellte sich sein Gesicht auf.

Er blickte von mir zu Harrod.

„Es funktioniert doch alles, was?" er fragte von mir.

Ich dachte, er hätte den Verstand verloren, bis mir plötzlich klar wurde, dass ich diese Worte verwendet hatte, als er angedeutet hatte, dass der neue Gerichtsvollzieher auf der Farm nicht „gut arbeitete". Was hat er gemeint? Ich glaube, ich wurde rot, als ich ins Boot sprang, und war froh, dass es so dunkel war, dass mich niemand sehen konnte – denn die Dämmerung ließ schnell nach und die Sterne kamen schwach hervor. Nach dem heißen Tag war es kalt auf dem Wasser. Harrod ruderte, und einmal nahm er wie zuvor ein warmes Kleidungsstück und legte es mir um die Schultern; Diesmal war es sein eigener Mantel.

Wir saßen eine lange Stunde da, warfen Kieselsteine auf das Netz, damit die Fische darin versinken, und ruderten hin und her, um sie einzufangen. Jetzt, wo er dabei war, war Harrod begeistert von dem Sport; Ich glaube, dass er sich schon immer für alle Sportarten interessierte. Doch so begierig ich vor einiger Zeit auch darauf gewesen war, den eingebrachten Fisch noch einmal zu sehen, war ich jetzt nicht im Geringsten begierig darauf; Obwohl die „Aufnahme" nicht gut war, war ich kein bisschen enttäuscht.

Die Sterne leuchteten jeden Augenblick heller, während der Himmel dunkler wurde; sie strahlten ruhig. Ich schaute zum Gewölbe hoch – tief und blau, mit dem perfekten Blau einer Sommernacht, und so dicht und hell übersät mit diesen Tausenden wunderbar durchdringenden Augen. Vor einer halben Stunde hatte ich geglaubt, ich wolle nicht mehr als dieses stille Mitgefühl der Freundschaft – aber jetzt wollte ich nicht mehr? Ich kannte mich selbst kaum.

Aber die Sterne leuchteten ruhig. Sie leuchteten, als wir das einsame Sumpfgebiet überquerten und den schüchternen Nachtschwärmer am Straßenrand weckten. Er stieß seinen seltsamen und klagenden Ton aus wie den sprachlosen Schrei einer traurigen Seele und flatterte in kurzen, kleinen Flügen den Pfad entlang, bis er den dunklen Wald unter der Klippe erreichte; und dort verbarg er sich vor unseren Blicken und sandte immer noch von Zeit zu Zeit seine traurigen Bitten durch die Dunkelheit.

Kein Wunder, dass die Landbevölkerung Angst vor dem Vogel hat und sich dennoch einbildet, dass seine Anwesenheit in der Nähe einer Behausung ein Omen für bevorstehenden Tod oder Unglück sei. Man könnte den Schrei mit Worten ausdrücken, so weit ist er von der sinnlosen Äußerung eines sinnlosen Geschöpfs entfernt, so nah an der erbärmlichen Anziehungskraft einer menschlichen Seele.

Aber die Sterne leuchteten, und nicht einmal der bloße Vorwurf der Mutter, noch eine gewisse stille Überraschung auf dem Gesicht meiner Schwester, die mich viel mehr beunruhigte, konnten mir die schönen Stunden nehmen, die ich gehabt hatte, konnten die Sterne nicht mehr im Großen leuchten lassen unergründliches Blau.

KAPITEL XXXI.

Seit der Nacht, als ich die Netze gezogen hatte, war eine Woche oder mehr vergangen. Es war der erste September und mein Geburtstag. Ich war neunzehn Jahre alt. Ein heißer, schöner Tag; all die Bewölkung und der Regen seit zwei Wochen vergessen im strahlenden Sonnenschein und im Duft der Rosen, die gerade zum zweiten Mal blühten.

Ich war morgens kaum auf, als Joyce mir ein kleines Geschenk brachte, das sie eifrig für mich vorbereitet hatte; Es war ein Taschentuch, das sie selbst für mich bestickt hatte. Es muss sie ihre ganze Freizeit gekostet haben. Ich hatte sie oft ausgelacht und ihr gesagt, dass ein Stück Handarbeit für sie viel schöner sei als all die schönen Dinge, die Gott auf der Welt geschaffen habe; Aber an diesem Tag fragte ich mich, warum Joyce es liebte, ein Taschentuch für mich zu bearbeiten, wo ich doch in meinem ganzen Leben noch nie lange genug im Haus gesessen hatte, um so etwas für sie zu tun. Ich drehte mich um und küsste sie. Ich hoffte, dass sie nicht sah, dass ich eine Träne im Auge hatte. Ich wandte mich sehr schnell ab, damit sie es nicht tat; aber ich weiß, dass es einen gab.

Vater und Mutter schenkten mir ein schwarzes Seidenkleid. Es war ein Zeichen dafür, dass ich inzwischen ziemlich erwachsen war, und ich glaube, ich schätzte es mehr aus diesem Grund als wegen seines besonderen Wertes; In mir entwickelten sich langsam gewisse Vorstellungen darüber, „gut auszusehen", aber sie waren nicht unbedingt mit einem schwarzen Seidenkleid verbunden, obwohl dieses tatsächlich ein sehr gutes war, weich und üppig, so sehr wie das altmodische Kleid meiner Mutter konnte in jenen moderneren Tagen erreicht werden.

Auch Deborah hatte ihr kleines Geschenk für mich, wenn auch mit einem Kommentar zur Absurdität solcher Dinge; und sogar Ruben fand ein Wort zu diesem Thema. Ach ich, warum war ich nicht zufrieden, wie ich es immer zuvor getan hatte, mit diesen zarten Zeichen der stillen Zuneigung, die mein Leben bisher erfüllt hatte? Als Vater mir einen seiner seltenen Küsse gab, bevor die anderen zum Abendessen kamen, und mir befahl, ein braves und glückliches Mädchen zu sein, schämte ich mich bei dem Gedanken, dass ich außer seiner Liebe und Fürsorge noch etwas anderes auf der Welt wollte .

Wir saßen ziemlich schweigend zum Essen da. Obwohl ich Geburtstag hatte, war niemand gut gelaunt. Vater war an diesem Morgen zu „The Elms" geritten, und ich nehme an, er war müde; Heutzutage war er oft schon bei einer ganz kleinen Anstrengung müde. Und das Wetter war heiß. Mutter erklärte, das Wetter sei so heiß gewesen, dass ihr Markknochen zu Brei geschmolzen sei. Sie konnte das heiße Wetter nie ertragen und hatte immer die stärksten Redewendungen zur Hand, um seine Wirkung auf sie auszudrücken.

„Ich denke, es würde alle alten Leute im Dorf umbringen", sagte sie.

„Oh nein, Mutter", lachte ich; „Es ist der Frost, der alte Leute tötet. Das wird ihnen gut tun. Es sollte auch dem kleinen David Jarrett gut tun."

Vater schüttelte traurig den Kopf. „Mutter, ich möchte, dass du dem armen kleinen Jungen noch etwas Brühe schickst", sagte er. „Ich war heute Morgen hier, um ihn zu sehen. Er wird nicht mehr lange auf dieser Welt sein, und während er darin ist, möchte ich, dass er alles hat, was seine eigene Mutter ihm geben sollte und was nicht."

Mutter versprach, ihm selbst die Brühe zu bringen, und dann fragte sie, was ich schon immer gefragt hatte, seit Vater hereingekommen war: Ob er wisse, wann der Gerichtsdiener aus London zurückerwartet werde, wohin er vor etwa drei Tagen auf der Farm gewesen sei vor.

„Dorcas erwartete ihn heute zu Hause", sagte Vater; „Aber sie wusste nicht, wie spät es ist."

„Nun, ich werde mich sehr freuen, ihn zu sehen", erklärte Mutter. „Ich glaube nicht, dass er letzte Woche in der Nähe des Ortes war; und was den Gutsbesitzer betrifft, ich kann nicht anders, als zu glauben, dass ihm etwas zugestoßen sein muss."

„Unsinn, Mary; warum sollte der Gutsherr kommen, außer ab und zu wegen Freundschaft?" sagte Vater. „Er hat dort keine Arbeit, und ich bin mir sicher, dass wir nicht das ganze Jahr über so gute Gesellschafter sind, dass wir die Leute dazu verleiten könnten, hierher zu kommen, um nichts zu tun. Wir sind Arbeiter und haben keine Zeit." um zu reden."

Mutter lachte. „Nun, Laban, ich habe gesehen, dass du Zeit hattest, über einige Dinge zu reden", sagte sie. „Es ist ganz natürlich, da bin ich mir sicher. Und wenn es der Rev. Mr. Morland ist, der etwas darüber weiß, wie man Gutes tut, dann bin ich selbst zufrieden. Nicht aber, dass Sie früher auch so manche nette Unterhaltung mit dem Gutsherrn geführt haben , bevor du dich so auf andere Dinge konzentriert hast.

Das war alles ein Volltreffer für Frank, das wusste ich; aber Vater antwortete nicht. Er klopfte ungeduldig mit den Fingern auf die Tischdecke und wartete auf seine Portion Pudding, und in diesem Moment ging eine dunkle Gestalt über den Rasen zur Veranda, und mein Herz schlug schneller, als Mutter froh erklärte, dass es Mr. Trayton Harrod und lud Joyce ein, ihn willkommen zu heißen.

„Nun, Laban", sagte sie, „du wirst doch nicht gereizt gegenüber dem Mann sein, oder? Er hat dir mit der Farm eine Menge Gutes getan, und du könntest ihm dafür verpflichtet sein, anstatt es zu sein." so besorgniserregend wie du in letzter Zeit warst.

Ob Vater „gereizt" war oder nicht, wusste ich nie. Es war meine Aufgabe, ihn mit seinem Gerichtsvollzieher allein zu lassen, wenn sie über Geschäfte reden mussten; und außerdem wollte ich ihn dort nicht unter so vielen treffen; Ich hatte ein Verlangen nach nur einem ruhigen Wort.

Ich ging und setzte mich draußen auf den Rasen, direkt unter der großen quadratischen Fensterbank des Wohnzimmers. Dort gab es einen Platz im Schatten, ich nahm ein Buch und wartete. Ich hörte, wie die Stimmen der beiden Männer drinnen in eifriger Diskussion auf und ab gingen; dann die Stimme der Mutter in sanftem Protest, denn sie hatte das Zimmer nicht verlassen, als Joyce und ich es taten, und einen Moment später hörte ich, wie Vater ohnmächtig wurde und immer noch redete, und Harrod hinter ihm her. Mutter kam zum Fenster, öffnete es weit über meinem Sitzplatz und ging dann ebenfalls hinaus; der Raum war leer.

Ich begann mich zu fragen, wie es sein konnte, dass Männer, die mir alle gut und bewundernswert erschienen, sich so sehr unterscheiden konnten; Vater, der Gutsherr, Trayton Harrod – alle auf ihre Art gut, und keiner war einer Meinung; Vaters herzlichster Empfang für einen Neuankömmling, der ihm nicht wirklich das gab, was die anderen taten.

Ja, *das habe ich gespürt*, obwohl ich Frank Forresters Faszination erkannte und mir sagte, dass er meine Schwester Joyce fasziniert hatte und immer faszinieren würde.

Sie kam in den Raum über meinem Kopf, gerade als ich diese Überlegung machte. Sie sang vor sich hin. Ich fragte mich, wie es kam, dass sie singen konnte. Wenn sie Frank wirklich liebte, könnte sie dann so singen, jetzt, wo er weg war, dass sie ihn nie sehen konnte, nie etwas Neues von ihm erfahren konnte? Ob sie Frank wirklich liebte? Etwas, das wie eine eiserne Hand war, schien mein Herz zu ergreifen und mich krank zu machen. Hätte ich dort sitzen und vor mich hin singen können, als der Mann, den ich liebte, weit weg war? Nein, ich wusste, dass ich es nicht konnte. Selbst jetzt hatte ich das Gefühl, ich sollte nie wieder singen; Nie wieder singen, wie ich an jenem hellen Maimorgen gesungen hatte, als ich mit Taff den Deich entlang gerast war, bevor ich Trayton Harrod jemals getroffen hatte. Und doch war er hier, in Reichweite; Das Wort, das ich von ihm wollte, konnte jeden Tag ausgesprochen werden. War es nicht schon vor einer Woche, auf dem Meer, unter den Sternen, kurz davor gewesen, ausgesprochen zu werden?

Ich war nicht unglücklich, aber ich hätte nicht so singen können, wie Joyce sang. Ich blieb ganz still unter dem Fenster; Ich wollte nicht, dass sie wusste, dass ich da war, ich wollte nicht mit ihr sprechen, ich wollte nachdenken.

Unwillkürlich fiel mir die Zeit auf der Klippe ein, in der Nacht bevor sie nach Sydenham aufbrach, als ich ihr gesagt hatte, dass sie ihre eigenen Kräfte überschätzte – dass sie ohne Frank niemals leben würde. Ich hatte Trayton Harrod damals noch nicht kennengelernt, aber jetzt wusste ich, dass das, was ich gesagt hatte, wahr war: „Wenn ein Mädchen einen Mann liebt, will sie ihn jede Minute ihres Lebens haben, und während der Trennung geht in ihrem Herzen ständig etwas schief." von ihm."

Für mich würde es gelten, aber traf es auch für Joyce zu? War es nur so, dass wir unterschiedlich waren?

Ich saß still und Joyce sang weiter. Sie sang „Annie Laurie" – eines der Lieder, mit denen ich Vater und dem Gutsherrn eine Freude machte, wenn die langen Winterabende Zeit ließen.

Doch plötzlich hörte sie auf. Jemand war ins Zimmer gekommen; es war Harrod. Ich wusste es, bevor er sprach. Und er sprach eine lange Zeit nicht, so lange, dass ich mich wunderte.

„Sie sehen nicht gut aus, Miss Maliphant ", sagte er schließlich. „Die Hitze verrät es einem."

„Oh, in der Tat", antwortete sie mit leiser Stimme, „mir geht es ganz gut. Ich habe noch nie eine solche Farbe wie Margaret, wissen Sie."

„Aber ich denke, dass du zu Hause zu hart arbeitest. Du bist nicht genug draußen."

Sie lachte ein wenig schüchtern.

„Ich arbeite gerne", sagte sie. „Ich bin nicht so gern draußen wie Meg."

Er sagte nichts mehr, und plötzlich hörte ich das Rascheln von braunem Papier. Als ich ihn im Flur traf, war mir aufgefallen, dass er ein kleines Päckchen in der Hand hatte.

„Wie hat dir London gefallen?" fragte Joyce. „Dort muss es sehr heiß gewesen sein."

„Das war es", antwortete er. „Mir hat es überhaupt nicht gefallen. Ich bin von ganzem Herzen froh, zurückzukommen. Aber ich habe mir die Zeit genommen, zur Regent Street zu rennen und mir die Geschäfte anzusehen, von denen Sie mir erzählt haben. Ich habe das gekauft. Ich möchte Ihre Meinung dazu hören.". "

Ich fragte mich, was es war. Ein unterdrückter Ausruf kam von Joyce.

„Es gefällt dir", fragte er erfreut.

„Oh ja, ich finde es schön", antwortete sie, „wunderschön!" Ich hatte Joyce noch nie so begeistert von irgendetwas erlebt.

„Nun, Miss Maliphant , würden Sie …", begann er und hielt dann inne.

Ich richtete mich ein wenig auf dem Sitz auf, damit mir die Worte nicht entgingen. Aber es kamen keine Worte; Und dann wurde mir plötzlich klar, dass ich eine gemeine Rolle spielte und hier etwas hörte, was nicht für meine Ohren bestimmt war, und ich stand auf und ließ die Blätter der Sträucher rascheln, während ich vorbeiging. Selbst dann gab es von den beiden im Raum kein Zeichen. Was hat den Mann geplagt? Er war es nicht gewohnt, so unbeholfen zu sein . Und ich hatte das Gefühl, dass Joyce errötete; es hat mich wütend gemacht. Ich ging weiter und wollte hineingehen, aber die nächsten Worte hielten mich fest.

„Zumindest", sagte Joyce, „glaube ich, dass es für eine Dame in der Stadt schön wäre, es zu tragen."

Dann war es ein Kleidungsstück.

„Ich sehe, dass du es nicht wirklich bewunderst", antwortete Harrod mit enttäuschter Stimme. „Ich hatte Angst, ich könnte nicht wissen, wie man so etwas richtig auswählt. Es tut mir leid. Ich habe nachgedacht –" Er machte eine lange Pause und fügte dann abrupt, fast wild hinzu: „Nun, ich habe darüber nachgedacht." Biete es deiner Schwester an. Ich habe gehört, dass es ihr Geburtstag ist.

Eine Röte kroch über meine Wange, selbst da draußen, wo mich niemand sehen konnte. Aber ich hätte nicht sagen können, ob ich zufrieden war oder nicht.

„Oh, dann gib es ihr doch bitte", rief meine Schwester eifrig. „Ich bin sicher, sie wird sich freuen. Ich bin sicher, sie würde es gerne haben. Denken Sie nicht an das, was ich gesagt habe."

Sie war ziemlich verzweifelt. Warum war sie darüber so bekümmert?

„Ich glaube nicht, dass es sich wirklich lohnt , es jemandem zu geben ", sagte er lachend; und dann sagte er etwas ganz Alltägliches, ich weiß nicht mehr was, und ich hörte, wie er das Paket wegwarf und das Zimmer verließ.

Was sollte das heißen? Sein Verhalten war kaum höflich. Ich wartete eine Minute und fragte mich; Ich glaubte, ein leises Schluchzen durch das Fenster zu hören. Ich eilte hinein und in den Salon. Ja, Joyce wandte sich hastig ab, als ich eintrat, und ich konnte sehen, dass sie sich verstohlen die Augen trocknete; sie hatte geweint.

„Was ist los, Joyce?" schrie ich, fürchte ich, ziemlich verärgert. Sie drehte ihr Gesicht lächelnd zu mir um. Ich empfand einen Anflug von Scham. Erst an diesem Morgen waren mir Tränen der Zärtlichkeit in die Augen getreten, als ich an die Freude dachte , die sie daran hatte, stundenlang zusammenzusitzen und feine Stickereien für mich anzufertigen, obwohl sie vielleicht auf den Feldern gewesen wäre! Doch bevor ich noch mehr sagen konnte und bevor sie antworten konnte, kam Mutter herein.

„Joyce", sagte sie, „hier ist Mr. Hoad mit seinen Töchtern, und Vater möchte, dass wir sie zum Tee willkommen heißen. Ich bin sicher, dass wir heute nicht in der Lage sind, jemanden willkommen zu heißen – die Butter kommt so." schlecht, und es muss viel gebügelt werden, und der beste Salon ist diese Woche nicht fertig geworden. Aber was auch immer Vater sagt, es ist natürlich richtig, also müssen sie wohl bleiben.

Joyce blickte mit ihren geduldigen, sanften Augen auf.

„ Selbstverständlich werden wir sie willkommen heißen", sagte sie. „Ich werde das Wohnzimmer in Ordnung bringen." Und sie und ihre Mutter gingen zusammen hinaus, um die besten Teetassen zu waschen und die besten Möbel freizulegen.

Ich hatte kein Wort gesagt. Mutter und Joyce fanden es zweifellos selbstverständlich, dass ich nichts sagen sollte, denn sie kannten beide meine Abneigung gegen die Familie Hoad . Aber in diesem Moment dachte ich nicht an die Hoads . Ich dachte nur an Joyce und Harrod und an das Paket, das immer noch auf dem Tisch lag. Mutter hatte es nicht bemerkt.

Sobald sie und meine Schwester draußen waren, stürzte ich darauf und öffnete es. Hatte er nicht gesagt, dass es für mich bestimmt war?

Es enthielt einen zarten rosafarbenen Seidenschal, der mit kleinen weißen Blumen übersät und mit langen Fransen versehen war – ein weiches, uriges Kleidungsstück, das schon damals an die Großmütter erinnerte und selbst für die elegantesten unter ihnen elegant und zierlich genug war.

Es passte perfekt zu Joyce, die immer etwas von der Ausstrahlung eines alten Bildes hatte; Aber wie konnte er für mich, den Alltäglichen mit meinen roten Haaren, an so etwas denken?

Ich hielt es lange Zeit in meiner Hand, schaute es an und wunderte mich. Es war nicht so, dass ich überrascht war, dass er mir ein Geschenk machte;

Um ehrlich zu sein, hatte ich nach einem Geschenk von ihm gesucht, aber ich hatte gedacht, es wäre ein Buch – ein Buch wie eines von denen in der alten Bibliothek seines Vaters, um die ich so sehr beneidet hatte. Wie kam es, dass er sich für etwas entschieden hatte, das für mich so unpassend und für Joyce so gut geeignet war?

Ich stand immer noch da, die weichen, hübschen Falten in meiner Hand zusammengedrückt, als sich plötzlich die Tür öffnete und Trayton Harrod auf der Schwelle stand. Ich hatte keine Zeit, den Schal wegzulegen; Ich blieb dort stehen, es in der Hand – unbeholfen. Und er sagte kein Wort, um mir aus der schwierigen Lage zu helfen; er sah mich nur mürrisch an. Ich musste das Beste daraus machen.

„Ich bitte um Verzeihung", stammelte ich; „aber Joyce sagte – das heißt –" Ich hielt inne und errötete vor Wut. Eigentlich wollte ich ganz offen sein und gestehen, dass ich das Gespräch mitgehört hatte, aber in seinen Augen versagte mein Mut.

Er sprach nicht und ich kam mir sehr dumm vor. Warum stand er da, stumm, mit diesem Stirnrunzeln auf seiner breiten Stirn, diesem Stirnrunzeln, das es sonst nie gab!

„Es ist ein sehr schöner Schal", sagte ich schüchtern, „und er würde, da bin ich mir sicher, einer großen Dame, die in ihrer eigenen Kutsche fährt, wundervoll aussehen."

„Ja", sagte er endlich; „Dinge sind nicht schön, wenn sie nicht passen."

„Nun, natürlich gehört Putz *nicht* zu unserer Branche; zumindest nicht zu meiner – zu meiner Branche", stammelte ich.

Ich habe die letzten Worte so leise hinzugefügt, dass ich nicht glaube, dass er sie gehört hat. Er hätte es mir fast aus der Hand gerissen.

„Nein, dem Himmel sei Dank, das ist es nicht", antwortete er. „ Deshalb sagen wir nichts mehr dazu."

Aber als er es mir wegnahm, überkam mich ein wildes, törichtes Verlangen, das Ding zu haben. Über den Besitz, über den ich zu einem anderen Zeitpunkt gelacht hätte, wollte ich jetzt mehr als alle Bücher, um die ich beneidet hatte, mehr als jedes andere Geschenk auf der Welt. Und es gehörte mir; Er meinte es für mich, es gehörte mir und ich würde mich nicht davon trennen.

„Oh, bitte, bitte, Mr. Harrod", rief ich, „verstehen Sie mich nicht falsch. Ich bin Ihnen sehr dankbar, dass Sie an meinen Geburtstag gedacht haben. Es gefällt mir wirklich sehr. Ich – danke Ihnen von ganzem Herzen." Herz."

Ich streckte erneut meine Hand danach aus, aber er sah mich nur an. Ich hatte den Eindruck, dass in seinem Blick eine Art Überraschung lag.

„Natürlich, natürlich", murmelte er schließlich, als würde er sich zusammenreißen. „Ich fürchte, es wird Ihnen nichts nützen, Fräulein Margarete, denn Sie sagen, es ist kein passendes Geschenk; aber wenn Sie es annehmen, sind Sie natürlich herzlich willkommen."

Ich nahm es; aber ein Schauer überfiel mein Herz.

„Sie haben sich nicht an meinen Auftrag erinnert, als Sie in London waren, Mr. Harrod?" Ich fürchte, mit etwas Bitterkeit in der Stimme fragte ich.

„Nein", antwortete er schnell. „Haben Sie mir einen Auftrag gegeben? Es tut mir sehr leid, wenn ich einen Ihrer Wünsche vergessen habe."

„Eine Provision, um mir einige der Bücher zu kaufen, die Sie in Ihrer Bibliothek haben", sagte ich.

Ich sah, wie er sich verärgert auf die Lippe biss. Vielleicht ärgerte ihn *der* Gedanke, dass er etwas vergessen hatte, was mir Freude hätte bereiten können. Aber wenn ja, war er zu stolz, es zuzugeben.

„Oh, das war keine Provision", sagte er mit einem kleinen kalten Lachen. „Du weißt, dass ich das nicht annehmen würde. Ich habe dir gesagt, dass ich nicht die richtige Person für einen solchen Job bin. Ich habe dir geraten, Squire Broderick zu fragen."

Ich warf meinen Kopf hin und her. „Ja, und ich glaube, ich habe Ihnen geantwortet, dass der Knappe kein Freund von mir war, als dass ich ihn um einen Gefallen bitten sollte", antwortete ich hitzig. Ich wurde immer wütender, aber zum Glück hatte er mehr Selbstbeherrschung als ich; Er hat mich davor bewahrt, mich selbst zur Schau zu stellen.

„Ich hätte keine Ihrer Bitten vergessen dürfen", sagte er. „Es tut mir leid. Wenn Sie mir die Namen der gewünschten Bücher geben, schreibe ich heute Abend."

Ich dankte ihm, sagte aber, dass ich die Namen der Bücher nicht kenne, was tatsächlich der Wahrheit entsprach; und wir wandten das Gespräch den alltäglichen Dingen zu, bis glücklicherweise jemand ins Zimmer kam.

Aber es gab noch jemanden , der die Namen von Büchern kannte und der sich darüber hinaus daran erinnerte, dass sie mir am Herzen lagen. Es war Squire Broderick. Er kam an diesem Abend mit einer Kiste mit zwölf kleinen Bänden von Shakespeares Gesamtwerken unter dem Arm herein.

„Ich weiß, dass Sie sehr gern lesen, Miss Margaret“, sagte er mit seinem sonnigen Lächeln. „Ich habe oft daran gedacht, wie du versucht hast, Miltons ‚Paradise Lost‘ da oben auf dem alten Fensterplatz von ‚The Elms‘ auszuprobieren.“ Aber ich denke, dass Sie diese Lektüre leichter finden werden als „Paradise Lost“ und amüsanter.“

Ich wurde feuerrot, denn sie standen alle daneben: Vater, Mutter und Joyce und Trayton Harrod. Es kam mir fast so vor, als sähe ich den Verdacht eines Lächelns um seinen Mund, als die Opfergabe dargebracht wurde.

Ich fürchte, ich habe dem Gutsbesitzer kaum hörbar dafür gedankt. Ich kann nur hoffen, dass ihm dieses feurige Erröten irgendwie als Anerkennung seiner Freundlichkeit zu mir gefiel und nicht als das, was es wirklich war. Guter Herr Broderick! Wie viel zu gut für mich immer! Noch heute schmerzt es mich, wenn ich daran denke, dass ich ihn vielleicht verletzt habe.

Aber irgendetwas in der Art, wie Vater ihm die Hand schüttelte, und etwas in seiner Stimme, als er sagte: „Oh, Meg, es ist nicht so, dass jedes Mädchen eine so nette und rücksichtsvolle Freundin hat“, wirkte hoffentlich ein wenig harmlos. für meine Knappheit, obwohl der Gutsbesitzer tatsächlich sofort wegging, nachdem er sein Geschenk überreicht hatte, und mit etwas im Gesicht, das nicht ganz seiner üblichen Fröhlichkeit entsprach. Ich fürchte, weder die Herzlichkeit des Vaters noch der Dank der Mutter, so herzlich sie auch waren, reichten ihm aus. Könnte er sich gewünscht haben, dass es Joyces Geburtstag gewesen wäre und dass das Geschenk an sie gemacht worden wäre? Denn niemand war so begeistert von meinem Glück wie Joyce.

„Genau das Richtige für dich, mein Lieber“, hatte sie gesagt, nachdem der Gutsbesitzer gegangen war, die Bücher aufgehoben und sie bewundernd betrachtet. „Nicht wahr, Herr Harrod?“

Harrod stimmte herzlich zu, dass es keinen Zweifel daran gebe, dass sie genau das Richtige für mich seien, und alle erklärten, ich sei ein sehr glückliches Mädchen. Aber niemand wusste etwas von dem blassrosa Schal mit den weißen Blumen, der mir auf so seltsame Weise in die Hände gefallen war. Ich weiß nicht warum, aber ich habe diese Gabe vor jedem geheim gehalten . Und bis heute liegt es in denselben Falten, in demselben Stück graublauem Papier, in dem es mir ursprünglich geschenkt wurde.

Habe ich mich für ein sehr glückliches Mädchen gehalten?

KAPITEL XXXII.

Frank Forrester kam zu den Wahlen nicht nach Marshlands. Er kam nicht, aber er war sehr nahe dran.

Ich traf Mary Thorne und die Hoad- Mädchen zwei Tage zuvor auf einer Werbeaktion. Mary wäre mit einem Nicken an mir vorbeigegangen, aber Jessie Hoad hatte etwas zu sagen.

„Ich finde es überhaupt nicht nett von deinem Vater, dass du uns nicht bei der Werbung für Mr. Thorne, Margaret Maliphant , hilfst", sagte sie säuerlich. „Vater sagt, dass er es überhaupt nicht schafft. Er hat immer verstanden, dass Herr Maliphant die Sache der Radikalen unterstützen würde, und jetzt, wo sie zum ersten Mal einen Kandidaten haben, der eine Chance hat, reinzukommen, wird er es nicht tun." irgendetwas mit ihm zu tun haben.

„Ich nehme an, mein Vater weiß, worum es geht", antwortete ich stolz.

"Tut er?" erwiderte sie. „ Dann ist es mehr, als irgendjemand sonst weiß."

Ich biss mir auf die Zunge, um zu verhindern, dass es etwas Unhöfliches sagte, doch ich fürchte, der Tonfall, in dem ich mich revanchierte, war nicht ganz versöhnlich. „Seine Freunde scheinen es gut genug zu wissen, um ihm zu vertrauen! Man muss nur die Leute in der Umgebung fragen, wessen Rat sie auf dem Land am ehesten befolgen würden."

Es stimmte, aber ich hätte es nicht sagen sollen.

Jessie wandte sich an Mary Thorne. „Wir sollten sie bei uns haben", sagte sie. „Das Komische ist, dass sie recht hat. Die Arbeiter hier haben eine ganz außergewöhnliche Haltung gegenüber Farmer Maliphant . Er hält keine Versammlungen ab und arbeitet auch nicht wie andere Leute an der Sache. Aber es gibt eine Tatsache, und das ist der Grund, warum es so ist." Es ist so ärgerlich für den Mann, sich fernzuhalten. Warum tut er das, eh, mein Lieber?" fragte sie und sah mich wieder an.

„Ich weiß es nicht", sagte ich mürrisch; „Ich bin nicht schlau genug, um die Beweggründe meines Vaters zu verstehen. Ich weiß nur, dass er sagt, das Parlament sei nicht gut."

Jessie wollte sich revanchieren, aber der andere hielt sie davon ab.

„Komm, kümmere dich nicht mehr darum, Jessie", sagte sie mit dem offenen, gutmütigen Lächeln, das mich trotz meines Vaters immer zu ihr hingezogen hatte. „Wir werden weder die Stimme von Farmer Maliphant noch seine Unterstützung bekommen , und was hat es für einen Sinn, so weiterzumachen?"

„Oh mein Lieber, weitermachen ist der einzige Weg, etwas zu bekommen; und man mag es nicht, geschlagen zu werden, ohne den Grund dafür zu kennen. Allerdings werden wir heute Abend jemanden haben, der eine schönere Rede halten wird. " bei dem Treffen mehr als jemals zuvor, als Farmer Maliphant es getan hätte, selbst wenn er zugestimmt hätte, uns einen Einblick in seine großartigen, tiefgründigen Vorstellungen zu gewähren.

Mary Thorne lachte auf eine Art verlegene Art; Ich fragte mich warum.

„Wer kommt, um bei dem Treffen zu sprechen?" Ich fragte.

„Ja, Squire Brodericks Neffe, natürlich Captain Forrester", lachte Miss Hoad . „Er wird eine Wirkung auf die Menschen haben, das bin ich mir sicher. So faszinierend und so gutaussehend. Ich habe ihn noch nie sprechen gehört, aber Vater sagt, er sei furchtbar enthusiastisch und so etwas."

Ich spürte, wie ich rot oder blass wurde, ich weiß nicht, was. Ich hatte gewollt, dass er kam, aber ich hatte nicht gedacht, dass es so sein würde. Und doch hätte ich wissen müssen, dass genau das passieren würde, wenn Frank überhaupt an den Wahlen teilnehmen würde.

„Ich bin sicher, er wird eine großartige Rede halten", sagte Mary Thorne mit einer Art Stolz. „Ich habe Vater gesagt, dass es alles wäre, wenn wir ihn dazu bringen könnten, herunterzukommen."

„Er hat sich schon lange entschieden", sagte Jessie.

„Nun, es ist peinlich für ihn, wissen Sie", sagte der andere. „Er hat natürlich keine Lust, gegen seinen Onkel vorzugehen."

„Es ist schlimmer, gegen seine Prinzipien zu verstoßen", erklärte Jessie hochmütig.

„Ich verstehe es durchaus", erklärte Mary loyal. „Es würde ihm vielleicht nichts ausmachen, wenn der Gutsherr nicht so ein lieber alter Kerl wäre, aber es ist unangenehm, und ich halte es für einen großen Beweis der Freundschaft, dass er es für uns tun sollte."

„Wird er im Manor oder im Priorat bleiben?" Ich warf es unverblümt ein.

„Oh, natürlich bei uns im Priorat", antwortete sie. „Und ich muss die Kutsche in einer Stunde für ihn schicken. Also, bitte, wir müssen weitersteigen, Jessie, sonst werde ich nie rechtzeitig zu Hause sein."

Sie streckte mir ihre Hand entgegen, und natürlich nahm ich sie an, da ich auch die von Jessie Hoad nahm , als sie mir die Hand reichte, aber ich fühlte mich nicht wohl.

Warum sollte Frank jetzt immer im Priorat bleiben und warum war er bereit, das Risiko einzugehen, die Gefühle seines Onkels zu verletzen, nur um den Thornes einen Akt der Freundschaft zu erweisen? Ich konnte es nicht verstehen, genauso wenig wie ich verstehen konnte, warum Mr. Hoad so übertrieben darauf bedacht war, dass Thorne Erfolg haben würde. Miss Jessie hatte nicht die Angewohnheit, sich über Dinge zu ärgern, die sich, wie sie es ausgedrückt hätte, „nicht lohnten"; Doch hier nahm sie alle möglichen Unannehmlichkeiten auf sich, um mit Mary Thorne zu werben, während Mr. Hoad die Grafschaft auf der Suche nach Stimmen absuchte und seine Abende damit verbrachte, hitzige Artikel für Landeszeitungen zu schreiben oder nachdrückliche Reden auf Länderversammlungen zu halten.

Ich hätte vielleicht mehr darüber nachgedacht, als ich es getan hätte, wenn mich nicht die interessantere Angelegenheit von Franks Ankunft beschäftigt hätte. Würde Vater uns zu dem Treffen gehen lassen, damit wir Frank sprechen hören könnten? Würde Mutter Joyce mit ihm reden lassen? Wie sollten sie sich kennenlernen und vor allem: Wie würde sich Joyce ihm gegenüber verhalten? Ich flog nach Hause, um es ihr zu sagen, aber sie war nicht im Haus. Deb wusste nicht, wo sie war.

Deb brach nur in lautes Gelächter aus, als ich ihr erzählte, dass Captain Forrester herunterkommen würde, um bei dem Treffen zu sprechen, und dass ich meiner Schwester die Neuigkeit überbringen wollte. Sie machte mich wütend – es hatte keinen Sinn, mit Deb zu reden. Ich nahm meinen Hut wieder auf und eilte davon, mit der plötzlichen Eingebung, an diesem Abend einen Spaziergang zu machen und mich genau zu der Zeit am Bahnhof wiederzufinden, zu der Frank Forrester eintreffen würde. In aller Höflichkeit konnte er nichts anderes tun, als mir eine Mitnahme in der Kutsche anzubieten, die ihm entgegengeschickt worden wäre; und trotzdem konnte ich es mir nicht verkneifen, ein paar Worte mit ihm zu wechseln.

Ja, ich würde mit ihm über Joyce reden; Ich würde ihm sagen, dass ihr Verhalten trügerisch war; Ich würde ihm sagen, wie zurückhaltend wir alle waren; wie anders als er selbst; wie selten wir zeigten, was wir wirklich fühlten; Ich würde ihm sagen, dass ihre kühle Art an dem Tag, als ich ihn zum Grange mitgenommen hatte, nur auf ihrem Wunsch beruhte, dem Versprechen treu zu bleiben , das sie unseren Eltern geschworen hatte, dass sie ihn in Wahrheit liebte; Ich würde ihm sagen, wie verändert sie war – denn es stimmte tatsächlich. Ich würde versuchen, nicht schüchtern zu sein; Ich würde versuchen, ihm neuen Mut zu geben.

Ich raste über die Hügel und den Hügel entlang davon, während Taff mir unaufgefordert folgte. Der Weg zum Bahnhof war lang und ich hatte Angst, den Zug zu verpassen. Ah, ich hatte es verpasst! Gerade als ich den letzten Streifen der ebenen Straße überquerte, bevor ich die Schienen erreichte, sah ich, wie die Kutsche des Priorats auf der Rückfahrt auf mich zurollte. "Was für eine Schande!" sagte ich mir. Aber es kam näher und näher, und mit jedem Schritt, der die Entfernung zwischen uns verkürzte, wurde mir immer sicherer, dass Frank nicht darin war; Es gab nur eine Person, und diese Person war Mary Thorne.

Sie hielt die Kutsche an, als sie mich sah. Ihr Gesicht war sehr blass und ich sah, dass sie den gelben Umschlag eines Telegramms in der Hand hielt.

„Oh, Miss Maliphant , glauben Sie, dass es wirklich unmöglich wäre, Ihren Vater davon zu überzeugen, heute Abend für uns bei dem Treffen zu sprechen?" sagte sie hastig. „Wir sind von Captain Forrester enttäuscht, der hätte sprechen sollen." Ihre Lippe zitterte ein wenig.

„Ich hoffe, er ist nicht krank?" Ich sagte .

Sie antwortete nicht sofort.

„Ich hoffe, ihm ist nichts passiert?" Ich wiederholte.

Ich sah, wie sich ihre Finger fest um den gelben Umschlag schlossen, bis sie ganz weiß waren.

„Ja", sagte sie langsam. „Er nahm nicht weit von hier an einem Hindernisrennen teil; er wurde geworfen. Man sagt –" Ihre Lippe zitterte erneut. Sie konnte nicht weitermachen.

„Aber er ist nicht sehr verletzt, nicht schwer verletzt?" Ich weinte vor Wut und Angst. „Sprich!"

Sie sah mich traurig, aber auch ein wenig überrascht an; und kein Wunder. Ich wusste nicht, wie laut oder wie eifrig ich gesprochen hatte, bis ich sah, wie sich der Kutscher umsah.

„Vater liebt ihn so sehr", sagte ich. „Es würde mir so leid tun, wenn er verletzt wäre."

„Man sagt, nur leicht verletzt; kein Grund zur Besorgnis", antwortete sie. „Aber man weiß nie."

Sie wandte den Kopf ab. Ich wusste sehr gut, dass sie weinte. Es hätte mir leidtun sollen; Ich war nur wütend.

„Oh, ich wage zu behaupten, dass es nur eine Ausrede ist“, sagte ich bösartig. „Männer sind so geschickt darin, sich zu entschuldigen. Er ist gerade genug gekratzt, um das zu sagen. Er wollte nicht mitkommen.“

Sie drehte sich um. Ihre Augen waren wieder trocken. Aber sie muss tatsächlich ein gutmütiges Mädchen gewesen sein, denn in ihrem Gesicht war keine Spur von Wut zu erkennen.

„Du kennst ihn nicht; das ist nicht seine Art“, sagte sie leise. Und dann fügte sie hinzu: „Du wirst doch versuchen, deinen Vater zu überzeugen, nicht wahr?“

„Ich werde ihm deine Nachricht überbringen“, antwortete ich. „Aber ich weiß ganz genau, dass er nicht sprechen wird.“

„Nun, dann müssen wir ohne ihn unser Bestes geben“, sagte sie. „Es ist zu spät, noch jemanden zu holen . Ich muss schnell nach Hause. Gute Nacht.“

Sie fuhr weiter und ließ mich auf der Straße stehen. Ein anderes Mal hätte ich es vielleicht als unhöflich von ihr empfunden; Aber dann bemerkte ich nichts, ich dachte an nichts, genauso wie sie wahrscheinlich an nichts anderes dachte, als dass Frank Forrester verletzt war. Und ich für meinen Teil dachte an nichts so sehr, als dass Joyce das Herz gebrochen *sein würde – musste* .

Taff sah, dass ich wie in Stein verwandelt dastand, sprang er bellend auf mich zu. Ich schenkte ihm keine Beachtung, aber er weckte mich, und ich rannte den Hügel hinauf, so schnell ich konnte, um meine wachsende Botschaft zu überbringen. Instinktiv hatte ich das Gefühl, dass dies meine Schwester endlich dazu bringen musste, ihre wahren Gefühle zu zeigen, und wenn sich auf ihrem Gesicht eine Maske befand, musste sie diese endlich abstreifen.

Ich wollte Deborah nicht sehen und blieb nicht stehen, um durch die Haustür hineinzugehen. Ich kletterte über die Hecke und überquerte den Rasen zum Wohnzimmerfenster. Durch das Gewirr aus Reisefreude und zerbrechlichem, altmodischem Jasmin, das es umgab, blickte ich in den Raum. Vater und Trayton Harrod saßen am feuerlosen Kamin und rauchten ihre Pfeifen, und am Tisch saß Joyce mit dem unvermeidlichen Korb voll Familienstopfen; Ihr Profil war mir zugewandt und lauschte aufmerksam mit erhobenen Augenlidern und träge in der Hand gehaltener Nadel, was der Gerichtsvollzieher sagte.

Was konnte mich an irgendetwas ärgern, verärgern und verletzen? Dennoch ging ich hastig hinein und ließ die Tür hinter mir zufallen.

„Meine Güte! Lust, an diesem schönen, schönen Abend drinnen zu sitzen!" sagte ich. „Wir werden nicht mehr so viele davon haben, dass wir eines verschwenden müssen. Der Sommer ist fast vorbei."

„Warum, was ist los, Meg?" fragte Vater. „Lass die Leute sich selbst vergnügen, Kind."

„Oh je, ja, sie können sich selbst gefallen", antwortete ich.

„Ist das alles, was Sie sagen wollten, als Sie hereinkamen?" lachte er wieder.

Harrod war damit beschäftigt, seine Pfeife zu stopfen und drückte mit strenger Hand den Tabak hinein, während Joyce sich wieder vorbeugte und ihrer Arbeit nachging.

„Nein", antwortete ich prompt. „Ich kam mit einer Nachricht für Sie, Vater, von Miss Thorne. Sie möchte, dass Sie ihr den Gefallen tun, indem Sie heute Abend beim Treffen der Radikalen sprechen."

Eine Wolke sammelte sich auf Vaters Stirn. „Sprich beim Radical-Treffen!" wiederholte er. „Was stört das Mädchen, eine solche Bitte zu äußern, oder du, Meg, sie mitzubringen? Du weißt ganz genau, dass ich bei keinem Treffen sprechen werde."

„Das habe ich ihr gesagt", sagte ich knapp; „Aber sie wollte mein Wort nicht glauben."

„Das ist ein Teil von Hoads Werken", sagte er aufgeregt. „Warum kann der Mann nicht verstehen, dass er mich nicht dazu drängen wird, das zu tun, was ich nicht vorhabe? Ich habe nicht vor, James Thorne zu unterstützen. Ich halte James Thorne nicht für einen ehrlichen Mann. Warum kann' Hört er nicht auf, sich Sorgen zu machen?

Diese Rede war überhaupt nicht wie Vater. Darin lag eine gewisse Gereiztheit, fast Kleinlichkeit, die ihm völlig fremd war; und seine Aussage, dass Hoad ihn zu nichts „drängen" könne, kam mir schon damals merkwürdig vor, obwohl die gewichtigere Angelegenheit, die mir durch den Kopf ging, mich vor allem ungeduldig machte, meine eigene Stimme zu hören.

„Nun, dieses Mal ist es nicht Mr. Hoad , Vater", sagte ich hastig. „Ich bin sicher, er wusste nichts davon. Captain Forrester hätte sprechen sollen."

Joyce hob den Kopf nicht, aber ich sah, wie ein leichtes Stirnrunzeln ihre glatte Stirn berührte.

"Förster!" wiederholte Vater. „Nein, nein! Du irrst dich, Kind. Ich wäre enttäuscht, zutiefst enttäuscht", fügte er hinzu und klopfte mit den Fingern einer Hand auf die Knöchel der anderen, „wenn ich dachte, er sollte in die Irre geführt werden, sodass er sich hineinstürzen kann." So viel. Bist du dir da ganz sicher, Meg?"

„Ich bin mir ziemlich sicher, dass er sprechen wollte", sagte ich ; "Aber-"

„Ah, es tut mir leid, es tut mir sehr leid", wiederholte Vater. „Aber er ist jung – leicht in die Irre zu führen. Ich muss mit ihm reden. Ich wusste nicht, dass der Junge in dieser Gegend ist."

„Das ist er nicht", sagte ich. „Er hätte kommen sollen, aber er hatte einen Unfall; er wurde bei einem Hindernisrennen vom Pferd geworfen."

„Gott segne meine Seele!" rief Vater und sprang von seinem Stuhl auf. „Warum hast du das nicht gesagt? Nicht getötet?"

Mein Blick war auf Joyces Gesicht gerichtet. Sie hatte besorgt aufgeblickt, aber ihre Farbe hatte sich kein bisschen verändert.

„Nein, nicht getötet", antwortete ich langsam; „Aber ich weiß nicht, wie schwer verletzt. Das Telegramm hat es nicht gesagt."

„Armer Junge , armer Junge !", murmelte Vater besorgt, als er sich wieder hinsetzte. Aber Joyce sagte immer noch nichts. Sie sah ernst und verzweifelt aus, und eine leichte rosa Röte hatte sich auf ihrer Wange vertieft, aber in ihren Augen lag kein Entsetzen .

„Männer sollten nicht an Hindernisrennen teilnehmen", sagte Harrod. „Es ist das gefährlichste aller Reiten – und schließlich nur zum Vergnügen."

„Ich hätte denken sollen, dass Kapitän Forrester ein so großartiger Reiter ist, dass er mit jedem Pferd zurechtkommen könnte", sagte Joyce.

„Oh, bei einem Hindernisrennen geht es nicht immer um bloßes Management", sagte Harrod. Und ich glaube, dass meine Schwester tatsächlich den Mund öffnete, um ihm zu antworten, als ich scharf sagte: „Joyce, Mutter will dich" und sie auf diese Weise aus dem Zimmer lockte.

„Armer Junge!" Ich hörte die alte Stimme erneut murmeln, als ich die Tür schloss.

„Vater, es tut mir leid", sagte ich, als ich mich umdrehte und meine Schwester ansah.

„Ja", sagte sie; „Natürlich. Wer könnte anders, als sich zu entschuldigen?"

„Manche Leute scheinen sehr gut dagegen vorgehen zu können", lachte ich. „ *Ich hätte nicht da sitzen und mit einem anderen Mann diskutieren können, wie mein Geliebter beinahe gestorben wäre! Zumindest kann ich mir kaum vorstellen, dass ich es könnte. Von ."* Natürlich bin ich mit niemandem verlobt, also weiß ich vielleicht nicht, wie ich mich fühlen soll.

Joyce sah mich entsetzt an. „Meine Güte, Meg!" sagte sie mit einem halb verängstigten Flüstern: „Was ist los?"

Ich nehme an, mein Gesicht hatte ihr etwas von dem verraten, was ich fühlte; Ich vermute, dass es weiß geworden war und die grauen Augen darin schwarz waren, wie Vater immer zu erklären pflegte, wenn ich wütend war.

"Der Grund?" rief ich. „Oh, es ist nichts los. Nur war ich ein wenig überrascht zu sehen, wie kühl du die Nachricht von Franks Unfall aufgenommen hast."

„Warum, was sollte ich sagen?" sagte sie. „Es tut mir sehr leid und ich vertraue aufrichtig, dass es nichts Ernstes ist."

„Nun", antwortete ich verächtlich, „ich glaube, du würdest genauso denken, wenn Joe Millet von dem alten Zugpferd durchgebrannt wäre, oder selbst wenn das Glück einen Anfall bekommen würde. Ich bin sicher, ich." sollte. Ich hatte Angst, dass du sehr unglücklich sein würdest, wenn ich dir diese schlechte Nachricht überbringe. Ich hatte Angst, dass du ziemlich verärgert sein würdest. Ich wusste nicht, ob ich es dir vor einem Fremden sagen sollte, aber das hätte ich auch nicht tun müssen Ich habe mich selbst beunruhigt. Du hast es sehr gut verkraftet. Vielleicht wäre es dem armen Frank ein wenig wehgetan, zu sehen, wie gut du es verkraftet hast.

„Ich weiß nicht, welches Recht du hast, so mit mir zu sprechen, Meg", sagte meine Schwester mit leiser Stimme. „Woher wissen Sie, was ich fühle? Menschen sind nicht alle gleich ist alles zum Besten. Warum kannst du mich nicht die Dinge auf meine eigene Art und Weise angehen lassen?"

"Gutes Gnädiges ich!" schrie ich; „Nehmen Sie sie auf jeden Fall auf Ihre eigene Art und Weise, nur Sie könnten streiten, bis Sie schwarz im Gesicht sind, aber Sie werden mich nie dazu bringen, zu glauben, dass alles zum Besten ist, ob der Mann, der einem am Herzen liegt, sich das Genick bricht oder nicht." "

„Oh, Meg, du weißt, dass ich das nicht so gemeint habe", murmelte Joyce mit leiser, entmutigter Stimme. Die Tränen sammelten sich in ihren klaren blauen Augen, die wie unberührte Gewässer waren, deren transparente Tiefen man mit einem Blick ergründen konnte. Die Augen meiner Schwester hatten nie etwas Geheimnisvolles; Sie waren einfach wie die eines kleinen Kindes, aber anders als ein Kind hatten sie aufgehört, sich zu wundern.

Die Tränen irritierten mich, aber sie schämten mich für mein unvernünftiges Temperament, und ich sagte schnell und mit plötzlichem Stimmungswechsel: „Na ja, ich bin natürlich ein Cross-Patch; aber wissen

Sie, es hat gereicht, um jeden wütend zu machen." dich so demütig und geduldig da sitzen zu sehen, obwohl ich wusste, dass du vor Angst sterben musst. Und das alles nur, um zwei lieben alten Leuten eine Freude zu machen, die vergessen haben, was es bedeutet, jung und eifrig zu sein. Aber du musst Frank sofort schreiben ."

„Er weiß sehr gut, wie leid es mir tut", sagte Joyce.

Ich glaube, mein Gesicht muss sich wieder verfinstert haben, denn sie fügte fast demütig hinzu: „Wissen Sie, ich konnte nie Briefe schreiben, und ich wollte meine Mutter lieber nicht ärgern."

„Dann lässt du den armen Kerl lieber denken, es sei dir egal, ob er tot oder lebendig ist, als deiner Mutter zu zeigen, dass du einen Verstand und zehn eigene Finger hast?" Ich weinte.

„Er muss denken, was er will", sagte Joyce mit ihrer ruhigsten, eigensinnigen Stimme; „Ich will nicht schreiben." Und das war alles, was ich von ihr bekommen konnte.

„Na gut, dann schreibe *ich* ", sagte ich mit kaum verhohlener Wut. „Ich schreibe gerne Briefe und habe keine Angst vor meiner Mutter."

Ich flog die Treppe hinauf; Ich traute mich nicht, noch ein Wort zu sagen, aber als ich auf dem ersten Treppenabsatz nach unten schaute, sah ich, wie ihr Kopf nach oben zu mir gewandt war. In den blauen Augen lag ein mitleiderregender Ausdruck.

„Glaub nicht, dass ich herzlos bin, Meg", murmelte sie.

„Oh nein, ich verstehe", sagte ich müde. „Ich wage zu behaupten, dass Sie vollkommen recht haben. Ich wage zu behaupten, dass es viel besser ist, die Dinge nicht zu sehr zu nehmen."

Schließlich könnte sie Recht haben. Sie hatte gesagt: „Wie kannst du wissen, was ich fühle?" Und tatsächlich, wie könnte ich das wissen? „Wie konnte man jemals wissen, was jemand anderes fühlte?" Ich wiederholte es noch einmal, als wollte ich mich davon überzeugen; und ich habe Angst, ich habe traurige Angst, dass meine eigene Stimme ein wenig versagt hat. „Ich weiß, dass ich nicht immer glücklich bin, und vielleicht liegt es daran, dass ich es mir zu schwer nehme."

KAPITEL XXXIII

Mädchen wie wir hatten jedoch wenig Zeit für sentimentales Grübeln, und obwohl ich oben in dem kleinen Dachboden war, in dem Joyce und ich immer geschlafen hatten, warf ich mich auf das Bett und blickte traurig mit Augen, die nichts davon sahen, über den Sumpf hinaus Mit seiner klagenden Gelassenheit weckte mich Mutter bald aus meinen Tagträumen und rief mich die Treppe hinunter zu einer aktiven Beschäftigung, die ihr Bestes tat, um die Liebe und ihre Qualen aus meinem Kopf zu vertreiben.

Der Gutsbesitzer war krank; Er hatte sich beim Rebhuhnschießen eine schlimme Erkältung zugezogen, und Mutter machte ihm etwas von ihrem speziellen Orangengelee als Salbe gegen seinen Husten.

Diejenigen, die sich für den Erfolg der Konservativen bei den Wahlen interessierten, waren zu dieser Zeit sehr besorgt über die Krankheit des Squires; und Mr. Hoad , der offenbar an diesem Nachmittag anwesend gewesen war, hatte gehört, er habe erklärt, dass es nur zu „unserem" Besten sei, dass der Squire bei der rivalisierenden Sitzung an diesem Abend nicht hätte durchhalten können.

Aber Mutter betrachtete die Sache nicht in diesem Licht, und ich glaube, sie hat es Mr. Hoad auch gesagt. Ich war nicht anwesend; Es war passiert, als ich zum Bahnhof gegangen war, aber laut Joyce hatte sie es ihm sehr deutlich gesagt. Mutter war, wie ich schon oft gesagt habe, dem Knappen gegenüber so loyal, als wäre er ihr eigener Sohn, und bei dieser Gelegenheit war es, glaube ich, auch der Vater. Wenn ich auf diese Zeit zurückblicke, erinnere ich mich an die Art rauer Distanziertheit, die die Haltung meines Vaters gegenüber dem Gutsherrn geprägt hatte und in letzter Zeit einer merkwürdigen Art von halb unwilliger Rücksichtnahme und Zärtlichkeit Platz gemacht hat.

Als Mutter mich aus meinem Schlafzimmer in die Küche rief, war sie von der Krankheit des Gutsherrn erfüllt. „Ich hoffe, es ist nichts Ernstes", sagte sie immer wieder; „Und dass er sich wegen des Unfalls mit seinem Neffen keine Sorgen machen wird."

„Oh, Sie haben davon gehört, oder?" antwortete ich. „Nun, ich verstehe nicht, warum der Squire es sich nicht leisten kann, sich darüber ein wenig Sorgen zu machen, da bin ich mir sicher. Und ich bin sicher, dass er es tut; jeder, der auch nur ein bisschen Herz dafür hat, würde es tun." Ich sagte es verbittert, aber ich verärgerte meine Mutter nicht.

„Nun ja, Margaret", sagte sie abrupt, „du weißt, dass ich den jungen Mann nie gemocht habe, und ich kann nicht so tun, als würde mir das das Herz brechen. Es tut mir natürlich leid, dass ihm etwas zugestoßen ist, aber Ich bin froh, dass Joyce es so aufnimmt, wie sie es tut. Wir können nicht erwarten, dass sie alles auf einmal vergisst, aber bitte Gott, sie *wird es* vergessen, und vielleicht wird alles so, wie ich es mir erhofft habe."

„Ich kann mir nicht vorstellen, wie du annehmen kannst, dass es Gott gefallen würde, dass deine Tochter ein wankelmütiges, oberflächliches Geschöpf sein sollte, da bin ich mir sicher", sagte ich hitzig.

„Sie und ich waren uns in dieser Angelegenheit nie einig, oder?" lächelte Mutter, recht gut gelaunt. „Aber der Tag wird kommen, an dem du vielleicht sagen wirst, dass ich recht hatte. Du bist noch ein Kind; du weißt nichts von solchen Dingen, abgesehen von dem, was du aus Büchern herausgeholt hast, und das ist nicht gerade das Gleiche. Vielleicht erfährst du eines Tages selbst, was es ist, und dann erkennst du den Unterschied zwischen der Realität und der Fantasie."

Ein Kind! War mein Eigensinn, mein Ungestüm, meine leidenschaftliche Sehnsucht nur Kindlichkeit? Jetzt, da ich eine Frau bin, frage ich mich, ob Mutter mit ihrer einfachen Intuition teilweise recht hatte? Nur teilweise: Ich wusste etwas über „solche Dinge".

„Ich glaube nicht, dass Joyce es sich nicht zu Herzen genommen hat", sagte ich hartnäckig.

„Nun, ihre Augen sind bei weitem nicht so schwer wie deine", antwortete Mutter. „Ich weiß nicht, was mit *dir* in letzter Zeit passiert ist. Früher warst du nicht trübsinnig . Niemand konnte es von dir sagen, was auch immer er sonst sagen würde. Du hattest deine Wutanfälle und warst schon immer ein furchtbarer Typ, weil du deine Kleidung abgenutzt hast." , aber du warst nicht traurig . Aber ich bin mir sicher, dass du dir wegen dieser Angelegenheit mehr Sorgen machst als Joyce selbst. Ich habe keine Geduld mit dir. Was die Arbeit angeht, die du für mich erledigst, hätte ich lieber dein Zimmer als deins Gesellschaft. Ich sehe gerne, wie ein Körper sein Herz in alles steckt, was ihm in die Hände fällt, und sei es nur das Kochen einer Kartoffel. Du kannst mir beim Wort vertrauen, mein Mädchen, nur so kann man glücklich sein."

Mir traten Tränen in die Augen, denn ich wusste ganz genau, dass Mutter Recht hatte. Ich wandte mich ab, damit sie sie nicht sah, denn ich schämte mich der Tränen, aber sie sah sie trotzdem.

„Da, da", fügte sie freundlich hinzu; „Ich möchte dich nicht bewerten. Sei ein braves Mädchen und sieh wieder mehr wie du selbst aus. Halbherziges Verhalten wird niemanden anziehen; und was deinen Teint angeht, nun ja, du hattest früher eine Haut, die ich könnte prahlen. „Sie mag zwar rote Haare haben", sagte ich immer, „aber schauen Sie sich ihre Haut an." Und jetzt ist es nichts Besseres als Quark und Molke. Kommen Sie, holen Sie sich das Musselin und seihen Sie das Gelee ab."

Ich habe getan, was mir geboten wurde, aber ich fürchte, nicht von ganzem Herzen. War es so weit gekommen, dass irgendjemand von mir, Margaret Maliphant , sagen konnte, ich hätte angefangen, hinter irgendjemandem Trübsal zu blasen?

„Du sollst es selbst zum Herrenhaus bringen und es morgens, sobald es fertig ist, bei der Haushälterin lassen", sagte Mutter und probierte die Flüssigkeit, um sicherzustellen, dass sie gerade genug Aroma enthielt. „Man kann sagen, dass es von einer alten Freundin ist, und dann wird es ihre Gefühle nicht verletzen."

Wir beendeten die Arbeit und stellten es zum Abkühlen ab, bevor wir zum Tee gingen. Joyce war da, mit geglättetem Haar und frischem Gesicht, und ich hatte rote Wangen , weil ich mich über das Feuer gebeugt hatte, und rote Augen von etwas anderem, an das ich mich nicht erinnern konnte. Aber ich zwang mich dazu, Harrod kühn ins Gesicht zu sehen, fragte, was aus Vater geworden sei, und erfuhr, dass sie zusammen bis „The Elms" hinaufgewandert waren und dass der Spaziergang zu viel für ihn gewesen war.

„Mr. Maliphant wird die Sache so hart angehen", fügte der Gerichtsvollzieher hinzu und die Worte kamen mir traurigerweise bekannt vor.

Vater kam sofort herein und überreichte mir einen an Frank adressierten Brief.

„Bring das sofort zum Manor hoch, Meg", sagte er; „Und besorgen Sie sich die Adresse und fragen Sie nach Neuigkeiten."

„Margaret geht morgen früh mit etwas Marmelade für den Knappen hinauf; ich schätze, das reicht", sagte Mutter. „Ich gehe nicht davon aus, dass es annähernd so schlimm ist, wie es dargestellt wurde. Solche Dinge werden in der Erzählung immer schlimmer, und diese jungen Kerle sind einfach diejenigen, die eine traurige Geschichte über sich verbreiten."

„Still, still, Mutter, das entspricht nicht deinem gütigen Herzen", sagte der Vater vorwurfsvoll; und Mutter lachte und sagte, sie hätte ihm nichts Böses getan, und Joyce blickte unbehaglich auf ihren Teller.

Aber ich hörte nichts, und sobald ich mein Essen gegessen hatte, stand ich auf und ging hinaus. Ich erinnere mich, mit welcher Erleichterung ich Reuben mit seinem alten Hund auf der Terrasse begrüßte und begann, über alltägliche, einfache Dinge zu sprechen. Das Gefühl tat mir zu sehr weh, und Reuben förderte das Gefühl nicht.

„Liebes altes Glück“, sagte ich und bückte mich, um den Hund zu streicheln, der mit zärtlichen Augen aus seinem düsteren schwarz-weißen Gesicht zu mir aufsah und mit dem Schwanz gewedelt hätte, wenn ein Stück davon lang genug gewesen wäre wedeln. „Ich hoffe, es ist nicht mehr die Rede davon, Sie zu erschießen. Wir konnten uns Ihren Anblick auf der Farm nicht entgehen lassen.“

„Nein“, sagte Ruben und schüttelte den Kopf; „Wenn der Hund geht, geht auch Reuben . Das ist kein Zweifel. Er war mein Glück, und wenn sie ihn nehmen , nehmen sie mich mit.“

„Ah, nun ja, ihr werdet noch eine Weile nicht gehen“, sagte ich tröstend. „In euch beiden steckt jede Menge Leben.“

„Ay, Miss, ay“, grinste der alte Mann sehr erfreut. „Wir haben die Schafe letzte Nacht nach Hause geschickt, Luck und ich, nicht wahr, alter Junge? Beale , er hat seine Liebste auf einen Ausflug irgendwo draußen in Eastbourne mitgenommen, und er hat mich gebeten, mich um die Faltung zu kümmern. Ich bin rüstig im Sommer, und ich war zufrieden genug. Aber ich hätte keines von ihnen auf zuverlässige , scheue junge Leute abgesehen. Ich nicht.“

"Wen meinst du?" Ich fragte.

„Nein, ich bin nicht auf junge Dinge angewiesen“, wiederholte er hartnäckig. „Sie haben sicher irgendwo ein bisschen Spaß im Sinn und sind ein Anreiz , neue Tricks auszuprobieren. Jetzt ist Luck in Sicherheit und er ist sich sicher. Er hat Erfahrung , Luck schon. Er weiß es.“

Er nickte mit einem Ausdruck tiefer Weisheit hin und her , und ich brach in Gelächter aus.

Es hat mir gut getan. Ich hatte an diesem Tag nicht gelacht.

„Was? Du meinst wohl den jungen Schäferhund?“ Ich sagte .

„Ja, Fräulein“, antwortete Reuben. „Ein ziemlich junger Kerl, aber zuverlässig .“ Er hielt inne und wartete darauf, dass ich etwas sagte, aber ich sah, wohin er driftete, und schwieg. „Außer Hunden gibt es noch andere, auf die man sich verlassen kann !“ fügte er langsam hinzu. „So wie wir es nicht wagen, die Wege der Gelehrten zu verstehen. Nein, würden wir es annehmen? Aber es gibt andere, auf die man sich verlassen kann . Armer Herr! Aber der Herr weiß, was für uns alle das Beste ist.“

„Nun ja, er schickt uns jedenfalls herrliches Wetter für die Ernte“, sagte ich mit entschlossener Fröhlichkeit. „Mir ist es viel zu heiß.“

„Ja, das gilt auch für den Einsatz, Miss", grinste der alte Mann.

„Ich glaube es nicht", rief ich.

Er nahm mich am Arm und führte mich zum Rand der Klippe, von wo aus wir das Sumpfgebiet in seiner ganzen Weite sehen konnten. Der Tag war, wie gesagt, sehr heiß gewesen, aber die Sonne war inzwischen untergegangen – es war volle sieben Uhr, und die lange Dämmerung hatte ihre friedliche Herrschaft begonnen, herrlich in nüchternen Farbtönen und duftender Kühle stiller Luft. Die Ebene versank langsam in Geheimnissen, doch an den Rändern der Deiche waren sie silbergrau und zeichneten deutlich ihre langen, geraden Linien ab, wo auch immer sie das Sumpfgebiet überquerten; Weiße Nebelbänder entrollten sich im trüben Licht.

„Sie sind dicker als da hinten", sagte er, „wo die Op-Gärten sind."

„Nun, welchen Schaden richten die Nebel an?" Ich lachte. „Der Hopfen hat nicht das Rheuma."

„Nein, Fräulein, aber der Nebel, dieses schlechte Wetter und die sengende Sonne auf dem Dach werden sie noch schlimmer verderben , noch werden sie meine alten Knochen bewaffnen. Sie werden so braun wie Reisig sein."

Reuben hielt diese Rede mit leisem, tragischem Flüstern und mit der bedrohlichsten Miene, während er mich am Arm hielt.

„Oh, Reuben, du warst schon immer ein düsteres Geschöpf", sagte ich. „Ich glaube, du machst gerne das Schlimmste."

„Nein, es ist die Tat des Herrn", sagte Ruben fromm; „Aber wenn er Early Perlifics gepflanzt hätte, wären sie inzwischen alle sicher und eingesammelt."

„Nun, es ist nicht deine Schuld, wenn der Hopfen ausbleibt, Reuben", sagte ich säuerlich, „also brauchst du nicht so fromm und resigniert darüber zu sein." und damit ging ich zurück ins Haus.

Was Reuben gesagt hatte, hatte mich zum Nachdenken gebracht. Ich fragte mich, ob es nicht die völlige Verzweiflung über Franks Unfall oder die Müdigkeit vom Spaziergang war, die Vater zur Teezeit deprimiert hatte. Er war nicht im Wohnzimmer, Mutter auch nicht. Auf dem Tisch waren Papiere verstreut, und mittendrin stand ein Tintenfass mit schräg darüber liegendem Stift. Offensichtlich handelte es sich bei den Papieren um Rechnungen, an denen jemand gearbeitet hatte.

Trayton Harrod sein könnte , denn entgegen seiner Gewohnheit war er immer noch da; aber er saß nicht am Tisch. Er stand vor dem großen, leeren Kamin, und in einem der tiefen Stühle mit Spindelgestell an der Seite saß meine Schwester Joyce. Ich bildete mir ein, dass er sich ein wenig bewegte, als ich eintrat, aber ich war mir nicht sicher.

„Wo ist Vater?" fragte ich scharf.

Ich sah Joyce an, aber sie antwortete nicht.

„Dein Vater ist im Arbeitszimmer, glaube ich", sagte Harrod. „Er war hier, um mit mir zu arbeiten, und es ging ihm nicht so gut. Ich glaube, deine Mutter ist bei ihm."

„Oh, ich nehme an, die Nachricht von Captain Forresters Unfall hat ihn verärgert", sagte ich. „Er liebt ihn so sehr."

Es herrschte Stille. Die Tatsache, dass Joyce nicht sprach, machte mich irgendwie wütend.

„Glaubst du, das war der Grund, Joyce?" fragte ich.

„Ich weiß es nicht, ich bin mir sicher", antwortete sie.

Und als sie sprach, wurde mir klar, warum sie vorher nicht gesprochen hatte: Sie hatte geweint.

"Liebe mich!" sagte ich halb verängstigt. „Ist er so schlimm ?"

Wieder antwortete sie nicht; es war Harrod, der für sie antwortete. „Nein, nein, Miss Margaret", sagte er; „Ich versichere Ihnen, es hat keine Konsequenzen."

Was meinte er? Die Krankheit des Vaters oder die Not von Joyce?

„Ich muss gehen und nachsehen", sagte ich. Aber ich rührte mich nicht. Ich hatte Angst um meinen Vater, und doch hatte ich nicht den Mut, die beiden zusammen zu lassen. Ich stand da und sah sie an. Joyce saß genau dort, wo sie an jenem kalten Frühlingsabend vor knapp sechs Monaten gesessen hatte, als sie mir erzählt hatte, dass Frank Forrester sie gebeten hatte, ihn zu heiraten. Sie beugte sich sogar vor und verschränkte die Hände über den Knien, so wie sie es damals getan hatte; nur gab es jetzt kein helles Feuer im Kamin, das ihr goldenes Haar erhellen konnte; Der Herd war leer, aber in der Dämmerung lag ein merkwürdiger Hauch von Gold.

In einem Augenblick kam mir die Szene wieder in den Sinn; die Seltsamkeit davon; das Fehlen des Glanzes der Romantik, von dem ich geträumt hatte, als ich zum ersten Mal von einer Romantik für meine schöne Schwester geträumt hatte. Damals hatte ich noch nicht gedacht, dass es das Fehlen dieses goldenen Schimmers war, der mich abgekühlt hatte. Ich hatte es so gewollt; Ich hatte gespürt, dass äußerlich alles dazu passte, und ich hatte mich entschieden zu glauben, dass es so sei; aber jetzt wusste ich ganz genau, dass es nie so gewesen war.

Das Feuer war heute Nacht erloschen, aber das Gefühl des Glühens war da – zu hell.

„Ich muss gehen und nach Vater sehen“, wiederholte ich mit einer Art dumpfer Stimme. Ich wunderte mich, den Klang selbst zu hören.

Geh nicht , Meg“, sagte Joyce. „Ich habe das Teegeschirr noch nicht abgewaschen und Deb ist beschäftigt. Ich muss mich beeilen. Ich werde im Vorbeigehen reinschauen.“

Ihre Stimme hatte ihre Gelassenheit wiedererlangt und sie sprach hell und süß. „Sehr gut, ich komme gleich auch und helfe dir“, antwortete ich und tat dabei den hohlen Vorwand , nach etwas zu suchen, das ich nicht wollte.

Sie stand auf und glitt mit ihrer sanften Art durch den Raum und aus der Tür. Harrod hatte sich wieder an den Tisch und die Papiere gesetzt.

„Was ist los mit Joyce?“ Ich fragte unverblümt, fast bevor sich die Tür geschlossen hatte.

Er sah mich mit seinen ehrlichen Augen an. Ich konnte sehen, dass er jede Vortäuschung und jede ausweichende Antwort verachtete .

„Ich habe mit ihr über etwas gesprochen, das sie beunruhigte“, sagte er. „Ich hätte es nicht tun sollen. Es tut mir leid. Ich hätte nicht gedacht, dass es sie beunruhigt hätte.“

Es lag mir auf der Zunge zu fragen, was es sei. Ich weiß nicht, ob es natürliches gutes Gefühl und Höflichkeit waren, die mich davon abgehalten haben, oder ob ich einfach nur Angst vor der Antwort hatte. Ich versuchte zu glauben, dass das „etwas“ mit Frank Forresters Unfall zusammenhängt, aber ich fragte nicht. „Ich dachte nicht, dass es sie beunruhigt hätte“ könnte auf diese Erklärung hindeuten, da Harrod natürlich nichts von irgendwelchen Beziehungen zwischen ihr und dem Kapitän wusste. Es könnte sein, aber es gab eine unbestimmte Angst in mir, dass dies nicht der Fall war.

Harrod senkte seinen Blick wieder auf die Papiere auf dem Tisch und griff zum Stift. Ein wahnsinniges, böses Verlangen überkam mich, ihn zu verletzen, weil er mich unschuldig verletzt hatte.

„Mr. Harrod“, sagte ich grob, „Reuben hat draußen mit mir gesprochen. Er findet, dass es den Hopfen sehr schlecht geht.“

Er legte die Feder nieder und blickte mit leicht zitternder Unterlippe auf.

„Reubens Meinung ist nicht so unfehlbar, wie Sie meiner Meinung nach annehmen, Miss Margaret“, sagte er und versuchte zu lächeln. „Dein Vater hat das Anwesen besichtigt und ist, glaube ich, genauso gut in der Lage, darüber zu urteilen wie Reuben Ruck."

„Oh, fand Vater denn, dass der Hopfen gut aussah?" fragte ich.

Ich dachte, Harrod zuckte zusammen.

„Hopfen ist ein sehr schwieriges Gewächs", antwortete er. „Ich gehe nicht davon aus, dass mehr als einmal in zwanzig Jahren eine perfekte Ernte erzielt wird. Hundert Chancen stehen dagegen; das wusste dein Vater gut genug, als er sich auf die Spekulation einließ. Er ist ein vernünftiger Mann."

Ich wusste, dass dies als Tadel an mich gedacht war, und ich wusste, dass ich es verdient hatte. Ich war stolz darauf, in den geschäftlichen Angelegenheiten der Farm klug und ruhig zu sein, wie ich es auch gewesen wäre, wenn ich der Sohn meines Vaters und nicht seine Tochter gewesen wäre; Ich war stolz darauf, dass Harrod mich so betrachtete, indem er die Dinge mit mir besprach, wie er es oft getan hatte. Aber in letzter Zeit war ich nicht vernünftig gewesen. Ich wusste es; Ich wusste, dass ich genau die Schnur strapazierte, auf die ich am meisten zählte, vielleicht sogar bis zum Zerreißen. Ich wusste es, ich hätte mir die Zunge herausbeißen können, und doch überwältigten mich meine verletzten Gefühle und rissen mir die Zunge weg. Ich stand beschämt und krank im Herzen da. Ich wollte es wieder gutmachen, ich wollte vergeben werden, aber ich wusste nicht, was ich sagen sollte.

Und während ich überlegte, was ich sagen sollte, öffnete sich die Tür und Vater und Mutter kamen herein. Vaters Gesicht war blass und er ging unsicher.

„So, so, das reicht, Mary", sagte er gereizt. „Mir geht es jetzt gut. Das Wetter ist ein bisschen drückend, das ist alles. Ich möchte diese Angelegenheit mit Harrod zu Ende bringen, wenn Sie uns ruhig lassen."

Mutter wusste es besser, kein Wort zu sagen. Vater setzte sich auf den Stuhl, den Harrod ihm gestellt hatte, und Mutter und ich verließen das Zimmer.

Meine Chance auf Versöhnung war an diesem Abend vorbei.

Ich musste mir die ganz natürliche Verzweiflung meiner Mutter über das erneute Unwohlsein des Vaters anhören und ihre Äußerungen des Ärgers darüber, wie sie vermutete, dass dies durch die Neuigkeit über „diesen jungen Nichtsnutz" hervorgerufen worden war. Dann musste ich mit Joyce das Teegeschirr abwaschen und die saubere Wäsche wegräumen. Und als unsere ganze Arbeit erledigt war , war Trayton Harrod gegangen, und ich ging auf den kleinen Dachboden, von dem mich meine Mutter am frühen Abend gerufen hatte, und setzte mich wieder in die Dunkelheit, um mit mir selbst über all die rätselhaften Ereignisse zu sprechen rätselhafter Tag.

Joyce war noch nicht zu Bett gekommen; Ich war ganz allein. Die Dämmerung war tot; Die Sterne leuchteten über mir – Tausende von Sternen blickten auf mich herab, mit einer Geschichte von Mut und Hoffnung in ihren hellen Augen – ich frage mich, ob ich es verstanden habe!

Deborah kam mit einer Kerze herein. Sie hatte vergessen, uns eines zu geben. Es tat mir leid, dass sie es mitgebracht hatte.

„Herr segne meine Seele, Margaret, du hast mich erschreckt“, sagte sie. „Was machst du? Warum gehst du nicht ins Bett?“

„Joyce ist noch nicht aufgetaucht“, sagte ich.

Sie stellte die Kerze ab, kam auf mich zu und packte mich an den Schultern.

„Du hast dir Sorgen gemacht “, sagte sie scharf und sah mir in die Augen. „Nun, wofür ist das denn?“

„Wie kannst du es wagen, so etwas zu sagen?“ antwortete ich und zog mich zurück. „Ich habe mir keine Sorgen gemacht. Ich habe nichts, worüber ich mir Sorgen machen müsste.“

„Nun, ich weiß es nicht so gut wie Sie“, antwortete sie; „Aber du hast dir darüber Sorgen gemacht. Ich habe es schon seit Wochen gesehen. Wofür ist es?“

Sie stand über mir, die Arme in die Seite gestemmt, und ihre scharfen, runden, dunklen Augen waren auf mich gerichtet. Es kam ihr nie in den Sinn, dass ich ihr nicht sagen würde, wofür es war.

„Du hast dir Sorgen gemacht “, wiederholte sie. „Und ich kann mir nicht vorstellen, dass Sie sich Sorgen machen müssen, weil Joyces Freund vom Pferd fällt.“

„Ich sage Ihnen, ich mache mir keine Sorgen“, wiederholte ich mit Nachdruck. „ Natürlich, was sollte es mich interessieren? Ich war überrascht, dass Joyce es so kühl aufnahm. Manche Leute sind so still. Ich nehme an, dass es ihnen genauso geht, aber ich bin sicher, du würdest es nie erfahren. Es ist eine Gnade für.“ Sie machen nicht so viel Lärm.

„Oh, da ist es“, sagte Deb weise, als hätte sie ein Geheimnis erraten. „Du bist so darauf fixiert, dass Joyce sich über diesen jungen Funken ärgert . Aber, Gott segne meine Seele, Joyce kümmert sich nicht um ihn. Sie hat sich nie richtig um ihn gekümmert, um es sozusagen richtig auszudrücken. Sie wurde

zuerst genommen weil er so ein netter Kerl war und sie so sehr zu mögen
schien . Das war ganz natürlich. Und du warst so darauf fixiert, dass du ihr
eingeredet hast, dass sie ihn lieber mochte, was sie aber auch nicht tat. Aber
das wird nicht aus der Welt schaffen. Sie Ich habe den Kerl nie geliebt.

„Das ist nicht wahr", rief ich mit flammenden Augen. „Sie hat ihn immer
geliebt, und sie liebt ihn jetzt genauso sehr."

Deb war von meinem ungestümen Ausfall kein bisschen verärgert. Sie
schüttelte nur leise den Kopf und wiederholte: „Nein, das tut sie nicht . Und
das ist auch eine kostbare gute Sache, wenn man bedenkt, dass er sie so gerne
vergisst und sich mit seiner eigenen Klasse paart."

„Du redest Unsinn, Deb", schrie ich hitzig. „Machen Sie sich wirklich mit
seiner eigenen Klasse! Wir sind jeden Tag so gut wie er."

„Das mag sein", antwortete Deb ruhig, „aber er glaubt nicht . Zuerst war
er an ihrem hübschen Gesicht interessiert, aber jetzt ist er abgekühlt und
erkennt, dass das keine kluge Entscheidung für ihn wäre." . Es ist ein
kostbares Gut, dass Joyce sich nicht um ihn kümmert."

„Ich sage dir, Joyce kümmert sich wirklich um ihn", wiederholte ich
wütend.

„Nun frage ich mich, warum Sie so davon überzeugt sind, dass Joyce in
diesen jungen Mann verliebt ist", sagte die alte Frau und sah mich scharf an,
ohne auch nur die geringste Aufmerksamkeit auf meine leidenschaftliche
Bestätigung der Beständigkeit meiner Schwester zu richten.

„Oh, ich weiß, du willst, dass sie den Knappen heiratet und eine Dame
wird, wie Mutter es tut", erwiderte ich. „Aber du brauchst dich nicht darum
zu kümmern. Der Knappe wird ihr niemals einen Heiratsantrag machen."

„Nein, da hast du recht", lachte Deb mit einem lauten Lachen, das mich
sowohl verwirrte als auch irritierte. „Das wird er nicht. Ich glaube nicht, dass
er irgendjemandem in diesem Haus einen Heiratsantrag machen könnte, bis
die Leute bereit sind, ihm ab und zu ein höfliches Wort zu sagen. Aber das
ist kein Grund, warum du das von deiner Schwester erwarten solltest."
„Heirat, wo sie nicht liebt. Nein, Margaret, da ist etwas darunter, von dem
wir nichts wissen. Was ist das, oder?"

Ich sah Deb trotzig an, aber ihre runden schwarzen Augen waren voller
rauer und schlichter Anteilnahme. Ich kannte Deb gut genug, um die
Anzeichen dafür zu erkennen, und mein schmerzender, kämpfender Stolz
gab nach. Ich vergaß völlig, dass ich vor einer Minute darauf bestanden hatte,
dass ich mir keine Sorgen machen müsste und dass ich mir keine Sorgen
machen würde. Genau wie ich es als Kind getan hatte und meine Mutter

mich ausgepeitscht hatte, weil ich mein Kleid durcheinander gebracht hatte, legte ich meinen Kopf auf ihre breite Brust und begann zu weinen.

Deb schenkte mir keine Liebkosungen; sie wusste nicht wie, und sie wusste genau, dass ich mich später für mein ungewöhnliches Verhalten schämen sollte; aber nach ein paar Minuten sagte sie grimmig: „Das habe ich mir auch gedacht. Stört die Männer!"

Ich trocknete mir dabei die Augen und sagte zwischen Lachen und Schluchzen: „Warum solltest du das sagen? Was haben sie damit zu tun?"

„Was haben sie damit zu tun?" rief Deb. „Na ja, alles. Das haben sie schon immer getan. Die Leute mögen sagen, es sei die Frau gewesen, die Adam zur Sünde verführt hat, aber sie wurde seitdem dafür bestraft, wenn sie es getan hat, und es ist einfach an der Zeit, damit aufzuhören. Männer sind die Ursache für jedes Problem Das kommt auf uns zu, obwohl wir uns schämen sollten, es zu sagen. Wenn es nicht darum geht, sie zu lieben , dann ist es Hassen , und das ist genauso schlimm. Was ich sehen möchte, ist ein Mann, der sich Sorgen macht *Sein* Leben für einen von uns. Sie nehmen es so locker, das tun sie. Aber mein Lieber", lächelte die alte Frau, „ich war nicht immer so weise; Und merken Sie sich meine Worte: Wenn die Leute ihr Herz auf das richten , was nicht für sie bestimmt ist, können sie auf keinen Fall erwarten, dass es einfach oder bequem ist. Ah, ich rede nichts, das kann ich Ihnen sagen. Die alte Deb ist nicht so dumm, wie sie aussieht. Du glaubst nicht, dass ich jemals einen Liebhaber gehabt hätte, oder, meine Liebe? Aber ich hatte es einmal. Ich war ein kluges, kluges Mädchen, obwohl ich nie hübsch war, und die Jungs mochten mich alle. Einer von ihnen hatte mich viele Jahre lang gern und war so geduldig wie nur möglich. Er war besser als ich und hätte gut zu Leuten wie mir gepasst. Aber, Herr, ich muss mich unbedingt brüskieren , so hässlich wie ich immer war . Ach, oft hat mir die arme Mutter gesagt, dass ich wegen meiner Mühen ein Idiot sei. Ich hätte ihn vielleicht gehabt, wenn ich gewollt hätte. Aber ich hatte nie im Geringsten daran gedacht, dass er hinter mir her sein würde. Er war ein guter Körper für einen Freund – man könnte sagen, ein Spazierstock für einen Sommerabend, und da war ein Ende."

„Na ja, aber du hättest ihn sowieso nicht heiraten können, wenn du ihn nicht gemocht hättest, Deb", sagte ich, obwohl mich die Geschichte unwillkürlich interessierte.

„Ah, ich hätte den Mann sehr gern gehabt, wenn da nicht jemand anders gewesen wäre, meine Liebe", sagte Deb, „und das ist nur schade. Aber eines schönen Tages kommt ein fremder Junge vorbei, ein Junge wie ich." schien nicht brüskieren zu wollen – na ja, nicht länger als in der ersten Woche. Es war Hopfenpflückzeit, und wir waren den ganzen Tag zusammen auf den Feldern. Er nahm nie besonders Rücksicht auf mich, mehr als eine Woche lang Witze und ein Lachen mit den anderen; aber mein Lieber, er war für mich von morgens bis abends wie das Licht meiner Augen. Ich schäme mich nicht, es dir jetzt zu sagen, es ist so lange her. Ich wage zu sagen, sie alle Ich habe gesehen, wie es war; ich wage zu sagen, dass ich der Witzbold auf dem Gebiet war. Das spielt jetzt keine Rolle mehr. Ich weiß nicht, wie sehr es mich damals störte, solange ich ein Wort von ihm bekommen konnte. Das war er schon immer gewesen Er war freundlich und höflich und half mir mit den Stangen über dem Mülleimer, wenn diese zu lang und zu schwer waren, als dass ich sie heben konnte; und eines Tages war ich krank und konnte meine Arbeit nicht erledigen, und er suchte nach mir und sprach so, wie ich dachte er meinte „courtin ". Aber, Gott segne deine Seele, das tat er nicht. Es war nur seine nette, angenehme Art. Bevor das Hüpfen zu Ende war, sah ich, wie er Bess Dawe am 34. Turm eines Sonntagabends küsste . Die Mädchen sagten mir, sie hätten die ganze Zeit ein Stelldichein gehabt und er würde sie heiraten.

„Arme Deb", murmelte ich leise, „arme Deb!"

„Oh, jetzt ist alles vorbei, Kind", lachte die alte Frau. „Ich habe es vergessen, glaube ich. Es hat mir recht getan, als ich mich auf einen Mann eingelassen habe, der nichts von mir wollte."

„Ich wüsste nicht, wie Sie das ändern könnten", sagte ich leidenschaftlich. „Ich verstehe überhaupt nicht, wie es sein kann, zu lieben, es sei denn, die Leute können nichts dagegen tun. Und wie konntest du ahnen, dass er dich nicht wollen würde? Es war grausam, grausam!"

„Nein, Kind, es war nicht grausam. Es war einfach natürlich, so wie es sein musste", sagte Deb leise. Und dann fügte sie in ihrem sachlichsten Tonfall hinzu: „Aber es wäre sehr schade, dass ich den anderen nicht geheiratet hätte, denn er hätte mich zu einem guten Ehemann gemacht."

„Oh, wie kannst du so reden?" rief ich. „Na, du hättest ihn nicht geliebt."

„Vielleicht gehört es sich für eine Frau nicht , zu lieben", sagte Deb nachdenklich. „Die Gruppe der Frauen heiratet die Männer, weil es bequem ist, und ich denke , das ist der beste Weg. Wenn eine Frau anfängt zu lieben, macht sie sich darüber große Sorgen. Aber die Männer nehmen es kühl und locker und erledigen ihre Arbeit." zwischendurch ."

„Nun, ich bin sehr froh, dass du es auf keinen Fall so gemacht hast, Deb", sagte ich.

„Ah, wenn ich das getan hätte, hättest du kein schlechtes Ding gehabt, das du bewerten könntest“, lachte Deb. „Aber, Herr, ich bin zufrieden genug. Wenn ich ein Omen gehabt hätte , hätte ich die ganze gesegnete Zeit lang Sorgen und einen Mann gehabt, den ich nie ertragen konnte. Aber die Bibel sagt uns, dass es Menschen gibt . “ „Ich bin nicht dazu gemacht, Single zu bleiben, nicht wahr? Das heißt doch, ein Mädchen dürfe seine Chancen nicht verspielen. Und dafür war die Geschichte der alten Deb gedacht.“

„Wenn Sie sagen wollen, dass Joyce den Gutsbesitzer heiraten soll, aus Angst, dass Frank ihr nicht treu sein könnte, muss ich nur antworten: Sie sind eine schreckliche alte Frau, und ich werde bei so etwas nicht mitmachen.“ Ding."

„Nun, von all den hartnäckigen, widerspenstigen , blindäugigen jungen Frauen, die ich jemals in meinem Leben gesehen habe !“ begann Deb, legte ihre Arme in die Seite und sah mir direkt ins Gesicht.

Aber sie kam nicht weiter, was mir wie der Beginn einer fundierten Bewertung vorkam. Joyce kam die Treppe hinauf. Die alten Bretter knackten schon unter ihren leichten Schritten. Sie war sehr spät dran. Mutter hatte sie am Reden gehalten. Deb nickte mir nur mit einem Ausdruck aus geheimnisvoll gemischter Wut, Enttäuschung, Ungeduld und Warnung zu und ging die Treppe hinunter, ohne meiner Schwester auch nur eine gute Nacht zu wünschen.

Es war das letzte Mal, dass ich von ihr über Gefühle und Zuneigungen hörte. Eine solche Umwälzung ihres geschäftigen, geschäftsmäßigen Temperaments hätte ich für unmöglich gehalten; Meines Wissens war es nie wieder möglich, und die seltsamen Enthüllungen in dieser scheinbar rauen Natur sind für mich bis heute ein Wunder.

KAPITEL XXXIV.

Die Wahlen waren vorbei. Sie waren recht ruhig vorbeigekommen, und Mr. Farnham wurde für unsere Division Sussex zurückgebracht, wie Squire Broderick es immer angekündigt hatte. Soweit ich mich erinnere, war es so, wie alle es erwartet hatten, und ich kann mich nicht einmal daran erinnern, dass jemand außer den Thornes selbst und Mr. Hoad besonders enttäuscht war .

Ich erinnere mich, dass er gleich am nächsten Tag seinen Vater aus geschäftlichen Gründen besuchte, und ob es das „Geschäft" oder das radikale Scheitern war, weiß ich nicht, aber sein Gesicht trug den Ausdruck gemeiner Rachsucht, den ich schon immer instinktiv gespürt hatte tragen konnte, obwohl ich es noch nie so gesehen hatte, wie ich es an diesem Tag sah. Er war einige Zeit mit seinem Vater im Arbeitszimmer verschlossen. Ich traf sie im Flur, als sie herauskamen; Ich bin gerade mit dem Korb voller Marmelade zum Manor aufgebrochen.

„Ah, wir hätten gewonnen, wenn Sie uns geholfen hätten", sagte der Anwalt. „Und ich muss sagen, Maliphant , es scheint mir nicht richtig zu sein, sich zurückzuhalten, wenn für die Sache Energie erforderlich ist."

Vaters Unterlippe schwoll unheilvoll an; es war das Zeichen eines Sturms in ihm; aber er beherrschte sich und antwortete nicht.

Stattdessen drehte er sich zu mir um und sagte: „Gehst du zum Herrenhaus, Meg? Nun, frag den Gutsbesitzer, ob ich heute Abend ein oder zwei Stunden mit ihm verbringen soll, während er im Bett liegt."

Der unangenehme Ausdruck auf Hoads Gesicht vertiefte sich. „Ah, dein Freund, der Knappe , wird in bester Verfassung sein", sagte er zu seinem Vater. „Für ihn und seinen Freund Farnham ist es eine große Freude, dass sein kluger junger Neffe neulich Abend nicht vorbeigekommen ist und bei dem Treffen eine Ansprache gehalten hat. Er ist ein einflussreicher Kerl, und er ist ein ehrlicher Kerl; er bleibt dem Schiff treu."

Vater sah zu mir und sagte leise: „Na, geh weg, mein Mädchen."

Es schien Mr. Hoad zur Besinnung zu bringen. Er drehte sich mit diesem besonderen Lächeln, das mir so missfiel, zu mir und sagte: „Ah, Squire Broderick ist eine großartige Freundin von Miss Margaret; das wissen wir alle. Es sind nicht immer die Jungen und Hübschen, die beim schönen Geschlecht Erfolg haben, und." Wir können einer Dame keinen Vorwurf machen, wenn sie ihr Ruder auf der Seite einlegt, die ihr passt, um das Boot zu trimmen.

bitte keinen Unsinn mit meinem Mädchen, Hoad ", rief Vater wütend. „Sie versteht so etwas nicht."

Ich habe nicht darauf gewartet, mehr zu hören. Ich öffnete den Riegel und ging hinaus; aber ich hörte Hoad laut lachen, und als ich das Tor schloss , hörte ich ihn sagen: „Nun, auf Wiedersehen, Maliphant . Verstehst du mich mit dem Darlehen? Ich bin froh, dass es dem Hopfen gut geht; aber ich fürchte, ich." kann mit solchen Verhandlungen, wie Sie sie vorschlagen, nichts zu tun haben."

Ich ging mit meinem kleinen Korb am Arm die Straße entlang und dachte über diesen Satz und Hoads Haltung insgesamt nach. Es hat mich verwirrt. Es schien fast so, als wolle er Vater für etwas auszahlen. Aber was? Warum sollte die Wahl für Herrn Hoad so wichtig sein ? Und wie könnte er Vater auszahlen?

Ich konnte es nicht verstehen, aber ich hasste Mr. Hoad mehr denn je, und nichtsdestotrotz wegen seiner vulgären Scherze über Squire und mich. Ich nehme an, er dachte, Mädchen mochten solche Sachen, aber er war in jeder Hinsicht seltsam daneben.

Aber weder Mr. Hoad noch seine Worte gingen mir lange in den Sinn, muss ich sagen. Mein Kopf war so voll von anderen Dingen – von Dingen, die mir alles Weltliche vorkamen, weil sie dieses arme kleine, pochende, schmerzende Stück Egoismus, Margaret Maliphant , zutiefst betrafen –, dass ich kaum noch an etwas anderes denken konnte . Der Tag zuvor hatte einen lebhaften Eindruck bei mir hinterlassen; Es kam mir fast wie eine Ära in meinem Leben vor.

Die Art und Weise, wie Joyce die Nachricht von Franks Unfall erhalten hatte, die seltsame und rätselhafte Szene mit Deborah und nicht zuletzt die zufällige Entdeckung meiner Schwester und Harrod im Wohnzimmer und die Art und Weise, wie Harrod mir darauf geantwortet hatte , was mich zu meinem bitteren Bedauern dazu veranlasste, im Gegenzug einen Streit mit ihm anzustreben – reichte das nicht aus, um ein Mädchen wie mich damals zu quälen, das so sehr von Gefühlen und Gefühlen lebte?

Den ganzen Morgen hatte ich gehofft, Harrod zu sehen und ein kleines Wort mit ihm zu wechseln, das die Dinge zwischen uns wieder in Ordnung bringen würde; Setzen Sie sie auf jeden Fall dort ein, wo sie vorher waren. Noch vor zwei Tagen war ich so glücklich mit ihm auf dem Kamm der offenen Klippe gewesen, ich hatte so sicher gespürt, dass meine Gesellschaft ihm angenehm war, und jetzt war ich wieder angelehnt! Was war der Grund? Und gerade als ich mir diese Frage stellte, sah ich Joyce in dem niedrigen

Sessel am Kamin sitzen, mit den Tränen auf ihren langen Wimpern und dem dämmrigen Licht auf ihrem goldenen Haar.

Ich war so in meinen Traum vertieft, dass ich die Hauptfigur nicht auf mich zukommen sah, bis er dicht an meiner Seite war. Mein Herz hüpfte vor Freude in mir; Hier war meine Chance. Der Dämon – ich *würde* ihm seinen Namen nicht nennen – floh angesichts einer glücklichen Demut, die in mir aufstieg und mich fast froh machte, dass ich mich in Unrecht gesetzt hatte, dass ich es sagen und vergeben werden konnte.

Ah, was war diese schreckliche unsichtbare Macht, die alle Sinne, die mich bisher beherrscht hatten, mit Füßen trat? Wie kam es, dass ich so passiv, so unmerklich seiner Macht zum Opfer fiel? Wie kam es, dass ich nicht gekämpft habe? Wie kam es, dass ich vergessen hatte, stolz zu sein?

Ich glaube, dass ich ein Lächeln im Gesicht hatte, als ich zu Harrod's hinaufblickte. Ich weiß, dass in meinem Herzen ein Lächeln war, aber es muss sehr schnell verschwunden sein, denn sein Lächeln war ziemlich kalt. Mein Mut sank.

Ich weiß nicht, was ich befürchtete, aber ich hatte das Gefühl, als würde etwas unbekanntes Übel passieren. Doch wenn ich kühl genug gewesen wäre, ihn kritisch zu bemerken, hätte ich erkennen müssen, dass er nicht an mich dachte.

„War Hoad bei deinem Vater?" er hat gefragt.

„Ja", antwortete ich. „Er hat ihn gerade erst verlassen."

„Ich nehme an, er ist sehr verärgert über das Scheitern dieser Wahl", sagte er.

„Ich weiß es nicht", antwortete ich, ohne mich überhaupt um die Wahl zu kümmern. „Ich weiß nicht, warum es ihn so sehr stören sollte."

„Oh, das tue ich", knurrte Harrod und schlug geschickt mit einer Zeitung auf seine linke Hand, die er, wie ich jetzt sah, in der rechten hielt. „Der Teufel –"

Er hielt inne und biss die Zähne zusammen.

„Ja, er *war* wütend, nehme ich an", fügte ich hinzu und erinnerte mich an das Gesicht des Mannes. „Aber –" Ich wollte sagen: „Aber lasst uns nicht über Mr. Hoad reden ", und ich hatte nicht den Mut.

„Nun, ich wünschte, Sie würden versuchen, Ihrem Vater die Zeitung heute aus dem Weg zu räumen, wenn Sie können", fügte er ruhiger hinzu. „Ich fürchte, da ist etwas drin, das ihn beunruhigen könnte."

Zu jeder anderen Zeit hätte mich diese Rede neugierig und wahrscheinlich auch beunruhigt gemacht, aber gerade jetzt war ich so sehr auf die Idee fixiert, mich zu demütigen und „die Dinge klarzustellen", dass ich sie kaum bemerkte.

„Ich nehme an, er liest es nicht oft vor dem Abend, oder?" fügte Harrod hinzu.

„Manchmal tut er das", sagte ich. „Ich werde mein Bestes geben. Was ist da drin – etwas Schlechtes am Hopfen?"

Der nachdenkliche Blick verwandelte sich in einen Ausdruck schlichter Verärgerung und Wut.

„Ich fürchte, das ist es", sagte ich, stolperte und versuchte, den Weg zu der Erklärung zu finden, die ich wollte. „Aber egal. Wie Sie gestern sagten, ist Hopfen immer eine sehr schwierige Sache, und Vater muss das ganz genau wissen. Es war sehr dumm von mir, zu sagen, was ich gestern über sie getan habe, Mr. Harrod. Ich habe dumm geredet. Aber Ich weiß es besser, wissen Sie.

Ich sprach sanft, aber das Stirnrunzeln vertiefte sich fast zu einem finsteren Blick auf dem Gesicht des Gerichtsdieners.

„Warum um alles in der Welt glauben Sie, dass Hopfen etwas damit zu tun hat?" rief er.

Seine Lippe zitterte auf die schreckliche Weise, die ich schon bei ihm bemerkt hatte. Es war sehr geringfügig, so geringfügig, dass es niemand anderem aufgefallen wäre, aber für mich war es schrecklich – es machte mir Angst. Ja; und vor zwei Monaten hatte ich ihn noch nie so gesehen – ich wusste nicht, dass das möglich ist.

„Ich bitte um Verzeihung", sagte er mit leiser Stimme; „Aber tatsächlich hat das Thema, auf das ich mich in der Arbeit bezog, überhaupt nichts mit der Landwirtschaft irgendeiner Art zu tun."

Ich habe nichts gesagt. Ich hätte kein Wort sprechen können. Er stand einen Moment da, das Gesicht von mir abgewandt, dann sagte er abrupt „Guten Tag" und ging die Straße entlang.

Ohne mich um ihn zu kümmern, machte ich mich auf den Weg. Ich hatte vergessen, wohin ich wollte; Eine große Last lastete auf meinem Herzen. Dennoch war nichts geschehen. Ich hatte dummerweise auf einer Sache herumgespielt, die ihn, wie ich hätte sehen können, verärgert hätte; er *war* verärgert gewesen und es hatte ihm leidgetan. Was war da drin? Nichts. Nein, es war nicht etwas passiert, es war nichts passiert; Es war so, dass jede

Kleinigkeit, die Tag für Tag geschah, mir deutlicher zeigte, dass nichts passieren konnte, dass ich keinen Halt hatte, dass mir der Boden unter den Füßen wegrutschte.

Ich ging mechanisch vorwärts, mir war schwindelig, die Luft tanzte um mich herum und mein Herz schlug in seinem Käfig herum. Ich wiederholte mir immer wieder, dass ich nicht gesagt hatte, was ich sagen wollte, und dass, wenn ich gesagt hätte, was ich sagen wollte, alles gut gewesen wäre. Ich hatte instinktiv das Gefühl, dass ich der Sache nicht auf den Grund gegangen war; Aber ich wusste nicht, dass ich der Sache nicht auf den Grund gehen konnte, dass ich es nicht gewagt hätte, auch nur meilenweit davon entfernt zu sein.

Und immer noch ging ich unter den Laubbäumen weiter, mit diesem unerklärlichen Hunger in mir, bis ich wie in einem Traum auf den breiten Stufen des Herrenhaustors stand. War es Vergebung, die ich von ihm wollte? Er hätte sich nur gewundert, wenn ich gesagt hätte, dass es nötig sei. Was wollte ich?

Ich läutete die große Glocke, die so leer durch die Halle hallte. Der Klang rief mich zu mir selbst zurück, aber während sich die Worte der Botschaft, die ich zu überbringen gekommen war, auf meinen Lippen formten, bildete sich in meinem Herzen ein plötzlicher Entschluss.

Als sich die Tür öffnete, überbrachte ich nicht nur meine Nachricht, sondern fragte, ob der Gutsbesitzer zu Hause sei. Ich wage zu behaupten, dass der Mann erstaunt war. Es kam mir nicht in den Sinn , darüber nachzudenken, ob er es war oder nicht; Ich hatte nicht genug Erfahrung mit der Welt, um über so etwas nachzudenken; und mein Vorsatz brannte zu hell in mir für solche Überlegungen.

Man führte mich durch die große Halle, die Frank Forrester am Abend des County-Balls so geschickt mit Fahnen und Girlanden geschmückt hatte, in den langen Raum dahinter, der durch drei große, tief eingeschnittene Fenster, die die Landschaft umschlossen, auf den schönen Rasen blickte in ihren dunklen Eichenrahmen. Ich lehnte mich auf eines der verblichenen Kissen der Fensterbank und blickte in den Garten hinaus. Es war auf einem großen Rasenquadrat angelegt, das auf beiden Seiten von einem breiten, altmodischen Blumenbeet flankiert wurde. aber bis zum Baumgürtel zum Sumpf hin war es frei, und durch die Bäume hatte man einen Blick auf das weite, traurige Land mit dem Meer in der Ferne, das wir vom Gutshof aus sahen; Rechts vom Rasen befanden sich die Ruinen der Kapelle aus dem 13. Jahrhundert, der hohe, schlanke Bogen des Chors und der anmutige kleine Türmchen des Glockenturms, der sich von den Ulmen und Bergahornen abhob.

Wie gut erinnerte ich mich an jenen Ballabend, als wir – der Knappe und ich – ins Mondlicht hinausgegangen waren und ich Joyce dafür beneidet hatte, einen Liebhaber zu haben! Ja, ich hatte mich gefragt, ob ich jemals einen Liebhaber haben sollte, der im Mondlicht so mit mir sprechen würde, mit seinem Herzen in der Stimme.

Joyces weißes Kleid hatte im Schatten dieser dunklen Ruine geflattert – kalt wie die Leichentücher der Geister, die sie möglicherweise bevölkerten. Jetzt erinnerte ich mich daran, als wäre es ein böses Omen gewesen. Aber dann war mir nichts kalt vorgekommen. Ich hatte Joyce dafür beneidet, einen Liebhaber zu haben. Neide ich sie immer noch um ihren Liebhaber?

Im Flur ertönte ein Schritt, und ich stand auf und hielt meinen Korb mit dem Gelee darin; Mein Herz klopfte ein wenig angesichts der Fremdartigkeit des Ortes, denn vor dem Gutsherrn hatte ich keine Angst.

In dem dunklen Eichenzimmer wurde es etwas düster; Ich hatte es morgens nicht geschafft auszusteigen, es war Nachmittag, später Nachmittag, weil Harrod mich aufgehalten hatte. Ein Schatten über dem Himmel draußen hinterließ in der alten Täfelung sehr dunkle Ecken, die durch die schweren Gobelinvorhänge noch dunkler wurden. Im Haus des Gutsherrn war alles düster und altmodisch, von solider Gebrauchstauglichkeit. Wie ich wusste, gab es in dem zitronengelben Salon mit den Kanarienvogelvorhängen zarte Möbelstücke aus satiniertem Holz, aber hier, in dem Zimmer, in dem der Gutsherr saß, war alles zum Gebrauch bestimmt.

Ich habe alles auf einen Blick erfasst; die Regale, die die Wände säumten – Bücher und Bücher und Bücher für den, der behauptete, nicht zu lesen –, das geschnitzte Sofa am Kamin, der alte Ledersessel, aus dem er gerade aufgestanden sein musste, der große Tisch, der mit Zeitungen und Broschüren übersät war, Fahrhandschuhe, Jagdpeitschen, Hundehalsbänder und alle möglichen seltsamen Geräte, die Landherren zu benötigen scheinen. Ein alter türkischer Teppich bedeckte den Boden, und ein schwerer Vorhang hielt den Luftzug von der Tür fern; Es war ein gemütliches Winterzimmer, dunkel und heiß an diesem warmen Septemberabend.

Als ich hinsah, erinnerte ich mich an einen anderen Raum, in dem ich vor nicht allzu langer Zeit allein gewesen war – ein anderer Raum, den ich mit anderen Gefühlen betrachtete. Ich zitterte, als ich daran dachte, genauso wie ich einen Moment zuvor in der heißen Luft draußen gezittert hatte.

Der Gutsbesitzer kam herein. Er sah aus, als wäre er krank gewesen, aber er sah nicht krank aus, und sein einladendes Lächeln strahlte Sonnenschein aus.

„Nun, Miss Margaret, das ist eine Ehre für einen alten Junggesellen", sagte er. „Es lohnt sich, krank zu sein – oder *zu sagen* , dass man krank war, denn mit mir ist kaum etwas passiert. Ich wäre längst weg gewesen, wenn es nicht diesen lästigen Arzt gegeben hätte, den Mrs. Dalton unbedingt anrufen wollte." In."

Ich lächelte. Ich wusste nicht, was ich sagen sollte – wie ich anfangen sollte.

„Mutter hat dir dieses Gelee geschickt", sagte ich und beeilte mich, über den erklärten Zweck meines Besuchs nachzudenken. „Das machen wir zu Hause, und sie glaubt, dass es alles heilen wird." Ich hielt den Korb hin und stellte ihn dann auf den großen Tisch hinter mir. „Und Vater möchte wissen, ob Sie möchten, dass er heute Abend vorbeikommt und sich mit Ihnen unterhält", fuhr ich hastig fort, bevor er Zeit für eine Antwort hatte.

„Oh, das konnte ich nicht zulassen", sagte der Gutsbesitzer. „Ich habe gehört, dass es ihm neulich wieder nicht so gut ging. Mittlerweile bin ich ganz genesen enttäuscht?"

„Oh je, nein, Vater hat überhaupt nichts dagegen", sagte ich ungeduldig. „Aber komm doch. Ich bin sicher, Mutter wird sich riesig freuen, dich wieder im Grange zu sehen. Sie sagt, du kommst heutzutage nie mehr in unsere Nähe."

„Was, wurde ich vermisst?" sagte er mit einem winzigen Anflug von Sarkasmus in seiner guten Stimme.

„Natürlich", antwortete ich schlicht. „Du weißt, wie sehr Mutter dich liebt – und Vater auch. Außer Captain Forrester glaube ich nicht, dass er mit irgendjemandem so gut klarkommt."

Sein Gesicht verzog sich, und es tat mir leid.

„Er hat mehr Übung mit mir", lachte er.

„Ja", sagte ich. „Aber er liebt Captain Forrester so sehr. Er ist wegen seines Unfalls furchtbar erschüttert. Wenn Mr. Hoad nicht gekommen wäre und ihn heute Nachmittag beunruhigt hätte , würde er auf ihn zukommen Bis bald. Aber er gab mir diesen Brief und sagte mir, ich solle Sie bitten, die Adresse anzugeben.

„Oh, Frank geht es gut", sagte der Gutsbesitzer ein wenig ungeduldig. „Es ist nichts weiter als ein verstauchtes Handgelenk und ein verstauchter Knöchel. Nur hatte er keine Lust herunterzukommen;

Es war eher ein Sturz, nach all dem Mitgefühl, das ich für Frank zu gewinnen versucht hatte, und den Vorwürfen, die ich Joyce wegen ihrer Kälte gemacht hatte! Aber Joyces seltsames Verhalten war trotzdem so, weil er sich nur den Knöchel verstaucht hatte.

„Ich bin froh, dass er nicht schlimmer verletzt ist“, sagte ich; Und als mir klar wurde, wie sehr ich mich freute , fügte ich hinzu: „Oh, ich bin sehr froh.“

„Der Junge hat recht“, wiederholte der Gutsbesitzer auf die gleiche Weise.

Er trat an den Tisch, an dem ich die ganze Zeit gelehnt hatte, und sagte auf eine sehr dankbare Art: „Sie haben also wirklich dieses Gelee für mich gemacht und sind extra hierher gekommen, um es mitzubringen.“ Mich?"

Ich sah ihn erstaunt an. Man hätte meinen können, dass die Herstellung von Gelee furchtbar harte Arbeit sei und dass die Entfernung vom Grange zum Manor mindestens fünf Meilen statt nicht einer beträgt.

„Oh je, nein“, sagte ich. „Ich habe es nicht geschafft. Mutter hat es gemacht; ich habe ihr nur dabei geholfen, es abzuseihen. Und ich bin nicht absichtlich hierher gekommen, um es mitzubringen.“

Nun war es an dem Knappen, mich erstaunt anzusehen. „Nein, ich bin gekommen, um dich etwas zu fragen“, fuhr ich hastig fort und stürzte mich heftig auf mein Thema. „Erinnern Sie sich, dass Sie mir im Sommer einmal gesagt haben, Herr Broderick, dass ich, wenn ich jemals in Schwierigkeiten stecke und Hilfe brauche, zu Ihnen kommen solle?“

„Ja, ich erinnere mich sehr gut daran“, antwortete er. "Ich meinte was ich sagte."

„Das wusste ich“, sagte ich. „Deshalb bin ich gekommen.“ Er kam ganz nah an mich heran.

„Danke“, sagte er, und damals kam es mir nicht seltsam vor, dass er „Danke“ sagen sollte. „Ich bin froh, dass du gekommen bist. Du steckst also oben im Grange in Schwierigkeiten! Ah, ich hatte Angst, ich hatte große Angst, dass es kommen würde! Komm, setz dich und erzähl mir alles darüber.“

Er nahm meine Hand und führte mich zur Eichenbank. Wir hatten uns noch nie hingesetzt; Ich glaube, keiner von uns hatte gedacht, dass ich länger als eine Minute bleiben würde.

„Es geht um Joyce“, sagte ich.

Er zuckte zusammen, aber er sah nicht verzweifelt aus, sondern eher überrascht. „Ich bin furchtbar unglücklich wegen Joyce“, wiederholte ich.

"In der Tat!" antwortete er besorgt. "Wie ist das?"

„Ich habe meiner Mutter versprochen, es niemandem zu erzählen“, antwortete ich; „Aber ich kann nicht anders – ich muss es jemandem erzählen , denn ich weiß nicht, was ich tun soll.“

„Ja, sag es mir “, wiederholte er .

„Erinnern Sie sich an den Ball, den Sie letzten Frühling hier im Manor gegeben haben?“ fragte ich.

„Ah ja, ich erinnere mich“, antwortete er, dachte ich traurig.

„Nun, Joyce war an diesem Abend mit Captain Forrester verlobt“, sagte ich.

Ich sah, wie sein Gesicht ernster wurde, so wie damals, als er mich zuerst vor Frank gewarnt hatte.

„Mutter gefiel es nicht, sie – sie wollte etwas anderes für Joyce“, fuhr ich ausweichend fort und wollte den Gutsbesitzer nicht glauben lassen, dass Mutter bemerkt hatte, dass er meine Schwester mochte – „sie sagte, sie müssten ein Jahr warten . Ja, und sich nicht ständig treffen und nicht miteinander schreiben. Aber es ist nicht möglich, dass zwei Menschen, die sich umeinander kümmern, so weitermachen können. Oder?“ schrie ich eifrig.

„Ja, es wäre möglich, wenn sie sich wirklich umeinander kümmern würden, Miss Margaret“, sagte er plötzlich; „Aber es wäre schwer.“

„Oh ja, ja, zu sehr“, rief ich. „Sie *haben* sich getroffen. Ich habe es einmal geschafft. Aber jetzt möchte ich, dass sie sich wiedersehen.“

„Deshalb waren Sie so darauf bedacht, dass Frank zu den Wahlen kommt“, sagte er. „Ich habe mich gefragt, warum du so besorgt warst.“

„Ja, deshalb. Verstehst du das nicht?“ Ich erklärte. „Und jetzt, wo er diesen Unfall hatte, ist es schlimmer denn je. Du sagst, es sei nicht sehr schlimm, und ich bin froh; aber siehst du nicht, wie schlimm es für Joyce sein muss? Es kann nicht gut sein.“ Sie, nicht wahr? Und deshalb möchte ich, dass du ihn hierher bringst, damit sie sich manchmal treffen können. Das könntest du leicht. Es wäre nur nett von dir. Er sollte gepflegt und wieder gesund werden.“

Er löste den Blick von meinem Gesicht, wo er ihn befestigt hatte, stand auf und ging zum Fenster.

„Hier gibt es niemanden, der sich um die Krankenpflege kümmert“, sagte er. „Frank kann zu seiner Mutter gehen, um sich stillen zu lassen.“

„Na ja, ich meinte nicht das Stillen“, beeilte ich mich zu sagen und korrigierte mich. „Ich glaube nicht, dass er Pflege braucht, wenn es nicht schlimmer ist, als Sie sagen.“

Es herrschte Stille.

„Du *wirst* ihn bitten zu kommen, nicht wahr?“ wiederholte ich leise.

Der Knappe drehte sich um. Sein Gesicht war ziemlich hart.

„Nein, Miss Margaret“, sagte er. „Ich kann es nicht tun. Ich würde alles tun, um Ihnen zu gefallen, aber das kann ich nicht. Was Sie mir erzählt haben, beunruhigt mich sehr – weit mehr, als Sie ahnen können. Ich hatte so etwas befürchtet Frühling; aber dann ist Frank weggegangen, deine Schwester und er wurden getrennt, und als sie aus ihren Ferien zurückkam, nun ja – besonders in letzter Zeit – habe ich dafür gesorgt, dass überhaupt nichts drin gewesen war.“

Er hielt inne und ich fragte mich, warum er, besonders in letzter Zeit, dafür gesorgt hatte, dass nichts darin war.

„Wenn Ihre Schwester sich um Frank kümmert, tut es mir sehr leid“, fuhr er sanft fort; „Aber ich kann nicht umhin zu hoffen, dass Sie sich irren.“

„Ich irre mich nicht“, rief ich vehement und stand auf.

Er sah mich mit einem seltsamen Mitleid im Blick an.

„Nun, dann kann ich nur hoffen, dass sie ihn vergisst“, fügte er hinzu.

"Vergiss ihn!" rief ich. „Glaubst du, dass Mädchen die Männer, die sie lieben, so leicht vergessen?“

„Ich denke, es hängt zum Teil vom Mädchen ab“, sagte er, immer noch mit einem ungewohnten Ernst im Ton, „und zum Teil von der Art der Liebe.“

Die Worte verblüfften mich für einen Moment; Sie schienen ein Echo von etwas in meinem eigenen Gehirn zu sein, das dort immer wieder widerhallte und mich ohrenbetäubend machte.

„Ich glaube nicht, dass Joyce Frank jemals vergessen wird“, wiederholte ich verbissen.

„Nun, dann kann ich nur noch einmal sagen, dass ich darauf vertraue, dass Sie sich irren“, antwortete der Gutsbesitzer bestimmt; „denn ich fürchte, dass er sie sicherlich vergessen wird.“

„Ich glaube es nicht“, rief ich.

„Sie können sich vorstellen, dass ich so etwas nicht freiwillig über meine eigenen Verwandten und Verwandten sage", antwortete er mit einem Hauch seiner alten Gereiztheit in der Stimme, „aber ich fürchte, dass es so sein könnte. Franks Mutter ist eine ehrgeizige Frau, die Familie ist arm, und sie hat es sich ins Herz geschlossen, dass er eine Erbin heiratet. Tatsächlich gibt es eine bestimmte Erbin, von der sie ihn jetzt drängt, seinen Anzug zu zahlen. Er ist ein faszinierender Kerl, wenn er will. I Ich wage zu behaupten, dass es ihm gelingen wird, wenn er es versucht. Und er schätzt den Trost, sein Brot ohne Probleme mit Butter bestrichen zu bekommen. Ich fürchte, er könnte es versuchen."

Ich schwieg – verblüfft.

„Nein", fügte der Knappe hinzu; „Anstatt zu versuchen, deine Schwester und Frank wieder zusammenzubringen, werde ich mein Möglichstes tun, um sie auseinanderzuhalten. Ich werde an jedem Ehrgefühl arbeiten, das Frank hat – und Gott sei Dank! Er mag schwach sein, aber es fehlt ihm nicht." in einem Gefühl der Ehre – um ihn zu bewegen, sie nie wieder zu sehen. Dann, wie Sie sehen werden, wird sie ihn bald, sehr bald, von der fiktiven Bindung befreien, die sie bindet, und sich die Freiheit lassen, erneut zu wählen, und zwar klüger ."

„Joyce wird sich nie wieder entscheiden", murmelte ich.

Ich hatte einen großen Kloß im Hals, der mich fast daran hinderte, die Worte herauszubringen. Meine Zunge war ganz trocken und wollte sich nicht bewegen, und ich spürte einen kalten Schauer auf meiner Stirn und auf meinen Lippen, obwohl sie ausgetrocknet waren. Ich verschränkte meine Hände – auch sie waren ziemlich kalt.

Der Knappe kam auf mich zu, er kam ganz nah. Das Zimmer war jetzt sehr dunkel, obwohl draußen die Sonne gerade erst untergegangen war, denn die Fenster blickten nicht auf den Sonnenuntergang. Die ganze Gereiztheit, die meine wahnsinnige Hartnäckigkeit hervorgerufen hatte, war aus seinem Gesicht verschwunden; es war sehr zart. Er sah mich wieder mit diesem seltsamen Mitleid in seinen Augen an.

„Ah, mein Kind", sagte er und nahm eine meiner Hände in seine, „warum versuchst du so sehr, mich davon zu überzeugen, dass deine Schwester Frank liebt? Warum versuchst du so sehr, dich selbst davon zu überzeugen?"

Ja, warum habe ich mir so viel Mühe gegeben? Ich antwortete nicht, aber der Kloß in meinem Hals schwoll größer denn je an. Ich löste meine Hände, ließ meine Arme gerade nach unten fallen und schaute ihm ins Gesicht. Für einen Moment überkam mich ein wilder Impuls, dem Knappen etwas darüber zu erzählen, warum ich versuchte, mich von dieser Sache zu überzeugen. Ich war mir der tiefen, treuen Freundschaft so sicher, die aus seinen Augen leuchtete, als er mich ansah. Es war, als wäre er ein großer, starker, unbekannter Bruder, der gekommen war, um mir in meiner Not zu helfen; Ich hatte noch nie einen Bruder gehabt. Aber der Moment verging.

„Sie müssen sicher wissen, dass dem nicht wirklich so ist", fügte er hinzu.

Und dann habe ich meine Hand weggerissen.

„Ich weiß nichts dergleichen", sagte ich grimmig. „ Du hast gesagt, dass du mir helfen würdest, wann immer ich zu dir komme, aber das hast du nicht so gemeint. Jetzt, wo ich komme, um dich zu bitten, wirst du mir nicht helfen. Aber ich werde mir selbst helfen, ich werde Joyce helfen. Ich werde an Frank schreiben , und sag ihm, dass er zu ihr zurückkommen muss. Es ist mir egal, was er von mir denkt – was irgendjemand von mir denkt. Ihr seid grausam, ihr seid alle grausam; aber ich glaube nicht, dass er es sein wird grausam."

„Nein, ich bin nicht grausam", antwortete der Knappe. „Ich tue nur das, was richtig ist – das, was meiner Meinung nach das Beste für deine Schwester ist."

„Ja, du bist grausam", schrie ich außer mir. „Ihr seid alle grausam und egoistisch. Mutter ist auch grausam. Ich weiß, warum sie grausam ist – weil sie möchte, dass Joyce euch heiratet. Und ich weiß, warum ihr grausam seid – weil ihr Joyce heiraten wollt."

Oh , dass die Dunkelheit gekommen wäre, schnell und sofort gekommen wäre, um die Röte der Scham zu verdecken, die mir auf die Stirn stieg! Oh , dass sich das große Fenster geöffnet hätte, dass ich ins Freie hätte hinausstürmen können – weg, weg von allen! Wie konnte ich so unweiblich, so feige, so undankbar sein?

Ich stand still – bis ins Innerste – und wartete darauf, dass der Knappe etwas sagen würde.

Schließlich sagte er mit einer Stimme, die nicht im geringsten wütend war, wie ich es erwartet hatte, sondern die für mich tief und weit weg klang und ganz anders als seine eigene: „Warum haben Sie das gesagt? “

Die Stimme war so sanft, dass sie mir den Mut gab, aufzuschauen. Wenn all das Bedauern, das in meinem Herzen war, und all die Trauer, ihn verletzt zu haben, in meinen Augen aufstiegen, müssen sie an diesem Tag sehr groß und traurig gewesen sein.

„Oh, ich weiß es nicht", sagte ich und hob meine Hände, wie ich es immer tat, wenn ich meine Gebete sprach, nur dass ich glaube, dass ich meine Gebete noch nie zuvor mit so viel Gefühl gesprochen habe – „Das weiß ich."

„Ich weiß es nicht. Ich weiß nichts. Ich glaube, ich verliere den Verstand. Wirst du mir verzeihen?“

„Es gibt nichts zu verzeihen“, antwortete er. „Aber sag mir, warum hast du das gedacht?“

„Oh nein, nein; lass mich nicht noch mehr sagen“, flehte ich.

„Ja, das müssen Sie mir sagen“, beharrte er.

„Jeder hat das immer gedacht“, murmelte ich. „Mutter hat immer gesagt, du würdest nie so oft auf die Idee kommen, zum Gutshof zu kommen, wie du es früher getan hast, nur um mit einem alten Mann über Dinge zu streiten. Oh, ich weiß nicht, wie.“ Ich kann solche Dinge wiederholen! Es ist schrecklich. Aber, sehen Sie, Mutter hält so viel von Joyce. Sie war ziemlich unglücklich, weil Sie jetzt so selten kommen. Sie müssen ihr und mir auch verzeihen. Ich dachte *es* genauso. Nur Joyce nicht. Sie ist nicht so ein Mädchen. Und Vater auch nicht. Wenn Mutter es jemals andeutete, sagte er ihr, dass man außerhalb der eigenen Klasse nie an eine Hochzeit denken würde, und das hätte er auch nie getan hat es erlaubt. Vater ist sehr stolz.“

„Ja“, antwortete der Knappe, „und er hat Recht. Aber solch ein Stolz ist eine armselige Sache im Vergleich zu einer tiefen und ehrlichen Liebe. Es gibt ein Mädchen, das nicht zu meiner Klasse gehört, die ich heiraten würde, wenn sie wollte.“ habe mich, aber ihr Name ist nicht Joyce Maliphant .

„Nicht Joyce!“ rief ich, aufrichtig überrascht, aufrichtig enttäuscht und für einen Moment all meine vielen Gefühle vergessend.

„Nein“, sagte er ernst.

Er versuchte nicht noch einmal, meine Hände zu nehmen. Ich ließ sie noch einmal fallen und stand da und sah ihn an. Seine Augen schienen durch meine in mein Herz zu wandern. Ihr Blick machte mir Angst, er war voller wunderbarer Zärtlichkeit. Ich hätte nie zuvor gedacht, dass seine Augen schön sind; gute, freundliche, offene blaue Augen – mehr nicht. Aber wenn ich mich an diesen Abend an sie erinnere, denke ich, dass sie wunderschön gewesen sein müssen.

"Wie meinst du das?" Ich murmelte.

„Ich meine, dass ich *dich liebe* “, antwortete er.

Ich weiß nicht, was ich getan habe. Ich glaube, ich bin rückwärts von ihm weggekrochen, bis ich über einen Stuhl gestolpert bin und dann hineingefallen bin. Ich war geschockt.

„Wie kommt es, dass du es nicht erraten hast?“ fragte er zitternd.

Ich habe nicht geantwortet; Ich konnte nicht. Ich glaube, ich habe mein Gesicht mit meinen Händen bedeckt.

„Ich möchte nicht, dass es dich beunruhigt", sagte er. „Was auch immer Sie dagegen tun mögen, denken Sie bitte daran, dass es mich nicht beunruhigt haben wird. Zu keinem Zeitpunkt werden Sie mir etwas anderes als Vergnügen bereitet haben. Ich glaube, ich verstehe ein wenig, und ich werde Sie jetzt nicht belästigen. Das hatte ich nicht vor Ich habe es dir gesagt. Es ist dir durch das, was du gesagt hast, herausgerutscht. Geh nach Hause und vergiss es. Aber wenn du jemals einsam sein solltest und Liebe brauchst, denke daran, dass ich dich immer geliebt habe. Ja, seit du ein kleines Mädchen warst , und pflegte zu kommen und sich im Zimmer der Haushälterin das Kleid ausbessern zu lassen. Ich bin kein sentimentaler Mensch, wissen Sie. Das ist nicht meine Art. Das werde ich nie sein; ich werde mich nie ärgern. Aber ich werde immer lieben du, wie ich es jetzt tue.

Er machte keinen Schritt auf mich zu; Er blieb dort, wo ich ihn zurückgelassen hatte – mitten auf dem Kaminvorleger. Immer noch fassungslos, verwirrt und beschämt rappelte ich mich auf und ging zur Tür.

„Auf Wiedersehen", sagte er.

„Auf Wiedersehen", murmelte ich mechanisch.

Ich stand am stillen Abend draußen auf den Stufen des Manor-Tors. Vage erinnerte ich mich daran, dass, als ich die große, widerhallende Glocke geläutet hatte, in meinem Herzen ein Verlangen nach etwas verspürt worden war, das ich nicht erreichen konnte – nach etwas, das mir die Bitte, die ich stellen wollte, vielleicht zu sichern helfen würde. War das etwas Liebes , und hatte ich es mir gesichert?

KAPITEL XXXV.

Eines Morgens, ungefähr eine Woche nach meinem Besuch im Manor, waren Mutter und ich zufällig allein in der Molkerei.

Ich hatte die letzten Tage in Trance verbracht; Es schien mir, als hätte ich den Überblick über mich selbst verloren, aber wenn ich auf die vergangenen Jahre zurückblicke, bin ich mir einer Sache sicher: Ich war froh, dass der Gutsherr mich liebte.

In dem Aufruhr der Überraschung, einer Art Angst, des vagen, erbärmlichen Gefühls der Schiefheit und einer Spur Reue über das, was ich unwissentlich getan hatte, leuchtete ein heller, scharfer Lichtstrahl auf; Es war ein Gefühl des Stolzes und der Befriedigung, dass dieser Mann, von dem ich mich mit jedem Tag sicherer fühlte, dass er gut und loyal war, *mich* zum Lieben ausgewählt hatte . Darüber hinaus war ich mir über nichts sicher und war vor allem dankbar, dass ich keine Entscheidung treffen musste und dass ich niemandem erzählen musste, was passiert war. Der Gutsherr war freundlich gewesen, er hatte keine Frage gestellt und brauchte keine Antwort.

Das Hopfenpflücken begann gerade und Mutter legte fest, wie viel Milch für die Hopfen bereitgestellt werden sollte. Sie hat beim Hüpfen nie die übliche Menge Butter hergestellt; Sie sagte immer, dass Butter ein Luxus sei und dass sie den Arbeitern nicht die angemessene Menge Milch vorenthalten würde, damit diejenigen, die nicht arbeiteten, Butter bekamen.

Zu Hause war es in der vergangenen Zeit nicht gerade heiter gewesen. Obwohl ich mit fieberhafter Energie meinen Pflichten nachging und meine Mutter keinen Anlass mehr hatte, mich wegen dieser „trübseligen, albernen Art" zu tadeln, sah ich die Dinge zwar selbst durch einen dunklen Dunst; Dennoch glaube ich nicht, dass es allein meine Einbildung war, dass die Lage düster schien.

Ich war nicht in der Lage gewesen, an die Zeitung zu kommen, die Harrod mich anflehte, meinem Vater aus dem Weg zu gehen; er hatte es gesehen, bevor ich nach Hause kam, und hatte es mitgenommen, und ich habe es danach nie wiedergefunden; Alles, was ich darüber herausfinden konnte, war von Harrod, der meine Fragen etwas knapp beantwortet hatte, mir aber klar gemacht hatte, dass es eine Art Angriff auf Vater gewesen war, weil er sich von der liberalen Sache ferngehalten hatte, mit verdeckten Anspielungen darauf Bestimmte Gründe dafür, dass er dies tat, hingen entfernt mit der Lage seiner Finanzen zusammen.

Damals konnte ich mir das Ganze noch nicht ganz erklären, aber es kam der Tag, an dem ich erfuhr, wie ein niederträchtiger Mann eine ehrenhafte Tat seiner eigenen Taten verdächtigen kann, und dann war ich Trayton

Harrod dankbar, dass er sich als Vater für ihn eingesetzt hatte getan hatte. Aber damals sah ich nur , dass Vater sichtlich deprimiert war. Ich konnte sehen, dass er es kaum ertragen konnte, dass Harrod über die Farmangelegenheiten sprach. Es herrschte eine furchtbare Art von Gereiztheit an ihm, an die man sich jetzt nicht mehr erinnern kann, da ich mich daran erinnere, wie sie sich mit Stimmungen von seltsamer Sanftheit jedem gegenüber und einer fast kindlichen Demut gegenüber der Mutter abwechselte, wann immer er auch nur etwas sagte scharfes Wort an sie.

Sogar gegenüber Harrod, mit dem er meiner Meinung nach nie echtes Mitgefühl empfand, zeigte er, dass er sich über jedes scharfe Reden ärgerte, indem er sich von Zeit zu Zeit sehr geduldig alle neuen Pläne dieses geschäftigen, praktischen Geistes anhörte. Aber er schien seine Liebe zum Argumentieren verloren zu haben, die einst in ihm ausgeprägt war; er schien sich immer mehr in sich selbst zurückzuziehen. Obwohl ich egoistisch war und in meine eigenen Hoffnungen und Ängste vertieft war, machte es mich traurig. Sogar im Umgang mit Rev. Cyril Morland schien dieses Merkmal verschwunden zu sein. Er war so begeistert von dem philanthropischen Vorhaben wie eh und je; eifriger, als hätte er ein fieberhaftes Verlangen danach, dass *etwas, das* er unternommen hatte, schnell zu einem guten Ende gebracht werden sollte; Aber obwohl die beiden stundenlang zusammensaßen und sich mit Einzelheiten und Zahlen beschäftigten , war es jetzt eine harte, stille Arbeit, ohne die strahlende Begeisterung, die es zu Franks Zeiten gegeben hatte, ohne die angenehmen Träume, ohne die mitfühlende Zuneigung; und als ich ihn eines Abends in seinem Arbeitszimmer überraschte und fast wie verzaubert vor dieser Porträtskizze der jungen Camille Lambert stand, hasste ich Frank aus einem neuen Grund, warum ich nicht nach Marshlands kam.

Aber keiner von uns sprach jetzt von ihm. Nicht einmal ich – nicht einmal gegenüber Joyce. Ich hatte ihm den Brief geschrieben, den ich schreiben wollte, und wartete auf die Antwort darauf, aber ich sprach nicht über ihn. Mutter war die Einzige, die das tat; Sie sprach an diesem Morgen in der Molkerei von ihm.

„Meg", begann sie, „ich verstehe nicht, wie es sein kann, dass der Knappe nicht mehr wie früher zu uns kommt. Ich habe manchmal gedacht, dass du etwas damit zu tun haben könntest."

Ich sah mich schnell um. Ich war alarmiert.

„Warum um alles in der Welt sollte *ich* etwas damit zu tun haben?" Ich weinte. Aber ich sah, dass ich mir unnötig Sorgen machte; Mutter war so weit wie nie zuvor davon entfernt, die Wahrheit zu erraten.

„Ich fürchte, das ist nicht sehr unwahrscheinlich, meine Liebe“, antwortete sie. „Du bist noch jung, und dir könnte sogar etwas entgehen, ohne es zu meinen. Und dann bist du meisterhaft und hast dein Herz darauf gerichtet, dass diese Affäre direkt zwischen Joyce und dem Kapitän kommt, obwohl der Herr allein es weiß.“ Warum sollten Sie annehmen, dass ein junger Schmetterling wie dieser ein besserer Ehemann wäre als Squire Broderick? Die Wahrheit ist, Margaret, ich fürchte, Sie haben Geschichten erzählt.“

Sie hatte einen Teil der Wahrheit erraten, aber was für einen kleinen Teil davon! Ich schwieg und sie sah mich scharf an.

„ Natürlich , wenn das der Fall ist“, sagte sie streng, „dann handelt es sich um den schlimmsten Unfug, den du dir nur antun konntest. Aus dieser anderen Angelegenheit wird nie etwas werden, wie ich schon von Anfang an ziemlich gut vermutet habe.“ Das würde ich nie tun. Der schicke junge Freund hat inzwischen schon andere Fische zum Braten, und zum Glück ist Joyce zu vernünftig, um sich über einen geflogenen Vogel Sorgen zu machen. Sie hat nie den Wert auf ihn gelegt, den Sie sich vorgestellt haben, und das schon vorher Nach Ablauf des Jahres wäre es ihr sehr leid, wenn sie sich an ihre Abmachung halten müsste.

„Nun, wie auch immer das sein mag“, antwortete ich mit einem inneren Gefühl der Überlegenheit, „Joyce wird den Knappen niemals heiraten, also brauchen Sie sich darüber keine Sorgen zu machen.“

„Solche Bemerkungen behältst du lieber für dich, Margaret“, sagte Mutter kalt. „Sie können unmöglich überhaupt etwas über die Sache wissen.“

Ach! aber ich war einfach derjenige, der alles über die Sache wissen konnte und wusste. Wenn ich jetzt darüber nachdenke, ist es für mich ein Wunder, dass Mutter überhaupt nicht ahnen konnte, was wirklich vor sich ging; aber es war zu offensichtlich, dass sie es nicht tat. Ich nehme an, ihr Geist war so auf eine Sache fixiert, dass sie an nichts anderes dachte. Schließlich ist es bei uns allen so.

„Soll ich denn verstehen, dass Sie mit dem Gutsherrn Unsinn geredet *haben* , Margaret?“ fragte sie in ihrer würdevollsten Art.

Es lag nicht in mir, zu lügen.

„Ich habe dem Gutsbesitzer gesagt, dass Joyce und Frank verlobt sind“, sagte ich, „falls das Unsinn ist.“

Ich habe es nicht böse gesagt. Ich glaube, dass meine hitzigen Wutanfälle seltener wurden, aber ich sagte es, ohne mit der Wimper zu zucken, obwohl ich wusste, wie meine Mutter sich fühlen würde. Sie setzte sich verzweifelt hin und holte tief Luft, statt sie mit einem langen Seufzer auszustoßen.

"Beschäftigt!" rief sie schließlich mit einem vernichtenden Akzent der Verachtung.

„Nun, es ist die Wahrheit", beharrte ich hartnäckig.

„Nein, das ist nicht die Wahrheit, Margaret", antwortete Mutter mit Nachdruck. „ *Sie* könnten sich dafür entscheiden, sie als verlobt zu betrachten, aber *ich* tue es nicht. Und was noch schlimmer ist, Joyce nicht. Ich bin dankbar, sagen zu können, dass ich eine Tochter habe, die ihren Ältesten gegenüber immer ein gewisses Maß an Wohlgefühl und Respekt hatte Besserwisser. Deine Schwester *hat nie* gedacht, dass sie mit dem Kapitän verlobt ist."

„Sie sollten sich verloben, wenn sie in einem Jahr derselben Meinung wären", sagte ich. „Nun, sie sind bisher derselben Meinung, also ist es praktisch dasselbe."

„Das glaube ich nicht", sagte Mutter mit schlüssiger Stimme. „Aber ich muss die Angelegenheit nicht mit Ihnen besprechen. Ich muss Squire Broderick darauf hinweisen, dass er falsch informiert wurde. Und in der Zwischenzeit werde ich Sie bitten, für sich zu bleiben und nicht mit anderen über Dinge zu sprechen, die Sie nichts angehen." außerhalb der Familie.

Natürlich hatte ich die Zurechtweisung verdient, und ich habe sie stillschweigend hingenommen. Aber ich konnte nicht umhin, ein wenig besorgt darüber zu sein, wie das geplante Gespräch zwischen Mutter und dem Gutsherrn verlaufen würde. Wenn Mutter dem Gutsherrn erlauben würde, zu sehen, in welchem Zustand sie sich wohl befand, würde er ihr dann nicht sagen können, dass sie sich geirrt hatte?

Beim ersten Hopfenpflücken lernte sie ihn kennen. Diese seltsame Mischung seltsamer Leute, die sich unter den Hopfenpflückern des Dorfes „Ausländer" nennen, tauchte bereits auf, und Mutter ging immer zu Beginn der Saison hin, um sicherzustellen, dass es den armen Geschöpfen genauso gut ging möglichst in ihren Strohhütten aufzusuchen und sich generell über die Lebensumstände bei ihnen zu erkundigen. Ich kann mir vorstellen, wie sie jetzt sorglose Mütter wegen ungepflegter Kinder und sorglose Mädchen wegen zerrissener Röcke und ungepflegter Ellbogen ausschimpft, wie sie sich nach der Ursache für blasse Gesichter erkundigt, Abhilfemaßnahmen vorschlägt und für Linderung sorgt.

Sie war mit Joyce zum Lager gegangen, denn sie hatte mich zu Craigs Farm reiten lassen, um etwas Butter zu holen, unsere war so schlecht geworden. Als ich nach Hause kam, überholte mich Trayton Harrod. Ich hatte ihn im

Nachbardorf gesehen, aber ich hatte Marigold angefeuert, denn ich wollte nicht mit ihm sprechen.

„Sie sollten dieses arme Biest nicht so hart reiten, Miss Margaret", erinnere ich mich, wie er sagte, als er auf mich zukam; „Du wirst ihr den Wind brechen."

„Oh je, nein", erklärte ich und lachte hart, denn ich hatte keine sanfte Stimmung ihm gegenüber; „Sie ist ein ganz anderes Geschöpf als das alte schwarze Ding, auf dem du reitest, und sie versteht mich. Mutter ist heute Abend beim Hüpfen, und ich möchte sie dort treffen."

Während ich sprach, peitschte ich das Pferd noch einmal, und es stürmte wild vorwärts. Wir waren gerade an der Stelle angekommen, wo es eine Abkürzung über das Sumpfgebiet gibt, und ich stellte sie vor das Tor. Sie nahm es wie ein Reh und flog, als würde sie auf Flügeln getragen, als sie den Rasen unter ihren Füßen spürte. Sie machte mich für einen Moment schwindelig, und als ich zurückblickte, sah ich, dass Harrod am Boden lag — sein Pferd hatte sich geweigert, den Zaun zu nehmen. Aber noch während ich darüber nachdachte, mich umzudrehen, sah ich, wie er wieder in den Sattel sprang, und ein paar Minuten später war er wieder neben mir.

„Was hat dich dazu gebracht, das zu tun?" er weinte außer Atem. „Sie könnten einen schweren Unfall gehabt haben. Es war Torheit."

Ich habe nicht geantwortet. Das Tempo, mit dem ich unterwegs war, erschwerte tatsächlich das Sprechen, und damit konnte er nicht rechnen.

„Sie gehen zu hart, Miss Maliphant ", rief er erneut. „Halten Sie bitte die Stute auf."

Der gebieterische Ton irritierte mich, und weit davon entfernt, zu tun, was mir befohlen wurde, versetzte ich Marigold einen Schlag mit der Peitsche. Ihr Blut war bereits hoch; Sie bäumte sich auf und versuchte mit aller Kraft, mich abzuwerfen. Mr. Harrod beugte sich vor und packte sie am Zügel.

„Nicht, nicht", schrie ich gereizt. „Du ärgerst sie nur; lass sie in Ruhe."

Aber er beugte sich immer noch zu mir vor und hielt das Pferd fest, und wir donnerten immer noch über den weichen Boden über die leere Ebene. Es gab keine Straße; wir waren ganz allein; und jeden Moment wusste ich, dass wir auf einen unsichtbaren Damm stoßen könnten, der Marigold auf die Knie und mich auf den Hals schicken würde.

Ich wusste, wenn ich jemals in Lebensgefahr schwebte, dann war ich in Lebensgefahr; Aber das Gefühl der Gefahr und des starken Arms — *dieses* starken Arms — bereit, mich zu retten, wenn er könnte, sein Atem, der mir heiß auf die Wange strich, seine Augen, die auf mich brannten, obwohl ich sie nicht sehen konnte – all das hob mich in die Tiefe ein seltsames Delirium der Aufregung, der Wut, der Freude. Ja; Ich glaube, wenn ich überhaupt darüber nachdachte, wünschte ich mir, dass diese Fahrt ewig weitergehen würde. Aber es war schnell genug vorbei. Marigold stolperte über nichts, sie flog geradeaus wie ein Pfeil aus einem Pfeil, bis sie schließlich ihren Meister erkannte und still blieb.

„Nun, Miss Maliphant ", sagte er ruhig nach ein oder zwei keuchenden Minuten, „wären Sie nicht so freundlich, mir diese Peitsche zu geben?"

Ich sah ihn an; meine Wange brannte , mein Busen hob und senkte sich wild.

„Nein", antwortete ich; "warum sollte ich?"

Er lächelte. „Nun, ich weiß, dass du es nicht noch einmal benutzen wirst", antwortete er, fast ärgerlich gleichgültig gegenüber meiner Unhöflichkeit. „Ich hoffe, Sie haben gelernt, dass Marigold nicht manipuliert werden kann."

„Ich hatte nicht die geringste Angst", sagte ich mit leiser Stimme.

„Bei meinem Wort bist du ein großartiges Mädchen", sagte er und sah mich immer noch an.

Ich fühlte, wie mein Gesicht röter wurde als je zuvor, aber was ich gesagt hatte, war keine bloße Prahlerei.

„Aber *ich* hatte Angst", fügte er hinzu; und dann mit sehr sanfter Stimme: „Du wirst es nicht noch einmal tun, oder?"

Sein Temperament hatte mir gut getan, seine Zärtlichkeit war fast zu viel für mich.

„Nein", murmelte ich; und das Gefühl, dass er *sich um ihn kümmerte,* ließ meine Stimme so zittern, dass ich es nicht wagte, mehr zu sagen.

„Ein Mädchen weiß nicht, wie schnell es einen Streich zu viel gespielt hat. Ich kann dir sagen, dass wir gerade jetzt einer größeren Gefahr ausgesetzt waren, als damals, als der Stier kurz davor war, dich wegzuwerfen. Erinnerst du dich daran?"

Habe ich mich daran erinnert? Ja, und viele andere Dinge seitdem. Der Gedanke an sie hielt mich zum Schweigen und ließ mein Herz höher schlagen, bis ich fürchtete, er würde es sehen. Oh, was hätte ich dafür gegeben, wieder unter diesem fünffach vergitterten Tor zu stehen, mit Trayton Harrod über mir und der ganzen Zukunft vor mir! Aber nun – wie sah die Zukunft aus?

„Versprichst du mir, nicht noch einmal so dumm zu sein?" wiederholte er
sanft. „Es macht keinen Spaß, sich das Genick zu brechen, wissen Sie."

Mein Herz war groß; Er war sehr freundlich zu mir und sehr vorsichtig
mit mir – so wie er es immer gewesen war. Ich wartete – wartete darauf, dass
er noch etwas sagte, dass er seine Hand noch einmal auf meine legte, wenn
auch nur, um Marigolds Zaumzeug zu kontrollieren.

Aber die Stute ging jetzt ganz ruhig, und er brauchte seine Hand nicht an
ihr Zaumzeug zu legen. Er schien nicht einmal zu bemerken, dass ich seine
Frage nicht beantwortet hatte. Wir ritten an den Hopfenfeldern entlang, wo
das Lager aufgeschlagen war. Entlang der Gassen kamen Gruppen von
Hopfenpflückern aus dem Dorf nach Hause; ganze Familien, die sich jeden
Morgen mit dem Abendessen in Tüten und Körben und den Babys in blau
getönten Kinderwagen auf den Weg machten. Die kegelförmigen
Strohhütten bildeten einen Kreis unter der Ahornhecke, und in der Mitte des
Feldes füllten die Leute ihre Krüge und Kessel an zwei großen Wasserfässern
auf Rädern, die dort zu ihrem Gebrauch aufgestellt waren. Wir banden
unsere Pferde am Zaun fest und gingen hinauf. Die Frauen fingen an, ihr
Feuer anzuzünden, und Vater protestierte mit einem großen, hübschen
Mädchen, das begonnen hatte, sein Feuer zu nahe an das gefährliche Stroh
zu legen.

Sie blickte ihn unverschämt an, aber die Worte auf ihren Lippen waren
von einem Lächeln überwältigt, denn er hatte sich gebückt, um ein weinendes
Kind hochzuheben, und das Kleine hatte bei seinen zärtlichen Worten sein
Wimmern gestoppt und war da blickte ihn vertrauensvoll an. „Es kommt
nicht oft vor, dass sie sich auf Fremde einlässt", sagte die junge Mutter. „Sie
ist stolz und meisterhaft – und macht auch einen guten Job. Sie hat keinen
Vater, der für sie kämpft, und sie könnte durchaus lernen, den Männern nicht
zu vertrauen."

Ich weiß nicht, was Vater gesagt hat, ich habe nicht zugehört. Mutter
sprach mit dem Gutsbesitzer in einer entfernten Ecke des Feldes, und
obwohl ich mich davor scheute, den Gutsbesitzer zu sehen, wollte ich
wissen, was er zu Mutter sagte. Aber es schien nur ein alltägliches Gerede zu
sein.

Mutter tadelte mich wegen meines ungeordneten Aussehens und fragte
mich, was ich getan hätte, um die Stute in einen solchen Zustand zu
versetzen, und Harrod kam auf mich zu und gab irgendeine Erklärung für
mich, und dann schüttelte mir der Knappe die Hand: fragte mich, was ich
vom Wetter halte.

Er war selbstbeherrscht. Ich war schüchtern und konnte keine Worte finden.

„Ich fürchte, wir werden eine Menge Wind haben", sagte er und blickte besorgt zum Himmel auf.

Es war ein wunderschöner Sonnenuntergang. Ufer auf Ufer und Wolkenhaufen auf Wolkenhaufen befestigten den Horizont und schleuderten wild über den Himmel, bis sie über ihnen wie luftige Wolken auf dem blauen Gewölbe waren; Meere und Wogen und Wolkenkatarakte, alles erfüllt von rosiger Erinnerung an den feurigen Ofen auf dem Kamm der Purpurberge – ein herrlicher Sonnenuntergang; aber der Gutsherr hatte Recht – ein stürmischer.

„Es ist der Herr, der Nebel und Essen, Regen und Stürme sendet, und wir müssen uns unterwerfen, ob oder nicht ", murmelte Ruben hinter meinem Rücken.

„Ich habe in letzter Zeit gedacht, dass Mr. Harrod wegen der Ernte besorgt zu sein schien", sagte Mutter, „aber ich *glaube* , dass sie über dem Durchschnitt liegt."

Ich sah mich schnell nach Harrod um, aus Angst, er könnte die Bemerkung gehört haben. Ich hätte keine Angst haben müssen: Er stand neben meiner Schwester, mit einem seltsamen, verträumten Gesichtsausdruck, den ich dort noch nie zuvor gesehen hatte. Es war nichts daran, dass sie nebeneinander standen, aber es lag etwas in der Art, wie sie so standen, ein undefinierbares Gefühl der Kameradschaft im Leiden, das mich zu Stein werden ließ.

„Ich wundere mich, dass du es wagst, zu solchen Dingen eine Meinung zu haben, Mutter", sagte ich mit einer Stimme, die laut genug war, dass er es hören konnte. „Männer mögen es nicht, wenn wir Frauen eine Meinung haben. Sie mögen nur Frauen, die sich nur um den Haushalt kümmern."

Mutter sah mich verblüfft an, und der Knappe richtete seinen traurigen Blick auf mich; Joyce senkte den Kopf, aber Harrod blickte sich mit Wut auf seinem schweren Mund zu mir um. Ach, was für ein zweischneidiges Schwert war mein bitterer Stolz!

Ich wandte mich ab und fing an, die Stute von der Hecke loszubinden. Der Knappe kam, um mir zu helfen. Er sagte nichts, aber er hielt meine Hand einen Moment länger als sonst in seiner eigenen und ich spürte, dass *seine* zitterte. Und als er endlich damit fertig war, mein Habit über den Sattel zu ordnen, blickte er mit dem gleichen Mitleid in seinen blauen Augen zu mir auf, das mich vor einer Woche so seltsam gefühlt hatte. Ein verstörtes Gefühl, halb Freude, halb Schmerz, überkam mich, und als ich in der

Dämmerung unter den gewölbten Eschen und Kiefern den steilen Weg hinaufritt, löste die Erinnerung an das Gesicht des Gutsherrn in mir das Gefühl aus, dass die Dinge weniger tot und trostlos waren inmitten dieser vergeblichen und endlosen Selbstquälerei , dieser wütenden Kämpfe, dieser herzzerreißenden Hoffnungen und Ängste.

KAPITEL XXXVI.

Die Antwort auf meinen Brief kam am nächsten Morgen von Frank Forrester. Was war das für ein Tag! Ich erinnere mich noch gut daran. Der ganze Sommer war in einem schrecklichen Sturm verflogen. Ach! Ruben hatte mit seiner traurigen Prophezeiung nur allzu Recht gehabt: Der rote Sonnenuntergang über den Wolkenburgen hatte tatsächlich Unheil angerichtet.

Der Sturm war noch in dieser Nacht ausgebrochen. Vor Mitternacht fegte der Wind wie ein lebendiges Wesen über das Sumpfgebiet, zerriss mit seiner drohenden Stimme die Luft und zerriss mit seinem schrecklichen Schritt fast die Erde, während er trauernd, murmelnd, stöhnend dahinfegte und schließlich mit einem wilden Kreischen davonraste auf uns – ein ruheloser, unerbittlicher, rachsüchtiger Feind. Sogar für mich, ein starkes und herzhaftes Mädchen, das nicht einmal Kummer und Kummer, der damals schmerzhaft genug war, vom bedrückenden Schlaf eines gesunden Jugendlichen abhalten konnten – selbst für mich war die Stimme des Windes in dieser Nacht entsetzlich.

Ich lag im Bett und wartete und lauschte auf seine grimmigen Schritte, die durch die dunkle Einöde draußen rasten, zunächst weit entfernt und fast schwach, dann immer näher, immer lauter, bis der Wahnsinnige mit einem Schrei, als würde er wild triumphieren, zum Angriff überging die Fenster, als würde es das Haus für seinen Spaß in Stücke reißen. In der Ferne vermischte sich das mürrische Brüllen des Meeres mit dem Peitschenhieb der erbarmungslosen Böen, die verwirrend über den fernen Strand brachen, nur um seinen unermüdlichen Angriff mit unaufhörlicher, müder Beharrlichkeit zu erneuern.

Ich stand auf und schaute aus dem Fenster. Ein kalter Mond schien schwach am grauen Himmel, und die Wolken huschten wild umher, als wollten sie einem wilden Verfolger entkommen; es gab ein verschleiertes, schwaches Licht, in dem die nahegelegenen Wirtschaftsgebäude wie unwesentliche Dinge aussahen, die der Wind in seinen unsichtbaren Händen hochheben und wie tote Blätter auf den Boden verstreuen könnte; Im geisterhaften Weiß wedelten die schwarzen Bäume hilflos und flehend mit ihren Armen und verneigten sich unter dem mächtigen Griff dieser großen, unsichtbaren Kraft zur Erde. Man könnte fast meinen, es würde Gestalt annehmen, so nah und schrecklich schien seine Persönlichkeit, als es sicher und stark über die weite, dunkle Distanz voranschritt, die für mich, der wusste, dass es kein Meer war, nur Sumpfland war.

Jemand regte sich im Haus. Es war Vater; er kam die Treppe hinauf; er war noch angezogen; Er hatte die ganze Zeit mit seinen Papieren gesessen.

Ich tadelte ihn dafür und sagte, es sei genug, um ihm den Tod durch Erkältung zu bescheren, aber er schien mich kaum zu hören. Sein Gesicht war sehr blass.

„Es ist eine harte Nacht, eine sehr harte Nacht, Meg", sagte er traurig.

„Oh ja, Vater, das ist es", antwortete ich mitfühlend und dachte an den Hopfen, den dies ruinieren würde. Aber er erwähnte sie nicht, er sagte nur: „Diese armen Tiere unten in den Hütten werden eine schlimme Zeit haben. Und so viele Kinder auch! Sie werden Angst haben, die armen Lämmer."

Und dann, nach einer Pause, fügte er hinzu: „Der kleine David Jarrett war sehr schwach, als ich heute Nachmittag anrief, Meg. Ich fürchte, er wird diesen Sturm nicht überstehen. Ich glaube, er möchte, dass ich vorbeikomme und ihn besuche."

„Nicht jetzt, Vater, nicht heute Abend?" Ich weinte. Aber er antwortete nicht, und ich erinnere mich, dass ich ihn nur mit größter Mühe überreden konnte, ins Bett zu gehen.

Am Morgen bedauerte ich, dass ich das getan hatte. Der kleine Junge war tot.

Wir saßen alle beim Frühstück. Draußen tobte noch immer der Sturm; Der Garten war übersät mit Zweigen von Obstbäumen und Rosenblüten, die der Wind rücksichtslos von ihren Stängeln gerissen hatte; Sogar aus der Entfernung unseres Hügels konnten wir die weißen Sturmkämme am Busen des tobenden Meeres und den Schnee des Schaums sehen, der gegen die starken Türme an der Küste prallte.

Mutter saß schweigend da, schenkte Tee ein und schaute besorgt zu Vater hinüber, der gerade nicht frühstückte; Allein bei Joyce war es ganz ähnlich wie sonst, denn ich – nun, ich weiß nicht, wie ich *aussah* – fühlte mich elend. Die Post hatte mir die Antwort auf meinen Brief an Frank Forrester gebracht, und sie war nicht das, was ich wollte.

Ich saß launisch und elend da. Und zu uns allen, die wir dort saßen – ganz im Gegensatz zu der aufgeweckten Familie, die wir normalerweise waren – kam ein Bote mit der Nachricht, dass der kleine David Jarrett in der Nacht gestorben sei. Ich kann jetzt Vaters Gesicht sehen; nicht traurig, nein: ernst und mit einem seltsamen, gezogenen Blick darauf, den ich nicht verstehen konnte. Seine Augen leuchteten sehr dunkel und tief aus dem weißen Gesicht, das fast wie Pergament aussah; Die struppigen Augenbrauen und die kräftigen grauen Haarbüschel zeugten von Stärke. Aber das ist es, was mir jetzt in schrecklicher Realität vor Augen steht; dann habe ich nichts gesehen, ich habe nichts erraten. Oh, Vater, Vater, dass die alten Zeiten noch einmal zurückkehren!

Er sagte nichts, er gab kein äußeres Anzeichen von Ärger preis; Er stand auf und ging hinaus, und wir räumten die Frühstückssachen weg. Es war uns nicht vergönnt, uns auszudrücken.

Ich holte Franks Brief aus meiner Tasche und las ihn immer wieder; Es war sehr kurz, es war kaum etwas drin, und trotzdem habe ich es immer wieder gelesen. Er dankte mir fürs Schreiben; Es war sehr nett von mir zu schreiben; es tat ihm leid, dass seine Freunde sich so große Sorgen um ihn gemacht hatten; Es war ein unnötiger „Angst" gewesen, es war nie viel schiefgegangen, und jetzt ging es ihm wieder gut. Es tat ihm leid, dass sein Freund Thorne die Wahl verloren hatte. Was hat mein Vater davon gehalten? Er befürchtete, dass es lange dauern würde, bis er wieder Zeit finden würde, nach Marshlands zu kommen. Das war alles.

Kein Wunder, dass ich es immer wieder lese, um darin mehr zu finden, als da war! Es gab nur zwei Sätze, die überhaupt etwas bedeuteten, und sie ließen mein Herz vor Wut wild werden.

„Was hat mein Vater davon gehalten?" Und „er hatte Angst, dass es lange dauern würde, bis er wieder *Zeit finden würde*, nach Marshlands zu kommen."

Es waren beleidigende, herzlose Sätze. Ja, selbst wenn ich jetzt daran zurückdenke, nach all der Bitterkeit des vergangenen Augenblicks, denke ich, dass sie das waren. Als ob er – der durch die innige Freundschaft meines lieben Vaters geehrt worden war, der seine Ansichten kannte, wie sie nur wenige seiner Freunde kannten – nicht besser als ich hätte wissen sollen, „was mein Vater davon hielt". Wenn er jemals wieder *Zeit finden würde*, nach Marshlands zu kommen, würde er es vielleicht herausfinden. Kein Wort von Joyce darin – kein verirrter Hinweis, keine versteckte Anspielung! War es möglich, war es wirklich möglich, dass ein Mann so mutig zu lieben schien und es in wenigen Monaten vergessen konnte? Waren die Warnungen des Gutsbesitzers doch gerechtfertigt? Vergessen vergessen? Ich wiederholte das Wort für mich selbst, es kam mir so unmöglich vor, dass man es jemals vergessen könnte. Ich glaube nicht, dass ich es damals für möglich gehalten hätte, dass man ohne das leben könnte, wonach man sich am meisten sehnte.

Ich saß dort auf der niedrigen Fensterbank, zerdrückte den Brief in meiner Hand, blickte hinaus auf die wilden Wolken, die über den Himmel zogen, blickte hinaus auf die Verwüstung, die der Sturm angerichtet hatte, und dachte vielleicht an eine andere Verwüstung als die angerichtete Verwüstung durch den Wind. Aber es war alles Joyces Schuld, sagte ich mir; sie hätte es vielleicht verhindern können, wenn sie gewollt hätte. Warum hatte sie es nicht verhindert?

Jemand kam ins Zimmer. Ich verstaute den Brief in meiner Tasche und machte mich auf den Weg.

Es war Trayton Harrod. Er hatte den gleichen gehetzten, gedankenverlorenen Ausdruck, den ich schon zuvor an ihm bemerkt hatte; Es machte mich wahnsinnig, obwohl ich vielleicht genau wusste, warum er so beschäftigt war – auf der Farm herrschte genug Angst.

"Wo ist dein Vater?" fragte er schnell.

„Er ist draußen", antwortete ich knapp.

„Ich wollte ihn besonders", sagte Harrod erneut.

„Nun, er ist draußen", wiederholte ich. „Er ist zu Mrs. Jarrett gegangen. Der kleine Junge ist letzte Nacht gestorben."

„Oh, es tut mir leid, sehr leid", sagte er. „Ich weiß, dass er das Kind sehr mochte." Und dann, nach einer Minute, fügte er hinzu: „Aber es ist wirklich sehr wichtig, dass ich Ihren Vater sofort sehe, Miss Margaret. Könnten Sie nicht hinübergehen und es ihm sagen?"

„Nein", sagte ich unhöflich. „Ich glaube nicht, dass ich das könnte; ich möchte ihn nicht stören." Und dann fügte ich halb reuig hinzu: „Kann *ich* Ihnen nicht helfen?"

Er lächelte, aber ernst. „Nein", antwortete er; „Ich fürchte, dieses Mal muss dein Vater selbst entscheiden."

„Ist es Ruine?" Ich fragte nach einer Minute. "Das nehme ich an."

Er zuckte zusammen und sah mich scharf an. "Wie meinst du das?" er hat gefragt. „Nein, ich hoffe aufrichtig, dass es nichts dergleichen ist."

„Oh", antwortete ich, „ich hatte Angst, dass nach diesem Sturm nichts anderes passieren würde, als die ganze Ernte zu ruinieren."

„Du meinst den Hopfen", antwortete er wie erleichtert; und es kam mir damals nicht in den Sinn, mich zu fragen, was er gedacht haben könnte, dass ich es meinte. „Ich fürchte, es ist eine schlechte Aussicht auf sie. Deshalb möchte ich Ihren Vater sofort sehen. Ich fürchte, es muss *einige* von mir getroffene Vereinbarungen ändern. Ich muss telegraphieren." Er hielt einen Moment inne und dachte nach; dann fügte er hinzu: „Wird der Knappe heute hier erwartet, wissen Sie?"

Ich wurde rot. „Nicht, dass ich wüsste", sagte ich; „Aber woher soll ich das wissen? Er kommt jetzt nie mehr zum Grange."

Ich habe diese Sätze dumm und zusammenhangslos hervorgebracht.

„Nein, ich weiß, dass er in letzter Zeit nicht mehr so oft hier war", sagte er. „Ich habe es bemerkt und es hat mir leid getan. Aber er wird zurückkommen. Keine Angst, er wird zurückkommen", lächelte er und sah mich an.

Die Hitze in meinem Gesicht steigerte sich zu Feuer. „Es ist mir egal, ob er zurückkommt oder nicht", stammelte ich.

„Nein, nein, natürlich nicht", antwortete Harrod schnell, als fürchtete er, etwas Dummes gesagt zu haben; „Aber es liegt *mir* sehr am Herzen. Ich habe mein Vertrauen auf den Knappen gesetzt."

Etwas erstickte in meiner Kehle. Wie konnte er es wagen zu sagen, dass er sein Vertrauen auf den Knappen gesetzt hatte! Auf welche Weise hatte er das getan? Was hat er gemeint?

„Ich möchte eines Tages ein langes Gespräch mit Ihnen führen", fügte er ernst hinzu.

Ich sah ihn an. Ich glaube, mein Gesicht muss weiß geworden sein. Ich konnte meine Lippen nicht dazu bringen, die Worte zu formen, aber ich vermute, dass meine Augen sie sprachen, denn er fügte hinzu: „Über viele Dinge." Und dann, nach einer Pause, wieder: „Ich glaube, der Knappe kann etwas tun, was ich nicht konnte. Ich möchte, dass Sie ihn fragen."

Er sprach mit seiner härtesten Stimme; Offensichtlich schmerzte es ihn, sagen zu müssen, dass er das nicht geschafft hatte. „ Natürlich wäre es anders", sagte er halb zu sich selbst, „und der alte Mann ist stolz; aber es ist die einzige Chance." Und dann fügte er hinzu: „Und er würde alles für dich tun."

Meine Augen müssen geflammt haben, denn er blieb stehen.

„Ich sollte nicht daran denken, den Gutsherrn etwas zu fragen – nein, überhaupt nichts", sagte ich und versuchte, klar zu sprechen. "Ich verstehe Sie nicht."

„Nun", sagte er, als wäre damit die Frage geklärt, „jedenfalls muss ich heute Morgen mit deinem Vater sprechen. Glaubst du, du kannst mir helfen?"

„Nein", wiederholte ich mit zitternder Stimme, „das kann ich nicht. Du solltest lieber Joyce fragen. Sie wird in der Lage sein, alles zu tun, was du willst, das wage ich zu behaupten."

Er antwortete nicht. Er drehte sich einfach um und ging hinaus. Ich denke, das war alles, was er tun konnte. Und während ich dort stand und ihm nachsah, mein Herz schwoll an, und Franks Brief in meiner Hand zerquetscht war, ging Joyce über den Rasen zur Veranda des Wohnzimmers.

In einem Moment, ungebeten, ungeahnt, wie ein Wasserlauf, der aus seinen Ufern bricht, stieg in meinem Herzen eine große Wut auf sie zu. Sie kam mit ihrem gewohnt ruhigen, anmutigen Gang ins Zimmer geglitten und ging zur alten Kommode, um eine Porzellanschüssel zu holen , die dort stand und gewaschen werden wollte. Sie holte es und wollte wieder hinausgehen, aber ich hielt sie auf. „Joyce, ich möchte mit dir sprechen", sagte ich.

Ich nehme an, da war etwas in meiner Stimme, das meine Gefühle verriet, denn als sie sich umdrehte und mit der Schüssel in der Hand dastand, zeigte ihr Gesicht einen schwachen Ausdruck von Besorgnis.

"Was ist es?" Sie fragte.

„Ich habe einen Brief von Frank Forrester erhalten", sagte ich. Ihr Gesicht errötete leicht.

„Oh, Meg!" sagte sie.

„Ja", antwortete ich trotzig; „Ich habe ihm geschrieben. Es gab keinen Grund, warum ich auch herzlos sein sollte, weil du herzlos warst. Ich habe keinen Grund, so umsichtig zu sein. Ich habe ihm geschrieben."

Joyce errötete etwas tiefer, aber sie antwortete mit keinem Wort auf meine grausamen und ungerechten Anschuldigungen; Sie war immer geduldig und sanft.

"Was hat er gesagt?" fragte sie plötzlich.

„Was *konnte* er sagen?" sagte ich verächtlich. „Er dankt mir dafür, dass ich geschrieben habe; aber ich frage Sie, wie sehr er sich um mein Schreiben gekümmert haben kann, wenn die Person, von der er annahm, dass sie ihn liebte, sich nicht darum kümmerte, ob er tot oder lebendig war?"

„Das ist Unsinn, Meg", sagte Joyce leise. „Er wusste sehr gut, dass es mir etwas bedeutete; er wusste sehr gut, warum ich nicht schrieb. Warum sollte er erwarten, dass ich mein Wort breche?"

"Warum?" schrie ich heftig. „Denn wenn du ein Körnchen Gefühl in dir gehabt hättest, *hättest* du dein Wort gebrochen; du hättest nicht anders können. Aber du hast kein Körnchen Gefühl in dir. Du bist so kalt wie Eis. Die Leute könnten es lieben." Sie, bis sie sich verbrannten, weil sie Sie liebten, aber sie würden niemals einen Funken bekommen, der im Gegenzug aus Ihnen herausfliegen würde. Ich nehme an, Sie glauben, *Sie* liebten Frank. Warum sonst hätten Sie sagen sollen, dass Sie ihn heiraten würden? Lag es daran, dass er ein... war Herr, und Sie waren nur eine Bauerntochter? Nein, das hätte ich mir nie vorgestellt", fügte ich selbstbewusst hinzu, als ich sah, dass sie eine entsetzte Bewegung machte. „Du bist zu sehr ein Maliphant .

Das *muss* daran gelegen haben, dass du ihn so sehr geliebt hast, wie du jeden lieben kannst. Und du wirst ihm treu bleiben – oh ja, du bist zu stolz, um wankelmütig zu sein! Das wirst du Halte still bis zum Ende durch, so wie du gesagt hast, du würdest durchhalten! Aber, meine Güte, kommt es dir nie in den Sinn, zu glauben, dass solch ein Milch-und-Wasser-Zeug vielleicht einen Menschen aus dem Herzen bringen könnte? Er kann warten und warte, bis das Eis schmilzt, aber ich glaube, es wäre nicht so verwunderlich, wenn mit dem Warten schließlich auch das Feuer erlöschen würde!"

Ich blieb keuchend stehen und wartete darauf, was sie sagen würde. Sie hob ihren Blick zu meinem Gesicht – ihre dunkelblauen, klaren Augen; In ihnen war keine Wut, nur Überraschung und Kummer.

„Oh, Meg", sagte sie traurig, „weißt du, dass ich glaube, dass du dir manchmal Dinge so ausdenkst, wie du sie dir wünschst, und dann bist du wütend, weil sie nicht so sind. Kann' Bist du nicht anders?

„Nein", sagte ich; „Natürlich kann ich genauso wenig anders sein, wie du anders sein kannst. Wir müssen das Beste aus einander machen, so wie wir sind."

„Nun, dann lasst uns das Beste aus einander machen, Meg", sagte Joyce sanft. „Das haben wir schon immer gemacht, lasst es uns jetzt tun."

„Ich kann nicht das Beste aus dir machen, Joyce", antwortete ich halb besänftigt, „wenn ich sehe, dass du dem Mann gegenüber, den du zu lieben geschworen hast, so kalt bist. Das kann ich nicht. Ich weiß, dass du nicht anders sein kannst." – Menschen werden nie anders – aber oh, du machst mich wütend."

„Es tut mir leid", sagte Joyce reuig. „Sei nicht böse. Vielleicht verstehst du es nicht ganz, obwohl du denkst, dass du es so gut verstehst. Ich *bin* stolz und ich glaube nicht, dass ich wankelmütig bin; aber mir ist auch nicht kalt."

Warum hätten ihre Worte Öl in die Flamme gießen sollen, die ihre Sanftmut erst zwei Minuten zuvor gelöscht hatte? Ich weiß es nicht, aber sie haben mich wütend gemacht.

„Du bist das eine oder das andere", sagte ich. „Dir ist kalt, oder du bist wankelmütig." Ich ging auf sie zu und packte sie am Handgelenk – am linken Handgelenk, denn die rechte Hand hielt immer noch die blaue Schale. "Welches ist es?" Ich sagte mit leiser Stimme; "welches ist es?"

Ihr Gesicht wurde sehr blass, aber sie zuckte weder zusammen noch wehrte sie sich. „Tu es nicht, Meg", sagte sie.

„Ja, das werde ich", schrie ich heftig. „Was ist es, sag es mir?"

„Es ist weder das eine noch das andere", wiederholte sie.

„Ich sage dir, du lügst!" rief ich. „Du bist so kalt wie Eis. Frank weiß es; Frank fühlt es. Es tötet seine Liebe zu dir. Ach, geh weg; um Himmels willen, geh weg, sonst weiß ich nicht, was ich sagen soll!" "

Ich warf ihre Hand von mir weg und eilte zur Tür; aber die plötzliche Bewegung hatte die Schüssel, die sie hielt, aus ihrer anderen Hand gerissen; es fiel auf den Boden und wurde in viele Stücke zerschmettert.

Ich drehte mich um. Joyce hatte sich gebückt und hob behutsam die Fragmente auf. Sie hatte genug Selbstbeherrschung, um mir keinen Vorwurf zu machen – sie war immer selbstbeherrscht; aber die Schüssel war Mutters beste blaue Schüssel. Ihr Anblick dort mit ihrem besorgten Gesicht irritierte mich über alle Maßen. Gab es nichts auf der Welt, das schlimmer zu zerbrechen war als eine blaue Schüssel? Ich ging wieder zu ihr zurück, stellte mich über sie und beobachtete sie mit zitternden Händen und einem Herzen, das vor Schmerzen klopfte.

„Wenn Sie nicht herzlos sind", sagte ich mit leiser Stimme; „Wenn dir die Gefühle anderer genauso wichtig sind wie wenn das *Porzellan* zerbrochen ist, für wen kannst du dann Mitleid haben? Als wir dachten, Frank hätte sich den Rücken gebrochen, schien es dir nicht besonders wichtig zu sein. Für wen bist *du* zuständig ?" dann kümmern Sie sich darum?"

Ich spürte, wie meine Lippen vor Wut zitterten, und einen Moment lang hasste ich sie. Oh , dass ich es aufschreiben müsste! Meine eigene Schwester, die mir vor zwei Monaten alles bedeutete! Aber es stimmte. Trotz all der kristallisierenden, kühlenden Nebel der Ferne kann ich mich noch an das schreckliche Gefühl erinnern: Ich wusste, dass ich sie – für einen Moment – hasste.

"Wie meinst du das?" sagte sie leise und versuchte, sich zurückzuziehen.

„Ah, ich kann mir sehr gut vorstellen, wie es sein könnte", fuhr ich fort und ließ meine Worte atemlos aneinander hängen, „wie Sie sich selbst einreden könnten, dass Sie ihm treu waren, und sich selbst einreden könnten, dass Sie eine Geldstrafe täten." Es war eine ehrenhafte Sache, sich so strikt an die Vereinbarung mit der Mutter zu halten, obwohl es die ganze Zeit nur daran lag, dass du ihn nie sehen wolltest und es dir egal war, ob er dich liebte oder nicht, und es war dir viel wichtiger, ob jemand anderes dich liebte – jemand anderes „Wer ohne dich einer anderen Person hätte gehören können. Ich kann mir das alles sehr gut vorstellen", rief ich, während ich Franks Brief, den ich in der Hand hielt, in kleine Atome zerriss und sie auf dem Boden verstreute. „Ich kann mir vorstellen, wie es passieren könnte, und niemand trägt die Schuld. Nein, überhaupt niemand trägt die Schuld."

„Margaret, Margaret, um Himmels willen, raff dich zusammen!" rief Joyce, ihre Stimme brach in eine Art Schluchzen über. „Du machst mir Angst. Was meinst du? Was kannst du meinen?"

„Nein, es gibt niemanden, dem man die Schuld geben kann", wiederholte ich wild, ohne ihr Beachtung zu schenken; „Es würde nur genau das passieren, was man hätte wissen können. Zum einen mit jeder Gabe, die Gott geben kann, und zum anderen mit – nichts als einem abscheulichen Temperament, das die Leute dazu bringt, sie zu meiden, selbst wenn sie scheinbar mit ihr befreundet sind. Was?" Spielt es eine Rolle, dass Sie versprochen haben, einen anderen Mann zu heiraten? Niemand weiß es; und wenn jemand so schön ist wie Sie, liegt es wohl nicht in der Natur des Menschen, nicht gerne zu sehen, wie seine Schönheit die Menschen von dem abhält, was gut war genug für sie vorher. Ich hätte es wissen müssen. Es gibt natürlich niemanden, dem man die Schuld geben kann."

„Margaret", sagte meine Schwester – und selbst inmitten meiner Wut überraschte mich der feste Ton ihrer Stimme und hielt mich einen Moment lang zurück – „du musst dich erklären. Ich verstehe dich nicht, das tue ich tatsächlich nicht." . Vielleicht, wenn du alles wüsstest, würdest du es nicht übers Herz bringen, das zu sagen. Du bist grausam und du bist ungerecht. Du sagst, mir ist kalt; aber selbst wenn mir kalt ist, kann ich leiden, Meg; du musst dich daran erinnern Ich kann leiden.

"Leiden!" schrie ich bitterlich. „Ich wünschte, du könntest ein kleines bisschen von dem leiden, was ich leide. Ach, um Himmels willen, lass mich nicht mehr sagen; lass mich nicht weitermachen; lass mich gehen!"

„Ich kann dich nicht gehen lassen", sagte Joyce mit dieser ungewöhnlichen Festigkeit, die manchmal so unerwartet in ihr zum Vorschein kam. „Du musst mir zuerst sagen, was du meintest, als du sagtest, dass ich den Menschen das wegnehme, was ihnen vorher gut genug war."

"Gemeint!" rief ich. „Du weißt genau, was ich meinte. Ich meinte, dass es für dich leicht genug war, edel und aufopferungsvoll zu sein, wenn deine Gedanken die ganze Zeit woanders waren. Ja, es ist sehr einfach für dich, geduldig zu sein und darauf zu warten." Dein eigener Liebhaber, als du damit beschäftigt warst, mir meinen Liebhaber zu rauben. Oh, sprich nicht, leugne es nicht! Es ist nutzlos. Du hast es getan, und du weißt, dass du es getan hast.

Ich glaube, ich hatte erwartet, dass Joyce am Boden zerstört wäre – ich hatte erwartet, dass sie weinen würde. Ich stand keuchend da und wartete darauf. Aber sie war weder niedergeschlagen noch weinte sie; sie war nicht einmal wütend. Sie stand ruhig da, schaute von mir weg aus dem Fenster und sagte schließlich: „Du irrst dich, Meg; ich wollte dir nie deinen Liebhaber

rauben. Wenn du dich erinnerst, habe ich es dir gesagt, als ich zum ersten
Mal nach Hause kam . " dass es meine Hoffnung war, dass so etwas zwischen
euch passieren könnte. Ich dachte immer, du wärst zu schlau für die Leute
hier, und ich dachte, er sei schlau. Aber du weißt, du hast mir gesagt, dass
das niemals passieren könnte. Du hast mich dazu gebracht, dir zu glauben
hasste ihn und sollte ihn immer hassen, weil er auf die Farm gekommen war,
um deine Arbeit zu erledigen. Ich habe es geglaubt. Ja, bis vor einer ganzen
Weile habe ich es geglaubt. Dann –"

"Also?" fragte ich verächtlich. „Dann? Was dann?"

„Als ich dann zu vermuten begann, dass ich mich irren könnte, beschloss
ich, zurückzugehen und bei Tante Naomi zu leben, bis die Angelegenheit
zwischen Ihnen geklärt war. Das habe ich Mr. Harrod an dem Tag erzählt,
als Sie letzte Woche in den Salon kamen."

„Oh, das hast du ihm gesagt ", rief ich. „Du sagst nicht, was er zu dir
gesagt hat, was dich dazu veranlasst hat, ihm das zu sagen. Du sagst es nicht,
wenn du ihm auch gesagt hast, dass du mit einem anderen Mann verlobt
bist." "

„Das habe ich nicht getan, weil er mir gegenüber nichts gesagt hat, was
das rechtfertigen würde", antwortete meine Schwester. „Wenn er es getan
hätte, hätte ich ihm sagen sollen, dass ich nicht frei bin."

„Ah, Sie wollen also Ihr Wort gegenüber Frank halten?" fragte ich.

„Ich habe vor, mein Wort ihm gegenüber zu halten, wenn er es wünscht",
antwortete sie mit leiser Stimme.

Ihr Gesicht hätte mich beschämen sollen, aber es erweckte den Teufel in
mir.

„Nun, wenn du Frank immer noch liebst, brauchst du nicht wegzugehen",
sagte ich brutal. „Oder liegt es daran, dass Sie Angst vor Mr. Harrods
Seelenfrieden haben, dass Sie gehen wollen?"

„Oh, Meg, wie kannst du?" murmelte Joyce.

Ja, wie könnte ich? Der böse Geist war stärker als ich.

„Es kommt dir gar nicht in den Sinn, dass deine großartige Großzügigkeit
zu spät kommt", rief ich. „Aber das Unheil ist angerichtet. Ich werde dich
jetzt nicht gehen lassen. Ich werde gehen."

"Du!" rief Joyce aus. "Wo?"

„Nicht zu Tante Naomi", begann ich verächtlich; und für einen Moment stieg in mir die Versuchung auf, ihr zu zeigen, dass auch ich geliebt wurde, dass ich gesucht wurde – ihr zu sagen, wohin ich gehen könnte, wenn ich wollte, und dass ich, das wusste ich, ein Leben lang geschätzt würde. Aber die Erinnerung an das Gesicht des Gutsherrn und das leichte Zittern in seiner Stimme kamen mir wieder in den Sinn, und ich konnte nicht über seine Liebe sprechen. „Nicht zu Tante Naomi", sagte ich. „Eine Gouvernante sein."

„Oh nein, Meg, das konnte ich nicht zulassen", sagte Joyce besorgt. „Ich dachte, Sie würden vielleicht etwas ganz anderes sagen. Ich hatte in letzter Zeit hin und wieder den Eindruck, dass wir uns alle in dieser törichten Vorstellung darüber getäuscht haben, warum der Squire uns die ganze Zeit so ein treuer Besucher gewesen ist Jahre. Angenommen, es wäre so, wie ich es mir vorstelle, meinst du nicht, dass du ihn lieben könntest, Meg? Er ist deiner in jeder Hinsicht würdig."

Sie sprach mit einem seltsamen Flehen; Ihre Worte heizten das Feuer in mir an; Sie wartete auf eine Antwort, aber ich gab ihr keine. „Er kommt heute Abend hierher. Ich habe gehört, wie er meiner Mutter versprochen hat, dass er kommen würde. Oh, wie ich wünschte, es würde um dich gehen! Glaubst du, dass es eine Chance gibt?"

Ihre Stimme flog auf mich zu wie der Pfeil eines Bogens. Mir wurde kalt.

"Wie kannst du es wagen?" Ich weinte. "Wie kannst du es wagen?"

Ich konnte nichts mehr sagen – ich war wie gelähmt – mir fehlten die Worte.

Arme, transparente Joyce, die so großzügig sein wollte und ihre Arbeit so gründlich zunichte machte! Wie wenig ich ihr mit meiner Dankbarkeit zurückgezahlt habe. Sie stand da und starrte mich mit einem ängstlichen Ausdruck auf ihrem schönen Gesicht an.

„Geh weg, geh weg!" Ich stammelte wild. „Ich möchte, dass du weggehst."

Sie machte eine Bewegung nach vorne, als wollte sie mich für alles, was sie falsch gesagt hatte, um Verzeihung bitten. In ihren Augen lag Besorgnis, Mitleid und Kummer, aber ich habe sie weggesperrt. Sie verließ langsam den Raum und hielt die Scherben der zerbrochenen Schüssel in ihrer Schürze fest.

Ich warf mich auf die gegenüberliegende Fensterbank. Ich habe nicht geweint, ich habe nie geweint; aber mein ganzer Körper zitterte krampfhaft. Ich saß wie in Trance da, bis mich der Riegel der Haustür weckte und ich hörte, wie jemand langsam, sehr langsam durch den Flur kam.

Vater kam ins Wohnzimmer; Er kam zu mir und legte seine Hand auf meinen Kopf. Die Berührung schien in mich einzudringen und meinen aufgewühlten Geist zu beruhigen.

„Gott helfe uns, unsere Sorgen in denen anderer zu vergessen, Meg", sagte er nach einigen Minuten ernst.

Und dann fiel mir ein, dass er gerade vom Sterbebett dieses kleinen Jungen erwacht war, den er so sehr geliebt hatte.

Ich glaube, ich hatte damals Tränen in den Augen.

KAPITEL XXXVII.

Wie Joyce vorhergesagt hatte, kam der Gutsbesitzer in dieser Nacht zu Besuch. Wir saßen noch immer am Abendbrottisch, als er hereinkam – eine düstere Gesellschaft. Wie unähnlich zu den fröhlichen, streitenden Zusammenkünften von früher! Joyce und ich sahen einander nicht an, aber Trayton Harrod warf hin und wieder einen Blick auf uns beide. Die Tränenspuren waren auf dem Gesicht meiner Schwester.

Aber Vater schob seinen Teller unberührt beiseite und wandte sich mit seiner Geschäftsart an den Gerichtsdiener.

„Wirst du dafür sorgen, dass die armen Leute unten im Lager einen Wochenlohn bekommen, bevor sie entlassen werden, Harrod?" sagte er. „Diejenigen von denen, die nicht gebraucht werden, meine ich."

„Wir werden zuerst sehen, wie viele benötigt werden, Sir", antwortete Harrod und versuchte, fröhlich zu sein.

„Unsere eigenen Leute werden ausreichen", antwortete Vater ruhig. „Das Wetter ist rau und da unten sind Kinder. Es ist sinnlos, sie umsonst herumzuhalten."

Harrod schwieg und Vater zündete sich seine Pfeife an. Keiner von uns sprach von dem kleinen Kind, von dem wir wussten, dass es in seinen Gedanken war, aber Mutter seufzte. Ich glaube, dass dieses kleine Grab ganz in der Nähe eines anderen kleinen Grabes lag, das sie auf dem Kirchhof der Abtei hatte.

Der Squire schüttelte mir wie üblich die Hand, als er eintrat, und blickte mir mit einem so besorgten, freundlich fragenden Blick tief in die Augen, dass ich mich für mein schweres Gesicht schämte; aber ich fand einen Vorwand, um sofort wegzugehen – ich konnte nicht im Zimmer bleiben. Ich ging in die Küche, um Kuchen zu backen.

Nicht lange danach hörte ich, wie sich die Haustür hinter Trayton Harrod schloss – ich kannte seine Schritte gut genug – und dann kam Joyce in die Küche. Ich weiß, dass ich sie gefragt habe, was sie zu dieser Tageszeit dort haben wollte, denn es war mir nicht wichtig, dass der Knappe mit meinen Eltern allein gelassen wurde, aber sie sagte, dass Mutter sie weggeschickt hätte. Ich sah, wie Deb die Augenbrauen hochzog und den Mund auf eine Weise schürzte, die, wie wir wussten, ein sicherer Vorbote eines scharfen, gutmütigen Spotts war.

„Oh, wofür war das denn, frage ich mich? Was ist jetzt das Geheimnis?" sagte sie, wischte sich die großen roten Arme ab und schürte dann das Feuer mit einer scharfen, lebhaften Bewegung, die ihre bissigste Stimmung verriet.

„Ich weiß es nicht", sagte Joyce, aber in einem Tonfall, der verriet, dass sie es sehr gut wusste.

„Na ja, wir haben alle schon vor langer Zeit damit gerechnet", sagte Deb. „Ich bin froh, dass es endlich soweit ist."

Sie tauchte ihre Hände noch einmal in die Schüssel und blickte mit einem komischen Triumphausdruck auf ihrem hässlichen alten Gesicht auf.

„Ich weiß nicht, was du meinst", sagte Joyce schwach.

„Oh, nicht wahr?" antwortete sie. „Vielleicht tut Meg das. Eh, weißt du das, Margaret?"

„Ich denke, du solltest dich besser um deine eigenen Angelegenheiten kümmern oder über Dinge reden, von denen du etwas weißt", sagte ich säuerlich.

Aber Deb lachte nur gut gelaunt.

„Ich nehme an, Sie zweifeln nicht daran, dass es Ihr hübsches Gesicht ist, hinter dem der Squire her ist, nicht wahr, Joyce?" beharrte sie gnadenlos.

Joyce errötete schmerzhaft.

„Nicht, Deb, nicht", sagte sie.

„Nun, meine Liebe, keine Schande für dich", fügte die alte Frau hinzu; „Wir haben alle das Gleiche gedacht. Aber vielleicht ist es das auch nicht. Vielleicht weiß Meg, weshalb er gekommen ist, und denkt darüber nach, welche Antwort sie ihm jetzt geben würde."

„Ich würde nicht lange überlegen, welche Antwort ich *dir geben soll* ", rief ich ziemlich aus Geduld. „Wenn der Gutsherr eine Antwort von mir wollte , könnte ich ihm eine geben, ohne Sie um Rat zu fragen, das wage ich zu behaupten. Aber so ein Idiot ist er nicht."

„Nein, der Gutsbesitzer ist kein Dummkopf", erwiderte Deb; „Aber ich denke, andere Leute sind nicht so weit davon entfernt. Der Herr gebe, dass ihr nicht alle eines Tages eine härtere Lektion bekommt, als ihr erwartet habt, meine Lieben", fügte sie mit einer kleinen Bemerkung hinzu seufzen.

Mehr haben wir zu diesem Thema nicht gesagt. Joyce ging bald nach oben, um irgendeine Hausarbeit zu erledigen, und Deb und ich machten schweigend mit unserer Arbeit weiter. Aber bevor meine Kuchen für den Ofen bereit waren, rief mich meine Mutter in die Stube. Der Gutsbesitzer war gegangen. Wie Joyce gehofft hatte, hatte er mit seiner Mutter über mich gesprochen.

Ich wusste es in dem Moment, als ich das Zimmer betrat. Ich bin sicher, dass er nicht freiwillig gesprochen hatte; Aber dass er etwas gesagt hatte, wusste ich in dem Moment, als ich Mutter ansah. Ihre Wange war gerötet und in ihren Augen leuchtete ein Licht, das Überraschung, aber auch Stolz und Freude verriet. Es bewies, dass sie meiner Schwester nie wirklich den Vorzug gegeben hatte, denn sie zeigte nicht die geringste Enttäuschung darüber, dass der Vorschlag des Squires für mich und nicht für Joyce galt.

„Margaret", sagte sie und setzte sich in den großen Holzstuhl gegenüber von Vater, der sich in seiner Lieblingshaltung nach vorne beugte, als wollte er aufstehen – „Margaret, der Knappe war gerade hier." Sie hielt einen Moment inne und lächelte halb. „Der Squire hat dich sehr gern, Margaret", fügte sie ernst hinzu und ging, wie es ihre Art war, sofort zum Kern der Sache.

„Der Gutsherr mag uns alle, das weiß ich", antwortete ich ausweichend. „Er kennt uns schon so lange."

„Aber er liebt dich auf eine andere Art und Weise", fuhr Mutter fort. „Er liebt dich, wie ein Mann die Frau liebt, die er zu seiner Frau machen könnte."

Ich antwortete eine Weile nicht, und Mutter, die sich vermutlich einbildete, dass ich über die Nachricht genauso überrascht sein musste wie sie, fuhr fort: „Früher hatte ich gedacht, dass es anders sein würde, aber jetzt sind viele Dinge erklärt. Ich Ich glaube, er hat dich geliebt, seit du erwachsen bist. Es sollte jedes Mädchen stolz machen, da bin ich mir sicher."

„Ja", sagte ich leise. Und ich war stolz, so stolz, wie meine Mutter es sich nur wünschen konnte, aber ich wollte es nicht so zeigen, wie meine Mutter es erwartet hatte.

„Natürlich", fuhr sie fort, nachdem ich eine Weile geschwiegen hatte, „ich verstehe durchaus, dass eine solche Neuigkeit für Sie eine große Überraschung sein muss, fast so, als ob sie Ihnen den Atem rauben würde, wage ich zu behaupten." . Ich wundere mich nicht, dass du nicht weißt, was du sagen sollst."

Ich schwieg immer noch . Ich stand am Tisch und drehte den Rand der Tischdecke in meiner Hand.

„Ich möchte dich jetzt nicht unter Druck setzen", fuhr sie fort. „Nehmen Sie sich Zeit und sagen Sie mir in ein oder zwei Tagen, was Sie denken."

„Hat der Knappe Sie gebeten, mich nach meiner Meinung zu fragen?" sagte ich dann hastig.

Nun war es an der Mutter, darüber zu schweigen. Und ich wusste, dass ich richtig geraten hatte, und dass der Squire sein Geheimnis wahrscheinlich nur gegen seinen Willen durch eine Bemerkung verloren hatte, die den Fehler zeigte, den auch meine Mutter in Bezug auf seine Liebe zu Joyce gemacht hatte. Ich war mir sogar sicher, dass er ausdrücklich darum gebeten hatte, nicht mit mir in dieser Angelegenheit zu sprechen.

„Squire Broderick hat hauptsächlich über deine Schwester gesprochen", antwortete Mutter ausweichend. „Weißt du, ich habe dir gesagt, dass ich es für meine Pflicht halte, ihm klarzumachen, worüber du zugegeben hast, dass er falsch gedacht hat. Und er war sehr erleichtert, als ich ihm sagte, dass es keine Verlobung zwischen Joyce und seinem Neffen gab. Das ist es Es ist offensichtlich, dass er nichts Gutes von ihm denkt.

„Sanft, sanft, Mutter", murmelte Vater in vorwurfsvollem Tonfall.

„Aber ich nehme an, auf diese Weise kam er zu der Erkenntnis, was ich über ihn und sie dachte, und hielt es für das Beste, es in Ordnung zu bringen", schlussfolgerte die Mutter.

Natürlich erkannte ich sofort, dass alles genau so passiert war, wie ich es von dem Gutsherrn hätte erwarten können, dass es passieren würde. Das Wissen machte mir Mut. „Ich werde meine Antwort dem Gutsherrn selbst geben, wenn er mich fragt", sagte ich tapfer.

Mutter sah mich an. Ich hatte den Eindruck, dass in ihren Augen ein halb entschuldigender Ausdruck lag.

„Der Gutsherr wird dich nicht fragen, Margaret", sagte sie. „Ich nehme an, er ist schüchtern. Ich nehme an, dass alle guten Männer schüchtern sind vor der Frau, die sie lieben, egal wie sehr sie ihrer wirklich würdig sind – je würdiger vielleicht umso mehr. Es kommt seltsam vor, aber der Gutsherr wird dich niemals zu dir bitten." Gesicht. Entscheide dich also besser. Deine Antwort musst du auf die altmodische Art und Weise über deine Eltern bekommen."

Ich widmete mich wieder meiner Beschäftigung und zog die Fransen der Tischdecke heraus.

„Aber es ist nicht nötig, dass du noch eine Weile etwas sagst, Mädchen", sagte Vater nach ein paar Minuten.

Es war das erste Mal, dass er sprach, und ich sah ihn beruhigt an.

„Oh ja, ich denke, ich hätte jetzt genauso gut sagen können, was ich zu sagen habe", antwortete ich mit plötzlicher Kühnheit. „Was nützt das Warten? Ich werde meine Meinung nicht ändern. Ich kann meine Meinung nie ändern. Ich kann Squire Broderick nicht heiraten, wenn Sie meinen, dass er das will."

Es herrschte Stille. Mutter schien wirklich verblüfft zu sein.

„Aber vielleicht ist es doch nicht das, was er will", fügte ich nach einer Weile fröhlich hinzu. „Er mag mich, weil er mich kennt, seit ich ein kleines Mädchen war, und – nun ja, weil er mich mag. Aber vielleicht will er mich doch nicht heiraten. Ich sollte nicht Ich glaube nicht, dass er so albern wäre. Ich sollte ihm kein bisschen Ehre machen. Ich sollte kein bisschen dafür geeignet sein. Nicht weil Vater Bauer ist, sondern weil – nun ja, weil ich nicht so etwas bin Mädchen, wie Joyce.

Mutter hatte ihre Zunge gefunden.

„Das muss der Gutsherr entscheiden", sagte sie. „Ich weiß ganz genau, dass es für jede meiner Töchter eine Herausforderung ist, in die Brodericks einzuheiraten . Ja, du kannst sagen, was du willst, Laban", beharrte sie furchtlos und wandte sich an Vater, der mit dem alten Feuer in seinem Blick aufgeblickt hatte Auge. „Unsere Familie mag älter sein als seine, aber wie die Welt jetzt aussieht , steht er über uns, und eine Heirat mit ihm wäre ein Aufstieg für unser Kind. Und ich denke, dass es eine sehr gute Sache wäre, wenn eines unserer Mädchen verheiratet wäre." mit dem Knappen, und das ist die Wahrheit."

Mutter sprach mit Nachdruck, als wäre diese Frage schon oft zwischen ihr und ihrem Vater aufgetaucht, und das wusste ich auch, wenn auch nicht wegen mir. Ich schaute mich um und sah, wie er loslegte, wie ich es schon zuvor gesehen hatte. Ich wartete darauf, ihn sagen zu hören, wenn der Gutsherr glaubte, er würde uns einen Gefallen tun, indem er einen von uns bat, ihn zu heiraten, dann täuschte er sich; aber das Licht war aus seinem Auge erloschen , und wenn seine Lippe zitterte, war es deutlich genug, dass es nicht vor Zorn geschah.

„Du hast zweifellos Recht, Mary", sagte er sehr langsam. „Lass Klasse, Familie und dergleichen sein. Es gibt Zeiten, in denen wir das alles vergessen. Der Gutsherr ist ein guter Mann, ein guter Mann."

Ich war dumm. Ich hätte sicherlich nie gedacht, dass Vater wollte, dass ich den Gutsherrn heirate. Aber eine Erwiderung, die mir bei der Rede meiner Mutter über die Lippen gekommen war, dass ich den Gutsherren auf keinen Fall heiraten sollte, weil es „eine gute Sache" für mich wäre, verstummte. Ich habe mich dafür geschämt. Es stimmte so sehr, dass der Gutsherr „ein guter Mann" war, und ich war stolz auf seine Liebe.

„Ich kann den Knappen nicht heiraten, Mutter, weil ich ihn nicht liebe", sagte ich demütig.

Mutter erhob sich in der ganzen Höhe und Breite ihrer weichen grauen Röcke von ihrem Sitz.

„Du und ich waren uns nie einig darüber, was wir unter Liebe verstehen, Margaret", sagte sie. „Aber du befolgst meinen Rat. Du sagst jetzt nichts darüber, sondern geh einfach weg und denke eine Weile in deinem eigenen Kopf darüber nach. Vielleicht wirst du erkennen, dass du wahrscheinlich nicht wieder so geliebt werden wirst, wie es der Knappe liebt." Du. Und vielleicht wirst du dir sagen, dass es nichts Besseres gibt , als sich dessen würdig zu machen. Natürlich weiß ich es nicht; die Menschen sind so unterschiedlich; und heutzutage wird so viel über Liebe geredet Es sieht so aus, als wäre es etwas Besseres geworden als damals, als ich jung war. Aber es wird dir trotzdem nicht schaden, eine Weile darüber nachzudenken."

„Es hat keinen Zweck", sagte ich hartnäckig. „Ich nehme an, die Leute *sind* anders; aber ich kann niemals einen Mann heiraten, den ich nicht liebe, so wie er mich liebt. Ich kann nichts dagegen tun. Das ist die Wahrheit."

Mutter hatte die Tür erreicht; Sie wollte gerade ausgehen, aber sie drehte sich um. Sie war wütend. Der Gutsherr war reich, ein Gentleman. Sie kannte ihn sein ganzes Leben lang und wusste, dass er ein guter und freundlicher Mann war und ein guter und wahrer Ehemann sein würde. Hätte sich nicht irgendeine Mutter ihn als Schwiegersohn gewünscht? Sie ahnte keinen Grund, warum ich ihn nicht heiraten sollte, und ich denke, es war natürlich, dass sie über bloße Hartnäckigkeit wütend war. Heute denke ich das, aber damals habe ich es nicht gedacht.

„Du kannst keinen Mann heiraten, den du nicht so liebst, wie er dich liebt", wiederholte sie mit einem Akzent, der fast an Verachtung erinnerte. „Nun, mein Mädchen, lass mich dir sagen, dass die allerbeste Liebe , die eine Frau für einen Mann haben kann, Dankbarkeit ist, und wenn sie damit nicht glücklich leben kann, ist sie keine gute Frau. Es gibt kein Glück daraus, wenn Die Frau ist die Erste, die liebt, denn es ist Kummer und kein Fehler, wenn sie ihr Leben notgedrungen mit einem Mann verbringen muss, den sie mehr liebt als er sie. Da – ich schwadroniere in alle Winde, ich weiß. Es gab noch nie ein Mädchen Dachte, eine alte Frau hätte einmal gewusst, was Liebe ist. Du musst deinen eigenen Weg gehen, aber du kannst mir beim Wort vertrauen, dass deine Meinung über die Liebe in zwanzig Jahren wissenswerter sein wird als jetzt. So ein Blödsinn Sie, in der Tat! Wenigstens weiß der Knappe, was er vorhat."

Und damit verließ sie den Raum und ließ mich stehen, erstarrt im Schweigen. Der Strom ihrer ungewöhnlichen Rede, der aus dem Ofen eines ungewöhnlichen Feuers in ihr ergoss, war wie ein kalter Strom eiskalten Wassers auf mich niedergegangen. Hatte sie es erraten? Hatte es jeder erraten? War ich der Sport der Gemeinschaft? Hatte ich tatsächlich mein Herz auf der Zunge getragen ?

Ich drehte mich um und stellte fest, dass Vaters Blick besorgt auf mich gerichtet war. Ich konnte nicht genau verstehen, was es bedeutete – es war voller scharfsinniger, aber halb verwirrter Fragen; aber es war zärtlich und mitfühlend und beruhigte meinen aufgewühlten Geist.

„Du darfst nicht zulassen, dass Mutters Worte dich verletzen, Kind", sagte er freundlich. „Mutters Sprache ist manchmal scharf, weil sie die Dinge in einfachem Englisch ausdrückt; aber sie ist eine weise Frau, Meg, eine weise Frau. Es gibt nie Wolken und Nebel rund um das Land, auf dem Mutter reist. Sie sieht die Dinge klar."

„Ich glaube nicht, dass eine Person jemals für eine andere sorgen kann", erklärte ich entschieden. „Wie schlecht meine Meinung auch sein mag, es ist alles Licht, das ich habe. Ich kann nicht zwanzig Jahre warten, um zu entscheiden, was ich jetzt tun soll."

Vater lächelte, aber traurig. „Ja, wir müssen alle unseren eigenen Kampf führen", sagte er seufzend.

„Oh, Vater, ich kann nicht glauben, dass du willst, dass ich Squire Broderick heirate", sagte ich und wandte mich von der nachdenklichen Seite, die Vater so liebte, der praktischen Seite der Frage zu. „Du hast immer gesagt, dass du nicht möchtest, dass wir außerhalb unseres Standes heiraten."

„Meine Liebe", sagte er, „es gibt viele Fenster, die Licht hereinlassen, wenn wir sie nur öffnen. Aber manchmal dauert es lange, bis wir mehr als ein Fenster öffnen. Ich wage zu behaupten, wenn …" Um ehrlich zu sein, hat sich der Gutsherr nicht sofort dazu entschlossen, außerhalb *seines* Standes zu heiraten. Das dürfen wir nicht vergessen, Meg. Es zeigt, dass er dich wirklich liebt, Kind, und dass er ein Mann ist über dem Gewöhnlichen. Der Squire ist ein guter Mann, ein guter Mann und wahrhaftig. Und das ist schließlich mehr als nur Theorien und dergleichen."

Ich sah besorgt zu Vater auf.

„Hättest du mich gerne als die Frau des Gutsherrn gesehen, Vater?" fragte ich.

Er streckte seine Hand aus und winkte mich zu sich, und ich ging hin und kniete neben ihm nieder.

„Meg", sagte er, „du warst immer ein gutes Mädchen, ein aufgewecktes, mutiges, kluges Mädchen mit einem Verständnis für Dinge, die über dein Alter hinausgehen, obwohl dich vielleicht manchmal gerade diese Eigenschaft in dir dazu gebracht hat, weniger weise zu sein." als ruhigere Leute. Du warst mir oft eine Hilfe und ein Trost."

Mein Herz schwoll weit in mir an und ich konnte nicht sprechen.

„Wenn ich dir jetzt etwas sage, was ich nicht jedem Mädchen anvertrauen würde, versprichst du mir dann, genauso weise zu sein, wie du mutig bist?"

„Ja, Vater", flüsterte ich.

„Ich fürchte, wenn ich weg bin, Meg, wird es dieser Mutter nicht so gut gehen, wie ich gehofft hatte, sie zu verlassen."

„Warum, was macht das schon?" rief ich mit der Verachtung eines jugendlichen und energischen, aber auch eines unerfahrenen Geistes für so etwas wie Armut. „Solange wir an unserem alten Ort wohnen , brauchen wir nichts dagegen zu haben, etwas sparsamer zu sein. Mutter ist jetzt sehr verschwenderisch."

Vater seufzte nur. „Außerdem", fuhr ich fort, „bist du noch kein alter Mann, Vater. Du hast noch viele Jahre vor dir, und der Hopfen wird ein anderes Mal besser sein."

Ich sagte es hoffnungsvoll, aber irgendetwas in meinem Herzen stimmte mir nicht zu. Ich hob mein Gesicht und stellte fest, dass diese grauen Augen, dunkel im unsicheren Licht des Feuers, zärtlich auf mich gerichtet waren.

„Kind, ich glaube nicht, dass ich mich nach dieser Welt sehne", sagte er ernst. „Ich möchte nicht, dass meine Mutter es erfährt. Zeit genug, wenn der Tag kommt, aber der Arzt hat mir gesagt, dass ich eine Krankheit in mir trage, die mich jeden Moment töten kann."

Ich spürte, wie das ganze Blut aus meinem Herzen verschwand. Ich ergriff fest seine Hand, sagte aber nichts.

„Das stimmt. Du bist ein mutiges Mädchen", sagte er mit einem Lächeln. „Aber du siehst, wenn ich weg bin, wird niemand außer dir da sein, der sich um Mutter kümmert."

„Ärzte liegen oft falsch", murmelte ich leise.

„Ja, ja, so sind sie", antwortete der Vater, „und ich werde vielleicht noch viele Jahre durchhalten; aber wenn es möglich wäre, möchte ich vorbereitet sein – ich möchte, dass jemand anderes vorbereitet ist. Vielleicht habe ich Unrecht getan." Ich sage es dir, Meg. Vielleicht ist es eine zu schwere Last für ein junges Herz.

„Nein, nein", schrie ich eifrig, obwohl ich in Wahrheit vor schrecklicher Angst erstarrte. „Ich mag es, wenn du mir vertraust – ich mag den Gedanken, dass du dich auf mich verlässt."

„Ich vertraue dir", wiederholte er und legte seine Hand auf meinen Kopf, wie er es manchmal tat. Und dann fügte er hinzu: „Und ich vertraue auch Squire Broderick."

Ich schwieg. Ich begann seine Absicht zu erkennen.

„Der Knappe wird immer unser Freund sein", sagte ich. „Er hat es mir gesagt."

„Da bin ich mir sicher", antwortete mein Vater; „Aber siehst du nicht, Meg, dass es für den Gutsbesitzer schwierig sein wird, für dich genauso zu sein, wie er es immer war, wenn er dich heiraten will."

"Wird es?" sagte ich zweifelnd.

„Ich fürchte, es könnte so sein", antwortete er; „Aber das darf natürlich keinen Unterschied machen. Ich kann dir nicht beibringen, was du in dieser Angelegenheit tun sollst. Niemand kann es dir beibringen. Du musst tun, was dein Herz dir sagt. Aber du bist noch ein junges Mädchen, und wenn überhaupt, bist du es Denken Sie anders darüber, denken Sie daran, was ich Ihnen heute gesagt habe, mein Lieber, und lassen Sie sich nicht von eingebildetem Stolz in den Weg stellen. Wo die Herzen wahrhaft und ehrlich sind, gibt es keinen Stolz; das lerne ich je älter ich werde.

„Ich werde mich daran erinnern, Vater", antwortete ich religiös; und etwas in meinem Herzen verbot mir, hinzuzufügen, wie ich wollte: „Aber ich werde nie anders denken."

Wie konnte ich ihm sagen, dass ich einen Mann liebte, der nie mit mir über Liebe gesprochen hatte, von dem ich allen Grund hatte anzunehmen, dass er eine andere Frau liebte, und diese Frau meine eigene Schwester? NEIN; Ich hatte nicht den Mut, mich so zu demütigen; Ich hatte nicht den Mut, ihn zu trauern. Die Stimme der Mutter klang von draußen. „Bringt Gebete herbei, Joyce", rief sie und benutzte dabei den wohlbekannten, verdrehten Satz, den ich seit meiner Kindheit kannte. „Es ist spät genug."

Aber als ich an jenem Abend dort kniete und meine Stimme mit den Stimmen all derer vermischte, die ich liebte, in den vertrauten Worten des Vaterunsers, dachte ich, Gott sei sehr hart zu mir gewesen, und ich fürchtete, er könnte mir sogar meinen Vater wegnehmen Von mir aus löste sich ein solcher Sturm entsetzlicher und rebellischer Qualen aus, dass ich das Gefühl hatte, ich könnte die Worte, die mir in diesen fünfzehn Jahren so leicht über den Kopf gegangen waren, nicht ehrlich aussprechen: „Dein Wille geschehe."

KAPITEL XXXVIII.

Eine Woche verging – still und ereignislos – die Welt der Taten und Emotionen war so bleiern wie der Himmel über unseren Köpfen.

Vater führte sein gewohntes Leben und schien keineswegs schlimmer zu sein als seit einiger Zeit; so dass die kranke Angst in mir für eine Weile beruhigt wurde, um zur Ruhe zu kommen, und als ich die Leere der Gegenwart erkannte, vergaß ich die Möglichkeit eines noch größeren Übels in der Zukunft.

Der Sommer war vorbei – der Sommer, von dem selbst die ältesten Leute im Dorf sagten, er sei wunderbar hell und lang gewesen, als alle, die sie je gesehen hatten; Der September endete mit einem Wirbelsturm aus Stürmen und heftigen Niederschlägen.

In den verlassenen Hopfengärten – übersät mit den ungepflückten Ranken der zerstörten Ernte oder übersät mit den kegelförmigen Zelten der gestapelten Aschestangen – zeichnete nur tote Asche die fröhlichen Flammen auf, die den fröhlichen Gesichtern entgegengesprungen waren; Der Sommer war vorbei, und überall verfärbten sich Bäume und Hecken am brütenden Himmel in rötliche Töne.

Ach ich! Schon zuvor war die Ernte in den Winter übergegangen, und grüne Blätter hatten sich in Gold verwandelt, und Sommervögel waren zu Häusern im Süden geflogen, aber noch nie waren Stürme so schnell auf Sonnenschein gefolgt, noch waren Blumen so schnell an ihren Stängeln verdorrt, noch waren Hoffnungen so schnell zunichte geworden Boden!

Doch die ereignislose Woche sollte mit Ereignissen enden. Es war der 1. Oktober. Ich erinnere mich daran, weil Mutter Geburtstag hatte und der Knappe, der es noch nie zuvor versäumt hatte, zu ihr zu kommen und ihr persönlich zu gratulieren, sein Blumengeschenk nur durch einen Diener überbrachte. Ich weiß, ich fühlte mich schuldig und erkannte etwas von dem, was Vater gemeint hatte, denn ich fürchte, Mutter wurde verletzt.

Als ich zur Teezeit in den Salon ging, waren Mutter und der Gerichtsdiener allein da. Sie waren offensichtlich in ein tiefes und ernsthaftes Gespräch vertieft.

Ich dachte, es ginge um Mr. Hoad , der in letzter Zeit selten im Grange gewesen war, aber an diesem Nachmittag, etwas zu meiner eigenen unbestimmten Besorgnis, mit seinem Vater verschlossen war. Ich vermutete, dass Mutter schon einmal mit Harrod über das Thema gesprochen hatte, und dachte zunächst, dass ihr plötzliches Schweigen nur darauf zurückzuführen sei, dass es ihr nichts ausmachte, wenn eines von uns Mädchen erfuhr, dass sie sich bisher dem Gerichtsvollzieher anvertraut hatte. Aber ein gewisser halb verwirrter Blick, der meiner Mutter sehr fremd war, ließ mich fragen, ob sie dieses Mal nicht doch mit ihm über Mr. Hoad gesprochen hatte ; und als sie mich schickte, um Vater hereinzurufen, befahl sie mir, die Tür hinter mir zu schließen, obwohl ich nur über den Flur ging.

beschäftigt gewesen wäre, hätte mich der Klang von Mr. Hoads lauter Stimme, als ich mich der Bibliothekstür näherte, mehr beunruhigt als ich, und ich hätte besorgter das Gesicht meines Vaters zur Kenntnis genommen. Da er es gerade erst geöffnet hat, um mir zu sagen, dass er meiner Mutter sagen soll, dass er gerade beschäftigt ist, aber gleich kommen würde.

Sie sah verärgert aus, als ich ihr die Nachricht überbrachte, und nahm mit gekränkter Miene ihren Platz vor dem Teetablett ein. „Ich weiß nicht, warum, wenn Mr. Hoad nicht selbst Tee mit uns trinken möchte, er diesen besonderen Moment wählen sollte, um Ihren Vater zu beschäftigen und von seinem Essen fernzuhalten", beschwerte sie sich.

„Ich nehme an, es ist etwas ganz Besonderes", sagte Joyce in ihrem ruhigen Tonfall und ohne das Stirnrunzeln auf Harrods Stirn zu bemerken. „Mr. Hoad ist immer so höflich; es muss etwas Besonderes sein."

„Sehr speziell!" wiederholte Mutter und schürzte die Lippen. „Ich weiß nicht, warum es so speziell sein sollte, dass man es bei Tisch nicht sagen konnte, nur dass Männer sich immer einbilden müssen, sie hätten sehr wichtige und geheime Dinge zur Hand. Es ging nur um diese unglücklichen Hopfen, denn Ich hörte, wie er sie erwähnte, als er hineinging. Warum er Vater unbedingt an seine Verluste erinnern musste, weiß ich nicht. Ohne das ist es schon schlimm genug, und wenn ich wollte, dass er sich ein wenig aufmuntert. Der Hopfen kann keine Rolle spielen Mr. Hoad . Aber Männer sind so dumm und rücksichtslos!"

Wir tranken den Tee aus und setzten uns um das Feuer. Es war dunkel – halb sechs und mehr – und wir hatten bei Lampenlicht Tee getrunken. Mutter bemerkte, wie schnell die Abende näher rückten. Dann schlug sie vor, noch einmal nach Vater zu schicken, aber Harrod bat sie um Geduld.

„Mr. Hoad muss bald gehen, sonst muss er im Dunkeln nach Hause fahren", sagte er.

Ich lachte. „Es gibt einen Mond", sagte ich, „es sei denn, die Wolken haben ihn verschluckt." Und ich stand auf, um auf die Terrasse zu gehen und nachzusehen.

Die Stimmen in der Bibliothek hoben und senkten sich, als ich die Tür öffnete. Ich hörte die tiefen Töne meines Vaters, kräftig und fest, und die von Herrn Hoad , leichter und schriller. Joyce stand ebenfalls auf und folgte mir, ebenso wie Trayton Harrod.

Das Fenster der Bibliothek stand offen, als wir den Rasen überquerten.

„Sie werden es schon schaffen", erklang Mr. Hoads Stimme; „Squire Broderick ist Ihr Freund. Es war klug von Ihnen, sich in dieser Wahlangelegenheit nicht an Ihre Fahnen zu halten. Es hätte ihn beleidigt. Er ist kein armer Teufel wie ich, der unbedingt auf den Penny achten muss Mieten. Und wenn das Gerücht wahr ist, kann ihm eine Ihrer jungen Damen als Belohnung alles geben, was er braucht.

Ich blieb wie gelähmt stehen. Hatte Joyce es gehört?

Aber Trayton Harrod schritt an mir vorbei, bis sie ein paar Schritte vor uns stand. „Miss Maliphant , Sie müssen ein Tuch für Ihren Kopf holen", sagte er hastig; „Der Nebel fällt."

Sie ging gehorsam hinein. Mir fiel auf, dass sie sich ihm gegenüber immer gehorsam verhielt. Wenn sie es gehört hatte, ließ sie es sich nicht anmerken. Wahrscheinlich hatte sie es nicht verstanden.

Jemand trat ins Zimmer und verschloss das Fenster. Ich habe nichts mehr gehört.

„Komm runter auf die Terrasse", sagte Harrod autoritär. „Dort können wir auf deine Schwester warten."

Er ging voran und ich folgte ihm, aber ich sah ihn an. Hatte er auch nicht gehört, nicht verstanden? Oh ja, er hatte es gehört und er hatte es verstanden – so wie ich es verstanden hatte.

„Was meinte dieser Mann?" rief ich und sah ihm direkt in die Augen.

Wir hatten schon seit einiger Zeit nicht mehr offen und frei miteinander gesprochen, aber das hatte mich aufgewühlt.

„Der Kerl ist ein schlechter Kerl", sagte er.

„Ja, aber was meinte er?" beharrte ich. „Das habe ich schon immer gewusst; aber ich möchte wissen, was er meinte, als er so von Squire Broderick sprach."

Trayton Harrod schwieg.

" , sagte ich bestimmt.

Er hatte von mir weggeschaut, doch jetzt wandte er sein Gesicht wieder mir zu.

„Ja, ich werde es dir sagen ", antwortete er schlicht. „Ich denke, es ist gut, dass Sie es wissen sollten. Der Farm geht es schlecht; vielleicht haben Sie das erraten. Ich war nicht in der Lage, das zu tun, was ich mir erhofft hatte, als ich zum ersten Mal hierher kam. Ich hatte keinen Erfolg."

Er sprach in einem schweren, entmutigten Ton; es weckte aufs Neue all das Mitgefühl, das eine Zeit lang durch meine bittere Leidenschaft erstickt worden war. „Sag das nicht", rief ich. „Du hast viel getan. Ich bin sicher, dass Vater das denkt, und ich denke auch", fügte ich leise hinzu. „Aber du wurdest behindert."

„Nun, jedenfalls habe ich versagt, und der Farm geht es schlecht", wiederholte er ziemlich knapp. „Euer Vater wurde um Geld gedrängt, wahrscheinlich nicht erst seit ich hier bin; er war gezwungen, es so gut wie möglich zu bekommen, um den Lohn der Männer zu bezahlen. Er hat einen Teil davon von Hoad bekommen ."

„Von Hoad !" wiederholte ich. „Nicht als Gefallen?"

„Nein", fuhr er lachend fort; „Dein Vater ist Hoad zu Dank verpflichtet, wahrscheinlich in großer Höhe. Ich fürchte es. Aber nicht als Gefallen. Hoad ist der Mann, der genau weiß, welchen Zinssatz er verlangen muss; und er droht jetzt, ihn zur Zahlung zu drängen. Solange dein Vater ihm nützlich sein konnte, solange er hoffte, seine Hilfe zu bekommen, um Thorne den Sitz der Radikalen zu sichern, war er nachsichtig genug – ich wage zu sagen, dass er so tun würde, als würde er noch lange darauf warten; Aber jetzt ist es eine andere Sache. Thorne hat den Sitz verloren und Mr. Hoad einen Vorteil, den er aus der Angelegenheit gehabt hätte. Er hat nicht mehr die Absicht, Rücksicht zu nehmen. Er will auf sein Geld drängen."

„Wie konnte Vater einem solchen Mann jemals vertrauen, jemals mit ihm Geschäfte machen?" schrie ich empört. „Es ist schrecklich zu glauben, dass er es getan haben könnte. Aber jetzt muss er natürlich sofort bezahlt werden, und wir dürfen ihn nie wieder sehen."

Harrod schwieg.

„Warum hört Vater damit auf, mit ihm zu streiten?" rief ich und schaute zurück zum Bibliotheksfenster. „Wie kann er sich dazu herablassen? Warum zahlt er ihm nicht sein Geld und sagt ihm, er solle gehen?"

„Vielleicht hat Ihr Vater nicht das Geld, Miss Margaret", sagte Harrod nach einer Pause langsam.

„Nicht verstanden!" rief ich. „Wie viel kostet es?"

„Ich weiß es nicht", antwortete er, „aber ich fürchte, es ist mehr, als dein Vater im Moment zur Verfügung hat. Er muss sein ganzes Bargeld brauchen, um die Männer zu bezahlen, und da ist noch die Miete, die jetzt fällig ist."

"Die Miete!" wiederholte ich leise. „Die Miete gebührt Squire Broderick."

„Ja", stimmte Harrod zu.

„Vater hat sein Leben lang seine Miete pünktlich gezahlt", fuhr ich stolz fort, „das habe ich oft von ihm gehört. Nichts würde ihn dazu bewegen, einen Tag zu spät mit der Miete zu kommen."

„Nein, natürlich", sagte Harrod schnell.

Und dann schwieg er. Im schwachen Licht wurde mir heiß.

Ich wusste jetzt, was Mr. Hoad gemeint hatte, und ich hasste ihn in meinem Herzen mehr als jemals zuvor für das, was er gemeint hatte.

„Aber darauf verlässt sich Hoad ", fuhr Harrod schnell fort, als hätte er sich plötzlich dazu entschlossen, etwas zu sagen. „Er ist ein niederer, vulgärer Kerl, und er würde so etwas für natürlich halten. Er kann keinen anderen Grund sehen, warum Ihr Vater nicht zugestimmt haben sollte, seinem Kandidaten bei der Wahl zur Seite zu stehen."

Eine plötzliche Offenbarung kam zu mir.

„War es das, worum es in dem Artikel ging, den Sie Ihrem Vater aus dem Weg räumen wollten?" Ich fragte.

Er nickte. Mein Herz flammte vor Wut über den Verrat des Mannes, der sich selbst als Freund seines Vaters bezeichnet hatte, aber darin schwebte eine tiefe Dankbarkeit gegenüber dem Mann, der sein Freund gewesen war, ohne sich selbst so zu nennen. Aber ich habe es nicht gesagt; Ich wiederholte nur laut, was ich mir innerlich gesagt hatte.

„Ich hasse ihn", sagte ich. „Was auch passiert, auf diese Weise wird er sein Geld nie bekommen. Aber, oh, ist es nicht schrecklich zu glauben, dass Vater einem solchen Mann Geld schulden sollte! Gibt es keine Möglichkeit, ihn jetzt auszuzahlen – sofort?" "

„Keines, das ich sehen kann", sagte Harrod traurig.

„Wird für den Hopfen kein Geld reinkommen?" Ich fragte noch einmal eifrig.

„Oh, wenn die Saison gut für den Hopfen gewesen wäre!" wiederholte Harrod. Und dann blieb er stehen.

Ich fragte nicht mehr, aber ich verstand in diesem kurzen Satz sehr viel, und als ich über alles nachdachte, was er gesagt hatte, verstand ich noch mehr: dass er vielleicht schon vor langer Zeit, als er zum ersten Mal kam, erraten hatte, in welcher Lage Vater stand dann auf; dass er die Hopfenspekulation vielleicht sogar als letzte Chance empfohlen hatte, da er, wie ich wusste, über besondere Möglichkeiten verfügte, über eine gute Ernte zu verfügen. Er hatte für uns gearbeitet, ihm waren unsere Interessen am Herzen gelegen, aber die Aufgabe, die er übernommen hatte, war schwieriger gewesen, als er gedacht hatte; Da ich ihn so gut kannte, wusste ich, wie sehr, sehr bitter das Gefühl des Versagens für ihn sein musste. Seine Arbeit: Das war das Erste, was er hatte, und er war darin gescheitert.

„Wenn du nicht gewesen wärst, wäre alles noch viel schlimmer, als es ist", sagte ich schließlich, erfüllt von einem wirklich einfachen und selbstlosen Mitgefühl. „Sie haben viel für die Farm getan."

„Es hätte von Nutzen sein können, wenn die Umstände anders gewesen wären", sagte er halb gereizt. „So wie es ist, habe ich nichts Gutes getan, überhaupt nichts Gutes. Aber das ist weder hier noch dort. Die Sache ist, was jetzt zu tun ist."

„Muss sofort etwas getan werden?" fragte ich besorgt.

„Ja", antwortete er kurz, „sofort."

Ich schwieg und blickte auf die Ebene. Der letzte Rest des Tageslichts war tot; Der Mond floh zwischen den Wolken hin und her, die schnell und sanft über das Blau des tiefen Nachthimmels strichen, auf dessen Busen sie manchmal wie in einem silbernen Boot lag, aber auch das kreuzte wieder ihr Gesicht mit hässlichen Narben oder einer Haut Sie war völlig außer Sichtweite – ein trüber Schleier, den selbst ihr reiches Strahlen nur mit der Helligkeit als Erinnerung am Saum verdeutlichen konnte. Unter einem solchen Himmel wirkte das Sumpfgebiet immer breiter und geheimnisvoller denn je, bis niemand mehr hätte sagen können, wo das Land endete und das Meer begann; Es war alles ein riesiger, trüber Ozean – Land- und Wasserwellen waren eins.

Trayton Harrod genau an dieser Stelle gestanden hatte und er auf meine Bitte hin zugestimmt hatte, auf der Farm zu bleiben und uns zu helfen. Er war geblieben und hatte getan, was er konnte. War es seine Schuld, wenn er uns nicht Hilfe und Glück gebracht hatte?

Ich erinnerte mich gut an die Nacht; Ich erinnerte mich, dass es damals warm gewesen war, während es jetzt kühl war. Die Dämmerung war verblasst und die Nacht war dunkel, bis auf den unbeständigen, unsteten Mond. Ein dünner Schleier aus Wolken hing jetzt vor der weißen Scheibe, und das Licht, das durch sie hindurchdrang, zeigte einen weiteren dünnen Schleier aus

Nebel, der über dem Meer aus dunklem Sumpfland schwebte; Die Brise, die zwischen den Espen auf der Klippe wehte, hatte kaum eine Erinnerung an den Sommer.

„Was kann getan werden?" fragte ich als Antwort auf diese kurze, knappe Erklärung.

„Es gibt nur eine Sache, die ich sehen kann", sagte er. „Sie haben Recht. Hoad muss bezahlt werden. Es ist keine Frage der Wahl. Das Geld muss geliehen werden, um ihn zu bezahlen."

"Geliehen!" rief ich. „Von wem könnten wir es leihen, selbst wenn wir es täten? Es gibt niemanden, der uns Geld leihen würde."

„Ja, da ist ein Mann", sagte Harrod leise.

„Sie meinen Kapitän Forrester", sagte ich, „weil Sie ihn hier so eng mit Vater gesehen haben; aber ich versichere Ihnen" – ich hielt inne; Ich hatte geringschätzig angefangen, aber am Ende war ich ziemlich lahm: „Er hat kein Geld."

„Nein, ich meinte nicht Captain Forrester", antwortete Harrod, mit einem Lächeln auf seinen Lippen, wie ich mir im Dämmerlicht vorstellte, „ich meine Squire Broderick."

Ich wurde wieder rot. Ich habe ihn nicht angesehen.

„Vater würde niemals auf die Idee kommen, Squire Broderick zu bitten, ihm Geld zu leihen", sagte ich schnell.

„Nein, das wage ich zu sagen", antwortete der Gerichtsvollzieher. „Ihr Vater ist ein sehr stolzer Mann, und so gut er auch weiß, dass der Squire sein Freund ist, sie haben sich nicht immer gut verstanden. Aber Sie, Miss Margaret, Sie könnten ihn fragen, und um Ihres Vaters willen würden Sie es tun. "

„Oh nein, das würde ich tatsächlich nicht tun", sagte ich fast grob. „Es ist das Letzte auf der Welt, was ich tun würde." Und dann drehte ich mich schnell um. „Joyce ist nicht heruntergekommen", fügte ich hinzu. „Wir sollten besser zurückgehen und nach ihr suchen."

Ich entfernte mich ein paar Schritte, aber er folgte ihm nicht und ich blieb stehen.

„Gehen Sie noch nicht rein", sagte er. „Deine Mutter braucht dich nicht. Ich möchte ein wenig mit dir reden. Wir waren immer so gute Freunde, aber wir haben uns schon lange nicht mehr unterhalten."

Ich blieb stehen, wo ich war.

„Wenn es darum geht, Geld vom Gutsherrn zu leihen, worüber Sie mit mir reden wollen, glaube ich nicht, dass es für Sie einen Sinn hätte, sich die Mühe zu machen“, sagte ich, während ich ihm immer noch den Rücken zuwandte. „Ich würde nicht daran denken, ihn zu bitten, meinem Vater Geld zu leihen – nicht, wenn ich jemals daran gedacht hätte, dass er es tun würde.“

„ Natürlich würde er es tun, um Ihnen zu gefallen“, sagte Harrod offenherzig. „Er liebt dich. Aber ich verstehe durchaus, dass das mehr denn je der Grund dafür sein könnte, dass du ihn nicht fragst.“

Ich habe nicht geantwortet; Die Plötzlichkeit, wie das von ihm kam, hatte mir den Atem geraubt. Es war mir nicht einmal in den Sinn gekommen, dass er es hätte erraten können; und jetzt, wo er davon reden sollte – *er* zu *mir*!

„Es wäre ein Grund, wenn du seine Liebe nicht annehmen wolltest“, fuhr Harrod rücksichtslos fort. „Aber da das sicher nicht der Fall sein kann, sind Sie dann nicht zu empfindlich; fügen Sie ihm nicht fast eine Verletzung zu, indem Sie ihm nicht so sehr vertrauen?“

„Herr Harrod, ich weiß nicht, wie Sie es wagen, so mit mir zu reden“, sagte ich heftig, aber leise.

"Wagen!" wiederholte er mit einem kleinen Lachen, das einen unangenehmen Klang hatte, und doch gleichzeitig mit einem kleinen Ton der Überraschung: „Ich dachte, wir wären Freunde. Sicherlich kann man das einem Freund sagen?“

„Das dürfen Sie mir nicht sagen“, erwiderte ich im gleichen Ton. „Und ich weiß nicht, warum du denken solltest, dass der Gutsherr mich liebt.“

„Ist das etwa eine Beleidigung?“ lächelte er. „Das hätte ich nicht gedacht. Sicherlich ist es jedem klar, dass er dich liebt? Ich habe es gesehen, seit ich auf dem Grange bin.“

"Du hast es gesehen!" stieß ich verblüfft aus. „Na ja, es war Joyce! Wir dachten alle, es wäre Joyce!“

„Ich dachte nicht, dass es Joyce war“, sagte er.

Ich schwieg noch einmal. Seit er auf dem Gutshof war , hatte er gesehen, dass der Gutsherr mich liebte. Wie war denn seine Haltung mir gegenüber gewesen? Welche Einstellung hatte er mir gegenüber gehabt?

„Nun, wenn der Gutsherr mich liebt, muss er darüber hinwegkommen“, sagte ich mit harter, kalter Stimme. Ich war verletzt und wund, und mein Schmerz machte mich für einen Moment hart gegenüber dem Mann, dem ich in meinem Herzen nie etwas anderes als Ehrfurcht entgegenbrachte. Aber schon im nächsten Moment tat es mir leid; Ich schämte mich sogar für einen Gedanken, der nicht nur aus Dankbarkeit ihm gegenüber bestand. „Vielleicht", fügte ich sanft hinzu, „ist es nicht ganz so, wie du es dir vorstellst. Ich bin nicht gut genug für den Knappen."

"Nicht gut genug!" wiederholte er, und in seiner Stimme lag ein Klang echter Wertschätzung und Loyalität, der mein törichtes Herz zum Leuchten brachte. „Ich verstehe nicht, warum nicht. Wie auch immer, nach dem, was deine Mutter mir erzählt hat, scheint *er* nicht dieser Meinung zu sein."

Mutter! Darüber hatten sie so heimlich gesprochen.

„Es tut mir leid, dass Mutter darüber reden konnte", sagte ich. „Das war nicht fair. Es ist schade, dass über solche Dinge gesprochen werden sollte, wenn daraus nie etwas werden wird."

„Warum wird daraus nie etwas werden?" fragte Trayton Harrod.

„Das ist meine Sache", sagte ich trotzig.

„Ja, das stimmt", antwortete er; „Aber ich hatte, wie gesagt, gedacht, dass wir so gute Freunde wären, dass Sie auch einen Teil Ihrer Angelegenheit mir überlassen könnten. Ich bitte um Verzeihung."

Sein Tonfall irritierte mich unerklärlicherweise, aber seine Anspielung auf unsere Freundschaft berührte mich dennoch.

„Sie brauchen mich nicht um Verzeihung zu bitten", sagte ich ruhiger; „Aber ich möchte nicht, dass du noch mehr darüber sprichst. Mutter könnte sich irren, wenn es darum geht, dass der Gutsherr mich heiraten will Sei."

„Nun, Miss Margaret, wenn ich Sie beleidige, indem ich über die Sache spreche, muss ich meinen Mund halten", sagte Harrod; „Aber ich habe das Gefühl, ich muss Ihnen sagen, dass ich denke, dass Sie einen großen Fehler machen."

Ich antwortete nicht und er fuhr fort:

„Deinem Vater geht es schlecht. Er wäre sehr erleichtert, wenn er glauben würde, dass es einem von euch ein Leben lang gut geht. Abgesehen von allem, was ihr in dieser Krise für ihn tun könntet, und woran er zweifellos nicht gedacht hat." von, Sie müssen selbst sehen, wie das so sein würde.

„Ein Mädchen kann nicht heiraten, um ihrem Vater zu gefallen", sagte ich, „und *mein* Vater ist der Letzte, der das wünscht."

„Natürlich", sagte er beharrlich, „wollen weder dein Vater noch deine Freunde, dass du gegen deinen Willen heiratest, um *einen* Vorteil daraus zu ziehen. Aber warum sollte es gegen deinen Willen sein? Der Gutsherr ist so ein guter Kerl." "

„Oh, verlange nicht, dass ich darüber rede", rief ich. „Ich weiß, dass er gut ist; ich weiß alles, was du sagst."

„Wenn die Wahrheit bekannt wäre, würde ich davon ausgehen, dass ein gutes Stück Stolz darin steckt", lächelte er. „Da bist du die Tochter deines Vaters. Und da ist der Knappe, der zweifellos denkt, dass er nicht halb gut genug für dich ist. Ein Mann tut das meistens, wenn ihm eine Frau am Herzen liegt."

„Das ist es nicht. Ich kann den Knappen nicht heiraten, weil ich ihn nicht liebe, und das ist ein Ende", rief ich verzweifelt.

Ich wünschte, er hätte nie mit mir darüber gesprochen; Ich konnte nicht verstehen, wie er das tun *konnte* , selbst um meiner Mutter eine Freude zu machen, auf deren Veranlassung ich sicher war, dass es geschah. Es kam mir so vor, als wäre es ihm sehr unähnlich, aber da er sich zum Sprechen gezwungen hatte, musste ich mich dazu zwingen, ihm so viel von der Wahrheit zu sagen. Aber ich wandte mich von ihm ab und ging zum Rand der Terrasse.

Harrod folgte mir jedoch erneut.

„Vielleicht wissen Sie nicht genau, was Sie damit meinen", sagte er sanft. „Junge Mädchen tun das nicht immer. Und weil ein Mann ein paar Jahre älter ist als sie selbst, denken sie, dass es keine Liebesheirat sein kann. Aber manchmal stellen sie doch fest, dass es eine Liebesheirat war." , nur wussten sie es damals noch nicht. Weise Leute sagen, dass die beste Art von Liebe durch Wissen entsteht und nicht auf den ersten Blick entsteht, wie manche denken."

Es waren die Argumente der Mutter. Es war zweifellos aus Freundschaft zu mir, dass er sie wiederholte, aber es waren die Worte meiner Mutter und sie berührten mich überhaupt nicht. Alles, was ich empfand, war eine Wut, die schrecklich und schnell in mir aufstieg, gegen den Mann, der es wagte, sie auszusprechen.

Ich habe nicht geantwortet. Ich zog meinen Umhang nur enger um mich, denn der Sumpfwind erhob sich hin und wieder in plötzlichen Stößen, die bis ins Herz eines Menschen drangen; Sie ließen die Wolken über den Himmel fliegen, und der Mond verschwand tief in einem Bett aus Schwärze – so tief, dass nicht einmal der Saum davon wie zuvor mit dem silbernen Rand gesäumt war; über dem Sumpf herrschte ununterbrochene Nacht. Ich kann es immer noch sehen , ich kann die Kälte spüren.

Und doch war mein Herz innerlich heiß, und aus dieser Hitze heraus sprach ich. Soll ich aufschreiben, was ich gesprochen habe? Ich kann es kaum ertragen. Selbst nach all den Jahren, in denen mir das Schicksal freundlicher als sonst geholfen hat, all die verdorbene Vergangenheit zu begraben und auf ihrem Grab eine Zukunft zu beginnen, deren Fundamente noch tiefer liegen. Selbst jetzt habe ich Angst davor, die strenge Aufzeichnung meiner Worte schwarz auf weiß vor mir zu sehen. Ich schäme mich – nicht meiner Liebe, sondern meines Egoismus, obwohl diese Seiten für keine anderen Augen als meine bestimmt sind, fürchte ich mich. Aber ich habe mir die Aufgabe gestellt, und sie wird bis zum Ende erfüllt.

„Können Sie nicht verstehen", sagte ich mit leiser Stimme, „dass ich den Knappen vielleicht nicht lieben kann, weil ich jemand anderen mehr liebe?"

Er schwieg – er sah mich nicht einmal an. Er zeigte keinerlei Anstalten, über meine Enthüllung überrascht zu sein.

"Bist Du Dir sicher?" sagte er nach einer Pause. „Und ist er Ihrer ebenso würdig wie Squire Broderick?"

"Würdig!" wiederholte ich. Einen Moment lang schoss mir eine stolze, rebellische Antwort durch den Kopf. War er meiner würdig – derjenige, der so viel weniger gab, für mich war das umso mehr? Aber ich habe den Dämon außer Sichtweite getrieben. War er schuld, wenn ich mehr gab? „Was ist Würdigkeit?" fragte ich.

Er antwortete zunächst nicht und dann mit einer Stimme, die mir irgendwie anders vorkam als alles, was ich zuvor von ihm gehört hatte.

„Ich weiß nicht, dass es so etwas gibt", sagte er mit einer Art grimmigem Ernst. „Aber ein Mann kann sein Bestes geben, und ich denke nicht, dass eine Frau sich mit weniger abfinden sollte."

Seltsame, einfache Worte; Es war nichts in ihnen, was mich verletzen könnte, und doch schienen sie auf mich zuzufliegen. Mein Herz schlug wild; Ich konnte es fühlen, ich konnte es hören, wie es wie ein Vogel im Käfig gegen das Hartholz des Zauns flatterte, gegen den ich lehnte.

„Der Squire gibt Ihnen das Beste, was er hat", sagte Trayton Harrod. „Tut der Mann, von dem du denkst, dass du ihn liebst, das auch?"

Ich weiß nicht, ob es meine Einbildung war oder nicht, aber seine Stimme schien zu zittern. Ich hatte seine Stimme noch nie zuvor zittern hören.

"Wie kann ich sagen?" sagte ich, so gut ich die Worte für Scham und Kummer aussprechen konnte.

„Eine Frau kann es schnell genug erkennen", murmelte er. Und dann hörte er auf; er kam einen Schritt näher zu mir. „Und Tatsache ist", sagte er mit Nachdruck, „es scheint eine Schande für ein feines, kluges Mädchen wie Sie zu sein, einen solchen Mann wie den Knappen wegzuwerfen, um eines Kerls willen, von dem sie nicht einmal sicher ist, ob er ihr das gibt." Das Beste, was er hat. Ich habe kein Recht, so mit dir zu reden, und ich hätte es nicht tun können, wenn deine Mutter es mir nicht versprochen hätte. Sie schien der Meinung zu sein, dass ich das tun sollte. Aber, auf mein Wort, das tue ich Du denkst, dass dir dieser andere Kerl jetzt am Herzen liegt, aber wenn er dir nicht das gibt, was du zu Recht erwarten kannst, wärst du nicht das Mädchen, für das ich dich halte, wenn du ihn nicht verärgern würdest deines Geistes. Es gibt nichts auf der Welt, das leben kann, wenn es nichts zu ernähren hat."

Wie jedes Wort wie ein Stein in den Grund eines Brunnens zu fallen schien! Sie hallten in meinem Kopf wider, nachdem er zu Ende gesprochen hatte. Ein weiterer Windstoß wehte vom unsichtbaren Wassermeer über das gerade noch sichtbare Landmeer. Der Mond ließ durch eine weichere graue Wolke wieder ein wenig Licht erstrahlen und schien mit schwacher, verdeckter Helligkeit auf uns; Die Espen auf der Klippe zitterten – und ich zitterte auch. Ich nehme an, das Feuer in meinem Blut war ausgebrannt, und die Kälte von außen schlug nach innen, denn ich fühlte mich, als wäre ich zu einem völlig gefühllosen Eisklumpen erstarrt.

„Ich frage mich, was passiert wäre, wenn der Vorschlag des Squires Joyce gemacht worden wäre, wie wir alle angenommen hatten?" sagte ich langsam.

Ich sah ihn nicht an, aber ich spürte, wie er zusammenzuckte.

„Glaubst du, sie hätte ihn akzeptiert?" fragte er. Seine Stimme zitterte jetzt nicht; es war hart und metallisch; es klang nicht wie sein eigenes. Es hat mich in den Wahnsinn getrieben. Alles, was in letzter Zeit passiert war, alles, was in der letzten halben Stunde passiert war, hatte dazu geführt, dass sich der Treibstoff angehäuft hatte, und nun entzündete das instinktive Wissen um die Gefühle, die diese letzte Rede von ihm ausgelöst hatten, das Feuer. Ich war verrückt vor Eifersucht.

„Ich weiß es nicht", sagte ich. „Wenn der Squire Joyce einen Heiratsantrag gemacht hätte und sie gewusst hätte, dass sie, wie Sie sagen, Vater helfen würde, indem sie ihn heiratete, hätte sie sich vielleicht dazu durchringen können. Sie ist selbstloser." als ich. *Sie* hätte sich vielleicht dazu durchringen können, einen Mann zu heiraten, während sie einen anderen liebte.

Harrod antwortete zunächst nicht, aber ich spürte, wie sein Gesicht sich mir zuwandte und darauf wartete, dass ich fortfuhr, und ich hörte, wie er die Luft einatmete und wieder ausatmete, als sei er erleichtert.

„Warum denkst du, dass sie in einen anderen Mann verliebt ist?" fragte er mit leiser Stimme.

„Oh, ich weiß es", sagte ich, berührt von dem Wissen, dass er dachte, ich meinte es mit ihm selbst. „Sie ist mit ihm verlobt."

Mein Herz hörte fast auf zu schlagen und wartete darauf, wo der Pfeil einschlagen würde.

Es hat eingeschlagen. "Beschäftigt!" murmelte er.

„Ja", fuhr ich schnell fort, vielleicht um meine böse Absicht nicht zu bereuen. „Sie ist mit Captain Forrester verlobt. Sie treffen sich nicht, weil meine Eltern wollten, dass es ein Jahr lang geheim gehalten wird. Aber sie lieben einander."

Oh, Joyce, Joyce! Wie hätte ich das sagen können? Hundert Ausreden kamen mir in den Sinn, aber in jeder einzelnen steckte ein tiefer Schmerz, denn durch das Summen dieser Ausreden ertönte eine starke, klare Stimme, die mir sagte, dass der Mann, den Joyce wirklich liebte, an meiner Seite stand. Ich wusste es, ich wusste es, und doch ließ ich ihn denken, dass sie jemand anderen liebte; Ich ließ ihn mit schmerzendem Herzen gehen. Das war meine Liebe zu ihm – das war meine Liebe zu Joyce, die, bis er meine Welt durchquerte, für mich meine ganze Welt gewesen war.

Ich erinnere mich an nichts mehr. Ich nehme an, er hat etwas gesagt und ich habe darauf geantwortet, oder ich habe etwas gesagt und er hat darauf geantwortet; aber ich erinnere mich an nichts – an nichts, bis ich sah, wie er sich zwischen den Espen auf der Klippe hinabschlängelte und im trostlosen Sumpfland verschwand.

Daran erinnere ich mich. Ich sehe es oft. Der Mond hing noch immer hinter diesem grauen Wolkenschleier; Die Brise kroch noch immer kühl zwischen den Bäumen hindurch und bohrte sich bis ins Herz; das schwache weiße Licht zeigte eine sehr weite Welt, weit weiter als im hellen Tageslicht; Es schien viel Raum für Sehnsucht und Kummer zu geben. Aber lag der Kummer dabei allein bei mir? Einen Moment später wurde mir der Schrecken über das, was ich getan hatte, bewusst. Ich, der ich gelitten habe, habe andere leiden lassen.

„Oh, komm zurück! Komm zurück!" Ich weinte voller Kummer und eilte die Klippe hinunter, bis ich über dem Sumpf stand und in der dunklen Nacht wild mit den Armen wedelte. „Komm zurück! Ich habe noch etwas zu sagen."

Aber er war weg. Der Mond war derselbe Mond, der traurig zusah; Die Welt war dieselbe Welt wie vor zehn Minuten, aber er war weg. Und wer war schuld?

Ich stieg langsam wieder die Klippe hinauf – kalt und fassungslos. Was hatte ich getan? Wo soll ich hin?

„Margaret! Margaret!" ertönte ein lauter, entsetzter Schrei von der Veranda.

Es war die Stimme meiner Schwester Joyce.

KAPITEL XXXIX.

In dieser Nacht wurde Vater von einem Schlaganfall getroffen, der zu seinem Tod führen sollte.

Das hatte der Schrecken in der Stimme meiner Schwester gemeint, als sie durch die kühle Dunkelheit den Garten zu mir herunterrief. Ihr Schrei hatte mich aus der Betrachtung meiner eigenen Leiden und der Trauer um meine eigene Grausamkeit auf ein strengeres Sterbebett als das Sterbebett meiner eigenen selbstsüchtigen Hoffnungen gerufen, zu der dunkelsten Erfahrung, die jedes liebende menschliche Geschöpf machen kann Weg.

Er lag drei Wochen krank, aber von Anfang an wussten wir, dass es keine Hoffnung gab und dass niemand sagen konnte, wann er endlich entführt werden würde. Wir wachten abwechselnd Tag und Nacht neben ihm, und in der ersten schrecklichen Nacht nach seinem Anfall saß ich allein im dunklen Wohnzimmer und wartete darauf, dass ich an die Reihe kam, als es gegen Mitternacht an der Tür klopfte. Ich dachte, es wäre der Arzt, der versprochen hatte, vor dem Morgen noch einmal zu kommen; aber als ich die Tür öffnete, stand der Gutsbesitzer draußen. Die schlechte Nachricht hatte sich im Laufe des Abends im Herrenhaus eingeschlichen, und er war gekommen, um zu erfahren, ob sie wahr sei.

Zum ersten Mal an diesem Abend kroch ein kleiner Hauch von etwas Warmem um mein kaltes Herz. Ich vergaß, dass der Gutsherr mich heiraten wollte und dass ich ihn praktisch abgelehnt hatte; Ich vergaß alles, außer dass hier ein Freund war, der echtes Mitgefühl für unsere Probleme hatte und in diesem Moment an nichts anderes dachte – vielleicht der einzige Freund, auf den ich instinktiv zählte in einer Welt, die mir gerade sehr weit und leer vorkam.

Er trat sofort ein, und ich erzählte ihm mit einem kurzen, leisen Flüstern, was dort im Flur passiert war.

„Es gibt keine Hoffnung", sagte ich. „Das wusste ich ganz genau, obwohl der Arzt gesagt hat, dass es nur eine Chance gibt. Er wusste selbst, dass er jeden Moment sterben könnte. Er hat es mir gestern gesagt, aber ich habe ihm nicht wirklich geglaubt."

Bei der Erinnerung an diese Szene schwoll mir das Herz an, aber ich weinte nicht. Ich frage mich, ob er mich für herzlos hielt.

"Wie ist es passiert?" fragte der Knappe.

„Mr. Hoad war bei ihm. Ich hörte sie reden, als ich in den Garten ging", antwortete ich und mir wurde übel bei der Erinnerung daran, weshalb ich dorthin gegangen war. „Joyce sagt, Mr. Hoad sei plötzlich hinausgegangen und dann hätten sie Vater fallen hören. Seitdem hat er nie mehr gesprochen."

„Ah, wenn wir diesen Mann nur von ihm fernhalten könnten!" murmelte der Knappe.

„Ja, und es kommt mir vor, als ob es meine Schuld wäre", flüsterte ich. „Er schuldete ihm Geld, und er kam, um es gerade jetzt einzufordern, als der Hopfen ausgefallen war und die Miete fällig war. Er ist so gemein, dass er es getan hat." ein Groll gegen Vater, weil er Mr. Thorne nicht geholfen hat. Aber wie sollte ich an das Geld kommen? Es war grausam, grausam, es vorzuschlagen!"

Ich bemerkte den Blick des Gutsbesitzers, der mit einem seltsamen, mitleidigen, fragenden Blick auf mich gerichtet war. Ich verstand es im Moment nicht, aber im Lichte dessen, was ich später erfuhr, verstand ich seine Bedeutung.

Ich blieb abrupt stehen. Ich hatte das Gefühl, als ob meine Sinne mich verließen – mein Kopf drehte sich. Ich wusste, dass ich in diesem Moment des ungewöhnlichen Verlangens nach Mitgefühl und Unterstützung etwas gesagt hatte, was ich zu keinem anderen Zeitpunkt hätte sagen sollen.

Aber ich hatte keine Zeit, meine Worte zu widerrufen, selbst wenn das möglich gewesen wäre. Ich sah gerade die Augen, die so blau aus dem gebräunten Gesicht des Gutsbesitzers leuchteten und ihn im trüben Licht der kleinen Halle aufmerksam auf mich richteten, als Joyce schnell die Treppe hinunter rannte.

„Vater möchte Sie sehen, Squire Broderick", sagte sie eifrig. „Er hat deine Stimme gehört und möchte dich sehen."

„Oh, dann *ist er* wieder bei Bewusstsein!" rief ich freudig.

„Ja", sagte Joyce; „Er ist bei Bewusstsein."

Sie sagte es mit deutlicher Betonung des Wortes.

„Aber –", fragte der Knappe.

„Er kann nicht sprechen", fügte sie hinzu.

Ich wandte mein Gesicht von ihnen ab.

„Das bedeutet, dass er im Sterben liegt", sagte ich. „Der Arzt sagte, es könnte vor Tagesanbruch sein."

Plötzlich überkam mich eine feige, schreckliche Sehnsucht, wegzulaufen.

„Oh, vielleicht nicht", sagte Joyce sanft. „Wir müssen hoffen, solange es Leben gibt. Wir können nichts tun; er ist über uns hinaus. Wir müssen uns dem Willen Gottes unterwerfen."

Sie hatte recht. Vielleicht spürte ich zum ersten Mal in meinem Leben die ganze schreckliche Kraft davon – dass wir nichts tun konnten, absolut nichts; dass wir uns unterwerfen müssen.

Aber warum war es Gottes Wille? Wieder ärgerte es mich, wie es mich schon einmal zuvor verärgert hatte, dass Joyce sich offenbar so leicht dem Willen Gottes unterwerfen konnte. Ich war ungerecht. Sie hatte Tränen auf den Wangen und meine waren trocken. Wir waren anders, das war alles.

„Kommen Sie", sagte sie und wandte sich wieder an den Knappen, „er ist ungeduldig."

Sie stieg die Treppe hinauf und huschte sanft in ihrem blauen Flanell-Morgenmantel, während das goldene Haar ein wenig aus seinen glatten Locken glitt.

Der Knappe folgte ihm. Ich setzte mich unten auf die alte Eichenbank und wartete.

„Du, du auch, Meg", sagte sie und drehte sich um. Die Eichentreppe war dunkel, aber ein gelber Strahl der an der Täfelung hängenden Öllampe zeigte ihr überraschtes Gesicht. Von oben ertönte die Stimme der Mutter und sie rannte die Treppe hinauf.

Der Knappe kam wieder zu mir zurück. „Komm, mein Lieber", sagte er – und selbst in diesem feierlichen Moment konnte ich nicht umhin, das Wort der Zärtlichkeit zu bemerken, das ihm unbewusst entgangen war. „Ich möchte, dass du kommst, denn hinterher würde es dir leid tun, dass du dich verspätet hast. Wenn du ihn siehst , wirst du keine Angst haben."

Er nahm meine Hand und führte mich die Treppe hinauf, sodass wir gemeinsam das Zimmer meines Vaters betraten.

Ja, er war ganz bei Bewusstsein. Seine durchdringenden grauen Augen leuchteten wie ein Feuer von innen heraus wie Kohlen in seinem weißen Gesicht; Sie waren schrecklich konzentriert, als hätte sich die ganze Kraft dieses einst starken Körpers, dieses einst aktiven Geistes auf diese letzte Zitadelle zurückgezogen; Aber schwarz unter dem Schatten der überhängenden Brauen waren es für mich die lieben, vertrauten Augen von früher, und ich hatte keine Angst.

Als wir uns näherten – ich ließ meine Hand in meiner Not immer noch unbewusst in der des Gutsherrn liegen – sah ich einen dieser Schimmer, von dem ich gesagt habe, dass er oft wie Sonnenschein auf einem zerklüfteten Moor sei, über das Weiß seines Gesichts kreuzen.

Für einen Moment war die Anstrengung zu sprechen sehr schmerzhaft, aber er nahm die Hand des Gutsherrn in seine – in beide – und sah mich an, und ich wusste genau, was er sagen wollte.

Ich habe nicht gesprochen. Ich hätte nicht sprechen können, wenn ich gewollt hätte, denn ich hatte einen Kloß im Hals, der mich erstickte; aber ich hatte nichts zu sagen. Wie hätte ich es in mein Herz bringen können, ihm zu sagen, dass das, was er gesehen hatte, nichts zu bedeuten hatte, doch welche Worte hätte meine Zunge gesagt, um ihm zu sagen, dass ich meine Hand für immer dem Gutsherrn geben würde? Es war nicht möglich. Ich ließ meine Hand aus seiner gleiten, aber Vater sah es nicht. Er blickte mehr auf den Gutsbesitzer als auf mich; Seine Augen waren auf ihn gerichtet mit einem seltsam gemischten Ausdruck von Stolz und Bitte. Wenn ich jetzt darüber nachdenke, kommt mir ein überaus erbärmliches Bild stolzer Selbstaufgabe und großzügiger Bitte vor Augen. Es war fast so, als würde er sagen: „Ich habe dir Unrecht getan. Glaubensbekenntnisse und Überzeugungen sind nichts. Wir waren immer eins und du bist mein einziger Freund. Hilf mir in meiner Not." Deshalb habe ich seitdem oft diesen Blick in seinen tiefen, traurigen Augen gelesen. Mein lieber Vater! Sollte ich meinen armen Vater sagen? Nein, sicher nicht. Doch in diesem Moment dachte ich es; Ich wollte etwas für ihn tun, und das Einzige, was ich hätte tun können, würde ich nicht tun. Aber der Knappe kam zur Rettung.

„Ich weiß", sagte er zärtlich; „Sei ruhig. Ich werde mich um sie alle kümmern."

sie kümmern . „Ich werde mich um sie alle kümmern."

Mein Herz war ihm dankbar. Er hatte gesagt, ich sollte Mut haben. Er hatte mir Mut gemacht.

Als er weg war, nahm ich meinen Platz am Bett ein; Ich hatte keine Angst mehr vor dem Tod, oder wenn ich Angst hatte, war meine Liebe größer als meine Angst; Ich blieb bis zum Ende an der Seite meines Vaters. Ich war dankbar, dass diese drei Wochen nicht zu Ende waren. Er litt nicht, und er vertraute so sehr auf mich, dass er mich so vertrauensvoll und liebevoll ansah, wann immer ich in seine Nähe kam, dass sie mich aus mir selbst herausholten, wie nichts anderes hätte tun können. Liebe Augen, die mir all die Jahre danach gefolgt sind, um die Schmerzen der Reue zu lindern und die Kälte des Lebens zu wärmen. Ach ich! und doch waren das schmerzhafte Tage. Da ich wusste, dass der Gedanke, dass ich und der Knappe eines Tages eins sein würden, ihn tröstete, als er dort lag, sehnte ich mich danach, davon reinen Tisch zu machen. Ich sehnte mich danach, ihm zu sagen, dass mir mehrmals am Tag eine ganz andere Gestalt als die des guten Squire Broderick in den Sinn kam, ungebeten und schrecklich für mich, der jede Faser von mir dem Sterbenden hingeben wollte.

Ich kann es nicht erklären, ich kann nur sagen, dass es so war: So sehr ich meinen Vater auch liebte, der Gedanke an ihn verdrängte nicht jeden anderen Gedanken. Während dieser ermüdenden Beobachtungsstunden hielt ich Ausschau nach anderen Schritten als denen, die – so langsam und sicher – kamen, um mir das zu nehmen, was ich mein ganzes Leben lang geliebt hatte; Schwarz auf meinem Herzen lag der Schatten einer tieferen Reue als die, einen Sterbenden an eine Möglichkeit glauben zu lassen, die ihn beruhigte: Ich wollte Trayton Harrod sehen, damit ich ungeschehen machen konnte, was ich getan hatte, damit ich ihm das sagen konnte Wahrheit über Joyce.

Ja, obwohl ich genau wusste, dass ich ihn viel zu sehr liebte, um an einen anderen zu denken, dachte ich nicht an meine Liebe, während ich die dunklen Stunden lang da saß und das Gefühl hatte, dass mich diese schreckliche Präsenz jeden Moment überfallen könnte , wohin ich nicht wusste, das Ding, das ich als meinen lieben Vater gekannt hatte. Ich wollte ihn nur sehen, um mein Gewissen von dieser gemeinen Lüge zu befreien, um ihn glücklich zu machen und ihn sagen zu hören, dass er mir vergeben hat; Und oft begann ich neben dem stillen Bett zu stehen und glaubte, den leichten, festen Schritt auf dem Kies draußen zu hören, oder das Klicken des Riegels in der Vordertür, wie der Gerichtsdiener es gewohnt war, ihn anzuheben.

Aber Trayton Harrod kam nicht, und mit dem Selbstbewusstsein der Schuld wagte ich nicht, nach Neuigkeiten von ihm zu fragen. Erst mehr als eine Woche nach dem ersten Anfall meines Vaters erfuhr ich, dass er am Morgen nach unserem Abschied bei Tagesanbruch nach London gefahren und noch nicht zurückgekehrt war. Mein Herz sank bei der Nachricht ein wenig, obwohl ich wusste, dass er vorgehabt hatte, diesmal für eine kurze Zeit wegzugehen, und ich vermutete natürlich, dass er vor seiner Abreise nichts von unserem Ärger gehört haben konnte.

Deborah sagte, dass einer der Männer am Morgen seiner Abreise eine Nachricht von ihm hinterlassen hatte, aber in der Verwirrung über die Krankheit meines Vaters konnten weder sie noch ich sie finden, und ich musste mich noch einmal hinsetzen, um einem anderen gegenüberzustehen grimmiges Phantom des Todes, abgesehen von dem, der das Haus für uns alle so ruhig und seltsam hielt. Einmal, glaube ich, sagte Mutter, man müsse Harrod holen, aber niemand dachte wieder daran, denn alles war wirklich von dieser großen Angst verschlungen, während wir um das Bett herum warteten und gegen alle Hoffnung hofften und auf die teilweise Rückkehr der Sprache warteten, die der Arzt hatte was uns gesagt wurde, könnte ihm vielleicht noch einmal gegeben werden.

Rev. Cyril Morland besuchte ihn und erzählte ihm alles, was er für den Plan zum Schutz kleiner Kinder tun konnte, der ihm so am Herzen lag. Ich erinnere mich noch gut daran, wie erbärmlich in seiner Schärfe der Versuch war, alles so zu verstehen, wie er es einst verstanden hatte, obwohl sein armer Körper schon halb tot war – wie rührend das Feuer, das noch immer in seinen eingefallenen Augen brannte, wie rührend das Lächeln, das immer noch umherspielte seine weißen Lippen.

Ja, ich erinnere mich an alles; Ich erinnere mich, wie er mir nach vielen Versuchen klar machte, dass ich die Buntstiftskizze des Kopfes des jungen Mannes, die über dem Schreibtisch in seinem Arbeitszimmer hing, holen und sie seinem Bett gegenüberstellen sollte. Ich erinnere mich, wie sein Blick damals darauf gerichtet war, als er den Erklärungen des guten jungen Pfarrers zuhörte, was in diesem Zweig der großen Frage, auf die er sich so lange konzentriert hatte, bereits erreicht worden war.

Der Pfarrer war kaum gegangen, als Deborah mit einer Nachricht ins Zimmer kam. Sie flüsterte es ihrer Mutter zu: Kapitän Forrester wohnte im Priorat und hatte vorbeigeschickt, um zu fragen, wie es Herrn Maliphant ergangen sei.

Vaters Augen waren geschlossen, er öffnete sie nicht, aber ich sah einen Ausdruck des Leidens, als ob eine Peitsche über ihn hinweggestrichen wäre, über seine Gesichtszüge.

Mutter schickte Deborah hastig mit einem geflüsterten Tadel aus dem Zimmer, und Vater winkte mich an seine Seite. Soweit ich das beurteilen konnte, wollte er, dass ich Frank holen ließ.

vor ein paar Wochen getan! Aber jetzt wusste ich zu gut, dass es zu spät war; Und als ich die verräterische Röte des Ärgers in Joyces Gesicht und ihren schnellen, flehenden Blick sah, war ich abgeneigt, dem Befehl meines Vaters Folge zu leisten. Ich konnte sehen, dass sie es auf den Lippen hatte, ihm etwas zu sagen – etwas, worüber sie bald darauf kein Geheimnis mehr machte; Aber wie konnte einer von uns es wagen, ihn zu stören, es wagen, etwas anderes zu tun als einfach das, was er wollte? Sogar meine Mutter würde sich nicht einmischen, so sehr es sie auch kostete, mich diese Vorladung schicken zu lassen. Wir hatten instinktiv das Gefühl, dass der Besuch weder nützen noch schaden würde. Wir hätten uns keine Sorgen machen müssen. Vater starb, bevor Frank kam. Es schien ihm etwas besser zu gehen; Tatsächlich waren wir nur einen Tag lang ziemlich hoffnungsvoll gewesen. Der Gutsbesitzer hatte bei ihm gesessen, und als er ihn mit seiner Mutter allein ließ und die Treppe hinunterkam, traf ich ihn im Flur; Ich hatte auf ihn gewartet. Ich ging voran in das verlassene Wohnzimmer, und der Gutsherr – wie ich mir einbildete, halb widerwillig – folgte ihm.

„Ich hoffe, ich habe dich nicht ferngehalten", begann er besorgt. „Er schläft jetzt und deine Mutter ist bei ihm. Aber er wird gleich wieder nach dir fragen."

„Ja, ich weiß, ich weiß", antwortete ich abwesend. „Aber, Herr Broderick, ich wollte Sie fragen, ob Sie nicht der Meinung sind, dass man Herrn Harrod holen sollte?" sagte ich hastig.

Er wandte den Kopf ab; Ich konnte nicht anders, als zu bemerken, dass er verlegen aussah.

„Ich bin mir sicher, dass er nichts von der Krankheit seines Vaters wissen kann, und ich bin der Meinung, dass es ihm gesagt werden sollte", sagte ich. „Ich weiß sehr gut, dass er diese Zeit nie für einen Urlaub wählen würde, wenn er wüsste, wie dringend seine Anwesenheit ist." ist nötig. Auf dem Bauernhof muss alles auf Hochtouren laufen.

„Ich sehe, dass es nicht so läuft", murmelte er.

"Du!" schrie ich entsetzt. „Oh, aber das passt nicht."

Trotzdem sah er unbeholfen aus. „Machen Sie sich darüber keine Gedanken", sagte er freundlich. „Sie haben genug zu tun, ohne darauf zu verzichten. Mein Gerichtsvollzieher hat im Moment sehr wenig Arbeit, und er kann sich fast ein bisschen um die Dinge kümmern."

Irgendetwas an seinem ganzen Verhalten ließ mich erstarren, aber ich schrie eifrig, fast wütend: „Aber er *muss* zurückkommen; es ist seine Pflicht, zurückzukommen. Du bist zu nett – du willst ihm den Urlaub nicht verderben; aber das ist nicht so." „Das ist nicht fair und keine wirkliche Freundlichkeit. Er würde viel lieber zurückkommen, das weiß ich. Wenn du ihm nicht schreibst, werde ich es tun."

Ich sprach energisch, aber etwas an der Art, wie der Gutsherr mich jetzt ansah – mitleiderregend und doch vorwurfsvoll –, beschämte mich und ich senkte den Blick. Er kam auf mich zu und sagte mit leiser Stimme, denn ich hatte meine Stimme erhoben: „Willst du mir alles überlassen? Tu es. Ich verspreche dir, dass ich dir das Richtige tun werde; und für dich gerade jetzt alles – alles." aber eines muss in der Schwebe bleiben.

Ich konnte nicht antworten, irgendetwas würgte mich. Zum Abschied nahm er meine Hand. „Ich dachte, er wirkte heute Abend ruhiger und weniger unruhig", sagte er.

Ich nickte, und er drückte meine Hand und ging hinaus. Erst als das letzte Gelb in der Dämmerung verschwunden war, ging ich wieder hinauf ins Krankenzimmer.

Mutter saß auf einem niedrigen Stuhl neben dem Bett; Ihre Hand war in der des Vaters und ihr Kopf ruhte auf ihrer Hand. Es gab kein Licht, nur das Grau der Dämmerung. Man hätte meinen können, es sei die Gestalt eines jungen Mädchens, die dort so zärtlich kauerte. In all den Jahren meiner Kindheit hatte ich zwischen meinen Eltern nur sehr selten eine Haltung der Zuneigung erlebt; Ich kann mich kaum erinnern, dass mein Vater meine Mutter in unserer Gegenwart geküsst hätte, obwohl seine unfehlbare Ritterlichkeit ihr gegenüber und die ruhige, selbstverständliche Art, mit der ihre Meinung respektiert wurde, bei uns inzwischen selbstverständlich geworden war. Ich hatte jetzt das Gefühl, in eine heilige Privatsphäre eingedrungen zu sein.

Mutter drehte sich um, als ich eintrat, und zog ihre Hand ganz sanft von der des Vaters weg; er döste. Sie stand auf und ging zum Fenster.

„Soll ich die Lampe mitbringen, Mutter?" fragte ich.

Ich spürte, dass Tränen in ihrer Stimme waren, als sie antwortete. Es war das erste Mal, dass ich mir dessen bewusst wurde, seit Vater krank war, sie war so ruhig und mutig gewesen. Ich ging auf sie zu, wo sie im trüben Licht der Fensterbank stand, mit dem Rücken zu mir, und nach einem Moment küsste ich sie ehrfürchtig, wie ich es noch nie zuvor getan habe, außer einmal, als sie das sagte wäre auf dem Bauernhof anders gewesen, wenn unser kleiner Bruder gelebt hätte. Ihre Tränen strömten in Tränen aus, aber sie sagte nichts, nur als ich sagte: „Heute Nacht geht es ihm besser, Mutter, meinst du nicht auch?" Sie nickte mit dem Kopf, drehte sich um und verließ das Zimmer.

In dieser Nacht brach die Welle, die wir so lange beobachtet hatten, über unseren Köpfen.

Mutter hatte in der Nacht zuvor aufgestanden und sich ausgeruht; Joyce hielt bis Mitternacht Wache, und dann nahm ich ihren Platz ein. Die Stunden vergingen müde in der Dunkelheit. Vater war sehr unruhig, stöhnte oft und warf seine Arme hin und her.

Einmal hatte er in der alten, zärtlichen Art lange Zeit seine Hand auf meinem Kopf gehalten und mir mit stummer, leidenschaftlicher Bitte in die Augen geblickt. Was wollte er wissen? Wenn ich es vermutet hätte, hätte ich das Verlangen nicht gestillt. Ich murmelte hier und da nur vage Worte, strich sein Kissen und seine Stirn glatt, tränkte seine trockenen Lippen mit Wasser, stillte den körperlichen Durst und ignorierte den bittereren Durst des Geistes. Ich war ein Feigling.

Schließlich fiel er in einen unruhigen Schlaf . Ich verließ das Bett und ging zum Fenster. Die Morgendämmerung brach an; Hinter einem Wall aus violetten Wolken umgab ein blasser Streifen orangefarbenen Lichts das Sumpfgebiet. Es gab kein Meer, oder besser gesagt, es war alles Meer – stille Wellen öden Landes, stille Wellen fernen Wassers und über allem eine düstere Nebelwelle, die die Wahrheit verbarg; Aus der Brandung erhob sich die ferne Stadt wie ein dunkler Felsen inmitten des Wassers, stattlicher als je zuvor über den gespenstischen Dampfbändern, die ihre Basis durchzogen, und ließ die Krone ihres quadratischen Glockenturms wie eine Festung auf einer gewaltigen Alpenhöhe aufragen . Lila war die Stadt und lila die Wolkenzinnen, aber über ihnen war der Himmel klar, wo ein geduldiger gelber Stern auf den Anbruch des Tages wartete.

Am Fuße der Klippe befand sich das Wasser im Gezeitenfluss; es lag blau und kalt inmitten des feuchten, weißen Nebels. Ich erinnerte mich an den Tag vor sechs Monaten, als ich dagestanden und es beobachtet hatte, genauso blau und kalt vor dem weißen Winterschnee; Ich hatte gedacht, dass es in seinen eisernen Tiefen kälter aussah als der Schnee; Ich hatte gedacht, es sähe wie der Tod aus. Ja, wie ich es in Erinnerung hatte! Es war das erste Mal, dass ich an den Tod dachte.

Ich ging zurück zum Bett. Ich bildete mir ein, dass Vater umgezogen wäre; aber er lag ganz still da, mit nach oben gerichtetem Gesicht und einem seltsamen blauen Grau darauf. Ich stand lange über ihm, bis meine Hände vor Angst so kalt waren, dass ich kaum noch spüren konnte, ob seine noch die Wärme des Lebens hatten. Ich dachte, ich würde meine Mutter anrufen, aber der Atem kam immer noch schwach über seine Lippen; Also wartete ich eine Weile und schlich mich sanft zum Fenster zurück, von wo aus ich die lebende Welt sehen konnte.

Den gelben Stern gab es nicht mehr, denn hinter den purpurnen Wällen wuchs langsam eine Pracht silberner Strahlen hervor; das Purpur wurde zu Amethyst, die düsteren Wolkenklippen zerfielen in weiche Flaumflocken; sie wiegten die aufgehende Sonne, deren Feuer ihre Sanftheit errötete; sie trugen ihn hinauf, bis er mit voller Kugel über dem Horizont war; dann lief plötzlich ein Riss über sie hinweg, und es war Tag. Aber der weiße Nebel lag immer noch genauso dicht auf dem Boden; es war grau vor Schatten, und das Wasser war kalt, und das weite, weite Meer aus von der Brandung umspültem Marschland war trostlos.

Ein Geräusch kam aus dem Bett. Mein Herz blieb stehen. Es war so lange her, dass wir Vater sprechen hörten, dass es uns wie eine Stimme aus dem Grab vorkam, ihn zu hören.

„Meg", sagte er deutlich.

Ich drehte mich nicht um. Er wiederholte das Wort, und es war seine eigene Stimme, und ich ging zu ihm. Er lag da, genau wie ich ihn verlassen hatte, nur dass er sich nur ein wenig auf die Seite gedreht hatte, damit das Porträt seines Freundes für ihn besser sichtbar war. Derselbe blaue Schatten war auf seinem Gesicht.

„Meg", sagte er langsam, „Mutter wird sehr einsam sein, wenn ich weg bin. Du wirst auf Mutter aufpassen."

Ich sank langsam auf die Knie, um mein Gesicht auf eine Höhe mit seinem zu bringen. Ich wollte es vor ihm verbergen, aber mit großer Anstrengung hielt ich meinen Blick auf ihn gerichtet.

„Ja", antwortete ich bestimmt.

„Du warst immer ein gutes Mädchen, meine rechte Hand", fuhr er fort. „Kümmere dich um beide."

Seine Stimme wurde schwach; Ich konnte die Schweißtropfen auf seiner Stirn sehen. Ich versuchte aufzustehen, um Mutter und Joyce zu rufen, aber er hielt mich fest.

„Der Knappe – vertraue dem Knappen", murmelte er. „Er liebt dich, so wie ich deine Mutter geliebt habe." Und dann fügte er mit einem Lächeln des Friedens hinzu: „Der Knappe sagte, er würde sich um euch alle kümmern."

Ich war zu beeindruckt, um etwas zu sagen, aber ich legte meine Lippen sanft auf seine Hand. Es war ziemlich kalt und ein Schauer durchlief mich.

Seine Augen waren geschlossen, und ich löste meinen Arm, so gut ich konnte, aus seinem Griff und flog zur Tür.

Einen Augenblick später war ich in dem Zimmer, in dem Mutter und Joyce zusammen lagen und sich ausruhten; Meine Anwesenheit reichte aus, um ihnen zu sagen, was los war.

Als ich zu Vater zurückkam, waren seine Augen wieder geöffnet – fixiert auf das Bild ihm gegenüber.

„Jetzt sehen wir durch einen dunklen Schleier", murmelte er. „Ah, Camille, ich habe getan, was ich konnte;" und dann: „Gott hat ein eigenes Zuhause für die Kleinen."

Er wanderte.

„Laban!" rief Mutter mit einem leisen Schrei.

Ein Lächeln brach durch diesen grauen Schatten, als Licht durch die violetten Wolken brach, als die Sonne aufging.

Seine Lippen schienen sich wie in einer Bitte zu bewegen.

„„Der Friede Gottes, der alles Verständnis übertrifft "', begann Mutter mit gebrochener Stimme.

Es herrschte langes Schweigen im Raum, und dann ein Geräusch: Es war ein Schluchzen aus schwerem Herzen unserer Mutter.

Seine Stimme war für immer still.

KAPITEL XL.

Am Tag der Beerdigung meines Vaters schien die Sonne und der ganze Sommer war zurückgekehrt. Vor einem blassen, hellen Himmel, der von sanftesten Wolken übersät war, bildeten goldene Ulmenäste zarte metallische Maßwerke, und purpurrote Schlingpflanzen schossen wie Flammen über die grauen Wände schlichter Hütten. Selbst vorbeiziehende Vögel ließen uns nicht alle im Stich, und Schwalben schwirrten erneut um die uralten, mit Efeu bewachsenen Gänge der alten Kathedrale, unter deren Schatten wir ihn in die Erde legten.

Wir stellten ihn unter die Eiben neben unseren kleinen Bruder John, mit dem Gesicht in Richtung der untergehenden Sonne hinter den Kiefern; Alle sagten, es sei ein wunderschöner Ort zum Ausruhen; und Joyce weinte ihre einfachen, stillen Tränen über die hoffnungsvollen Worte von Rev. Cyril Morland, den Mutter als Vorleser des Gottesdienstes ausgewählt hatte. Aber mein Herz war zu heiß und rebellisch, um Tränen zu vergießen oder Hoffnung oder Trost zu sehen; Ich hasste die Sonne, weil sie so hell schien, die Welt, weil sie so schön war, und die Leute, die es für natürlich genug hielten, dass ein alter Mann das Ende seines Lebens erreichen sollte.

Ja, sie sprachen traurig und mitfühlend darüber – all die vielen Menschen , die ihm bis ins Grab folgten; Menschen, denen er seine Gedanken erzählt hatte, denen er geholfen und die er unterrichtet hatte und mit denen er in seinem Leben Mitgefühl gehabt hatte; Leute, die ohne ihn nicht das gewesen wären, was sie waren – deren Freund er gewesen war und der niemals einen solchen Menschen finden würde, der sie anführt! Aber trotz all ihrer ehrlichen Tränen sprachen sie davon als ein würdiges Leben, das würdig zu Ende gegangen sei – sie konnten sich sein Grab als schön vorstellen, während Gott für mich grausam war, ihn genommen zu haben, und kein Ort auf der Welt irgendetwas sein konnte aber kalte Erde, die ihn vor meinen Augen verbarg.

Gegenüber meiner Mutter und Joyce war mein Herz weich wegen des Versprechens, das ich ihm gegeben hatte, als er mit seinen dunklen Augen in meine blickte, aber selbst gegenüber Joyce war ich wund, als ich sah, wie sie ihren Kopf zu Mr. Hoad neigte, als er das Tor des Hauses aufhielt Friedhof für sie; und mit einem grimmigen Gefühl der Befriedigung und ohne das geringste Gefühl für die Untauglichkeit des Anlasses wandte ich mich von seiner ausgestreckten Hand ab und sagte mit lauter Stimme, die jeder Umstehende hören konnte: „ Nein, Mr. Hoad , ich glaube nicht, dass ich jemals wieder Lust haben werde, Ihnen die Hand zu schütteln. Sie kämpfen nicht fair. Durch Sie liegt mein Vater da, und ich werde Ihnen nie verzeihen."

Ich lief hinter meiner Mutter her, ohne auch nur einen Blick auf das wütende Gesicht zu werfen, das ich zurückließ, ohne auf das unterdrückte Murmeln zu hören, das um mich herum lief, ohne auch nur den verärgerten, verzweifelten Ausdruck auf dem Gesicht des Knappen dicht neben mir zu sehen. Mein Herz tat sehr weh, und das nicht weniger, weil ich in der Nähe des Grabes ein Gesicht übersehen hatte, von dem ich ganz sicher gewesen war, dass es dort sein würde.

Der Squire und ich hatten seit dem Tag, an dem er mich gebeten hatte, die Rückrufung seiner Person seinem Ermessen zu überlassen, nie wieder über Trayton Harrod gesprochen. Ich glaube, ich hatte ihn in dieser Zeit nicht mehr als einmal gesehen, und dann ging es um die Vorbereitungen für die Beerdigung, bei der ich über eine so scheinbar triviale Angelegenheit nicht gerne mit ihm gesprochen hätte, so viel ich auch wollte wollte es tun. Aber all die schrecklichen Tage hindurch, als wir drei schweigend im abgedunkelten Salon gesessen hatten und keine Nachrichten von außen gehört hatten, außer Beileidsbekundungen und Blumenbezeugungen demütiger Freundschaft, die die alte Deb mit ihren geschwollenen Augenlidern hereingebracht hatte – die ganze Zeit, als wir Als wir darauf warteten, dass sie uns für immer wegnehmen würden, was von dem, was einst unser Eigentum war, noch übrig war, waren plötzlich Wellen ungebetener Erinnerung aufgetaucht, die sich mit meiner heiligen Trauer um die Toten vermischten und mit meinem Bedauern über das, was ich haben konnte, verwoben waren Was ich für meinen lieben Vater getan hatte, wozu es jetzt zu spät war, waren andere aufrichtig reuige Gedanken, von denen ich beschloss, dass sie nicht ohne Früchte bleiben sollten.

Ich wollte mein Fehlverhalten wiedergutmachen, und Trayton Harrod gab mir keine Chance dazu. Wo war er? Bestimmt hatte er zu diesem Zeitpunkt schon von unserem Ärger gehört. Wie konnte er fernbleiben? Und während die trüben Stunden von Morgen zu Abend und von Abend zu Morgen wieder vergingen, sehnte ich mich danach, ihn zu sehen, mit einer herzkranken Sehnsucht, die nicht einmal meine Tränen stillen konnten; Ich sehnte mich danach, ihn zu sehen, auch wenn sein Gesicht noch so streng, seine Stimme noch so grausam und seine Hand so kalt sein mochte.

Aber er kam nicht, und am vierten Tag nach der Beerdigung fragte Mutter, die langsam erwachte und das Wissen um äußere Dinge und Menschen erlangte, nach ihm. „Meg“, sagte sie, „es ist sehr seltsam, dass Mr. Harrod die ganze Zeit unserer Not nicht in unserer Nähe war. Ist er krank, wissen Sie?“

„Ich habe es nicht gehört, Mutter“, sagte ich schwach; „Aber ich glaube, er war weg.“

"Weg!" wiederholte Mutter. „Na ja, dann wäre er wohl noch einmal zurückgekommen, denke ich. Ich hätte nicht geglaubt, dass er so ein Schönwetterfreund ist. Ich habe ihn ganz anders gesehen."

Mein Herz schwoll vor bitterer Reue an, denn tief in meinem Inneren gab es eine kleine Stimme, die mir sagte, dass ich nicht ohne Schuld daran wäre, wenn Harrod weg wäre.

„Sie und er hatten doch keinen Streit, oder?" sagte Mutter nach einer Weile.

"Eine Auseinandersetzung!" wiederholte ich leise. "Ach nein!"

„Nun, darüber bin ich froh", antwortete sie. „Er ist ein netter Junge, und es ist schade, einen Freund zu verlieren. Ich dachte, er hätte vielleicht mit dir über etwas gesprochen, worüber du nicht gesprochen haben wolltest. Ich bin froh, dass das nicht so ist. Ich frage mich, was hält ihn fern. Und nicht einmal eine Schlange. Nun, ich wage zu behaupten, dass er morgen zurück sein wird.

Ihre Stimme wurde müde; in Wahrheit war es ihr sehr egal, ob er kam oder nicht; Es gab nur einen, nach dem sie sich sehnte, und er konnte nie wiederkommen.

Aber ich — so sehr ich mich auch nach der Anwesenheit sehnte, um die sie trauerte — es war *mir* wichtig, ob Trayton Harrod wiederkam, und als er nicht kam , ging ich, um Neuigkeiten von ihm zu erfahren. Joyce fand es sehr schrecklich von mir, einen Spaziergang zu machen, nachdem unsere Toten erst vor so kurzer Zeit beigesetzt worden waren, aber Joyce wusste es nicht. Vielleicht wunderte sie sich auch über seine Abwesenheit, aber sie kannte nicht wie ich den Grund dafür.

Ich ging aus dem Haus, durch den Garten, die Klippe hinunter, wo ich ihn in dieser seltsamen Mondnacht vor einem Monat hatte verschwinden sehen, hinunter in den Sumpf. Die Sonne war hinter dem Hügel verschwunden, denn es war Nachmittag, aber der Himmel war klar und klar, das Meer hinter dem sanften Marschland blau; Entlang der Ufer der Deiche säumten Dornenbüsche den Weg — von weitem rosig, aber ganz in der Nähe mit Korallenspitzen an jedem dünnen Ast; und das Wasser, seines grünen Binsenmantels beraubt, lag still und kahl zum Himmel.

Ich ging schnell, bis ich zu dem weißen Tor kam, das den Schafstall von der Viehweide trennt, und dann drehte ich mich um, um zurückzublicken: Wenn ich zufällig auf den Knappen stieß , würde ich Neuigkeiten erfahren; aber auf dem Land war kein Lebewesen zu sehen — ich war allein mit den Vögeln und den Wasserratten. Das Vieh war aus dem Sumpfgebiet gerufen worden, als das stürmische Wetter einsetzte, und ich hatte vergessen, sogar den Hund mitzunehmen; Es ist so lange her, seit ich das letzte Mal spazieren gegangen bin.

Aber das liebe, vertraute Land tröstete mich mit seiner Traurigkeit. Weit entfernt, auf Deichen, wo die Sense das Schilf noch nicht gemäht hatte, folgten breite orangefarbene Streifen den Uferlinien oder zogen sich wie Flammenzungen im Sonnenlicht über den Bach. In der Ferne stieg blauer Rauch von den Feuern der Unkrautbrenner in den gepflügten Furchen langsam und direkt in die blasse Luft, und ein Schatten huschte über den Fuß der Stadt, deren Spitze im Nachmittagslicht noch weiß war. Entlang der Unterklippe des Manor-Waldes bildeten die purpurroten Buchen prächtige Gemäldeflecken auf dem düsteren Hintergrund der Kiefern, und zwischen dem blasseren Gold der Ulmen hielten Lärchen bernsteinfarbene Fackeln hoch.

Gottes Erde war sehr schön, aber warum hatte er alles weggenommen, was sie glücklich machte? Nicht weit von hier hatten wir uns zum ersten Mal bei Regen und Nebel getroffen; Hier hatten wir im grünen Frühling den Kiebitz gestartet und den Kuckuck aus seinem Nest vertrieben, usurpiert; hier hatten wir oft das Spiel verfolgt und die Lebensweise der Vögel und Tiere kennengelernt; hier hatten wir das Heu und die Ernte gesammelt und der Schafschur zugeschaut; Hier hatten wir die Ebene im Donner und Blitz des Sturms überquert.

Und all diese Dinge würden wieder passieren – der Frühling und der Sommer und der Winter würden kommen mit ihren Anblicken und ihren Geräuschen, ihrem Leben und ihren Pflichten; Das Sumpfland würde immer dasselbe sein, aber würde es für mich jemals wieder dasselbe sein? Ah, an diesem Tag hätte ich das nicht gedacht!

Im Wald ertönte ein Schuss. Es war der Fasanenhüter des Gutsbesitzers. Es weckte mich aus meinem Traum, aber ich muss so still gewesen sein, dass sogar die Kaninchen dachten, ich wäre nicht am Leben, denn zwei von ihnen liefen mir über den Weg.

War ich überhaupt noch am Leben? Ich schüttelte mich und ging langsam weiter bis zu der Stelle, an der das Sumpfgebiet auf die Straße trifft. Dann bog ich quer durch das Eschengehölz auf dem Hügel ab – schon ohne Blätter – und nahm den Weg in Richtung „The Elms". Ja, ich war herausgekommen, um Neuigkeiten über Trayton Harrod zu hören, und ich würde nicht ohne sie zurückkehren; Irgendwie und von jemandem würde ich erfahren, wo er war und warum er gegangen war.

Ich ging schnell, als ich das Haus sah; mein Herz schlug. Es stand da – ruhig und einsam wie immer – ein kahles, einsames, wenig einladendes Haus, das von seiner ruhigen Höhe auf die Hügel und die Schafweiden, den Sonnenuntergang und den Sonnenaufgang blickte.

„The Elms" hatte nie etwas Menschliches. Es schien nur auf seine tägliche Arbeit und seine täglichen Pflichten konzentriert zu sein und als könnte es denken, dass alles, was sie störte, nicht berücksichtigt oder geduldet werden sollte. An diesem Tag sah es unmenschlicher und abweisender aus als je zuvor; seine weißen Wände schienen mich anzulächeln; seine geraden, hohen Schornsteine, aus denen kein freundlicher blauer Rauch in den Himmel stieg, schienen höhnisch ins Leere zu zeigen. Mein Herz sank, als ich den Hügel hinaufstieg und das Tor des Hofes öffnete. Ich wusste, warum der Ort weniger einladend aussah als je zuvor – er war verlassen, die Fensterläden waren geschlossen, die Haustür war verriegelt; Es war, als wäre dort jemand gestorben, so wie jemand zu Hause gestorben wäre.

Ich klopfte einmal laut und verzweifelt, wusste aber, dass niemand kommen würde. Niemand kam; niemand kam, obwohl ich dreimal klopfte; alles war still wie im Grab. Als ich schließlich wieder den Hügel hinunterging, traf ich Dorcas' Nichte mit ihrem „Jüngsten" im Arm.

„Herrgott, Fräulein, wer hätte gedacht, Sie so bald nach dem Tod Ihres armen Vaters zu treffen!" sagte sie vorwurfsvoll. „Ich war gerade im Dorf, um Seife zu holen."

„Oh, ich verstehe. Wird Mr. Harrod nach Hause erwartet?" fragte ich lahm.

"Heim!" wiederholte sie mit offenem Mund. „Er hat den Ort letzten Monat verlassen. Alle seine Fallen sind letzte Woche verschwunden."

Ich nehme an, mein Gesicht zeigte, wie mein Herz gesunken war, denn sie fügte halb mitfühlend hinzu: „Wussten Sie nicht, dass er gehen würde, Fräulein?"

Ich habe mich zusammengerissen. So elend ich auch war, in mir gab es einen Instinkt, der nicht wollte, dass Fremde mein Elend errieten.

„Oh ja, ich wusste, dass er gehen würde", sagte ich nachlässig; „Aber natürlich hatten wir zu Hause zu viel zu bedenken, als dass ich mich daran erinnern könnte, wann es passiert ist."

„Na ja, natürlich", wiederholte die Frau im mitfühlenden Tonfall ihrer Klasse unter solchen Umständen. „Ah, Farmer war ein guter Mann, und niemand kann etwas anderes sagen! Und um die Wahrheit zu sagen, viele haben es seltsam gefunden, dass Mr. Harrod dieses Mal weggehen sollte. Aber er war immer seltsam, und ich nehme an, wir." Wir müssen alle auf unseren eigenen Vorteil achten. Auf der armen alten Knellestone- Farm gibt es keine Arbeit mehr zu erledigen – so sagen die Leute – und ich nehme an, er hatte von etwas gehört, das ihm passen würde. Ah, das ist sehr traurig nach all den Jahren, die die Familie verbracht hat war vor Ort."

Ich wagte nicht darüber nachzudenken, was sie meinte, obwohl ich es gut genug wusste; Aber dieser andere Schlag hatte mich verblüfft, und ich konnte nicht über die Affären des armen Vaters mit einem Dorfklatsch sprechen, selbst wenn ich mich entschieden hätte, Worte zu verlieren.

„Ich gehe mit dir hinauf und schaue mich im Haus um", sagte ich.

„Es ist noch nicht aufgeräumt, Fräulein", antwortete sie entschuldigend. „Ich wollte mich nur waschen und alles in Ordnung bringen."

„Macht nichts", beharrte ich. „Ich möchte ein Buch suchen", und ich ging voran den Hügel hinauf.

„Herrgott! Da wirst du nichts finden", lachte sie und folgte ihr. „Da ist nichts da."

Ich ging trotzdem hinein. Aber sie hatte Recht, er war tatsächlich weg. Das gemütliche Zimmer war verlassen, in dem ich an jenem Sommerabend auf der Fensterbank gesessen und Worte von Milton gelesen hatte, die ich nicht verstand, und dem aufziehenden Sturm und den Schafen zugesehen hatte, die schläfrig über den grasbewachsenen Hügeln weideten. Von all den Büchern, um die ich ihn beneidet hatte, war kein einziges mehr übrig, und ich hatte geglaubt, er würde das Beste von mir denken, wenn ich ihn lese; keine Pfeife auf dem Gestell über dem Kaminsims; kein Anzeichen dafür, dass er jemals dort gewesen war. Und doch sah ich alles so vor mir, wie es an jenem Tag gewesen war; Ich spürte diese unsichtbare Präsenz, die ich dort noch nie gesehen hatte, als ob er jeden Moment die Tür öffnen und eintreten könnte.

Die Frau verließ mich für einen Moment und ich setzte mich noch einmal auf die Fensterbank. Die Sonne ging rot unter, wie sie so oft hinter diesen weiten Sumpfgebieten und ihrer Grenzlinie aus Hügeln unterging; Das Tal war voller blauem Nebel – blau wie eine wilde Hyazinthe –, vor den die gebogenen, gebrochenen Kiefern mit ihren breiten Spitzen jeden Zweig ihres dunklen Musters legten, abrupt, unerwartet, wachsam vor Individualität, seltsam voller zurückhaltender, unregelmäßiger Anmut . Ich erinnere mich an das Bild, habe es aber kaum gesehen; Es muss sich in meinem Gedächtnis festgesetzt haben, einfach weil es so gut zu meiner eigenen Stimmung passte. Oh, ich ! Als ich das letzte Mal dort gewesen war, hatte Harrod Joyce nicht gesehen, und jetzt sagte ich aus tiefstem Herzen: „Ich wünschte, er hätte mich nicht gesehen!" Ja, ich habe es aus tiefstem Herzen gesagt; So sehr, dass ich mich nicht mit bloßem Bedauern zufrieden gab, sondern zu dem

Entschluss kam, dass Trayton Harrod nicht mit meiner Lüge im Herzen in die Welt hinausgehen sollte – nicht, wenn ich es verhindern konnte.

Ich habe angefangen. Ich würde zum Gutsherrn gehen; Ich war jetzt davon überzeugt, dass der Gutsherr alles über Harrods Weggang wusste. Der Gutsherr konnte mir wenigstens sagen, wo er war, damit ich ihm schreiben konnte. Ich ging durch den leeren Raum, und im selben Moment öffnete Mr. Broderick das Tor zum Hof draußen. Alles geschah genau so, wie es an diesem Tag geschehen war; aber oh, was für ein Unterschied!

Das Gesicht des Gutsbesitzers wurde blass – das konnte ich durch die Bräune erkennen; Er hatte nicht damit gerechnet, mich hier zu sehen, und seine Hand zitterte, als er meine nahm. Aber er sagte sanft: „Ich freue mich, Sie wieder draußen zu sehen. Ich habe mich hier umgesehen. Ich hoffe, wir hatten das Glück, es untervermieten zu können, bis Ihr Mietvertrag abgelaufen ist.“

Aus geschäftlicher Sicht gingen mir die Worte durch den Kopf, aber sie waren bedrohlich. Ich hatte das Gefühl, dass sie bestätigten, was die Frau gesagt hatte. „Glaubst du, wir können es uns nicht leisten, bei ‚The Elms‘ weiterzumachen?“, fragte ich geistesabwesend und wagte nicht, die Frage zu stellen, die mir am Herzen lag.

„Ich halte es für unklug“, antwortete er ausweichend. „Ich denke, jeder , der Ihr Eigentum verwaltet, wird genug davon haben, darauf zu verzichten.“

„Mr. Broderick“, sagte ich plötzlich und sah ihm direkt ins Gesicht, „hat Mr. Harrod uns endgültig verlassen?“

„Ja“, antwortete er bestimmt, „für immer.“

Ich konnte einen Moment lang nicht sprechen, dann versuchte ich mit aller Kraft, meine Stimme zu beruhigen, und sagte: „Wusstest du es?“

„Ja“, antwortete er. "Ich wusste es."

Er sah mich jetzt nicht mehr an und keiner von uns sagte eine Zeit lang etwas. Er sprach zuerst und sagte mit ganz normaler Stimme: „Ich glaube nicht, dass er der richtige Kerl für diesen Ort war. Ein älterer Mann mit weniger neuen Ideen wäre besser gewesen.“

„War das der Grund, warum er gegangen ist?“ fragte ich mit gedämpfter Stimme, obwohl ich tatsächlich genau wusste, dass ich müßig redete. „Vater hat ihn wegen seiner neuen Ideen nicht weggeschickt.“

Der Gutsbesitzer richtete seinen Blick auf mein Gesicht. „Ich weiß nicht, warum er gegangen ist“, sagte er. Und obwohl ich nichts sagte, hatte ich vermutlich einen freundlichen Gesichtsausdruck, der ihn dazu brachte, fortzufahren: „Ich weiß nur, dass er in der Nacht, bevor dein Vater krank wurde, zu mir kam und mich als Freund fragte.", um seine Arbeit für ihn zu überwachen, bis ein Ersatz gefunden werden konnte, weil er gezwungen war, sofort zu gehen. Ich stellte keine Fragen, und er sagte mir nichts. Natürlich war ich froh, für euch alle zu tun, was ich konnte."

Er schwieg, aber ich spürte, wie seine Augen auf mir ruhten. Ich begegnete ihnen mit diesem zärtlichen, mitleidigen Blick, als ich schließlich meinen hob.

„Mr. Broderick", sagte ich – und ich hatte das Gefühl, dass meine Stimme stockte – „wollen Sie mir seine Adresse geben? Ich muss ihm schreiben. Es gibt etwas, das ich ihm sagen muss. Ich dachte, ich hätte ihn noch einmal sehen sollen, aber – ich muss es schreiben.

Er holte sein Notizbuch heraus, schrieb es auf und reichte mir das Blatt, das er herausgerissen hatte.

Ich glaube nicht, dass ich ihm überhaupt gedankt habe; Ich glaube nicht, dass ich mich verabschiedet habe; Ich bin gerade aus der Tür gegangen. Der Knappe folgte mir ein paar Schritte. „Ich möchte bald mit Ihnen über die Angelegenheiten Ihres Vaters sprechen", sagte er und versuchte, einen fröhlichen und alltäglichen Tonfall zu erzielen.

„Ja – eines Tages ", sagte ich dumpf. Und ich glaube nicht, dass ich mich noch einmal umgedreht habe, um ihn anzusehen.

Es war sehr grob, sehr undankbar von mir, aber ich konnte kein weiteres Wort ertragen. Der einzige Gedanke in meinem Herzen war, zu Hause zu sein – allein zu sein – und meinen Brief zu schreiben. Ich raste in der Dämmerung den Weg unter den Kiefern entlang. Ich rannte so schnell, dass ich zwei Gestalten, die im Schatten der Wand auf der gegenüberliegenden Seite an mir vorbeigingen, nicht einmal bemerkte; Ihre Köpfe lagen dicht beieinander, und die Frau, die viel kleiner war als der Mann, klammerte sich sehr eng an seinen großen, schlanken Körper. Erst einige Tage später wurde mir klar, wer diese Gestalten gewesen waren.

Ich hatte nicht einmal ein Wort für die arme Taffy, die vorwurfsvoll auf mich losging, als ich das Tor des Hofes öffnete. Ich hatte vergessen, ihn mitzunehmen, aber ich hatte in diesem Moment nicht einmal an diesen stummen und treuen Begleiter gedacht; Ich wollte nur meinen Brief schreiben.

Ich habe es geschrieben, aber es wurde mir vom Büro für unzustellbare Briefe zurückgeschickt. Zwei Tage später fand Deborah, die endlich den Mut fasste, das arme, verlassene Wohnzimmer aufzuräumen , einen weiteren Brief in dem alten Nankin -Glas auf dem Kaminsims, der als Antwort auf meinen Brief gut diente, obwohl er so lange vorher abgeschickt worden war; Es war der Brief, den Trayton Harrod am Tag vor seiner Abreise an Vater geschrieben hatte.

Ich war im Garten gewesen, und als ich hereinkam, saß Mutter mit dem Tier auf dem Schoß. Auf ihrem abgenutzten weißen Gesicht, aus dem in diesen harten Wochen alle zarten Farbtöne verschwunden waren, war etwas mehr Kummer zu erkennen als zuvor. Als ich den Raum betrat, wusste ich sofort, um welchen Brief es sich handelte. Ich hatte noch nie einen Brief von ihm erhalten – nein, keine einzige Zeile. Ich kann mich nicht erinnern, seine Handschrift überhaupt gesehen zu haben, aber in dem Moment, in dem ich sie betrachtete, wusste ich, wem die rauen, kompromisslosen Großbuchstaben gehörten. Ich nahm den Brief und las ihn, und als ich ihn gelesen hatte , fand ich eine Möglichkeit, ihn in meine Tasche zu stecken; Ich wollte ihn behalten – es war der einzige Brief, den ich jemals von ihm haben konnte, aber wirklich ein seltsamer Liebesbrief. Es war in seinem schärfsten und kompromisslosesten Stil geschrieben und sagte, was es zu sagen hatte, und nicht mehr. Irgendwie war ich froh, dass Vater es nie gesehen hatte; Es hat meinem Freund so großes Unrecht getan. Es war keine Entschuldigung dafür, dass er den Ort wie er verlassen hatte, sondern hieß lediglich, dass er, da er das Gefühl hatte, dort nutzlos zu sein, beschlossen hatte, eine Stelle in Australien anzunehmen, was ihn jedoch dazu zwingen würde, Knellestone ohne die übliche Warnung zu verlassen . Darin war die Summe von drei Monatsgehältern enthalten, die ihm bei fristlosem Ausscheiden hätte entgehen sollen. Es gab keine Adresse an und hinterließ keine Nachricht; das war alles.

„Es ist sehr seltsam", sagte Mutter, während sie mich beim Lesen ansah und nervös langsam ihre Brille öffnete und schloss. „Ich verstehe es überhaupt nicht. Aber ich nehme an, er hatte etwas Besseres im Sinn – und die Farm ist nicht mehr das, was sie war. Es zeigt, wie man im Volk getäuscht werden kann."

Und das war meine Strafe. Ich war verpflichtet, die Leute glauben zu lassen, dass sie in ihm getäuscht worden seien. Es lag mir auf der Zunge, meiner Mutter zu sagen, was ich konnte. War es Feigheit, die mich zurückhielt, oder lag es daran, dass ich kaum wusste, was ich sagen sollte? Es schien so wenig zu geben, was nicht aus meiner eigenen Fantasie gezüchtet worden wäre – nur ich wusste genau genug, dass meine Fantasie richtig war.

Und als die Zeit verging, wusste ich sicherer denn je, dass meine Vorstellung richtig war. In seinem Brief hatte er geschrieben, dass es nichts gab, was ihn im alten Land halten könnte, aber wenn er Joyce so gesehen hätte, wie ich sie gesehen hätte, hätte er meine Lüge sicherlich erraten – er hätte gewusst, dass es etwas *gab* , das ihn festhielt!

Zwei Tage nach der Entdeckung des Briefes von Trayton Harrod teilte mir meine Schwester mit, dass sie ihre Verlobung mit Frank Forrester gelöst habe.

Seit jener schrecklichen Leidenschaftsszene, als ich meiner armen Joyce gegenüber so grausam Unrecht getan hatte, hatte es zwischen uns beiden nie mehr so viel Verständnis gegeben wie früher. Sie hätte mir zweifellos verziehen, aber ich war zu stolz, sie einzuladen. An diesem Tag teilte sie mir jedoch ganz schlicht mit, dass sie ihre Verlobung gelöst habe.

„Ich hätte es nie schaffen sollen, Meg", sagte sie. „Damals hielt ich es nicht für böse; ich mochte es, wenn er mich liebte; aber jetzt denke ich, dass es böse war. Es mag falsch sein, von seinem Wort abzuweichen, aber – ich kann ihn nicht heiraten."

Sie sprach auf eine halb entschuldigende Art – so wie sie es ihm zweifellos auch geschrieben hatte. Sie hatte diese beiden Gestalten nicht gesehen, wie sie in der Dämmerung unter der Mauer entlanggingen, da ich mich jetzt zum ersten Mal daran erinnerte, dass ich sie gesehen hatte. Aber ich sagte nichts; Ich war dumm. Ich glaube, von da an war ich lange Zeit stumm – stumm vor Reue und dem Gefühl meiner eigenen völligen Hilflosigkeit – und stand allein da, um den Fluss vorbeifließen zu sehen, den ich einst geglaubt hatte, ich könnte ihn nach Belieben in Bewegung setzen oder aufhalten.

Aber ihr Gesicht war ruhig, obwohl es im Gegensatz zu meinem tränenüberströmt war, und ihre blauen Augen waren gelassen und vertrauensvoll wie immer. Doch, ach, ich! Wie schuldbewusst schlich ich um sie herum, wie gespannt warte ich auf jede Neuigkeit – auf sie!

Aber er war weg, und das war meine Schuld.

KAPITEL XLI.

Was gibt es noch zu sagen? Wenn ich das alles vor zehn Jahren geschrieben hätte, hätte ich sagen sollen, dass es nichts mehr zu sagen gäbe, ich hätte sagen sollen, dass mein Leben beendet sei. Aber jetzt bin ich nicht dieser Meinung. Gott sei Dank! Es gibt noch mehr zu sagen, und obwohl es traurige Stunden zu durchleben gab, ist der Zufluchtsort endlich erreicht.

Als Vater tot und begraben war, sagten sie uns, wir müssten den Gutshof verlassen. Ich kann mich erinnern, wie der Schlag mich traf. Ruben hatte Luck, den alten Schäferhund, gerade unter dem großen Apfelbaum begraben.

„Der Herr muss mich jetzt nehmen", hatte er mit Tränen in den trüben Augen gesagt; „Aber ich würde lieber sterben, als zusehen, wie der alte Ort verfällt. Ich wusste, was es sein würde, als der Herr gerufen wurde; und jetzt, wo der Hund auch weg ist, haben wir kein Glück mehr für uns. Ja, wenn er „Wenn wir bei Early Perlifics geblieben wären, hätten wir den alten Knellestone nicht zum Hammer kommen sehen sollen."

Ich glaube nicht, dass ich den Stoß gespürt habe, ich glaube nicht, dass ich jemals die komische Ungereimtheit der Situation gesehen habe, als er sich, auf seinem Spaten nach vorne gebeugt, unter Tränen auf das Grab seines alten, stummen Kameraden starrend, zu mir umdrehte und sagte: , vertraulich: „Dieses Jahr wird es eine seltene Apfelernte geben, Fräulein. Für einen Apfelbaum gibt es nichts Besseres als einen toten Hund."

Aber Ruben war ein Philosoph und ich war kein Philosoph; und von den Tagen, die folgten, den Tagen, in denen Deborah mit grimmiger, weiser Miene umherging, als hätte sie die ganze Zeit gewusst, was passieren würde – den Tagen, in denen Mutter ziellos von den Stühlen und Pressen zum alten Schreibtisch wanderte, an dem Vater saß die so viele Jahre gestanden hatte, und die Acht-Tage-Uhr, die uns als Kinder zum Frühstück und zum Gebet aufgerufen hatte – von diesen schrecklichen Tagen kann ich nicht sprechen. Ich kann mich nicht an das schuldige Gefühl erinnern, mit dem ich den Blick meiner Mutter auf mich gespürt habe, als der Gutsbesitzer nicht zu dem „Geschäftsgespräch" erschien, um das er gebeten hatte; Ich hätte vielleicht noch einmal den Mut gefunden, Deborahs offener zum Ausdruck gebrachte Vorwürfe zu verachten, aber der stille Vorwurf meiner Mutter machte mir das Herz weh.

Es war jedoch falsch, an dem Knappen zu zweifeln. Er kam trotz Debs grausamer, verdeckter Verspottung, trotz Mutters hoffnungslosem Blick. Wenn er nicht früher gekommen war, dann nur, weil er darauf wartete, gute Nachrichten zu überbringen. Ich kann ihn jetzt vor mir sehen, wie er noch einmal das Wohnzimmer betrat, in dem wir so viele leidenschaftliche

Diskussionen, so viele freundschaftliche Begegnungen und halb eingebildete Streitereien, so viele liebevolle Versöhnungen geführt hatten! Die Spätherbstsonne schien durch die drei tiefen Fenster auf den abgenutzten alten türkischen Teppich und die Ledersessel, auf die polierten Sitze mit Spindelrücken, die zu beiden Seiten des Kamins standen – einer war jetzt für immer leer; Es löschte fast das Feuer aus und brachte die kupfernen Feuerbestecke in Flammen. Ich nehme an, dass es die Sonne war, die das Gesicht des Gutsherrn so rötlich und strahlend aussehen ließ.

Strahlend war er auf jeden Fall, und doch gleichzeitig auch halb beschämt, als er sagte, er sei gerade von einer Gläubigerversammlung gekommen und habe allen Grund zu der Hoffnung, dass die Angelegenheiten seines Vaters zufriedenstellend geregelt würden. Ich glaube nicht, dass ich ihm damals geglaubt habe, ich glaube, ich war fast verletzt, als er meine zitternde Frage, ob wir Knellestone verlassen müssten , mit einem Lachen beantwortete. Aber was für eine Erleichterung war das Lachen über die Beileidsbesuche, die wir hatten!

Er vergaß Vater nicht, obwohl er nicht mit Worten von ihm sprach: Die Ehrfurcht, die das Sterbebett umgeben hatte, war verschwunden, aber nicht die heilige Last, die sie hinterlassen hatte. Dennoch verstand ich nicht, als er sagte, die Gläubiger seien befriedigt worden. Sogar als der gefürchtete Tag des Verkaufs kam und Mutter ihre alten Freunde in Stühlen und Tischen und Pressen und Wäsche in den Pressen hütete und Joyce ihre Lieblingskühe in der Molkerei hielt und ich sogar die Stute, die das unschuldige Mittel gewesen war Als es darum ging, zuerst Romantik in unsere ruhige Familie zu bringen – als die Farm nicht einmal einer einzigen der Mäh- und Dreschmaschinen beraubt war, die so viel Unfrieden verursacht hatten –, hatte ich, obwohl ich beruflich unwissend war, nie eine Ahnung, auf welche Art und Weise eine „ Vereinbarung" getroffen worden war!

Es war wieder der alte Ruben – er saß an der Kaminecke, verkrüppelt von Rheuma, oder, wie er es selbst ausdrückte, mit ganzer Konstitution in seinen Beinen – es war der arme alte Ruben, der mir die Wahrheit gesagt hatte. Der kluge Deb wusste es und schwieg, aber Reuben – zu schlau oder nicht schlau genug, um zu schweigen – erzählte mir die Geschichte: Wenn der Squire nicht den gesamten Bestand und die Möbel aufgekauft hätte, bevor sie überhaupt zum Hammer kamen, hätten wir es nicht tun sollen Ich bin jetzt im Grange und lebe praktisch das gleiche Leben wie immer.

Ach ich! Ich wusste genau, warum der Squire sich solche Mühe gegeben hatte, uns allen zu verheimlichen, dass er mehr getan hatte, als einen Kompromiss mit den Gläubigern herbeizuführen. Aber ich hätte es erraten sollen. Wenn ich nicht so sehr in meine eigenen persönlichen Schmerzen und Gefühle vertieft gewesen wäre, *hätte* ich es erraten, und als ich ihn das nächste

Mal traf, nahm ich mir den Mut, über das Thema zu sprechen. Wie gut erinnere ich mich an seine Erklärung! „Die Menschen auf dem Land sind so voneinander abhängig, dass ich zu meinen Lebzeiten nicht mit Fremden auf dem Grange auskommen konnte", hatte er gesagt; „Sie müssen mir also verzeihen, wenn ich ein Spiel gespielt habe, um meinen eigenen Zielen zu dienen. Der Ort könnte eine ganze Weile leer gestanden haben. Heutzutage gibt es Bauernhöfe."

Wir müssen ostwärts über die Hügel geritten sein, denn ich kann mich erinnern, dass uns der Wind scharf ins Gesicht wehte und dass der Himmel über uns bleiern war, fast so trüb wie das weite, trübe Sumpfgebiet darunter: Es war Winter. Ich weiß, dass ich mich schon damals an eine andere Nacht erinnerte, als ich mit dem Gutsherrn geritten war; dann tobte der Westen purpurrot hinter uns, und der Mond stieg gelb aus dem Meer; es war Sommer gewesen.

„Es gibt niemanden sonst auf der Welt, der für uns getan hätte , was du für uns getan hast, noch niemanden sonst auf der Welt, dem wir es nehmen könnten", hatte ich mit zitternder Stimme gemurmelt. „Es ist um Vaters willen."

„Es ist nicht alles um deines Vaters willen", hatte der Knappe sanft, mit ernstem und zärtlichem Gesicht geantwortet, und seine blauen Augen leuchteten mit tiefem, hellem Licht auf mich herab.

Durch einen plötzlichen Impuls erinnere ich mich, dass ich ihm meine Hand ausgestreckt habe. „Ich weiß, dass du mein Freund bist und ich dein Freund bin", hatte ich gesagt. „Wir werden immer Freunde bleiben, bis wir sterben."

Und während der ganzen trostlosen Tage, die darauf folgten, wärmte diese Freundschaft, die keiner Worte zum Erzählen brauchte und die kein Abschied schwächen konnte, mein leeres Herz in einer Zeit, in der die Welt keine weitere Freude und auch keinen vergleichbaren Inhalt mehr als eine Atempause zu bieten schien Gewissensbisse.

Denn leider! Joyce verblasste langsam und wurde traurig vor meinen Augen, und meine ganze leidenschaftliche Liebe zu ihr kam zurück und machte den Gedanken an ihre vergeudete Jugend, ihre getrübte Schönheit, ihr durch meine Schuld nutzlos verdorbenes Glück fast schwerer, als ich ertragen konnte.

Denn es war verdorben, obwohl sie kein Wort sagte. Zuerst ging die große, schlanke Gestalt – in ihrem geraden schwarzen Kleid quäkerhafter gepflegter als je zuvor – den Haushaltspflichten genauso gelassen nach wie zuvor, und das Gesicht, so blendend hell wie eine Blume auf dem dunklen Stiel, strahlte so unschuldig zufrieden wie zuvor früher. Ich konnte kaum glauben, dass sie diesen grausamen Brief mit seinen aufrichtigen, schroffen Buchstaben gesehen haben konnte, der den letzten Tropfen Blut aus meinem Herzen vertrieben zu haben schien. Ihre Hoffnung muss groß gewesen sein, sonst hätte sie nie einen so geduldigen Gesichtsausdruck bewahren können.

Aber so hoch es auch gewesen sein mag, es begann zu verblassen. Ich hatte mir gesagt, dass Joyce nicht fühlen konnte, aber – ach, wie wenig können wir wissen, wie sehr andere Menschen fühlen! Ich konnte ihre Gefühle durch die zitternde Sensibilität ihres Gesichts erkennen, das mir einst so unmöglich schien, sie zu zerzausen – ich konnte es durch den dünnen Klang ihrer schüchternen Stimme, in ihrer seltenen Sprache und ihrem selteneren Lachen hören – und ich wusste, dass meine geliebte Schwester war unglücklich. Ja, sie war unglücklich; Das Leben war für sie genauso tot wie für mich, und ich – ich, der ich sie liebte – hatte ihre Freude für sie getötet, und zwar vorsätzlich . Möge niemand, den ich liebe, jemals erfahren, was es bedeutet, Reue zu empfinden!

Im Dorf verbreitete sich das Geflüster, dass Joyce Maliphant ihre Schönheit aus Liebe zu dem fröhlichen jungen Kapitän vergaß, der ihr einst den Hof gemacht hatte und der nun Miss Mary Thorne, die Erbin, heiraten würde. Deb erzählte mir davon , sie hatte das Gerücht aus der Kirche gehört; Aber ich glaube nicht, dass wir alle dachten, dass es eine große Rolle spielte, was Frank Forrester tat. Er hätte Joyce nie glücklich machen können, warum sollte er Mary Thorne nicht glücklich machen? Als die Nachricht von seinem Unfall kam, hatte sie Tränen in den Augen gehabt, in Joyces Augen waren keine Tränen gewesen.

Nein, was wirklich zählte, war, dass das Gesicht meiner Schwester immer blasser und dünner wurde und dass schließlich der Tag kam, an dem sie uns sagten, dass wir uns möglicherweise von ihr trennen müssten, wenn wir uns nicht für eine Weile von Joyce trennen könnten für immer.

Ich hoffe, dass ich nie wieder den Herzschmerz verspüre, der mich durchfuhr, als der Arzt diese Worte sagte. Ich hatte gedacht, dass kein solcher Schmerz schlimmer sein könnte als der, den ich empfunden hatte, als mein Vater mir gesagt hatte, dass er sterben würde; Aber das war noch schlimmer, denn Joyce war jung und hatte immer noch das Recht auf ein langes und glückliches Leben, und wenn ihr dieses vorenthalten wurde, war ich es, der sie beraubt hatte.

Voller Wehmut machte ich mich an die Arbeit, um zu arrangieren, wie Joyce uns in wärmere Länder verlassen sollte. Mutter hatte einen verheirateten Bruder, der in Melbourne lebte, und mit ihm wurde schließlich entschieden, dass Joyce für ein paar Jahre gehen sollte. Bei einigen Freunden des Squires fanden wir eine Eskorte für sie , und der einzige kleine Trost, den ich in der ganzen Angelegenheit hatte, war, dass Joyce, wenn sie uns verlassen sollte, in dasselbe Land gehen würde, in das Trayton Harrod ein Jahr zuvor geflohen war . Aber Australien war ein großes Feld, und wenn sie sich nicht zufällig trafen, würde Trayton Harrod Joyce wahrscheinlich nie aufsuchen.

War es eine so schwache und wilde Hoffnung, frage ich mich, oder nur das Gefühl, dass ich mich nicht von diesem lieben Herzen trennen konnte, ohne ihm meine Sünden mit reiner Brust zu zeigen, was mich dazu brachte, zu sagen, was ich tat, als der letzte Moment kam? Ich weiß nicht. Ich weiß nur, dass ich plötzlich das Gefühl hatte, dass ich, als wir in dem kleinen Wartezimmer der Londoner Docks standen, während meine Mutter sich von ihrer gewohnten schüchternen Würde beugte, um die Freundlichkeit und Fürsorge dieses unbekannten Freundes des Gutsherrn für ihr leidendes Kind zu erflehen Ich konnte Joyce nicht von mir gehen lassen, während diese Lüge auf meinem Herzen lastete – ich hatte das Gefühl, dass ich ihre Vergebung brauchte *!*

Ich kann mir nicht vorstellen, wie ich so lange ohne es ausgehalten habe. Ich hatte nach *seiner Vergebung* gesehnt , der ich weniger grausames Unrecht angetan hatte, weil ich ihm weniger Hingabe schuldig war und Seite an Seite mit ihr leben konnte, ohne sie um Verzeihung zu bitten, deren Leben ich so zerstört hatte.

In den vergangenen Monaten bemerkte ich oft, dass der Squire verwirrte Augen auf mich richtete, während er den meinen folgte, die auf Joyce gerichtet waren, und ich war vor Scham rot geworden, weil ich wusste, was es war, das diesen Blick in mir auslöste, der ihn verwirrte; und oft hatte ich geschworen, dass ich mich erniedrigen und ihr alles erzählen würde, hatte aber nie den Mut gefunden. Aber jetzt, als mir die letzte Chance entging, kam der Mut. Es kam, glaube ich, daher, weil Joyce plötzlich vor mir stand und sich in der Erhabenheit ihrer einfachen Güte, ihrer Kraft stiller und liebevoller Opferbereitschaft offenbarte; Es kam, weil ich keine Angst hatte, weil ich mich meiner Schande schämte, weil ich mir ihrer Vergebung sicher war.

Sie stand mit ihrer Hand in meiner, ihre Figur war sehr groß und schlank in dem geraden schwarzen Kleid, ihr Gesicht war sehr hell und zerbrechlich im Rahmen der hübschen kleinen, eng anliegenden Haube. Sie hätte eine Nonne sein können, so ruhig und ordentlich ihr äußeres Auftreten, so ruhig ihr schönes Gesicht, und doch als ich noch einmal hinsah, sah ich, dass Tränen in den blauen Augen waren, die von mir wegschauten und auf das Gewirr der Schifffahrt im Meer blickten Dock und zu dem verworrenen Netzwerk aus Masten und Takelage, das schwarz vor dem bleiernen, winterlichen Himmel lag.

„O Joyce, Liebling", rief ich und ergriff wild ihre Hand, „weine nicht! Ich kann es nicht ertragen."

Sie antwortete nicht, sie fürchtete sich davor, zu sprechen, aber getreu ihrer völligen Selbstlosigkeit drehte sie sich zu mir um und lächelte. „Du wirst gesund werden, weißt du", fuhr ich mit entschlossener Fröhlichkeit fort; „Du wirst ganz gesund werden und bald zu uns zurückkommen."

immer noch dieses herzzerreißende Lächeln, nickte jedoch mit dem Kopf, als wollte sie meine fröhlichen Worte bestätigen. Dann kam mein Selbstvertrauen. „Wenn du *nicht* ganz gesund zurückkommst", sagte ich mit leiser Stimme, „glaube ich, Joyce, ich würde sterben. Es ist alles meine Schuld."

Daraufhin sprach sie. Sie schien von meinen Worten nicht überrascht zu sein, sondern wollte sie nur leugnen, um mir jeden Schmerz meiner Selbstvorwürfe zu nehmen.

„Oh nein, nein, Meg", sagte sie leise. „Nicht deine Schuld, Liebes. So etwas ist niemals die Schuld von irgendjemandem."

Sie dachte, ich meinte nur, dass meine Liebe zu Harrod sie daran gehindert hatte, seine Liebe anzunehmen, weil *sie ihn*, mutig und selbstlos in dem, was ich ihre Kälte nannte, mir überlassen hätte.

Aber ich konnte sie nicht denken lassen, dass ich nur das gemeint hatte. „Joyce", sagte ich bestimmt, „wenn ich nicht gewesen wäre, hätte Trayton Harrod dich geheiratet."

Ich sah, dass der Name ihr wehtat wie ein Peitschenhieb. „Oh, nicht, nicht!" sie murmelte mit Schmerz in ihren Augen.

„Ich bitte um Verzeihung", sagte ich demütig, „aber ich muss es dir sagen. Ich kann dich nicht gehen lassen, ohne dir die Wahrheit zu sagen. O Joyce, meine arme, liebe Joyce, wie sehr es dich auch schmerzt, ich muss es erzählen." Ich meine nicht nur, was du denkst. Ich meine nicht nur, dass ich nicht weggegangen bin, dass ich mich dir gegenüber nicht so großzügig verhalten habe, wie du es mir gegenüber getan hättest. Ich meine – O Joyce, Wie soll ich es dir sagen? Aber ich war wahnsinnig vor Eifersucht und habe ihm gesagt, dass du Frank liebst. Ich habe ihn von dir weggeschickt." Ich hatte die Worte unvorbereitet herausgebracht, ich hatte solche Angst, unterbrochen zu werden – und jetzt hatte ich Angst.

Jeder Tropfen Blut, der noch in diesem armen, bleichen Gesicht war, floss davon. Ich dachte, sie würde in Ohnmacht fallen, aber sie blieb standhaft, nur ihre Augen schienen zu Stein zu werden, nichts zu sehen.

„O Joyce, Liebling, sieh nicht so aus!" schrie ich schmerzerfüllt. „Sprich mit mir. Sag etwas."

Sie schloss ihre Hand um meine und ihre Lippen bewegten sich, aber ich konnte kein Wort hören.

„Solange ich lebe, werde ich mir das niemals verzeihen", murmelte ich, während ein Schluchzen in meiner Kehle aufstieg. „Aber wenn *du* mir nicht verzeihst, Joyce, denke ich, dass ich sterben werde, Joyce."

„Arme Meg!" murmelte meine Schwester schließlich, und dann brach der Kloß, der in meinem Hals aufgestiegen war, in ein Schluchzen aus, und die Tränen schossen mir in die Augen.

Einen Moment lang konnte ich nicht sprechen. Ich habe meine Tränen so gut ich konnte losgeworden, und als ich sie ansah, sah ich, ja, Gott sei Dank! Ich sah, dass auch ihre Augen feucht waren.

„Kannst du mir verzeihen, Joyce?" Ich geriet ins Stocken. „Ja, ich denke , das kannst *du* . Du bist gut genug."

„Verzeih dir!" wiederholte sie leise. Und ihr süßer Mund verzog sich zu dem zitternden Lächeln, das sein vertrauter Schmuck war, und fügte hinzu: „Liebes, *du* warst auch unglücklich."

Es waren nur wenige Worte, aber welchen vollkommeneren Ausdruck zärtlicher Vergebung könnte es geben? Ich wollte nicht mehr. Ich wusste, dass es im Herzen meiner Schwester keine Bitterkeit gab, dass es niemals eine Bitterkeit mir gegenüber geben würde.

Im Wartezimmer war niemand, Mutter war mit der fremden Dame auf den Kai gegangen; Ich legte meine Arme um Joyces Hals und zog ihr Gesicht an meins. "Gott schütze dich!" Sagte ich ehrfürchtig und ich glaube, zum ersten Mal in meinem Leben habe ich gespürt, was die Worte bedeuteten.

„Es ist alles zum Besten, Liebes", fügte sie sanft hinzu und lehnte ihre Wange an mein Haar. „Sie wissen, dass wir durch nichts, was wir tun, die Dinge, die passieren werden, nie wirklich verändern. Eine weise Vorsehung hat es für uns arrangiert." Es war der einfache Glaube, der ihr Leben immer geleitet hatte; es hatte meinen eher ungestümen und eigensinnigen Geist oft geärgert, aber jetzt ärgerte es mich nicht mehr; Es war etwas Beruhigendes darin.

Aber es blieb keine Zeit für weitere Reden; Als die Mutter wieder zurückkkam , war es Zeit, an Bord zu gehen. Ich beschäftigte mich mit dem Gepäck und unterhielt mich mit Joyces Eskorte – einem freundlichen, gutmütigen Paar – und ließ Mutter und Tochter allein zurück.

Der Abschied war viel zu schnell vorbei, und wir blieben allein am Kai stehen, Mutter und ich, und sahen zu, wie sich die große schwarze Masse langsam durch die Menschenmenge der Schiffe bewegte, und beobachteten die große schwarze Gestalt auf dem Deck, sogar in unserer Vorstellung , es verschwand vor uns, und wir blickten nur noch auf die endlosen Reihen schwarzer Masten vor dem grellen Sonnenuntergang eines trostlosen Winterabends.

Als wir wieder sicher im Taxi saßen und uns auf den Heimweg machten, tat ich, was ich zuvor nur ein einziges Mal in meinem Leben getan hatte, und zwar in der Nacht, als die Stute mich warf und ich mir zum ersten Mal eingebildet hatte, dass Trayton Harrod meine Schwester liebte – so sagte ich Mein Kopf ruhte auf der Brust meiner Mutter und ich weinte aus tiefstem Herzen an ihrer. Es war egoistisch von mir, denn ich hätte an ihren Kummer denken sollen, und doch glaube ich nicht, dass es ihn noch verstärkt hat; Ich glaube, irgendwie haben meine Tränen ihr gutgetan.

Sie sagte nichts, streichelte aber zärtlich mein Haar, und von diesem Moment an breitete sich zwischen uns eine neue Ader der Sympathie aus, die es noch nie gegeben hatte und die noch etwas Süßes im Leben zurückließ, selbst in dem traurigen und leeren Zuhause worauf wir zurückkamen.

Es war tatsächlich ein leeres Zuhause. Der Gutsherr konnte seine Einsamkeit nicht länger mit seiner freundlichen Anwesenheit aufheitern. Er war ins Ausland gegangen. Das Herrenhaus war verschlossen, und von dem lieben alten Ort, der so viele schöne Erinnerungen in sich birgt, war kein Lebenszeichen zu hören, außer dem Geräusch der Waffe des Wärters in den Wäldchen über dem Sumpf und dem Krächzen der bekannten Krähen, die ihn umkreisten Die alte Kapelle am Abend.

Ich wagte nicht, mich zu beschweren, es hätte noch viel schlimmer kommen können. Der Hof gehörte noch immer uns. Ein neuer Gerichtsvollzieher und ich haben es gemeinsam geschafft, aber obwohl ich schon vor einiger Zeit den Gipfel meines Ehrgeizes erreicht hatte, war es vorbei. Es war mir nicht mehr wichtig, meinen eigenen Willen durchzusetzen; Abgesehen von einem etwas vergeblichen Kampf, die Theorien meines Vaters so weit wie möglich aufrechtzuerhalten, ließ ich den neuen Mann tun, was er wollte; Er sorgte dafür, dass die Farm uns ein moderates Einkommen zahlte, und ich stellte keine Fragen. Meine Pflicht gegenüber meiner Mutter war für mich selbstverständlich, und ich stürzte mich jetzt darauf, wie ich mich zuvor in persönliche Ambitionen gestürzt hatte – die Farm muss so gestaltet werden, dass es ihr gut geht.

Aber trotz all meiner Hingabe an sie waren dies trostlose Tage. Mit meiner neuen Leidenschaft für Selbstaufopferung weigerte ich mich, sie für die alten Streifzüge zu verlassen, und der Mangel an frischer Luft und Bewegung machte mir ein wenig zu schaffen. Die einzigen Dinge, die die Monotonie unseres Lebens durchbrachen, waren unsere Briefe von Joyce und vom Squire. Er schrieb mir regelmäßig und erzählte mir von allem, was er sah, von allem, was er tat – die freundlichen Briefe eines Freundes, in dessen Gedanken ich mich glücklicherweise nie lange aufhielt. Ich hätte vor einem Jahr kaum geglaubt, dass es mich so deprimiert hätte, als einer der Briefe des Gutsherrn etwas verspätet eintraf. Ich glaube, ich habe sie fast mehr vermisst, als ich einen von Joyces hätte vermissen sollen, denn – abgesehen davon, dass sie wusste, dass es ihr besser ging und, wie ich schwach zu hoffen begann, ein wenig glücklicher – waren ihre Briefe so völlig anders als sie selbst, dass sie eins waren aber kaum Befriedigung; wohingegen die Worte des Gutsherrn , ohne auch nur ein Wort auszusprechen, das aus dem Alltäglichen kam, voll von sich selbst und seinen eigenen Charakterzügen waren. Trotz dieser roten Tage waren die Stunden für mich lang und die Tage graue Tage. Ich arbeitete wie früher im Sommer und Winter, Frühling und Herbst, Blumen und Früchte, säte und erntete, aber die Jahreszeiten waren für mich nicht mehr dieselben wie früher. Ich liebte die sonnenlosen Tage mit ihren Feldern und Geheimnissen der Wolken, den sanften Versprechungen eines fernen Himmels, sich ständig verändernden, immer unbekannten Tiefen – ich liebte sie, wie ich den Sonnenschein nicht lieben konnte. Ich war nicht immer unglücklich, denn ich war jung, und in der Vergangenheit, über die ich nachdachte, hatte so mancher Ton des Leids einen freudigen Anflug von Freude gehabt; Aber auf dem Sumpf lag ein Schatten, der nicht da gewesen war, als ich ein fröhliches, gedankenloses Mädchen war.

Bisher hatte ich geschrieben und dachte, meine Aufgabe sei erledigt; Aber heute Nacht, wenn ich mich aus meinem Fenster lehne und beobachte, wie der blasse Mond in grauen Wolken versinkt und einen nebligen, silbernen Weg durch das einsame Land zieht, der mit meinem Leben verwoben ist, möchte ich mein Buch wieder aufschlagen, das ich vielleicht verfassen kann Darin noch ein letztes Wort.

Es ist keine halbe Stunde her, seit ich dort unten auf der Klippe stand und darauf wartete, dass eine Kutsche die weiße Straße entlangkam, die die Ebene durchquert. Zwei waren in diesem Wagen – die Schwester, die ich geliebt und verraten hatte, der Mann, den ich geliebt und für den ich sie verraten hatte. Sie kehrten gemeinsam aus einem fernen Land zurück, wo sie sich noch einmal getroffen hatten. Mein Herz war voller Dankbarkeit, und doch – als ich spürte, wie die Espen wieder im Nachtwind zitterten, wie an jenem Abend vor zehn Jahren – schien es mir, als würde ich die tiefe Stimme in meinem Ohr hören und die Kälte in meinem Ohr spüren Herz, als es sprach.

Aber es war nicht *seine* Stimme, die sprach; Ein anderer stand an meiner Seite, einer, der von einem langen Abschied zu mir zurückgekehrt war, der Freund meines Lebens, der Liebhaber von zehn Jahren, der nur ein einziges

Mal von seiner Liebe gesprochen hatte, der mir nie einen Kuss auf die Lippen gegeben hatte. Ich weiß kaum, was er sagte – einfache Worte genug, aber sie erzählten mir von seinem zärtlichen Mitleid und unermüdlichen Mitgefühl, sie öffneten die Schleusen meines belasteten Herzens, und ich erzählte ihm meine ganze Geschichte. Ich schreckte vor nichts zurück. Ich erzählte ihm von meiner wilden, unvernünftigen Leidenschaft, die, so tief sie auch gewesen war, nicht alles war, was ich mir unter Liebe vorstellen konnte; Ich erzählte ihm von meiner selbstsüchtigen Sünde, von meiner langen und bitteren Reue, von meiner Dankbarkeit, dass die Strafe aufgehoben wurde und dass Joyce glücklich zu mir zurückkehrte, trotz meines großen Unrechts gegen sie. Ich fragte mich nicht, was dieser Drang, vor dem Gutsherrn zu beichten, in mir bedeutete, und doch war das Geständnis keineswegs eine leichte Sache; Und als alles erzählt war, sank mir das Herz über sein Schweigen, und ich hatte das Gefühl, ich könnte es nicht ertragen, wenn *er* sich meiner schämen würde, wenn er mir seine Freundschaft nehmen würde, weil ich etwas Unwürdiges getan hatte.

Aber ich nehme an, man liebt die Menschen nicht und hört auch nicht auf, sie für das zu lieben, was sie tun oder was sie unterlassen; Sicher ist, dass, als der Gutsherr endlich sprach, etwas in seiner Stimme war, das mir sagte, dass er sich meiner nicht schämte, dasselbe „Etwas“, das all die Jahre so still gewesen war, dass ich mich manchmal fragte, ob es noch lebte .

Der Gutsherr ist nach Hause gegangen, und das ganze Haus ruht; Aber ich schaue immer noch aus meinem kleinen Dachfenster, von wo aus ich seit so vielen Jahren das Meer sehe. Unter mir liegt ein Nebel auf dem Deich wie ein weißes Leichentuch über einem geliebten Grab. Es ist eine Nacht wie vor zehn Jahren – nur mit einem Unterschied: Die trübe Ebene ist nicht so kalt, das Licht verspricht Helligkeit. Und auch in meinem Herzen gibt es eine Helligkeit, von der ich fast Angst habe zu glauben, dass sie mir gehören könnte. Ich bin glücklich, weil Joyce glücklich ist, weil Joyce wieder so schön ist, wie sie schön war, als ich zum ersten Mal wollte, dass ein Liebhaber sie liebt. Aber es ist nicht nur die Dankbarkeit für den ausgelöschten Fleck, die friedliche Ergebung in das Unvermeidliche, die heute Abend Licht in meine Seele bringt. Es gibt ein neues Bild, das langsam aus den Wolken wächst, während sie sich teilen und um den Mond herum schmelzen; Aus der Monotonie des Sumpflandes entsteht endlich eine neue Harmonie.

Über der einsamen Ebene ist die Nacht blau und weit.

DAS ENDE.